Undergraduate Curriculum System
School of EECS, Peking University

北京大学
信息科学技术学院
本科生课程体系

（修订版）

李文新　胡薇薇　主编

王　韬　王　源　王志军　陈一峯　陈章渊　邓志鸿　谢昆青　副主编

清华大学出版社
北　京

内 容 简 介

本书是在《北京大学信息科学技术学院本科生课程体系》(2012 年出版)的基础上,将近五年学院在小班课建设、国外优秀课程引进、网上课程(MOOC)、新专业建设(通信工程、数据科学与大数据技术、软件工程)、荣誉学位设立及教育研究等方面的最新进展进行总结和补充,并对全院所有课程的大纲重新进行梳理、更新而成。在表述上采用了双语模式,以便于与国内外同行交流。

本书可供高等院校信息类学科的本科生、教学管理人员、教育研究人员以及国内外教育界相关人士参考。

图书在版编目(CIP)数据

北京大学信息科学技术学院本科生课程体系/李文新,胡薇薇主编.—修订版.—北京:清华大学出版社,2017
ISBN 978-7-302-48393-9

Ⅰ.①北… Ⅱ.①李… ②胡… Ⅲ.①北京大学-信息系统-课程体系 Ⅳ.①G202-42

中国版本图书馆 CIP 数据核字(2017)第 218789 号

责任编辑:付弘宇
封面设计:常雪影
责任校对:时翠兰
责任印制:李红英

出版发行:清华大学出版社
　　网　　址:http://www.tup.com.cn, http://www.wqbook.com
　　地　　址:北京清华大学学研大厦 A 座　　**邮　　编**:100084
　　社 总 机:010-62770175　　**邮　　购**:010-62786544
　　投稿与读者服务:010-62776969, c-service@tup.tsinghua.edu.cn
　　质量反馈:010-62772015, zhiliang@tup.tsinghua.edu.cn
印 装 者:北京密云胶印厂
经　　销:全国新华书店
开　　本:185mm×230mm　　**印　张**:41.5　　**字　　数**:903 千字
版　　次:2012 年 8 月第 1 版　2017 年 11 月第 2 版　　**印　　次**:2017 年 11 月第 1 次印刷
印　　数:1~1500
定　　价:99.00 元

产品编号:075505-01

研究组成员名单

1. 领导委员会

组　长：黄　如

副组长：李文新

成　员：魏中鹏　查红彬　侯士敏　蒋　云　谢　冰　冯梅萍　熊校良

2. 工作委员会

组　长：李文新

副组长：胡薇薇

组　员：谢昆青　王志军　王　源　王　韬　陈章渊　陈一峯　邓志鸿　董晓晖　杨朝晖　李　享

3. 学科工作组

组　长：李文新

副组长：胡薇薇

组　员：谢昆青　王志军　王　韬　郭　耀　王　源　陈章渊　陈一峯　邓志鸿　段晓辉　张　铭

4. 参加人员(按姓氏笔画)

于江生　于敦山　马修军　马　猛　马黎黎　王千祥　王立威　王亚沙　王延辉　王志军
王　玮　王　青　王捍贫　王润生　王晶云　王道宪　王腾蛟　王　源　王　韬　王　漪
王　衡　毛新宇　邓志鸿　龙晓苑　申自勇　叶　乐　叶安培　叶林晖　代亚非　冯建华
冯梅萍　曲天书　朱柏承　刘力锋　刘　田　刘　扬　刘先华　刘　锋　刘新元　孙广宇
孙艳春　孙培艺　严　伟　杜　刚　杨川川　杨冬青　杨延军　杨振川　李文新　李　斗
李正斌　李志宏　李明之　李　胜　李险峰　李艳萍　李朝晖　李廉林　吴文刚　吴建军
吴玺宏　何永琪　何燕冬　佟　冬　邹艳珍　汪小林　汪国平　宋国杰　张云峰　张化瑞
张亚旭　张　帆　张　伟　张志刚　张　岩　张耿民　张　铭　张　超　张　路　陆俊林
陈一峯　陈中建　陈立军　陈向群　陈　江　陈章渊　陈　清　陈毅松　尚　勇　罗　武
罗英伟　罗国杰　依　那　周小计　周明辉　周治平　周　斌　屈婉玲　封举富　赵海燕
赵　通　赵　澈　郝　丹　胡又凡　胡建斌　胡薇薇　查红彬　段晓辉　侯士敏　侯斯琪
贾　嵩　夏明耀　徐洪起　高　文　高　军　高春媛　郭　弘　郭　炜　郭　耀　黄少云
黄安鹏　黄　如　黄铁军　曹东刚　曹永知　崔小欣　麻志毅　康晋锋　彭　超　董明科
蒋　伟　蒋婷婷　韩德栋　程　旭　程宇新　程　翔　傅云义　焦文品　鲁文高　谢　冰
谢昆青　赖舜男　蔡一茂　裴玉茹　管雪涛　廖怀林　谭云华　谭少华　谭　营　黎　明
北京大学数学学院　北京大学物理学院

5. 编辑出版组

卢先和　魏江江　付弘宇

前言

为了适应高等教育和信息科学技术学科的发展，广泛有机地实现学科交叉与融合，满足未来社会信息化和智能化的需求，培养未来信息领域的领军人才，北京大学于2002年在原计算机科学技术系、电子学系、微电子学研究院和信息科学中心的基础上，正式组建了信息科学技术学院。学院建设初期设置了计算机科学技术、电子信息科学技术、微电子科学与工程和智能科学与工程四个本科专业方向，随后又新增了通信工程，数据科学与大数据、软件工程、集成电路设计与集成系统等专业方向。如何建立一个各学科之间既互相融合、又互相促进的课程体系，是我们建院以来一直积极探索和实践的课题。

2008年出版的《北京大学信息科学技术学科课程体系》（以下简称《课程体系》）首次给出了一个系统的信息科学技术学科课程体系，利用学院平台优势，打通四个专业的主要基础课，建立信息学院的基础教学平台课，进而构建各个专业的核心课，并在这一课程体系中充分体现信息学院的特色：注重四大基础，即"数学、物理、电路和计算机"。该书出版后得到了较大反响，信息科学技术领域相关院校的专家和读者也给予了较高的评价和肯定。

2012年，在学院成立10周年时，我们出版了第二版《课程体系》，总结了从2008年到2012年学院在培养方案、课程体系、课程内容、英文课程和国际交流等方面的建设情况，并在表述上采用了双语模式，使得此书成为学院与国内外交流本科教学情况的重要媒介。

在学院成立15周年之际，我们把近五年来学院在小班课建设、国外优秀课程引进、网上课程（MOOC）、新专业建设（通信工程、数据科学与大数据技术、软件工程、集成电路设计与集成系统）、荣誉学位设立以及教育研究等方面的最新进展进行总结；同时把全院所有课程的大纲进行梳理更新，出版修订版《课程体系》。我们也希望这种定期更新的方式能够一直保持下去，通过认真总结学院人才培养的现状，推动进一步的教学改革，加强学科之间的深度交叉融合，不断完善我们的本科生教学体系，响应国家新工科建设的号召。

提高本科生的教学水平是创建世界一流大学中一项十分重要的基础性工作，信息科学技术是发展变化非常迅速的学科。本书将过去15年来北京大学信息科学技术学科在本科生课程体系的建设和改革实践工作做了一个相对全面的总结，供国内外同行参考、交流之用，也期待大家的批评指正。

今年是北京大学信息科学技术学院建院15周年。本书也是献给学院15岁生日的一份礼物。

北京大学信息科学技术学院院长

黄　如

2017年7月

目　录

目　录

目 录

目 录

Contents

Contents

Contents

Contents

Contents

Contents

第 1 章　引言

1.1　成书动因

百年大计，教育为本。党的十七大提出了“优先发展教育，建设人力资源强国”的战略部署。2010 年 2 月，《国家中长期教育改革和发展规划纲要征求意见稿》提出“优先发展，育人为本，改革创新，促进公平，提高质量”的方针。这些部署和方针成为我们进一步建设科学化课程体系、将一流的学生培养成世界一流的人才的强大推手，也促使我们进一步思考课程体系构架、课程群设置、课程内容安排等本科培养问题。

信息科学技术的迅猛发展及广泛应用，以及随之带来的相关学科的交叉融合发展，在给人类社会带来革命性变化的同时，也对信息科学技术人才的培养提出挑战。为了面向信息学科的未来，顺应信息学科交叉融合的趋势，适应信息学科发展迅猛的需求，培养未来的信息领域的领军人才，2002 年，北京大学将原计算机科学技术系、电子学系、微电子学研究所和信息科学中心合并，成立了现在的信息科学技术学院（简称信息学院），它集中了原各学科的科研优势和人才优势，实现了强强联合。

在一个集中了计算机科学技术、电子信息科学技术、微电子技术和智能科学技术四个本科专业方向的新兴学院里，如何建立一个各学科之间既互相融合、又互相促进的课程体系，是我们自建院以来一直积极探索和实践的课题。2008 年版《北京大学信息科学技术学科课程体系》首次给出了一个系统、完整的信息科学技术学科课程体系，该书问世之后，对信息科学技术领域的相关院校、教师和学生帮助很大，相关专家和读者也给予了较高的评价和肯定。

2012 年，在学院成立十周年时，我们出版了《北京大学信息科学技术学院本科生课程体系》，总结了从 2008 年到 2012 年学院在培养方案、课程体系、课程内容、英文课程和国际交流等方面的建设情况，并在表述上采用了双语模式，使得该书成为学院与国内外教育界交流本科教学情况的重要媒介。该书作为学院送给每位新生的礼物，为帮助新生迅速了解学院的培养理念和课程内容，合理选修适合自己的专业和课程提供了必要的参考信息。

在学院成立十五周年之际，我们把最近五年来学院在小班课建设、国外优秀课程引进、网上课程（MOOC）、新专业建设（通信工程、数据科学与大数据技术、软件工程）、荣誉学位设立以及教育研究等方面的最新进展进行总结，同时把全院所有课程的大纲进行梳理和更新，出版《北京大学信息科学技术学院本科生课程体系（修订版）》。本书通过总结现状的方式成为未来改革的基础。我们也希望这种定期更新的方式能够保持下去，使得我们始终对学院人才培养的现状有一个清醒的认识，并将每一步的教学改革建立在对现状的充分分析基础之上。

1.2 2008年版（简称红皮书）成书过程

2008年版《北京大学信息科学技术学科课程体系》的基本思路是：利用学院平台优势，打通四个专业的主要基础课，建立信息学院的基础教学平台课，然后在此基础上构建各个专业的核心课，并在这一课程体系中充分体现信息学院的特色，即注重四大基础“数学、物理、电路和计算机”。

信息学院自成立以来，为了建立起适应多学科共同发展的教学体系，本科教学方案一直在调整与改进中。为了更有效地总结经验，探索改进的途径，北京大学信息科学技术学院和清华大学出版社于2007年联合设立了北京大学信息科学技术学院本科生教学体系改革研究项目。从2007年5月开始在全院教师中大规模讨论新的教学体系和方案。

2007年6月，学院组建了本科生教学体系研讨小组，并细分为计算机科学技术和电子信息科学技术两个小组。计算机科学技术组由李文新负责，成员包括谢昆青、许卓群、屈婉玲、代亚非、汪国平、王千祥、张铭、谭营、封举富、田永鸿、刘扬、李险峰、邓志鸿；电子信息科学技术组由胡薇薇负责，成员包括陈徐宗、甘学温、王志军、李志宏、贾嵩、廖怀林、段晓辉、陈江、高旻、周小计、刘璐和顾问余道衡教授、周乐柱教授、项海格教授、毛晋昌教授。此外，王克义、佟冬等也参加了部分会议的讨论。

研究项目的进展是以定期召开小组讨论会议，确定要完成的工作，之后分头完成各自的工作，再讨论的形式进行的。每个小组成员代表了一个研究领域的所有教师，由他们组织本领域的分组讨论。借助这种分级组织讨论的方式，形成了全院教师总动员、共同探讨本科教学体系的局面。因此，这是一次规模浩大的本科教学体系大研讨，所形成的方案凝结了全院教师的心血和智慧。这种研讨的方式也为教学新方案的实施及相关课程的建设和改进奠定了群众基础。由此促成学院教师都能清楚学院的总体教学目标和教学体系，从而更好地为学生提供全方位的学习指导。

小组最初讨论了本书的内容和结构，并责成李文新和胡薇薇给出第一版的编写大纲。大纲给出后分别在两个研讨小组和信息学院基础教育部会议上讨论，最后确定了第二版。之后由陈江给出了课程群和课程大纲的模板。每位研究组成员分头组织讨论并组织编写本组负责的课程群介绍和相应的课程大纲。课程群的设置和内容经过多轮讨论后确定下来。在第一稿基本完成后，书稿被印成纸质样书分发给参加编写的老师和信息学院基础教育部的老师，学院基础教育部开会讨论大致内容，并对章节顺序作了调整，同时搜集了全体老师的修改意见。修改后第二次印成纸质的材料交由基础教育部老师逐页审定，并进行第三次集中修改。之后的第三版纸质书稿提交学院相关领导和教师审议。搜集修改意见后第四个版本提交出版社。

1.3　2012 年版(简称蓝皮书)成书过程

2011 年 2 月,带着对以上诸多问题的思考,北京大学信息科学技术学院又一次在全院教师中大规模讨论新的教学体系和方案。2011 年 5 月,学院和清华大学出版社再次联合设立了北京大学信息科学技术学院本科生教学体系改革研究项目,并将其研究成果编入《北京大学信息科学技术学院本科生课程体系》(简称蓝皮书)。

学院组建了本科生教学体系改革研究项目的领导委员会,组长梅宏院士,副组长陈徐宗、李文新,成员有魏中鹏、陈向群、胡薇薇、黄如、查红彬、侯士敏、卢亮。组建了顾问委员会,成员有许卓群、谢柏青、余道衡、屈婉玲、赵宝瑛、周乐柱、项海格、王克义、甘学温、唐镇松、韩汝琦。组建了本科生教学体系改革研究项目的工作委员会,组长李文新,副组长胡薇薇,组员有陈一峯、邓志鸿、谢昆青、贾嵩、王志军、杨朝晖、董晓晖、李享。组建了学科工作组,并细分为计算机科学技术和电子信息科学技术两个小组。计算机科学技术组由陈一峯负责,成员包括李文新、谢昆青、邓志鸿、曹永知、代亚非、汪国平、王千祥、张铭、谭营、封举富、田永鸿、刘扬、佟冬;电子信息科学技术组由胡薇薇负责,成员包括王志军、贾嵩、刘晓彦、李志宏、于民、廖怀林、段晓辉、陈江、周小计、刘璐、张耿民、尚勇。

全书统稿分工:第 1 章由胡薇薇负责统稿,第 2 章由王志军负责统稿,第 3 章由董晓辉负责统稿,第 4 章由陈一峯负责统稿,第 5 章由贾嵩负责统稿,第 6 章由邓志鸿负责统稿。

全书编写分工:第 1 章由李文新和胡薇薇完成。

第 2 章 2.1、2.2 节由陈一峯参考信息学院 2011 年本科生培养方案和教学手册完成;2.3 节导师制由谢昆青编写;2.4 节选课指导中,计算机科学技术专业由陈一峯编写,电子信息科学技术专业由胡薇薇、段晓辉编写,微电子学专业由贾嵩编写,智能科学技术专业由谢昆青编写;2.5 节实践与能力训练由王志军编写;2.6 节专业分流由谢昆青编写;2.7 节毕业论文与毕业设计由贾嵩编写。

第 3 章学院平台课。3.1 节信息科学技术概论由张兴编写,3.2 节数学基础课程群由陈一峯根据数学学院提供的教学大纲整理,3.3 节物理基础课程群由张耿民、于民编写,3.4 节程序设计基础课程群由张铭、代亚非、李文新编写,3.5 节电路基础课程群由陈江、陈徐宗、周小计编写。

第 4 章计算机科学与技术专业课程大纲。4.1 节课程体系由陈一峯编写;4.2 节专业基础课中,软件基础课程群由王千祥负责编写,硬件基础课程群由佟冬、陆俊林负责编写,理论基础课程群由陈一峯负责编写,智能基础课程群由邓志鸿负责编写;4.3 节专业课程群中,计算机理论课程群由陈一峯负责编写,程序设计课程群由李文新负责编写,软件工程课程群由孙艳春负责编写,数据管理课程群由高军负责编写,计算机网络课程群由严伟负责编写,计算智能与知识发现课程群由邓志鸿负责编写,计算机体系结构课程群由陆俊林负责编写,数字媒体与人机交互课程群由田永鸿负责编写,自然语言处理课程群由王厚峰负责编写,智能感知课程群由邓志鸿负责编写。

第5章电子信息科学与技术专业课程大纲。5.1、5.2节由胡薇薇负责编写;5.3节专业基础课群中,专业数学基础课程群由高春媛负责编写,专业计算机基础课程群由王志军负责编写,专业物理基础课程群由张耿民、于民负责编写,专业电路基础课程群由陈江负责编写;5.4节专业课程群中,电子物理方向专业课程群由周小计负责编写,微电子方向专业课程群由贾嵩负责编写,通信方向专业课程群由段晓辉负责编写,电路与系统方向专业课程群由刘璐负责编写,信号处理方向专业课程群由尚勇负责编写。

第6章国外部分著名高等院校电子工程与计算机学科培养特色解读。电子工程学科中,加州大学伯克利分校解读由陈江编写,普林斯顿大学解读由段晓辉编写,斯坦福大学解读由于民编写,剑桥大学解读由周小计编写,新加坡国立大学解读由廖怀林编写,麻省理工学院解读由康宁编写,牛津大学解读由彭翔编写,哈佛大学解读由许胜勇编写,耶鲁大学解读由廖建辉编写,加州大学洛杉矶分校解读由陈晨编写;计算机学科中,卡内基梅隆大学解读由许卓群编写,伊利诺伊大学香槟分校解读由闫宏飞编写,东京大学解读由赵海燕编写,剑桥大学解读由王衡编写,麻省理工学院解读由陆俊林编写,斯坦福大学解读由王千祥编写,加州大学伯克利分校解读由汪国平编写,牛津大学解读由陈一峯编写。

1.4 本书(简称绿皮书)成书过程

2016年4月,北京大学启动了新一轮本科生教学体系改革研究。2017年4月,学院将近五年的教改措施和成果编入《北京大学信息科学技术学院本科生课程体系(修订版)》(简称绿皮书)。

学院组建领导委员会,组长黄如院士,副组长李文新,成员有魏中鹏、查红彬、侯士敏、蒋云、谢冰、冯梅萍、熊校良。组建工作委员会,组长李文新,副组长胡薇薇,成员有谢昆青、王志军、王源、王韬、陈章渊、陈一峯、邓志鸿、杨朝晖、董晓晖、李亨。学科工作组分为计算机与智能方向、电子与微电子方向,成员包括李文新、谢昆青、陈一峯、邓志鸿、王韬、张铭、郭耀、王志军、王源、段晓辉、陈章渊、胡薇薇。

全书统稿由胡薇薇负责。

全书编写分工如下。第1章1.1节成书动因和1.5节本书特点由李文新完成,1.2~1.4节成书过程由胡薇薇负责。

第2章2.1节培养理念与培养方案和2.2.5节实践与能力培养由王志军编写,2.2.1节本科生培养四年连贯导师制和2.2.2节自主选择与专业分流由谢昆青编写,2.2.3节拔尖人才培养和2.2.4节国际交流由郭耀编写;2.3.1节和2.3.2节由胡薇薇参考信息科学技术学院2016年本科生培养方案和教学手册完成,2.3.3~2.3.8节由陈一峯完成;2.3.9节和

2.3.10 节由陈章渊完成,2.3.11 节和 2.3.12 节由王源完成,2.3.13 节和 2.3.14 节由邓志鸿完成。

第 3 章学院平台课。3.1 节信息科学技术概论由王源统稿,3.2 节数学基础课程群由董晓辉根据数学学院提供的教学大纲整理,3.3 节物理基础课程群由胡薇薇统稿,3.4 节计算机基础课程群由陈一峯统稿,3.5 节电路基础课程群由王源统稿。

第 4 章学院各专业课程大纲。4.1 节计算机类专业课程群由陈一峯负责统稿,4.2 节电子与通信专业课程群由胡薇薇负责统稿,4.3 节微电子专业课程群由王源负责统稿,4.4 节智能专业课程群由邓志鸿负责统稿。

第 5 章 5.1 节本科生培养科研成果展示由王源负责编写,5.2 节本科生国际交流由郭耀负责编写,5.3 ~5.5 节本科生创新创业、发表论文及历年获奖由王韬负责编写。

第 6 章由张铭负责编写。

全书英文第 1 章内容由李文新完成,翻译由王韬、陈一峯负责,英文第 2 章内容由胡薇薇完成,翻译由王韬、陈一峯负责。

1.5 本书特点

本书总结了北京大学信息科学技术学院十五年教学改革的经验,给出了一个多学科交叉融合的信息学院大平台下的本科生课程体系,体现了几个突出的特点。

第一 强调自主,学生更大选择空间

2016 年,北京大学做了一次大规模的本科生培养方案修订。这次修订的主要思想就是给学生松绑,让他们有更多选择的空间。学生需要修习的课程学分被分为四个部分:全校必修课程(30%)、专业核心课程(20%)、专业限选课程(30%)和全校任选课程(20%)。我们希望把一个专业最核心的知识能力训练集中在 10 门左右的专业核心课程里,而在专业限选课程中允许学生打破专业限制,自主选择适合个人兴趣和志向的专业课程。在全校任选课程则允许学生在全校所有课程中选择喜欢的课程。这样的安排给学生更多自由,以让他们更充分地了解自己,并且也方便他们在自由选择的空间内修读一个辅修学位。

第二 鼓励交叉,培养方案跨院组合

在这一版的培养方案中,我们增加了“数据科学和大数据技术专业”的两套培养方案。一套是计算机科学技术与自然科学交叉,另一套是计算机科学技术与金融方向交叉。前者是和数学学院共同建设,后者是和经济学院共同建设。

第三 提高质量,小班课程师生讨论

在近几年的课程改革中,我们选择在几门专业核心基础课上增设了小班课。每周两小时让学生分小班(15 人以下/班)与一位授课教师一起讨论课程内容,一方面培养学生的表达能力,另一方面给学生一个与教授近距离接触的机会。这种安排让教授可以通过自己的一举一动在无形中影响学生,同时也让教授对学生中存在的问题有所了解。

第四　个性培养,课程相同学法不同

在重要的专业课程上,我们提供多种授课模式,包括小班荣誉课程、英文授课、反转课堂(借助慕课)、传统课堂平行班(多个教师同时开课)等。学生可以根据自己的兴趣能力选择适合自己的上课方式,最大限度地提高学习效率。

第五　国际视野,引进课程派出学生

在拓宽学生的国际视野方面,我们开展了以下几项工作:全盘引进国际先进课程(卡内基梅隆大学的"计算机系统导论"),把暑假小学期建设成外教集中授课的小学期(每年聘请国际著名教授讲授英文课程 6～10 门),有组织地派学生去英美著名高校做暑期实习和名校短期交流等。

第六　研究先行,改革在后调研在前

持续进行教育研究,组织教育教学研讨会。鼓励教师参加国际教育研讨会并加入信息教育国际组织,参与国际课程标准的制定,等等。

第2章　培养理念与培养体系

2.1　培养理念与培养方案

北京大学是我国第一所综合性大学，一直保持着文理见长、理工结合的特点。

在20世纪80年代我国改革开放后，国家建设对人才需求的结构发生了变化。社会发展不仅仅需要应用型专业化人才，更需要大批基础宽厚、视野开阔的综合型人才。

北京大学根据改革开放以后国内高等教育形势的变化，借鉴国际上先进的教学理念并结合我国的实际情况，在1988年制定了“加强基础，淡化专业，因材施教，分流培养”的教学改革十六字方针。遵循这一方针，学校确定了本科教学改革的总体思路，即“在低年级实施通识教育，高年级进行宽口径的专业教育，逐步实行在教学计划和导师指导下的自由选课学分制，稳步推进教学改革”。建立了“元培计划”实验班，建设了300多门通识教育课程，在全校各院系开展专业大类培养模式，开创了我国本科生通识教育的先河。

2013年，在总结长期教学改革的经验、研究世界高等教育发展趋势的基础上，以《北京大学章程》为依据，北京大学提出了新时期本科教育改革的十六字方针——“加强基础，尊重选择，促进交叉，卓越教学”。新的教改方针进一步确定了“以学生为中心”的理念，给学生更多自主选择和个性化发展的空间，同时加强通识教育和专业教育融合，鼓励跨学科学习，着力培养具有国际视野、在各行业起引领作用、具有创新精神和实践能力的高素质人才。

进入21世纪后，信息科学技术的发展日新月异，学科之间的联系也更加紧密。尤其是信息科学相关学科间，仅仅靠交叉是不够的，需要深度融合。同时，社会对具有信息科学宽厚基础的综合型人才的需求也越来越迫切。在这个背景下，北京大学于2002年将原计算机科学技术系、电子学系、微纳电子学系和智能科学系合并，成立北京大学信息科学技术学院。组成学院的几个系都历史悠久。早在1958年，在原来的物理系无线电物理、电子物理等专业的基础上，成立了无线电电子学系，1996年更名为电子学系；1978年，在原数学力学系计算数学专业和无线电电子学系计算机专业的基础上，成立了计算机科学技术系；同年，在物理系部分专业的基础上建立了微电子专业，是我国微电子学科的开拓者，1986年成立了微纳电子学研究院；1985年，为了体现多学科交叉和结合，由数学系、计算机系、电子学系等10个系（所）参与联合成立了信息科学中心，即此后的智能科学系，2003年，智能科学系在全国率先设立了智能科学与技术本科专业，并于2004年招收第一届学生。

信息科学技术学院作为一个实体单位，具有专业全面、重点学科多的特点。在本科生培养层面，学院设有7个专业：计算机科学与技术、数据科学与大数据、软件工程、电子信息科学与技术、通信工程、微电子科学与工程、智能科学与技术。在研究生培养层面，学院有3个一级学科：计算机科学与技术、电子科学与技术、信息与通信工程；下设10个二级学科：计算机软件与理论、计算机体系结构、计算机应用技术、软件工程、通信与信息系统、信号与信息处理、电磁场与微波技术、微电子学与固体电子学、物理电子学、电路与系统。

学院秉承北京大学教学改革理念,结合北大信息学科具有较强的数学物理背景和理工科相结合的特点,本科教学建设强调“拓宽夯实知识基础,培养锻炼综合能力”的基本原则,着力培养信息科学领域的领军人才,形成了本科、硕士、博士三个连贯的培养体系。

为了适应信息学科发展迅猛的需求,结合本院学生85%继续深造的具体情况,学院制定了“能力培养为纲,知识传授为目;基础知识为体,专门技术为用;避免急功近利、强调后发优势”的教学指导方针,并形成了新的符合原4个单位共性和特色的信息学科本科生培养体系。新的培养体系体现了信息学科大类培养理念,注重理工结合,在加强基础教学的同时,强调强化实践教学,重点关注如下三个方面。

(1)结构化的教学体系框架设计:构筑能够灵活调整课程安排、教学内容和教学形式的教学体系框架,建设专业课程群,适应本学科发展迅速和与产业结合紧密的特点。

(2)基础课程设置注重知识结构广度和深度相结合:依托北大的人文学科优势,培养学生的人文基础;依托北大的理科优势,夯实数学物理基础;依托计算机学科的历史积淀,强化算法和软件编程基础;依托电子科学技术学科,加强硬件基础。

(3)面向能力培养的学习环境建设:强化实践教学,建设面向基础知识和综合创新能力培养的实验教学体系;建立结合真实科研任务的、与研究生同等条件的科研实习制度;营造敢于表达、质疑、挑战、犯错和承担的学术氛围。

学院的本科教学在学校和学院教学理念的框架下,经过十几年的改革和建设,形成了具有理工相结合特点的培养方案,如图2-1所示。

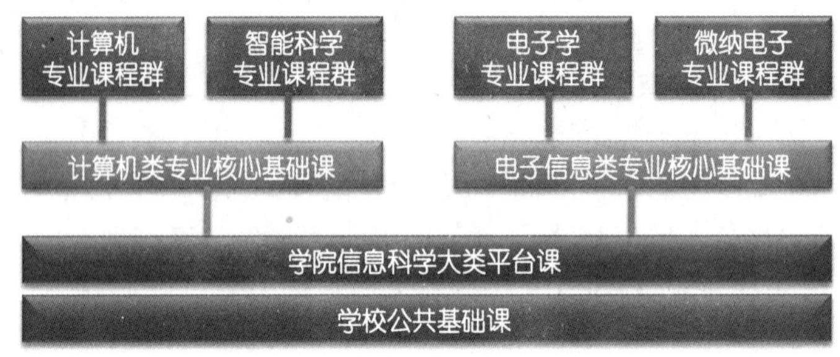

图2-1 信息科学技术学院本科生培养方案

培养方案体现了重基础、分阶段、多层次和模块化的建设思路,采取信息学科大类招生、大类培养的模式,并相应构建了7个专业、11个培养方向的本研连贯的培养体系,突出综合型、研究型、创新型、个性化的人才培养特色。

除学校公共基础课外,培养方案将课程分为三个层级:学院信息科学大类平台课、专业核心基础课和专业课,分别安排在一年级、二年级和高年级三个阶段。培养方案的特点具体体现在如下几点。

(1)信息学科大类培养:学院从2004年开始,统一按信息大类专业招生。一年级阶段不分专业，按信息学科大类授课，统一安排数学、物理、计算机和电路方面的基础课，以加强学生的数理和软硬件基础；二年级阶段学生自由选择专业，课程分为电子信息类和计算机类两个方向，安排相应专业基础课程；高年级阶段分为计算机科学与技术、数据科学与大数据、软件工程、电子信息科学与技术、通信工程、微电子科学与工程、智能科学与技术 7 个专业，同时结合将来研究的方向，由学生选择相应专业课程群。

（2）加强基础，将通识与专业教学相融合。本次修订后的培养方案包括 4 个部分：公共与基础课程、专业核心课程、专业限选课程、通识与自主选修课程。在夯实学生基础的同时，重点凝练专业核心课程体系，加强专业教育和通识教育的融合，在专业教育中贯穿通识教育的理念。

（3）多层次实践能力培养。信息科学是一门实践性非常强的学科，实践训练在教学过程中占有非常重要的地位。学院的实践教学除了不断改革、建设基础实验课程教学外，还通过本科生科研、学科竞赛、创新创业活动、国际科研交流等大范围开展创新科研实践活动，全方位培养学生的综合创新能力。为加强学生间的交流，鼓励优秀人才脱颖而出，学院每年定期举办两个学生活动：以应用作品为主的北大信科创新之夜活动，以科研成果为主的北大信科本科生科研展示活动。

（4）促进学科交叉，培养高水平的跨学科人才。在人才培养模式改革的实践中，北大已逐渐探索并建立了包含元培模式培养、学科大类培养、交叉学科人才培养、辅修双学位培养等模式在内的跨学科人才培养模式。学院坚持学科大类培养模式，在低年级彻底打通原 4 个系的本科教学，结合学校的素质教育通选课和中文、历史、哲学、心理、经济、数学等各大领域的辅修双学位，为学有余力的学生提供多种选择。2016 年，学院与数学、元培和经济学院联合，开设了“数据科学与大数据”这一跨学科专业。通过这些努力，学院正致力于打破院系之间的“壁垒”，真正从全面培养“人”和学生未来发展的角度，从促进学科交叉的角度，改进和完善各专业的培养方案。

（5）打造卓越的本科教学。学校坚持教授上本科生基础课，建设了素质教育通选课程、学科大类平台课程、外文平台课程和主干基础课程，确保本科教学的高水准。学院结合生师比4∶1 的师资优势，本科教学坚持精英教育，推出了一系列举措：新生导师制度对学生在专业方向、课程、学习生活、心理、学业规划等各方面进行指导，帮助学生快速实现从中学到大学的转变；“大班授课、小班研讨、一对一答疑”教学模式训练学生独立思考、自主学习、团队合作、沟通交流等全方位的能力；科研训练培养学生严谨的科研态度、科学探究兴趣、综合实践能力和创新创业能力；拔尖人才培养计划通过系列实验班课程和国际化平台建设，使得有特长、能力强的同学接受更加深入的课程训练，体现因材施教，培养选拔优秀人才。

（6）加强国际交流，开拓学生视野。为了培养“具有国际视野的创新型人才”，学校一直重视本科生的国际交流，与 50 多个国家与地区的 250 所高等院校建立了校际交流关系。同时，学校还积极吸引世界一流大学的师生到北大来，营造国际化的校园氛围，已开设的双语教学课程达到 200 多门次。除了学校的国际交流资源外，学院通过开设小班英文课、引进外教、签订国际交流项目、设置国内国外双导师和资助学生参加国际会议等方式,广泛开展国际交流活动,开拓学生视野。学院分别与美国加州大学洛杉矶分校、美国康奈尔大学和英国爱丁堡大学签订了“3+2本硕联合培养项目”;与卡耐基梅隆大学、康奈尔大学、爱丁堡大学和加州大学洛杉矶分校合作开展暑期科研实习项目;聘请了卡耐基梅隆大学、加州大学洛杉矶分校、康奈尔大学、加州大学圣地亚哥分校、加州大学伯克利分校和伊利诺伊大学的著名海外教师开设研究型学习研讨班。

(7) 尊重学生选择,鼓励个性发展。学校的自由开放的选课制度和灵活的转院(系)制度,为学生的自由发展提供了更多的选择和更为广阔的发展空间。学院为学生选择提供了丰富的资源:雄厚的导师队伍,多样的专业设置,A/B班的基础课程,实验班的专业课程,3个国家重点实验室、12个省部级重点实验室(中心)的科研资源,广泛的国际交流合作,丰富的社团活动,拔尖人才培养计划,等等。2011年开始,学院将学生毕业要求由150学分压缩到143学分,学生有更多的时间去选择参加学科竞赛、科研训练、出国交流、辅修双学位等,为不同兴趣和特长的学生的自主发挥提供了更大空间。

今后,学院将紧跟国家建设和社会发展对信息学科人才的需求,进一步完善培养理念和培养方案。在我国新工科建设的契机下,探索信息科学相关学科的微纳集成电路设计与制造、人工智能、智能互联等跨学科新专业建设,探索信息学科与数学、物理、生物、医学、人文、社科等学科相结合的物理电子信息技术、精准医疗等新专业建设,为国家培养更多基础宽厚、视野开阔的综合型人才。

2.2 培养模式与培养体系

2.2.1 本科生培养四年连贯导师制

信息学院是北京大学最大的学院,也是一个非常年轻的学院。今天的学生,特别是大一刚入学的本科生,因环境和角色改变,开始经历人生和学习的重大转换,往往处于最脆弱的阶段,许多失败教训也多归咎在这一时期。学院自成立初期便开始尝试将导师制作为本科生培养系统中的重要内容。以2004级本科生为例,360余名新生分为6个班级,学院为每班安排了1名教授作班主任、5名青年教师作导师,提供学业及生活上的指导。这一期间,班主任及导师主要以主题班会形式与学生进行交流,导师也会走进宿舍,沟通学生的课业选择和生活等问题。导师制的建立使学生在遇到学业或生活上的问题时,有了新的寻求帮助的对象。然而,青年教师由于经验少、各种负担重等原因,指导效果并不理想。

2008年,信息学院逐步完成了专业资源整合,进入平稳发展阶段。为保证导师制在教学管理工作中能切实起到强有力的支持作用,帮助学生顺利成长,学院基础教育工作部设计了多层次的生活—学业导师体制,对不同阶段的学生提供专业化和精致化的培养指导,提出了“三高一精”(高素质、高稳定、高标准、精致化)的导师要求。

高素质　大一本科生的导师必须由教授担当(个别例外可以是经验丰富的副教授),每位教授都有责任和义务参与此项工作,导师之间经常交流经验,学院每年都要考核筛选,确保导师的高素质。

高稳定　按照年级导师形式进行管理,学院负责大一导师的组织管理和建设,各系则负责其他年级导师队伍。各个专业的导师保持相对稳定,导师的任职年限也保持相对稳定。

高标准　学院对导师的工作量和工作质量都做出了明确的规定。通常每位导师指导4名学生,每学期与学生见面交流不少于两次,每次谈话至少一小时;导师要视具体情况增加必要的单独交流。每次交流活动由当事学生及时记录内容,送学院备案;学院也给予导师交流活动一些经费支持,并对导师进行年终主客观评定和奖励。

精致化　导师的精致化辅导主要体现在导师的专业化,即针对学生的成长轨迹和学习特点,安排专门的导师做学业和生活上的帮助。大一导师主要是对学生的课程和专业选择进行辅导,特别是对于新生在开始大学生活时所面临的各种挑战,帮助化解学生的困难和负面情绪。导师将在大一结束后将学生特点总结归纳,并传递给相应的大二导师。大二导师则由各系组织建设,主要针对少数需要辅导的学生(由各系和班主任确定名单)。大二导师要对学生进行专业选课指导,并根据每个学生的特点和需求进行专门的选课交流,给出选课意见。学生到了大三和大四,导师则由年级制转为研究导师制,学院通过设立各种本科基金和项目,给予绝大多数学生科研学术指导,并根据培养方向进行专门的训练。

学院自2009年实行导师制以来,极大促进了本科生培养工作。这些促进作用主要体现在以下几点:①新生角色转换顺利,适应能力增强。2009年以来,大一新生参加学院活动的积极性明显增加,班级氛围更加和谐,特别是在导师组织下的学习小组,使新生角色转换更加迅速平稳。从教务部门获取的统计数据显示,几年来信息学院新生的平均绩点比此前提高了0.1左右(北大绩点满分为4.0),不及格人数也明显减少。②师生定期交流,打通了学院与学生之间沟通的渠道。通过导师与学生的交流材料以及导师的汇报,学院能够及时获得学生对于课程设置、管理方式的第一手反馈信息。同时,也可通过导师向学生传达学院的教育理念和管理意图,使院内氛围更加和谐。③本科生科研成绩斐然。近年来,越来越多的高年级本科生加入到实验室的科研项目中来,本科生发表在国内外一流学术会议和杂志论文的数目明显提升。④学生综合素质显著提高。几年来,学院本科生在出色完成学习任务的同时,越来越多地参与到学校的各类活动中去,无论是文艺活动、各类竞赛还是志愿服务,信息学院的学生都有着出色的发挥,获得各类奖励的数量逐步增加。

2.2.2　自主选择与专业分流

北大信息学院的教学科研对应高考目录的《电子信息科学类》专业,2004年开始实施按学院统一招生。为此,学院构建了本—研连贯培养的体系,体现出“重基础、重创新”的培养特色和研究型、综合型的培养模式,充分尊重学生的个性化发展,培养有国际视野的行业领军人才,即:具原创能力的研究型人才、具集成能力的工程型人才和具组织能力的管理型人才。

学院每年招收本科新生约350名,占全校新生的1/9。学生高考排名在校内属中上,但成绩分布差异较大。与其他学院(本源自单一学科系,如数学、物理、化学、生物学院等)相比,信息学院是由四个系合并组成,学科专业彼此跨度大。因此,课程体系设计了多套方案来适应不同方向的培养,供学生选择。专业分流采用一年的方式(上述学院则为二年分流)。信息学院每年预先制定各专业分配计划,遵循“自愿为主、计划为辅、积极疏导”的分流原则,尽可能满足学生的个人兴趣志向。在实际操作中,适当考虑学生的选课情况和专业基础,并提供更加科学合理和人性化的跨专业辅修机会,主动引导,积极疏解,减少盲目,降低分流的专业不平衡。同时不断探讨其他举措,通过发现问题和深入分析,逐步完善分流工作。

分流工作在大一下学期(每年 4 月份)进行,包括宣传、填报和调剂三个阶段。

第一阶段,宣传引导。在这一阶段,学院努力为学生提供全面实用的信息,包括发放专业手册、召开动员大会、举行专业专场讲座、网络讨论和开放日参观咨询等,帮助同学们了解四个专业的情况。

第二阶段,网络填报。学院建立了专门的网上分流系统(见图 2-2、图 2-3),每个学生登录后,可以在系统中查看自己的综合成绩(绩点和指定专业课成绩)和年级排名(对于其他人不可见)。要求在规定日期内进行填报,必须按顺序选择三个专业系,并对应指定其中一个方向(四个系各有一到六个方向不等)。

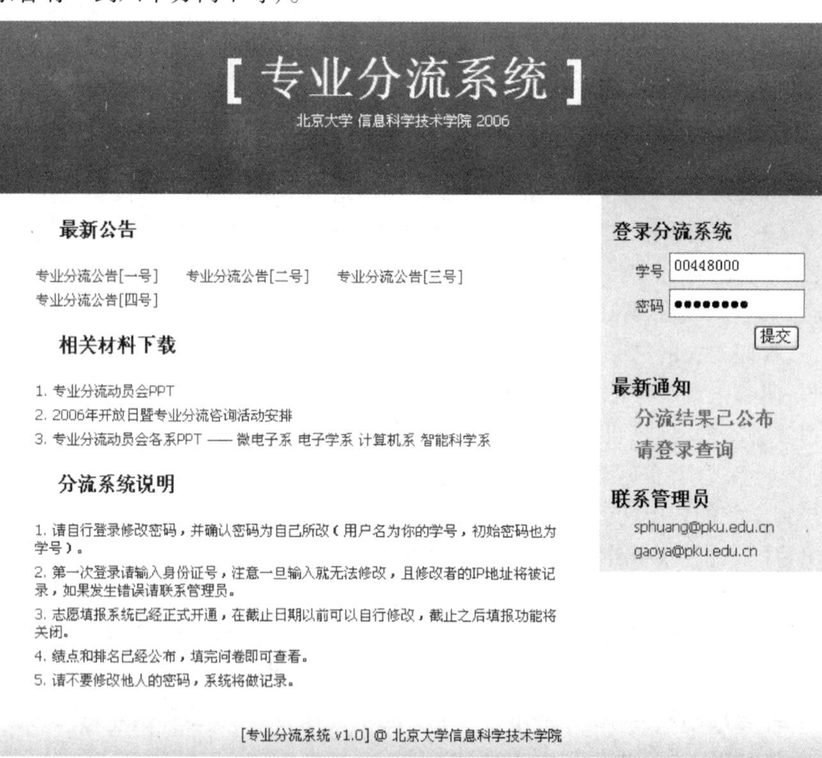

图 2-2　专业分流系统入口

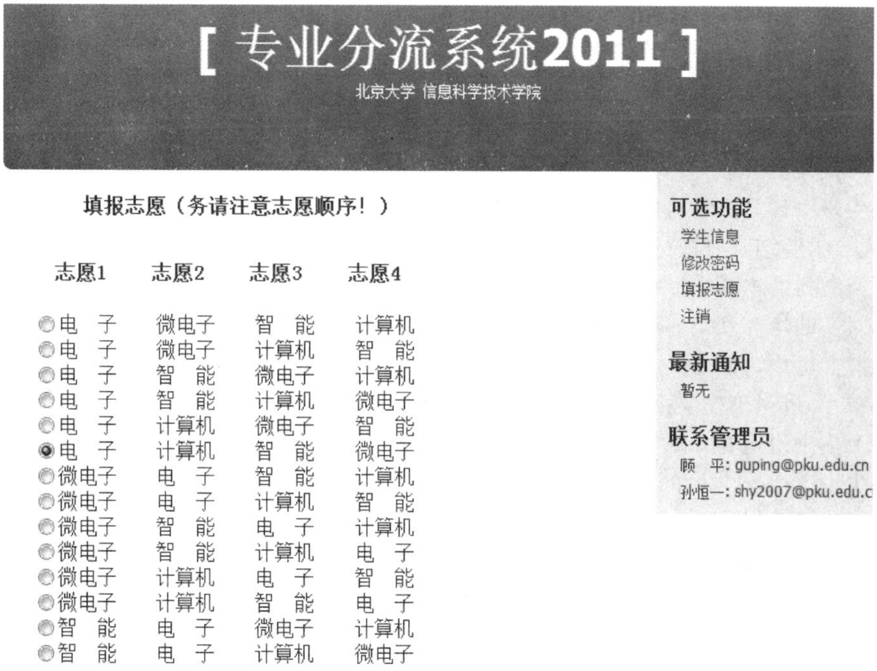

[专业分流系统2011]

北京大学 信息科学技术学院

填报志愿（务请注意志愿顺序！）

志愿1	志愿2	志愿3	志愿4
电　子	微电子	智　能	计算机
电　子	微电子	计算机	智　能
电　子	智　能	微电子	计算机
电　子	智　能	计算机	微电子
电　子	计算机	微电子	智　能
电　子	计算机	智　能	微电子
微电子	电　子	智　能	计算机
微电子	电　子	计算机	智　能
微电子	智　能	电　子	计算机
微电子	智　能	计算机	电　子
微电子	计算机	电　子	智　能
微电子	计算机	智　能	电　子
智　能	电　子	微电子	计算机
智　能	电　子	计算机	微电子

可选功能

学生信息

修改密码

填报志愿

注销

最新通知

暂无

联系管理员

顾　平: guping@pku.edu.cn

孙恒一: shy2007@pku.edu.c

图 2-3　学生选择志愿界面

第三阶段，调整调剂。为了保证教学质量，当分流结果突破各系规定上限时，需要根据学生成绩进行一定调剂。

采用这样的专业分流模式，能够在保证公平、公正的前提下尽可能为学生提供更多的信息和考虑的空间。信息化手段为分流管理工作提供了很大便捷。随后此模式逐渐为北大其他院系所采用，并且被一些兄弟院校参考借鉴。

2.2.3　拔尖人才培养计划

北京大学计算机学科于 2009 年入选教育部首批“基础学科拔尖学生培养试验计划”，由北京大学信息科学技术学院负责北京大学计算机学科拔尖人才培养的具体工作。自开展拔尖计划工作以来，信息学院根据生源普遍优秀的情况，确立了普惠制的指导方针，使拔尖人才计划中的每项内容对所有学生机会均等、公平选拔，而教学内容在纵深、难度与新颖程度方面充分照顾了拔尖人才的需要。目前计算机学科已逐步形成了通过密切师生关系帮助学生确立人生目标，通过奖励科研成果引导学生自主学习和主动探究，通过丰富的科技活动培养学生表达、沟通和领导才能的拔尖人才培养模式。

1. 拔尖人才培养方案

学院通过几年的摸索，逐渐形成了有北大特色的“边培养边选拔”的拔尖人才培养方案，从 2012 级学生开始，正式设立“北京大学计算机学科拔尖计划人才培养基地”，简称“拔尖班”。

北京大学计算机学科拔尖班的远景目标是培养在计算机科学领域的领军人才,扩大北京大学计算机学科在国际上的影响力。具体目标是通过选拔有研究潜力的优秀本科学生,培养他们对研究的兴趣和经验,引导他们到国内外名校攻读博士学位,并在博士毕业之后走上科研的道路。

(1) 拔尖班选拔

拔尖班由计算机学科(包括计算机科学系和智能科学系)高年级(大三和大四)学生组成,在大二学期结束时进行选拔,每年选拔人数不超过 25 人。具体选拔办法与标准如下:针对有研究潜力的本科学生,选拔有一定研究经验、计划在毕业后继续攻读博士学位的学生,进行有针对性的培养和指导。在选拔时,学生需要提交相应的申请表格,并获得不少于两名教师的推荐方可成为候选人。在第二学年结束时,通过教师提名、学生申请、材料评审、公开答辩等环节,经过讨论投票正式确定加入拔尖班的学生名单。

(2) 拔尖班培养计划

拔尖班以培养学生的学术兴趣和学术能力为主旨,在不同阶段组织不同类型的学术活动。

- 暑期科研培训和实习:在大二暑期,为入选拔尖班的学生举办《科学研究基本素养培训》,邀请国内外著名教授组成导师团队,向学生讲授科学研究的基本方法、论文阅读和写作技巧,传授研究经验,时间为一个月左右。在大三暑期,所有学员均有机会到国外(美国 CMU、Cornell、UCLA,英国爱丁堡大学,新加坡国立大学等)参加为期 2 ~ 3 个月的暑期科研交流项目,深化对科研的理解,积累科研经验。
- 建立拔尖班导师团队:建立由海外知名教授和信息学院精英导师构成的科研导师团队,为每位学生配备“1 + 1”学术导师,具体指导其研究工作。同时建设专门针对拔尖班学生的研究课程,让学生把更多精力投入到研究工作上,每学期末由导师负责给成绩。
- 出国申请指导:在大三下学期和大四上学期,为每位学生提供有针对性的博士申请指导和大学推荐(包括出国申请博士和本校直博),在最大程度上帮助所有学生找到满意的去向。
- 其他活动:为每位学生提供一次出国参加顶尖学术会议的机会(原则上要求参加中国计算机学会规定的 A 类国际会议)。定期举办面向拔尖班学生的“大师接触计划”,邀请国内外著名计算机科学家(院士、专家)与学生座谈,言传身教。另外,提供一定的日常经费,支持学生举办文化、体育、郊游等交流活动。

(3) 拔尖班荣誉学位

为进一步规范化拔尖班的培养体系,提高拔尖班毕业生的集体荣誉感,自 2016 届(2012 级)拔尖班开始,向顺利完成拔尖班所有环节的优秀毕业生颁发“北京大学拔尖班荣誉学位证书”。

2. 拔尖人才培养的具体措施

在拔尖班人才培养方面,学院采取的具体措施包括核心课程建设、国际化平台建设和创新能力培养体系的建设。

(1) 核心课程建设

作为为有特长的尖子学生提供差异化教学模式的一种探索实践，计算机系从2007年开始开设实验班系列课程。从最初为有信息学竞赛基础的同学开设“计算概论”和“数据结构与算法”实验班开始，目前已经成为拥有包括“计算概论”“程序设计实习”“数据结构与算法”“数据结构与算法实习”“算法分析与设计”“编译实习”“操作系统实习”“计算机系统结构实习”“软件工程”“软件工程实习”“数据库概论”“计算机网络”等课程在内的几乎囊括了计算机专业学生全部编程基础和专业核心课程的实验班系列课程群，以及“计算机系统导论”和“算法设计与分析”两门研讨型小班课程。

核心课程以及研讨型小班课程的建设和完善，使能力强的同学能够接受更加深入的计算机课程训练，争取与国外顶级计算机系的课程接轨，甚至在个别课程方面超越国外优秀大学的同类课程。在实验班上，学生的学习积极性被充分调动，开发出众多创新实验项目。

(2) 国际化平台建设

通过开设小班英文课、引进外教、签订国际交流项目、资助学生参加国际会议等方式，开阔学生视野，提高学生表达和沟通能力，使他们融入国际化竞争环境。

学院还聘请了多名海外教师(来自美国卡耐基梅隆大学、美国加州大学洛杉矶分校的丛京生教授、美国康奈尔大学、美国加州大学圣地亚哥分校、美国加州大学伯克利分校、美国伊利诺伊大学香槟分校、英国牛津大学、英国爱丁堡大学等著名高校)，开设研究型学习研讨班。

学院建立了计算机学科拔尖计划海外指导委员会，负责北京大学计算机学科拔尖计划的培养计划、方案、实施过程中的咨询，以及对计算机学科教学大纲改革和科研方向的指导。委员会设组长1~2名，组员8~10名。聘请卡内基梅隆大学张晖教授担任委员会组长，樊文飞教授任委员会副组长。

积极与海外计算机顶级高校开展合作交流。学院分别与美国加州大学洛杉矶分校、美国康奈尔大学、英国爱丁堡大学签订了“3+2联合培养项目”，自开展以来有数十名学生进入该项目。同时我院与美国卡耐基梅隆大学、康奈尔大学、英国爱丁堡大学合作，暑期选派我院计算机系优秀本科生前去进行科研实习，通过实际课题的研究开展，指导学生实践计算机科学技术的研究方法，平均每年有20余名学生进入该项目。

(3) 创新能力培养体系的建设

学院建立了本科生进实验室实习的机制，让学生在科研实践中培养创新能力和综合能力。本科生全员参与科研实习，将科研实习与本科生课程训练并列为本科生培养的两个组成部分。在一、二年级学生中遴选一些基础好的学生，通过“校长基金”“莙政基金”“教育部大学生科研实践计划”、教师自筹等项目进入课题组，参与科研项目的研究，在科研中培养创新能力。在三年级，各个研究所、实验室制度化招收实习本科生，包括组织报名、考核、录取、基础培训、规章制度培训、前沿介绍、与学生讨论确定选题，之后进入与研究生同样的培养模式进行培养。在四年级，所有没进入实验室实习的学生通过双向选择进入实验室完成本科论文。

在各类本科生科研项目的支持下,每年本科生发表论文60余篇。自2013年以来,每年学院都召开"北京大学信息学科本科生科研成果展示会",参加科研项目的学生做论文口头报告和海报展示,邀请海外教授做特邀报告,并与学院老师一起参加对学生科研项目的评选。这些项目的研究方向涉及信息学科的多个热点方向,充分展现了学院学生在本科生科研基金支持下的创新成果。口头报告和海报展示均为英文,使学生提前感受国际会议的标准和水平。

同时,学院积极组织学生参加ACM国际大学生程序设计竞赛、国际大学生超级计算竞赛、团体程序设计天梯赛等大赛,在国际化的竞争环境下检验教学效果,发现优势,寻找不足,并做有针对性的改进。近年来,本科生在ACM竞赛中硕果累累,在全国及全球总决赛的成绩稳定位居前列。2014年在第38届ACM国际大学生程序设计竞赛全球总决赛中获得金牌,在其他国内外大赛中也取得优异成绩。

2.2.4 国际交流

北京大学信息科学技术学院鼓励和支持学生进行国际交流,在课程培养方案上也针对国际交流学生进行了相应的调整。具体来讲,面向本科生的国际交流包括如下的类型。

(1) 学期(课程)交流

北京大学校方和学院与美国、英国、加拿大、日本等国家及我国香港、台湾地区多所著名大学签订了校级和院级的交流协议,学生可以选择在大三的上学期或下学期进行为期一学期的交换。交换的主要内容为课程学习,在交换结束后,可以把相应的课程学分转回北京大学。

(2) 本硕联合培养(3+2)项目

自2010年以来,北大信息学院与美国加州大学洛杉矶分校、美国康奈尔大学、英国爱丁堡大学等签订了本科—硕士联合培养(3+2)项目的协议。参与该项目的优秀本科生可以在大学四年级到对方学校进行交流,提前开始硕士阶段的学习,总共仅需要5年时间就可以获得北大的本科学位和对方学校的硕士学位。

(3) 短期科研交流

校方和学院与美国斯坦福大学、美国卡耐基梅隆大学、美国康奈尔大学、英国爱丁堡大学等著名大学签订了暑期科研实习协议,利用大二或大三暑期,选派计算机系优秀本科生前去进行科研实习,通过实际课题的研究开展,指导学生实践信息科学技术的研究方法。

(4) 参加国外学术会议

学院设立了学术交流基金,为在国际一流学术会议(CCF或学院A类会议)发表第一作者论文的本科生出国开会提供全额资助。

(5) 参加国外各类竞赛

学院支持学生出国参加ACM国际大学生程序设计竞赛、国际大学生超级计算竞赛、各类学术会议组织的国际大学生算法和编程竞赛、国际大学生创新创业大赛等活动,部分优秀学生可以获得全额资助。

2.2.5 实践与能力训练

实践能力培养是学院本科生培养体系的重要组成部分,是培养高水平、创新型人才的重要手段，同时也是新形势对高等教育教学的迫切要求。信息科学技术学院建立了一整套本科生实践与能力训练的制度，将实践与能力训练和本科生课程训练并列为本科生培养的两个组成部分，其目的是在学生接受理论训练的同时，培养学生的动手能力和综合能力。本科生实践能力训练由几方面组成，包括实验课程、科研实习、学科竞赛、创新创业训练和毕业论文等。

在实验课程方面，学院进行了针对计算机科学技术系和智能科学系（即计算机类）以及针对电子学系和微纳电子学系（即电子信息类）学生实践能力培养的改革和建设。建设了国家级计算机实验教学示范中心和北京市级电子信息科学基础实验教学示范中心，为北京大学计算机类和电子信息类实验教学提供了优质的服务。

科研实习是学院本科生培养的一个重要方面，学院已将本科生科研训练纳入到本科生常规培养模式中，强调培养学生的创新能力、综合能力和实践能力。

结合各类科研基金，让本科生从一年级开始就陆续进入实验室，跟随导师和硕士生、博士生共同参与真实课题研究。这样做的好处有：①让学生提前感受研究的文化氛围，培养科学素养；②通过科研，充分认识数理基础的重要性，积极主动奠定坚实基础；③导师和学生互相沟通了解，提高研究生生源质量；④提前培养专业基础知识，将研究生培养延伸至本科，有助于出高质量的研究成果。

学科竞赛是另一种形式的能力培养与训练的途径。感兴趣的学生可以参加学院组织的培训与选拔。通过培训、预赛、比赛等环节，学生的软件编程能力、硬件设计能力、系统综合创新能力得到了快速的提升。

在“大众创业、万众创新”的感召下，学校和学院为本科生双创活动提供了丰富资源和平台保障。开设了“创新工程实践”和“科技创新与创业”课程，聘请著名企业家授课并作为创业导师，构建了跨学科的双创教育—实践—孵化—创业的生态体系，涌现出多个学生创业的成功案例。

1. 本科生实践能力培养方案

信息学院本科生实践能力培养方案如图2-4所示。该方案分为基础实验课程教学、创新科研实践活动和本科毕业论文三个层面。

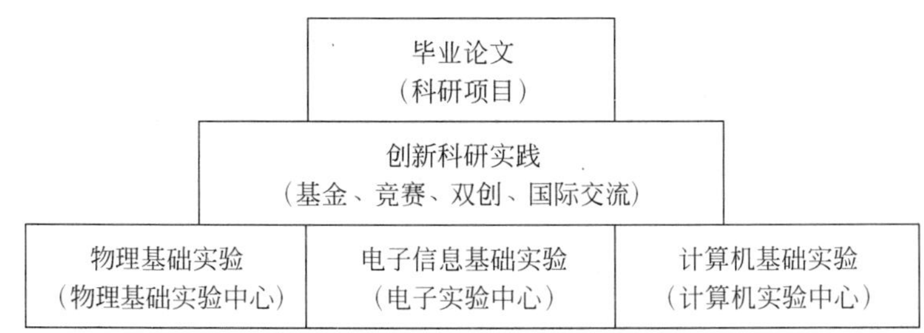

图2-4　信息学院本科生实践能力培养方案

(1) 基础实验教学。包括物理学院的物理基础实验中心开设的物理基础实验课程、信息科学技术学院电子信息科学基础实验中心开设的电子信息基础实验课程和计算机实验教学中心开设的计算机基础实验课程。

(2) 创新科研实践活动。在本科一、二年级遴选基础好的学生,结合大学生创新计划、校长基金、莙政基金、泰兆基金等科研基金,以及学科竞赛和双创等项目,进入科研组或实验中心创新实验室进行研究实习;三年级本科生80%进入研究所课题组进行科研实践活动。学生还可申请国际交流项目,参加境外暑期科研活动。

(3) 本科毕业论文。四年级本科生100%进入研究所课题组进行毕业论文工作,整个过程有着严格的质量控制。学生、教师双向选择,共同选题,论文中期检查,各研究所进行答辩并将30%的优秀论文向学院推荐,推荐的优秀学生再经过学院答辩,最后评出学院十佳论文。

2. 基础实验教学

信息学科的基础实验教学活动在学院的两个实验教学示范中心开展。

计算机实验教学国家级示范中心构建了与学院培养体系相应的实验课程体系,分为程序设计基础课程实验、硬件基础课程实验、软件基础课程实验、高级软件技术课程实验和计算机应用课程实验5个层次,共30余门课程。每门课程实验中又包含验证型、设计型和综合创新型实验项目。整个课程实验内容体系体现了系统性、层次性、综合性的特点,并通过课程实验教学循序渐进,全面培养学生的创新实践能力。

为了夯实学生的基础,提升科学研究创新能力,学院系统引进了国外优秀课程,建设了“计算机系统”和“算法分析与设计”两门研讨型小班课程;改革建设“编译原理”“操作系统”“体系结构”“计算机网络”和“软件工程”等项目级实践课程,重点培养学生扎实的实践技能、自主学习能力和系统层次上的创新能力。

为配合开放教学,中心自主开发了多套辅助实验教学系统:基于虚拟机的个性化实验环境,服务全球的程序设计在线评测系统POJ,面向大学计算机基础教学的编程网格系统PG,面向程序设计初学者的集成开发环境PKUCTutor,程序对抗系统Botzone,基于北大众志芯片的计算机系统结构实验环境以及基于虚拟化的编译实习环境等,增强了实验的趣味性,提高了实验教学效率。

电子信息科学基础实验中心建设了理工相结合特色的实验课程体系,分为基础、综合、创新和专业4个层次。中心对各个层次的实验课程进行了改革建设。

基础层次精简验证性实验,增加研究探索性实验内容。采取小班授课、精雕细琢的教学模式。强调培养学生扎实的基本实践技能和科学有序的实践素质,激发学生科学研究、科学探索的兴趣。

综合层次增加设计性、软硬件协同的实验内容,强调学生自主,引导学生创新。每门课程都至少包含一个大的综合设计实验和多个可选的设计题目,还可自主命题。

创新层次新建以项目为导向的创新实验课程,如电子系统设计实践、创新工程实践、嵌入式系统设计。用任务书代替实验讲义,学生自由组成团队,自选题目,在全开放的环境下进行研究创新，强调在系统的层面上提出问题、发现问题、分析问题和解决问题的完整过程。教学模式以“学生为中心”，教师的地位由实验辅导转变为引导启发。课程管理采取科研项目（定期组会等）管理形式，分为开题、设计报告、中期检查和答辩验收等步骤，学生要经历设计、制板/流片、调试到产品的实战式培养历程。

专业层次本研连贯培养，与教师及研究所的科研工作紧密结合，让学生了解掌握前沿的研究内容和方法，启发专业研究的兴趣，为今后的进一步深造打下良好基础。

3. 本科生科研基金项目

为了加强对学生创新能力的培养，为优秀人才的脱颖而出创造条件，学校于1998年设立了第一个本科生科研基金——“君政中国大学生见习进行基金”，鼓励学有余力的优秀本科生提早参加科研工作。2003年，学校教务部制定了《北京大学本科生研究课程相关管理规定（试行）》，将受“本科生科研基金”资助的学生自动确定为选修“研究课程”（6学分）。目前，已经形成了以“校长基金”为主，辅以泰兆基金、毛玉刚基金、钟夏校际科研基金、教育基金会基金、国家创新训练项目、北京市创新计划等的本科生科研基金体系，为本科生科研创新活动的开展提供了有力的支撑。

科研基金项目欢迎学有余力并对研究工作有兴趣的本科生选修，其目的是使学生了解和掌握科研的基本方法、手段及过程，拓宽学术视野，受到初步的科研训练。鼓励跨学科研究，对于跨学科的申报项目予以优先考虑。合作的研究项目要求分工明确，确保在项目实施中能力均得到充分训练，合作者不得超过3人。

信息科学技术学院已将本科生科研训练纳入到常规培养模式中，在学校的本科生科研基金之外，学院自筹资金，大范围支持信息学科本科生的科研活动。二年级本科生每年获得科研基金支持60余项，参加学生超过100人，约占年级总人数的30%；三年级则有超过80%的本科生参加科研活动。这些学生进入科研实验室，在导师的指导下，直接参与到老师的科研项目中，受到正规的科研训练，研究创新能力得以大幅提升。

为了进一步规范本科生科研项目管理，学院制定了《本科生科研基金项目管理办法》。科研基金项目的实施分为三个阶段。申报阶段：教师公布项目课题，学生自由选择，学院教务办公室备案，该阶段不受基金项目名额限制；确认阶段：学生提交项目中期报告，学院基础教育部根据各组项目中期进展情况，确认优秀小组的基金项目资格，并下拨研究经费；验收阶段：学生提交项目最终报告，进行答辩验收，合格者给予研究课程学分。

为促进学生间的交流互动，营造学院创新活动的氛围，学院于2013年开始，开展了年度创新成果展示交流活动“北京大学信息学科本科生科研成果展示会”。科研成果展示会分为论文口头报告、海报展示和特邀主题报告三个部分。每年将从本科生科研实践创新活动的成果中遴选出口头报告20篇、海报展示50篇，研究方向涉及计算机、电子、微电子和智能等信息学科的多个热点方向。参加科研成果展示的学生不仅来自信息学院，还包含物理学院和医学部的本科生。口头报告和海报展示均为英文，使学生提前感受国际会议的标准和水平。大会评委会将评出最佳口头报告奖和最佳海报奖。会议还邀请国内外院士、著名教授学者和企业精英做特邀主题报告。与会学生纷纷表示,本科生科研成果展示会开阔了视野,学到了知识,得到了锻炼,收获颇丰。

4. 创新创业课程

(1) 创新工程实践

为激发学生创新思维,提升学生创新意识,打造学生的团队精神,加强学生实践能力,掌握科技创新的研究方法,掌握创新为生产、生活服务的实现途径,学院面向全校学生开设了"创新工程实践"课程。

创新工程实践课程致力于全方位培养学生创新能力,它不限制选课的专业和年级,由学科交叉的老师和企业指导老师共同完成对学生创新创业能力的培养。通过来自不同学科的老师的讲述,不同学科的学生组成团队,共同实现突破专业局限,找到有价值的原始创新思路。课程以课堂讲授、学生报告、师生讨论、实际动手实验完成创新作品原型为主,辅以企业考察及其他课外教育。通过学生团队的自主创新来实践一个原始创意到创新想法、最终形成一个初步创新作品原型的过程。课程以具体的项目来促进学生经历从创意、实践到原型的全过程,从而认识和掌握科技创新为生产、生活服务的研究方法和实现途径。

课程的内容架构包括以下几方面。创新思维引导:从创意启发、创新意识到创新设计方法的引导,学生开始展示自己创意并自发组队;创新能力提升:从电子、计算机、项目管理、创新设计以及商业模式等方面对学生的能力进行全面提升;实践能力提升:以项目的工业设计、用户体验创新设计为抓手,实战知识产权保护和项目的营销计划;创新项目展示:以团队项目展示的形式结课,表现突出的团队将被推荐参加 iCAN 及其他创新创业大赛,让更多人参与原始创新的过程。

课程具体安排如表 2-1 所示。

表 2-1 "创新工程实践"课时安排

周次	内　　容	周次	内　　容
1	创意启发	9	3D 打印和工业设计
2	创新设计思维	10	用户体验创新
3	头脑风暴大战	11	前沿领域创新
4	项目管理	12	企业创新
5	软件创新实践	13	知识产权保护
6	游戏化创新设计	14	市场营销
7	电子创新实践	15	演讲与表达
8	商业模式创新	16	结课展示

创新工程实践课程从 2015 年在北京大学开课以来,受到了学生的极大欢迎和追捧。2016 年,北京大学、东西部高校课程共享联盟与智慧树网联合开发建设了创新工程实践共享课程,通过在线直播互动的方式进行教学。2016 年春夏学期,创新工程实践的选课学校达 80

多所，选课学生 3 万余人；2016 年秋冬学期，创新工程实践的选课学校达 130 多所，选课学生 8 万余人，得到了全国各高校老师和学生的好评和肯定。

(2) 科技创新与创业

在北京大学 84 级计算机科学技术系校友发起的“计算机系校友讲座基金”的支持下，2008 年暑期，学院成功开设了“职业规划与领导力发展”暑期课程，第一届就得到了全校十多所文理院系 60 多名学生的支持，2013 年、2014 年暑期课都突破了最高选课人数 80 人的限制。主要生源为北大本科生，另有北大硕士、博士研究生和校外学生。在此基础上，2015 年课程升级为春季学期开设的全校公选课，课名为“科技创新与创业”。

本课程旨在培养学生的创新思维，让学生了解产业分析、需求把握、产品设计、商业计划等基本创业流程，掌握团队建设、领导力培养等创业技能。课程以学生听讲座为主，邀请多位创业成功的杰出人士授课，穿插大量的课堂讨论，并辅以物联网、企业大数据、人工智能、高科技产业等实际案例分析。实践环节以团队项目驱动，学生须亲自参与项目调研及开发工作，体验科技创业的激情与艰辛。课程还根据学生自己提出来的创新项目的特点，安排授课嘉宾或相关行业的领军人物在课下对各创业团队进行互动和指导。通过本课程的学习，有助于提升学生的科学素养，并培养学生的科技敏感和商业嗅觉。

课程主要由北大校友及社会成功人士担纲组建讲师团队，同时配备强大的校内导师团队。课程还提供创新活动场地(北京大学双创中心)，包括硬件实验室和软件实验室资源，网上预约，免费使用，并提供相应的活动经费。

讲座主要从创新与创业、在创业中成长、职业道路的选择与规划、学术科研与产业发展四个方面展开。课程具体安排如表 2-2 所示。

表 2-2　“科技创新与创业”课时安排

周次	内　　容	周次	内　　容
1	课程简介	9	AI@ iQIYIs
2	产业分析	10	Growth Hacking to the Future
3	技术人员的成长之路	11	商业计划书预答辩
4	需求把握	12	全球创业的特点
5	精益创业	13	领导力的构建与应用
6	商业计划书	14	企业大数据服务
7	高科技产业	15	未来趋势——人工智能
8	VC 最喜欢投什么样的创业者	16	商业计划书路演答辩

课程最后的商业计划书路演已经演变成包含全院本科教学活动产生的应用作品的“北大信科创新之夜”活动，旨在激发和培养学生的创新创业能力，进一步引导、启迪大学生开展创新创业实践。活动得到了企业的大力支持，众多企业高管和风投负责人莅临活动现场，已经有多项作品拿到了创业的启动资金，成功将自己的产品变为了创业项目。

5. 全国(国际)学科竞赛

1) 计算机学科竞赛

(1) ACM/ICPC 国际大学生程序设计竞赛

ACM/ICPC(ACM International Collegiate Programming Contest,国际大学生程序设计竞赛)是由国际计算机界权威组织 ACM(Association for Computing Machinery,国际计算机协会)主办的,是世界上公认的规模最大、水平最高、参与人数最多的大学生程序设计竞赛。自 1977 年举办第一届开始,一直受到国际各知名大学的重视,受到全球各著名计算机公司的高度关注。在过去十几年,APPLE、AT&T、MICROSOFT 和 IBM 等企业曾分别担任了总决赛的赞助商,比赛的优胜者们成为 IT 公司竞相争夺的人才资源。

ACM/ICPC 是主要考查算法设计和编程正确率及团队合作能力的计算机专业大学生程序设计竞赛。其形式是三人组成一队,在 5 个小时内共用一台计算机解决 8 ~ 12 个算法方面的编程问题。ACM 竞赛分为洲预选赛和全球总决赛两个阶段进行,各洲预选赛赛区第一名自动获得参加全球总决赛的资格,全球总决赛安排在每年的 3 ~ 4 月举行,而洲预选赛安排在前一年的 9 ~ 12 月在各大洲举行。

中国大陆地区的高校从 1996 年开始承办和参加 ACM/ICPC 亚洲区预选赛。北京大学于 2000 年第一次组队参加了上海赛区的亚洲预选赛,获得第四名。之后于 2002 年开始有组织地参加竞赛,并取得全球总决赛金牌和铜牌的好成绩。

ACM/ICPC 竞赛活动的开展还促进了教学的改革和建设。学院教学团队开发了北京大学在线程序评测平台(Peking University Judge Online,简称 POJ),最初是为了竞赛而用,后来在教学中也得到广泛应用。在“计算概论”“程序设计实习”“数据结构”等课程中,都成为学生提交作业和上机考试的平台,甚至成为许多导师对研究生进行复试、判断学生编程水平的有效工具。该平台对提高学生的编程实践能力发挥了巨大的作用。POJ 还是国内使用人数最多的在线程序评测平台,约有注册用户 15 万人,成为国内外许多高校进行程序设计竞赛训练和教学的必用工具。

(2) 中国大学生计算机设计大赛

“中国大学生计算机设计大赛”(下面简称“大赛”)的前身是始创于 2008 年的“中国大学生(文科)计算机设计大赛”,初期参赛对象是在校文科学生。从第三届开始,因得到理工类计算机教指委的参与,参赛对象发展到在校所有非计算机专业的本科生。第五届又因得到计算机类专业教指委的支持,参赛对象遍及在校所有专业的本科生。大赛每年举办一次,决赛时间自当年 7 月中旬开始,直至 8 月结束。2017 年,大赛将由中国高等教育学会和教育部高等学校计算机类专业教学指导委员会、教育部高等学校软件工程专业教学指导委员会、教育部高等学校大学计算机课程教学指导委员会、教育部高等学校文科计算机基础教学指导分委员会联合组成的中国大学生计算机设计大赛组织委员会主办。

大赛是创新创业人才培养计算机教育实践平台的具体举措,目的是提高大学生综合素质,推动高校本科面向 21 世纪的计算机教学的知识体系、课程体系、教学内容和教学方法的改革,引导学生踊跃参加课外科技活动,激发学生学习计算机知识技能的兴趣和潜能,为培养德智体美全面发展、具有运用信息技术解决实际问题的综合实践能力、创新创业能力及团队合作意识的人才服务。宗旨是“三服务”,即作品的计算机设计技术主要是为学生社会就业需要服务、为本专业需要服务、为创新创业人才培养的需要服务。

大赛的参赛对象是本科所有专业的学生。大赛以三级竞赛形式开展:校级初赛—省级复赛—国级决赛,省级赛是由各省的计算机学会、省计算机教学研究会、省计算机教指委或省级教育行政部门主办。参赛内容为计算机应用技术,分设软件应用与开发类、微课制作类、数字媒体设计类、软件服务外包类、动漫类、微电影类以及计算机音乐创作类等领域,贴近社会就业与专业自身需要。要求三人组一个参赛队,设计并实现一件参赛作品,通过对作品主题、设计内容、技术性及艺术性、创意与应用等综合评分,确定作品的总成绩。

大赛作品贴近实际,有些直接由企业命题,与社会需要相结合,有利于学生动手能力的提升,有利于创新创业人才的培养。参赛院校逐年增多,由 2008 年(第一届)的 80 所,发展到 2016 年(第九届)的 440 多所;参赛作品由 2008 年(第一届)的 242 件,发展到 2016 年(第九届)的 6000 多件。作品质量也逐年提高,有些作品为 CCTV 所采用,有些已商品化。

中国大学生计算机设计大赛从 2007 年筹备到现在,经过十年来的艰苦努力,赢得了参赛师生的支持和信任,有着广阔的发展前景。大赛对于计算机应用人才的培养、创新创业人才的培育、大学生就业的促进有着重要意义。

2) 电子信息学科竞赛

(1) 全国大学生电子设计竞赛

全国大学生电子设计竞赛是教育部倡导的大学生学科竞赛之一,是由教育部高等教育司、信息产业部人事司主办,分为:从 1994 年开始的,每逢单数年先后由索尼、NEC 和瑞萨公司协办的全国大学生电子设计竞赛;以及从 2002 年开始的,每逢偶数年由英特尔(中国)有限公司协办的全国大学生电子设计竞赛嵌入式系统专题邀请赛。

全国大学生电子设计竞赛得到了大多数设有电子信息类专业高等学校的重视和积极响应,已经成为目前实践中非常成功和被社会认可的大学生学科竞赛之一,已形成“政府主办,专家主导,学生主体,社会参与”的运行模式。有力地推动了高等学校信息与电子类学科课程体系和课程内容的改革,推动了培养大学生创新意识和团队精神,体现了对学生实践能力的检验和培养。该成果 2005 年获教育部高等教育教学成果特等奖。

全国大学生电子设计竞赛每逢单数年的 9 月份举办,赛期四天。竞赛采用全国统一命题、分赛区组织的方式,采用“半封闭、相对集中”的组织方式进行。每支参赛队由三名学生组成,具有正式学籍的全日制在校本、专科生均有资格报名参赛。详细信息请参阅竞赛网站 http://www. nuedc. com. cn。

全国大学生电子设计竞赛嵌入式系统专题竞赛每逢偶数年的 3 ~ 6 月份举办,赛期 3 ~ 4 个月,竞赛要求参赛队自主命题、自主设计,独立完成一个具备一定功能的应用系统。竞赛采用开放式,不限定竞赛场所,参赛队利用课余时间,在规定时间内由参赛学生完成作品的设计、制作、调试及设计报告。每支参赛队由三名学生组成,具有正式学籍的全日制在校本、专科生均有资格报名参赛。详细信息请参阅竞赛网站 http://nuedc.sjtu.edu.cn。

北京大学在电子信息科学基础实验中心创建"创新实验室",结合基金和学科竞赛,积极开展学生第二课堂创新实践活动。2001 年开始组队参加全国大学生电子设计竞赛,2002 年开始组队参加全国大学生电子设计竞赛嵌入式系统专题邀请赛,并取得 14 项全国一等奖、6 项全国二等奖的好成绩,2002 年的参赛作品"基于 Linux 平台的视频点播终端"还获得了竞赛最高奖"英特尔杯"。

(2) 国际大学生 iCAN 创新创业大赛

国际大学生 iCAN 创新创业大赛(简称 iCAN 大赛)是由国际 iCAN 联盟、教育部创新方法教学指导委员会和全球华人微纳米分子系统学会联合主办的面向大学生创新创业的年度竞赛,是教育部质量工程支持项目之一。大赛 2007 年由北京大学发起,2010 年正式走上国际舞台,成为一项国际性赛事,来自美国、德国、日本、瑞士等二十几个国家和地区参与到 iCAN 大赛中来,到 2016 年已有十年的发展历史。

iCAN 大赛始终秉承"自信、坚持、梦想"的精神,倡导科技创新创业服务社会、改善人类生活,引导和激励高校学生勇于创新,发现和培养一批有作为、有潜力的优秀青年创新创业人才,促进和加强以物联网、智能硬件等为代表的高科技领域的产学研结合,推动高科技产业的发展,为高科技创新创业搭建国际交流平台。

全国高等院校及科研院所的在校学生(含本科、专科、硕士研究生、博士研究生)均可以团队形式参赛,每支队伍 2 ~ 4 名队员,可以跨赛区和学校组队。参赛队采用大赛提供的器件(非必需),制作出可以演示和操作的创新应用系统为有效参赛作品。参赛作品务必是学生原创,谢绝任何形式的导师课题参赛。每年 3、4 月举行校内选拔赛,网上报名注册;5 ~ 8 月,作品制作,分赛区选拔;10、11 月,全国总决赛,其中前五名将晋级 iCAN 全球总决赛。

经过十年,iCAN 大赛已经发展成 iCAN 创新创业系列活动(iCAN 国际大学生创新创业大赛,iCAN 国际青少年创新创意大赛,AR/VR、无人机、机器人等专项赛),得到了国内外高校、中小学校以及社会人士与企业的积极参与,形成了在创新创业方面独具影响力的 iCAN 品牌。

6. 校内学科竞赛

(1) 北京大学程序设计竞赛暨 ACM/ICPC 北大代表队选拔赛

北京大学程序设计竞赛暨 ACM/ICPC 北大代表队选拔赛,是北京大学校内计算机科学规模最大、水平最高的专业赛事,旨在培养北京大学在校学生对计算机科学的兴趣,提升学生用计算机来分析和解决问题的能力,为学生们提供一个展示自己编程能力的舞台,提升北京大学计算机学科整体水平。该项赛事至今已历经十五届,受到了校内全体师生及校外计算机爱好者的广泛关注,也得到了国内外许多信息类企业的支持。

近几年,每届竞赛都吸引了超过 300 支队伍、800 名选手报名参加。作为北京大学计算机领域最大规模的校内赛事，竞赛还吸引了来自清华大学、北京航空航天大学、北京师范大学、北京交通大学、北京理工大学等多所高等院校及高中的选手前来报名和参赛。

竞赛从当天 9 点开始，历时五小时，采用了 ACM/ICPC 亚洲区竞赛的标准。每组三名队员共用一台计算机编写代码，解答题目，全面训练学生的分析问题、解决问题、团队合作、组织协调等综合能力。

北京大学程序设计竞赛经过 15 年的筹办，已完全形成由学生自主管理的体制，为广大校内外编程爱好者提供展示编程能力、锻炼编程水平的舞台，培养了学生对计算机科学的兴趣。

（2）北京大学计算机应用设计大赛

北京大学计算机应用设计大赛由信息科学技术学院文科计算机教学组与学院团委联合创办。自 2009 年创办以来，受到了全校同学的广泛关注。每年吸引来自信科、法学、新传、哲学、光华、元培、经济、外语、社会学、中文、政管等院系，超过 150 支队伍、400 名学生前来参赛。参赛作品包括学习交流网站、计算机动画、游戏、DV 影片、虚拟实验平台、计算机图形图像设计、数据库管理系统、交互媒体设计等等。参赛作品数量、质量逐年提升，向全国赛推荐了数十件参赛作品。这些参赛作品取得了数个全国一等奖、全国二等奖及全国三等奖的好成绩。通过组织校内大学生计算机应用设计大赛，极大地促进了北京大学文科计算机基础的教学改革及教学质量的提升。

竞赛由学生社团“北京大学计算机应用设计协会”负责赛事活动的宣传、动员和竞赛网站的技术支持。在平时组织了大量的活动，包括邀请专业老师、研究生或高年级的学生开展专题技术讲座；通过校园网络或计算机基础课的任课教师，在课程的教学网站进行活动的宣传，引导并鼓励更多的大学生参加计算机设计竞赛活动。目前竞赛已经成为校内生活的重要组成部分，与赛事相关的活动内容持续近一年。

竞赛是对计算机基础课堂教学的补充。在竞赛过程中，课程教师作为专业评委，评选优秀团队及作品参加全国的计算机竞赛的同时，还可以了解学生掌握计算机应用技术的情况，完善课程教学内容。学生的作品回归到课堂，则成为很好的教学案例，有利于教学资源及内容的积累，有利于促进文科计算机基础教学质量的提高。

7. 毕业设计和毕业论文

本科毕业论文是一个重要的教学环节，是对学生的科研能力、实践能力、论文写作能力以及论文答辩的表述能力的综合训练过程。考虑到学院的本科毕业生 85% 以上要继续深造，因此需要在本科阶段加强科研能力的培养，为学生今后进入研究生阶段的研究工作打下基础。信息科学技术学院有 3 个国家级重点实验室、12 个部委级重点实验室（中心），下属的 13 个研究所承担了国家 863、973、自然科学基金等大批科研项目。近年来，每年学院科研经费超过 2.5 亿。广泛的科研项目和雄厚的科研经费为本科生参与科研工作提供了良好的条件。学院 30% 的本科生从二年级开始进入实验室，参与到教师的科研工作中，80% 的本科生在三年级进入实验室。

为了提高本科毕业论文水平，学院对本科毕业论文提出了严格要求、规范了本科毕业论文的管理。毕业论文工作分成以下 3 个阶段进行。

(1) 论文开题

尽管教学计划中毕业论文安排在最后一个学期,但考虑到学生大部分在三年级已经进入实验室参与教师的研究课题,因此毕业论文开题工作是在四年级开学初完成(一般在每年 10 月份)。毕业论文开题分为以下几步进行:

① 征集论文选题;

② 向学生公布论文选题;

③ 学生和教师双向选择,确定每个学生的论文题目和导师;

④ 填写毕业论文开题审核表,由教学指导委员会或基础教育部审核批准。

为了保证有高水平的教师指导学生的论文工作,学院要求教授、副教授都要承担指导本科论文的工作,且规定每个教师最多只能带 3 个学生,保证导师有足够的时间和精力指导每个学生。

(2) 中期检查

根据教学计划,学院在本科生四年级第二学期不排课,让学生集中时间和精力完成毕业论文。由于实际的毕业论文工作持续将近一年的时间,为了使学生能在论文工作中投入更多的精力,确实把毕业论文作为一项研究工作,避免答辩前突击,学院规定在四年级第二学期中(每年 4 月份)进行毕业论文中期检查。由学生和导师共同填写“毕业论文中期检查表”,主要是对照论文开题审核表中提出的论文内容和要求进行检查,说明已经完成的内容、存在的问题以及后续的任务。

(3) 论文答辩

论文的撰写和论文答辩是毕业论文的重要环节,是对学生学术写作和表达能力的基本训练。在 4 年级开学初,学院给出一个毕业论文工作安排的时间表,明确论文提交时间、规范论文格式,给出论文成绩的评定标准以及论文答辩的安排。

本科生毕业论文答辩分为 2 个阶段。首先是各研究所组织学生分组进行答辩。学院要求所有学生都要参加各研究所组织的分组答辩。一般根据研究方向和学生人数分组,每个小组安排 10 个左右的学生,小组的答辩委员会由 3 ~ 5 名教师组成。要求学生准备好讲演的 PPT,并提交一本论文和一个论文工作摘要供答辩委员审阅。每个学生报告 8 分钟,答辩委员提问 2 分钟。根据学生的论文工作量、论文水平、是否有创新性成果(如发表高水平论文、申请专利等)、论文撰写是否符合规范以及答辩时的表述能力,对学生的毕业论文进行评定,给出毕业论文成绩。毕业论文成绩分为优、良、中和不及格 4 个等级。小组答辩只能确定良、中和不及格的成绩,对于小组评为优的论文还要经过学院组织的答辩来评定。每个小组可以推荐 30% 左右的学生参加学院评选优秀论文和十佳论文的答辩。学院根据两个大方向(计算机和智能、电子和微电子)分别组成答辩委员会,每个答辩委员会有 3 ~ 5 位专家。把各个答辩小组推荐的学生根据计算机和电子两大方向分成若干小组进行答辩,根据评定标准每位专家分别给出每个人的论文成绩,然后小组的答辩委员经过讨论确定每个学生的成绩,其中有

5% 的学生论文成绩评为"优"。在评为"优"的学生中再推荐出十佳论文，最后经过学院基础部组织全体评委讨论，确定十个最佳论文。对评定为优秀论文和十佳论文的学生在学院内张榜公布（十佳论文的导师同时公布），并对获得十佳论文的学生给予奖励。

总结学院的毕业论文工作，主要有以下几个特色。

（1）毕业论文选题均来自指导教师的科研项目，研究内容先进，具有实际意义。

（2）本科生深入到实验室参加实际的科研工作，受到很好的科研能力训练，涉及文献调研，提出研究计划和方案，以及实验操作和测量等动手能力训练。

（3）在各个研究所的不同实验室形成导师、博士、硕士和本科生的研究梯队，形成自由讨论的研究气氛，使得本科生受到良好学术氛围的熏陶，利于培养创新思维。

（4）对本科生毕业论文要求严格、管理细致，本科生和导师充分重视、认真对待，这是提高本科毕业论文水平的基本保证。

由于学院对本科论文要求和管理严格，也由于评选优秀论文和十佳论文的激励机制，学生在毕业论文工作中投入很多精力，毕业论文水平逐年提升。很多学生的毕业论文工作有创新，取得了卓越成果。本科生在重要国内外期刊和学术会议上发表的论文数量和参与申请的专利数量逐年增加，质量也不断提高。

2.3　课程体系

2.3.1　本科专业设置

1. 学院简介

北京大学信息科学技术学院由原电子学系、计算机科学技术系、微纳电子学系和智能科学系于 2002 年 9 月合并组建。

电子学系的前身无线电电子学系源自北大物理系的无线电物理专业和电子物理专业。计算机科学技术系源自北大数学力学系的计算数学专业和北大无线电电子学系的计算机专业，是国内高校中最早建立的计算机系。微纳电子学系源自由著名物理学家黄昆院士在北京大学物理系创建的我国第一个半导体专业，是我国微电子学科的开拓者。智能科学系源自由数学系、计算机科学技术系、电子学系等 10 个系（所）联合成立的信息科学中心，在全国率先设立了智能科学与技术本科专业。

信息科学技术学院是北京大学最大的学院，师资力量雄厚。现有教职员工 350 余人，其中中国科学院院士 4 人、中国工程院院士 2 人。全日制学生 2700 余人，其中本科生和研究生（含博士生）约各占一半。拥有 2 个国家重点实验室、1 个国家工程实验室、12 个省部级重点实验室（中心）和 2 个实验教学示范中心。

信息科学技术学院现有计算机科学与技术、电子科学与技术和信息、软件工程、信息与通信工程 4 个一级学科，包含 10 个二级学科。学院有计算机科学与技术、智能科学与技术、数据科学与大数据技术、电子信息科学与技术、微电子科学与工程、软件工程和通信工程7个本科专业,实行按学院统一招生。

结合教学和科研的需要,学院下设基础实验教学研究所、计算机软件研究所、计算机网络与信息系统研究所、计算语言研究所、计算机系统结构研究所、数字媒体技术研究所、高效能计算与应用中心、应用电子学研究所、现代通信研究所、量子电子学研究所、物理电子学研究所、微纳电子学研究院和信息科学中心13个研究机构,承担包括国家重点科技攻关、国家自然科学基金、国家重点基础研究发展计划(973计划)、863高技术计划、攀登计划、国防项目等在内的各种科研项目。

2. 本科专业

专业代码	专业名称	英文名称	学制	授予学位
080901	计算机科学与技术	**Computer Science and Technology**	4年	理学学士
080714T	电子信息科学与技术	**Electronics and Information Science and Technology**	4年	理学学士
080704	微电子科学与工程	*Microelectronics Science and Engineering*	4年	理学学士
080907T	智能科学与技术	*Intelligent Science* and Technology	4年	理学学士
0800703	通信工程	*Communication Engineering*	4年	工学学士
080902	软件工程	*Software Engineering*	4年	工学学士
080910T	数据科学与大数据技术	*Data Science and Big Data Technology*	4年	理学学士

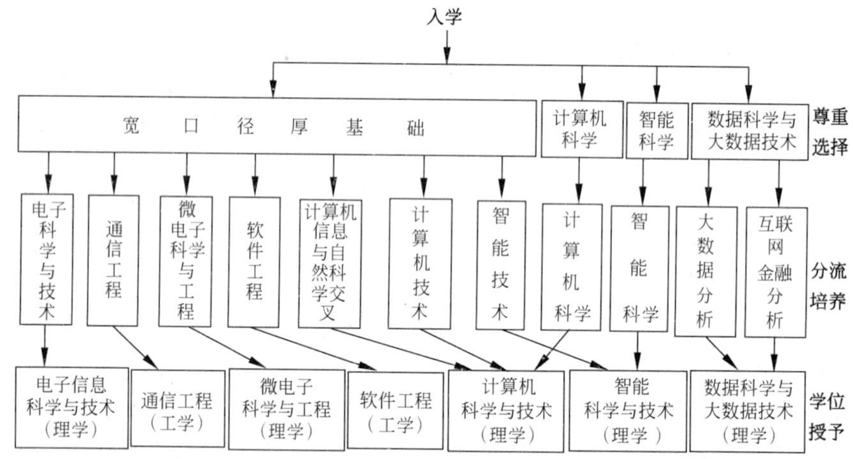

2.3.2 学士学位学分要求

1. 智能科学与技术专业(技术方向)、电子信息科学与技术专业、通信工程专业

总学分:143学分。其中:

公共与基础课程:49学分(含全校公共必修课程29学分、学科基础课程20学分);

核心课程：33 学分；

限选课程：37 学分(含毕业论文 6 学分)；

通识与自主选修课程：24 学分。

2. 微电子科学与工程专业

总学分：143 学分。其中：

公共与基础课程：49 学分(含全校公共必修课程 29 学分、学科基础课程 20 学分)；

核心课程：30 学分；

限选课程：40 学分(含毕业论文 6 学分)；

通识与自主选修课程：24 学分。

3. 计算机科学与技术专业(技术方向、信息与自然科学交叉方向)、软件工程专业

总学分：143 学分。其中：

公共与基础课程：49 学分(含全校公共必修课程 29 学分、学科基础课程 20 学分)；

核心课程：32 学分；

限选课程：38 学分(含毕业论文 6 学分)；

通识与自主选修课程：24 学分。

4. 计算机科学与技术专业(科学方向)、智能科学与技术专业(科学方向)、数据科学与大数据技术专业

总学分：143 学分。其中：

公共与基础课程：48 学分(含全校公共必修课程 29 学分、学科基础课程 19 学分)；

核心课程：33 学分；

限选课程：38 学分(含毕业论文 6 学分)；

通识与自主选修课程：24 学分。

2.3.3　计算机科学与技术专业(科学方向)

1. 专业简介

计算机科学与技术系建立于 1978 年，它的前身是北大数学力学系计算数学专业软件专门化组与无线电电子学系计算技术专业。

2. 专业培养要求、目标

在计算机科学技术方面，掌握坚实的理论和专业知识，具有分析问题和解决问题的能力，以及知识自我更新和不断创新的能力。在计算机工程实践和应用方面受过良好训练，能适应计算机飞速发展。在个人素质方面，具有全面的文化素质、良好的知识结构和较强的适应新环境、新群体的能力，并具有良好的语言(中、英文)运用能力。本科毕业后可在科研机构、高等院校、企业事业单位从事计算机科学与技术学科领域的研究、教学、开发、管理工作，并可继续攻读计算机科学与技术及相关技术学科、交叉学科的研究生学位。

3. 授予学位

本专业为理科专业，学制 4 年，毕业授予理学学士学位。

4．学分要求与课程设置

总学分：143 学分。其中：

全校必修课：48 学分，其中公共必修课 29 学分，本学科通识课程 19 学分；

专业核心课程：33 学分；

专业限选课程：38 学分，含毕业论文 6 学分；

自主选修课程：24 学分。

1）全校必修课(48 学分)

(1）公共必修课(29 学分)

说明：大学英语如因根据大学英语教研室要求无法修满 8 学分，则在自主选修课程类别中选择课程，修满差额学分。

课程号	课程名称	周学时	学分	开 课 单 位
383506x	大学英语		2～8	按大学英语教研室要求选课
4031650	思想品德修养与法律基础(一年级)	2	2	马克思主义学院
4031660	中国近现代史纲要(一年级)	2	2	
4031740	马克思主义基本原理概论(二年级)	2	3	
4031730	毛泽东思想和中国特色社会主义理论体系概论(二年级)	3	4	
4031750	形式与政策(三年级)	1	1	
0730020	军事理论(一年级)	2	2	武装部
—	体育系列课程	—	4	体育教研部
4830041	计算概论(A)	4	3	信息学院(一上)

其中“计算概论(A)”可由下表中的实验班课程替代：

课程号	课程名称	周学时	学分	开课学期
4830530	计算概论(A)(实验班)	4	3	一上

(2）本学科通识课程(19 学分)

课程号	课程名称	周学时	学分	开课学期
0132301	数学分析(Ⅰ)	6	5	一上
0132302	数学分析(Ⅱ)	6	5	一下
0132321	高等代数(Ⅰ)	6	5	一上
0132323	高等代数(Ⅱ)	5	4	一下

2）专业核心课程(33 学分)

课程号	课程名称	周学时	学分	开课学期
0132304	数学分析(Ⅲ)	5	4	二上
4830010	信息科学技术概论	2	1	一上
4831750	程序设计实习	4	3	一下
4830050	数据结构与算法(A)	4	3	二上
4830070	集合论与图论	3	3	二上
4832362	计算机系统导论与研讨班	6	5	二上
4830080	代数结构与组合数学	3	3	二下
4830281	算法分析与设计及研讨班	6	5	二下
0131480	概率统计(A)	3	3	三上
4830090	数理逻辑	3	3	三上

其中“程序设计实习”可由下表中的实验班课程替代：

课程号	课程名称	周学时	学分	开课学期
4831760	程序设计实习(实验班)	4	3	一下

3）专业限选课程(38 学分)

(1) 专业限选课中必选部分(11 学分)

课程号	课程名称	周学时	学分	开课学期
4830150	编译技术	3	3	三上/下
4830180	编译实习	4	2	三上/下
	毕业论文		6	四下

(2) 专业限选课选修部分(不少于 14 学分)

课程号	课程名称	周学时	学分	开课学期
4830170	数据结构与算法实习	4	2	二上
4830120	计算机组成	3	3	二下
4830100	数字逻辑设计	3	3	二下
4830110	数字逻辑设计实验	4	1	二下
4830130	微机实验	4	2	二下
4832520	并行程序设计原理	2	2	二下
4830140	计算机组织与体系结构	3	3	三上/下
4830144	计算机组成与系统结构实习	4	2	三上/下
4830161	操作系统(A)	4	3	三上/下
4830190	操作系统实习	4	2	三上/下
4830240	计算机网络概论	3	3	三上/下
4830241	计算机网络实习	4	2	三上/下

（3）全校核心课选修部分

本专业方向接受工学部与理学部的专业课程。

向全校开放的本专业限选课程

课程号	课程名称	周学时	学分	开课学期
4830200	汇编语言程序设计	2	2	三上
4832190	可重构系统基础	3	3	三下
4830670	信号与系统	2	2	三上
130280	数值计算（计算方法（B））	3	3	三上
4830260	理论计算机科学基础	3	3	三下
4831210	信息论	2	2	三下
4831200	随机过程引论	2	2	三下
4830250	人工智能导论	3	3	四上
4831730	机器学习导论	2	2	四上
4830230	计算机图形学	3	3	二下
4830200	汇编语言程序设计	2	2	三上
4830220	数据库概论	3	3	三下
4830290	面向对象技术	2	2	三下
4830320	数字图像处理	3	3	三下
4831800	数字媒体技术基础	2	2	三下
4830270	程序设计语言概论	3	3	四上
4830310	人机交互	2	2	四上
4830410	信息安全引论	2	2	四上
4830210	软件工程	3	3	三上
4832191	软件工程实习	2	2	三上
4830211	软件工程实验班	2	2	三上
4832510	软件工程实习实验班			三上
4830350	Windows 程序设计	2	2	二下
4830340	Java 程序设计	2	2	二下
4830330	Linux 程序设计	2	2	二下
4830030	科技交流与写作	2	2	二下
4830300	Web 技术概论	3	3	三上
4830760	数字信号与多媒体处理	2	2	三下
4831780	自然语言处理导论	2	2	三下
4832190	可重构系统基础	3	3	三下
4832240	并行与分布式计算导论	3	3	三下
4830510	语言统计分析	2	2	四上
4830560	先进应用系统集成方法-面向服务的架构（SOA）概论	2	2	四上
4830550	EMC 存储技术	2	2	四上
4831890	现代信息检索导论	2	2	四上
4831880	初等数论及其应用	3	3	四上

4）自主选修课程(24 学分)

(1）通选课(12 学分)

类　别	最低选修学分要求
B. 社会科学类	2
C. 哲学与心理学类	2
D. 历史学类	2
E. 语言学、文学、艺术与美育类	4(大学国文为必选，另外至少选修一门艺术类课程)
F. 社会可持续发展类	2

(2）实践创新类(2～6 学分)

包括本科生训练计划课程(2～6 学分，三上下)以及其他实践创新课程。

(3）全校所有其他课程

2.3.4　计算机科学与技术专业(技术方向)

1. 专业简介

计算机科学与技术系建立于 1978 年，它的前身是北大数学力学系计算数学专业软件专门化组与无线电电子学系计算技术专业。

2. 专业培养要求、目标

在计算机科学技术方面，掌握坚实的理论和专业知识，具有分析问题和解决问题的能力，以及知识自我更新和不断创新的能力。在计算机工程实践和应用方面受过良好训练，能适应计算机飞速发展。在个人素质方面，具有全面的文化素质、良好的知识结构和较强的适应新环境、新群体的能力，并具有良好的语言(中、英文)运用能力。本科毕业后可在科研机构、高等院校、企业事业单位从事计算机科学与技术学科领域的研究、教学、开发、管理工作，并可继续攻读计算机科学与技术及相关技术学科、交叉学科的研究生学位。

3. 授予学位

本专业为理科专业，学制 4 年，毕业授予理学学士学位。

4. 学分要求与课程设置

总学分：143 学分。其中：

全校必修课：49 学分，其中公共必修课 29 学分，本学科通识课程 20 学分；

专业核心课程：32 学分；

专业限选课程：38 学分，含毕业论文 6 学分；

自主选修课程：24 学分。

1）全校必修课(49 学分)

(1）公共必修课(29 学分)

说明：大学英语如因根据大学英语教研室要求无法修满 8 学分，则在自主选修课程类别中选择课程修满差额学分。

课程号	课程名称	周学时	学分	开课单位
383506x	大学英语		2~8	按大学英语教研室要求选课
4031650	思想品德修养与法律基础(一年级)	2	2	马克思主义学院
4031660	中国近现代史纲要(一年级)	2	2	
4031740	马克思主义基本原理概论(二年级)	2	3	
4031730	毛泽东思想和中国特色社会主义理论体系概论(二年级)	3	4	
4031750	形式与政策(三年级)	1	1	
0730020	军事理论(一年级)	2	2	武装部
—	体育系列课程	—	4	体育教研部
4830041	计算概论(A)	4	3	信息学院(一上)

其中“计算概论(A)”可由下表中的实验班课程替代:

课程号	课程名称	周学时	学分	开课学期
4830530	计算概论(A)(实验班)	4	3	一上

(2) 本学科通识课程(20 学分)

课程号	课程名称	周学时	学分	开课学期
0130201	高等数学(Ⅰ)	6	5	一上
0130202	高等数学(Ⅱ)	6	5	一下
0131460	线性代数	4	4	一上
0431141	力学(B)	3	3	一上
0431143	电磁学(B)	3	3	一下

2) 专业核心课程(32 学分)

课程号	课程名称	周学时	学分	开课学期
0483010	信息科学技术概论	2	1	一上
4831750	程序设计实习	4	3	一下
4831770	微电子与电路基础	3	2	一下
4831870	电路基础实验	2	1	二上
4830070	集合论与图论	3	3	二上
4832362	计算机系统导论及研讨班	6	5	二上
4830050	数据结构与算法(A)	4	3	二上
4830170	数据结构与算法实习	4	2	二上
4830281	算法分析与设计及研讨班	6	5	二下
4830130	微机实验	4	2	二下
4830140	计算机组织与体系结构	3	3	三上/下
4830144	计算机组成与系统结构实习	4	2	三上/下

其中“程序设计实习”可由下表中的实验班课程替代：

课程号	课程名称	周学时	学分	开课学期
4831760	程序设计实习(实验班)	4	3	一下

3）专业限选课程(38 学分)

(1）专业限选课中必选部分(11 学分)

课程号	课程名称	周学时	学分	开课学期
4830161	操作系统(A)	4	3	三上/下
4830190	操作系统实习	4	2	三上/下
	毕业论文		6	四下

(2）专业限选课选修部分(不少于 14 学分)

课程号	课程名称	周学时	学分	开课学期
0131480	概率统计(A)	3	3	三上
4830080	代数结构与组合数学	3	3	二下
4832520	并行程序设计原理	2	2	二下
4830120	计算机组成	3	3	二下
4830100	数字逻辑设计	3	3	二下
4830110	数字逻辑设计实验	4	1	二下
4830150	编译技术	3	3	三上/下
4830180	编译实习	4	2	三上/下
4830090	数理逻辑	3	3	三上
4830240	计算机网络概论	3	3	三上/下
4830241	计算机网络实习	4	2	三上/下

(3）全校核心课选修部分

本专业方向接受所有理科院系的专业课程。

向全校开放的本专业限选课程

课程号	课程名称	周学时	学分	开课学期
4830200	汇编语言程序设计	2	2	三上
4832190	可重构系统基础	3	3	三下
4830670	信号与系统	2	2	三上
130280	数值计算(计算方法(B))	3	3	三上
4830260	理论计算机科学基础	3	3	三下
4831210	信息论	2	2	三下
4831200	随机过程引论	2	2	三下
4830250	人工智能导论	3	3	四上

续表

课程号	课程名称	周学时	学分	开课学期
4831730	机器学习导论	2	2	四上
4830230	计算机图形学	3	3	二下
4830200	汇编语言程序设计	2	2	三上
4830220	数据库概论	3	3	三下
4830290	面向对象技术	2	2	三下
4830320	数字图像处理	3	3	三下
4831800	数字媒体技术基础	2	2	三下
4830270	程序设计语言概论	3	3	四上
4830310	人机交互	2	2	四上
4830410	信息安全引论	2	2	四上
4830210	软件工程	3	3	三上
4832191	软件工程实习	2	2	三上
4830211	软件工程实验班	2	2	三上
4832510	软件工程实习实验班			三上
4830350	Windows 程序设计	2	2	二下
4830340	Java 程序设计	2	2	二下
4830330	Linux 程序设计	2	2	二下
4830030	科技交流与写作	2	2	二下
4830300	Web 技术概论	3	3	三上
4830760	数字信号与多媒体处理	2	2	三下
4831780	自然语言处理导论	2	2	三下
4832190	可重构系统基础	3	3	三下
4832240	并行与分布式计算导论	3	3	三下
4830510	语言统计分析	2	2	四上
4830560	先进应用系统集成方法-面向服务的架构(SOA)概论	2	2	四上
4830550	EMC 存储技术	2	2	四上
4831890	现代信息检索导论	2	2	四上
4831880	初等数论及其应用	3	3	四上

4) 自主选修课程(24 学分)

(1) 通选课(12 学分)

类　别	最低选修学分要求
B. 社会科学类	2
C. 哲学与心理学类	2
D. 历史学类	2
E. 语言学、文学、艺术与美育类	4(大学国文为必选,另外至少选修一门艺术类课程)
F. 社会可持续发展类	2

（2）实践创新类（2～6学分）

包括本科生训练计划课程（2～6学分，大三上下）及其他实践创新课程。

（3）全校所有其他课程

2.3.5　计算机科学与技术专业（信息与自然科学交叉方向）

1. 专业简介

计算机科学与技术系建立于1978年，它的前身是北大数学力学系计算数学专业软件专门化组与无线电电子学系计算技术专业。

2. 专业培养要求、目标

在计算机科学技术方面，掌握坚实的理论和专业知识，具有分析问题和解决问题的能力，以及知识自我更新和不断创新的能力。在计算机的工程实践和应用方面受过良好训练，能适应计算机飞速发展。在个人素质方面，具有全面的文化素质、良好的知识结构和较强的适应新环境、新群体的能力，并具有良好的语言（中、英文）运用能力。本科毕业后可在科研机构、高等院校、企业事业单位从事计算机科学与技术学科领域的研究、教学、开发、管理工作，并可继续攻读计算机科学与技术及相关技术学科、交叉学科的研究生学位。

3. 授予学位

本专业为理科专业，学制4年，毕业授予理学学士学位。

4. 学分要求与课程设置

总学分：143学分。其中：

全校必修课：49学分，其中公共必修课29学分，本学科通识课程20学分；

专业核心课程：32学分；

专业限选课程：38学分，含毕业论文6学分；

自主选修课程：24学分。

1）全校必修课（49学分）

（1）公共必修课（29学分）

说明：大学英语如因根据大学英语教研室要求无法修满8学分，则在自主选修课程类别中选择课程，修满差额学分。

课程号	课程名称	周学时	学分	开课单位
383506x	大学英语		2～8	按大学英语教研室要求选课
4031650	思想品德修养与法律基础（一年级）	2	2	马克思主义学院
4031660	中国近现代史纲要（一年级）	2	2	
4031740	马克思主义基本原理概论（二年级）	2	3	
4031730	毛泽东思想和中国特色社会主义理论体系概论（二年级）	3	4	
4031750	形式与政策（三年级）	1	1	
0730020	军事理论（一年级）	2	2	武装部
—	体育系列课程	—	4	体育教研部
4830041	计算概论（A）	4	3	信息学院（一上）

其中“计算概论(A)”可由下表中的实验班课程替代:

课程号	课程名称	周学时	学分	开课学期
4830530	计算概论(A)(实验班)	4	3	一上

(2)本学科通识课程(20学分)

课程号	课程名称	周学时	学分	开课学期
0130201	高等数学(Ⅰ)	6	5	一上
0130202	高等数学(Ⅱ)	6	5	一下
0101460	线性代数	4	4	一上
0431141	力学(B)	3	3	一上
0431143	电磁学(B)	3	3	一下

2)专业核心课程(32学分)

课程号	课程名称	周学时	学分	开课学期
0483010	信息科学技术概论	2	1	一上
4831750	程序设计实习	4	3	一下
4831770	微电子与电路基础	3	2	一下
4831870	基础电路实验	2	1	二上
4830070	集合论与图论	3	3	二上
4832362	计算机系统导论及研讨班	6	5	二上
4830050	数据结构与算法(A)	4	3	二上
4830281	算法分析与设计及研讨班	6	5	二下
4830080	代数结构与组合数学	3	3	二下
0131480	概率统计(A)	3	3	三上
0130280	数值计算(计算方法(B))	3	3	三上

其中“程序设计实习”可由下表中的实验班课程替代:

课程号	课程名称	周学时	学分	开课学期
4831760	程序设计实习(实验班)	4	3	一下

3)专业限选课程(38学分)

(1)专业限选课中必选部分(10学分)

课程号	课程名称	周学时	学分	开课学期
4830170	数据结构与算法实习	4	2	二上
4830130	微机实验	4	2	二下
	毕业论文		6	四下

（2）专业限选课选修部分（不少于 14 学分）

课程号	课程名称	周学时	学分	开课学期
4832520	并行程序设计原理	2	2	二下
4832700	计算机组成	3	3	二下
4830100	数字逻辑设计	3	3	二下
4830110	数字逻辑设计实验	4	1	二下
4832240	并行与分布式计算导论	3	3	三下
4830161	操作系统（A）	4	3	三上/下
4830190	操作系统实习	4	2	三上/下
4830140	计算机组织与体系结构	3	3	三上/下
4830144	计算机组成与系统结构实习	4	2	三上/下
4831200	随机过程引论	2	2	三下
4831210	信息论	2	2	三下

（3）全校核心课选修部分

本专业方向接受所有理科院系的专业课程。

向全校开放的本专业限选课程

课程号	课程名称	周学时	学分	开课学期
4830150	编译技术	3	3	三上/下
4830180	编译实习	4	2	三上/下
4830090	数理逻辑	3	3	三上
4830240	计算机网络概论	3	3	三上/下
4830241	计算机网络实习	4	2	三上/下
4830200	汇编语言程序设计	2	2	三上
4832190	可重构系统基础	3	3	三下
4830670	信号与系统	2	2	三上
4830260	理论计算机科学基础	3	3	三下
4830250	人工智能导论	3	3	四上
4831730	机器学习导论	2	2	四上
4830230	计算机图形学	3	3	二下
4830200	汇编语言程序设计	2	2	三上
4830220	数据库概论	3	3	三下
4830290	面向对象技术	2	2	三下
4830320	数字图像处理	3	3	三下
4831800	数字媒体技术基础	2	2	三下
4830270	程序设计语言概论	3	3	四上
4830310	人机交互	2	2	四上

续表

课程号	课程名称	周学时	学分	开课学期
4830410	信息安全引论	2	2	四上
4830210	软件工程	3	3	三上
4832191	软件工程实习	2	2	三上
4830211	软件工程实验班	2	2	三上
4830350	Windows 程序设计	2	2	二下
4830340	Java 程序设计	2	2	二下
4830330	Linux 程序设计	2	2	二下
4830030	科技交流与写作	2	2	二下
4830300	Web 技术概论	3	3	三上
4830760	数字信号与多媒体处理	2	2	三下
4831780	自然语言处理导论	2	2	三下
4832190	可重构系统基础	3	3	三下
4830510	语言统计分析	2	2	四上
4830560	先进应用系统集成方法-面向服务的架构(SOA)概论	2	2	四上
4830550	EMC 存储技术	2	2	四上
4831890	现代信息检索导论	2	2	四上
4831880	初等数论及其应用	3	3	四上

4）自主选修课程(24 学分)

(1) 通选课(12 学分)

类　别	最低选修学分要求
B. 社会科学类	2
C. 哲学与心理学类	2
D. 历史学类	2
E. 语言学、文学、艺术与美育类	4(大学国文为必选,另外至少选修一门艺术类课程)
F. 社会可持续发展类	2

(2) 实践创新类(2 ~ 6 学分)

包括本科生训练计划课程(2 ~ 6 学分,三上下)及其他实践创新课程。

(3) 全校所有其他课程

2.3.6　软件工程专业方向

1. 专业简介

计算机科学与技术系建立于 1978 年,它的前身是北大数学力学系计算数学专业软件专门化组与无线电电子学系计算技术专业。

2. 专业培养要求、目标

在计算机科学技术方面，掌握坚实的理论和专业知识，具有分析问题和解决问题的能力，以及知识自我更新和不断创新的能力。在计算机的工程实践和应用方面受过良好训练，能适应计算机飞速发展。在个人素质方面，具有全面的文化素质、良好的知识结构和较强的适应新环境、新群体的能力，并具有良好的语言（中、英文）运用能力。本科毕业后可在科研机构、高等院校、企业事业单位从事计算机科学与技术学科领域的研究、教学、开发、管理工作，并可继续攻读计算机科学与技术及相关技术学科、交叉学科的研究生学位。

3. 授予学位

本专业为理科专业，学制 4 年，毕业授予理学学士学位。

4. 学分要求与课程设置

总学分：143 学分。其中：

全校必修课：49 学分，其中公共必修课 29 学分，本学科通识课程 20 学分；

专业核心课程：32 学分；

专业限选课程：38 学分，含毕业论文 6 学分；

自主选修课程：24 学分。

1）全校必修课（49 学分）

（1）公共必修课（29 学分）

说明：大学英语如因根据大学英语教研室要求无法修满 8 学分，则在自主选修课程类别中选择课程修满差额学分。

课程号	课程名称	周学时	学分	开课单位
383506x	大学英语		2～8	按大学英语教研室要求选课
4031650	思想品德修养与法律基础（一年级）	2	2	马克思主义学院
4031660	中国近现代史纲要（一年级）	2	2	
4031740	马克思主义基本原理概论（二年级）	2	3	
4031730	毛泽东思想和中国特色社会主义理论体系概论（二年级）	3	4	
4031750	形式与政策（三年级）	1	1	
0730020	军事理论（一年级）	2	2	武装部
—	体育系列课程	—	4	体育教研部
4830041	计算概论（A）	4	3	信息学院（一上）

其中“计算概论（A）”可由下表中的实验班课程替代：

课程号	课程名称	周学时	学分	开课学期
4830530	计算概论（A）（实验班）	4	3	一上

(2) 本学科通识课程(20 学分)

课程号	课程名称	周学时	学分	开课学期
0130201	高等数学(Ⅰ)	6	5	一上
0130202	高等数学(Ⅱ)	6	5	一下
0101460	线性代数	4	4	一上
0431141	力学(B)	3	3	一上
0431143	电磁学(B)	3	3	一下

2) 专业核心课程(32 学分)

课程号	课程名称	周学时	学分	开课学期
0483010	信息科学技术概论	2	1	一上
4831750	程序设计实习	4	3	一下
4831770	微电子与电路基础	3	2	一下
4831870	电路基础实验	2	1	二上
4830070	集合论与图论	3	3	二上
4832362	计算机系统导论及研讨班	6	5	二上
4830050	数据结构与算法(A)	4	3	二上
4830170	数据结构与算法实习	4	2	二上
4830281	算法分析与设计及研讨班	6	5	二下
4830130	微机实验	4	2	二下
4830210	软件工程	3	3	三上
4832191	软件工程实习	2	2	三上

其中“程序设计实习”“软件工程”与“软件工程实习”可由下表中的实验班课程替代:

课程号	课程名称	周学时	学分	开课学期
4830211	软件工程实验班	2	2	三上
4832510	软件工程实习实验班			三上
4831760	程序设计实习(实验班)	4	3	一下

3) 专业限选课程(38 学分)

(1) 专业限选课中必选部分(11 学分)

课程号	课程名称	周学时	学分	开课学期
4830161	操作系统(A)	4	3	三上/下
4830190	操作系统实习	4	2	三上/下
	毕业论文		6	四下

（2）专业限选课选修部分（不少于 14 学分）

课程号	课程名称	周学时	学分	开课学期
4832860	软件测试导论（软件质量保证）	2	2	二下
4830140	计算机组织与体系结构	3	3	三上/下
4830144	计算机组成与系统结构实习	4	2	三上/下
0131480	概率统计（A）	3	3	三上
4830080	代数结构与组合数学	3	3	二下
4830290	面向对象技术	2	2	三下
4830120	计算机组成	3	3	二下
4830270	程序设计语言概论	3	3	四上
4830150	编译技术	3	3	三上/下
4830180	编译实习	4	2	三上/下
4830090	数理逻辑	3	3	三上

（3）全校核心课选修部分

本专业方向接受所有理科院系的专业课程。

向全校开放的本专业限选课程

课程号	课程名称	周学时	学分	开课学期
4830240	计算机网络概论	3	3	三上/下
4830241	计算机网络实习	4	2	三上/下
4830100	数字逻辑设计	3	3	二下
4830110	数字逻辑设计实验	4	1	二下
4832520	并行程序设计原理	2	2	二下
4830200	汇编语言程序设计	2	2	三上
4832190	可重构系统基础	3	3	三下
4830670	信号与系统	2	2	三上
0130280	数值计算（计算方法（B））	3	3	三上
4830260	理论计算机科学基础	3	3	三下
4831210	信息论	2	2	三下
4831200	随机过程引论	2	2	三下
4830250	人工智能导论	3	3	四上
4831730	机器学习导论	2	2	四上
4830230	计算机图形学	3	3	二下
4830220	数据库概论	3	3	三下
4830320	数字图像处理	3	3	三下
4831800	数字媒体技术基础	2	2	三下
4830310	人机交互	2	2	四上

续表

课程号	课程名称	周学时	学分	开课学期
4830410	信息安全引论	2	2	四上
4830350	Windows 程序设计	2	2	二下
4830340	Java 程序设计	2	2	二下
4830330	Linux 程序设计	2	2	二下
4830030	科技交流与写作	2	2	二下
4830300	Web 技术概论	3	3	三上
4830760	数字信号与多媒体处理	2	2	三下
4831780	自然语言处理导论	2	2	三下
4832190	可重构系统基础	3	3	三下
4832240	并行与分布式计算导论	3	3	三下
4830510	语言统计分析	2	2	四上
4830560	先进应用系统集成方法-面向服务的架构(SOA)概论	2	2	四上
4830550	EMC 存储技术	2	2	四上
4831890	现代信息检索导论	2	2	四上
4831880	初等数论及其应用	3	3	四上

4）自主选修课程(24 学分)

（1）通选课(12 学分)

类　　别	最低选修学分要求
B. 社会科学类	2
C. 哲学与心理学类	2
D. 历史学类	2
E. 语言学、文学、艺术与美育类	4(大学国文为必选,另外至少选修一门艺术类课程)
F. 社会可持续发展类	2

（2）实践创新类(2～6 学分)

包括本科生训练计划课程(2～6 学分,三上下)及其他实践创新课程。

（3）全校所有其他课程

2.3.7　数据科学与大数据技术专业(大数据分析方向)

1. 专业简介

计算机科学与技术系建立于 1978 年,它的前身是北大数学力学系计算数学专业软件专门化组与无线电电子学系计算技术专业。

2. 专业培养要求、目标

在计算机科学技术方面，掌握坚实的理论和专业知识，具有分析问题和解决问题的能力，以及知识自我更新和不断创新的能力。在计算机的工程实践和应用方面受过良好训练，能适应计算机飞速发展。在个人素质方面，具有全面的文化素质、良好的知识结构和较强的适应新环境、新群体的能力，并具有良好的语言(中、英文)运用能力。本科毕业后可在科研机构、高等院校、企业事业单位从事计算机科学与技术学科领域的研究、教学、开发、管理工作，并可继续攻读计算机科学与技术及相关技术学科、交叉学科的研究生学位。

3. 授予学位

本专业为理科专业，学制4年，毕业授予理学学士学位。

4. 学分要求与课程设置

总学分：143学分。其中：

全校必修课：48学分，其中公共必修课29学分，本学科通识课程19学分；

专业核心课程：33学分；

专业限选课程：38学分，含毕业论文6学分；

自主选修课程：24学分。

1) 全校必修课(48学分)

(1) 公共必修课(29学分)

说明：大学英语如因根据大学英语教研室要求无法修满8学分，则在自主选修课程类别中选择课程修满差额学分。

课程号	课程名称	周学时	学分	开课单位
383506x	大学英语		2~8	按大学英语教研室要求选课
4031650	思想品德修养与法律基础(一年级)	2	2	马克思主义学院
4031660	中国近现代史纲要(一年级)	2	2	
4031740	马克思主义基本原理概论(二年级)	2	3	
4031730	毛泽东思想和中国特色社会主义理论体系概论(二年级)	3	4	
4031750	形式与政策(三年级)	1	1	
60730020	军事理论(一年级)	2	2	武装部
—	体育系列课程	—	4	体育教研部
4830041	计算概论(A)	4	3	信息学院(一上)

其中“计算概论(A)”可由下表中的实验班课程替代：

课程号	课程名称	周学时	学分	开课学期
4830530	计算概论(A)(实验班)	4	3	一上

（2）本学科通识课程（19 学分）

课程号	课程名称	周学时	学分	开课学期
0132301	数学分析（Ⅰ）	6	5	一上
0132302	数学分析（Ⅱ）	6	5	一下
0132321	高等代数（Ⅰ）	6	5	一上
0132323	高等代数（Ⅱ）	5	4	一下

2）专业核心课程（33 学分）

课程号	课程名称	周学时	学分	开课学期
0132304	数学分析（Ⅲ）	5	4	二上
4830010	信息科学技术概论	2	1	一上
4831750	程序设计实习	4	3	一下
4830050	数据结构与算法（A）	4	3	二上
4830070	集合论与图论	3	3	二上
4832362	计算机系统导论与研讨班	6	5	二上
4830080	代数结构与组合数学	3	3	二下
4830281	算法分析与设计及研讨班	6	5	二下
0131480	概率统计（A）	3	3	三上
0130280	数值计算（计算方法（B））	3	3	三上

其中“程序设计实习”可由下表中的实验班课程替代：

课程号	课程名称	周学时	学分	开课学期
4831760	程序设计实习（实验班）	4	3	一下

3）专业限选课程（38 学分）

（1）专业限选课中必选部分（11 学分）

课程号	课程名称	周学时	学分	开课学期
4830170	数据结构与算法实习	4	2	二上
4830220	数据库概论	3	3	三下
	毕业论文		6	四下

（2）专业限选课选修部分（不少于 14 学分）

课程号	课程名称	周学时	学分	开课学期
4832520	并行程序设计原理	2	2	二下
0013659	复变函数	5	5	二上

续表

课程号	课程名称	周学时	学分	开课学期
4830161	操作系统（A）	4	3	三上/下
4830190	操作系统实习	4	2	三上/下
4832240	并行与分布式计算导论	3	3	三下
4831200	随机过程引论	2	2	三下
4830320	数字图像处理	3	3	三下
4831780	自然语言处理导论	2	2	三下
4831730	机器学习概论	3	3	四上
4830410	信息安全引论	2	2	四上
4830250	人工智能导论	3	3	四上

（3）全校核心课选修部分

本专业方向接受工学部与理学部的专业课程。

向全校开放的本专业限选课程

课程号	课程名称	周学时	学分	开课学期
4830090	数理逻辑	3	3	三上
4830120	计算机组成	3	3	二下
4830100	数字逻辑设计	3	3	二下
4830110	数字逻辑设计实验	4	1	二下
4830130	微机实验	4	2	二下
4830140	计算机组织与体系结构	3	3	三上/下
4830144	计算机组成与系统结构实习	4	2	三上/下
4830240	计算机网络概论	3	3	三上/下
4830241	计算机网络实习	4	2	三上/下
4830150	编译技术	3	3	三上/下
4830180	编译实习	4	2	三上/下
4830200	汇编语言程序设计	2	2	三上
4832190	可重构系统基础	3	3	三下
4830670	信号与系统	2	2	三上
4830260	理论计算机科学基础	3	3	三下
4831210	信息论	2	2	三下
4830230	计算机图形学	3	3	二下
4830200	汇编语言程序设计	2	2	三上
4830290	面向对象技术	2	2	三下
4831800	数字媒体技术基础	2	2	三下
4830270	程序设计语言概论	3	3	四上

续表

课程号	课程名称	周学时	学分	开课学期
4830310	人机交互	2	2	四上
4830210	软件工程	3	3	三上
4832191	软件工程实习	2	2	三上
4830211	软件工程实验班	2	2	三上
4832510	软件工程实习实验班			三上
4830350	Windows 程序设计	2	2	二下
4830340	Java 程序设计	2	2	二下
4830330	Linux 程序设计	2	2	二下
4830030	科技交流与写作	2	2	二下
4830300	Web 技术概论	3	3	三上
4830760	数字信号与多媒体处理	2	2	三下
4832190	可重构系统基础	3	3	三下
4830510	语言统计分析	2	2	四上
4830560	先进应用系统集成方法-面向服务的架构(SOA)概论	2	2	四上
4830550	EMC 存储技术	2	2	四上
4831890	现代信息检索导论	2	2	四上
4831880	初等数论及其应用	3	3	四上

4) 自主选修课程(24 学分)

(1) 通选课(12 学分)

类　别	最低选修学分要求
B. 社会科学类	2
C. 哲学与心理学类	2
D. 历史学类	2
E. 语言学、文学、艺术与美育类	4(大学国文为必选,另外至少选修一门艺术类课程)
F. 社会可持续发展类	2

(2) 实践创新类(2~6 学分)

包括本科生训练计划课程(2~6 学分,三上下)及其他实践创新课程。

(3) 全校所有其他课程

2.3.8 数据科学与大数据技术专业(互联网金融分析方向)

1. 专业简介

计算机科学与技术系建立于 1978 年,它的前身是北大数学力学系计算数学专业软件专门化组与无线电电子学系计算技术专业。

2. 专业培养要求、目标

在计算机科学技术方面,掌握坚实的理论和专业知识,具有分析问题和解决问题的能力,以及知识自我更新和不断创新的能力。在计算机的工程实践和应用方面受过良好训练,能适应计算机飞速发展。在个人素质方面,具有全面的文化素质、良好的知识结构和较强的适应新环境、新群体的能力,并具有良好的语言(中、英文)运用能力。本科毕业后可在科研机构、高等院校、企业事业单位从事计算机科学与技术学科领域的研究、教学、开发、管理工作,并可继续攻读计算机科学与技术及相关技术学科、交叉学科的研究生学位。

3. 授予学位

本专业为理科专业,学制 4 年,毕业授予理学学士学位。

4. 学分要求与课程设置

总学分: 143 学分。其中:

全校必修课: 48 学分,其中公共必修课 29 学分,本学科通识课程 19 学分;

专业核心课程: 33 学分;

专业限选课程: 38 学分,含毕业论文 6 学分;

自主选修课程: 24 学分。

1) 全校必修课(48 学分)

(1) 公共必修课(29 学分)

说明: 大学英语如因根据大学英语教研室要求无法修满 8 学分,则在自主选修课程类别中选择课程,修满差额学分。

课程号	课程名称	周学时	学分	开课单位
383506x	大学英语		2~8	按大学英语教研室要求选课
4031650	思想品德修养与法律基础(一年级)	2	2	马克思主义学院
4031660	中国近现代史纲要(一年级)	2	2	
4031740	马克思主义基本原理概论(二年级)	2	3	
4031730	毛泽东思想和中国特色社会主义理论体系概论(二年级)	3	4	
4031750	形式与政策(三年级)	1	1	
0730020	军事理论(一年级)	2	2	武装部
—	体育系列课程	—	4	体育教研部
4830041	计算概论(A)	4	3	信息学院(一上)

其中"计算概论(A)"可由下表中的实验班课程替代:

课程号	课程名称	周学时	学分	开课学期
4830530	计算概论(A)(实验班)	4	3	一上

(2) 本学科通识课程(19 学分)

课程号	课程名称	周学时	学分	开课学期
0132301	数学分析(Ⅰ)	6	5	一上
0132302	数学分析(Ⅱ)	6	5	一下
0132321	高等代数(Ⅰ)	6	5	一上
0132323	高等代数(Ⅱ)	5	4	一下

2) 专业核心课程(33 学分)

课程号	课程名称	周学时	学分	开课学期
0132304	数学分析(Ⅲ)	5	4	二上
4830010	信息科学技术概论	2	1	一上
4831750	程序设计实习	4	3	一下
4830050	数据结构与算法(A)	4	3	二上
4830070	集合论与图论	3	3	二上
4832362	计算机系统导论与研讨班	6	5	二上
4830281	算法分析与设计及研讨班	6	5	二下
0131480	概率统计(A)	3	3	三上
0130280	数值计算(计算方法(B))	3	3	三上

其中"程序设计实习"可由下表中的实验班课程替代:

课程号	课程名称	周学时	学分	开课学期
4831760	程序设计实习(实验班)	4	3	一下

3) 专业限选课程(38 学分)

(1) 专业限选课中必选部分(24 学分)

课程号	课程名称	周学时	学分	开课学期
2535130 或者 6232000	经济学原理	4	4	二上
2530060 或者 6232200	(中级) 微观经济学	4	3/4	二上/下
2530070 或者 6232300	(中级) 宏观经济学	4	3/4	二上/下

续表

课程号	课程名称	周学时	学分	开课学期
2530140 或者 6232400	计量经济学	4	3/4	二上/下
4830170	数据结构与算法实习	4	2	二上
	毕业论文		6	四下

(2) 专业限选课选修部分(不少于 4 学分)

课程号	课程名称	周学时	学分	开课学期
4830240	计算机网络概论	3	3	三上/下
4830241	计算机网络实习	4	2	三上/下
0135520	微分方程数值解	3	3	三上
6233420	金融经济学	4	4	三下
4831730	机器学习导论	2	2	四上

(3) 全校核心课选修部分

本专业方向接受理科院系与经济管理学部的专业课程。

向全校开放的本专业限选课程

课程号	课程名称	周学时	学分	开课学期
4832520	并行程序设计原理	2	2	二下
0132320	复变函数	6	5	二上
4830161	操作系统 A	4	3	三上/下
4830190	操作系统实习	4	2	三上/下
4832240	并行与分布式计算导论	3	3	三下
4831200	随机过程引论	2	2	三下
4830320	数字图像处理	3	3	三下
4831780	自然语言处理导论	2	2	三下
4830410	信息安全引论	2	2	四上
4830250	人工智能导论	3	3	四上
4830080	代数结构与组合数学	3	3	二下
4830220	数据库概论	3	3	三下
4830090	数理逻辑	3	3	三上
4830120	计算机组成	3	3	二下
4830100	数字逻辑设计	3	3	二下

续表

课程号	课程名称	周学时	学分	开课学期
4830110	数字逻辑设计实验	4	1	二下
4830130	微机实验	4	2	二下
4830140	计算机组织与体系结构	3	3	三上/下
4830144	计算机组成与系统结构实习	4	2	三上/下
4830150	编译技术	3	3	三上/下
4830180	编译实习	4	2	三上/下
4830200	汇编语言程序设计	2	2	三上
4832190	可重构系统基础	3	3	三下
4830670	信号与系统	2	2	三上
4830260	理论计算机科学基础	3	3	三下
4831210	信息论	2	2	三下
4830230	计算机图形学	3	3	二下
4830200	汇编语言程序设计	2	2	三上
4830290	面向对象技术	2	2	三下
4831800	数字媒体技术基础	2	2	三下
4830270	程序设计语言概论	3	3	四上
4830310	人机交互	2	2	四上
4830210	软件工程	3	3	三上
4832191	软件工程实习	2	2	三上
4830211	软件工程实验班	2	2	三上
4832510	软件工程实习实验班			三上
4830350	Windows 程序设计	2	2	二下
4830340	Java 程序设计	2	2	二下
4830330	Linux 程序设计	2	2	二下
4830030	科技交流与写作	2	2	二下
4830300	Web 技术概论	3	3	三上
4830760	数字信号与多媒体处理	2	2	三下
4832190	可重构系统基础	3	3	三下
4830510	语言统计分析	2	2	四上
4830560	先进应用系统集成方法-面向服务的架构(SOA)概论	2	2	四上
4830550	EMC 存储技术	2	2	四上
4831890	现代信息检索导论	2	2	四上
4831880	初等数论及其应用	3	3	四上

4）自主选修课程（24 学分）

（1）通选课（12 学分）

类　别	最低选修学分要求
B. 社会科学类	2
C. 哲学与心理学类	2
D. 历史学类	2
E. 语言学、文学、艺术与美育类	4（大学国文为必选，另外至少选修一门艺术类课程）
F. 社会可持续发展类	2

（2）实践创新类（2 ~ 6 学分）

包括本科生训练计划课程（2 ~ 6 学分，三上下）及其他实践创新课程。

（3）全校所有其他课程

2.3.9　电子信息科学与技术专业

1. 专业简介

电子信息科学与技术专业成立于 1958 年，其前身是北京大学物理系的无线电物理专业和电子物理专业，原名无线电子学、电子学等，1997 年定名为电子信息科学与技术。

电子信息科学与技术专业培养隶属于学院中的电子学系。电子学系拥有 2 个一级学科（信息与通信工程、电子科学与技术）、5 个二级学科（通信与信息系统、信号与信息处理（含声学）、电磁场与微波技术、物理电子学、电路与系统）。电子学系下设应用电子学研究所、量子电子学研究所、物理电子学研究所、现代通信研究所等教学与研究机构，拥有“区域光纤通信网与新型光通信系统国家重点实验室”和“纳米器件物理与化学教育部重点实验室”。多年来承担了包括国家重点科技攻关、国家自然科学基金、国家重点基础研究发展计划（973 计划）、863 高技术计划、攀登计划、国防项目等在内的各种科研项目。

2. 专业培养要求、目标

通过通识与专业相结合的教育，使学生具备坚实的数学、物理、电路和信息处理基础，系统地掌握电子和信息科学所必需的基础理论、基本技能与方法，受到良好的科学思维、实验和初步科学研究的训练，具有探索、发现、分析和解决问题的能力，以及知识自我更新和不断创新的能力，能适应电子信息科学的飞速发展。在个人素质方面，提升学生人文和科学素养，培养学生正确的人生观和价值观，发展独立思考、阅读、写作、表达等方面的能力，开阔国际化视野。本科毕业后可在科研机构、高等院校、企业事业单位从事电子信息科学与技术学科领域的研究、教学、开发、管理工作；也可继续攻读电子信息科学与技术、信息与通信工程、计算机科学技术、物理学和其他相关学科的研究生学位。

3. 授予学位

本专业为理科专业，学制 4 年，毕业授予理学学士学位。

4. 学分要求与课程设置

总学分：143 学分。其中：

公共与基础课程：49 学分，其中全校公共必修课程 29 学分，学科基础课程 20 学分；

核心课程：33 学分；

限选课程：37 学分，含毕业论文 6 学分；

通识与自主选修课程：24 学分。

1）公共与基础课程(49 学分)

(1) 全校公共必修课程(29 学分)

说明：大学英语如因根据大学英语教研室要求无法修满 8 学分，则在自主选修课程类别中选择课程，修满差额学分。

课程号	课程名称	周学时	学分	开课单位
0383506x	大学英语		2～8	按大学英语教研室要求选课
04031650	思想品德修养与法律基础(一年级)	2	2	马克思主义学院
04031660	中国近现代史纲要(一年级)	2	2	
04031740	马克思主义基本原理概论(二年级)	2	3	
04031730	毛泽东思想和中国特色社会主义理论体系概论(二年级)	3	4	
04031750	形式与政策(三年级)	1	1	
60730020	军事理论(一年级)	2	2	武装部
—	体育系列课程	—	4	体育教研部
04830041	计算概论(A)(一上)	4	3	信息学院

其中“计算概论(A)”可由下表中的实验班课程替代：

课程号	课程名称	周学时	学分	开课学期
04830530	计算概论(A)(实验班)	4	3	一上

(2) 学科基础课程(20 学分)

课程号	课程名称	周学时	学分	开课学期
00130201	高等数学(Ⅰ)	6	5	一上
00130202	高等数学(Ⅱ)	6	5	一下
00131460	线性代数	4	4	一上
00431141	力学(B)	3	3	一上
00431143	电磁学(B)	3	3	一下

下列 A 类课程可以替代上述课程：

课程号	课程名称	周学时	学分	开课学期
00132301	数学分析(Ⅰ)	6	5	一上
00132302	数学分析(Ⅱ)	6	5	一下
00132321	高等代数(Ⅰ)	6	5	一上
00431110	力学(A)	4	4	一上
00431155	电磁学(A)	4	4	一下

2）核心课程(33 学分)

课程号	课程名称	周学时	学分	开课学期
04831770	微电子与电路基础	3	2	一下
04830620	电路分析原理(含实验)	5	4	二上
04830600	光学	3	3	二上
00432110	数学物理方法	4	3	二上
04830630	电子线路 A(或加强班)	4	3	二上
04830650	数字逻辑电路(或加强班)	4	3	二下
04830670	信号与系统	3	3	二下
00132380	概率统计(B)	3	3	二下
04830610	电动力学(B)	4	3	三上
04830890	量子力学(B)	4	3	三上
04830910	固体物理	3	3	三上

可替代课程：

课程号	课程名称	周学时	学分	开课学期
00432140	电动力学(A)	4	4	三上
00432150	量子力学(A)	4	4	三上
00131480	概率统计(A)	3	3	三上

3）限选课程(37 学分)

(1）专业限选课必选部分(17 学分)

课程号	课程名称	周学时	学分	开课学期
04830010	信息科学技术概论	2	1	一上
04831750	程序设计实习	4	3	一下
04831870	电路基础实验	2	1	一下
00431166	基础物理实验	4	2	二上
04830640	电子线路实验(A)	4	2	二下
04830660	数字逻辑电路实验	4	2	三上
	毕业论文		6	四下

(2) 专业限选课选修部分(不少于10学分)

课程号	课程名称	周学时	学分	开课学期
04832140	现代电子与通信导论	2	1	一下
04830050	数据结构与算法(A)	4	3	二上
04832410	原子物理导论	2	2	二上
00432211	理论力学	3	3	二下
04830810	可编程逻辑电路		2	二小
04831520	电子线路计算机辅助设计	4	2	二下
04830850	近代物理	3	3	二下
04830720	通信原理	3	3	三上
04830680	智能电子系统设计与实践	4	3	三上
04830870	热力学与统计物理(B)	3	3	三上
04830800	光电子学	3	3	三下
04830480	微机原理(B)	3	3	三上
04830780	微机与接口技术实验	4	2	三下
04830730	微波技术与电路	3	3	三下
04830760	数字信号处理(含上机)	4	3	三下
04830880	纳米科技与纳米电子学	3	3	三下

(3) 专业选修课

课程号	课程名称	周学时	学分	开课学期
04830140	计算机组织与体系结构	3	3	三上
04830470	操作系统(B)(含实习)	4	3	三上
	文献写作与报告	2	2	三上
04830970	通信电路	3	3	三下
04830710	通信电路实验	4	2	三下
04830750	光电子技术实验	3	2	三下
04830240	计算机网络概论	3	3	三下
04832040	现代无线通信中的新兴技术	2	2	三下
04832880	信息论与编码理论基础	2	2	三下
04832950	声场与声信号处理导论	3	3	三下
04833100	电磁波理论与应用导论	2	2	三下
04831020	数字集成电路设计	3	3	四上
04830790	嵌入式系统	3	2	四上
04831860	光通信系统与网络	2	2	四上
04830940	传感器技术		2	四上
04830740	微波技术实验	4	2	四上
04831970	卫星导航定位系统概论	2	2	四上
00433328	近代物理实验(B)	6	3	四上
04832400	高级光电子技术实验	4	3	四上
04830830	数字信号处理实验	4	2	四上
04831900	通信网概论与宽带技术	2	2	四上

(4) 全校核心课选修部分

包括北京大学理学部、信息与工学部的所有专业核心课程。

4) 通识与自主选修课程(24 学分)

(1) 通选课(12 学分)

类　别	最低选修学分要求
B. 社会科学类(对应政管学院、国关学院、法学院、经济学院、光华学院和社会学系的专业必修课和限选课)	2
C. 哲学与心理学类(对应哲学系和心理学系的专业必修课和限选课)	2
D. 历史学类(对应历史系、考古文博学院专业必修课和限选课)	2
E. 语言学、文学、艺术与美育类(对应中文系、外国语学院和艺术学院的专业必修课和限选课,艺术与美育类课程对应艺术学院的专业必修课和限选课)	4(大学国文为必选,另外至少选修一门艺术类课程)
F. 社会可持续发展类(地空学院、城环学院、环境、工学院的专业必修课和限选课)	2

(2) 实践创新类(2~6 学分)

包括本科生训练计划课程(2~6 学分,三上下)及其他实践创新课程。

(3) 全校所有课程

2.3.10　通信工程专业

1. 专业简介

通信工程专业成立于 2014 年,隶属于信息与通信工程一级学科。它的前身是电子信息科学与技术国家教育部特色专业,该特色专业的前身是北京大学物理系的无线电物理专业和电子物理专业,原称无线电电子学、电子学等。

通信工程专业培养隶属于学院电子学系,电子学系拥有 2 个一级学科(信息与通信工程、电子科学与技术)和 5 个二级学科(通信与信息系统、信号与信息处理(含声学)、电磁场与微波技术、物理电子学、电路与系统)。电子学系下设应用电子学研究所、量子电子学研究所、物理电子学研究所、现代通信研究所(含光通信研究中心、卫星通信研究中心、无线通信与信号处理研究中心)等教学与研究机构,拥有"区域光纤通信网与新型光通信系统国家重点实验室""纳米器件物理与化学教育部重点实验室"。承担了包括国家重点科技攻关、国家自然科学基金、国家重点基础研究发展计划(973 计划)、863 高技术计划、攀登计划、国防项目等在内的各种科研项目。

2. 专业培养要求、目标

通过通识与专业相结合的教育,使学生具备坚实的数理、电路和通信及信息处理基础,系统地掌握电子和信息科学所必需的基础理论、基本技能与方法,受到良好的科学思维、实验和初步科学研究的训练,具有探索、发现、分析和解决问题的能力,以及知识自我更新和不断创新的能力,能适应信息科学的飞速发展。在个人素质方面,提升学生人文和科学素养,培养学生正确的人生观和价值观,发展独立思考、阅读、写作、表达等方面的能力,开拓国际化视野。本科毕业后可在科研机构、高等院校、企业事业单位从事通信与信号处理领域的研究、教学、开发、管理工作;也可继续攻读通信、电子、计算机和其他相关学科的研究生学位。

3. 授予学位

本专业为工科专业,学制4年,毕业授予工学学士学位。

4. 学分要求与课程设置

总学分:143学分。其中:

公共与基础课程:49学分,其中全校公共必修课程29学分,学科基础课程20学分;

核心课程:33学分;

限选课程:37学分,含毕业论文6学分;

通识与自主选修课程:24学分。

1)全校必修课(49学分)

(1)全校公共必修课(29学分)

说明:大学英语如因根据大学英语教研室要求无法修满8学分,则在自主选修课程类别中选择课程修满差额学分。

课程号	课程名称	周学时	学分	开课单位
0383506x	大学英语		2~8	按大学英语教研室要求选课
04031650	思想品德修养与法律基础(一年级)	2	2	马克思主义学院
04031660	中国近现代史纲要(一年级)	2	2	
04031740	马克思主义基本原理概论(二年级)	2	3	
04031730	毛泽东思想和中国特色社会主义理论体系概论(二年级)	3	4	
04031750	形式与政策(三年级)	1	1	
60730020	军事理论(一年级)	2	2	武装部
—	体育系列课程	—	4	体育教研部
04830041	计算概论(A)(一上)	4	3	信息学院

其中“计算概论(A)”可由下表中的实验班课程替代:

课程号	课程名称	周学时	学分	开课学期
04830530	计算概论(A)(实验班)	4	3	一上

（2）学科基础课程（20 学分）

课程号	课程名称	周学时	学分	开课学期
00130201	高等数学（Ⅰ）	6	5	一上
00130202	高等数学（Ⅱ）	6	5	一下
00131460	线性代数	4	4	一上
00431141	力学（B）	3	3	一上
00431143	电磁学（B）	3	3	一下

下列 A 类课程可以替代上述课程：

课程号	课程名称	周学时	学分	开课学期
00132301	数学分析（Ⅰ）	6	5	一上
00132302	数学分析（Ⅱ）	6	5	一下
00132321	高等代数（Ⅰ）	6	5	一上
00431110	力学（A）	4	4	一上
00431155	电磁学（A）	4	4	一下

2）核心课程（33 学分）

课程号	课程名称	周学时	学分	开课学期
04831770	微电子与电路基础	3	2	一下
04831750	程序设计实习	4	3	一下
04832760	电路与电子学	4	4	二上
00432110	数学物理方法	4	3	二上
04830600	光学	3	3	二上
04832740	概率论与随机过程	4	3	二下
04830650	数字逻辑电路（或加强班）	4	3	二下
04830670	信号与系统	3	3	二下
04830610	电动力学（B）	4	3	三上
04830720	通信原理（或加强班）	3	3	三上
04830240	计算机网络概论	3	3	二下或三上

其中“电动力学（B）”可由下列课程替代：

课程号	课程名称	周学时	学分	开课学期
00432140	电动力学（A）	4	4	三上

3)限选课程(37 学分)

(1)专业限选课必选部分(14 学分)

课程号	课程名称	周学时	学分	开课学期
	毕业论文		6	四下
04830010	信息科学技术概论	2	1	一上
04831870	电路基础实验	2	1	一下
04830640	电子线路实验(A)	4	2	二下
04830660	数字逻辑电路实验	4	2	三上
00431166	基础物理实验	4	2	二上

(2)专业限选课选修部分(不少于 13 学分)

课程号	课程名称	周学时	学分	开课学期
04830050	数据结构与算法(A)	4	3	二上
04832140	现代电子与通信导论	2	1	一下
04830050	数据结构与算法(B)	3	3	二上
04830810	可编程逻辑电路		2	二小
04830760	数字信号处理	4	3	二下
04831520	电子线路计算机辅助设计	4	2	二下
04830680	智能电子系统设计与实践	4	3	三上
04830480	微机原理(B)	3	3	三上
04832880	信息论与编码理论基础	2	2	三下
04830780	微机与接口技术实验	4	2	三下
04830760	数字信号处理(含上机)	4	3	三下
04830800	光电子学	3	3	三下
04830730	微波技术与电路	3	3	三下
04830970	通信电路	3	3	三下
04830710	通信电路实验	4	2	三下

(3)专业选修课

课程号	课程名称	周学时	学分	开课学期
04830840	热学	2	2	二上
04832410	原子物理导论	2	2	二上
04830850	近代物理	3	3	二下
00432211	理论力学	3	3	二下
04833030	文献写作与报告	2	2	三上
04830140	计算机组织与体系结构	3	3	三上
04830870	热力学与统计物理(B)	3	3	三上

续表

课程号	课程名称	周学时	学分	开课学期
04830470	操作系统(B)(含实习)	4	3	三上
04830750	光电子技术实验	3	2	三下
04832040	现代无线通信中的新兴技术	2	2	三下
04830880	纳米科技与纳米电子学	3	3	三下
04830940	声场与声信号处理导论	3	3	三下
04833100	电磁波理论与应用导论	2	2	三下
04830890	量子力学(B)	4	3	三下
04832030	量子力学(A)	4	4	三下
00130200	数学建模	3	3	三下
04830740	微波技术实验	4	2	四上
04831970	卫星导航定位系统概论	2	2	四上
04832400	高级光电子技术实验	4	3	四上
04830830	数字信号处理实验	4	2	四上
00433328	近代物理实验(B)	6	3	四上
04830210	软件工程	3	3	四上
04831020	数字集成电路设计	3	3	四上
04830790	嵌入式系统	3	2	四上
04831860	光通信系统与网络	2	2	四上
04831900	通信网概论与宽带技术	2	2	四上
	通信网络与软件设计	3	3	
	传感器电子与物联网	3	3	
	Linux 软件综合开发	3	3	
	计算机网络实验	3	3	

（4）全校核心课选修部分

包括北京大学理学部、信息与工学部的所有专业核心课。

4）通识与自主选修课程(24 学分)

（1）通选课(12 学分)

类　别	最低选修学分要求
B. 社会科学类(对应政管学院、国关学院、法学院、经济学院、光华学院和社会学系的专业必修课和限选课)	2
C. 哲学与心理学类(对应哲学系和心理学系的专业必修课和限选课)	2
D. 历史学类(对应历史系、考古文博学院专业必修课和限选课)	2

续表

类　　别	最低选修学分要求
E. 语言学、文学、艺术与美育类(对应中文系、外国语学院和艺术学院的专业必修课和限选课,艺术与美育类课程对应艺术学院的专业必修课和限选课)	4(大学国文为必选,另外至少选修一门艺术类课程)
F. 社会可持续发展类(地空学院、城环学院、环境、工学院的专业必修课和限选课)	2

(2) 实践创新类(2 ~6 学分)

包括本科生训练计划课程(2 ~6 学分,三上下)及其他实践创新课程。

(3) 全校所有课程

2.3.11　微电子科学与工程专业

总学分: 143 学分。由以下几部分学分构成:

- 全校必修课: 49 学分,其中公共必修课 29 学分,本学科通识课程 20 学分;
- 专业核心课程: 30 学分;
- 专业限选课程: 40 学分,含毕业论文 6 学分;
- 自主选修课程: 24 学分。

对学生选课的具体要求如下。

1) 公共与基础课程(49 学分)

(1) 公共必修课(29 学分)

说明: 大学英语如因根据大学英语教研室要求无法修满 8 学分,则在自主选修课程类别中选择课程修满差额学分。

课程号	课程名称	周学时	学分	开课单位
0383506x	大学英语		2 ~8	按大学英语教研室要求选课
04031650	思想品德修养与法律基础(一年级)	2	2	马克思主义学院
04031660	中国近现代史纲要(一年级)	2	2	
04031740	马克思主义基本原理概论(二年级)	2	3	
04031730	毛泽东思想和中国特色社会主义理论体系概论(二年级)	3	4	
04031750	形式与政策(三年级)	1	1	
60730020	军事理论(一年级)	2	2	武装部
—	体育系列课程	—	4	体育教研部
04830041	计算概论(A)(一上)	4	3	信息学院

其中“计算概论(A)”可由下表中的实验班课程替代:

课程号	课程名称	周学时	学分	开课学期
04830530	计算概论(A)(实验班)	4	3	一上

(2) 学科基础课程(20 学分)

课程号	课程名称	周学时	学分	开课学期
00130201	高等数学(Ⅰ)	6	5	一上
00130202	高等数学(Ⅱ)	6	5	一下
00131460	线性代数	4	4	一上
	信息科学中的物理学(上)	3	3	一上
	信息科学中的物理学(下)	3	3	一下

可替代课程如下:

课程号	课程名称	周学时	学分	开课学期
00132301	数学分析(Ⅰ)	6	5	一上
00132302	数学分析(Ⅱ)	6	5	一下
00132321	高等代数(Ⅰ)	6	5	一上
00431110	力学(A)	4	4	一上
00431155	电磁学(A)	4	4	一下

说明:

① 可替代课程说明:数学分析(Ⅰ)可以替代高等数学(Ⅰ),数学分析(Ⅱ)可以替代高等数学(Ⅱ),高等代数(Ⅰ)可以替代线性代数,力学(A)、(B)可以替代信息科学中的物理学(上),电磁学(A)、(B)可以替代信息科学中的物理学(下)。

② 信息与工程科学部和理学部转入本专业,数学基础满足 14 学分、物理基础满足 6 学分即可,差额学分可以在自主选修里面补齐。

2) 专业核心课程(30 学分)

课程号	课程名称	周学时	学分	开课学期
04831770	微电子与电路基础	3	2	一下
04833000	固体物理基础	3	3	二上
04831010	半导体物理(含讨论班)	5	4	二下
04831050	集成电路工艺原理	3	3	二下
04832450	数字逻辑	3	2	二上
04831030	数字集成电路原理	4	3	二下
04831040	半导体器件物理(含讨论班)	5	4	三上
04831080	微电子器件测试实验	4	2	三上
04832470	模拟电路	3	2	三上
04831090	模拟集成电路原理	4	3	三下
04831060	集成电路设计实习	4	2	三下

可替代课程说明:“微纳集成系统实验班”课可替代“微电子与电路基础”。

课程号	课程名称	周学时	学分	开课学期
04832260	微纳集成系统实验班	3	3	一下

3) 专业限选课程(40 学分)

(1) 专业限选课必选部分(8 学分)

课程号	课程名称	周学时	学分	开课学期
04830010	信息科学技术概论	2	1	一上
04831870	电路基础实验	2	1	一下
	毕业论文		6	四下

(2) 专业限选课选修部分(不少于 16 学分)

课程号	课程名称	周学时	学分	开课学期
04831750	程序设计实习	4	3	一下
04832130	微电子物理基础	3	3	二上
04831140	微米纳米技术概论	3	3	二下
04830050	数据结构与算法(B)	4	3	三上
04832010	基于 HDL 的数字系统设计	3	3	三上
04832200	纳电子器件导论	3	3	三上
04831070	集成电路 CAD	3	3	三下
04830030	科技交流与写作	3	3	三下
04832150	微纳器件及创新应用	2	2	三下
04831810	微纳尺度流体科学及应用	3	3	三下
04832730	现代集成电路中的器件与应用	3	3	三下
04832500	无线通信集成电路基础	2	2	三下
04832110	高等模拟集成电路原理	2	2	四上
04832100	先进半导体器件	3	3	四上
04831190	射频集成电路	3	3	四上
04831180	PSoC 应用开发基础实验	4	2	四上
04831160	半导体材料	3	3	四上
	低功耗 CMOS 集成电路设计	3	3	三下
	医疗与健康微电子技术	3	3	四上
	人工智能集成电路技术	3	3	四上
	移动互联网与物联网技术概论	2	2	四上
	智能传感器芯片技术	2	2	四上
	功率集成电路技术	2	2	四上

（3）全校核心课选修部分

包括北京大学理学部、信息与工程学部中其他专业的专业核心课程。

4）通识与自主选修课程（24 学分）

（1）通选课（12 学分）

类　别	最低选修学分要求
B. 社会科学类	2
C. 哲学与心理学类	2
D. 历史学类	2
E. 语言学、文学、艺术与美育类	4（大学国文为必选，另外至少选修一门艺术类课程）
F. 社会可持续发展类	2

（2）实践创新类（2～6 学分）

包括本科生训练计划课程（2～6 学分，三上下）及其他实践创新课程。

（3）全校所有课程

2.3.12　集成电路设计与集成系统专业

总学分：143 学分。其中：

全校必修课：49 学分，其中公共必修课 29 学分，本学科通识课程 20 学分；

专业核心课程：30 学分；

专业限选课程：40 学分，含毕业论文 6 学分；

自主选修课程：24 学分。

1）全校必修课（49 学分）

（1）公共必修课（29 学分）

说明：大学英语如因根据大学英语教研室要求无法修满 8 学分，则在自主选修课程类别中选择课程修满差额学分。

课程号	课　程　名	周学时	学分	开课单位
0383506x	大学英语		2～8	按大学英语教研室要求选课
04031650	思想品德修养与法律基础（一年级）	2	2	马克思主义学院
04031660	中国近现代史纲要（一年级）	2	2	
04031740	马克思主义基本原理概论（二年级）	2	3	
04031730	毛泽东思想和中国特色社会主义理论体系概论（二年级）	3	4	
04031750	形式与政策（三年级）	1	1	
60730020	军事理论（一年级）	2	2	武装部
—	体育系列课程	—	4	体育教研部
04830041	计算概论（A）（一上）	4	3	信息学院

其中“计算概论(A)”可由下表中的实验班课程替代:

课程号	课程名称	周学时	学分	开课学期
04830530	计算概论(A)(实验班)	4	3	一上

(2) 学科基础课程(20 学分)

课程号	课程名称	周学时	学分	开课学期
00130201	高等数学(Ⅰ)	6	5	一上
00130202	高等数学(Ⅱ)	6	5	一下
00131460	线性代数	4	4	一上
	信息科学中的物理学(上)	3	3	一上
	信息科学中的物理学(下)	3	3	一下

可替代课程如下:

课程号	课程名称	周学时	学分	开课学期
00132301	数学分析(Ⅰ)	6	5	一上
00132302	数学分析(Ⅱ)	6	5	一下
00132321	高等代数(Ⅰ)	6	5	一上
00431110	力学(A)	4	4	一上
00431155	电磁学(A)	4	4	一下

说明:

① 可替代课程说明:数学分析(Ⅰ)可以替代高等数学(Ⅰ),数学分析(Ⅱ)可以替代高等数学(Ⅱ),高等代数(Ⅰ)可以替代线性代数,力学(A)、(B)可以替代信息科学中的物理学(上),电磁学(A)、(B)可以替代信息科学中的物理学(下)。

② 信息与工程科学部和理学部转入本专业,数学基础满足 14 学分、物理基础满足 6 学分即可,差额学分可以在自主选修里面补齐。

2) 专业核心课程(30 学分)

课程号	课程名称	周学时	学分	开课学期
04831770	微电子与电路基础	3	2	一下
04832450	数字逻辑	3	2	二上
	集成电路器件原理	4	4	二下
04831050	集成电路工艺原理	3	3	二下
04831030	数字集成电路原理	4	3	二下
04832700	计算机组成	3	3	二下
04832010	基于 HDL 的数字系统设计	3	3	三上

续表

课程号	课程名称	周学时	学分	开课学期
04830240	计算机网络概论	3	3	三上
04832470	模拟电路	3	2	三上
04831090	模拟集成电路原理	4	3	三下
04831060	集成电路设计实习	4	2	三下

可替代课程说明："微纳集成系统实验班"课可替代"微电子与电路基础"，"半导体器件物理"可替代"集成电路器件原理"。

课程号	课程名称	周学时	学分	开课学期
04832260	微纳集成系统实验班	3	3	一下
04831040	半导体器件物理(含讨论班)	5	4	三上

3）专业限选课程(40 学分)

(1）专业限选课必选部分(7 学分)

课程号	课程名称	周学时	学分	开课学期
04830010	信息科学技术概论	2	1	一上
04831870	电路基础实验	2	1	一下
	毕业论文		6	四下

(2）专业限选课选修部分(不少于 16 学分)

课程号	课程名称	周学时	学分	开课学期
04831750	程序设计实习	4	3	一下
04831870	电路基础实验	2	1	一下
04831140	微米纳米技术概论	3	3	二下
04830050	数据结构与算法(B)	4	3	三上
04831070	集成电路 CAD	3	3	三下
04830030	科技交流与写作	3	3	三下
04832150	微纳器件及创新应用	2	2	三下
04832730	现代集成电路中的器件设计与应用	3	3	三下
04832500	无线通信集成电路基础	2	2	三下
04832800	集成电路静电保护方法	2	2	三下
04832110	高等模拟集成电路原理	2	2	四上
04831190	射频集成电路	3	3	四上
04831180	PSoC 应用开发基础实验	4	2	四上

续表

课程号	课程名称	周学时	学分	开课学期
	低功耗 CMOS 集成电路设计	3	3	三下
	医疗与健康微电子技术	3	3	四上
	人工智能集成电路技术	3	3	四上
	移动互联网与物联网技术概论	2	2	四上
	智能传感器芯片技术	2	2	四上
	功率集成电路技术	2	2	四上
04830140	计算机组织与体系结构	3	3	上/下
04830860	理论计算机科学基础	3	3	二下
00132380	概率统计(B)	3	3	二下
04831320	脑与认知科学	2	2	二上
04832362	计算机系统导论	4	3	二上
04830250	人工智能概论	3	3	二上
04830670	信号与系统	3	3	二上
04831210	信息论	2	2	二下
04831730	机器学习概论	3	3	二下
04831200	随机过程引论	2	2	二下
04830680	智能硬件系统设计与实践	4	3	三上
04830790	嵌入式系统	3	2	三上
04830760	数字信号处理	4	3	三下
04832040	现代无线通信中的新兴技术	2	2	三下
00332620	生物医学工程原理	2	2	四上
00333580	生物医学信号处理	3	3	三上/下
00333980	医学成像基础	3	3	四上

(3) 全校核心课选修部分

包括北京大学理学部、信息与工程学部中其他专业的专业核心课程。

4) 通识与自主选修课程(24 学分)

(1) 通选课(12 学分)

类　别	最低选修学分要求
B. 社会科学类	2
C. 哲学与心理学类	2
D. 历史学类	2
E. 语言学、文学、艺术与美育类	4(大学国文为必选,另外至少选修一门艺术类课程)
F. 社会可持续发展类	2

(2) 实践创新类(2 ~ 6 学分)

包括本科生训练计划课程(2 ~ 6 学分,三上下)及其他实践创新课程。

(3) 全校所有课程

2.3.13　智能科学与技术专业(技术方向)

1. 专业简介

智能科学与技术专业由北京大学智能科学系在 2003 年提出,同年获北京大学和教育部批准成立,于 2004 年开始招收本科学生。智能科学与技术专业是计算机科学与技术一级学科之下的本科专业,主要从事机器感知、智能机器人、智能信息处理和机器学习等交叉学科领域的学习。

2. 专业培养要求、目标

具有坚实的数学、物理、计算机和信息处理的基础知识以及心理生理等认知和生命科学的多学科交叉知识,系统地掌握智能科学技术的基础理论、基础知识和基本技能与方法,受到良好的科学思维、科学实验和初步科学研究的训练,具备智能信息处理、智能行为交互和智能系统集成方面研究和开发的基本能力。能够自我更新知识和不断创新,适应智能科学与技术的迅速发展。在个人方面,具有全面的文化素质、良好的知识结构和较强的适应新环境、新群体的能力,并具有良好的语言(中、英文)和计算机运用能力。本科毕业后能够在研发部门、学科交叉研究机构及高校从事与智能科技相关领域的科研、开发、管理或教学工作,并可继续攻读智能科学与技术专业及相关学科和交叉学科的研究生学位。

3. 授予学位

本专业为理科专业,学制 4 年,毕业授予理学学士学位。

4. 学分要求与课程设置

总学分: 143 学分。其中:

全校必修课: 49 学分,其中公共必修课 29 学分,本学科通识课程 20 学分;

本专业核心课程: 33 学分;

专业限选课程: 37 学分,含毕业论文 6 学分;

自主选修课程: 24 学分。

1) 全校必修课: 49 学分

(1) 公共必修课(29 学分)

说明: 大学英语如因根据大学英语教研室要求无法修满 8 学分,则在自主选修课程类别中选择课程修满差额学分。

课程号	课程名称	周学时	学分	开课单位
0383506x	大学英语		2 ~ 8	按大学英语教研室要求选课
04031650	思想品德修养与法律基础(一年级)	2	2	马克思主义学院
04031660	中国近现代史纲要(一年级)	2	2	
04031740	马克思主义基本原理概论(二年级)	2	3	
04031730	毛泽东思想和中国特色社会主义理论体系概论(二年级)	3	4	
04031750	形式与政策(三年级)	1	1	

续表

课程号	课程名称	周学时	学分	开课单位
60730020	军事理论(一年级)	2	2	武装部
—	体育系列课程	—	4	体育教研部
04830041	计算概论(A)(一年级上)	4	3	信息学院

其中“计算概论(A)”可由下表中的实验班课程替代:

课程号	课程名称	周学时	学分	开课学期
04830530	计算概论(A)(实验班)	4	3	一上

(2) 本学科通识课程(20 学分)

课程号	课程名称	周学时	学分	开课学期
00130201	高等数学(Ⅰ)	6	5	一上
00130202	高等数学(Ⅱ)	6	5	一下
00131460	线性代数	4	4	一上
00431141	力学(B)	3	3	一上
00431143	电磁学(B)	3	3	一下

2) 专业核心课程(33 学分)

课程号	课程名称	周学时	学分	开课学期
04831750	程序设计实习	4	3	一下
04831320	脑与认知科学	2	2	二上
04830050	数据结构与算法(A)	4	3	二上
04830170	数据结构与算法实习	4	2	二上
04831220	智能科学技术导论	2	1	二上
04832362	计算机系统导论及研讨班	6	3 + 2	二上
04830070	集合论与图论	3	3	二上
04830281	算法分析与设计及研讨班	6	3 + 2	二下
00131480	概率统计(A)	3	3	二下
04830250	人工智能概论	3	3	三上
04830670	信号与系统	3	3	三上

3）专业限选课程(37 学分)

(1) 专业限选课必选部分(10 学分)

课程号	课程名称	周学时	学分	开课学期
04830010	信息科学技术概论	2	1	一上
04831770	微电子与电路基础	3	2	一下
04831870	电路基础实验	2	1	二上
	毕业论文		6	四下

(2) 专业限选课选修部分(不少于 16 学分)

课程号	课程名称	周学时	学分	开课学期
00130280	计算方法(B)	3	3	二上
04831210	信息论	2	2	二下
04830270	程序设计语言概论	2	2	二下
04830230	计算机图形学	3	3	二下
04831290	模式识别导论	3	3	三上
04831280	可视化与可视计算概论	2	2	三上
04830220	数据库概论	3	3	三上
04831670	计算机网络与 Web 技术	3	3	三上
04831400	生物信息处理	2	2	三下
04831730	机器学习概论	3	3	三下
04831361	机器感知实验	4	2	三下
04831200	随机过程引论	2	2	三下
04832460	数据分析基础	2	2	三下
04831370	数据仓库与数据挖掘	2	2	三下
04831230	自动控制理论	2	2	三下
04832220	智能机器人概论	2	2	四上
04831300	图像处理	3	3	四上
04831270	智能信息系统	3	3	四上
04831250	机器智能实验	4	2	四上

(3) 全校核心课选修部分

本专业方向接受理学部和信息工程学部的所有专业核心课程。

4）自主选修课程(24 学分)

(1) 通选课(12 学分)

类　别	最低选修学分要求
B. 社会科学类	2
C. 哲学与心理学类	2
D. 历史学类	2
E. 语言学、文学、艺术与美育类	4(大学国文为必选,另外至少选修一门艺术类课程)
F. 社会可持续发展类	2

(2) 实践创新类(2～6 学分)

包括本科生训练计划课程(2～6 学分,三上下)及其他实践创新课程。

(3) 全校所有课程

2.3.14　智能科学与技术专业(科学方向)

1. 专业简介

智能科学与技术专业由北京大学智能科学系在 2003 年提出,同年获北京大学和教育部批准成立,于 2004 年开始招收本科学生。智能科学与技术专业是计算机科学与技术一级学科之下的本科专业,主要从事机器感知、智能机器人、智能信息处理和机器学习等交叉学科领域的学习。

2. 专业培养要求、目标

具有坚实的数学、物理、计算机和信息处理的基础知识以及心理生理等认知和生命科学的多学科交叉知识,系统地掌握智能科学技术的基础理论、基础知识和基本技能与方法,受到良好的科学思维、科学实验和初步科学研究的训练,具备智能信息处理、智能行为交互和智能系统集成方面研究和开发的基本能力。能够自我更新知识和不断创新,适应智能科学与技术的迅速发展。在个人方面,具有全面的文化素质、良好的知识结构和较强的适应新环境、新群体的能力,并具有良好的语言(中、英文)和计算机运用能力。本科毕业后能够在研发部门、学科交叉研究机构及高校从事与智能科技相关领域的科研、开发、管理或教学工作,并可继续攻读智能科学与技术专业及相关学科和交叉学科的研究生学位。

3. 授予学位

本专业为理科专业,学制 4 年,毕业授予理学学士学位。

4. 学分要求与课程设置

总学分: 143 学分。其中:

全校必修课: 48 学分,其中公共必修课 29 学分,本学科通识课程 19 学分;

本专业核心课程: 33 学分;

专业限选课程: 38 学分,含毕业论文 6 学分;

自主选修课程: 24 学分。

1）全校必修课(48 学分)

(1) 公共必修课(29 学分)

说明：大学英语如因根据大学英语教研室要求无法修满 8 学分,则在自主选修课程类别中选择课程修满差额学分。

课程号	课程名称	周学时	学分	开课单位
0383506x	大学英语		2 ~ 8	按大学英语教研室要求选课
04031650	思想品德修养与法律基础(一年级)	2	2	马克思主义学院
04031660	中国近现代史纲要(一年级)	2	2	
04031740	马克思主义基本原理概论(二年级)	2	3	
04031730	毛泽东思想和中国特色社会主义理论体系概论(二年级)	3	4	
04031750	形式与政策(三年级)	1	1	
60730020	军事理论(一年级)	2	2	武装部
—	体育系列课程	—	4	体育教研部
04830041	计算概论(A)(一年级上)	4	3	信息学院

其中“计算概论(A)”可由下表中的实验班课程替代:

课程号	课程名称	周学时	学分	开课学期
04830530	计算概论(A)(实验班)	4	3	一上

(2) 本学科通识课程(19 学分)

课程号	课程名称	周学时	学分	开课学期
00132301	数学分析(Ⅰ)	6	5	一上
00132302	数学分析(Ⅱ)	6	5	一下
00132321	高等代数(Ⅰ)	6	5	一上
00132323	高等代数(Ⅱ)	5	4	一下

2）专业核心课程(33 学分)

课程号	课程名称	周学时	学分	开课学期
04831750	程序设计实习	4	3	一下
04831320	脑与认知科学	2	2	二上
04830050	数据结构与算法(A)	4	3	二上
04830170	数据结构与算法实习	4	2	二上
04831220	智能科学技术导论	2	1	二上

续表

课程号	课程名称	周学时	学分	开课学期
04832362	计算机系统导论及研讨班	6	3+2	二上
04830070	集合论与图论	3	3	二上
04830281	算法分析与设计及研讨班	6	3+2	二下
00131480	概率统计(A)	3	3	二下
04830250	人工智能概论	3	3	三上
04830670	信号与系统	3	3	三上

3）专业限选课程(38 学分)

（1）专业限选课必选部分(11 学分)

课程号	课程名称	周学时	学分	开课学期
04830010	信息科学技术概论	2	1	一上
00132304	数学分析(Ⅲ)	5	4	二上
	毕业论文		6	四下

（2）专业限选课选修部分(不少于 16 学分)

课程号	课程名称	周学时	学分	开课学期
00130280	计算方法(B)	3	3	二上
04831210	信息论	2	2	二下
04830270	程序设计语言概论	2	2	二下
04830230	计算机图形学	3	3	二下
04831290	模式识别导论	3	3	三上
04831280	可视化与可视计算概论	2	2	三上
04830220	数据库概论	3	3	三上
04831670	计算机网络与 Web 技术	3	3	三上
04831400	生物信息处理	2	2	三下
04831730	机器学习概论	3	3	三下
04831361	机器感知实验	4	2	三下
04831200	随机过程引论	2	2	三下
04832460	数据分析基础	2	2	三下
04831370	数据仓库与数据挖掘	2	2	三下
04831230	自动控制理论	2	2	三下
04832220	智能机器人概论	2	2	四上
04831300	图像处理	3	3	四上
04831270	智能信息系统	3	3	四上
04831250	机器智能实验	4	2	四上

(3) 全校核心课选修部分

包括北京大学理学部、信息与工程学部的所有专业核心课程。

4) 自主选修课程(24 个学分)

(1) 通选课(12 学分)

类　别	最低选修学分要求
B. 社会科学类	2
C. 哲学与心理学类	2
D. 历史学类	2
E. 语言学、文学、艺术与美育类	4(大学国文为必选,另外至少选修一门艺术类课程)
F. 社会可持续发展类	2

(2) 实践创新类(2 ~6 学分)

包括本科生训练计划课程(2 ~6 学分,三上下)及其他实践创新课程。

(3) 全校所有课程

Chapter 1 Introduction

E1.1 Motivtion of the book

Education is the centurial plan of the country. The Seventeenth National Congress of the Communist Party of China has put forward the strategy of "giving priority to education and reinvigorating China through human resource development". In February 2010, the national medium and long term education reform and development plan outline draft put forward the plan of "development taken precedence, education oriented, reform and innovation, promote fairness, improve quality" policy. These deployments and policies, have become a strong promoter of our further construction of scientific curriculum system and the process of educating our students to be first-class talent, and has also been promoting us to furtherly think on courses system construction, curriculum setting, curriculum content arrangement of undergraduate and other issues of undergraduate cultivating.

The rapid development and wide application of information technology, as well as the integration of the development of related disciplines brought in, will bring revolutionary changes to human society, and at the same time, will also bring challenges to cultivating talents of information science and technology. In order to meet the future of information science, conform to the trend of information subject, adapt to the rapid development of information science needs, training the future leaders in the field of information science, in 2002, Peking University merged Department of computer science and technology, Department of electronics, Institute of microelectronics and Information Science Center into School of Electronics Engineer and Computer Science (School of EECS). It focuses on the advantages of scientific research and talent advantages of various disciplines, implementing powerful alliances.

In a burgeoning school with four majors-computer science and technology, electronics information science and technology, microelectronics technology and machine intelligence, we have been actively exploring how to establish and promote interdisciplinary mutual integration since the foundation of the school.

The "Curriculum system of School of EECS of Peking University" published in 2008 gave a complete curriculum system of information science and technology for the first time. It's a great help to the academies, teachers and students in field of information science and technology, and related experts and readers have also given high evaluation and recognition.

In 2012, the 10th anniversary of the establishment of School of EECS, we published the second edition of "Curriculum system of School of EECS of Peking University". The book summarizes the construction in the training program, curriculum system, curriculum content, English curriculum and international exchanges from 2008 to 2012. The book is bilingually written, making it an important medium for the school to communicate with education sector at home and aboard on the issue of undergraduate teaching. As a handbook to every freshmen, this book provides the necessary reference for their reasonable choice of major and classes, to help students quickly understand the concept of the curriculum content of the school.

At the 15th anniversary of the establishment of the school, we summarize the construction of seminars, introduction of excellent aboard, online courses (MOOC), buildings of new majors (Communication Engineering, data science and big data technology, software engineering), the latest progress of the honorary degree and other aspects of research in the last five years. At the same time, we updated the outline of all the courses in the school, and published the third edition of "Curriculum system of School of EECS of Peking University". By summarizing the status quo, this book has become the basis of future reform. We also hope that such regular updates will be continued so that we can maintain a clear understanding of the current talents' educating, and put every step of teaching reform on a complete analysis of the current system.

E1.2 Characteristics of this book

The book summarizes the experience of teaching reform in School of EECS, Peking University, during the past fifteen years, showing a multidisciplinary curriculum system with several prominent features:

1. Emphasizing autonomy and offering more choices to students.

In 2016, Peking University conducted a large-scale revision of the undergraduate cultivating program. The main idea of this revision is to give students a free hand, so that they have more options to choose from. The required course credits are divided into four parts: the school required courses (30%), professional core courses (20%), professional limited course (30%) and the whole school optional courses (20%). We hope to focus the professional core competency training in about 10 professional core courses, and the professional limited courses allow students to choose courses according to personal interests and aspirations. For elective courses, we allow students to choose their preferred courses among all the courses. This arrangement offers students more opportunities to know about themselves, and facilitates them to take a minor degree.

2. Encouraging interdisciplinary courses and combining cultivating programs of different schools.

In this version of the cultivating program, two sets of cultivating programs in "data science and large data technology professional" are added. One is the crossover of computer science and technology and natural science, the other is the crossover of computer science and technology and finance. The former is built together with School of Mathematics, while the latter is together with School of Economics.

3. Improving the quality and opening seminar-based courses for teachers and students to have more discussions.

In recent years, seminars are attached to some core professional courses in the curriculum reform. In the seminars, one teacher and at most 15 students will discuss the course content together in two hours. On one hand, it develops students' ability to express their ideas. On the other hand, it gives the students an opportunity to contact with the professor closely. Through this arrangement, students are affected by the professors gradually, and the professors can also have a better understanding of problems the students have.

4. Cultivating personality and learning the same curriculum with different methods.

We offer a variety of teaching modes in the major courses, including small class honors courses, English courses, E-classroom (with MOOC), the traditional parallel classes (multiple teachers for one course), etc. Students can choose according to their own ability and their own way of learning, which can maximize the learning efficiency.

5. With international vision, introducing international courses and sending students abroad.

To broaden the international vision of students, we carried out the following work: introducing international courses like "Introduction to Computer Systems" from CMU, recruiting foreign teachers to give lessons in summer school (recruiting famous professors to teach 6-10 courses in English annually), and sending students to the famous universities in Britain and America for summer internships and short-term exchange in organized way and so on.

6. Placing the research work on education in the first place.

We continuously do research on education and organize seminars on education and teaching. Teachers are encouraged to participate in international seminars on education and join the international organization of information education to participate in the development of international curriculum standards and so on.

Chapter 2 Undergraduate Studies

E2.1 Overview

School of Electronics Engineering and Computer Science (EECS), established in 2002, now consists of four departments: Department of Computer Science and Technology, Department of Electronics, Department of Microelectronics, and Department of Machine Intelligence. There are 2716 full-time students in the school, among which 1337 are undergraduates. After 15 years of undergraduate teaching reform, the multidisciplinary curriculum system of EECS has made great progress in cultivating students, with several prominent features:

1. Emphasizing autonomy and offering more choices to students.

In 2016, Peking University conducted a large-scale revision of the undergraduate cultivating program. The main idea of this revision is to offer more choices to students. The course credits consist of four parts: compulsory courses (30%), professional core courses (20%), professional limited courses (30%) and elective courses (20%). We hope to focus the professional core competency training in about 10 professional core courses. For the professional limited courses, we allow students to break the professional restrictions and make their own choices according to personal interests. For elective courses, we allow students to choose their preferred courses among all the courses. This arrangement offers students more opportunities to know about themselves, and facilitates them to take a minor degree.

2. Encouraging interdisciplinary courses and combining cultivating programs of different schools.

In this version of the cultivating program, two sets of cultivating programs in "data science and large data technology professional" are added. One is the crossover of computer science and technology and natural science, the other is the crossover of computer science and technology and finance. The former is built together with School of Mathematics, while the latter is together with School of Economics.

3. Improving the quality and opening seminar-based courses for teachers and students to have more discussions.

In recent years, seminars are attached to some core professional courses in the curriculum reform. In the seminars, one teacher and at most 15 students will discuss the course content together in the two hours. On one hand, it develops students' ability to express their ideas. On the other hand, it gives the students an opportunity to contact with the professor closely. Through this arrangement, students are affected by the professors gradually, and the professors can also have a better understanding of problems the students have.

4. Cultivating personality and learning the same curriculum with different methods.

For the important professional courses, we provide a variety of teaching modes, including courses with seminars, courses taught in English, MOOC, conventional parallel courses where several teachers give classes at the same time and so on. There are plenty of courses for students to choose from, according to their interests and abilities, which can maximize learning efficiency.

5. With International Vision, introducing international courses and sending students abroad.

In terms of broadening students' international horizons, we have carried out the following work: introducing international courses like "Introduction to Computer Systems" from CMU, recruiting foreign teachers to give lessons in summer school (recruiting famous professors to teach 6-10 courses in English annually), and sending students to the famous universities in Britain and America for summer internships and short-term exchange in organized way and so on.

6. Placing the research work on education in the first place.

We continuously do research on education and organize seminars on education and teaching. Teachers are encouraged to participate in international seminars on education and join the international organization of information education to participate in the development of international curriculum standards and so on.

Based on the need of our country, we aim to cultivate a number of pioneer graduates of the field of information technology, and we also aim to construct an international world-class information discipline with Peking University features.

E2.2 History and General Goal

The long and glorious history of School of Electronics Engineering and Computer Science, Peking University, can be tracked to Department of Radio Systems and Department of Computer Science established in 1958, which are the former department of Department of Electronics and Department of Computer Science and Technology.

The rapid development and extensive use of electronics engineering and computer science, along with the development and the fusion of relevant disciplines, brings revolutionary changes in human society, and brings challenges to the cultivating of talented people in the field of electronics engineering and computer science. In order to adapt to the future of information discipline, to conform to the trend of cross-integration of information discipline, to adapt to the rapid development of electronics engineering and computer science needs and to cultivate leaders in the future, in 2002, Peking University merged the original Department of computer science and technology, Department of Electronics, Microelectronics Institute and the Center of Information Science together to set up School of Electronics Engineering and Computer Science(EECS), which combines the scientific research advantages and talent-advantages of each subject to achieve a strong combination.

When set up, EECS aimed at active exploration and practice, so considering how to establish a curriculum system where different disciplines combine with each other and promote each other, was the initial topic. In 2008, we succeeded in building the curriculum system we want, which emphasizes the broadening of the foundation and focuses on the fusion of theory and practice.

To achieve the goal of cultivating pioneers with international perspective, the school adheres to the "strengthening foundation, desalinating specialties, individualize the teaching, and shunting the education" philosophy in Peking University. After ten years of construction and development, we have made great progress in students educating, in talent cultivation plans, in curriculum systems, in English courses, in international exchanges, in seminar-based courses construction, in introduction of excellent courses from abroad, MOOC, construction of new major (communication engineering, data science and big data technology, software engineering), honorary degree establishment and educational research.

E2.3 Student Recruitment

The undergraduate students of EECS are mainly from 23 provinces and autonomous regions of Chinese Mainland. Through the independent recruitment of students' examination, each year we hold a EECS summer camp for about 300 Senior Two students from 23 provinces of Chinese Mainland, and an information science Olympiad training camp for top-ranking players in National Olympiad in Informatics. The best students will receive interview invitations. Every year more than 300 outstanding high school students enter our school through many sources including the independent recruitment, National competitions, "Boya Plan" of Peking University, "Dream Plan" of Peking University, the national College Entrance Examination and so on. Table 2-1 shows the admission sources over the years:

Table 2-1 The Sources of EECS Students over the Years

Year	Total	Recommended Admission	RMO	International Students	CEE	Students with special talent	Independent Recruitment (not "Dream plan")	Minority nationality students	Independent Recruitment ("Dream plan")
2012	305	111	10	2	84	1	97	0	0
2013	351	109	20	4	71	2	145	0	0
2014	326	13	15	4	57	2	234	1	0
2015	301	5	20	10	51	3	200	1	11
2016	361	22	8	8	66 + 14	0	232	3	8

E2.4 Degrees and Credit Requirements

EECS offers the Bachelor Degree with seven tracks: Computer Science and Technology, Electronic Information Science and Technology, Machine Intelligence, Microelectronics Science and Technology Engineering, Telecommunication Engineering, Software Engineering, and Data Science and Big Data Technology, as Table 2-2 shows.

Table 2-2 Bachelor Degrees in EECS

Code	Name	Length of schooling (years)	Degree
080901	Computer Science and Technology	4	Bachelor of Science
080714T	Electronics Information Science and Technology	4	Bachelor of Science
080704	Microelectronics Science and Engineering	4	Bachelor of Science
080907T	Machine Intelligence	4	Bachelor of Science
0800703	Telecommunication Engineering	4	Bachelor of Engineering
080902	Software Engineering	4	Bachelor of Engineering
080910T	Data Science and Big Data Technology	4	Bachelor of Science

Students need to complete 143 credits in total, the details as follows:

1. Electronic Information Science and Technology

Common basic courses: 49 credits (Including 29 credits of Public Required Courses, and 20 credits of basic courses);

Core courses: 33 credits;

Limited courses: 37 credits, including 6 credits of dissertation;

General elective courses: 24 credits.

2. Communication Engineering

Common basic courses: 49 credits (Including 29 credits of Public Required Courses, 20 credits of basic courses);

Core courses: 33 credits;

Limited courses: 37 credits, including 6 credits of dissertation;

General elective courses: 24 credits.

3. Microelectronics science and engineering

Common basic courses: 49 credits (Including 29 credits of Public Required Courses, 20 credits of basic courses);

Core courses: 30 credits;

Limited courses: 40 credits, including 6 credits of dissertation;

General elective courses: 24 credits.

4. Machine Intelligence (technical direction)

Common basic courses: 49 credits (Including 29 credits of Public Required Courses, 20 credits of basic courses);

Core courses: 33 credits;

Limited courses: 37 credits, including 6 credits of dissertation;

General elective courses: 24 credits.

5. Computer science and technology (scientific direction)

Common basic courses: 48 credits (Including 28 credits of Public Required Courses, 19 credits of basic courses);

Core courses: 33 credits;

Limited courses: 38 credits, including 6 credits of dissertation;

General elective courses: 24 credits.

6. Machine Intelligence (scientific direction)

Common basic courses: 48 credits (Including 29 credits of Public Required Courses, 19 credits of basic courses);

Core courses: 33 credits;

Limited courses: 38 credits, including 6 credits of dissertation;

General elective courses: 24 credits.

7. Data Science and Big Data Technology

Common basic courses: 48 credits (Including 29 credits of Public Required Courses,19 credits of basic courses);

Core courses: 33 credits;

Limited courses: 38 credits,including 6 credits of dissertation;

General elective courses: 24 credits.

8. Computer science and technology (technical direction,information and natural science cross direction),software engineering

Common basic courses: 49 credits (Including 29 credits of Public Required Courses,20 credits of basic courses);

Core courses: 32 credits;

Limited courses: 38 credits,including 6 credits of dissertation;

General elective courses: 24 credits.

9. Software Engineering

Common basic courses: 49 credits (Including 29 credits of Public Required Courses,20 credits of basic courses);

Core courses: 33 credits;

Limited courses: 37 credits,including 6 credits of dissertation;

General elective courses: 24 credits.

E2.5 Curriculum

After more than ten years of reform and construction,under the influence of the education philosophy of the university and the school,a curriculum system combining science and engineering has formed. It embodies the "foundation-emphasized, stage-parsed, multi-level, and modularity" construction ideas. We recruit students and cultivate them in a broad discipline of information science and technology,and construct the training system with 7 specialties and 12 training directions. It emphasizes the characteristics of comprehensive,research-oriented,innovative and personalized training. The following figures are the topology of the courses of EECS.

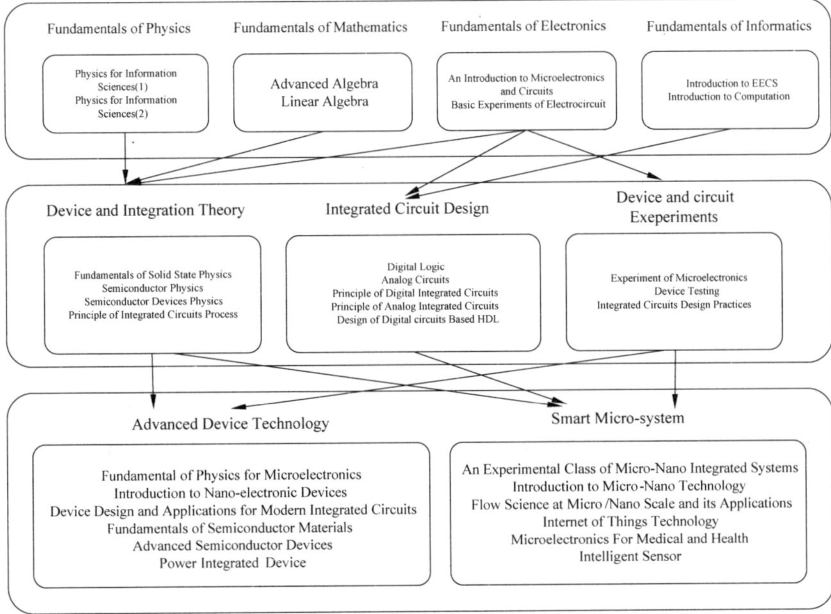

Figure 2-1 Course map of Microelectronics Science and Engineering

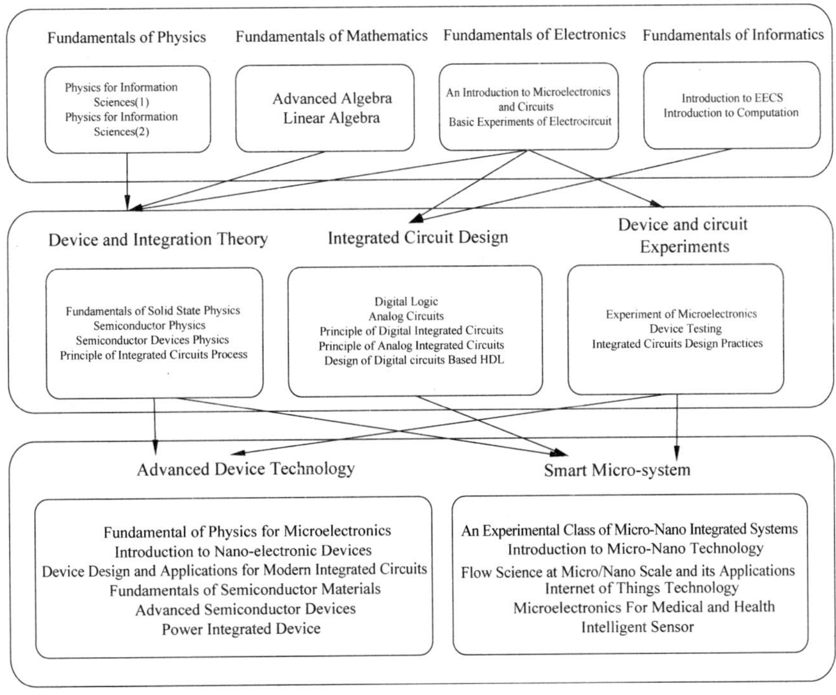

Figure 2-2 Course map of Integrated Circuit Design and System

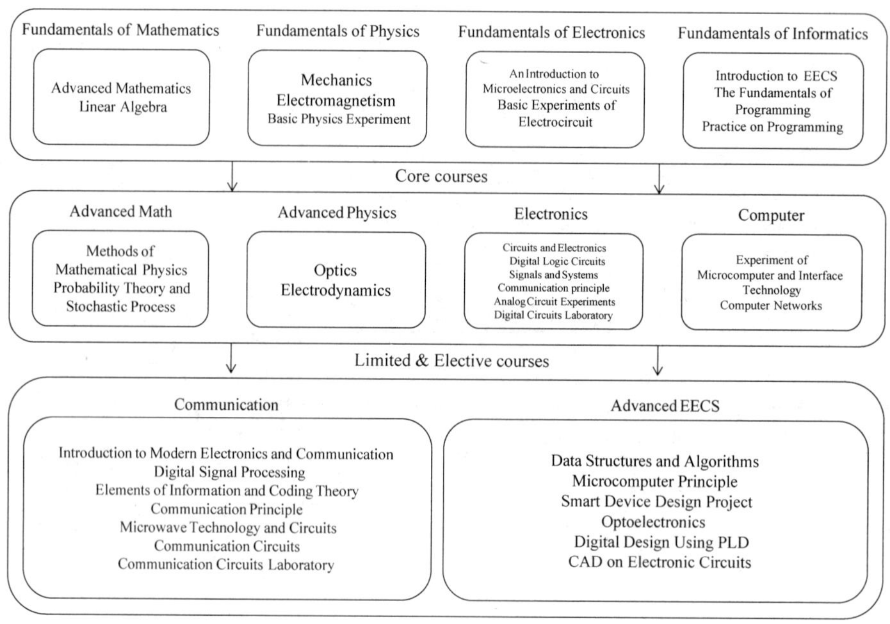

Figure 2-3 Course map of Communication Engineering

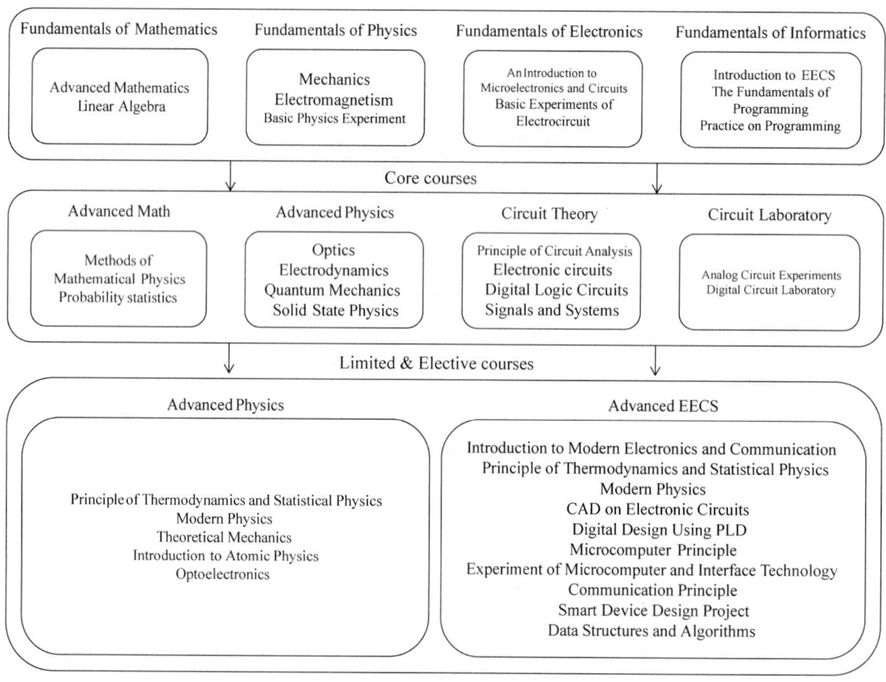

Figure 2-4 Course map of Electronics and Information Science and Technology

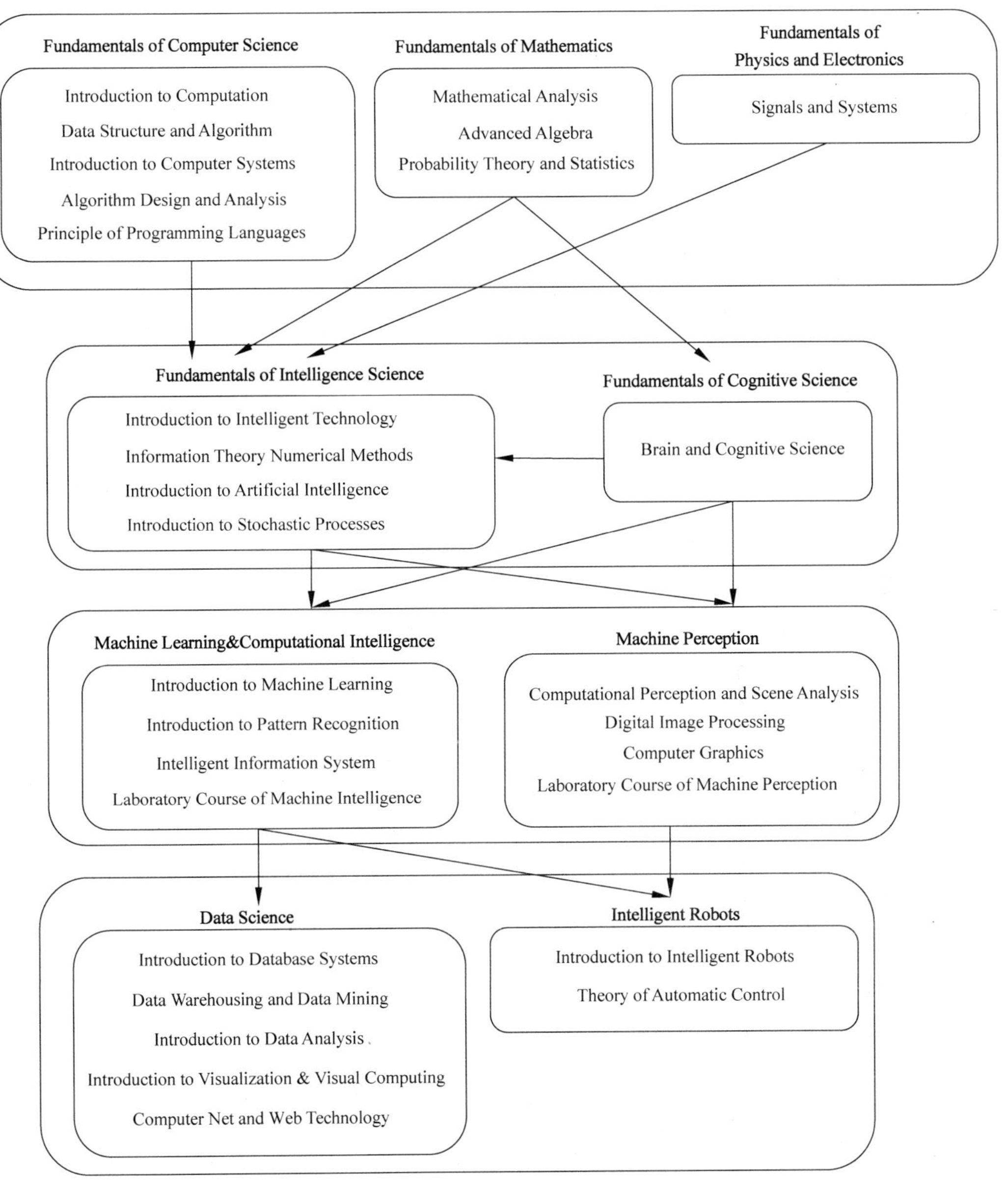

Figure 2-5 Course map of Intelligence Science

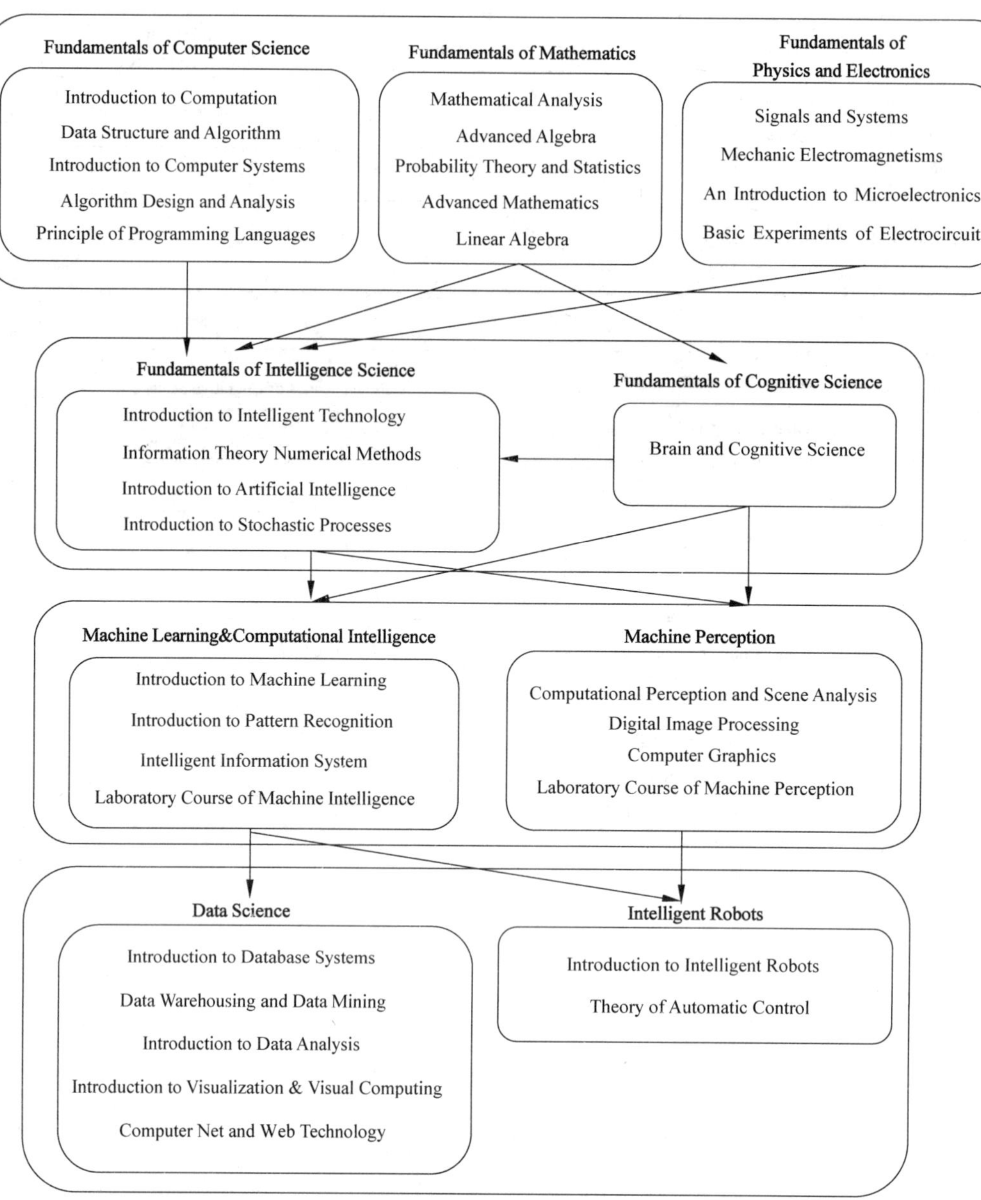

Figure 2-6 Course map of Intelligence Technology

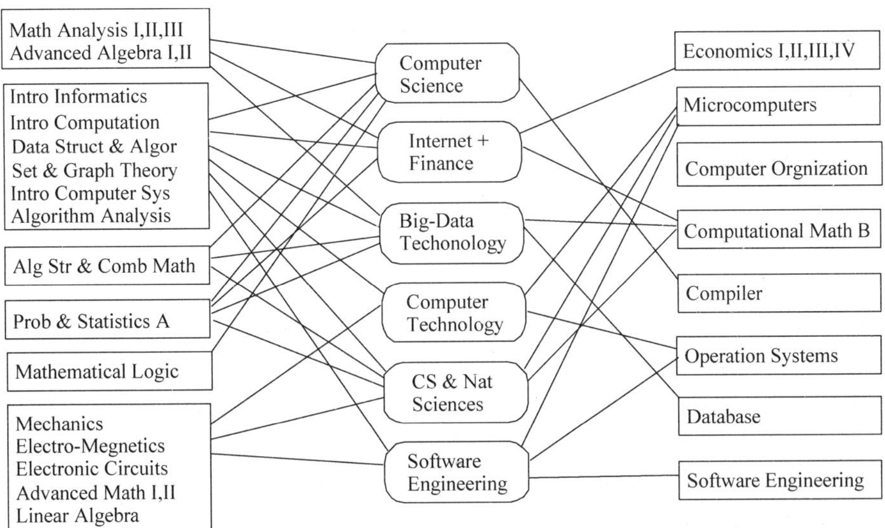

Figure 2-7 Course map of the six tracks of Computer Science and Technology

In addition to the school common basic courses, the courses are divided into three levels: school-level computer science platform courses, professional core basic courses, specialized courses, respectively scheduled on the first grade, second grade and three-four grades. The characteristics of the cultivating program are embodied in the following points:

1. Education in a broad discipline of information science and technology: Since 2004, the school has been enrolling students in information major. Freshman are uniformly required to take basic courses in mathematics, physics, computer science and circuitry to strengthen their mathematical, software and hardware foundation. Sophomore students are free to choose their major directions, either electronics or computer science, taking corresponding professional basic courses. Higher grade students are divided into 7 majors: computer science and technology, data science and big data, software engineering, electronic information science and technology, telecommunication engineering, microelectronic science and technology, and machine intelligence. When students choose their major and courses, the researching direction during future graduate studies should be taken into account.

2. Strengthening the foundation and integrating the general knowledge with professional teaching: The revised curriculum system consists of 4 parts: common basic courses, specialized core courses, specialized restricted courses, public elective courses. While consolidating the students' foundation, we should focus on the specialized core curriculum system, strengthen the integration of professional education and general education, and carry out the concept of general education in professional education.

3. Promoting interdisciplinary development and cultivating high-level interdisciplinary talents: As for the practice of talent training mode, Peking University has gradually explored and established its training mode, including Yuan-Pei mode training, Discipline-level training, interdisciplinary

talents training, minor double degree training model and interdisciplinary talents training mode. Adheres to the discipline-level training mode, the school has completely removed the barriers between four departments in lower-grade undergraduate education. Combining the university's general elective courses on general education with double-degree mode (In Department of Chinese language and literature, Department of History, Department of Philosophy, School of Psychological and Cognitive Sciences, School of Economics, School of Mathematical Sciences, etc.), School of EECS is determined to provide a variety of options for students who have the ability to learn more. In 2016, School of EECS opened an interdisciplinary major called "data science and big data", in conjunction with School of Mathematical Sciences, Yuan-Pei College and School of Economics. Considering the development of students and promoting interdisciplinary communication, the school is committed into breaking the barriers between departments, improving and perfecting the training program of various professions through these efforts, from the perspective of comprehensively cultivating students.

4. Excellent undergraduate teaching: The school has always insisted professors to give undergraduates basic courses, and has constructed general education through courses, discipline-level platform courses, foreign-language platform courses and major basic courses to ensure the high standards of undergraduate teaching. With the advantage of high rate of teachers to students (4 to 1), the school insists of elite education, and takes some measures. New mentor system for students in the professional direction, curriculum, learning and living, psychology, academic planning and other aspects of guidance helps students achieve the transformation from the school quickly; "Large class teaching, seminar discussion, one to one Q & A" teaching mode helps students think independently, learn by themselves, learn group-working, learn communication and improve their comprehensive ability. Scientific training builds students' rigorous scientific research attitude, scientific research interests, comprehensive practical ability and innovative entrepreneurial ability. Through a series of experimental classes and international platform construction, top-notch talent cultivating program enables better students to accept more in-depth training, reflecting the individualized training and selection of talents.

5. Strengthening international communication and broadening students' horizons: To cultivate innovative talents with international vision, the school has always attached great importance to undergraduate international exchanges and established exchange programs with 250 universities in more than 50 countries and regions. At the same time, the school is also actively attracting teachers and students from top-class universities to Peking University to create an international campus atmosphere. Bilingual teaching courses have been taken about more than 200 times. In addition to the international exchanges resources, through the creation of English seminar, the introduction of foreign teachers, the international exchange programs, the setting of double tutors from home and abroad and supporting students to participate in international conferences etc. The school also carries out extensive international exchange activities to broaden the

students' visions. The school has signed a joint "3 + 2" training project with the University of California at Los Angeles, Cornell University and the University of Edinburgh respectively. The school also holds cooperative summer-research-internship programs with MIT, Carnegie Mellon University, Cornell University, University of Edinburgh and the University of California at Los Angeles and also recruits famous teachers of Carnegie Mellon University and California University of Los Angeles, Cornell University, University of California at San Diego, University of California at Berkeley and University of Illinois to open research study seminars.

E2.6 Student Mentoring and Advising

When EECS was established, we tried to make the tutorial system as an important part of the undergraduate cultivating program. Thanks to the tutorial system, students can turn to tutors for help when they run into academic or life problems. In 2008, to ensure that the tutor system plays an important role in teaching management work and helps students grow smoothly, the basic education department of EECS designed a multi-level life-academic tutorial system, providing the students at different stages with different professional cultivating guidance, putting forward the 3H1R (High-quality, high-stability, high-standard, refinement) requirements for tutors.

High quality-Usually, only professors can be tutors of freshman students, but there is an exception for an experienced associate professor. Every professor has the responsibility and obligation to participate in this work. The tutors often exchange experience, and every year the school has examinations and screening for these tutors to ensure the high quality.

High stability-Tutors of students from different grades are managed differently. The school is responsible for the management and construction of freshman tutors, while each department is responsible for managing tutors of other grades. The tutors of each department maintain almost the same, and tutors' tenures remain relatively stable.

High standards-There are clear rules about load and performance in work for tutors in the school. Usually each tutor instructs four students and meets with students at least two times per semester, and each conversation should last for at least one hour. The tutor should have extra communication with a particular student if necessary. Each conversation should be recorded by the students in time and be reported to the school. The school also gives tutors some financial support on the meeting and conducts subjective assessment and rewards for tutors at the end of year.

Refinement-The refining of tutors is mainly reflected in the expertise professionalism of tutors. That is, for the student's growth trajectory and learning characteristics, we arrange tutors who help as much as possible. Freshman tutors mainly counsel students' choices on curriculum and major, especially the new challenges faced by new students at the beginning of college life, and then help solve students' difficulties and deal with negative emotions. Tutors will summarize the characteristics of students in the first year, and the summary will then be sent to the corresponding sophomore tutor. Sophomore tutors are organized by the faculties, mainly for a small number of students who need counseling (the department and the class teacher determine the list). Sophomore tutors give guidance on professional elective courses according to the characteristics and needs of each student after communication. In higher grades, tutors are no more distributed according to different grades. Instead, students of junior and senior can choose a tutor to follow and do scientific research. Through the establishment of various undergraduate funds and projects, the school gives academic research guidance to the vast majority of students, and do specialized training in accordance with the directions of students.

Since the implementation of the tutorial system in 2009, we have greatly promoted the cultivating of undergraduates. The promotion is mainly reflected in the following points:

1) Freshman students can adjust to college life quickly. Since 2009, the number of freshman who participate in school activities significantly increased, and the class atmosphere is more harmonious. The group members can adjust more quickly and smoothly, especially in the learning groups under tutors' help. Statistics obtained from the education department shows that the average GPA of new students in EECS has increased by about 0.1 (the full mark is 4.0), and the number of failing students has been significantly reduced.

2) Teachers and students are able to communicate with each other on a regular basis, which makes it more easily for the school to communicate with students. Through the reports about the tutors and students' communication record, the school can get first-hand feedback information for the curriculum and management in time. At the same time, the tutor can convey the school's educational philosophy and management intentions to students, so that the atmosphere in the school is more harmonious.

3) Undergraduate students have achieved remarkable results in scientific research. In recent years, more and more senior undergraduates join in the laboratory research projects and publish more and more papers on first-class national and international academic conferences.

4) The comprehensive quality of students has been significantly improved. Over the past few years, our school's undergraduate students have done a good job in completing learning tasks. At the same time, more and more students have won awards in various activities in the university. EECS students have performed excellently in cultural activities, competitions and volunteer service, etc.

E2.7 Undergraduate Scientific Research

Undergraduate scientific research is an important part of students' cultivating program, which can help them consolidate their theoretical foundation, train their scientific research accomplishment, practical ability and innovative consciousness. The EECS undergraduates take an active part in scientific research, and 100% of them will join the lab, and publish more than 30 papers each year.

Most of the EECS undergraduates who actively seek out their own interested direction in research will join the lab in sophomore year. The school gives topics of undergraduates' scientific research to all junior or senior undergraduates, 100% undergraduate students will join the laboratory at the beginning of the senior grade, and determine their tutor and research topics.

In order to stimulate the enthusiasm of the students, "Peking University Young Scientists Symposium on Informatics" is an important part of the undergraduate education at EECS, Peking University.

"Peking University Young Scientists Symposium on Informatics" is held by EECS and Department of basic education of EECS. The symposium is based on the innovative scientific research practice carried out by the school. We selects outstanding research achievements and then for exhibition and exchange at the symposium. Symposium is also a platform we provided for broadening the academic vision of undergraduates, stimulating research enthusiasm, encouraging bold innovation and planning academic careers.

"The Young Scientists Symposium on Informatics" was first held in 2013, and has been held for four consecutive sessions by now. The symposium is divided into three parts: the invited conference report, oral report and poster display. As the organizers, we pick a topic based on the current research, invite well-known experts and scholars from international universities and industry to do wonderful reports. The previous topics include "Art and Computing Science (2013)," "Let Hardware be Smart (2014)", "Software and Hardware of Next Generation (2015)" and "Quantum Communications and Quantum Computing (2016)". Besides, each year we choose some outstanding students to give oral reports or posters show, from the undergraduate scientific research and practice innovation activities. Research directions include a number of hot spots in the field of computer science, electronics, microelectronics and machine intelligence, etc. Students participating in scientific research shows not only come from EECS, but also from department of physics, mathematical science, and medical. All oral presentations and poster presentations are given in English, giving students the opportunity to experience the standards and levels of international conferences in advance. Some students say that through the Scientists Symposium they can open up horizons, learn new knowledge and get exercise. As the English name of the conference goes, "Peking University Young Scientists on Informatics", we hope we can cultivate and discover the future scientists and industry leaders of Peking University's information discipline through this kind of academic exchange. We believe that such people are growing up among our students. Table 2-3 is the publications and patent applications of undergraduate students in EECS in the past 4 years:

Table 2-3 Publications and Patent Applications of Undergraduate Students in EECS in the Past 4 Years

	International Journal Papers	International Conference Papers	National Journal Papers	National Journal Papers	Patent Application
2013	12	31	2	3	3
2014	6	27	1	2	4
2015	11	25		1	
2016	7	33	2		

E2.8 High Quality Teaching Materials

Since the founding of EECS, the teachers have published more than 200 textbooks, including 11 Beijing excellent teaching materials, 2 national excellent teaching materials. Many textbooks have been widely praised as the main teaching reference books in many schools and universities. Table 2-4 is the prize for teaching and publishing of EECS:

Table 2-4 Prize for Teaching and Publishing of EECS

Name	Author	Press	Year	Award Level
Principle and Design in Integrated Circuit	Gan Xuewen, Zhao Baoying, Chen Zhongjian, Jin Haiyan	Peking University Press	2007	National
Microcomputer Basic Principles and Applications (the 2nd Edition)	Wang Keyi	Peking University Press	2011	National
Discrete Mathematics (the third edition)	Geng Suyun, Qu Wanling, Zhang Li'ang	Tsinghua University Press	2004	Beijing
Molecular Electronics	Xue Zengquan	Peking University Press	2004	Beijing
course of Excel	Xie Boqing, Zhang Jianqing, Liu Xinyuan	Publishing House of Electronics Industry	2004	Beijing
Introduction to Computability and Computational Complexity	Zhang Li'ang	Peking University Press	2004	Beijing
Courses of Discrete Mathematics	Geng Suyun, Qu Wanling, Zhang Li'ang	Tsinghua University Press	2004	Beijing
Theoretical Mechanics a Short Course	Zhou Lezhu	Peking University Press	2006	Beijing
the Principle and Application of Petri Net	Yuan Chongyi	Publishing House of Electronics Industry	2006	Beijing

Continued

Name	Author	Press	Year	Award Level
Fundamentals of Electronic Technique	Wang Zhijun, ZhaoJie, Zhao Jianye	Peking University Press	2011	Beijing
Electronic technology and digital circuit(the 2nd edition)	Wang Keyi	Peking University Press	2011	Beijing
Data Structure and Algorithm	Zhang Ming, Wang Tengjiao, Zhao Haiyan	Higher Education Press	2011	Beijing
Computer Principles and Interface Techniques	Wang Keyi	Tsinghua University Press	2012	Beijing

E2.9 International Exchange

EECS encourages and supports students in international exchanges, including semester (course) exchanges, joint training programs (3 + 2), short-term scientific research, participation in academic conferences abroad, and participation in various foreign competitions. Details are as follows:

1) Semester (course) communication: Peking University and EECS signed both university-level and school-level communication protocols with the United States, Britain, Canada, Japan, Hong Kong, Taiwan and many other famous overseas universities. Students can participate in such exchange projects for half a year in junior year. The main content of the exchange is taking classes, and the courses can be transferred to the corresponding specialized courses after being approved by the basic department of undergraduate teaching.

2) Bachelor-Master joint training project (3 + 2): Since 2010, the school has signed a Bachelor-Master joint training (3 + 2) project agreement with the University of California at Los Angeles, Cornell University and University of Edinburgh in UK. Excellent students who want to participate in the project complete require finishing credits in the first 3 years at Peking University, and then in senior year, can go to study for 2 years in another university who also signed the project, and start the study period of master ahead of time. Students can obtain both bachelor degree in Peking University and a master's degree in the other school in only 5 years.

3) Short-term research communication: University and school signed summer-research-internship agreement with Stanford University, Carnegie Mellon University, Cornell University, University of Edinburgh and other famous American universities. In the second or third summer, outstanding undergraduates can be sent for internship exchange.

4) Attending foreign academic conferences: The school has established an academic exchange

fund to provide full funding for undergraduate who publish papers as first-author in first class academic conferences (CCF or A-class conferences).

5) All kinds of foreign competitions: We support students to go abroad to participate in activities like the ACM International Collegiate Programming Contest, the international student competitions on super computation, international collegiate competitions on algorithm and programming organized by various kinds of conferences, and international collegiate innovation and entrepreneurship competition. Some excellent students can get full funding.

Table 2-5 shows the statistics of EECS students attending various international exchanges in the past 5 years. We can see that the number of students to participate in various international exchanges increased steadily year after year. In 2016, the number reached nearly 200, which means nearly 2/3 of EECS students have the opportunity to participate in an international exchange activity in four years.

Table 2-5 Statistics of Undergraduates in Visiting Activities in the Past 5 Years

type	visit and communication	exchange learning	3+2	summer research internship	summer school	science meeting
2016	93	15	9	40	9	30
2015	98	11	2	37	14	25
2014	63	13	10	28	8	26
2013	82	18	7	10	13	22
2012	27	20	0	2	20	19

E2.10 Laboratories

The school attaches great importance to practice teaching. It set up a basic experimental teaching institute at the beginning of its construction. It is responsible for the basic experimental teaching of the whole school. The institute includes 2 basic experimental teaching centers: Experiment Center on Computer Science of Peking University (national level) and Center for Experimental Electronics and Information (provincial and ministerial level).

1. Experiment Center on Computer Science of Peking University

The Experiment Center on Computer Science of Peking University was established in July 2000, which is responsible for the experimental teaching of computer courses of Peking University. The center was prized as the national experimental teaching demonstration center in 2007.

The Experiment Center on Computer Science of Peking University is an entity managed by

Peking University and School of EECS, and the central director assume overall responsibility. At present, the experimental teaching echelon has formed, with the teachers as the core, part-time teachers as the backbone, and graduate teaching assistants as supplement.

In the lab construction, the Experiment Center on Computer Science of Peking University adheres to the "professional, advanced and flexible" principle. After several years of construction, by now, the center has become the largest experiment-teaching laboratory containing seven kinds of laboratories. The seven types of laboratories are: large basic laboratories, software labs, network labs, ACM competition labs, innovation labs and national defense laboratory.

The center covers a total area of 1820 square meters, and the total value of fixed assets is about 23 million yuan. The center adopts full open teaching management, uses the computer lab management system independently developed by themselves, builds cluster server system which combines with cutting-edge research, carries out the construction of server virtualization environment and provides flexible practice environment for students.

The center carries out the idea of "student centered", emphasizing the strengthening of the basic and the diversity of the content at the same time in order to meet individual needs. The center provides three different levels of experimental courses for undergraduate students in the university, which are, the basic computer courses of the university, the basic computer courses of EECS, and the computer major courses of the department of computer science and technology. The experiment time lasts about 980 thousand hours per year.

The center has constructed a characteristic computer experiment course system. It carries out the construction of software and hardware platform and carries out the curriculum on computer program design using a series of software platform developed by themselves like POJ, Botzone, PG practice, and PKUCTutor. It has set up the computer core curriculum experimental class, and gradually set core computer course and the curriculum theory course separately.

2. Center for Experimental Electronics and Information

Center for Experimental Electronics and Information of Peking University was established in September 2000, and is responsible for electronic information experiment teaching of the university. In 2001, the experimental center was evaluated by Beijing Municipal Education Commission. In 2006, it was titled as "Beijing municipal experimental teaching demonstration center".

There are 5 kinds of labs in the center: circuit basic, circuit system, electronic design automation (EDA), professional basic and innovation. There are 18 labs in total. The total value of the experimental equipment is about 14 million yuan, and the number of experimental devices is 1500. The center offers 31 experimental courses, with about 2300 students enrolled from 10 faculties each year, with an annual laboratory teaching time up to 130 thousand.

The experimental center is also an entity managed by university and school where the central director assume overall responsibility. Center Director (only 1, appointed by schools), is responsible for the overall work of the center; deputy director (only 1), is responsible for the daily work; 2 deputy directors, are responsible for the center of teaching and laboratory management. In 5 types of laboratories, each laboratory has one laboratory director, and is equipped with laboratory management personnel to do auxiliary experiment teaching. The experimental course management is carried out by the host responsibility system, and the experimental teaching staff are organized according to the scale requirements of the experimental course. Each year, more than 40 teachers from various institutes and research institutes undertake the experimental teaching tasks of the center.

Under the background of science education, wide caliber cultivation, Experimental Center explored and practiced a teaching system combining the characteristics of science and technology. The center is devoted to developing students' combinative ability of knowledge, capability and quality, adhering to the experimental teaching guiding principle— "strengthening the foundation, promoting interdisciplinary development, respecting choices, exceling in teaching".

We have constructed 4 levels of experimental curriculum system including basic experiment, integrated design, research innovation and professional foundation. The center has carried out the construction of laboratory, teaching team, environment and network management around the construction of curriculum system.

E2.11 The Plan to Cultivate Top-Notch Students

In 2009, the discipline of Computer Science of Peking University is selected into the first batch of "the Plan to Cultivate Top-Notch on Basic Subjects" of Ministry of Education. School of EECS of Peking University is responsible for the computer science top-notch talent cultivating work in Peking University. Since the start of the top-notch plan, EECS has established the GSP guidelines according to the general situation of the students so that each item in the top-notch talent plan is fair to all students. The teaching content fully takes care of the needs of the top-notch talents in depth, difficulty and novelty. At present, computer science has gradually formed the top-notch talent cultivating mode: the close relationship between teachers and students helping students establish goals, rewarding students according to scientific research results to guide students learn autonomously and explore actively, and enriching students' skills in expressing, communicating and leading through enrichment of scientific and technological activities.

1. Cultivating Program for Top-Notch Talents

Through years of exploration, a distinctive "Cultivating and Selecting simultaneously" training program of talents is formed gradually. We began to set up the Base of the Plan to Cultivate top-Notch students in computer discipline of Peking University, referred to as the "top class", for 2012-grade students the first time.

The main goal of the top class of computer science at Peking University is to cultivate the leading talents in the field of computer science and to expand the influence of computer science at Peking University in the world. The specific goal is through the selection of a potential of outstanding undergraduate students, to cultivate their interest in the study and experience, and to guide them to get the PhD degree of domestic and international schools and embark on the road of scientific research.

2. Top Class Selection

The top class consists of high grade students (juniors and seniors) from Computer Science (including Department of Computer Science and Machine Intelligence). They are selected at the end of the sophomore year, and the number of candidates is not more than 25 each year. Specific selection methods and standards are as follows: For potential undergraduate students, we select students with certain research experience planning to continue pursuing PhD degrees after graduation, and give them targeted training and guidance. To become candidates, students need to submit appropriate application forms and recommendations from no fewer than two teachers. At the end of the second year, through the teacher nomination, student application, materials review, public reply and other aspects, the list of students who formally joined the top class is confirmed after discussion and vote.

3. Top Class Cultivating Program

The top class aims at developing students' academic interest and academic ability. Different types of academic activities are organized at different stages.

- Summer research training and internship: In the summer vacation of sophomore, we hold "basic scientific research literacy training" for top-class students and invite famous professors at home and abroad as tutors to teach the students basic methods of scientific research, reading and writing skills, and share research experience. In summer of junior year, all top-class students have the opportunity to go abroad (the United States CMU, Cornell, UCLA, University of Edinburgh, National University of Singapore, etc.) to participate in summer research project for 2-3 months and deepen the understanding of scientific research, accumulate scientific research experience.
- Build a team of top-notch tutors: A team of scientific research tutors consists of well-known professors overseas and elite tutors of EECS equips each top-class student with a "1 + 1" academic tutors to guide their research work. At the same time, special courses for the top-class students are set up, so that students will devote more effort to research work. At the end of each semester, the tutor is responsible for giving the results.
- Guidance on applying to study abroad: in the junior and senior semester, we provide targeted guidance and recommendation of universities for each top-class student who want to get a

doctor's degree abroad or at PKU, and help all the students find a satisfactory way to the maximum extent.

- Other activities: We provide each student with an opportunity to attend a top academic conference abroad (in principle, to attend an international conference of type A as stipulated by the CCF). The top-notch class "master contact plan" are regularly organized, domestic and foreign well-known computer scientists, experts and participants are invited to the discussion. What's more, we provide daily expenses to support students to hold cultural, sports, outing and other exchange activities.

4. Honors Degree of Top Class

In order to further standardize the training system of top-class and improve the top-class graduated from the school of the collective sense of honor, since grade 2012, outstanding graduates who successfully complete all aspects of classes are awarded as "Top-notch honor degree certificate".

5. Specific Measures for Cultivating Top-notch Talents

In the training of top-notch talents, the specific measures taken by the school include core curriculum construction, internationalization platform construction and innovation ability training system construction.

1) Core curriculum construction

As an exploratory practice of providing differentiated teaching models for exceptional top students, the Department of Computer Science started a series of experimental courses in 2007. At the beginning, we opened "An Introduction to Computation" and "Data Structure and Algorithm" experimental class to students who have experience of NOI started construction. And gradually, we can offer various classes including "A Introduction to Computation" "Practice of Programming in C & C++" "Data Structure and Algorithm" "Practice of Data Structure and Algorithm" "Algorithm Design and Analysis" "Practice of Compilation" "Practice of Operating System" "Lab on Computer Architecture" "Software Engineering" "Software Engineering Practice" "Introduction to Database" "Computer Networks" course, covering almost all the students majoring classes in computer programming foundation and professional core curriculum courses in experimental class, as well as two seminar classes, "Introduction to Computer Systems" and "Algorithm Design and Analysis".

The construction of core courses and research classes enables students to receive further training of computer courses and strive to achieve integration with foreign top computer science courses. Even in individual courses, we can beyond the similar courses of foreign universities. In the experimental class, students' learning enthusiasm was fully mobilized, and many innovative experimental items were developed.

2) Internationalization platform construction

Through English seminar, the introduction of foreign teachers, signing the international exchange program, funding students to participate in international conferences, we can broaden students' horizons, improve the students' expression and communication skills, so that enable them to integrate into the international competitive environment.

We also employ a number of overseas teachers (including Professor Cong Jingsheng from the Carnegie Mellon University, and California University of Los Angeles, and other professors from Cornell University, University of California at San Diego, University of California at Berkeley, University of Illinois, Urbana-Champaign, University of Oxford, University of Edinburgh and other famous British universities) to offer research study seminars.

Our school established the Overseas Steering Committee of the Plan to Cultivate top-Notch students in computer discipline. The committee is responsible for consultation of implementation of the program. It also offers guidance on the teaching of computer course reform outline and research direction. The Committee has 1-2 team leaders and 8-10 team members. We employ professor Zhang Hui of Carnegie Mellon University as head of the committee, Professor Fan Wenfei as deputy head of the committee.

We actively cooperate with overseas top universities in computer science. Our institute has signed the 3 + 2 joint training program with the University of California at Los Angeles, the Cornell University and the University of Edinburgh respectively. Since its launch, dozens of students have entered the project. At the same time, the school is in collaboration with the Carnegie Mellon University, Cornell University, University of Edinburgh, selecting outstanding undergraduates in computer department to carry out scientific research practice every summer. Through the research and study of practical subject, we can guide students to practice research methods in computer science and technology. On average, there are more than 20 students come into the project per year.

6. The cultivation of creativity

EECS has established a mechanism for undergraduate students to enter the laboratory and practice, so that students can develop their innovative ability and comprehensive ability in scientific research practice. Undergraduate students participate in scientific research practice, and the research practice and undergraduate course training are tied together as two components of undergraduate training. We select some good students from freshman year and sophomore year into the research group, and let them participate in scientific research projects, and cultivate their innovation ability in scientific research by passing the "principal fund" "Hui-Chun Chin and Tsung-Dao Lee Chinese Undergraduate Research Endowment (CURE)" "National Training Programs of Innovation and Entrepreneurship for Undergraduates under Ministry of Education", teachers' self-fund projects and other projects.

In the junior year, each laboratory recruits undergraduate students in institutionalized way, including registration, examination, admission, normal training and basic training, training on rules and regulations, and introduction of cutting-edge topics. After the recruitment, students are cultivated in the same way as graduates. In senior year, all students who haven't joined laboratory for internship will join the laboratory to complete their undergraduate thesis.

With the support of various undergraduate research projects, more than 60 papers are published annually. Since 2013, every year EECS holds Peking University information science undergraduate research achievements exhibition. Students in research projects participate in to give oral paper presentations and poster presentations. Overseas professors are invited to special reports, and attend scientific selections with teachers from the school. The research directions of these projects involve a number of hot topics in information science, which fully demonstrates the innovative achievements of EECS students under the support of undergraduate research funds. All oral presentations and poster presentations are given in English to enable students to feel the standards and levels of international conferences ahead of time.

At the same time, the school actively organizes students to participate in the ACM International Collegiate Programming Contest, the International University supercomputing competition, Group Programming Ladder Tournament and competition in the international competitive environment to test our teaching effects and advantages, look for problems, and make corresponding improvement. In recent years, students in the ACM contest achieved fruitful, stable performance in the forefront of the national and global finals. In 2014, our students won a gold medal at the thirty-eighth session of the ACM International Collegiate Programming Contest world finals, and also achieved excellent results in other domestic and foreign competition.

E2.12 Academic Competitions

The following are the main awards of the ACM international programming competition, the National Undergraduate Electronic Design Competition, and the innovation and entrepreneurship competition of China University of biology.

1. ACM International Collegiate Programming Contest

Since 2003, EECS has built a Peking University ACM competition training base for 24 players, and has appointed special teachers for organizing and conducting competitions. Each year in May, the school holds the Peking University programming competition to select the best players. The Institute has developed a 24-hour online program evaluation system for competition students for practice and evaluation. Since 2004, since the organization and guidance of the ACM competition have been on the right track, the Peking University team has been able to enter the finals every year. In terms of the total score of the competition, we comes out in front of other universities in China. In 2004 and

2005, Peking University held the two consecutive ACM Asia Beijing division qualifiers. Table 2-6 is the statistics of the competition results since 2004:

Table 2-6 The Statistics of the Competition Results since 2004

Competition	Year	Awards	Remark
The 29th Asian Qualification	2004	4 gold medals	
The 29th International Finals	2005	the 11th place	copper medal
The 30th Asian Qualification	2005	3 gold medals	
The 30th International Finals	2006	the 13th place	
The 31st Asian Qualification	2006	4 gold medals	
The 31st International Finals	2007	the 14th place	
The 32nd Asian Qualification	2007	7 gold medals	
The 32nd International Finals	2008	the 13th place	
The 33rd Asian Qualification	2008	4 gold medals	
The 33rd International Finals	2009	the 20th place	
The 34th Asian Qualification	2009	5 gold medals	
The 34th International Finals	2010	the 14th place	
The 35th Asian Qualification	2010	6 gold medals	
The 35th International Finals	2011	the 13th place	
The 36th Asian Qualification	2011	9 gold medals	
The 36th International Finals	2012	the 13th place	

Getting prize in the competition is not the only purpose of this activity. It is the most important thing to promote the teaching with the help of competition and to improve the students' practical ability. Peking University online program evaluation platform (Peking University Judge Online, referred to as POJ), has also been widely used in courses like "An introduction to Computation" and "Data Structure and Algorithms". It has become a platform where students submit homework and take examinations, and even an effective judgment tool where tutors retest for graduate students, and check their programming level. POJ is also the most widely used online program evaluation platform in China, with about 150 thousand registered users. It has become a necessary tool for programming, competition, training and teaching in many schools and universities both at home and abroad.

2. National Undergraduate Electronic Design Competition

Peking University started to participate in the National Undergraduate Electronic Design Competition in 2001, and began to participate in the National Undergraduate Electronic Design Competition-embedded system features Invitational tournament in 2002. In 2002, we began to set up the guidance team for the students' electronic design competition, built the circuit and system laboratory, and opened the course of "electronic system design". In 2003, the guidance team of embedded system special events was set up, an innovative laboratory was built, an embedded system course was set up, and the innovation laboratory was opened the whole day, which can accommodate 20 students. Students can sign up for the competition. The competition results since 2001 are as Table 2-7.

Table 2-7 The Competition Results of Undergraduates

Competition	Year	Prize	Remark
National Undergraduate Electronic Design Contest	2001	2 national first prize	
National Undergraduate Electronic Design Contest-Embedded System Contest	2002	2 national first prize	Intel Cup
National Undergraduate Electronic Design Contest	2002	4 second prize in Beijing region	
National Undergraduate Electronic Design Contest	2002	2 third prize in Beijing region	
National Undergraduate Electronic Design Contest	2003	1 national first prize	
National Undergraduate Electronic Design Contest	2003	1 second prize in Beijing region	
National Undergraduate Electronic Design Contest-Embedded System Contest	2004	1 national first prize	
National Undergraduate Electronic Design Contest	2005	3 second prize in Beijing region	
National Undergraduate Electronic Design Contest	2005	2 third prize in Beijing region	
National Undergraduate Electronic Design Contest-Embedded System Contest	2006	1 national first prize	
National Undergraduate Electronic Design Contest-Embedded System Contest	2006	2 national first prize	
National Undergraduate Electronic Design Contest	2007	1 second prize in Beijing region	
National Undergraduate Electronic Design Contest	2007	5 third prize in Beijing region	
National Undergraduate Electronic Design Contest-Embedded System Contest	2008	1 national first prize	
National Undergraduate Electronic Design Contest-Embedded System Contest	2008	1 national second prize	
National Undergraduate Electronic Design Contest-Embedded System Contest	2008	1 national third prize	
National Undergraduate Electronic Design Contest-Embedded System Contest	2010	2 national first prize	
National Undergraduate Electronic Design Contest-Embedded System Contest	2010	2 national second prize	
National Undergraduate Electronic Design Contest-Embedded System Contest	2012	1 national first prize	
National Undergraduate Electronic Design Contest-Embedded System Contest	2012	3 national third prize	
National Undergraduate Electronic Design Contest-Embedded System Contest	2014	1 national first prize	

Continued

Competition	Year	Prize	Remark
National Undergraduate Electronic Design Contest-Embedded System Contest	2014	2 national second prize	
National Undergraduate Electronic Design Contest-Embedded System Contest	2014	1 national third prize	
National Undergraduate Electronic Design Contest-Embedded System Contest	2016	1 national first prize	
National Undergraduate Electronic Design Contest-Embedded System Contest	2016	1 national second prize	
National Undergraduate Electronic Design Contest-Embedded System Contest	2016	1 national third prize	

In the National Undergraduate Electronic Design Competition-embedded system competition, in total we won 1 Intel Cup, 12 the national first prize, 9 second prize. The total score of the competition is at the top of the list.

3. China's International Contest of Applications in Network of Things

China's International Contest of Applications in Network of Things (the original "new cup" Chinese MEMS sensor application contest), is held under the auspices of the global Chinese micro nano molecular system Institute (one of the Quality engineering project supported by Ministry of Education) and is undertaken by Peking University. It is the trial of International Contest of Applications in Network of Things (iCAN), an innovative science and technology competition for university students.

ICAN is the international university students' innovation and entrepreneurship competition started by Peking University Institute of microelectronics in 2007, and the institute actively promote it around the world. By now, it has been five years, with students from more than twenty countries and regions participating. It adheres to the spirit of "Transfer the spirit of iCAN, inspire the enthusiasm of creation, light up the dream of starting a business". iCAN competition advocates science and technology innovation to serve the society, and to improve human life. iCAN guides and encourages university students to be creative, and tries to discover and cultivate a group of promising and potential outstanding young scientific and technological talents. iCAN is devoted to strengthening the combination of production and research in high-tech fields like Internet of Things, promoting the development of these fields and building a communication platform for high-tech innovation and entrepreneurship.

Peking University began to participate in China University networking innovation entrepreneurship competition in 2007. Since 2007, our results of China University Networking Innovation and Entrepreneurship Competition are as Table 2-8.

Table 2-8 Our Results of China University Networking Innovation and Entrepreneurship Competition

Competition	Year	Prizes	Remarks
China's International Contest of Applications in Network of Things	2007	1 national first prize	The first place
China's International Contest of Applications in Network of Things	2007	1 national second prize	The third place
China's International Contest of Applications in Network of Things	2009	1 national second prize	
China's International Contest of Applications in Network of Things	2010	1 national special award	
International Contest of Applications in Network of Things	2011	1 international cooper medal	The third place

Our students won the first place in China and won the international bronze medal once in the competitions. The total score of the competition was one of the best among universities of China. The launching of the innovation and entrepreneurship competition of Chinese University of biology has promoted the reform and construction of teaching work. In 2011, the Institute opened the experimental class of micro/nano system. In 2012, a new design system of micro/nano system was built, and better teaching effects were achieved.

E2.13 Development of Postgraduates

A solid foundation and good scientific literacy and ability make our students have a bright future after graduation. More than 80% of undergraduates choose to pursue their master and PhD degrees at top universities or research institutions both at home and abroad. Table 2-9 is the statistics of the development of postgraduates over the years:

Table 2-9 Development of Postgraduates over the Years

	Domestic further study	Abroad further study	Go to work	Startup	Employment rate/%
2010	186	71	34	17	94.5
2011	196	92	27	18	94.6
2012	150	89	35	26	91.3
2013	157	104	37	14	95.5
2014	175	76	20	3	98.9
2015	160	87	35	6	97.9
2016	140	85	52	8	97.2

第 3 章　本科生学院平台课程大纲
Chapter 3　School Platform Courses

3.1　信息科学技术概论 Introduction to EECS

Prereq: /

Credits: 1

Mission: Through this course, students can overview all the information technology and clear the roadmap of the IT field.

The course covers electronics and engineering, microelectronics, computer science, and information science.

Topics include introduction of information technology, computer software, computer architecture, computer network and information system, computer theory, computational linguistics and machine translation, wireless communication, optical communication, physical electronics and nanotechnology, quantum electronics and laser sciences, microelectronic devices and technology, system on a chip, micro-electromechanical systems, machine perception, and multi-media process.

Organized by Yuan Wang, a number of famous professors give lessons.

一、课程基本情况

<table>
<tr><td rowspan="2">课程名称</td><td colspan="12">信息科学技术概论</td></tr>
<tr><td colspan="12">Introduction to EECS</td></tr>
<tr><td rowspan="2">开课时间</td><td colspan="3">一年级</td><td colspan="3">二年级</td><td colspan="3">三年级</td><td colspan="3">四年级</td></tr>
<tr><td>秋</td><td>春</td><td>夏</td><td>秋</td><td>春</td><td>夏</td><td>秋</td><td>春</td><td>夏</td><td>秋</td><td>春</td><td>夏</td></tr>
<tr><td>适用院系</td><td colspan="12">信息科学技术学院</td></tr>
<tr><td>课程定位</td><td colspan="12">学院平台课</td></tr>
<tr><td>学分</td><td colspan="12">1 学分</td></tr>
<tr><td>总学时</td><td colspan="12">32 学时</td></tr>
<tr><td>先修课程</td><td colspan="12">无</td></tr>
<tr><td>后续课程</td><td colspan="12">无</td></tr>
<tr><td>教学方式</td><td colspan="12">课堂讲授为主</td></tr>
</table>

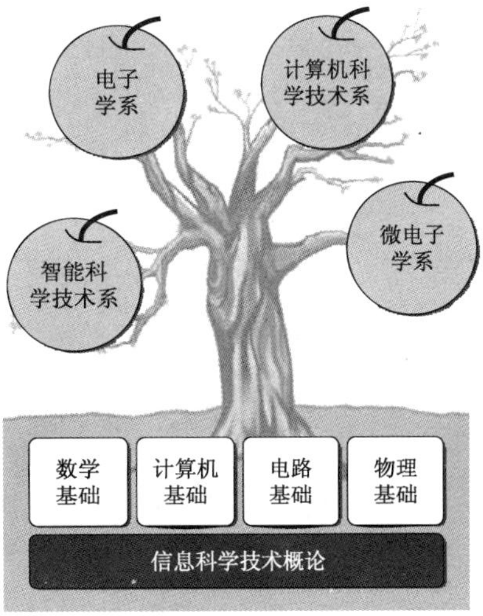

电子学系
计算机科学技术系
微电子学系
智能科学技术系
数学基础
计算机基础
电路基础
物理基础
信息科学技术概论

续表

课时分配	每周2学时
考核方式	期末撰写一篇小论文
主要教材	教师制作的PPT课件
参考资料	无
其他信息	无
大纲提供者	王源

二、教学目的和基本要求

1. 使学生对信息科学技术领域包含的各个学科、各个领域有一个整体的、较为全面的了解。

2. 对信息科学技术各个主要学科方向的发展历史、发展现状及发展趋势等有一个比较全面的了解。

3. 使学生对通信与信息系统、纳米电子学、量子电子学、计算机软件、计算机语言学、计算机网络与信息系统、微电子学、智能科学等学科门类有一个比较明确的概念。

4. 了解信息科学技术所包含的主要内容,对信息科学技术领域包含的各个专业方向的情况有一个大概的了解。

5. 对信息科学技术各个主要领域的历史、现状和将来的发展趋势以及产业的状况有一个比较清晰的认识。

三、课程大纲和知识点

章节顺序	章节名称 Chapters	课时 Hours	知识点	Key Points
1	信息科学技术介绍(Introduction to Information Science and Technology)	2	信息科学技术的整体概貌,信息科学技术的主要学科分支及信息科学技术的特点等,计算机软件方面的基础知识	Holistic overview, the major branches and the characteristics of information science and technology, also introduces the basics of computer software
2	光通信技术(Optical Communication Technology)	2	光通信的基本概念,光通信的发展趋势,光通信的重要意义和应用	The basic concepts, development trends, applications and significance of optical communication
3	通信与信息系统(Communication and Information System)	2	通信与信息系统的基本概念,通信与信息系统的应用领域,通信与信息系统的历史和最新进展等	Introduces the basic concepts, applications, and history of communication and information systems

续表

章节顺序	章节名称 Chapters	课时 Hours	知识点	Key Points
4	物理电子与纳米技术(Physical Electronics and Nanotechnology)	2	电子学与物理的关系,纳米材料技术、纳米电子学、纳米表征技术等	The relationship between electronics and physics, Nano-material technology, Nano electronics, Nano-characterization technology
5	无线通信技术(Wireless Communication Technology)	2	无线通信的基本概念,无线通信的发展现状与趋势等	Basic concepts of wireless communications, the development status and trends of wireless communications
6	量子电子学与激光技术(Quantum Electronics and Laser Technology)	2	量子电子器件的基本知识、发展历史和现状,量子电子的应用领域等	Basic knowledge of quantum electronic devices, development history and current status of quantum electronics applications
7	计算机软件(Computer Software)	2	计算机软件的概念,计算机软件的主要研究内容,计算机软件的发展趋势,软件工程等	Introduce the concept of computer software, computer software research, development trend of computer software, software engineering
8	计算机语言学与机器翻译(Computational Linguistics and Machine Translation)	2	计算机语言学的基本概念,计算机语言学的发展现状与趋势,机器翻译	Explain the basic concepts of computer linguistics, development status and trends of computer linguistics, machine translation
9	计算机网络与信息系统(Computer Networks and Information Systems)	2	计算机网络的基本概念,计算机网络的基础知识,计算机网络的主要作用	The basic concepts of computer network, the basics of computer network
10	数字多媒体技术(Digital Multimedia Technology)	2	数字媒体技术的基础知识、标准以及国内外的发展现状和未来	The basics of digital media technologies, standards, and the current and future development at home and abroad
11	机器感知与机器智能(Machine Perception and Machine Intelligence)	2	机器智能特别是机器感知方面最新的研究现状与成果,展望其未来的研究方向	An overview of machine intelligence, especially machine perception latest research results and outlook of future research directions

续表

章节顺序	章节名称 Chapters	课时 Hours	知识点	Key Points
12	智能信息处理技术(Intelligent Information processing Technology)	2	计算智能、智能信息处理、智能感知与目标识别技术、数据挖掘与知识发现技术	Introduces computational intelligence, intelligent information processing, IntelliSense and automatic target recognition technology, data mining and knowledge discovery technology
13	信号与信息处理(Signal and Information Processing)	2	信号与信息处理的基本概念,信号与信息处理的应用领域,信号与信息处理的发展历史、现状和未来	Introduce the basic concepts, applications of signal and information processing. Describe the history, present and future of signal and information processing
14	微电子机械系统(MEMS)	2	微电子机械系统的基本概念,重要的几种微电子机械系统器件介绍,微电子机械系统的发展现状及其趋势	The basic concepts of MEMS, several important MEMS devices, the development status and trends of MEMS
15	微电子学与集成电路技术(Microelectronics and Integrated Circuit Technology)	2	微电子学的基本概念,微电子科学技术发展的历史,微电子技术在国民经济中的重要性,微电子科学技术及产业发展趋势等	The basic concepts, history of microelectronics, the importance of microelectronics technology in the national economy, microelectronics science and technology and industry development trends

四、课程特色

1. 本课程属讲座课,主要由信息科学技术学院各主要研究方向的知名教授讲授信息科学技术各个学科方向的发展历史、发展现状、相关领域基础知识以及发展趋势等方面的内容。

2. 学生通过本课程的学习,能够对信息科学技术领域包含的各个学科、各个领域有一个整体、全面的了解。

3.2 数学基础课程 Mathematics Courses

3.2.1 数学分析(Ⅰ)Mathematical Analysis (Ⅰ)

Mission: Understand limits and related theories.

Covers differentiation, integration.

Topics include: Functions, Limit, Continuous functions, derivative and differential, Indefinite integral, definite integral, applications of calculus.

一、课程基本情况

<table>
<tr><td rowspan="2">课程名称</td><td colspan="12">数学分析(Ⅰ)</td><td rowspan="10">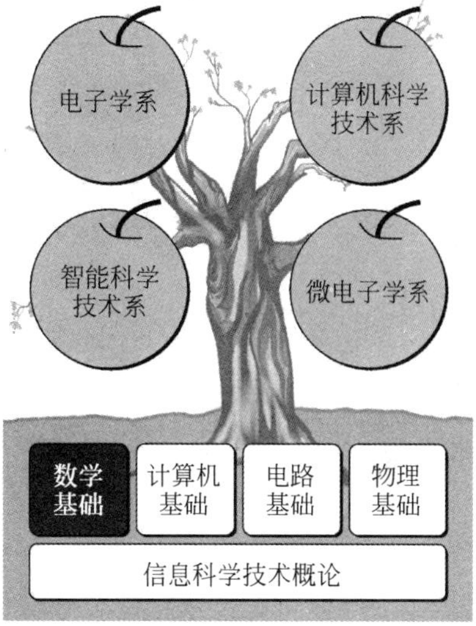
</td></tr>
<tr><td colspan="12">Mathematical Analysis (Ⅰ)</td></tr>
<tr><td rowspan="2">开课时间</td><td colspan="3">一年级</td><td colspan="3">二年级</td><td colspan="3">三年级</td><td colspan="3">四年级</td></tr>
<tr><td>秋</td><td>春</td><td>夏</td><td>秋</td><td>春</td><td>夏</td><td>秋</td><td>春</td><td>夏</td><td>秋</td><td>春</td><td>夏</td></tr>
<tr><td>适用院系</td><td colspan="12">信息科学技术学院</td></tr>
<tr><td>课程定位</td><td colspan="12">主干基础课</td></tr>
<tr><td>学分</td><td colspan="12">5学分</td></tr>
<tr><td>总学时</td><td colspan="12">102学时，每周4+2学时</td></tr>
<tr><td>先修课程</td><td colspan="12">无</td></tr>
<tr><td>后续课程</td><td colspan="12">无</td></tr>
<tr><td>教学方式</td><td colspan="13">课堂讲授和习题课相结合</td></tr>
<tr><td>课时分配</td><td colspan="13">大课教师主讲大课(4学时/周)，习题课教师负责习题课(2学时/周)的讲授和习题批改</td></tr>
<tr><td>考核方式</td><td colspan="13">平时作业占20%，期中考试(闭卷)占20%，期末考试(闭卷)占60%</td></tr>
<tr><td>主要教材</td><td colspan="13">彭立中，伍胜健，谭小江．数学分析(Ⅰ)．教材科讲义</td></tr>
<tr><td>参考资料</td><td colspan="13">1. 方企勤，等．数学分析．北京：高等教育出版社，2014
2. 张筑生．数学分析新讲．北京：北京大学出版社，1990</td></tr>
<tr><td>其他信息</td><td colspan="13"></td></tr>
</table>

二、教学目的和基本要求

本课程是数学类各专业以及力学各专业的一门重要基础课,基本内容包括极限论、微分学、积分学、级数理论,在教学上可分为一元微积分学、多元微积分学、高等分析三部分。本课程为各门后继课程如微分方程、微分几何、复变函数、实变函数、概率论、基础物理、理论力学等提供必需的基础知识、基本能力及思维方法的训练,为以后的学习、研究和应用打好基础。

三、课程大纲和知识点

章节顺序	章节名称 Chapters	课时 Hours	知识点	Key Points
1	函数 (Functions)		1.1 初等函数(包括双曲函数及其反函数) 1.2 函数的一般概念(几个常见经济学函数、函数的计算机作图) 1.3 复合函数和反函数件方面的基础知识	1.1 elementary functions (including hyperbolic function and its inverse function) 1.2 function of the general concept of (a few common economic function, function of computer mapping) 1.3 composite function and inverse function parts based on knowledge
2	极限 (Limit)		2.1 序列极限定义 2.2 序列极限的性质和运算 2.3 确界和单调有界序列,区间套定理,子序列定理 2.4 函数的极限 2.5 函数极限的推广(28种极限正反命题,性质定理的举一反三训练) 2.6 极限存在性理论及两个重要极限 2.7 序列极限与函数极限之关系	2.1 sequence limit definition 2.2 limit of a sequence of operations and properties 2.3 bound and bounded monotonic sequence, nested interval theorem, sequence theorem 2.4 function limit 2.5 function limit extension (28 limit of direct and inverse proposition, the property theorems of infer other things from one fact training) 2.6 the existence of the limit theory and two important limits 2.7 sequence limits and function limit relationship
3	连续函数 (Continuous functions)		3.1 连续和间断 3.2 连续函数的性质(湮符号性质,复合函数连续性,闭区间连续函数性质) 3.3 初等函数连续性	3.1 continuous and discontinuous 3.2 the nature of continuous function (stop symbol properties, composite function continuity, closed interval continuous function) 3.3 elementary function continuity

续表

章节顺序	章节名称 Chapters	课时 Hours	知识点	Key Points
4	导数和微分（Derivative and differential）		4.1　导数定义和某些初等函数的导数 4.2　导数的四则运算 4.3　求导的几种技巧 4.4　高阶导数 4.5　微分 4.6　微分中值定理 4.7　del'Hospitale 法则	4.1　definition of the derivative and the derivate of elementary function 4.2　derivative of the four operations 4.3　Some techniques on the derivative 4.4　high order derivative 4.5　differential 4.6　differential mean value theorem 4.7　del' Hospitale
5	不定积分（Indefinite integral）		5.1　原函数 5.2　换元法 5.3　分部积分法 5.4　有理函数积分 5.5　三角函数有理式的积分 5.6　无理函数的积分（＊椭圆积分介绍）	5.1　of the original function 5.2　element method 5.3　segment integral method 5.4　rational function integral 5.5　of trigonometrical function integral 5.6　integrals of irrational function（＊elliptic integral）
6	定积分（Definite integral）		6.1　定积分概念，与不定积分关系 6.2　定积分的性质 6.3　定积分的换元法、分部积分法 6.4　第一、二中值定理	6.1　concepts of definite integral and indefinite integral relations 6.2　the nature of definite integral 6.3　integral by substitution, integration by parts 6.4　first, second mean value theorem
7	微积分的应用（Applications of calculus）		7.1　定积分的几何应用 7.2　定积分的物理应用 7.3　＊定积分在经济中的应用（边际，弹性） 7.4　无穷小量与无穷大量之比较 7.5　Taylor 公式 7.6　函数的升降与极值，凸凹与拐点	7.1　integral geometry application 7.2　integral physical applications 7.3　＊definite integral and its application in economy (marginal, elastic) 7.4　comparison of infinitesimal and infinity 7.5　Taylor formula 7.6　function of the lifting and extreme, bump and inflection point

3.2.2 数学分析（Ⅱ）Mathematical Analysis（Ⅱ）

Mission: Understand limits and related theories.

Covers differentiation, integration.

Topics include: Real number theory, an introduction to limit, the integrability of functions, An introduction point set topology in Euclidean space, continuous functions, multivariable differential calculus, implicit function theorem, Extremum problem for multivariable functions, multiple integral, curvilinear integral, surface integral and field theory.

一、课程基本情况

课程名称	数学分析（Ⅱ） Mathematical Analysis（Ⅱ）
开课时间	一年级：秋 **春** 夏；二年级：秋 春 夏；三年级：秋 春 夏；四年级：秋 春 夏
课程定位	主干基础课
学分	5 学分
总学时	102 学时，每周 4＋2 学时
先修课程	数学分析（Ⅰ）
后续课程	
教学方式	课堂讲授和习题课相结合
课时分配	大课教师主讲大课（4 学时/周），习题课教师负责习题课（2 学时/周）的讲授和批改习题
考核方式	平时作业占 20%，期中考试（闭卷）占 20%，期末考试（闭卷）占 60%
主要教材	伍胜健，谭小江，彭立中．数学分析（Ⅱ）．教材科讲义
参考资料	1．方企勤，等．数学分析．北京：高等教育出版社，2014 2．张筑生．数学分析新讲．北京：北京大学出版社，1990
其他信息	

二、教学目的和要求

本课程是数学类各专业以及力学各专业的一门重要基础课，基本内容包括极限论、微分学、积分学、级数理论，在教学上可分为一元微积分学、多元微积分学、高等分析三部分。本课程为各门后继课程如微分方程、微分几何、复变函数、实变函数、概率论、基础物理、理论力学等提供必需的基础知识、基本能力及思维方法的训练，为以后的学习、研究和应用打好基础。

三、课程内容摘要和知识点

章节顺序	章节名称 Chapters	课时 Hours	知识点	Key Points
1	实数理论，极限绪论（Real number theory, an introduction to limit）		1.1　从自然数到有理数介绍 1.2　实数的定义（戴德金分割） 1.3　实数的性质 1.4　确界存在定理，区间套定理，聚点 1.5　紧性定理（序列紧，有限覆盖，再论一致连续） 1.6　完备性（Cauchy 基本列，实数的另一种定义方法） 1.7　上极限与下极限	1.1　from the natural number to rational introduction 1.2　real definition（Dedekind cut） 1.3　properties of the real numbers Supremum theorem 1.4　theorem of nested interval, point 1.5　compactness theorem（sequential compactness, limited coverage, on uniform continuous） 1.6　completeness（Cauchy basic column, the number of another kind of definition method） 1.7　upper limit and lower limit
2	函数的可积性（The integrability of functions）		2.1　Darboux 上，下和上，下积分 2.2　函数可积的充分必要条件，可积函数类 2.3　微积分基本定理 2.4　变限积分，原函数存在的充分条件	2.1　Darboux and lower integral 2.2　function is integrable sufficient and necessary condition, class of integrable function 2.3　the fundamental theorem of calculus 2.4　integral upper limit function, a sufficient condition for the existence of the original
3	欧几里得空间点集拓扑初步，连续函数（An introduction point set topology in Euclidean space, continuous functions）		3.1　$\boldsymbol{R}^n$ 的极限理论，完备性 3.2　$\boldsymbol{R}^m$ 中的点集拓扑，开集、闭集 3.3　$\boldsymbol{R}^m$ 中的紧性和完备性 3.4　多元数值函数和向量值函数的极限（整体极限与累次极限），连续函数 3.5　紧集上的连续函数，一致连续	3.1　of the limit theory, completeness 3.2　in the point set topology, open sets, closed set 3.3　In the compactness and completeness 3.4　multivariate numerical function and the limit of vector valued functions（limit and the repeated limit）, continuous function 3.5　tight on the set of continuous-functions, uniformly continuous

续表

章节顺序	章节名称 Chapters	课时 Hours	知识点	Key Points
4	多元函数微分学(Multivariable differential calculus)		4.1 偏导数 4.2 全微分 4.3 微分的几何意义 4.4 高阶偏导 4.5 复合函数求导,方向导数与梯度 4.6 高阶微分和 Taylor 公式	4.1 partial derivatives 4.2 total differential 4.3 geometric meaning of differential 4.4 high order partial derivative 4.5 compound function derivation, directional derivative and gradient 4.6 high order differential and Taylor formula
5	隐函数定理(Implicit function theorem)		5.1 Jacobi 矩阵与 Jacobi 行列式 5.2 隐函数定理 5.3 逆变换定理	5.1 Jacobi Jacobi matrix and determinant 5.2 implicit function theorem 5.3 inverse transform theorem
6	多元函数的极值问题(Extremum problem for multivariable functions)		6.1 普通极值问题 6.2 条件极值问题 6.3 Lagrange 乘子法 6.4 最小二乘法	6.1 general extreme value problem 6.2 conditional extremum problem 6.3 Lagrange multiplier method 6.4 least squares method
7	重积分(Multiple integral)		7.1 重积分的定义 7.2 重积分的存在性与性质 7.3 化重积分为累次积分 7.4 重积分的变量替换 Gamma 函数和 Beta 函数的应用	7.1 integral definition 7.2 integral of the existence and nature 7.3 for repeated integral triple integral 7.4 integral variable substitution of Gamma function and Beta function application
8	曲线积分,曲面积分和场论(Curvilinear integral, surface integral and field theory)		8.1 曲线积分 8.2 曲面积分 8.3 场论基本概念 8.4 Green 公式 8.5 Gauss 公式 8.6 狭义 Stokes 公式 8.7 曲线积分与路径无关	8.1 curve integral 8.2 curved surface integral 8.3 field theory basic concept 8.4 Green formula 8.5 Gauss formula 8.6 special Stokes formula 8.7 independence of path of a line integral

续表

章节顺序	章节名称 Chapters	课时 Hours	知识点	Key Points
9	Grassmann 代数与微分形式(Grassmann algebra and differential forms)		9.1　Grassmann 代数与微分形式 9.2　微分形式的拉回 9.3　微分流形 9.4　微分流形上微分形式的积分 9.5　Stokes 公式	9.1　Grassmann algebra and differential forms 9.2　differential forms back 9.3　differential manifold 9.4　differential manifold differential form 9.5　Stokes formula

3.2.3　数学分析(Ⅲ) Mathematical Analysis (Ⅲ)

Mission: Understand limits and related theories.

Covers integration, infinite seriess.

Topics include: Number seriesr, Function sequence and Function series, Power series, improper integral, Parametric integration, fourier series.

一、课程基本情况

<table>
<tr><td rowspan="2">课程名称</td><td colspan="12">数学分析(Ⅲ)</td></tr>
<tr><td colspan="12">Mathematical Analysis (Ⅲ)</td></tr>
<tr><td rowspan="2">开课时间</td><td colspan="3">一年级</td><td colspan="3">二年级</td><td colspan="3">三年级</td><td colspan="3">四年级</td></tr>
<tr><td>秋</td><td>春</td><td>夏</td><td>秋</td><td>春</td><td>夏</td><td>秋</td><td>春</td><td>夏</td><td>秋</td><td>春</td><td>夏</td></tr>
<tr><td>适用院系</td><td colspan="12">信息科学技术学院</td></tr>
<tr><td>课程定位</td><td colspan="12">主干基础课</td></tr>
<tr><td>学分</td><td colspan="12">4 学分</td></tr>
<tr><td>总学时</td><td colspan="12">102 学时,每周 4 + 2 学时</td></tr>
<tr><td>先修课程</td><td colspan="12">数学分析(Ⅰ),数学分析(Ⅱ)</td></tr>
<tr><td>后续课程</td><td colspan="12"></td></tr>
<tr><td>教学方式</td><td colspan="12">课堂讲授和习题课相结合</td></tr>
</table>

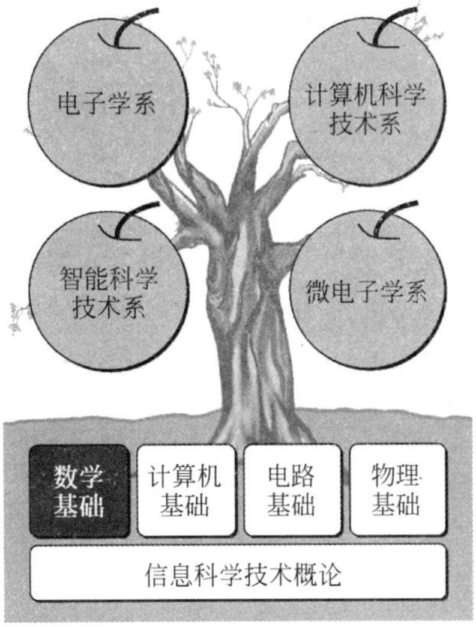

电子学系
计算机科学技术系
智能科学技术系
微电子学系
数学基础
计算机基础
电路基础
物理基础
信息科学技术概论

续表

课时分配	大课教师主讲大课(4 学时/周),习题课教师负责习题课(2 学时/周)的讲授和习题批改
考核方式	平时作业占 20%,期中考试(闭卷)占 20%,期末考试(闭卷)占 60%
主要教材	谭小江,黄克服,伍胜健,彭立中. 数学分析Ⅲ. 教材科讲义
参考资料	1. 方企勤,等. 数学分析. 北京:高等教育出版社,2014 2. 张筑生. 数学分析新讲. 北京:北京大学出版社,1990
其他信息	

二、教学目的和要求

本课程是数学类各专业以及力学各专业的一门重要基础课,基本内容包括极限论、微分学、积分学、级数理论,在教学上可分为一元微积分学、多元微积分学、高等分析三部分。本课程为各门后继课程如微分方程、微分几何、复变函数、实变函数、概率论、基础物理、理论力学等提供必需的基础知识、基本能力及思维方法的训练,为以后的学习、研究和应用打好基础。

三、课程教学大纲和知识点

章节顺序	章节名称 Chapters	课时 Hours	知识点	Key Points
1	数项级数(Number series)		1.1 数项级数及其与序列极限和无穷积分的关系 1.2 无穷级数的 Cauchy 准则和绝对收敛性 1.3 正项级数 1.4 条件收敛的级数 1.5 绝对收敛的级数 1.6 无穷乘积	1.1 series of number and sequence limit and the infinite integral relations 1.2 infinite series Cauchy guidelines and absolute convergence 1.3 series of positive terms 1.4 conditions of convergent series 1.5 absolutely convergent series 1.6 infinite product
2	函数序列与函数级数(Function sequence and function series)		2.1 引言 2.2 一致收敛性及其判别法 2.3 一致收敛性的极限函数的性质	2.1 introduction 2.2 uniform convergence and discrimination method 2.3 uniform convergence properties of limit functions
3	幂级数(Power series)		3.1 幂级数的收敛半径 3.2 收敛幂级数的性质 3.3 基本初等函数的幂级数展开 3.4 幂级数的应用,超几何级数	3.1 convergence radius of power series 3.2 convergence properties 3.3 basic elementary function's power series expansion 3.4 Application of power series, hypergeometric series

续表

章节顺序	章节名称 Chapters	课时 Hours	知识点	Key Points
4	广义积分(Improper integral)		4.1　无穷积分及其判别法 4.2　瑕积分及其收敛性	4.1　infinite integral and its method 4.2　improper integral and its convergence
5	参变量积分(Parametric integration)		5.1　含参量的定积分 5.2　一致收敛与极限函数之性质 5.3　含参量的广义积分 5.4　欧拉积分：Gamma 函数与 Beta 函数	5.1　the definite integral containing parameters 5.2　uniform convergence and limit function of nature 5.3　improper integral with parameter 5.4　Euler integral：Gamma function and Beta function
6	Fourier 级数(Fourier series)		6.1　周期函数 Fourier 级数 6.2　Fourier 级数的例子 6.3　Fourier 级数的收敛性(Dini 和 Lipschitz 判别法) 6.4　均方收敛,Parseval 等式 6.5　任意区间上的 Fourier 级数 6.6　Fourier 级数的复数形式 6.7　Fourier 变换 6.8　快速 Fourier 变换,快速 Sine 和 Cosine 变换 6.9　调和函数	6.1　periodic function Fourier series 6.2　examples of the Fourier series 6.3　The convergence of series of Fourier (Dini and Lipschitz discriminant method) 6.4　mean square convergence, Parseval equation 6.5　arbitrary intervals of Fourier series 6.6　Fourier series of plural form 6.7　Fourier transform 6.8　fast Fourier transform, Sine and Cosine transform 6.9　harmonic function

3.2.4　高等数学(Ⅰ)Advanced Mathematics (Ⅰ)

Mission：Understand limits and related theories.

Covers differentiation and integration of functions of single variable with applications.

Topics include：Functions, limit, real number theory, calculus of single variables and multivariable, differential mean value theorem and taylor formula, algebra and space geometry, ordinary differential equations (ODEs).

一、课程基本情况

课程名称	高等数学(Ⅰ)											
	Advanced Mathematics(Ⅰ)											
开课时间	一年级			二年级			三年级			四年级		
	秋	春	夏	秋	春	夏	秋	春	夏	秋	春	夏
适用院系	信息科学技术学院											
课程定位	主干基础课											
学分	5学分											
总学时	102学时,每周4+2学时											
先修课程	无											
后续课程	无											
教学方式	课堂讲授和习题课相结合											
课时分配	大课每周4学时,习题课每周2学时											
考核方式	笔试与习题:期中考试占30%,作业占10%,期末考试占60%											
主要教材	李忠,周建莹. 高等数学简明教程(一、二册). 北京:北京大学出版社,2000											
参考资料	1. 教学参考书:文丽,吴良大. 高等数学(物理类). 北京:北京大学出版社,2004 2. 习题课参考书:周建莹,李正元. 高等数学解题指南. 北京:北京大学出版社,2005											
其他信息												

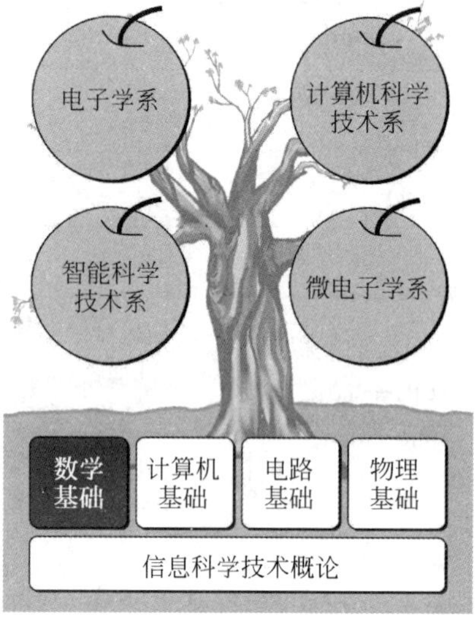

二、教学目的和基本要求

1. 通过本课程的学习,使有关专业的一年级学生掌握一元微积分与矢量代数的基本概念、基本理论及基本计算技能,为学习有关专业课奠定必要的数学基础。

2. 培养学生的严格逻辑推理能力、抽象思维能力以及运用数学知识解决实际问题的能力,养成学生的严谨的科学精神与科学态度。

三、课程大纲和知识点

章节顺序	章节名称 Chapters	课时 Hours	知识点	Key Points
1	函数与极限(Functions and limit)		实数,变量与函数,序列与极限,函数极限,复合函数和反函数方面的基础知识	Real numbers, variables and functions, sequences and limits, the limit of function of composite function inverse function parts based on knowledge.

续表

章节顺序	章节名称 Chapters	课时 Hours	知识点	Key Points
2	一元微积分的基本概念(Principles of calculus of single variable)		微商,复合函数与反函数的微商,初等函数的微商,微分,高阶导数与微分,与函数与不定积分,定积分	Derivative, compound function and inverse function derivative, elementary function derivative, differential, high order derivative and differential, and function, definite integral and indefinite integral
3	微积分基本定理与积分的计算(Theorem and calculation of calculus)		牛顿与莱布尼茨公式,换元与分部积分,常用积分法,定积分计算	Newtonian and Leibniz formula, change and integration, common integral method, the definite integral calculation
4	微分中值定理与泰罗公式(Differential mean value theorem and taylor formula)		罗尔定理,拉格朗日定理,函数的单调与凸凹性,罗比达法则,极值问题	Rolle theorem, Lagrange theorem, monotone and convex and concave, L'Hospital Rule, extreme value problem
5	代数与空间几何(Algebra and space geometry)		向量的概念与运算,坐标表示,空间直线与平面的方程,二次曲面的分类	Vector concept and operation, coordinates, space line and plane equation, two surface classification
6	常微分方程初步(Introduction to ordinary differential equations)		常微分方程的概念,分离变量法与其他初等解法,二阶线性方程的解的结构,二阶常系数方程的解法	Ordinary differential equations for the concept, method of separation of variables and other elementary solution of two order linear equations, solution structure, two order constant coefficient equations

3.2.5　高等数学(Ⅱ)Advanced Mathematics(Ⅱ)

Mission: Understand limits and related theories.

Covers differentiation and integration of multivariable, improper function and series with applications.

Topic includes: Function of multivariable, integrability, Curvilinear integral and surface integral, series, improper integral and parametric integration, fourier series.

一、课程基本情况

课程名称	高等数学(Ⅱ) Advanced Mathematics (Ⅱ)
开课时间	一年级 二年级 三年级 四年级 秋 春 夏 秋 春 夏 秋 春 夏 秋 春 夏
适用院系	信息科学技术学院
课程定位	主干基础课
学分	5 学分
总学时	102 学时,每周 4 +2 学时
先修课程	高等数学(B)(一)
后续课程	
教学方式	课堂讲授和习题课相结合
课时分配	大课每周 4 学时,习题课每周 2 学时
考核方式	笔试与习题:期中考试占 30%,作业占 10%,期末考试占 60%
主要教材	李忠,周建莹. 高等数学简明教程(二、三册). 北京:北京大学出版社,2000
参考资料	1. 教学参考书:文丽,吴良大. 高等数学(物理类). 北京:北京大学出版社,2004 2. 习题课参考书:周建莹,李正元. 高等数学解题指南. 北京:北京大学出版社,2005
其他信息	

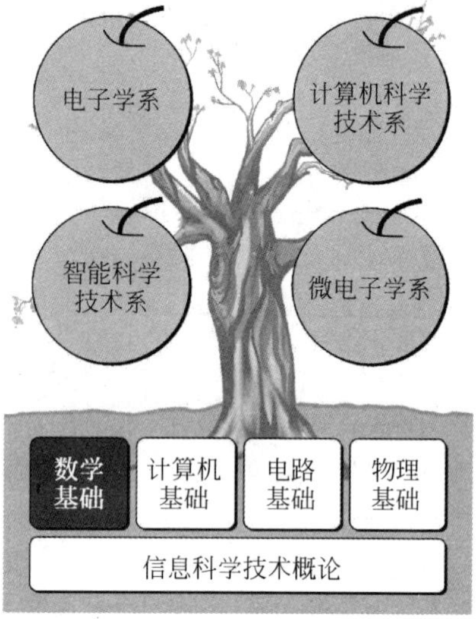

二、教学目的和基本要求

1. 通过本课程的学习,使有关专业的一年级学生掌握多元微积分与级数的基本概念、基本理论及基本计算技能,为学习有关专业课奠定必要的数学基础。

2. 培养学生的严格逻辑推理能力、抽象思维能力以及运用数学知识解决实际问题的能力,养成学生的严谨的科学精神与科学态度。

三、课程教学大纲和知识点

章节顺序	章节名称 Chapters	课时 Hours	知识点	Key Points
1	多元微分学(Function of multi-variable)		多元函数的概念,多元函数的极限与连续性,偏导与全微分,链规则,多元函数的泰勒公式,隐函数存在定理,极值问题	Concept of function of many variables, multivariate function of limits and continuity, derivative and differential, the chain rule, multiple functions of Taylor formula, the implicit function theorem, extreme value problem

续表

章节顺序	章节名称 Chapters	课时 Hours	知识点	Key Points
2	函数的可积性(Integrability)		重积分	Double integral
3	曲线积分与曲面积分 (Curvilinear integral and surface integral)		第一型与第二型曲线积分,格林公式,第一型与第二型曲面积分,高斯公式与斯朵克司公式,场论初步	The first type and the second type curve integral, Green formula, the first type and the second type of integral, Gauss formula and Stowe g division formula, the rudiment of field theory
4	级数(Series)		柯西收敛原理与级数的收敛性,正项级数,任意项级数,函数项级数,幂级数,泰勒级数	Cauchy principle of convergence and the convergence of series of positive terms, arbitrary, series, series with function terms, power series, Taylor series
5	广义积分与含参变量积分(Improper integral and parametric integration)		广义积分及其收敛性,含参变量积分的性质,含参广义变量积分,Beta 函数与 Gamma 函数	Generalized integral and its convergence, parametric variable integral nature, parametric generalized variable integral, Beta function and Gamma function
6	富氏级数(Fourier series)		三角函数系,富氏展开,富氏级数的收敛性定理,贝塞尔不等式与巴斯瓦尔等式	Triangle function, Fourier expansion, Fourier series convergence theorem, Bessel's inequality and buzz Wahl equation

3.2.6　高等代数(Ⅰ)Advanced Algebra (Ⅰ)

Mission: Understand the relationship between the algebraic and geometric points of view and matters fundamental to the study and solution of linear equations.

Covers algebraic properties of matrices and their interpretation in geometric terms.

Topics include: vector space and matrix, determinant, linear space, linear transformation, bilinear function and quadric form.

一、课程基本情况

课程名称	高等代数(Ⅰ) Advanced Algebra (Ⅰ)
开课时间	一年级: 秋 春 夏; 二年级: 秋 春 夏; 三年级: 秋 春 夏; 四年级: 秋 春 夏
适用院系	信息科学技术学院
课程定位	主干基础课
学分	5 学分
总学时	102 学时,每周 4 +2 学时
先修课程	无
后续课程	
教学方式	课堂讲授和习题课相结合
课时分配	每周 4 节大课(4 学分)和 2 节习题课(1 学分)
考核方式	作业占 10%,期中考试占 30%,期末考试占 60%
主要教材	
参考资料	1. 蓝以中. 高等代数简明教程(上册). 北京:北京大学出版社,2003(第 2 次印刷) 2. 丘维声. 高等代数(第二版)(上册). 北京:高等教育出版社,2002 3. 北京大学数学力学系几何与代数教研室代数小组. 高等代数. 北京:高等教育出版社,1984(第 6 次印刷)
其他信息	

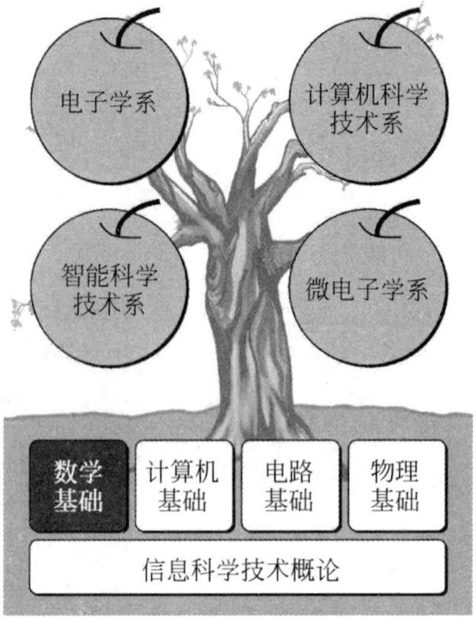

二、教学目的和基本要求

1. 使学生学习并掌握线性方程组、矩阵、行列式、线性空间、线性变换(映射)等知识。

2. 鉴于现代代数学的主要内容是研究抽象的代数结构的性质,本课程着重培养学生由具体对象出发抽象出具有普遍性的概念、通过抽象思维和推理解决实际问题的初步能力。

三、课程大纲和知识点

章节顺序	章节名称 Chapters	课时 Hours	知识点	Key Points
1	引言与预备知识(Introductions and propaedeutics)	6	1) 代数系统,数域; 2) 集合与映射; 3) 高等代数基本定理; 4) 求和号与乘积号; 5) 线性方程组,消元法	1) algebraic system, number field; 2) set and mapping; 3) the higher the fundamental theorem of algebra; 4) sum and product number; 5) linear equations, elimination method

续表

章节顺序	章节名称 Chapters	课时 Hours	知识点	Key Points
2	向量空间与矩阵（Vector space and matrix）	16	1）n 维向量空间； 2）向量组的线性相关与线性无关，极大线性无关组与秩； 3）矩阵的秩； 4）线性方程组理论； 5）矩阵运算； 6）方阵，初等矩阵，逆矩阵； 7）分块矩阵	1）the n-dimensional vector space; 2）vectors of linear dependence and linear independence, maximum linear independence group and rank; 3）the rank of matrix; 4）the theory of group of linear equations; 5）matrix operations; 6）matrix, elementary matrix, inverse matrix; 7）block matrix
3	行列式（Determinant）	8	1）平行六面体的体积，n 阶行列式的定义； 2）行列式的性质； 3）行列式的应用（Cramer 法则的秩与子式的关系）； 4）行列式的完全展开	1）the volume of a parallelepiped, the definition of n order determinant; 2）properties of the determinant; 3）the application of determinant（Cramer law, rank of matrix and son relation）; 4）the determinant of the fully expanded
4	线性空间（Linear space）	12	1）线性空间的基本概念； 2）基与维数，坐标； 3）基变换，坐标变换公式； 4）子空间，子空间的交与和，维数公式； 5）子空间的直和； 6）商空间	1）the basic concepts of linear space; 2）base and dimension, coordinate; 3）radical transformation, coordinatetransformation formula; 4）subspace, subspaces and, dimension formula; 5）direct and subspace; 6）the quotient space
5	线性变换（Linear transformation）	12	1）线性映射的基本概念，同构映射，性映射的像与核，维数关系； 2）线性映射的运算与矩阵； 3）线性变换的基本概念，线性变换的运算，线性变换在不同基下的矩阵，相似矩阵； 4）特征值与特征向量； 5）线性变换矩阵可对角化的条件	1）the basic concepts of linear mapping, linear maps isomorphic mapping; image and kernel, dimension of relationships; 2）linear mapping operation and matrix; 3）the basic concepts of linear transformation, linear transform arithmetic, linear transform in different base under the matrix, similarity matrix; 4）eigenvalues and eigenvectors; 5）matrix of a linear transformation conditions of diagonalization

续表

章节顺序	章节名称 Chapters	课时 Hours	知识点	Key Points
6	双线性函数与二次型(Bilinear function and quadric form)	4	1)线性函数与双线性函数(定义、矩阵、不同基下的矩阵、合同矩阵); 2)对称双线性函数与二次型,对称矩阵合同于对角矩阵	1) linear and bilinear function (defined, matrix, matrix under different medium, the contract matrix); 2) symmetric bilinear function and the two type of contract, symmetric matrix with diagonal matrices

3.2.7 高等代数(Ⅱ)Advanced Algebra (Ⅱ)

Mission: Understand the relationship between the algebraic and geometric points of view and matters fundamental to the study and solution of linear equations.

Covers algebraic properties of matrices and their interpretation in geometric terms.

Topics include: Bilinear function and quadric form, metric linear space, jordan canonical form, rational numbers ring, polynomial ring, and tensor product and exterior algebra.

一、课程基本情况

课程名称	高等代数(Ⅱ) Advanced Algebra(Ⅱ)
开课时间	一年级:秋 **春** 夏;二年级:秋 春 夏;三年级:秋 春 夏;四年级:秋 春 夏
适用院系	信息科学技术学院
课程定位	主干基础课
学分	4 学分
总学时	102 学时,每周 4 + 2 学时
先修课程	高等代数(Ⅰ),解析几何
后续课程	
教学方式	课堂讲授和习题课相结合
课时分配	每 4 周授课 14 学时(3.5 学分)和 4 节习题课(0.5 学分)

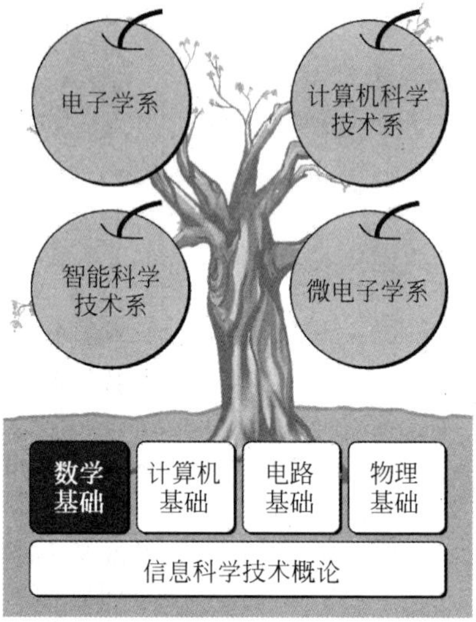

电子学系
计算机科学技术系
智能科学技术系
微电子学系
数学基础
计算机基础
电路基础
物理基础
信息科学技术概论

续表

考核方式	作业占 10%，期中考试占 30%，期末考试占 60%
主要教材	
参考资料	1. 蓝以中. 高等代数简明教程(上册). 北京：北京大学出版社，2003(第 2 次印刷) 2. 丘维声. 高等代数(第二版)(上册). 北京：高等教育出版社，2002 3. 北京大学数学力学系几何与代数教研室代数小组. 高等代数. 北京：高等教育出版社，1984(第 6 次印刷)
其他信息	

二、教学目的和基本要求

1. 使学生学习并掌握二次型、具有度量的线性空间、Jordan 标准形、整数环、多项式环、张量积、外代数等知识。

2. 鉴于现代代数学的主要内容是研究抽象的代数结构的性质，本课程着重培养学生由具体对象抽象出具有普遍性的概念、通过抽象思维和推理解决实际问题的初步能力。

三、课程大纲和知识点

章节顺序	章节名称 Chapters	课时 Hours	知识点	Key Points
1	双线性函数与二次型(续)(Bilinear function and quadric form)	4	1）实、复二次型的分类； 2）正定二次型(三个刻画性质)，负定二次型，半正定、半负定、不定二次型	1）real, complex two type classification; 2）positive two type(three depicting nature), negative two, positive definite, negative definite, indefinite two type
2	带度量的线性空间(Metric linear space)	14	1）欧式空间的基本概念； 2）正交变换(等价定义，乘积及逆，度量矩阵的标准形)； 3）对称变换； 4）用正交矩阵将实对称矩阵化为对角形； 5）酉空间，酉变换，共轭变换，Hernite 变换； 6）四维时空空间，Lorents 变换； 7）辛空间与辛变换； 8）分块矩阵	1）the basic concept of Euclidean space; 2）orthogonal transformation (equivalent definition, multiplication and inverse, metric standard form of matrix); 3）symmetry transform; 4）using the orthogonal matrix of real symmetric matrix into a diagonal; 5）unitary space, unitary transformation, conjugation, Hernite transform; 6）four-dimensional space, Lorents transform; 7）symplectic space and symplectic transformation; 8）block matrix

续表

章节顺序	章节名称 Chapters	课时 Hours	知识点	Key Points
3	Jordan 标准形(Jordan canonical form)	6	1) 幂零线性变换的 Jordan 标准形; 2) 一般线性变换的 Jordan 标准形; 3) 最小多项式	1) nilpotent linear transformation of the Jordan canonical form; 2) general linear transformation of the Jordan standard form; 3) minimal polynomial
4	有理整数环(Rational numbers ring)	4	1) 算术基本定理,同余,Euler 函数,Euler 定理,Fermat 小定理,中国剩余定理; 2) mod m 剩余类环,有限域,有限域上的线性代数	1) the fundamental theorem of arithmetic, congruence, Euler function, Euler theorem, Fermat theorem, the Chinese remainder theorem; 2) mod m residue class ring, finite field, finite fields on linear algebra
5	多项式环(Polynomial ring)	12	1) 基本概念,因子分解唯一定理; 2) 重因式,中国剩余定理,Jordan-Chevalley 分解定理; 3) $C[x]$、$R[x]$内的因式分解,$Q[x]$、$Z[x]$内的因式分解,Gauss 引理,Eisenstein 判别法; 4) Sturm 定理; 5) 对称多项式; 6) 判别式与结式	1) the basic concepts, the only factor decomposition theorem; 2) weight factor, Chinese remainder theorem, Jordan-Chevalley decomposition theorem; 3) C [x], R[x] within the factorization, Q[x], Z[x] within the factorization lemma, Gauss, Eisenstein discriminant method; 4) Sturm theorem; 5) symmetrical polynomial; 6) discriminant and resultant
6	张量积与外代数(Tensor product and exterior algebra)	8	1) 多重线性映射; 2) 线性空间的张量积; 3) 张量; 4) 外代数	1) multiple linear mapping; 2) the tensor product of linear space; 3) tensor; 4) the exterior algebra

3.2.8 线性代数(B) Linear Algebra(B Level)

Mission: Understand the relationship between the algebraic and geometric points of view and matters fundamental to the study and solution of linear equations.

Covers algebraic properties of matrices and their interpretation in geometric terms, Euclidean space.

Topics include: Linear equations, matrix algebra, determinant, linear space, bilinear function and quadric form, unitary space.

一、课程基本情况

<table>
<tr><td rowspan="2">课程名称</td><td colspan="12">线性代数(B)</td></tr>
<tr><td colspan="12">Linear Algebra(B Level)</td></tr>
<tr><td rowspan="2">开课时间</td><td colspan="3">一年级</td><td colspan="3">二年级</td><td colspan="3">三年级</td><td colspan="3">四年级</td></tr>
<tr><td>秋</td><td>春</td><td>夏</td><td>秋</td><td>春</td><td>夏</td><td>秋</td><td>春</td><td>夏</td><td>秋</td><td>春</td><td>夏</td></tr>
<tr><td>适用院系</td><td colspan="12">信息科学技术学院</td></tr>
<tr><td>课程定位</td><td colspan="12">主干基础课</td></tr>
<tr><td>学分</td><td colspan="12">4 学分</td></tr>
<tr><td>总学时</td><td colspan="12">总 85 学时，每周 4 +1 学时</td></tr>
<tr><td>先修课程</td><td colspan="12">预备知识包括：数域的概念，求和号与乘积号，一元多项式的概念，带余除法，多项式根与系数的关系，多项式整除概念</td></tr>
<tr><td>后续课程</td><td colspan="12"></td></tr>
<tr><td>教学方式</td><td colspan="12">课堂讲授和习题课相结合</td></tr>
<tr><td>课时分配</td><td colspan="12">每周授课 4 学时并有习题课 1 小时</td></tr>
<tr><td>考核方式</td><td colspan="12">作业占 10%，期中考试占 30%，期末考试占 60%</td></tr>
<tr><td>主要教材</td><td colspan="12"></td></tr>
<tr><td>参考资料</td><td colspan="12">1. 蓝以中，赵春来. 线性代数引论. 北京：北京大学出版社，2002
2. 丘维声. 简明线性代数. 北京：北京大学出版社，2002
3. 北京大学数学系几何与代数教研室代数小组. 高等代数. 3 版. 北京：高等教育出版社，2003
4. Stephen H Friedberg, Arnold J Insel and Lawrence E Spence. Linear Algebra. 4th Ed. USA: Pearson Education, Inc, 2002(已向高等教育出版社推荐引入)</td></tr>
<tr><td>其他信息</td><td colspan="12"></td></tr>
</table>

二、教学目的和基本要求

使学生初步掌握以线性空间和线性变换为核心的线性代数的基本理论、基本方法和基本技巧，培养学生的科学思维和分析问题以及解决问题的能力。

三、课程大纲和知识点

章节顺序	章节名称 Chapters	课时 Hours	知识点	Key Points
1	线性方程组(Linear equations)	12	1)矩阵消元法:矩阵消元法的基本原理及计算方法; 2)n 维向量空间:定义及八条基本性质,线性相关与线性无关,极大线性无关部分组和秩; 3)矩阵的秩:矩阵的初等变换及其标准形,矩阵的秩及其计算法; 4)齐次线性方程组:解向量的基本性质,基础解系的存在定理及计算法; 5)线性方程组的一般理论:有解(无解)判别定理,解的结构(用导出方程组的基础解系及一特解表示方程组的一般解)	1)matrix elimination 2)define the n-dimensional vector space 3)rank of matrix 4)homogeneous linear equations 5)the general theory of linear equations
2	矩阵代数(Matrix algebra)	7	1)矩阵的计算:矩阵的加法、数乘,矩阵的乘法及其基本性质; 2)初等矩阵:初等矩阵的概念及其与矩阵初等变换的关系,满秩矩阵表即初等矩阵的乘积,矩阵乘积的秩; 3)逆矩阵:逆矩阵的定义及基本性质,可逆判别法(满秩),逆矩阵的计算法; 4)矩阵的分块运算:分块矩阵及其乘法,准对角矩阵及其基本性质	1)matrix 2)elementary matrix 3)inverse matrix 4)the matrix block computation

续表

章节顺序	章节名称 Chapters	课时 Hours	知识点	Key Points
3	行列式 (Determinant)	6	1）行列式的定义及其基本性质：n 阶行列式的定义，行列式的基本性质，代数余子式，行列式按任意行（列）的展开公式，行列式的计算法； 2）行列式理论的应用：n 个未知量 n 个方程的齐次线性方程组有非零解的判别法，逆矩阵的显式表示（伴随矩阵），矩阵乘积的行列式，克莱姆法则	1）the definition of determinant and its basic properties 2）the determinant theory
4	线性空间 (Linear space)	8	1）线性空间的定义及各种具体例子，向量组的线性相关（无关）及各种具体例子； 2）基、维数与坐标：线性空间基、维数的定义和基本性质，各种例子，K ^n 中基的判别法。向量的坐标及其求法，基变换公式与坐标变换公式。K ^n 中过渡矩阵的计算方法； 3）子空间：子空间的定义及基本性质，子空间的交与和，维数公式，子空间的直和的基本概念	1）linear space is defined and a variety of specific examples, the linear vector group relevant (irrelevant) and a variety of specific examples. 2）base, dimension and coordinate 3）sub space

续表

章节顺序	章节名称 Chapters	课时 Hours	知识点	Key Points
5	线性变换(Linear transformation)	8	1)线性变换的定义及其运算:线性变换的定义及例子,线性变换的基本性质,线性变换的加法、数乘与乘法; 2)线性变换的矩阵:线性变换在一组基下的矩阵,线性变换在不同基下的矩阵的关系,矩阵的相似; 3)特征值与特征向量:特征值、特征向量的定义,特征子空间,矩阵的特征多项式,特征值与特征向量的计算方法,具有对角形矩阵的线性变换,线性变换的不变子空间; 4)Jordan 标准形简介:Jordan 块与 Jordan 标准形,复数域上 n 阶方阵必相似于 Jordan 形矩阵(不证明)	1)linear transformations and its operation 2)the matrix of a linear transformation 3)the characteristic value and the characteristic vector 4)Jordan standard shaped profile
6	双线性函数与二次型(Bilinear function and quadric form)	7	1)双线性函数:线性与双线性函数的定义,双线性函数在一组基下的矩阵,双线性函数在不同基下的矩阵,矩阵的合同。对称双线性函数可对角化定理; 2)二次型和它的标准形:二次型及其与对称双线性函数的关系,二次型的可逆线性变数替换,二次型可化为标准形的定理; 3)实与复二次型的规范形:复二次型的规范形,实二次型的规范形及其唯一性定理(惯性定理),实二次型的正、负惯性指数与符号差; 4)正定二次型:正定二次型的定义及其基本性质,正定二次型的判别法(顺序主子式大于零),正定矩阵	1)bilinear function 2)two times and its standard form 3)real and complex normal form 4)positive definite quadratic form

续表

章节顺序	章节名称 Chapters	课时 Hours	知识点	Key Points
7	欧几里得空间（Euclidean space）	7	1）欧几里得空间的定义和基本性质：欧几里得空间的定义，向量的长度与夹角，哥西不等式，n维欧氏空间的度量矩阵，标准正交基，标准正交基间的过渡矩阵，正交矩阵，Schmidt正交化方法，子空间的正交补空间； 2）正交变换：正交变换及其在标准正交基下的矩阵，正交变换的基本性质及分类； 3）对称变换：对称变换的定义及其在标准正交基下的矩阵，对称变换的特征值与特征向量的基本性质，对称变换矩阵正交相似于实对角矩阵，用正交矩阵化实对称矩阵（实二次型）成对角矩阵的计算法	1）the definition and basic properties of Euclidean space 2）Orthogonal Transformation 3）symmetric transformation
8	酉空间（Unitary space）	5	1）酉空间的基本概念：酉空间的定义，正交性，标准正交基，Schmidt正交化方法，标准正交基间的过渡矩阵，正交补空间； 2）酉空间上的特殊线性变换：酉变换，正规变换，厄米特变换与厄米特矩阵，正规变换与厄米特变换的基本定理	1）basic concepts 2）unitary space on a special linear transformation

3.3 物理基础课程 Physics Courses

3.3.1 力学(B) Mechanics (B Level)

Prereq: None

Credits: 3

Mission: Understand the fundamental concepts, laws and methodologies of the Newtonian mechanics. Establishment of the foundations for learning other subjects of physics.

Topics include Newton's laws of motion, Theorems of momentum, moment of momentum and kinetic energy. Conservations of momentum, moment of momentum and mechanical energy. Mechanical oscillations and waves.

XuzongChen, Gengmin Zhang, Yingjie Xing, Dengzhu Guo.

一、课程基本情况

课程名称	力学(B)											
	Mechanics (B Level)											
开课时间	一年级			二年级			三年级			四年级		
	秋	春	夏	秋	春	夏	秋	春	夏	秋	春	夏
适用院系	电子学系,微电子学系,元培学院,物理学院,工学院											
课程定位	主干基础课											
学分	3 学分											
总学时	64 学时											
先修课程	高中物理											
后续课程	电磁学,热学,光学,原子物理以及相关物理与电路的专业课程											
教学方式	课堂授课											
课时分配	理论讲授(48 学时) + 习题课(16 学时)											
考核方式	平时作业占 10%,小测验占 20%,期中考试占 20%,期末考试占 50%。小测验、期中和期末考试采用闭卷形式											
主要教材	周乐柱,张耿民. 普通物理简明教程:力学. 北京:北京大学出版社,1995											

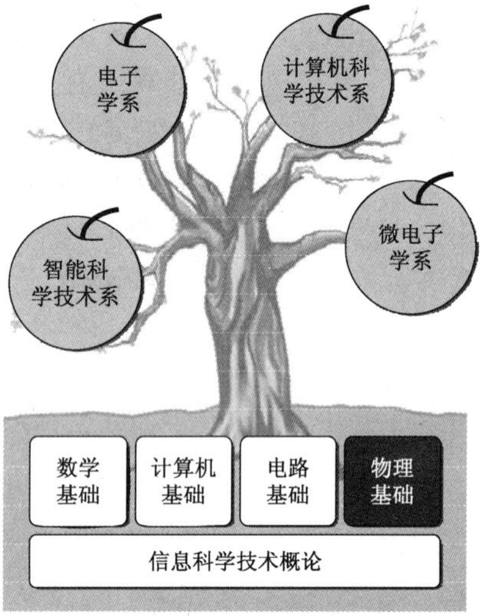

续表

参考资料	1. 舒幼生. 力学(物理类). 北京：北京大学出版社,1995 2. 王楚,吴锦雷,刘志雄,周乐柱. 基础物理中的数学方法. 北京：北京大学出版社,1999 3. Young Hugh,Lewis Ford and Roger Freedman. University Physics. Reading,MA：Addison-Wesley,2003. ISBN：0321500628. 4. Kleppner Daniel and Robert J Kolenkow. An Introduction to Mechanics. Cambridge University Press,2010. ISBN：978-0-521-19811-0.
其他信息	
大纲提供者	陈徐宗

二、教学目的和基本要求

训练学生将自然现象进行数学抽象并对其定量描述的能力,培养学生的独立思考能力、科学思维方法和求知创新精神；激发学生的科学兴趣,拓宽学生的科学视野。通过本课程,使学生系统地掌握牛顿力学的基本概念、基本规律与基本方法,并为后续物理课程的学习打下基础。

三、课程大纲和知识点

章节顺序	章节名称 Chapters	课时 Hours	知识点	Key Points
1	数学基础(Basic mathematics)	10 ~ 8	极限,导数与微分,不定积分与定积分,量点乘与叉乘	Limit,derivative and differential,indefinite integral and definite integral,scalar product and vector product of vectors
2	运动学(Kinematics)	10 ~ 8	质点位矢、速度和加速度的概念及它们在直角坐标、平面极坐标和自然坐标系中的表示,刚体角速度概念的引入及平面平行运动的描述	Position vector,velocity and acceleration of a particle：their concepts and expressions in Cartesian coordinate system,polar coordinate system and natural coordinate system. angular velocity and plane-parallel motion of a rigid body
3	质点动力学(Dynamics of a particle)	6 ~ 4	牛顿定律及其对质点的应用	Newton's laws of motion and their applications to a particle
4	非惯性参照系(Non-inertial Reference Frame)	10 ~ 6	相对运动的运动学,非惯性参照系,惯性力	Kinematics of relative motion, non-inertial reference frame,inertia forces
5	动量(Momentum)	6 ~ 4	质点和质点组的动量,动量定理和动量守恒	Momentum,theorem of momentum and conservation of momentum of a particle and a system of particles

续表

章节顺序	章节名称 Chapters	课时 Hours	知识点	Key Points
6	动量矩(Moment of momentum)	6~4	质点和质点组的动量矩,动量矩定理和动量矩守恒	Moment of momentum, theorem of moment of momentum and conservation of moment of momentum of a particle and a system of particles
7	功和能(Work and energy)	8~4	质点和质点组的动能,动能定理和机械能守恒,流体的伯努利方程	Kinetic energy, theorem of kinetic energy and conservation of mechanical energy of a particle and a system of particles, Bernoulli equation of fluid
8	保守力场(Conservative force field)	8~6	平方反比力场中的运动轨道,宇宙速度,两体问题	Orbits of a particle in an inverse square force field, cosmic velocities, two body problem
9	振动(Oscillations)	6~2	简谐振动、阻尼振动和受迫振动	Simple harmonic vibration, damped oscillation and forced oscillation
10	波动(Waves)	4~2	波动方程,驻波,多普勒效应	Wave equation, standing wave and Doppler effect
11	相对论(Relativity)	4~2	相对论速度变换,运动物体形状,相对论和力,相对论动量,相对论能量,质能关系,时空不变性	Relativistic Velocity Transformation, Shape of Moving Objects, Relativity and Forces, Relativistic Momentum, Relativistic Energy Energy-Momentum, Space-Time Invariant

3.3.2 电磁学(B) Electromagnetism (B Level)

Prereq: Advanced Mathematics

Credits: 3

Mission: Understand the fundamental principles of electromagnetism, being able to analyze and solve simple electromagnetic problems in practical applications.

Covers college physics.

Topics include electrostatics, magnetostatics, electromagnetic induction, dielectric, magnetic medium, Maxwell's equations, electromagnetic waves and linear circuits.

Shimin Hou, Xuelei Liang, and Min Yu

一、课程基本情况

<table>
<tr><td rowspan="2">课程名称</td><td colspan="12">电磁学(B)</td></tr>
<tr><td colspan="12">Electromagnetism (B Level)</td></tr>
<tr><td rowspan="2">开课时间</td><td colspan="3">一年级</td><td colspan="3">二年级</td><td colspan="3">三年级</td><td colspan="3">四年级</td></tr>
<tr><td>秋</td><td>春</td><td>夏</td><td>秋</td><td>春</td><td>夏</td><td>秋</td><td>春</td><td>夏</td><td>秋</td><td>春</td><td>夏</td></tr>
<tr><td>适用院系</td><td colspan="12">信息科学技术学院，元培学院，物理学院</td></tr>
<tr><td>课程定位</td><td colspan="12">主干基础课</td></tr>
<tr><td>学分</td><td colspan="12">3 学分</td></tr>
<tr><td>总学时</td><td colspan="12">54 学时</td></tr>
<tr><td>先修课程</td><td colspan="12">高等数学，力学</td></tr>
<tr><td>后续课程</td><td colspan="12">电动力学</td></tr>
<tr><td>教学方式</td><td colspan="12">课堂讲授为主</td></tr>
<tr><td>课时分配</td><td colspan="12">课堂授课(48 学时) + 习题与专题课(6 学时)</td></tr>
<tr><td>考核方式</td><td colspan="12">平时作业占 10% ~20%，期中考试占 30%，期末考试占 50% ~60%。其中，期中和期末考试采用闭卷形式</td></tr>
<tr><td>主要教材</td><td colspan="12">王楚，李椿，周乐柱. 电磁学. 北京：北京大学出版社，2004</td></tr>
<tr><td>参考资料</td><td colspan="12">1. 赵凯华，陈熙谋. 电磁学. 2 版. 北京：高等教育出版社，2006
2. 陈秉乾，王稼军. 电磁学. 北京：北京大学出版社，2003</td></tr>
<tr><td>其他信息</td><td colspan="12"></td></tr>
<tr><td>大纲提供者</td><td colspan="12">侯士敏</td></tr>
</table>

二、教学目的和基本要求

1. 使学生掌握电磁学的基本原理和基本分析方法。

2. 使学生能应用所学原理和方法分析和处理日常生活和科学研究中所遇到的简单电磁问题。

3. 培养学生发现问题、提出问题和解决问题的能力与科学批判精神。

三、课程大纲和知识点

章节顺序	章节名称 Chapters	课时 Hours	知识点	Key Points
1	基本电磁现象(Basic electromagnetic phenomena)	4 ~ 3	电荷,电荷守恒定律,电场力,库仑定律,静电力叠加原理,电场,场强叠加原理,电偶极矩,电流,电流密度,电流的连续性方程,磁场,磁感应强度,毕奥-萨伐尔定律,洛伦兹力,磁矩	charge, the law of conservation of charge, electrical force, Coulomb's law, electric field, the superposition theorem for electric force and field, dipole moment, electric current, current density, current continuity equation, magnetic field, Biot-Savart law, Lorentz force, magnetic moment
2	静电场(Electrostatics)	8 ~ 6	电通量,高斯定理,电场散度与旋度,环路定理,电势,电势梯度,泊松方程,静电势能,电场的能量密度,静电平衡,静电屏蔽	electric flux, Gauss's law, divergence and curl of electric filed, circulation theorem of electrostatic field, electric potential, electric potential gradient, Poisson's equation for electrostatics, electric potential energy, electric energy density, electrostatic equilibrium, electrostatic screening
3	电流场(Current field)	5 ~ 4	欧姆定律,电源的电动势与端电压,电容,电容器,电容器的电路方程	Ohm's law, electromotive force and terminal voltage, capacitance, capacitor, capacitor equation
4	磁场与电磁感应(Magnetostatics and electromagnetic induction)	5 ~ 4	磁通量,磁场的高斯定理,安培环路定理,法拉第电磁感应定律,楞次定律,动生电动势,感生电动势,涡旋电场,磁场的能量密度,自感和互感,电感的电路方程	magnetic flux, Gauss's law for magnetic field, Ampere's circulation theorem, Faraday's law of induction, Lenz's law, motional electromotive force, induced electromotive force, vertex electric field, magnetic field energy density, self-inductance and mutual inductance, equation for self-inductance
5	电介质(Dielectric)	4 ~ 3	极化强度矢量,电位移矢量,电介质存在时的高斯定理,介电常数,电场的边界条件,电介质中的能量	Polarization, electric displacement, Gauss's law in the presence of dielectric, dielectric constant, boundary condition in the presence of dielectric, electric field energy in dielectric

续表

章节顺序	章节名称 Chapters	课时 Hours	知识点	Key Points
6	磁介质(Magnetic medium)	4~3	磁化强度矢量,磁场强度矢量,磁介质存在时的安培环路定理,磁导率,磁场的边界条件,磁介质中的能量,磁路定理	Magnetization, magnetic field, Ampere's law in magnetized materials, permeability, boundary condition in the presence of magnetic medium, magnetic field energy in magnetic medium, magnetic circuit theory
7	电磁场与电磁波(Electromagnetic field and wave)	4~3	位移电流,麦克斯韦方程组,电磁波,能流密度矢量,平面简谐电磁波,电磁波的传输和辐射	Displacement current, Maxwell's equations, electromagnetic wave, Poynting's vector, monochromatic plane wave, transmission and radiation of electromagnetic waves
8	线性电路与交流电(Linear Circuit and alternating current)	7~6	二端线性电路,简谐交流电,电路的频率特性	Two-terminal linear circuits, alternating current, frequency properties of circuits

四、课程特色

重视对基本概念、基本原理和基本方法的理解和掌握,重视培养学生的学习兴趣、独立思考能力、科学思维方法和批判精神,鼓励学生积极思考并参与讨论。

3.3.3 信息科学中的物理学(上)Physics for Information Sciences (1)

Prereq: None

Credits: 3

Mission: This course is specifically designed for freshman undergraduate students who are majored in information sciences and engineering, or other related area. In particular, the course adopts illustrative examples from information sciences and technology. The goal of the course is to introduce physical concepts, theories and models, with emphasis on applications of physics in information sciences and engineering. The students are anticipated to learn the fundamental role that physical principles play in information sciences and technology, and meanwhile, to learn physical methods and thinking in their further research in modern information sciences.

Covers electrical and computer engineering.

Topics include the fundamentals of Mechanics and Thermal Physics.

Runsheng Wang, Yimao Cai

一、课程基本情况

<table>
<tr><td rowspan="2">课程名称</td><td colspan="12">信息科学中的物理学(上)</td></tr>
<tr><td colspan="12">Physics for Information Sciences (1)</td></tr>
<tr><td rowspan="2">开课时间</td><td colspan="3">一年级</td><td colspan="3">二年级</td><td colspan="3">三年级</td><td colspan="3">四年级</td></tr>
<tr><td>秋</td><td>春</td><td>夏</td><td>秋</td><td>春</td><td>夏</td><td>秋</td><td>春</td><td>夏</td><td>秋</td><td>春</td><td>夏</td></tr>
<tr><td>适用院系</td><td colspan="12">信息学院,工学院,元培学院</td></tr>
<tr><td>课程定位</td><td colspan="12">学院平台课程、学科基础课程</td></tr>
<tr><td>学分</td><td colspan="12">3 学分</td></tr>
<tr><td>总学时</td><td colspan="12">48 学时</td></tr>
<tr><td>先修课程</td><td colspan="12">无</td></tr>
<tr><td>后续课程</td><td colspan="12">信息科学中的物理学(下)</td></tr>
<tr><td>教学方式</td><td colspan="12">课堂授课为主</td></tr>
<tr><td>课时分配</td><td colspan="12">课堂授课(48 学时) + 习题与专题课(8 学时)</td></tr>
<tr><td>考核方式</td><td colspan="12">平时成绩占 20%,期中考试占 40%,期末考试占 40%</td></tr>
<tr><td>主要教材</td><td colspan="12">程守洙等. 普通物理学(第七版)(上册). 北京: 高等教育出版社,2016</td></tr>
<tr><td>参考资料</td><td colspan="12">1. (美)兰德尔・D 奈特. 现代理工科物理学. 北京: 机械工业出版社,2013
2. (美)哈里德等. 物理学基础. 张三慧等译. 北京: 机械工业出版社,2013
3. 大学物理通用教程(第二版): 力学、热学. 北京: 北京大学出版社,2010
4. D V Schroeder. 热物理学导论. 北京: 世界图书出版公司,2008
5. 赵凯华等. 新概念物理教程(第二版): 力学、热学. 北京: 高等教育出版社,2004
6. 费恩曼物理学讲义: 第 1 卷. 上海: 上海科学技术出版社,2013</td></tr>
<tr><td>其他信息</td><td colspan="12">http://course.pku.edu.cn/</td></tr>
<tr><td>大纲提供者</td><td colspan="12">王润声,蔡一茂</td></tr>
</table>

二、教学目的和基本要求

1. 掌握普通物理内容,了解物理规律在信息科学与技术领域的重要意义。
2. 为今后在现代信息科学的研究中运用物理学的思想和方法打好基础。

三、课程大纲和知识点

章节顺序	章节名称 Chapters	课时 Hours	知识点	Key Points
1	绪论（Introduction）	2～1		
2	运动和力（Motion and force）	10～8	质点运动，抛体运动，圆周运动与曲线运动，相对运动，牛顿运动定律，力学中的常见力，伽利略相对性原理、非惯性系、惯性力	Particle motion, projectile motion, circular motion and curvilinear motion, relative motion, Newton's laws, common forces in mechanics, Galilean principle of relativity, non-inertial system, inertia force
3	运动的守恒量和守恒定律（Conserved quantity in movement and conservation laws）	12～10	质点系的内力和外力，质心、质心运动定理，动量定理和动量守恒定律，质点的角动量定理和角动量守恒定律，功、动能和动能定理，保守力，成对力的功和势能，质点系的功能原理和机械能守恒定律，碰撞	Inner force and external force in systems of particle, center of mass, theorem of motion of center of mass, theorem of motion and law of conservation of momentum, theorem of angular momentum and conservation of angular momentum for center of mass, work, kinetic energy, theorem of kinetic energy, conservative force, work and potential energy of paired force, principle of work and power and conservation law of mechanical energy in systems of particle, collision
4	刚体运动与机械振动（Rigid body motion and mechanical vibration）	8～6	刚体模型及其运动，力矩、转动惯量、定轴转动定律，定轴转动中的功能关系，定轴转动刚体的角动量定理和角动量守恒定律，谐振动，阻尼振动，受迫振动，共振	Rigid body model and movement, torque, moment of inertia, law of the fixed-axis rotation, relation between work and energy in fixed-axis rotation, angular momentum theorem and law of conservation of angular momentum in fixed-axis rotation rigid body, harmonic oscillation, damped oscillation, forced vibration, resonance

续表

章节顺序	章节名称 Chapters	课时 Hours	知识点	Key Points
5	气体动理论与统计力学初步(Gas kinetics and introduction to statistical mechanics)	12~10	平衡态,理想气体的物态方程,理想气体的微观模型,理想气体的压强和温度,能均分定理,理想气体的内能,微观态与熵,气体分子能量的统计分布律:经典分布律(麦克斯韦-玻尔兹曼分布)、麦克斯韦速度分布律、经典分布律的适用条件、量子分布律简介(费米-狄拉克分布、玻色-爱因斯坦分布)	Equilibrium state, state equation of ideal gas, microcosmic model of ideal gas, pressure and temperature of ideal gas, theorem of equipartition of energy, internal energy of ideal gas, microscopic state and entropy, statistical distribution law of gas molecule energy: classic distribution law (Maxwell-Boltzmann distribution), Maxwell distribution law of velocity, application condition of classic distribution law, introduction to quantum distribution law (Fermi-Dirac distribution, Bose-Einstein distribution)
6	热力学基础(Elementary thermodynamics)	9~7	热力学第零定律、温度的统计力学定义,热力学第一定律,热力学第二定律,熵的物理意义,熵增加原理、热力学第二定律的统计意义,信息熵,热力学第三定律简介	Zeroth law of thermodynamics, statistical mechanics definition of temperature, first law of thermodynamics, second law of thermodynamics, entropy and its physical meaning, principle of entropy increase, statistical significance in second law of thermodynamics, information entropy, introduction to the third law of thermodynamics
7	非平衡过程与输运现象(Non-equilibrium process and transport phenomenon)	7~5	气体分子碰撞和平均自由程,扩散现象(质量输运),热传导现象(能量输运),粘滞现象(动量输运),涨落现象、热噪声	Collisions of gas molecules and mean free path, diffusion phenomenon (mass transport), heat conduction phenomena (energy transport), viscosity phenomenon (momentum transport), fluctuation phenomena, thermal noise
8	狭义相对论简介(Introduction to special relativity)	4~2	狭义相对论的基本原理,洛伦兹变换和相对论速度变换,狭义相对论的时空观和动力学基础	Fundamental principles of special relativity, Lorentz transformation and relativistic velocity transformation, view of time and space and dynamical foundation

四、课程特色

本课程主要面向信息科学与工程类专业的低年级本科生,涵盖力学、热学等普通物理的主要内容，特别是紧密结合来自信息科学与技术方面的实例和应用。学生通过本课程的学习，一方面掌握普通物理内容，了解物理规律在信息科学与技术中的重要意义，同时为今后在现代信息科学的研究中运用物理学的思想和方法打好基础。

3.3.4　信息科学中的物理学（下）Physics for Information Sciences (2)

Prereq：Physics for Information Sciences (1)，or its equivalence (e.g.，Mechanics B，University Physics 1，etc.)

Credits：3

Mission：This course is specifically designed for freshman undergraduate students who are majored in information sciences and engineering，or other related area. In particular，the course adopts illustrative examples from information sciences and technology. The goal of the course is to introduce physical concepts，theories and models，with emphasis on applications of physics in information sciences and engineering. The students are anticipated to learn the fundamental role that physical principles play in information sciences and technology，and meanwhile，to learn physical methods and thinking in their further research in modern information sciences.

Covers electrical and computer engineering.

Topics include the fundamentals of Electromagnetism，Optics and Quantum Physics.

Runsheng Wang，Min Yu

一、课程基本情况

课程名称	信息科学中的物理学（下）											
	Physics for Information Sciences (2)											
开课时间	一年级			二年级			三年级			四年级		
	秋	春	夏	秋	春	夏	秋	春	夏	秋	春	夏
适用院系	信息学院，工学院，元培学院											
课程定位	学院平台课程、学科基础课程											
学分	3学分											
总学时	48学时											
先修课程	信息科学中的物理学（上）（或其他类似课程，如力学（B）、普通物理（Ⅰ））											
后续课程												
教学方式	课堂授课为主											
课时分配	课堂授课（48学时）+习题与专题课（8学时）											

电子学系
计算机科学技术系
智能科学技术系
微电子学系
数学基础
计算机基础
电路基础
物理基础
信息科学技术概论

续表

考核方式	平时成绩占20%,期中考试占40%,期末考试占40%
主要教材	程守洙等. 普通物理学(第七版)(上册). 北京:高等教育出版社,2016 程守洙等. 普通物理学(第七版)(下册). 北京:高等教育出版社,2016
参考资料	1. (美)兰德尔·D奈特. 现代理工科物理学. 北京:机械工业出版社,2013 2. (美)哈里德等. 物理学基础. 张三慧,等译. 北京:机械工业出版社,2013 3. 大学物理通用教程(第二版):电磁学、光学、近代物理. 北京:北京大学出版社,2010 4. G W Hanson. 纳电子学基础. 侯士敏,等译. 北京:清华大学出版社,2009 5. 赵凯华,等. 新概念物理教程(第二版):电磁学. 北京:高等教育出版社,2006 6. F S Crawford. 波动学. 卢鹤绂,等译. 北京:机械工业出版社,2016 7. A P 弗伦奇. 振动与波. 徐绪笃,译. 北京:人民教育出版社,1981
其他信息	http://course.pku.edu.cn/
大纲提供者	王润声,于民

二、教学目的和基本要求

1. 掌握普通物理内容,了解物理规律在信息科学与技术领域的重要意义。
2. 为今后在现代信息科学的研究中运用物理学的思想和方法打好基础。

三、课程大纲和知识点

章节顺序	章节名称 Chapters	课时 Hours	知识点	Key Points
1	绪论(Introduction)	1~0		
2	静止电荷的电场(Electric field of static charge)	9~7	电荷、库仑定律,静电场、电场强度,静电场的高斯定理,静电场的环路定理、电势,电场强度与电势的微分关系,静电场中的导体,电容器的电容,静电场中的电介质,有电介质时的高斯定理和环路定理、电位移,静电场的能量	Charge, Coulomb law, electrostatic field, electric field intensity, Gauss theorem of electrostatic field, circuital theorem of electrostatic field, potential, differential relation between electric field intensity and potential, conductor in electrostatic field, capacitance of capacitor, dielectrics in electrostatic field, Gauss theorem and circuital theorem in dielectric medium, electric displacement, energy of the electrostatic field

续表

章节顺序	章节名称 Chapters	课时 Hours	知识点	Key Points
3	恒定电流的磁场(Magnetic field of steady current)	9～7	恒定电流,磁感应强度,毕奥-萨伐尔定律,恒定磁场的高斯定理与安培环路定理,带电粒子在电场和磁场中的运动,磁场对载流导体的作用,磁场中的磁介质,有磁介质时的安培环路定理和高斯定理、磁场强度	Constant current, magnetic induction intensity, Biot-Savart law, Gauss theorem and circuital theorem in constant magnetic field, movement of charged particle in electrical and magnetic field, the effect of the magnetic field on the carrying conductor, magnetic medium in the magnetic field, Gauss theorem and Ampere circuital theorem in magnetic medium, magnetic field intensity
4	电磁感应与电磁场理论(Electromagnetic induction and electromagnetic field theory)	6～4	电磁感应定律,动生电动势,感生电动势、感生电场,自感应和互感应,磁场的能量,位移电流、电磁场理论	Law of electromagnetic induction, motional electromotive force, induced electromotive force, induced electric field, self-induction and mutual induction, energy of magnetic field, displacement current, electromagnetic field theory
5	机械振动与电磁振荡(Mechanical vibration and electromagnetic oscillation)	8～6	谐振动复习,电磁振荡,一维谐振动的合成,二维谐振动的合成,振动的分解、频谱	Harmonic oscillation, electromagnetic oscillation, synthesis of one dimensional resonance oscillation, synthesis of two dimensional resonance oscillation, decomposition of the vibration, frequency spectrum
6	机械波与电磁波(Mechanical and electromagnetic waves)	12～10	机械波的产生与传播,平面简谐波的波函数,平面波的波动方程,波的能量、波的强度,电磁波,惠更斯原理,波的衍射、反射和折射,波的叠加原理、波的干涉、驻波、波阻抗,多普勒效应,介质色散,波包与群速度,电磁波的传输与无线通信简介	Production and transmission of mechanical waves, wave function of planar simple harmonic wave, wave-equation of plane wave, energy of wave, wave intensity, electromagnetic wave, Huygens principle, diffraction, reflectivity and refraction of wave, superposition principle of wave, wave interference, standing wave, wave impedance, Doppler effect, medium dispersion, wave packet and group velocity, electromagnetic wave propagation and introduction to wireless communication
7	波动光学(Wave optics)	8～6	光的干涉、杨氏双缝干涉、光程与光程差,光的衍射、惠更斯-菲涅尔原理、单缝衍射、圆孔衍射,光的偏振状态	Interference of light, Young's double-slit interference, optical path and optical path difference, diffraction of light, Huygens-Fresnel principle, single slit diffraction, circular hole diffraction, polarization of light

续表

章节顺序	章节名称 Chapters	课时 Hours	知识点	Key Points
8	量子物理基础(Elementary quantum physics)	10 ~ 8	经典系统与量子系统的比较,量子力学的起源,光的波动性与粒子性,电子的粒子性与波动性,德布罗意波、微观粒子的波粒二象性,波包与不确定性关系,波函数及其统计诠释,薛定谔方程,一维定态薛定谔方程的应用举例(势阱、势垒),氢原子,电子的自旋,原子的电子壳层结构	Comparison in classical system and quantum system, origin of quantum mechanics, wave property and particle property of light, particle property and wave property of electron, de Broglie wave, wave-particle duality of the microscopic particles, wave packet and uncertainty relation, wave function and its statistical interpretation, Schrodinger's equation, examples of applying one-dimensional stationary state Schrodinger's equation (potential well, potential barrier), hydrogen atom, electron spin, electron shell structure
9	最小作用量原理简介(Introduction to the principle of least action)	2 ~ 0	变分法与最小作用量原理,物理学的"普遍性"原理,对称、守恒与最小作用	Variational method and the principle of least action, the universal principle of physics, symmetry, conservation law and the principle of least action

四、课程特色

本课程主要面向信息科学与工程类专业的低年级本科生,涵盖电磁学、光学、量子论等普通物理的主要内容,特别是紧密结合来自信息科学与技术方面的实例和应用。学生通过本课程的学习,一方面掌握普通物理内容,了解物理规律在信息科学与技术中的重要意义,同时为今后在现代信息科学的研究中运用物理学的思想和方法打好基础。

3.4 计算机基础课程 Computer Courses

3.4.1 计算概论 The Fundamentals of Programming

Prereq: None

Credits: 3

Mission: Understand fundamentals of computer science, understand basic and commonly used algorithms in programming, acquire the methods and skills of process-oriented programming.

Topics include programming with the different data types, e. g, array, point, structure, link and so on. It also involves recursive algorithm, dynamic programing and greedy algorithm.

Bin Cui, Yafei Dai, Ge Li, Gang Huang

一、课程基本情况

<table>
<tr><td rowspan="2">课程名称</td><td colspan="12">计算概论</td><td rowspan="10">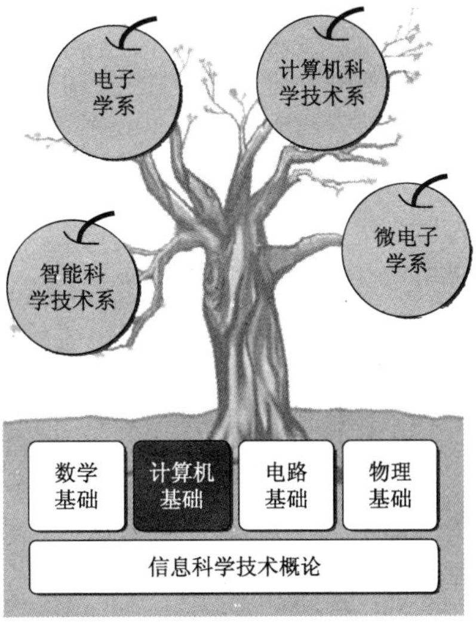
</td></tr>
<tr><td colspan="12">The Fundamentals of Programming</td></tr>
<tr><td rowspan="2">开课时间</td><td colspan="3">一年级</td><td colspan="3">二年级</td><td colspan="3">三年级</td><td colspan="3">四年级</td></tr>
<tr><td>秋</td><td>春</td><td>夏</td><td>秋</td><td>春</td><td>夏</td><td>秋</td><td>春</td><td>夏</td><td>秋</td><td>春</td><td>夏</td></tr>
<tr><td>适用院系</td><td colspan="12">信息学院全体新生</td></tr>
<tr><td>课程定位</td><td colspan="12">主干基础课、必修课</td></tr>
<tr><td>学分</td><td colspan="12">3 学分</td></tr>
<tr><td>总学时</td><td colspan="12">64 学时。每周 4 学时，共 16 周</td></tr>
<tr><td>先修课程</td><td colspan="12">无</td></tr>
<tr><td>后续课程</td><td colspan="12">程序设计实习，数据结构与算法</td></tr>
<tr><td>教学方式</td><td colspan="13">课堂授课为主，课后安排大作业和程序设计竞赛</td></tr>
<tr><td>课时分配</td><td colspan="13">课堂授课计算机基础知识部分 12 学时，程序设计 52 学时</td></tr>
<tr><td>考核方式</td><td colspan="13">平时成绩占 25%（其中作业 15%，实验题 10%），期中考试占 15%，期末考试占 60%</td></tr>
<tr><td>主要教材</td><td colspan="13">吴文虎．程序设计基础．3 版．北京：清华大学出版社，2010</td></tr>
<tr><td>参考资料</td><td colspan="13">1．钱能．C ++ 程序设计教程．北京：清华大学出版社，1999
2．谭浩强．C ++ 程序设计．北京：清华大学出版社，2004</td></tr>
<tr><td>其他信息</td><td colspan="13"></td></tr>
<tr><td>大纲提供者</td><td colspan="13">代亚非</td></tr>
</table>

二、教学目的和基本要求

1．以信息科学与技术学院本科新生为授课对象，讲授计算机语言程序设计基础。本课程的教学目标是使学习者掌握程序设计的基本概念、基本方法，在实践环节逐步掌握程序设计的技巧，并且建立良好的编程习惯，写出规范的程序代码。

2．在这个学习过程中，学生将通过程序的结构和相应的语句写出计算机程序，这是学生必须掌握的基本功。在这背后，更强调的是学生对问题抽象能力的培养，学习如何把要解决的实际问题用数学的形式表示以及符号化的方法处理。同时也注重训练学生逻辑思维的能力，学习如何分析问题，确定解题思路。此外，还要介绍一些基本的、经典的算法的知识，如递归、贪心算法和动态规划，开阔学生解题的思路。

3．解决实际问题是最终的目标，因此，程序的调试也是必不可少的学习内容。

三、课程内容摘要和知识点

章节顺序	章节名称 Chapters	课时 Hours	知识点	Key Points
计算机基础知识部分(12 学时)				
1	计算机发展史及计算机的分类(History of computers and classification of the computer)	2	计算机发展过程中的重要的人物、事件和思想,以及计算机的分类	The development of computer, including the milestones, important contributors and their innovations, as well as the classification of computers
2	计算机基本原理(Computer fundamentals)	2	图灵机的思想与可计算的概念、布尔逻辑与数字电路的概念、二进制与其他进制的转换	The theory of Turing machine and the concepts of computability. The concepts of binary system. Some important concepts in Boolean logic and digital circuits
3	计算机系统软件(Computer software system)	2	操作系统的主要功能	Main functions of the operating systems
4	计算机硬件系统(Computer hardware system)	2	运算器、控制器的工作过程、存储层次的概念	The operating processes of arithmetic Logic unit and control unit. The concepts of memory unit in different levels
5	信息的表示与存储(Information representation and storage)	2	数字化的原理、信息的压缩、信息的输入输出以及外存储的构造	The basic theory of digitalization, information compression, information exchange. The basic architecture of external memory unit
6	互联网及网络信息安全(Internet and security of network and information)	2	介绍互联网的基本技术、应用以及信息安全方面的问题	The basic concepts and techniques on the Internet. Typical Internet applications. The basic concepts of information security
程序设计部分(52 学时)				
1 2	绪言、编程准备(Prepare for programming)	2 ~ 1	学习方法,本课程用到的基本概念,程序设计的要素 VC ++ 编程环境的介绍,算术运算的符号和常用的数学函数,简单的程序说明和注释的功能	Concepts of programming, programming environments, the first classical program, mathematic operators and functions

续表

章节顺序	章节名称 Chapters	课时 Hours	知识点	Key Points
程序设计部分（52 学时）				
3	代数、变量与计算机解题（Algebra, variable in computer problem solving）	2 ~ 1	C/C ++ 程序的基本结构、变量的定义、变量的类型和使用	structure of the C/C ++ program, variables
4	逻辑思维与计算机解题（Logic in computer problem solving）	6 ~ 4	将实际问题抽象为逻辑关系、枚举法的解题思路、关系与关系表达式、逻辑表达式、增量减量运算规则、程序的分支与循环结构。包含习题课 2 学时	The logic problem and the enumeration-based solution, relational expression, logic expression, increment and decrement operators, branch, loop
5	数据的组织、筛选与排序问题的解题思路（Data organization, problem solving with filtering algorithm and sort algorithm）	10 ~ 6	数组的定义、访问数组元素、初始化数组。数组元素的查找、分类统计、筛选和排序。讲解结构、结构与数组。讲解典型数组应用。包含习题课 2 ~ 6 学时	Definition, manipulation and initialization of Array and structure, algorithms of array query, statistics, filter and order
6	函数（The usage of function）	10 ~ 6	函数的调用、函数的参数和返回值、自定义函数、递推、递归。讲解函数的说明、函数原型、全局变量与局部变量。重点是递归问题的思路和求解，讲解典型的递归问题。包括 4 学时的习题课	Definition, declaration, invocation of function, external and local variables, recursive function
7	指针（The usage of pointer）	6 ~ 4	指针的概念和运算、指针与数组、指针与函数、指针与结构、字符指针、指针数组。引用的概念、引用的操作、用引用传递函数参数。包括 2 学时的习题课	Concepts and arithmetic of pointer, pointers with array, function, and structure, character pointer, pointer array. Concepts and operations on reference. Two hours' Exercise class

续表

章节顺序	章节名称 Chapters	课时 Hours	知识点	Key Points
程序设计部分(52学时)				
8	流与文件(Stream and file)	6~4	流的概念、简单的输入输出流格式控制 简单的文件流操作,文件的建立,文件的顺序访问和随机访问的方法。文件的应用实例讲解	Concepts of stream, format control of I/O stream, file stream operations, Creation, sequential and random file access
9	贪心(Greedy algorithm)	2	贪心法解题的一般步骤,贪心法的相关理论 贪心法解题的注意事项,贪心法的应用讲解	Theoretical background about Greedy method, general steps and considerations to use greedy method
10	动态规划(Dynamic programming)	4~2	动态规划思想,动态规划的基本概念,动态规划的解题思路 实例讲解:最短路径	Idea and basic concepts of dynamic programming, problem solution using dynamic programming
11	结构与链表(Structure and link)	4~2	动态申请内存空间的方法 链表的概念,建立链表时指针的使用,链表的操作(建立、插入、删除、查找、排序)	Dynamic memory allocation, concepts and operations of List (create, insert, delete, search and sort), usage of pointers in list creation
12	综合习题课(Final exercise)	2	通过习题讲解,进一步化解各章的难点问题,主要包含递归、指针、文件、算法思想以及高精度计算等方面的问题	Exercise lectures on key problems in the course, including recursion, pointer, file, algorithms and high precision computing

四、课程特色

1. 程序设计是实践性很强的课程,因此本课程特别强调学生真正动手编程训练。我系的程序设计平台(POJ)上训练思维能力的和训练编程技巧的题目形式多样,学生每次程序设计的作业都要在这个平台上完成,并且适当地把一部分作业布置成小竞赛。

2. 本课程内容包含一次大作业或者实验题,要求学生以个人或小组的形式运用在本课程上学到的编程思想、方法和技巧完成一个综合性的程序设计题目,培养学生解决实际问题的能力。

3.4.2　程序设计实习 Practice on Programming

Prereq: Introduction to Computing

Credits: 3

Mission: Master fundamental grammar, Class library and Standard template library of C ++ language, understand basic thoughts of enumeration, recursion and dynamic programming, and able to do practical application.

Covers Data Structure and Algorithm, Computer Science.

Topics include C ++ grammar, Class library, basic algorithms, Object-oriented programming and Standard Template Library.

Wenxin Li, Wei Guo, Huashan Yu, Yonghong Tian, Yang Wang, Jiaying Liu

一、课程基本情况

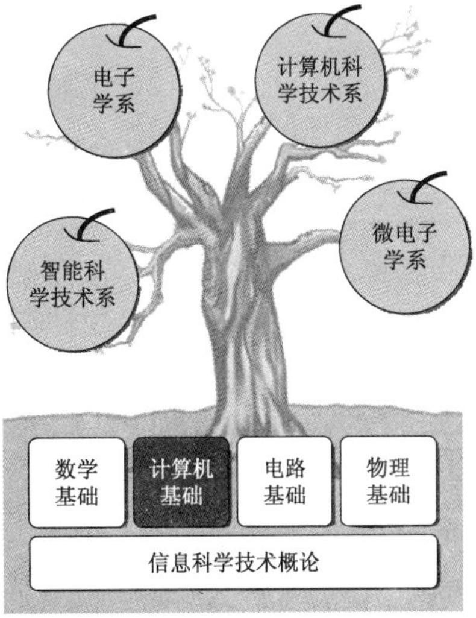

课程名称	程序设计实习 Practice on Programming
开课时间	一年级：秋 **春** 夏；二年级：秋 春 夏；三年级：秋 春 夏；四年级：秋 春 夏
适用院系	信息科学技术学院
课程定位	主干基础课
学分	3 学分
总学时	64 学时
先修课程	计算概论
后续课程	数据结构与算法
教学方式	课堂讲授为主。配合理论教学，安排相应的上机实习
课时分配	授课(32 学时) + 习题(16 学时) + 上机(16 学时)
考核方式	平时(书面作业、上机、课堂测试)占 35%，期中考试占 15%，期末考试占 50%。注重综合能力的考评，平时表现突出、上机能力较强的可以得到奖励加分
主要教材	
参考资料	1. 李文新，郭炜，余华山. 程序设计导引及在线实践. 北京：清华大学出版社，2007 2. Harvey M Deitel. C ++ 大学教程. 2 版. 北京：电子工业出版社，2004
其他信息	http://course.pku.edu.cn
大纲提供者	李文新

二、教学目的和基本要求

1. 掌握 C ++ 语言的基本语法、类库和标准模板。
2. 基本掌握枚举、递归和动态规划等基本算法思想。
3. 培养学生的实际动手能力,为进一步学习其他专业课程奠定良好的基础。

三、课程大纲和知识点

章节顺序	章节名称 Chapters	课时 Hours	知识点	Key Points
1	阅读程序练习(Exercise of reading programs)	2	程序运行中内存状态的改变,根据程序逻辑推断计算方法	Changes of memory state during the running time of programs, Inference computation methods based on program logic
2	日期处理和进制转换(Date processing and Base conversion)	2	日期表示和计算的一般方法,进制转换中的一般方法	General approach for representation and computation of date, General approach for base conversion
3	函数指针(Function pointer)	2	函数指针的用法,利用函数指针进行高阶计算过程抽象	Usage of function pointer, Use function pointer to abstract high level computation
4	高精度计算(High precision computation)	2	高精度计算的本质,高精度加法、减法、乘法、除法	Essence of high precision computation, High precision addition, subtraction, multiplication and division
5	字符串处理(String manipulation)	2	字符串的表示,C 语言中提供的字符串处理函数库	Representation of string, Function library for string manipulation provided by C language
6	链表(Linked Lists)	2	链表的定义、插入、删除,单链表、双链表,循环链表,链表的应用	Definition, insertion and deletion of linked lists, Single linked list, Double linked list, Circular linked list, Application of linked lists
7	枚举(Enumeration)	2	枚举的基本思想,使用枚举方法解决问题的实例	Basic thoughts of enumeration, Examples of solving problems by enumeration
8	递归(Recursion)	4	递归的基本思想,使用递归思想解决问题的实例	Basic thoughts of recursion, Examples of solving problems by recursion
9	搜索(Search)	4	搜索的基本思想,深度优先搜索,广度优先搜索	Basic thoughts of search, Breadth first search, Depth first search

续表

章节顺序	章节名称 Chapters	课时 Hours	知识点	Key Points
10	动态规划(Dynamic programming)	8	动态规划的基本思想,递归和动态规划之间的转换,动态规划解决问题的实例	Basic thoughts of dynamic programming, Conversion between recursion and dynamic programming, Examples of solving problems by dynamic programming
11	类和对象(Classes and Objects)	6	类和对象、成员变量、成员函数构造函数和析构函数	Classes and Objects, Member variables, Member functions, Constructor and Destructor
12	继承(Inheritance)	6	继承、公有继承、保护继承、私有继承,成员的可见性	Inheritance, Public inheritance, Protected inheritance, Private inheritance, Visibility of members
13	运算符重载(Operator overloading)		可以重载的运算符,重载为成员或者友元	Operators that can be overloaded, Overloaded as member or friend
14	多态和虚函数(Polymorphism and Virtual functions)	6	虚函数,纯虚函数,多态	Virtual functions, Pure virtual functions, Polymorphism
15	流和文件读写(Flow and File input/output)	4	C ++ 中的流和文件读写类	Flow and File input/output classes in C ++
16	标准模板库(Standard Template Library)	8	类模板和函数模板器、迭代器,容器的分类、算法模板	Class template and function template, Container, Iterator, Classification of Container, Algorithm template

四、课程特色

使用北京大学“百练”程序在线评测系统,大部分作业和考试都在该系统上进行。学生通过大量练习,提高程序设计和实现能力。

3.5 电路基础课程 Circuit Courses

3.5.1 微电子与电路基础 An Introduction to Microelectronics and Circuits

Prereq: Advanced Mathematics, Electromagnetism

Credits: 2

Mission: Understand the curriculum setup concerning microelectronics and circuits, comprehend the fundamental concepts and trends in these areas, as well as learn some basics of electronic circuits and systems.

Covers microelectronics, electronics engineering.

Topics include basics of semiconductor and devices, electronic circuits and systems, IC Fabrication Process and design work-flow, state of art in related areas.

Ru Huang, Xiaoyan Liu, Jiang Chen

一、课程基本情况

课程名称	微电子与电路基础											
	An Introduction to Microelectronics and Circuits											
开课时间	一年级			二年级			三年级			四年级		
	秋	春	夏	秋	春	夏	秋	春	夏	秋	春	夏
适用院系	信息科学技术学院											
课程定位	学院平台课、必修课											
学分	2 学分											
总学时	48 学时。每周 3 学时,共 16 周											
先修课程	高等数学,电磁学											
后续课程	电路分析,电路基础实验,电子线路(及实验),数字逻辑电路(及实验)											
教学方式	课堂授课为主											
课时分配	课堂授课(42 学时)+专题与习题辅导等(6 学时)											
考核方式	平时作业占 30%,期末考试占 70%,其中期末考试采用闭卷形式											
主要教材	黄如,刘晓彦,陈江. 微电子与电路基础. 自编讲义,待出版											
参考资料	电子资源,每次授课前于课程网站上更新											
其他信息	http://course.pku.edu.cn/											
大纲提供者	陈江											

二、教学目的和基本要求

1. 对微电子学科体系、电路类课程体系有大致了解。
2. 对半导体元器件最基本的物理原理和工作原理有所了解。
3. 对集成电路的版图、制造工艺、设计流程有所认识。
4. 对微电子行业、科技的发展历史和规律有所了解。

5. 学习电路的基本原理、认识和分析方法，了解一些常见的电路构造，对工作和生活中一些常见电子系统的原理有所了解。

三、课程大纲和知识点

章节顺序	章节名称 Chapters	课时 Hours	知识点	Key Points
1	绪论（Introduction）	2	课程信息，电子系统的一般架构，印刷电路板的设计和制造流程，常用仪器和仿真方法	Course information, General electronic system architecture, Design and manufacture process of PCB, Equipment and simulation
2	元器件和信号（Components and Signals）	8～4	常见分立元器件，运算放大器，门电路，触发器，频率与频谱，复阻抗	Common discrete components, OP-amp, Gates, Flip-flops, Frequency and spectrum, complex impedance
3	常见电路与系统（Common circuits and systems）	16～12	收音机与放大、滤波电路；电子钟与振荡器、计数器，译码器；直流电源；音频播放器与存储器、模数/数模转换；计算机与外设、时序；手机与人机界面	Radio (amplifier and filter), digital clock (oscillator, counter and decoder), DC power supply, Music player (memory, ADC/DAC), Computer (peripheral interface), mobile phone (human interface)
4	微电子学概览（Overview of Microelectronics）	2	集成电路基本概念与分类，半导体产业	Basic concepts of IC, Classification of IC, semiconductor history and industry
5	半导体及其基本特性（Semiconductor Physics）	4～2	半导体的基本结构和特性；载流子的分布和输运特性（扩散、漂移、复合）；载流子；掺杂；能带和能级	Structure and characteristics of semiconductor, Carrier, Carrier distribution and transportation, Doping, Energy band, Fermi level
6	半导体器件物理（Semiconductor Devices）	6～4	PN结与二极管，金属半导体接触，双极晶体管结构与原理，MOSFET结构与原理	PN junction, Metal-semiconductor interface, Structure and principle of BJT and MOSFET
7	集成电路制造工艺与版图（IC Fabrication Process and Layout）	7～5	CMOS门电路；版图；IC制造工艺和流程（薄膜制备、光刻与刻蚀、掺杂、工艺集成、封装和辅助工艺）	CMOS Gate, Layout, IC process (film preparation, Lithography and Etching, Doping, Process integration, packaging and testing)

续表

章节顺序	章节名称 Chapters	课时 Hours	知识点	Key Points
8	集成电路设计(IC Design)	5~3	IC 设计方法分类、分层分级以及模块化设计的概念;设计流程;设计举例;EDA 系统	Hierarchical design and design flow, IC designing methods, design examples, EDA system
9	微电子技术发展的规律及趋势(Development of Microelectronics)	2	SoC, IP 核, MEMS, Moore 定律,发展趋势	SoC, IP core, MEMS, Moore law, development trends
10	复习(Review)	2		

四、课程特色

本课程是在信息科学技术学院在 2002 年合并成立之后新开设的概论性课程,面向全学院的一年级学生,是本学院在课程方面的一项重要举措。一方面使将来学习计算机和智能科学的同学在这方面的学识不致空缺;另一方面为将来学习电子和微电子的学生奠定一个基础,使他们对主要课程的整体体系有一个全面的认识,在将来学习的时候可以按图索骥。

为此,课程以较少的授课时间(一个学期,平均每周三学时),广泛涉及了微电子和电路类若干主要课程的知识体系中诸多基本概念。由于本课程的覆盖面极大,而且内容相当丰富和庞杂,作为一门引导型的概论课,应注意提高知识面的广度,力求给予学生对整个学科的全局感,并激发学生对相关课程和专业的兴趣,而不追求深度和难度。

本课程经过近十年的建设已趋成熟,基本收到预期的成效,连续多年获得学生的好评,目前仍然在不断地改进和完善。

3.5.2 电路基础实验 Basic Experiments of Electrocircuit

Prereq: Fundamental circuits

Credits: 1

Mission: Know well and master the methods of welding, basic equipment, such as power supply, oscilloscope, and signal generator. Learn the basic knowledge and skills of electrocircuit, train the practical ability and form good experimental habits. Train the ability of independent thinking, scientific thinking, and knowledge innovation.

Covers computer, electrics, electronics and engineering.

Topics include basic welding exercise, the functions and how to use multimeter, regulated power supply, oscilloscope, assembly and test of some simple circuits, regulated power supply and radio.

Xiaoji Zhou, Zhong Wang, Yanhui Wang, Ming Yu, Xia An, Shimei Liu, Bing Xie, Jingwen Zhang, Hongfei Ye

一、课程基本情况

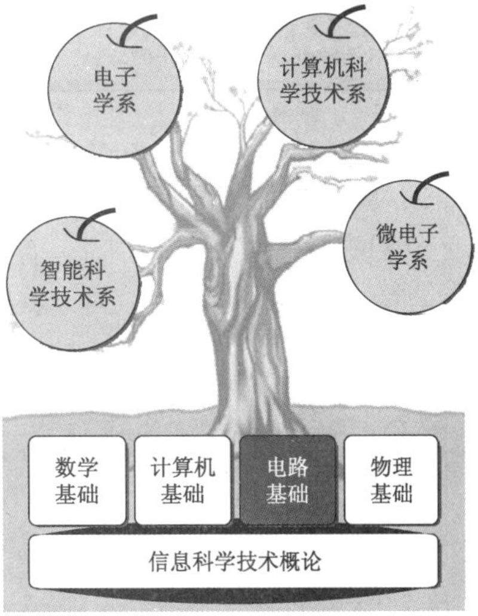

<table>
<tr><td rowspan="2">课程名称</td><td colspan="12">电路基础实验</td></tr>
<tr><td colspan="12">Basic Experiments of Electrocircuit</td></tr>
<tr><td rowspan="2">开课时间</td><td colspan="3">一年级</td><td colspan="3">二年级</td><td colspan="3">三年级</td><td colspan="3">四年级</td></tr>
<tr><td>秋</td><td>春</td><td>夏</td><td>秋</td><td>春</td><td>夏</td><td>秋</td><td>春</td><td>夏</td><td>秋</td><td>春</td><td>夏</td></tr>
<tr><td>适用院系</td><td colspan="12">信息学院，元培学院</td></tr>
<tr><td>课程定位</td><td colspan="12">主干基础课、专业必修课</td></tr>
<tr><td>学分</td><td colspan="12">1 学分</td></tr>
<tr><td>总学时</td><td colspan="12">30 学时</td></tr>
<tr><td>先修课程</td><td colspan="12"></td></tr>
<tr><td>后续课程</td><td colspan="12">电子线路，数字逻辑电路</td></tr>
<tr><td>教学方式</td><td colspan="12">每个学生一套仪器，独立进行实验，每位教师负责指导一组共 15 名学生。大课则在教室集中讲授</td></tr>
<tr><td>课时分配</td><td colspan="12">课堂授课（3 学时）+9 个实验（27 学时），每周 3 学时</td></tr>
<tr><td>考核方式</td><td colspan="12">每个实验根据实验过程和实验报告评分，总分为所有实验分数的平均值</td></tr>
<tr><td>主要教材</td><td colspan="12">电路基础实验. 自编讲义</td></tr>
<tr><td>参考资料</td><td colspan="12">1. 胡薇薇. 电路分析原理. 北京：清华大学出版社、北京大学出版社，2012
2. 王楚，余道衡. 电路分析. 北京：北京大学出版社，2000
3. 王楚，余道衡. 电子线路. 北京：北京大学出版社，2003
4. 高文焕，李冬梅. 电子线路基础. 北京：高等教育出版社，2006</td></tr>
<tr><td>其他信息</td><td colspan="12">http://www.ontoedu.pku.edu.cn/</td></tr>
<tr><td>大纲提供者</td><td colspan="12">周小计</td></tr>
</table>

二、教学目的和基本要求

1. 熟练掌握电路焊接技术和常用仪器的使用和操作。
2. 掌握电路实验的基础知识与基本技能，培养学生的动手能力，养成良好的实验习惯。
3. 培养学生的独立思考能力、科学思维方法和求知创新精神。

三、课程大纲和知识点

章节顺序	章节名称 Chapters	课时 Hours	知识点	Key Points
1	课程介绍和基础知识介绍	3	实验室和课程介绍,微电子技术和工艺介绍	Introduction to the laboratory and course, microelectronics technology
2	手工焊接训练	3	基本焊接练习,插脚式元件在 PCB 板上的焊接	Basic welding exercise, soldering the pin-type electronic elements on the PCB board
3	表面装贴流水线工艺,收音机的安装调试	3	贴片焊接,流水线工艺实习,正式电路的装配和调试	SMD component welding, the flow process, assemble and debug circuit
4	常用基本仪器使用练习	3	万用表、稳压电源、示波器等常用仪器仪表的功能与使用操作	Learn the functions and how to use multimeter, regulated power supply, oscilloscope
5	简单电路测量和仪器使用	3	简单电阻电路焊接和测试	Learn the soldering and test of resistor circuits
6	RC 谐振电路及幅频相频特性的测试	3	进一步学习简单电路的安装并使用示波器测试电路信号参数	Further study the assembly of circuits and signal measurements by oscilloscopes
7	典型集成运算放大器电路的测量	3	运算放大器的安装和测试	Assemble and test the operational amplifier
8	用六反向器组成的脉冲电路的安装和测试	3	简单电路的面包板插接,测试仪器在面包板实验中的使用(连接)	Learn how to use bread plate with test instruments together
9	电子蜂鸣器	3	音频振荡和放大电路及其测试,组合振荡放大电路的组装和时序测试	Learn the audio oscillator and amplifier circuit, learn the assembly of combination oscillation circuits and time sequence measurements
10	直流稳压电源	3	实用稳压电源电路的安装测试	Learn to build and test regulated power supply circuits

四、课程特色

1. 重视对学生基本实验技能的培养,重视培养学生的兴趣。
2. 让学生学会在实验中学习和思考,尊重实验结果。
3. 课前充分预习,在实验中提出问题、分析问题和解决问题。

第 4 章　本科生专业核心与选修课程大纲
Chapter 4　Core and Elective Speciality Courses

4.1　计算机类课程 Computer Science and Technology Speciality Courses

4.1.1　Java 程序设计 Programming in Java

Prereq: Data Structures and Algorithms, Practice of Data Structures and Algorithms

Credits: 2

Mission: Understand fundamental concepts, components, principles and frameworks of Java language, able to do practical applications by programming in Java.

Covers computer science.

Topics include OOP in Java, Exception Handling, Java Collection Framework, Files and Streams, GUI Programming, Multithreading, Graphics and Java 2D, Networking, Accessing Databases with JDBC.

Yang Liu

一、课程基本情况

<table>
<tr><td rowspan="2">课程名称</td><td colspan="12">Java 程序设计</td><td rowspan="10">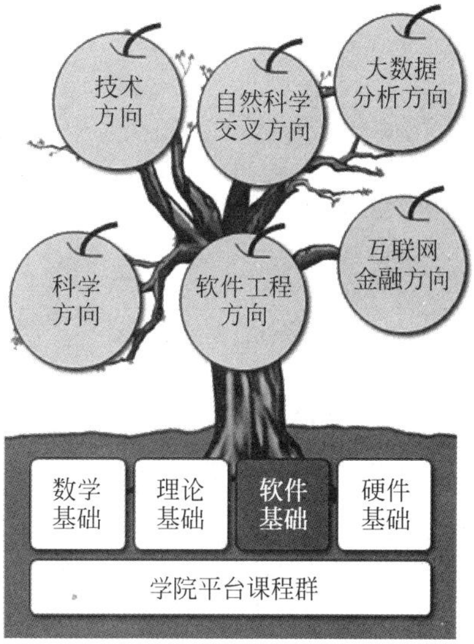
</td></tr>
<tr><td colspan="12">Programming in Java</td></tr>
<tr><td rowspan="2">开课时间</td><td colspan="3">一年级</td><td colspan="3">二年级</td><td colspan="3">三年级</td><td colspan="3">四年级</td></tr>
<tr><td>秋</td><td>春</td><td>夏</td><td>秋</td><td>春</td><td>夏</td><td>秋</td><td>春</td><td>夏</td><td>秋</td><td>春</td><td>夏</td></tr>
<tr><td>适用院系</td><td colspan="12">计算机系，智能科学系</td></tr>
<tr><td>课程定位</td><td colspan="12">专业选修课</td></tr>
<tr><td>学分</td><td colspan="12">2 学分</td></tr>
<tr><td>总学时</td><td colspan="12">48 学时</td></tr>
<tr><td>先修课程</td><td colspan="12">数据结构与算法，数据结构与算法实习</td></tr>
<tr><td>后续课程</td><td colspan="12">程序设计语言原理，软件工程</td></tr>
<tr><td>教学方式</td><td colspan="13">课堂授课，课后练习</td></tr>
<tr><td>课时分配</td><td colspan="13">课堂授课（32 学时）+实验课（16 学时）</td></tr>
<tr><td>考核方式</td><td colspan="13">团队作业占 50%，期末考试占 50%。其中，期末考试采用闭卷形式</td></tr>
<tr><td>主要教材</td><td colspan="13">H M Deitel. Java How to Program (7th Edition). Prentice Hall, 2006</td></tr>
</table>

续表

参考资料	Cay S Horstmann, Gary Cornell. Core Java 2 (7th Edition). Prentice Hall PTR, 2005
其他信息	
大纲提供者	刘扬

二、教学目的和基本要求

1. 培养学生掌握 Java 编程的基本思想、概念、机制和常见的程序框架、设计模式。
2. 培养学生分析问题和解决问题的实际能力。

三、课程大纲和知识点

章节顺序	章节名称 Chapters	课时 Hours	知 识 点	Key Points
1	面向对象方法与 Java 程序设计：封装、继承与多态的概念与实现(OOP in Java: Encapsulation, Inheritance & Polymorphism)	8 ~ 6	面向对象方法，类、对象、接口、包等基本概念的实现方式、使用方法，Java 的继承机制，多态概念及其在 Java 中的实现机制，数组与常用 Java 类	Object-Oriented Programming: the Notion of Encapsulation and Data Hiding, How Inheritance Promotes Software Reusability, Using Overridden Methods to Effect Polymorphism, Array and Some Most Used Classes in Java
2	异常处理(Exception Handling)	2	异常处理机制，检查异常与非检查异常	Exception Handling: Checked and Unchecked
3	Java 集合框架(JCF)	2	常见数据结构的 Java 实现与应用，Collection、Set、List、Map 等接口及各种不同实现的特点	Java Collection Framework: Collection, Set, List, Map, etc.
4	输入输出流(IO Streams)	4 ~ 2	流模型与实现机制，输入流与输出流，字节流与字符流，数据类型流与对象流，序列化概念与实现机制、特点	Files and IO Streams: File, InputStream and Output Stream, Reader and Writer, Data and Object Streams, Serialization and Its Realization
5	图形界面与事件处理(GUI Programming)	8 ~ 6	图形界面与事件处理机制，布局，AWT 与 Swing，各种常见事件的处理，MVC 模式	GUI Programming: Event Handling, Layout, AWT and Swing, Some Most Used Events and Components, MVC Pattern
6	多线程程序设计(Multithreading)	4 ~ 2	线程概念与实现机制，线程生命周期与控制，同步与互斥，死锁问题	Multithreading: Thread and Its Realization, Life Circle and Control of Thread, Synchronization and Mutual Exclusion, Problem of Deadlock
7	图形图像处理(Graphics and Java 2D)	2	图形、图像的处理与应用，Java 2D	Graphics and Java 2D: Some Applications
8	网络应用(Networking)	2	Java 的网络支持与流模型，C/S 与 B/S，Applet，TCP 通信、UDP 通信与多点广播	Networking: Some Primary Concepts and Models, C/S and B/S, Applet, TCP Networking, UDP Networking and Multicasting
9	数据库应用(Accessing Databases)	2	JDBC 连接与访问数据库	Accessing Databases: Application with JDBC

四、课程特色

1. 本课程重视 Java 编程的基本思想、概念、机制和常见的程序框架、设计模式的讲解，针对相关问题提出不同的路径和做法，鼓励学生深入思考，在讨论、比较中获得对最终解决方案的理解。

2. 团队作业有一定的问题复杂性和编程代码量的要求，需要成员之间有效分工、保持协调，希望参与成员体会到用 Java 编程实现整体任务的乐趣。

4.1.2　Linux 程序设计 Linux Programming

Prereq: Linux Programming Environment

Credits: 2

Mission: Help student master UNIX/Linux programming technologies and skills learn to be a qualified UNIX/Linux programmer.

Cover software programming.

Topics include UNIX/Linux system overview, system call, file, process, signal, I/O, daemon, IPC, database, etc.

Donggang Cao

一、课程基本情况

<table>
<tr><td rowspan="2">课程名称</td><td colspan="12">Linux 程序设计</td><td rowspan="9"> 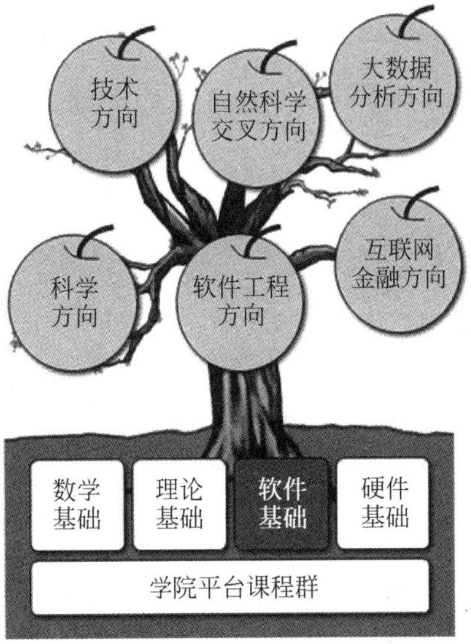</td></tr>
<tr><td colspan="12">Linux Programming</td></tr>
<tr><td rowspan="2">开课时间</td><td colspan="3">一年级</td><td colspan="3">二年级</td><td colspan="3">三年级</td><td colspan="3">四年级</td></tr>
<tr><td>秋</td><td>春</td><td>夏</td><td>秋</td><td>春</td><td>夏</td><td>秋</td><td>春</td><td>夏</td><td>秋</td><td>春</td><td>夏</td></tr>
<tr><td>适用院系</td><td colspan="12">理科院系</td></tr>
<tr><td>课程定位</td><td colspan="12">选修课</td></tr>
<tr><td>学分</td><td colspan="12">2 学分</td></tr>
<tr><td>总学时</td><td colspan="12">32 学时</td></tr>
<tr><td>先修课程</td><td colspan="12">Linux 程序设计环境</td></tr>
<tr><td>后续课程</td><td colspan="12"></td></tr>
<tr><td>教学方式</td><td colspan="13">讲授 + 讨论 + 课下作业 + 课程网站</td></tr>
<tr><td>课时分配</td><td colspan="13">课堂讲授(32 学时)</td></tr>
</table>

续表

考核方式	平时参与占10%,项目占40%,作业占20%,期末考试占30%
主要教材	UNIX环境高级编程.2版.北京:人民邮电出版社,2006
参考资料	从互联网获取
其他信息	
大纲提供者	曹东刚

二、教学目的和基本要求

本课程的目的是使学生成为一个合格的UNIX/Linux程序员,熟练掌握UNIX/Linux系统编程技术与方法。

三、课程大纲和知识点

章节顺序	章节名称 Chapters	课时 Hours	知识点	Key points
1	UNIX/Linux 基础(System Overview)	2	UNIX/Linux提供的系统服务,UNIX版本与标准化	System services, version differences, POSIX
2	文件与目录(File and Directory)	4	文件和目录系统调用	file and directory system calls
3	进程(Process)	4	进程环境,进程控制,进程关系	Process, Process Control, Process Group
4	信号(Signal)	4	信号机制与信号用法	Signal and signal control
5	终端I/O(Terminal I/O)	2	Posix终端I/O控制	POSIX terminal I/O
6	高级I/O(Advanced I/O)	4	非阻塞I/O、记录锁、系统V流机制、多路转接等	Non-block I /O, fcntl, ioctl, select and poll
7	守护进程(Daemon)	2	守护进程的概念和实现	daemon process
8	进程间通信(IPC)	8~6	管道、FIFO、消息队列、信号量和共享存储等	pipe,FIFO,system v msg/semaphore/shm,socket
9	数据库函数库(DB)	2	多用户数据库的函数库	berkely db,sqlite,mysql
10	项目报告(Personal Report)	4~2	学生课堂报告与讨论	seminar and personal report

4.1.3 Linux程序设计环境 Linux Programming Environment

Prereq: Introduction to Computing, Programming Excercises

Credits: 2

Mission: Make students familiar with UNIX/Linux programming environment and philosophy, help students be excellent UNIX/Linux programmers with open source spirit.

Covers software programming.

Topics include UNIX/Linux cultures and philosophy, Linux tools methods, shell programming, open source software development and management, etc.

Donggang Cao

一、课程基本情况

<table>
<tr><td rowspan="2">课程名称</td><td colspan="12">Linux 程序设计环境</td></tr>
<tr><td colspan="12">Linux Programming Environment</td></tr>
<tr><td rowspan="2">开课时间</td><td colspan="3">一年级</td><td colspan="3">二年级</td><td colspan="3">三年级</td><td colspan="3">四年级</td></tr>
<tr><td>秋</td><td>春</td><td>夏</td><td>秋</td><td>春</td><td>夏</td><td>秋</td><td>春</td><td>夏</td><td>秋</td><td>春</td><td>夏</td></tr>
<tr><td>适用院系</td><td colspan="12">理科院系</td></tr>
<tr><td>课程定位</td><td colspan="12">专业选修课</td></tr>
<tr><td>学分</td><td colspan="12">2 学分</td></tr>
<tr><td>总学时</td><td colspan="12">32 学时</td></tr>
<tr><td>先修课程</td><td colspan="12">计算概论，程序设计实习</td></tr>
<tr><td>后续课程</td><td colspan="12">Linux 程序设计</td></tr>
<tr><td>教学方式</td><td colspan="12">讲授 + 讨论 + 课下作业 + 课程网站</td></tr>
<tr><td>课时分配</td><td colspan="12">32 学时</td></tr>
<tr><td>考核方式</td><td colspan="12">平时参与占 10%，项目占 40%，作业占 20%，期末考试占 30%</td></tr>
<tr><td>主要教材</td><td colspan="12">1. UNIX 程序设计艺术. 北京：中国电力出版社，2004
2. UNIX Shell 编程</td></tr>
<tr><td>参考资料</td><td colspan="12">从互联网获得</td></tr>
<tr><td>其他信息</td><td colspan="12">http://c.pku.edu.cn, http://i.pku.edu.cn</td></tr>
<tr><td>大纲提供者</td><td colspan="12">曹东刚</td></tr>
</table>

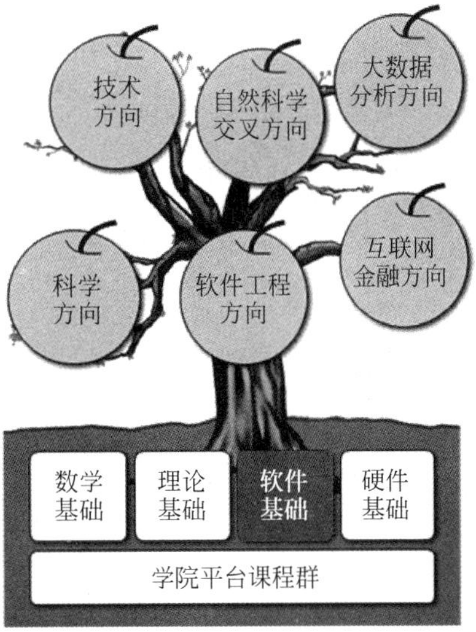

二、教学目的和基本要求

1. 了解 UNIX/Linux 的文化、哲学和思想。
2. 熟悉 UNIX/Linux 程序设计环境、工具和方法。
3. 掌握开源软件开发、运作和维护方法与理念。

三、课程大纲和知识点

章节顺序	章节名称 Chapters	课时 Hours	知识点	Key points
1	UNIX/Linux 历史(History)	2	UNIX 发展历程,开源软件发展历史	History of UNIX/Linux and open source
2	UNIX/Linux 哲学(Philosophy)	2	UNIX 文化与 UNIX 哲学	UNIX/Linux culture and philosophy
3	使用 UNIX/Linux(Usage)	2	UNIX 系统,文件系统,各种命令	UNIX/Linux over view,file system,shell commands
4	正则表达式(Regular Expression)	2	三种正则表达式,grep 与 find	Regex,grep and find
5	Shell 编程(Shell Programming)	4	变量、I/O、结构、函数、信号处理等	Shell var, I/O, control, function, signal handling
6	文本处理(Text Processing)	2	各种文本处理工具,awk 与 sed	Varius text processing tools,awk and sed
7	程序设计工具(Programming toolkits)	6~4	GNU 工具链,Make,补丁工具,版本管理工具,每日创建技术及工具,问题管理技术及工具,进度管理,发布管理等	GNU toolkit,make/automake/autoconf, patch/diff, version management tool svn/cvs/git,dailybuild,issue tracking,progress and milestone,release,etc
8	开源软件开发(Open source development)	4~2	开源软件概况,开源许可证,开源软件开发实践	Open source and free software,copyleft and open source license, open source best practices
9	开源文档处理(Documentation How-to)	2	LaTeX, Docbook, Doxygen,各种轻量标记语言等文档工具	LaTex, Docbook, doxygen, and varius light weight markup language.
10	技术报告(Technique Report)	6~4	学生课堂报告与讨论	Personal report
11	项目汇报(Open Source Project Report)	4	项目总结汇报	Project report, including group report and demo

四、课程特色

以学生自主策划、开发、运作、维护一个实际开源项目为贯穿,学习开源的思想理念,掌握开源的技术方法。

4.1.4　Web 技术概论 Web Software Technologies

Prereq: Introduction to Computing

Credits: 3

Mission: This is an introduction course for students to understand and master the technologies of World Wide Web. It is an online course. Students learn the Web technologies by themselves using the courseware on the course website and discuss with teacher and classmates on the online forum. The learning results are checked by Web programming practice of every week. Topics include Web Architecture and Http Protocols, HTML, Java, Javascript, PHP, and XML.

Tong Zhao

一、课程基本情况

<table>
<tr><td rowspan="2">课程名称</td><td colspan="12">Web 技术概论</td></tr>
<tr><td colspan="12">Web Software Technologies</td></tr>
<tr><td rowspan="2">开课时间</td><td colspan="3">一年级</td><td colspan="3">二年级</td><td colspan="3">三年级</td><td colspan="3">四年级</td></tr>
<tr><td>秋</td><td>春</td><td>夏</td><td>秋</td><td>春</td><td>夏</td><td>秋</td><td>春</td><td>夏</td><td>秋</td><td>春</td><td>夏</td></tr>
<tr><td>适用院系</td><td colspan="12">计算机科学技术系</td></tr>
<tr><td>课程定位</td><td colspan="12">专业选修课</td></tr>
<tr><td>学分</td><td colspan="12">3 学分</td></tr>
<tr><td>总学时</td><td colspan="12">50 学时</td></tr>
<tr><td>先修课程</td><td colspan="12">计算概论</td></tr>
<tr><td>后续课程</td><td colspan="12">无</td></tr>
<tr><td>教学方式</td><td colspan="12">学生在线学习课程网站为主，课堂讲授为辅。BBS 论坛、电子邮件答疑。在线课件采用英语教学。每周有编程实习</td></tr>
<tr><td>课时分配</td><td colspan="12">论坛答疑(60 学时)</td></tr>
<tr><td>考核方式</td><td colspan="12">平时作业占 50%，期末考试占 50%</td></tr>
<tr><td>主要教材</td><td colspan="12">Robert W Sebesta. Programming the World Wide Web, the 4th edition. Addison Wesley, 2007</td></tr>
<tr><td>参考资料</td><td colspan="12">http://www.w3schools.com</td></tr>
<tr><td>其他信息</td><td colspan="12">http://162.105.203.19/wst</td></tr>
<tr><td>大纲提供者</td><td colspan="12">赵通</td></tr>
</table>

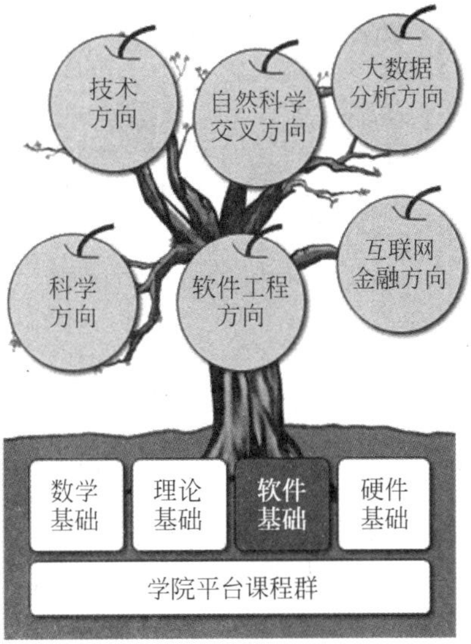

二、教学目的和基本要求

1. 学生能够全面了解 World Wide Web 的软件体系结构,了解各类相关软件技术及其演变。

2. 对课程涉及的软件技术均有第一手的编程实践经验。

3. 具备开发一个中型网站的基本技能,包括 Web 服务器的管理和维护。

4. 本课程采用英语教学,提高学生的英语交流能力。

5. 提高学生基于互联网的自主学习能力。

三、课程大纲和知识点

章节顺序	章节名称 Chapters	课时 Hours	知识点	Key Points
1	Web 软件技术概览(The Overview and Fundamentals)	5	各种 Web 协议、Web 浏览器和 Web 服务器、互联网和 TCP/IP、Web 软件技术发展的历史、基于开放软件的课程实验平台的构建、个人课程博客	Web protocols, browsers, and servers, Internet and TCP/IP, The history of Web technologies, Constructing platform of programming experiments based on open source software, Building the personal blog for the course
2	Web 基本协议 Ⅰ(Basic Protocol Ⅰ)	5	Web 基本运行模式、HTTP 协议、HTTP 请求和 HTTP 响应、HTML 和 XHTML 概要	What is Web, HTTP Protocols, HTTP Request and Response, HTML and XHTML overview
3	Web 基本协议 Ⅱ(Basic Protocol Ⅱ)	5	Cascading Style Sheets (CSS)、基于 CSS 的网页制作、表格和 CGI 程序、基本 PERL、用 PERL 编写 CGI 程序	Cascading Style Sheets (CSS), Constructing Web pages and CGIprograms using CSS, PERL, CGI programming with PERL
4	通过 Web 访问数据库(Access Database through Web)	5	PHP 入门、通过 Web 访问数据库、用 PHP 访问 MySQL 数据库、Cookie 和 Session	
5	Java 简介(An Introduction to Java)	5	Java 基本知识	The basics of Java
6	Javascript 简介(An Introduction to Javascript)	5	Javascript 编程入门,Javascript 的优缺点	Javascript programming, the pros and cons of Javascript

续表

章节顺序	章节名称 Chapters	课时 Hours	知 识 点	Key Points
7	Applet 和 Servlet (Applets and Servlets)	5	Java Applet 和 Servlet	Java applets and servlets programming
8	博客(Web Blog)	5	博客的定义、发展历史、博客技术基础、博客技术对 Web 的影响	The definition, history, and technology of Web blog, the influence to Web
9	XML 概述(XML, an overview)	5	概念和实践,用 CSS 或 XSLT 格式化 XML	The definition and practice, using CSS and XSLT to format XML
10	HTML5(HTML5 Tutorial)	5	HTML5 的发展现状和技术入门	The current status of HTML5, HTML5 technology introduction

四、课程特色

基于课程内容和互联网紧密相关这一特点,本课程充分实践了“利用互联网来学习互联网”这一教学理念。基本上取消了课堂讲授,采用课程网站、BBS 论坛、电子邮件、在线视频点播等远程教育手段。学生在跟紧以周为单位的课程教学进度的前提下,自主安排学习时间。在学习中鼓励互助学习,在课程作业中强调独立和超额完成。

基于互联网的自主学习是现代计算机软件技术教育的重要组成部分,本课程的学习经历为学生今后从事 Web 软件技术相关工作打好基础。

所有学生的上机实习都登录到同一台服务器,采用集中管理的方式。课程每个章节的内容都展现在学生提交的作业中,发布到课程网站,这极大调动了学生的学习积极性。

4.1.5　Windows 程序设计 Windows Programming

Prereq: Computing Generality, Programming Practice, Operating System

Credits: 2

Mission: Understand the principle of Windows operating system and the Windows Application Programming Interface, able to make windows programs such as network programs、multimedia programs, etc.

Covers operating system, C ++ programming language.

Topics include windows working principles, windows API, internet programming on windows, multimedia programming on windows, and so on.

Guo Wei

一、课程基本情况

课程名称	Windows 程序设计 Windows Programming
开课时间	一年级：秋 春 夏 **二年级**：秋 **春** 夏 三年级：秋 春 夏 四年级：秋 春 夏
适用院系	信息学院
课程定位	专业选修课
学分	2 学分
总学时	32 学时
先修课程	计算概论,程序设计实习,操作系统
后续课程	
教学方式	课堂讲授为主,讨论为辅
课时分配	课堂授课(28 学时) + 学生报告(4 学时)
考核方式	不设考试,平时小型编程作业占 50%,期末多人合作的大项目作业(包括报告)占 50%
主要教材	管建和,夏军宝. Windows 程序设计. 北京:人民邮电出版社,2002
参考资料	1. 徐晓刚,高兆法,王秀娟. Visual C ++ 6.0 入门与提高. 北京:清华大学出版社,1999 2. 黄嘉辉,黄悦珊. Visual Basic 与 Windows API 程序设计高手. 北京:清华大学出版社,2001
其他信息	
大纲提供者	郭炜

二、教学目的和基本要求

1. 介绍 Windows 系统的 API,涵盖文件系统、绘图、多线程、多媒体、网络编程接口等。

2. 初步介绍 Visual C ++、Visual Basic、Borland C ++ Builder 等各种编程环境的优劣以及如何在这些环境下编写 Windows 程序。

3. 通过编程实践,掌握编写 Windows 程序的基本技能,并通过一个大的选题自定的软件项目作业,激发学生的创造性,培养学生的团队合作精神和市场调研能力。

三、课程大纲和知识点

章节顺序	章节名称 Chapters	课时 Hours	知　识　点	Key Points
1	概述（Introductions）	5～3	Windows 程序的消息驱动的基本工作原理，编写最简单的 Windows 程序	The message driving principle of windows programs, and the simplest windows program
2	开发环境（Program developing environment）	3～1	各种 Windows 程序开发环境介绍，如 Visual C ++、Visual Basic、Borland C ++ Builder	Introducing some windows programming-environments, such as Visual C ++ , Visual Basic, and C ++ Builder
3	Visual Basic 编程（Visual Basic Programming）	3～1	用 Visual Basic 编写 Windows 程序	Writing Windows programs by Visual Basic
4	MFC 编程（MFC Programming）	3～1	用 MFC 编写 Windows 程序	Writing Windows programs by MFC
5	用户界面和屏幕绘图（User interface and graph）	3～1	如何生成用户界面，如何绘图、输出文字	How to make user interface, and how to draw graphics and output text on a window
6	文件系统（File system）	5～3	Windows 文件及目录操作	How to read/write windows files, and how to manipulate windows directories
7	多线程（Multi-thread）	3～1	多线程程序设计	Multi-thread programming
8	共享软件（Shareware）	3～1	共享软件设计和推广	Shareware design、development and promotion
9	动态链接库和钩子（Dynamic linking libraries and hooks）	3～1	动态链接库的编写方法和钩子的编写方法	Writing a DLL, and using hooks in a program
10	多媒体（Multimedia）	3～1	多媒体编程，播放音频、视频	Multimedia programming including playing video and audio
11	Internet 编程（Internet Programming）	3～1	Internet 编程（用 Socket 编写 Client/Server 程序，以及如何使用 WinInet API）	Internet programming, including developing Client/Server programs, and using WinInet API
12	注册表和外壳（Registry and Shell）	3～1	Windows 注册表编程和 Windows Shell 编程	Manipulating the Windows registry and Programming with windows Shell API
13	杂项（miscellaneous）	3～1	使用 IE 核心部件进行编程和使用 Flash 控件编程	Using IE core and Flash in programs
14	软件项目报告	5～3	软件项目报告（每个同学上台讲自己做的软件项目，包括创新之处、实现技术等）	Students give presentations about the software project, including what is original, and the technique to implement the software

四、课程特色

本课程有高度的实践性。不但要求学生会编写 Windows 程序,还要求学生能够进行市场分析,设计出有创意的软件,并尝试进行推广。

4.1.6　编译技术 Compiler Techniques

Prereq: Introduction to Computing, Practice on Computing, Data Structures and Algorithms, Assembly Languages

Credits: 3

Mission: Understand the fundamental principles and techniques of language design and transformation, compiler phases and basic methods for compiler construction.

Covers computer science and software engineering.

Topics include language description; lexical analysis; syntax analysis; semantic analysis; intermediate code generation; code optimization; target code generation.

Yao Guo

一、课程基本情况

课程名称	编译技术											
	Compiler Techniques											
开课时间	一年级			二年级			三年级			四年级		
	秋	春	夏	秋	春	夏	秋	春	夏	秋	春	夏
适用院系	计算机科学与技术系,智能科学系,元培学院											
课程定位	专业必修课											
学分	3 学分											
总学时	48 学时											
先修课程	计算概论,程序设计实习,数据结构与算法,汇编语言											
后续课程	编译实习等											
教学方式	课堂授课为主											
课时分配	课堂授课(48 学时)											
考核方式	作业占 10%,期中考试(小测验)占 30%,期末笔试占 60%											
主要教材	孙家骕. 编译原理. 北京:北京大学出版社,2008											

续表

参考资料	1. Alfred V Aho, Monica S Lam, Ravi Sethi, Jeffrey D Ullman. Compilers: Principles, Techniques, & Tools. Second Edition. Addison-Wesley, 2007 2. Andrew Appel. Modern Compiler Implementation in Java. 2nd Edition. Cambridge University Press, 2002 3. Charles N Fischer, Ron K Cytron, Richard J LeBlanc, Jr.. Crafting a Compiler. Addison-Wesley, 2009 4. 陈火旺，等. 程序设计语言编译原理. 北京：国防工业出版社，1984 5. 张素琴，吕映芝，等. 编译原理. 2 版. 北京：清华大学出版社，2005
其他信息	
大纲提供者	郭耀

二、教学目的和基本要求

1. 介绍编译技术的基本理论和方法，其中包括有限状态自动机理论、形式语言分类，以及词法分析、语法分析、语义分析、中间代码生成、中间代码优化和目标代码生成的作用和方法，还介绍了属性文法的基本概念和半形式化的中间代码生成方法。

2. 要求学生掌握编译程序构造的基本方法及编译程序设计所涉及的基本理论，为后续课程《编译实习》做好准备。

3. 要求学生通过本课程的学习，培养在计算机软件设计、开发中分析问题和解决问题的能力。

三、课程大纲和知识点

章节顺序	章节名称 Chapters	课时 Hours	知　识　点	Key Points
1	编译概述(Introduction to compiling)	4 ~ 2	课程简介，编译器的结构和各个主要阶段，编译器和解释器的区别，编译器的实现方法	Course introduction; compiler structure and phases; difference between compiler and interpreter; compiler implementation
2	文法和语言(Grammar and language)	4 ~ 2	文法定义、推导、语言定义、分析树的概念和构造方法，语言的二义性，文法分类，上下文无关文法	Grammar definition, reduction, language definition, parsing trees construction; language ambiguity; language categories; context-free grammar
3	词法分析(Lexical analysis)	10 ~ 6	词法分析的基本过程，词法分析器的构造，正则表达式、正则集合，有限状态自动机(DFA、NFA、NFA 到 DFA 的转换、DFA 的化简)，词法分析器生成器(LEX)	Basic process of lexical analysis, lexer construction; regular expression, regular sets; finite-state automata (DFA, NFA, NFA to DFA transformation, DFA minimization); lexer generator (LEX)

续表

章节顺序	章节名称 Chapters	课时 Hours	知识点	Key Points
4	语法分析(Syntax analysis)	12～8	语法分析器的基本概念,文法变换,自顶向下分析(递归下降分析、LL 分析),自底向上分析(LR 分析),分析器生成器(YACC)	Basic concepts of syntax analyzer (parser); grammar transformation; top-down parsing (recursive descent parsing, LL parsing); bottom-up parsing (LR parsing); parser generator (YACC)
5	属性文法和语法制导翻译(Attribute grammar and syntax-directed translation)	8～4	属性(综合属性、继承属性)、属性文法,语法制导翻译(适合于自顶向下分析和自底向上分析的翻译模式)	Attributes (synthetic attributes, inherited attributes), attribute grammar; syntax-directed translation (translation scheme for top-down and bottom-up analysis)
6	语义检查(Semantic checking)	4～2	语义检查的主要内容,符号表的组织和实现方法,类型检查和类型转换	Main aspects of semantic checking; symbol table organization and implementation; type checking and type conversion
7	运行时的存储分配(Runtime memory allocation)	6～4	运行时内存布局,运行时存储分配策略(静态分配策略、堆分配、栈分配、display 表)	Runtime memory layout; runtime memory allocation strategies (static, heap-based, stack-based, display table)
8	中间代码生成(Intermediate code generation)	8～4	中间代码的常用形式(语法树、三地址代码等),说明语句的翻译,赋值语句的翻译,布尔表达式的翻译,控制语句的翻译(if、while、switch、goto 等),自顶向下的分析翻译	Typical formats of intermediate code (parsing tree, three-address-instruction); declaration translation; assignment translation; boolean expression translation; control statement translation (if, while, switch, goto statements); top-down translation
9	代码优化(Code optimization)	6～4	代码优化基础、基本块与控制流图,代码优化的主要方法,循环定义与查找(回边),数据流分析(可达定义分析、可用表达式分析、活跃变量分析),循环优化	Code optimization basics, basic blocks and control flow graph (CFG); loop definition and identification (back edge); data flow analysis (reaching definition, available expression, live variable analysis); loop optimization
10	目标代码生成(Target code generation)	4～2	目标计算机模型,目标代码生成方法,图着色的寄存器分配,依赖于目标计算机的优化	Target machine model; target code generation; register allocation based on graph coloring; machine-dependent optimization

四、课程特色

1. 以程序语言基础和程序设计技巧为基础，强调形式化描述技术和自动生成技术，兼顾语言的描述方法、设计、应用。强调对编译原理和技术的宏观理解，不把注意力分散到具体的算法细节，不偏向于任何源语言或目标机器。

2. 重视深入理解和掌握基本概念、基本原理和基本方法等三基内容，重视培养学生的独立思考能力和逻辑思维方法。鼓励学生积极思考，提出问题，借助网络自主学习，在探索中获得答案；鼓励学生积极参与讨论，互学互助。

3. 学生在学习中，不但可以使用北京大学编写的教材，也可以参考国内外优秀教材，或者通过 Internet 查询相关的知识点和最新的研究进展。

4.1.7　编译实习 Compiler Design Lab

Prereq: Principle of Compiler

Mission: Understand principle and theory of compiler, learn to use some important tools and able to build a new compiler.

Topics include Java CC, Type Checking, some Intermediate languages.

Qianxiang Wang

一、课程基本情况

课程名称	编译实习											
	Compiler Design Lab											
开课时间	一年级			二年级			三年级			四年级		
	秋	春	夏	秋	春	夏	秋	春	夏	秋	春	夏
适用院系	计算机系											
课程定位	专业核心课、主干基础课											
学分	2 学分											
总学时	72 学时											
先修课程	编译原理											
教学方式	将开发编译器的过程分为 5 个阶段，每个阶段约占 2 周的时间。每个阶段的教学分两部分：1）课堂教学，布置作业；2）作业检查和讨论											
考核方式	5 次作业每次占 15 分，共 75 分；1 个 实习报告（文档＋体会＋建议），占 25 分											

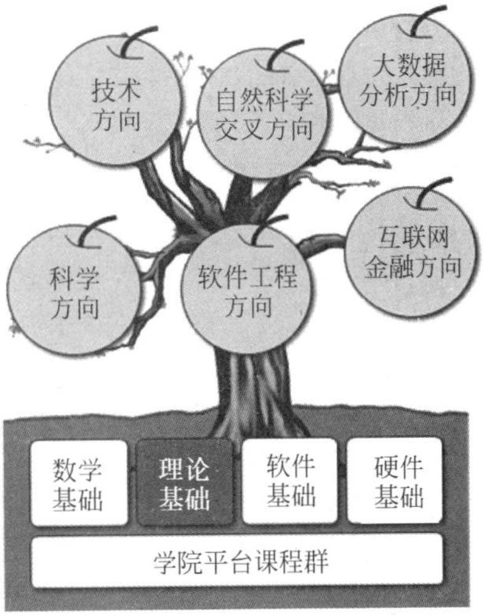

续表

主要教材	Andrew Appel with Jens Palsberg. Modern Compiler Implementation in Java. 2nd edition. Cambridge University Press,2002
参考资料	Andrew Appel with Jens Palsberg. 现代编译器的 Java 实现. 2 版. 陈明,译. 北京：电子工业出版社,2004
其他信息	课程网站 http://bbs.seforge.org 中的“编译实习”讨论区
大纲提供	王千祥

二、教学目的和基本要求

通过编译实习的训练,使学生进一步掌握编译原理的基础理论和技术,学会使用构造编译程序的工具,增强开发大程序的能力。

编译实习的任务是开发一个编译程序。输入用高级语言书写的程序,先进行词法、语法分析和类型检查,然后翻译为中间代码,并最终翻译成用计算机语言书写的程序。中间代码和最终的程序都需要能够在模拟器上运行。其中,MiniJava 语言是标准 Java 语言的一个子集。

三、课程大纲和知识点

章节顺序	章节名称 Chapters	课时 Hours	知识点	Key Points
1	课程介绍(Introduction to Compiler Design Laboratory)	4	介绍为什么要进行编译实习,如何组织实习,如何辅导与检查,以及成绩如何计算;介绍 MiniJava 语言	Why“Compiler Design Laboratory” is important; How to construct a compiler; Introduction to MiniJava
2	基本开发工具介绍	4	介绍 Java CC、JJTree、JTB,包括它们的功能、特点、构成、使用方法等;编译器总体框架结构,以及建议采用的访问者(Visitor)设计模式	Introduction to Java CC, JJTree and JTB, including their functions, features, composition and how to use them. Visitor Design Pattern, which will be used also
3	开发环境介绍 类型检查	4	Eclipse,Web IDE 等开发环境,类型检查的基本方法、检查范围,课程作业的提交方式与检查方式	Introduction to Eclipse and Web IDE, which will be used also. Type checking, the basic methods and scope
4	MiniJava to Piglet	4	Piglet 语言介绍,语言的语法、典型例子,实现从 MiniJava 到 Piglet 转换的要点与难点,如过程调用的实现、数组的实现、对父类方法的覆盖等。这是比较关键的一步	Piglet grammar and typical examples. How to implement the procedure calling, array, and overriding to parent class

续表

章节顺序	章节名称 Chapters	课时 Hours	知　识　点	Key Points
5	Piglet to SPiglet	4	SPiglet 语言介绍,语言的语法,典型例子; 实现从 Piglet 到 Spiglet 转换的主要一点是将复合语句(仅仅能在 Piglet 中出现的语句)翻译为简单语句	SPiglet grammar and typical examples. How to translate composite statement to simple statements
6	SPiglet To Kanga	4	Kanga 语言介绍,语言的语法,典型例子; 实现从 SPiglet 到 Kanga 转换的主要挑战,如: 寄存器数目有限,如何处理入参数目过多、局部变量过多等情形? 如何多用寄存器、减少内存访问(时间优化)? 这是比较关键的一步	Kanga grammar and typical examples. Key challenges: limited number of register, how to handle too many parameters and local variables. How to use more register and less memory visiting
7	Kanga To Mips	4	MIPS 代码是一种汇编代码。介绍主要的 MIPS 指令、寄存器约定等等,面临的主要挑战包括: 本帧的运行栈应该多大(空间优化),如何多用寄存器、减少内存访问(时间优化),选择哪个指令,等等	MIPS instructions, registers. How to use heap? How to select instructions?
8	整体调试	4	调试完善,产生编译程序的最后版本,撰写开发文档	Build the final version compiler, and write the related documentation

4.1.8　并行程序设计原理 Principles of Parallel Programming

Prereq: C Language

Credits: 2

Topics include practice of parallel programming and theory of parallel programming paradigms.

Yifeng Chen

一、课程基本情况

<table>
<tr><td rowspan="2">课程名称</td><td colspan="12">并行程序设计原理</td></tr>
<tr><td colspan="12">Principles of Parallel Programming</td></tr>
<tr><td rowspan="2">开课时间</td><td colspan="3">一年级</td><td colspan="3">二年级</td><td colspan="3">三年级</td><td colspan="3">四年级</td></tr>
<tr><td>秋</td><td>春</td><td>夏</td><td>秋</td><td>春</td><td>夏</td><td>秋</td><td>春</td><td>夏</td><td>秋</td><td>春</td><td>夏</td></tr>
<tr><td>适用院系</td><td colspan="12">理科院系</td></tr>
<tr><td>课程定位</td><td colspan="12">本科生选修课</td></tr>
<tr><td>学分</td><td colspan="12">2 学分</td></tr>
<tr><td>总学时</td><td colspan="12">32 学时</td></tr>
<tr><td>先修课程</td><td colspan="12">计算概论,C 语言</td></tr>
<tr><td>后续课程</td><td colspan="12"></td></tr>
<tr><td>教学方式</td><td colspan="12">讲授+讨论+课下作业+实习</td></tr>
<tr><td>课时分配</td><td colspan="12">领域介绍 4 学时,并行编程 14 学时,理论 12 学时,总结 2 学时</td></tr>
<tr><td>考核方式</td><td colspan="12">平时参与占 30%,期末考试占 70%</td></tr>
<tr><td>主要教材</td><td colspan="12">1. CUDA 编程手册
2. MPI 编程手册
3. C A R Hoare. Communicating Sequential Processes. Prentice-Hall.</td></tr>
<tr><td>参考资料</td><td colspan="12">1. NVIDIA. CUDA Programming Guide.
2. MPI Forum. MPI Forum MPI: A Message Passing Interface. Proceedings of Supercomputing'93IEEE CS Press,1993
3. Volkov and Demme. Benchmarking GPUs to tune dense linear algebra SC'08. 2008
4. 迟学斌. 高性能并行计算. 2005
5. Ian Foster. Design and Build Parall. Prog. Programs. Addison Wesley,1995
6. M Fatica. Accelerating Linpack with CUDA on heterogenous clusters. GPGPU'09 ACM 2009
7. Blelloch. Programming parallel algorithms. CACM 39(3),1996
8. Valiant. A bridging model for parallel computation. CACM 33(8),1990
9. Dean and Ghemawat. MapReduce: Simplified Data Processing on Large Clusters. OSDI 2004</td></tr>
<tr><td>其他信息</td><td colspan="12"></td></tr>
<tr><td>大纲提供者</td><td colspan="12">陈一峯</td></tr>
</table>

二、教学目的和基本要求

本课程的目的是使学生成为一个合格的并行程序员，熟练掌握并行编程技术与方法。

三、课程大纲和知识点

章节顺序	章节名称 Chapters	课时 Hours	知 识 点	Key points
1	介绍(Introduction)	8 ~ 4	并行应用范例、并行体系结构范例、并行编程模型介绍	Parallel applications, parallel architectures, parallel programming models
2	CUDA 编程(CUDA programming)	16 ~ 8	CUDA 编程语言特点、CUDA 架构特点、CUDA 编程与性能优化技巧	CUDA programming language features, architectural features, techniques of performance optimization
3	MPI 编程(MPI programming)	16 ~ 8	通信原语、编程实例	Communication primitives, example programs
4	CSP 规范说明(CSP Specification)	16 ~ 8	外部选择、递归、非确定内部选择、通信与并行	External choices, recursion, nondeterministic internal choices, communication and parallelism
5	时态逻辑(Temporal logic)	16 ~ 8	模态词、规则、应用实例	Modalities, laws of temporal logics, application examples
6	安全性与进展性(Safety properties and liveness properties)	8 ~ 4	概念、拓扑数学定义、证明	Concept, topological definitions, proofs

四、课程特色

1. 使学生了解并行编程模型与并行思想。
2. 锻炼学生的实际并行编程能力。

4.1.9 并行与分布式计算导论 Introduction to Parallel and Distributed Computing

Prereq: Introduction to Computation

Credits: 3

Mission: Understand fundamental principle of parallel & distributed programming; be able to design and analyze parallel programs.

Covers computer science and engineering.

Topics include background and basic concepts of parallel computing, parallel programming models and libraries, and issues in designing parallel programs.

Guojie Luo

一、课程基本情况

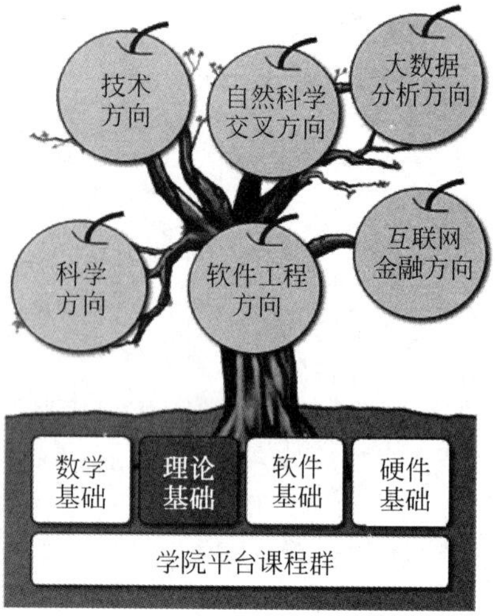

课程名称	并行与分布式计算导论 Introduction to Parallel and Distributed Computing
开课时间	三年级 春
适用院系	计算机科学技术系,元培学院
课程定位	专业选修课
学分	3 学分
总学时	48 学时
先修课程	计算概论
后续课程	
教学方式	课堂授课 + 课堂讨论 + 课下作业
课时分配	课堂授课(42 学时) + 课堂讨论(6 学时)
考核方式	平时作业占 40%,期中考试占 10%,课堂讨论占 10%,期末考试占 40%
主要教材	
参考资料	1. 2011 Par Lab Boot Camp. Short Course on Parallel Programming 2. Timothy G Mattson, Beverly A Sanders, and Berna L Massingill. Patterns for Parallel Programming. Addison-Wesley, 2004 3. Ian Foster. Designing and Building Parallel Programs. Addison-Wesley, 1995 4. Ananth Grama, George Karypis, Vipin Kumar, and Anshul Gupta. Introduction to Parallel Computing. 2nd Edition. Addison-Wesley, 2003
其他信息	
大纲提供者	罗国杰

二、教学目的和基本要求

1. 使学生了解当今并行计算的需求,培养并行程序设计的思维。
2. 使学生掌握并行程序设计的基本原理和分析方法。
3. 使学生能应用所学的并行编程工具进行并行程序开发。

三、课程大纲和知识点

章节顺序	章节名称 Chapters	课时 Hours	知识点	Key Points
1	并行计算背景（Background of parallel computing）	3	处理器体系结构发展趋势，并行编程的需求与难点，Amdahl 定律和 Gustafson 定律	Trends in processor architecture development; the need for parallelism and the difficulties; Amdahl's Law & Gustafson's Law
2	并行化的方法论（Methodology of exploiting parallelism）	3	区域分解，任务分解，流水线	Domain decomposition, task decomposition, pipelining
3	线程模型（Thread model）	15 ~ 9	依赖图，进程，线程，Fork/Join 编程模型，竞争和死锁，POSIX 线程与 Windows 线程	Dependency graph, process, thread, the folk/join programming model, race conditions & deadlock, POSIX Threads & Windows Threads
4	共享内存模型（Shared memory model）	12 ~ 6	OpenMP 并行程序开发库	OpenMP API
5	分布式内存模型（Distributed memory model）	12 ~ 6	MPI 并行程序开发库	MPI API
6	CUDA 模型简介（CUDA model）	12 ~ 6	通用图形处理器，CUDA 编程模型	GPGPU, CUDA programming model
7	并行计算的发展方向（Recent directions in parallel and distributed computing）	6	（学生论文阅读汇报）	(Student presentations)

4.1.10　操作系统 Operating System

Prereq: Introduction to Computing, Practice on Computing, Data Structures and Algorithms, Assembly Languages

Credits: 3

Mission: Understand the fundamental principles and implementation techniques of operating system.

Covers computer science and software engineering.

Topics include System Mechanism, Processes and Threads, Memory Management, File System, Input/Output System, Deadlock, Operating System Design, Case Study: Windows and Linux.

Xiangqun Chen

一、课程基本情况

课程名称	操作系统 Operating Systems
开课时间	一年级：秋 春 夏 二年级：秋 春 夏 **三年级：秋** 春 夏 四年级：秋 春 夏
适用院系	计算机科学与技术系,元培学院
课程定位	主干基础课、专业必修课
学分	3 学分
总学时	64 学时
先修课程	计算概论,数据结构与算法,微机原理
后续课程	操作系统实习等
教学方式	课堂讲授为主。配合理论教学,安排相应的上机实习、源代码分析等基本实践内容
课时分配	课堂授课 + 习题课(64 学时)
考核方式	平时成绩占 40%,包括小测验占 10%、实践练习占 30%;期中小测验占 10%;期末考试占 50% 注重培养学生主动学习、深入学习、勤于思考、善于提出问题的能力,并根据学生课程参与度、创新创意点给予奖励加分
主要教材	Andrew Tanenbaum. 现代操作系统. 3 版. 陈向群,马洪兵,译. 北京:机械工业出版社,2009
参考资料	1. William Stallings. 操作系统——精髓与设计原理. 6 版. 陈向群,陈渝,译. 北京:机械工业出版社,2010 2. Abraham Silberschatz,等. 操作系统概念. 7 版. 郑扣根,译. 北京:高等教育出版社,2010 3. 陈向群,杨芙清. 操作系统教程. 2 版. 北京:北京大学出版社,2006
其他信息	
大纲提供者	陈向群

二、教学目的和基本要求

任何计算机都必须在加载相应的操作系统之后,才能构成一个可以运转的计算机系统。操作系统的性能高低,决定了整体系统的性能;操作系统本身的安全可靠程度,决定了整个系统的安全性和可靠性。操作系统是软件技术的核心和基础运行平台。因此,相关专业的学生必须学习和掌握操作系统的基本原理和专业知识。本课程的目的如下。

1. 介绍操作系统的基本概念、基本结构及运行环境。
2. 介绍操作系统的原理、设计方法和实现技术。
3. 介绍操作系统的演化过程、发展研究动向、新技术以及新思想。
4. 介绍各种有代表性的、典型的操作系统实例(如 Windows、Solaris、Linux)。
5. 培养学生分析问题、解决问题的基本能力,培养创造型人才。

三、课程大纲和知识点

章节顺序	章节名称 Chapters	课时 Hours	知识点	Key Points
1	操作系统概述(Introduction to Operating System)	4 ~ 2	操作系统基本概念、特征、分类、主要功能,操作系统发展历史,典型的操作系统,操作系统标准化	Basic Operating System Concepts, Characteristics, Classification, and Major Functionalities; History of Operating System; Introduction about Typical Operating Systems; Operating System Standardization
2	操作系统硬件环境(Hardware Interface)	4 ~ 2	CPU 状态,存储系统,中断系统,I/O 技术,时钟,高速缓存	CPU Status, Memory System, Interrupt System, I/O System, Clocks, Caches
3	用户接口及系统启动(User Interface and System Booting)	2 ~ 1	用户与操作系统接口,系统调用,操作系统的启动过程	User Interface, System Call, Operating System Booting
4	进程(线程)管理(Processes and Threads)	10 ~ 6	并发环境与多道程序设计,进程的基本概念、进程控制,进程的同步与互斥,进程间通信,处理机调度,线程基本概念,线程的实现机制 实例:Windows 进程线程模型,Solaris 进程线程模型	Concurrent Environment and Multiprogramming, Basic Process Concepts, Process Control, Process Synchronization and Mutual Exclusion, Inter-Process Communication, Processor Scheduling, Thread Concepts, Thread Implementation mechanism Case Study: Windows Process and Thread Model, Solaris Process and Thread Model

续表

章节顺序	章节名称 Chapters	课时 Hours	知识点	Key Points
5	存储管理(Memory Management)	8~4	分区存储管理,页式存储管理,段式存储管理,段页式存储管理,覆盖技术与交换技术,虚拟存储技术与虚拟页式存储管理 实例:Windows 内存管理,Solaris 内存管理,Linux 的伙伴系统	Memory Partitioning, Paging, Segmentation, Segmentation with Paging, Overlaying and Swapping, Virtual Memory, Virtual Paging Case Study: Windows Memory Management, Solaris Memory Management, Linux Buddy System
6	文件管理(File Systems)	8~4	文件的基本概念,文件结构和存取方式,文件目录,文件系统的实现,文件的操作,文件系统的可靠性和安全性,文件系统的性能问题 实例:Windows 文件系统 FAT、NTFS,UNIX 文件系统	Basic File Concepts, File Structure and Access Method, File Directory, File System Implementation, File Operations, File System Reliability and Security, File System Performance issues Case Study: Windows File Systems including FAT, NTFS; UNIX File Systems
7	I/O 系统(Input/Output)	5~3	I/O 硬件组成,I/O 软件的特点及结构,相关实现技术,设备管理,典型的外部设备,设备驱动程序,I/O 性能问题及解决方案	I/O Hardware, I/O Software Characteristics and Structures, I/O Software Implementation, Device Management, Typical Peripheral Device, Device Drivers, I/O Performance issues and solutions
8	死锁(Deadlock)	2~1	死锁的基本概念,死锁的解决方案(死锁预防、死锁避免、死锁检测与解除),资源分配图	Basic Deadlock Concepts, Deadlock-Resolutions (Deadlock Prevention, Deadlock Avoidance, Deadlock Detection and Recovery), Resource Allocation Graph
9	操作系统设计(Operating System Design)	3~1	操作系统设计目标,操作系统结构设计,Windows 操作系统的设计以及其他设计问题等	Operating Systems Design Goals, Design of Operating Systems Structure, Windows System Design and other design issues

续表

章节顺序	章节名称 Chapters	课时 Hours	知　识　点	Key Points
10	Linux 内核源代码分析(Understanding Linux Kernel Source Code)	10 ~ 6	进程管理,中断机制与系统调用,进程同步机制,进程间通信,存储管理	Process Management, Interrupt Mechanisms, System Calls, Process Synchronization Mechanisms, Inter-Process Communication, Memory Management
11	上机实习(Projects)	(课外时间) 20 ~ 12	4 个 Windows 内核实验,包括进程线程创建实验、进程同步机制实验、内存映射文件实验、快速文件系统实验。 3 个 Linux 内核实验,包括 Pthread 线程库、多线程应用、内存应用等内容	4 experiments on Windows Kernel, including Process and Thread Creation, Process Synchronization Mechanism, Memory-Mapped File, Fast File System 3 experiments on Linux Kernel, including pthread Thread Library, Multi-Threaded Applications, Memory Applications etc
12	习题课等	8 ~ 4		

四、课程特色

本课程是计算机科学与技术专业的专业基础课,不仅经典理论体系严谨,与实践结合紧密,同时又具有相关设计原理与技术发展迅速、课程知识点深度和广度强的特点。在课程内容的安排上,注重操作系统经典理论与当代先进技术的结合,针对学生的专业基础特点,在讲授操作系统基础原理的同时着重引导学生探讨当前应用广泛的实例操作系统 Windows 和 Linux; 通过完成 Windows 内核编程和 Linux 内核编程项目,使学生在实践中加深对操作系统原理和基本概念的理解,同时锻炼学生的系统编程能力和技巧。

4.1.11　操作系统实习 Operating System Laboratory

Prereq: introduction to computing, practice on computing, data structures and algorithms, assembly languages

Credits: 2

Mission: Understand Operating System design principles by hacking the source code fragments in Linux and xv6-mainly concerning processes, threads, synchronization, scheduling, memory management, virtual memory, file system and so on-and building an operating system Nachos from scratch to improve its functionality and performance.

Covers computer science and software engineering.

Topics include thread mechanism; synchronization; multiprogramming; system calls; virtual memory; software-managed TLB; file system; network protocols.

Xiangqun Chen

一、课程基本情况

课程名称	操作系统实习											
	Operating System Laboratory											
开课时间	一年级			二年级			三年级			四年级		
	秋	春	夏	秋	春	夏	秋	春	夏	秋	春	夏
适用院系	计算机科学与技术系											
课程定位	主干基础课、专业课											
学分	2 学分											
总学时	64 学时											
先修课程	操作系统,体系结构,汇编语言											
后续课程	其他专业课等											
教学方式	以学生个人独立完成实验为主,教师上课、辅导为辅。教师授课时间安排 20 学时。安排 3 次小测验和 1 次期末检查											
课时分配	课堂讲授 12 学时,学生动手实践 52 学时											
考核方式	根据学生对所实现操作系统的掌握程度、所实现操作系统的运行情况、编程工作量、提交文档(包括实习报告和源代码)的质量、学习态度及创新意识综合评定成绩 1. 3 次小测验,共 30 分,总分达到 20 为及格 2. 实习报告及实习日志,共 40 分。其中报告规范占 40% 3. 期末检查 30 分 4. 完成挑战题目加 1 ~ 10 分,课堂参与度、创新实践、特色实践加 1 ~ 10 分											
主要教材	http://inst.eecs.berkeley.edu/~cs162/fa10/											
参考资料	1. Robert Love. Linux 内核设计与实现. 陈莉君,康华,译. 北京:机械工业出版社,2011 2. 新设计团队. Linux 内核设计的艺术 图解 Linux 操作系统架构设计与实现原理. 北京:机械工业出版社,2011 3. Nachos Java API. http://inst.eecs.berkeley.edu/~cs162/fa10/Nachos/doc/index.html 4. William Stallings. 操作系统精髓与设计原理. 陈向群,陈渝,等译. 北京:机械工业出版社,2010											
其他信息												
大纲提供者	陈向群											

二、教学目的和基本要求

本课程以 Linux 操作系统内核和 MIT 的教学操作系统 xv6 为课堂介绍内容，以美国加州大学伯克利分校设计开发的、基于 Java 的模拟操作系统 Nachos 为实验内容。

讲授内容基于实例操作系统 Linux 和 xv6。包括进程线程模型、进程线程同步机制、进程线程调度算法、物理内存管理、虚拟内存管理、中断机制与系统调用、文件系统、网络接口等内容，并配套相应的部分代码讲解。

模拟操作系统 Nachos 的实验内容包括 5 个循序渐进的实验（Lab1 ~ Lab5），要求在已有代码框架下，完善、扩充一个学生自己的、基于 MIPS 体系结构的小型模拟操作系统 Nachos，即由浅入深地完成一个完整的、模拟的小型操作系统。实验目的如下。

1. 通过完善和扩展一个小型模拟操作系统，使学生从理论与实践结合的角度，掌握操作系统基本原理和软件工程知识，以及操作系统的设计思想。

2. 使学生掌握操作系统设计中的各种基本方法和技术，获得操作系统设计工程实践的基本经验和构造复杂系统的实践经验，并初步具有操作系统的设计能力。

3. 使学生加深对操作系统内部结构、运行机制的理解；深入理解操作系统中的重要概念和实现方法，包括线程和并发机制、多道程序设计、系统调用、虚拟内存、软件载入的 TLB、文件系统、网络协议等。

4. 使学生初步了解 MIPS 体系结构。

三、课程大纲和知识点

章节顺序	章节名称 Chapters	实验目的或内容	知　识　点	Key Points
1	实验一 Lab1	目的 Goal	了解 Nachos 整体架构，熟悉 Java 版开发环境，理解 Nachos 线程机制、同步机制以及线程调度的实现，掌握其应用方法	Implement the Join( ) method of the KThread class; Implement condition variables directly using interrupt enable and disable; Complete the implementation of the Alarm class and Communicator class; Implement priority scheduling by completing the Priority Scheduler class; Solve a synchronization problem
		内容 Contents	安装部署 Nachos5.0j 的开发环境，理解其运行原理；理解线程机制，并实现线程的 join 方法；理解同步机制，实现条件变量，在此基础上完善计时器 Alarm 类、消息通信 Communicator 类；理解线程调度机制，实现基于优先级的调度；利用已实现的线程机制以及同步机制，编程解决一个经典的同步问题	

续表

章节顺序	章节名称 Chapters	实验目的或内容	知识点	Key Points
2	实验二 Lab2	目的 Goal	了解 nachos 提供的文件系统接口,进一步理解同步机制和线程调度机制,理解系统调用机制及用户程序在 MIPS 虚拟机上的运行原理,掌握编写及执行用户程序的方法	Implement the file system calls (create, open, read, write, close, and unlink); Implement support for multi-programming; Implement the system calls (exec, join, and exit); Implement a lottery scheduler
		内容 Contents	理解系统调用机制,实现文件系统的系统调用(create, read, write, close, unlink, exec, join, exit);理解并发机制,利用已实现的系统调用,使用户线程能够访问文件系统,实现对多道用户程序的支持;基于优先级调度,实现彩票调度算法	
3	实验三 Lab3	目的 Goal	掌握 Nachos 的内存管理方式;掌握虚拟地址与物理地址之间的转换方式;实现操作系统中的缓存机制	Implement software-management of the TLB; Implement demand paging of virtual memory; Implement lazy loading of the code and data pages from user programs
		内容 Contents	利用倒排页表实现软件对 TLB 的管理;利用硬盘做缓冲区实现虚拟内存;实现用户程序执行时的"延迟加载"	
4	实验四 Lab4	目的 Goal	了解 Nachos 对网络系统的模拟,理解内核如何建立网络通信机制,如何对用户提供网络通信的支持	Implement the connect() and accept() networking syscalls to provide communication between connection endpoints; Implement and IRC-like "network chat" application using the syscalls
		内容 Contents	理解 Nachos 如何模拟网络设备以及通信报文格式;并实现两个系统调用 connect()和 accept(),为不同端点提供稳定的、基于连接的字节流通信机制;最后在这种机制基础上编写一个类似 IRC 的聊天应用	
5	实验五 Lab5	目的 Goal	了解 Nachos 对文件系统的模拟,深刻理解文件和目录的逻辑结构及物理结构,理解磁盘管理方式,理解文件系统的基本操作	Design and implement a simple file system, including setting up the disk management, completing the logical and physical structure of files and directories, completing the basic operations of file system and supporting concurrent access mechanism
		内容 Contents	设计并实现一个简单的 Nachos 模拟的文件系统:建立模拟磁盘的管理方式,完善文件和目录的逻辑结构和物理结构,完善文件系统的基本操作,实现文件系统的并发访问机制	

四、课程特色

本课程是整个操作系统课程教学的一个组成部分。

本课程的一个特色是整个实验内容的要求与国际一流大学的相关课程相当，实验水平高、内容丰富，能够全面培养锻炼和提高学生实际设计复杂系统软件的能力。学生通过一个学期的实习，通过自己动手写一个操作系统，或是在已有框架基础上完善一个操作系统，能够对操作系统理论、操作系统的内部工作原理以及实际设计技术有更深刻和感性的理解，大幅度提升学生的计算机科学与技术专业素养；能够在操作系统源代码的阅读与分析能力上得到锻炼；能够提高独立设计、编写与调试复杂软件的能力。

本课程的另一个特色是通过一个学期的实习，全方位提高学生的各项能力，包括：提炼总结能力，即方案设计与实现；动手能力，即掌握各种工具如源代码阅读、调试技术、版本管理的使用；表达能力，即阐述或回答问题；沟通交流能力；个人自我管理能力。

4.1.12　初等数论及其应用 Elementary Number Theory and Its Applications

Prereq：Set Theory and Graph Theory，Algebraic Structure and Combinatorial Mathematics

Credits：2

Mission：Understand basic theory，method，and idea of elementary number theory，know its application to information security and cryptography，and further cultivate and train students' abilities of abstract thinking and logical reasoning.

Covers information security and cryptography.

Topics include divisibility；congruences；RSA cryptosystem；quadratic residues；primitive roots and their applications.

Yongzhi Cao

一、课程基本情况

<table>
<tr><td rowspan="2">课程名称</td><td colspan="12">初等数论及其应用</td></tr>
<tr><td colspan="12">Elementary Number Theory and Its Applications</td></tr>
<tr><td rowspan="2">开课时间</td><td colspan="3">一年级</td><td colspan="3">二年级</td><td colspan="3">三年级</td><td colspan="3">四年级</td></tr>
<tr><td>秋</td><td>春</td><td>夏</td><td>秋</td><td>春</td><td>夏</td><td>秋</td><td>春</td><td>夏</td><td>秋</td><td>春</td><td>夏</td></tr>
<tr><td>适用院系</td><td colspan="12">计算机科学与技术系，数学学院，元培学院</td></tr>
<tr><td>课程定位</td><td colspan="12">本科生选修课</td></tr>
<tr><td>学分</td><td colspan="12">2 学分</td></tr>
<tr><td>总学时</td><td colspan="12">32 学时</td></tr>
<tr><td>先修课程</td><td colspan="12">集合论与图论，代数结构与组合数学</td></tr>
<tr><td>后续课程</td><td colspan="12"></td></tr>
</table>

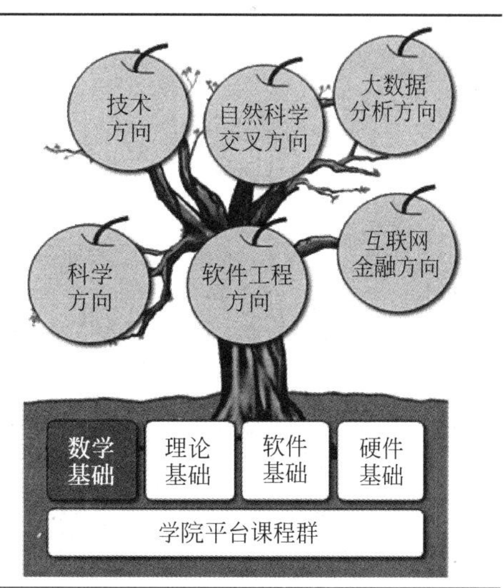

续表

教学方式	课堂授课为主
课时分配	课堂授课(28 学时) + 习题课(4 学时)
考核方式	平时作业占 20%,期中考试占 30% ~20%,期末考试占 50% ~60%。其中,期中和期末考试采用闭卷形式
主要教材	朱萍. 初等数论及其在信息科学中的应用. 北京:清华大学出版社,2010
参考资料	1. 柯召,孙琦. 数论讲义:上. 2 版. 北京:高等教育出版社,2001 2. Kenneth H Rosen. Elementary Number Theory and Its Applications. 5th Ed. 影印版. 北京:机械工业出版社,2005 3. R Kumanduri, C Romero. Number Theory with Computer Applications. Prentice-Hall,1998
其他信息	http://course.pku.edu.cn/webapps/login/
大纲提供者	曹永知

二、教学目的和基本要求

1. 学习初等数论的基本理论、方法和思想,使学生对初等数论有一个全面的了解。

2. 学习数论在信息安全和密码学等领域的应用,奠定信息安全和密码学等理论研究的基础。

3. 进一步培养和训练学生抽象思维和严密逻辑推理的能力,为提高学生的素质和创新能力打下必要的数学基础。

4. 为后续课程"算法分析与设计""密码学"及研究生课程"算法分析与计算复杂性理论"等的学习打下必要的基础。

三、课程大纲和知识点

章节顺序	章节名称 Chapters	课时 Hours	知 识 点	Key Points
1	整除性(Divisibility)	6 ~4	整除,最大公因数与欧几里得算法,最小公倍数,一次不定方程,算术基本定理,厄拉多塞筛法,素数分布	Divisibility, Greatest common divisors and the Euclidean Algorithm, Least common multiples, Linear Diophantine equations, Fundamental theorem of arithmetic, Sieve of Eratosthenes, Distribution of primes
2	同余(Congruences)	12 ~8	同余定义及基本性质,剩余系,欧拉函数与麦比乌斯函数,一次同余方程,中国剩余定理,高次同余方程,伪素数和素性测试	Definition and properties of congruence, System of residues, Euler function and Möbius function, Equations of linear congruences, Chinese remainder theorem, Equations of congruences of higher degree, Pseudo-primes and primality tests

续表

章节顺序	章节名称 Chapters	课时 Hours	知识点	Key Points
3	RSA 密码体制（RSA cryptosystem）	5 ~ 3	密码学基本概念，几种简单密码体制及其破译，RSA 公钥密码体制，RSA 的实现，RSA 的安全性讨论	Basic notions of cryptography, Some simple cryptosystems and cryptanalysis, RSA public key cryptosystem, Realization of RSA, Discussion on the security of RSA
4	二次剩余（Quadratic residues）	9 ~ 5	概念及判别，勒让德符号，二次同余方程，雅可比符号，二次剩余的应用	Notion and discrimination, Legendre symbol, Equations of congruences of degree 2, Jacobi symbol, Applications of quadratic residues
5	原根及其应用（Primitive roots and their applications）	12 ~ 8	整数的阶，原根，剩余系的构造，离散对数，伪随机数，ElGamal 密码体制，椭圆曲线密码	Order of integers, Primitive roots, Construction of the system of residues, Discrete logarithms, pseudo-random number, ElGamal cryptosystem, Elliptic curve cryptosystem

四、课程特色

1. 注重课程内容的内在联系，突出数学的思想与方法以及数学在信息科学中的应用。
2. 从课时计划、内容编排、习题设计等各方面关注学生基本能力的培养。

4.1.13　代数结构与组合数学 Algebraic Structure and Combinatorial Mathematics

Prereq: Advanced Mathematics (Mathematical Analysis), Linear Algebra (Advanced Algebra), Set Theory and Graph Theory

Credits: 3

Mission: Learn the algebraic and combinatorial methods frequently used in the modeling and analysis of discrete structure, know the related theory, representation methods, and analytical techniques, further cultivate and train students' abilities of abstract thinking and logical reasoning, and let students know the applications of related mathematical tools to computer science and technology.

Covers algorithmic design and analysis, the basis of theoretical computer science.

Topics include the composition of algebraic systems; homomorphism, isomorphism, congruence, and quotient algebra; semigroup and monoid; group; ring and field; lattice and Boolean algebra; combinatorial existence theorems; combinatorial counting formulas; recursion equation and generation function; inclusion-exclusion principle; Polya theorem.

Wanling Qu and Yongzhi Cao

一、课程基本情况

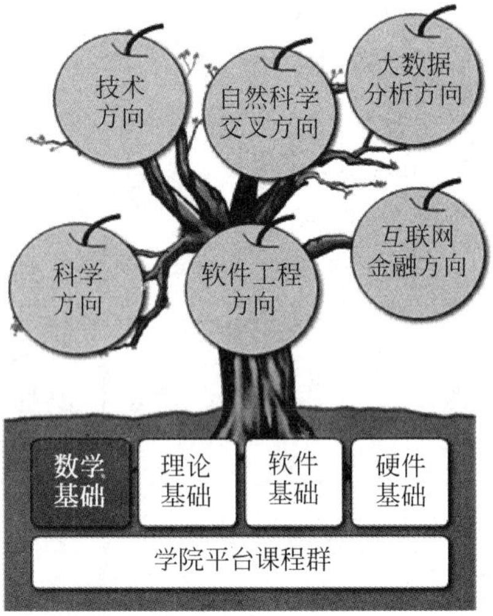

课程名称	代数结构与组合数学 Algebraic Structure and Combinatorial Mathematics
开课时间	一年级：秋 春 夏；**二年级**：秋 **春** 夏；三年级：秋 春 夏；四年级：秋 春 夏
适用院系	计算机科学与技术系,智能科学系
课程定位	主干基础课、专业必修课
学分	3 学分
总学时	48 学时
先修课程	高等数学(数学分析),线性代数(高等代数),集合论与图论
后续课程	算法设计与分析,理论计算机科学基础等
教学方式	课堂讲授 + 课下作业 + 课程网站
课时分配	课堂授课(40 学时) + 习题课(8 学时)
考核方式	平时作业占 20% ,期中考试占 30% ~20% ,期末考试占 50% ~60% 。其中,期中和期末考试采用闭卷形式
主要教材	耿素云,屈婉玲,王捍贫. 离散数学教程. 北京:北京大学出版社,2002
参考资料	屈婉玲,耿素云,王捍贫,刘田. 离散数学习题解析. 北京:北京大学出版社,2008
其他信息	http://course.pku.edu.cn/webapps/login/
大纲提供者	屈婉玲

二、教学目的和基本要求

1. 学习在离散结构建模与分析中常用的代数方法与组合方法,掌握相关的理论、表示方法和分析技术。

2. 进一步培养和训练学生抽象思维和严密逻辑推理的能力,为提高学生的素质和创新能力打下必要的数学基础。

3. 使学生了解相关的数学工具在计算机科学与技术中的应用。

4. 为后续课程“算法分析与设计”以及研究生课程“软件形式化方法”“算法分析与计算复杂性理论”等的学习打下必要的基础。

三、课程大纲和知识点

章节顺序	章节名称 Chapters	课时 Hours	知识点	Key Points
1	代数系统的构成(Composition of algebraic systems)	6～4	代数运算的表示，二元运算的主要性质，代数系统的构成，子代数，积代数	Representations of algebraic operations, Properties of binary operations, Composition of algebraic systems, Subalgebra, Product algebra
2	同态与同构、同余关系与商代数(Homomorphism, isomorphism, congruence, and quotient algebra)	6～4	同态映射的概念与分类，同态映射的性质，同态基本定理，同余关系，商代数的定义及其性质	Concept and properties of homomorphisms, Fundamental homomorphism theorem, Congruence, Definition and properties of quotient algebra
3	半群与独异点(Semigroup and monoid)	3～2	半群、独异点及其性质，子半群与子独异点	Concept and properties of semigroup and Monoid, Sub-semigroup and sub-monoid
4	群(Group)	12～8	群的定义与性质，子群，循环群，置换群，群的分解(陪集分解与Lagrange定理、共轭类分解与分类方程)，正规子群，商群，群的同态与同构，群的直积	Concept and properties of group, Subgroup, Cyclic group, Permutation group, Decomposition of groups, Normal subgroup, Quotient group, Homomorphism and isomorphism of groups, Direct product of groups
5	环与域(Ring and field)	3～2	环的定义及基本性质，整环与域，子环，理想与商环，环同态	Definition and basic properties of ring, Integral domain and field, Subring, Idea and quotient ring, Homomorphism of rings
6	格与布尔代数(Lattice and Boolean algebra)	6～4	格的定义与性质，子格，格同态，格的直积，模格、分配格与有补格，布尔代数	Definition and properties of lattice, Sublattice, Homomorphism of lattices, Direct product of lattices, Modular lattice, Distributive lattice and complemented lattice, Boolean algebra
7	组合存在性定理(Combinatorial existence theorems)	4～3	鸽巢原理及其应用，Ramsey定理及其应用	Pigeonhole principle and its applications, Ramsey theorem and its applications
8	基本组合计数公式(Basic combinatorial counting formulas)	5～3	加法法则与乘法法则，集合的排列与组合，多重集的排列与组合，二项式定理与组合恒等式，多项式定理	Additive and multiplicative rules, Permutation and combination of sets, Permutation and combination of multisets, Binomial theorem and combinatorial identities, Polynomial theorem

续表

章节顺序	章节名称 Chapters	课时 Hours	知识点	Key Points
9	递推方程与生成函数(Recursion equation and generation function)	9~6	递推方程的求解及应用,生成函数的定义、性质及在计数中的应用,指数生成函数与组合计数,Catalan 数,Stirling 数	Solving and application of recursion equation, Definition, properties, and application of generation function, Exponential generating function and combinatorial enumeration, Catalan number, Stirling number
10	容斥原理(Inclusion-exclusion principle)	3~2	容斥原理的基本形式和推广形式,棋盘多项式及其应用	The forms of basic and extended inclusion-exclusion principle, Board polynomial and its applications
11	Polya 定理(Polya theorem)	3~2	Burnside 引理与 Polya 定理,Polya 定理在等价类计数中的应用	Burnside lemma and Polya theorem, Application of Polya theorem to enumeration of equivalence classes

四、课程特色

1. 本课程是国家级精品课程“离散数学”的第二部分。

2. 面向计算机科学与技术学科高层次创新人才的培养目标,本课程在集合论的基础上,引入离散系统建模的代数工具和组合分析方法,不仅进一步强化了抽象思维和分析能力的培养,也注重联系计算机科学技术的应用背景。

4.1.14 概率统计(A) Probability Theory and Mathematical Statistics(A Level)

Prereq: Advanced Mathematics, Linear Algebra, Set Theory, combinatorics

Credits: 3

Mission: The students will learn about the classical results in this domain, and will be capable of applying them to the practical applications, in aspects of modelling, computation, analysis, and etc.

Covers Stochastic Process, Algorithm Design and Analysis, Machine Learning, Pattern Recognition, Web Information Processing, Natural Language Processing, Bioinformatics, etc.

Topics include Random events and Kolmogorov's axioms of probability, random variable/vector, distribution, characteristic function, some common distributions, laws of large numbers, central limit theorems, sample and statistic, point/interval estimation, hypothesis testing, linear regression and analysis of variance (ANOVA), a brief introduction to statistical decision theory and Bayesian analysis.

Jiangsheng Yu, Dingsheng Luo, Tian Liu

一、课程基本情况

<table>
<tr><td rowspan="2">课程名称</td><td colspan="12">概率统计(A)</td><td rowspan="10">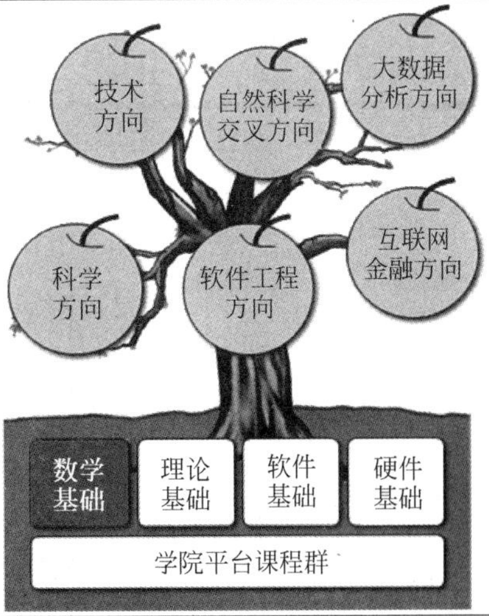
</td></tr>
<tr><td colspan="12">Probability Theory and Mathematical Statistics (A Level)</td></tr>
<tr><td rowspan="2">开课时间</td><td colspan="3">一年级</td><td colspan="3">二年级</td><td colspan="3">三年级</td><td colspan="3">四年级</td></tr>
<tr><td>秋</td><td>春</td><td>夏</td><td>秋</td><td>春</td><td>夏</td><td>秋</td><td>春</td><td>夏</td><td>秋</td><td>春</td><td>夏</td></tr>
<tr><td>适用院系</td><td colspan="12">信息科学技术学院</td></tr>
<tr><td>课程定位</td><td colspan="12">主干基础课、专业必修课</td></tr>
<tr><td>学分</td><td colspan="12">3 学分</td></tr>
<tr><td>总学时</td><td colspan="12">48 学时</td></tr>
<tr><td>先修课程</td><td colspan="12">高等数学(数学分析),线性代数(高等代数),集合论与组合数学</td></tr>
<tr><td>后续课程</td><td colspan="12">随机过程,算法设计与分析,机器学习,模式识别,网络信息处理,自然语言处理,生物信息学等</td></tr>
<tr><td>教学方式</td><td colspan="13">课堂授课为主</td></tr>
<tr><td>课时分配</td><td colspan="13">课堂授课(46 学时) + 期中考试(2 学时)</td></tr>
<tr><td>考核方式</td><td colspan="13">平时作业与小考占 10%,期中考试占 20%,期末考试占 70%。其中,期中和期末考试采用闭卷方式</td></tr>
<tr><td>主要教材</td><td colspan="13">1. 于江生. 应用概率统计基础及算法. 北京:清华大学出版社,2012
2. 陈希孺. 概率论与数理统计. 合肥:中国科学技术出版社,2007</td></tr>
<tr><td>参考资料</td><td colspan="13">1. Feller,W. An Introduction to Probability Theory and Its Applications: Volume I. John Wiley & Sons,Inc. ,1968
2. Bickel P J and Doksum K A. Mathematical Statistics: Basic Ideas and Selected Topics. Holden-Day,Inc. ,1977
3. Rohatgi V K. An Introduction to Probability Theory and Mathematical Statistics. John Wiley & Sons Inc. ,1976</td></tr>
<tr><td>其他信息</td><td colspan="13">北京大学网络教学平台 www. ontoedu. pku. edu. cn</td></tr>
<tr><td>大纲提供者</td><td colspan="13">于江生</td></tr>
</table>

二、教学目的和基本要求

1. 以概率论和数理统计学的历史发展为背景,使学生掌握这两个数学分支的经典结果和应用方法。

2. 强调与概率统计有关的算法设计,紧密结合计算机实践。

3. 理论联系实际,让学生了解从建模到算法实现的整个过程。

三、课程大纲和知识点

章节顺序	章节名称 Chapters	课时 Hours	知识点	Key Points
1	随机事件与概率论的公理化(Random Events and Kolmogorov's Axiomization of Probability)	6~4	随机事件,概率论的Kolmogorov公理体系,条件概率,Bayes公式,随机时间之间的独立性	Random event, Kolmogorov's axioms for probability, conditional probability, Bayes' rule, independence between random events
2	随机变量及其数字特征(Random Variables and Their Numerical Characteristics)	10~8	随机变量及其分布函数,随机变量的函数,随机向量,边缘分布,条件分布,数学期望,方差,矩,熵,Markov不等式,Chebyshev不等式,随机变量之间的独立性,协方差,相关系数,回归	Random variable and its distribution, function of random variable, random vector, marginal distribution, conditional distribution, mathematical expectation, variance, moment, entropy, Markov inequality, Chebyshev inequality, independence between random variables, covariance, correlation coefficient, regression
3	特征函数(Characteristic Function)	5~4	特征函数的性质,独立随机变量之和的特征函数,利用特征函数计算各阶原点矩,随机变量序列,依分布收敛,反演公式,连续性定理	Basic properties of characteristic function, characteristic function of independent random variables, k-th moment by characteristic function, sequence of random variables, convergence in law/distribution, inversion formulae, continuity theorem
4	一些常见的分布(Some Common Distributions)	5~3	随机数的线性同余产生器,单点分布、两点分布、二项分布、几何分布、Poisson分布等离散型随机变量的分布,均匀分布、正态分布、Laplace分布、Cauchy分布、Gamma分布、Beta分布、t分布、F分布、Pareto分布等连续型随机变量的分布以及一些以物理学家命名的分布,多项分布、Dirichlet分布、多元正态分布、Wishart分布等随机向量的分布	Linear congruential generator (LCG) of random numbers; distributions of discrete random variables, including one-point/two-point/binomial/geometric/Poisson distribution, etc.; distributions of continuous random variables, including uniform/normal/Laplace/Cauchy/Gamma/Beta/t/F/Pareto distribution, etc. and some distributions named by physicists; distributions of random vectors, including multinomial/Dirichlet/multivariate normal/Wishart distribution, etc.

续表

章节顺序	章节名称 Chapters	课时 Hours	知　识　点	Key Points
5	大数律与中心极限定理(Laws of Large Numbers and Central Limit Theorems)	8 ~ 6	依概率收敛,几乎必然收敛,Slutsky 定理,以 Chebyshev、Bernoulli、Poisson、Markov、Khintchine、Kolmogorov 等人命名的弱大数律,Borel 强大数律,Kolmogorov 强大数律,de Moivre-Laplace 中心极限定理,Lindeberg-Feller 中心极限定理,中心极限定理的应用	Convergence in probability, convergence almost surely, Slutsky theorem, Chebyshev's/Bernoulli's/Poisson's/Markov's/Khintchine's/Kolmogorov's weak law of large numbers (WLLN), Borel's strong law of large numbers (SLLN), Kolmogorov's SLLN, de Moivre-Laplace central limit theorem (CLT), Lindeberg-Feller CLT, applications of CLTs
6	数理统计学的一些基本概念(Some Basic Concepts of Mathematical Statistics)	5 ~ 4	总体,样本及其经验分布函数,样本矩,统计量及其抽样分布,自助法,充分统计量和 Fisher 因子分解定理	Population, sample and its empirical distribution, sample moment, statistic and its sampling distribution, bootstrapping method, efficient statistic and Fisher's decomposition theorem
7	参数估计理论(Estimation Theory)	6 ~ 5	Fisher 信息量和 CR 不等式,点估计(相合性,无偏性,有效性、渐近正态性等),点估计的常用方法(矩方法,最大似然法),Neyman 的置信区间估计,包括 Markov 不等式法、枢轴量法、大样本法	Fisher's information and CR inequality, point estimation (consistency, unbiasness, efficiency, asymptotic normality, etc.), the frequently-used methods of point estimation (moment method, maximum-likelihood method), Neyman's confidence interval estimation, including the method based on Markov inequality, pivot method, and large sample method
8	假设检验(Hypothesis Testing)	8 ~ 6	假设检验的两类错误,功效函数,Neyman-Pearson 原则,一致最大功效检验,Neyman-Pearson 引理,似然比检验和广义似然比检验,假设检验与置信区间的关系,大样本检验(总体分布的拟合优度检验,独立性的列联表检验等)	Two types of error in hypothesis testing, power function, Neyman-Pearson principle, uniformly most powerful (UMP) test, Neyman-Pearson lemma, likelihood-ratio (LR) test and generalized LR test, the relationship between hypothesis testing and confidence interval, large sample test (goodness-of-fit tests, contingency table test of independence)

续表

章节顺序	章节名称 Chapters	课时 Hours	知 识 点	Key Points
9	线性模型的回归分析与方差分析(Regression Analysis and ANOVA of Linear Model)	5 ~ 4	线性回归模型,最小二乘估计,正则方程,Gauss-Markov 定理,线性回归模型的假设检验,单因素/两因素方差分析	Linear regression model, least square estimate (LSE), regular equation, Gauss-Markov theorem, hypothesis testing of linear regression model, one-way/two-way ANOVA
10	统计决策理论与贝叶斯分析简介(A Brief Introduction to Statistical Decision Theory and Bayesian Analysis)	3 ~ 2	损失函数,贝叶斯学派的期望损失原则,频率派的决策方法(极小极大原则,Bayes 风险原则),贝叶斯分析概要(参数的先验与后验分布,贝叶斯层级模型等)	Loss function, Bayesian principle of expected loss, frequentist decision methods based on minmax principle, Bayes risk principle, etc., Bayesian analysis (prior/posterior distribution of parameter, Bayesian hierarchical model, etc.)
11	期中考试(Midterm Exam)	2	概率论及其应用	Probability theory and its applications

四、课程特色

1. 利用开源的统计计算软件 R 和符号计算工具 Maxima,直观并深入浅出地讲解概率统计中的基本概念和结果,重视培养学生的概率/统计思维方式及洞察力和动手能力。

2. 将概率统计的发展历史贯穿于整个教学,介绍其中关键数学家的主要贡献和思想,培养学生的学习兴趣和探求真理的精神。

3. 作为本课程的补充,简明扼要地介绍概率统计近期的一些重要成果,激发学生进行独立思考和科学创新。

4. 兼顾课程的深度和广度,有丰富的参考文献和详尽的课外阅读指导,以及与课程配套的 R 和 Maxima 程序源码。

4.1.15 高级程序设计语言原理(程序设计语言概论) Principle of High-Level Programming Languages (Introduction to Programming Languages)

Prereq: A programming language, Data Structure, Principle of Compiler

Credits: 3

Mission: Understand fundamental principle and theory of designing and implementing high-level programming languages.

Covers computer science and software engineering.

Topics include history of development of programming languages; programming paradigms;

concepts of programming languages; design and implementation principles and technologies of programming languages; representative programming languages.

Wenpin Jiao

一、课程基本情况

课程名称	高级程序设计语言原理(程序设计语言概论) Principle of High-Level Programming Languages (Introduction to Programming Languages)
开课时间	一年级：秋 春 夏；二年级：秋 春 夏；三年级：**秋** 春 夏；四年级：秋 春 夏
适用院系	计算机科学与技术系
课程定位	本科生选修课
学分	3 学分
总学时	48 学时
先修课程	一门高级程序设计语言,数据结构,编译原理
后续课程	
教学方式	课堂讲授 + 课下作业 + 论文阅读
课时分配	课堂讲授(48 学时)
考核方式	平时作业占 40%,期末笔试占 60%
主要教材	
参考资料	1. Terrence W Pratt, Marvin V Zelkowitz. Programming Languages: Design and Implementation. 4th ed. 影印版. 北京: 科学出版社,2004 2. Robert W Sebestaa. Concepts of Programming Languages. 5th ed. 影印版. 北京: 机械工业出版社,2003 3. 招兆铿,朱洪. 程序设计语言原理. 上海: 上海科技文献出版社,1998 4. 徐家福,吕建. 软件语言及其实现. 北京: 科学出版社,2000
其他信息	
大纲提供者	焦文品

二、基本教学目的和要求

1. 了解高级程序设计语言的发展历史及现状。
2. 了解高级程序设计语言的基本概念和原理。
3. 了解高级程序设计语言的实现技术及原理。
4. 了解若干主要的高级程序设计语言。

三、课程大纲和知识点

章节顺序	章节名称 Chapters	课时 Hours	知　识　点	Key Points
1	高级程序设计语言研究(Studies on programminglanguages)	4～2	程序设计语言的概念,评判标准,基本范型	Definition for programming languages, attributes of a good language, programming paradigms
2	程序设计语言的设计(Design issues of programming languages)	2	硬件计算机、固件计算机以及虚拟计算机的概念,语言翻译与虚拟计算机的关系,语言性质与虚拟计算机的绑定	Hardware computer, firmware computer, virtual computer, translators and virtual architectures, bindings between language properties and virtual computers
3	语言翻译(Language translation)	4～2	语言翻译的基本原理和过程,翻译的形式模型	Fundamental principles and stages of language translation, formal translation models
4	语言的性质模型(Modeling language properties)	2	语言的性质及相关的性质模型,语言的形式语义	Formal properties of languages, language semantics
5	基本数据类型(Elementary data types)	4～2	数据对象,基本数据类型和复合数据类型的概念及其规约和实现的基本原理	Data objects, scalar data types, composite data types, specifications and implementations of elementary data types
6	封装(Encapsulation)	4	封装,抽象机制,结构数据类型的基本概念及其规约和实现原理,抽象数据类型,子程序,类型定义	Concept of encapsulation, abstraction mechanisms, concepts, specifications and implementations of structured data types, abstract data types, subprograms, type definitions
7	继承(Inheritance)	2	继承的概念、方法,多态的概念、形式	Concepts and methods of inheritance, definition and forms of polymorphism
8	顺序控制(Sequence control)	4	顺序控制的层次、方式,结构化程序设计的原则,结构化程序定理	Levels and methods of sequence control, principles of structured programming, structure theorem
9	子过程控制(Subprogram control)	8～4	子程序控制的基本方法,数据对象的引用,参数传递的类型	Subprogram sequence control, references of data objects, parameter transmission
10	存储管理(Storage management)	2	静态存储管理、动态堆存储管理	Static storage management, heap storage management

续表

章节顺序	章节名称 Chapters	课时 Hours	知　识　点	Key Points
11	面向对象的程序设计(Object-oriented programming)	2	面向对象的程序设计的基本概念、实现原理，C ++、Java 等语言中的面向对象的特征	Concepts and principles of object-oriented programming, properties of typical object-oriented programming languages
12	函数式程序设计语言(Applicative programming languages)	2	函数式程序设计的基本概念和实现原理	Concepts and implementation principles of functional programming languages
13	逻辑程序设计语言(Logic-based programming languages)	2	逻辑程序设计的基本概念和实现原理	Concepts and implementation principles of logic programming languages
14	高级程序设计(Advanced programming)	8 ~ 4	并发程序设计的基本概念和实现原理，例外处理的基本概念和实现原理，网络程序设计的基本概念和原理，WWW 程序设计语言	parallel programming, expectations and expectation handlers, network programming, WWW programming
15	课程总结(Summary)	2		

四、课程特色

1. 重视对基本概念、基本原理和基本方法的理解和掌握，引导学生深入思考程序设计语言的发展脉络，把握发展方向。

2. 结合对计算机科学领域(尤其是软件工程领域)的相关技术的介绍，拓展学生的视野，以联系和发展的眼光看待程序设计语言在相关学科领域中的地位和作用。

4.1.16　汇编语言程序设计 Computer Systems: A Programmer's Perspective

Prereq: C Language, Data Structure, Principle of Microcomputer

Credits: 3

Mission: This course provides a programmer's view of how computer systems execute programs, store information, and communicate. It enables students to become more effective programmers, especially in dealing with issues of performance, portability and robustness. It also serves as a foundation for courses on compilers, operating systems, and computer architecture, where a deeper understanding of systems-level issues is required. Topics covered include: machine-level code and its generation by optimizing compilers, performance evaluation and optimization, computer arithmetic, and memory organization and management.

Guan Xuetao

一、课程基本情况

课程名称	汇编语言程序设计 Computer Systems: A Programmer's Perspective
开课时间	一年级：秋 春 夏；二年级：秋 春 夏；三年级：秋 春 夏；四年级：秋 春 夏（二年级秋季开课）
适用院系	信息科学技术学院,元培学院
课程定位	专业选修课
学分	3 学分
总学时	51 学时
先修课程	C 语言,数据结构,微机原理
后续课程	计算机组织与体系结构,编译技术,操作系统
教学方式	课堂讲授为主,配合课程实习,增强实践能力
课时分配	课堂授课(51 学时)+实习课(24 学时)
考核方式	平时实验占 30%,期中考试占 20%,期末考试占 50%。其中,期中和期末考试采用闭卷形式
主要教材	Randal E Bryant and David R O'Hallaron. Computer Systems: A Programmer's Perspective. 2nd ed. Prentice Hall,2011
参考资料	
其他信息	http://162.105.31.232/csapp/course-csapp.html
大纲提供者	管雪涛

二、教学目的和基本要求

1. 掌握计算机系统的一些基本理论知识和有关概念,掌握各软硬件部件如何组织成为一个高效、可用的系统。

2. 学习计算机系统中的底层操作和底层实现,掌握高级语言中的运算、控制、函数调用、数据等要素在计算机系统中的底层实现原理及过程。

3. 掌握存储层次结构的基本原理、虚存的工作原理及各种内部机制,熟悉动态内存分配的基本原理及其实现方案。

三、课程大纲和知识点

章节顺序	章节名称 Chapters	课时 Hours	知识点	Key Points
1	概述（Introduction）	4～2	本课程涉及的主要章节内容，以及计算机系统中的几个关键原理	Ints are not Integers, Floats are not Reals; You've Got to Know Assembly; Memory Matters; There's more to performance than asymptotic complexity; Computers do more than execute programs
2	位、字节、整数（Bits, Bytes, and Integers）	6～3	内存的基本组成，包括位，字节、字节序、各种数据类型的尺寸，布尔代数，C 语言中的逻辑操作，整数的数值表示和编码等内容	Byte-Oriented Memory Organization; Machine words, Data representations, Byte ordering; Bit-level manipulations, Boolean algebra; Unsigned and signed integers, conversion, casting, expanding, truncating, addition, negation, multiplication, shifting
3	浮点（Floating Point）	4～2	以 IEEE 754 浮点标准为基础，讲述单精度和双精度浮点数的定义、表示、舍入、运算等各种特性，以及 C 语言中的类型转换问题	IEEE floating point standard, single precision, double precision; Nomalized values, Denormalized values; FPRounding, FP addition, FP multiplication, FP conversions/casting
4	编程基础（Machine-level Programming）	4～2	以 Intel 处理器的发展历程为开端，讲述 C 语言、汇编语言、机器语言之间的关系，以及汇编语言的基本运行环境，并讲解 64 位所引入的重要变化	History of Intel processors and architectures; C, assembly, machine code; Assembly basics: registers, operands, move; Intro to x86-64
5	运算与控制（Arithmetic and Control）	5～2	寻址模式、算术运算、逻辑运算、分支跳转、各种循环语句等基本操作指令，以及高级语言是如何转换成机器语言的	Complete addressing mode, address computation; Arithmetic operations; Condition codes, Conditional branches; While loops: do-while, while, for; Switch statements, Jump table

续表

章节顺序	章节名称 Chapters	课时 Hours	知识点	Key Points
6	函数调用与返回(Procedure call and return)	8~4	函数调用与返回的相关操作及工作原理,栈、函数调用规范、递归函数等内容	Stack, push, pop; Procedure call/return; Procedure call discipline, x86-64 procedures; Recursive function
7	数据(Data)	4~2	各种数据在内存中的实际存储方式,对齐和字节序等问题,包括一维数组、多维数组、结构体、联合体等	Arrays, one-dimensional, multi-dimensional, multi-level; Structures, allocation, access, alignment; Unions, overlay declarations, byte ordering
8	缓冲区溢出(Buffer Overflow)	3~1	缓冲区溢出的原理及危害,以及应对措施	IA32 Linux Memory Layout; Buffer overflow, vulnerability, protection, stack canaries
9	存储层次结构(Memory Hierarchy)	5~2	存储技术的发展及其面临的挑战,重点阐述局部性原理和缓存技术,以理解存储层次结构的重要性和必要性	Memory hierarchy, SRAM, DRAM, non-volatile memories, disk, SSD; Storage technologies and trends; Locality of reference, temporal locality, spatial locality; Caching in the memory hierarchy
10	高速缓存(Cache Memories)	6~3	高速缓存的工作原理,并通过实际的性能差异,讲述算法和数据布局对程序性能的实际影响	Cache memory organization and operation; Performance impact of caches; The memory mountain; Rearranging loops to improve spatial locality; Using blocking to improve temporal locality
11	链接(Linker)	5~2	链接在软件系统中的位置及其重要性,对 ELF 文件的链接和加载过程的详细说明,实际系统中的静态链接库和动态链接库	Symbol resolution, Relocation; Executable and Linkable Format (ELF); Linker symbols, global symbols, external symbols, local symbols; Static libraries, Shared libraries; Library inter positioning

续表

章节顺序	章节名称 Chapters	课时 Hours	知　识　点	Key Points
12	异常控制流 (Exceptional Control Flow)	4 ~ 2	讲述异常控制流和进程的工作原理，学习中断、系统调用、缺页异常等特殊情况下的操作系统处理流程，以及操作系统所提供的各种进程相关机制	Exceptional Control Flow, interrupt vectors; Asynchronous Exceptions, I/O interrupts, hard reset interrupt, soft reset interrupt; Synchronous Exceptions, traps, faults, aborts; Processes, concurrent processes, context switch, zombies
13	信号与非局部跳转 (Signals and Non-local Jumps)	4 ~ 2	讲述真实系统中的信号和非局部跳转的工作原理，学习 shell 程序的工作流程和处理方式	Multitasking, Unix process hierarchy, Shell programs; Signals, pending, blocked, process groups, signal handler; Nonlocal jumps
14	虚存 (Virtual Memory)	8 ~ 4	虚存的重要性和工作原理，操作系统中的页表和 TLB 相关机制，内存映射，COW 策略等内容，并结合实际的处理器实现，学习内存系统的实际运行原理	Physical addressing, virtual addressing, address translation; Page Tables, page hit, page fault, TLB hit, TLB miss, multi-level page tables; Memory management, memory protection; Memory mapping, demand paging; Copy-On-Write (COW)
15	动态内存分配 (Dynamic Memory Allocation)	5 ~ 2	动态内存分配的基本原理和实现方案，以及其中的碎片问题和 GC 策略等内容	Dynamic Memory Allocation, heap; Explicit allocator, implicit allocator; Fragmentation, internal fragmentation, external fragmentationGarbage collection (GC)

四、课程特色

1. 本课程关注计算机系统中各主要组成部分之间的相互关系，搭建其间的桥梁，从而帮助学生掌握各组成部分如何组织成为一个高效、可用的系统。

2. 课程实习是本课程的一个重要特色，通过不同角度、不同层次的动手实践，增强学生对于计算机原理的理解和认识。

五、课程实习

	实习名称	内容说明	难度
1	位级数据操作(Data Lab:Manipulating Bits)	在严格限制操作类型的前提下,通过编程解决一系列“难题”,实现各种“简单”的逻辑和算术功能。该实验可以帮助学生理解各种数据类型的位一级的表达方式,以及位一级的数据操作的实际行为,同时加深学生对二进制和硬件指令的理解	
2	拆解二进制炸弹(Bomb Lab:Defusing A Binary Bomb)	“二进制炸弹”是一个趣称,该程序为二进制可执行程序,会模拟炸弹的行为,输入正确则破解,输入错误则爆炸;拆解过程共分为6个关卡,需要学生分别输入6次正确的数据来进行拆解,如果任何一次数据错误,则会引爆炸弹,导致拆解失败	
3	缓冲区溢出(Buffer Lab:The Buffer Bomb)	缓冲区溢出是操作系统和网络服务器的一种常见安全隐患。本实验通过模拟缓冲区溢出攻击,达到修改程序运行时行为的目的,来帮助学生理解栈的组织方式和重要性,以及缓冲区溢出的本质原理,同时增强学生对于计算机系统的安全防范意识	
4	性能优化(Performance Lab:Code Optimization)	本实验需要优化两个矩阵算法的变换和计算,以获得尽可能好的应用程序性能。本实验帮助学生更好地理解高速缓存的特性和重要性,并通过程序实践增强学生对于底层程序优化的认识	
5	定制shell程序(Shell Lab:Writing Your Own UNIX Shell)	本实验需要实现一个简单的shell程序,该程序需要包括作业控制,如ctrl-c和ctrl-z等按键的处理,前台、后台等方式的实现。本实验帮助学生理解应用程序级别如何实现并行,并通过程序实践增强学生对于进程控制、信号、信号处理等内容的认识	
6	动态内存管理(Malloc Lab:Writing a Dynamic Storage Allocator)	本实验需要实现一个动态内存管理器,包括malloc、free和realloc接口函数。该实验帮助学生理解数据布局和组织,并要求学生权衡不同实现方案的空间和时间的性能	

4.1.17　基于安卓平台的程序设计 Android Programming

Prereq: Computing Generality, Java Programming

Credits: 2

Mission: Understand the principle of Android operating system and the Android Application Programming Interface, able to make Android programs such as network programs、multimedia programs, etc.

Covers operating system, Java programming language.

Topics include Android working principles, Android API, internet programming on Android, multimedia programming on Android, and so on.

Guo Wei

一、课程基本情况

<table>
<tr><td rowspan="2">课程名称</td><td colspan="12">基于安卓平台的程序设计</td></tr>
<tr><td colspan="12">Android Programming</td></tr>
<tr><td rowspan="2">开课时间</td><td colspan="3">一年级</td><td colspan="3">二年级</td><td colspan="3">三年级</td><td colspan="3">四年级</td></tr>
<tr><td>秋</td><td>春</td><td>夏</td><td>秋</td><td>春</td><td>夏</td><td>秋</td><td>春</td><td>夏</td><td>秋</td><td>春</td><td>夏</td></tr>
<tr><td>适用院系</td><td colspan="12">信息学院</td></tr>
<tr><td>课程定位</td><td colspan="12">专业选修课</td></tr>
<tr><td>学分</td><td colspan="12">2 学分</td></tr>
<tr><td>总学时</td><td colspan="12">32 学时</td></tr>
<tr><td>先修课程</td><td colspan="12">计算概论,Java 程序设计</td></tr>
<tr><td>后续课程</td><td colspan="12"></td></tr>
<tr><td>教学方式</td><td colspan="12">课堂讲授为主,讨论为辅</td></tr>
<tr><td>课时分配</td><td colspan="12">课堂授课(26 学时) + 学生报告(6 学时)</td></tr>
<tr><td>考核方式</td><td colspan="12">不设考试,平时小型编程作业占 50%,期末多人合作的大项目作业(包括报告)占 50%</td></tr>
<tr><td>主要教材</td><td colspan="12">杨丰盛. Android 应用开发揭秘. 北京: 机械工业出版社, 2010</td></tr>
<tr><td>参考资料</td><td colspan="12">1. 孙更新. Android 从入门到精通. 北京: 电子工业出版社,2011
2. 韩超. Android 经典应用程序开发. 北京: 电子工业出版社,2012</td></tr>
<tr><td>其他信息</td><td colspan="12"></td></tr>
<tr><td>大纲提供者</td><td colspan="12">郭炜</td></tr>
</table>

二、教学目的和基本要求

1. 学习 Android 系统的工作原理和编程接口。学习应用 Android 编程接口进行 Android 程序的开发。掌握 Android 系统上的用户界面设计、数据库应用、游戏开发、多媒体开发、网络与通信开发等。

2. 经过编程实践,掌握编写 Android 程序的基本技能,并通过一个大的自定选题的软件项目作业,激发学生的创造性,培养学生的团队合作精神和市场调研能力。

三、课程大纲和知识点

章节顺序	章节名称 Chapters	课时 Hours	知识点	Key Points
1	概述(Introductions)	3~1	Android 平台的基本组成和工作原理	The principles of Android system
2	Android 程序设计基础(Basic Android programming)	3~1	Android 开发环境的搭建,基本的 Android 程序框架	Android developing environment and the frame of an Android program
3	用户界面开发(User interface)	5~3	用户界面设计,各种用户界面组件的使用	User interface designing and the usage of all user interface components
4	绘图(Graphics)	5~3	绘制图形,显示文字,图像操作,动画	Drawing graphics, displaying text, showing images, animation
5	数据存储(Data storing)	3~1	用文件、网络和 Shared Preferences 实现数据存储	Storing data by files, network and shared preferences
6	SQLite 数据库编程(SQLite database programming)	3~1	用 SQLite 数据库实现数据存储和访问	Storing and accessing data by SQLite database
7	多媒体开发(Multimedia)	3~1	播放视频和音频	Playing audio and video
8	网络与通信(Network and communications)	3~1	无线网络通信,WebKit 应用,WiFi 应用	Wireless communications, the application of WebKit and WiFi
9	特色开发(Special features)	3~1	传感器、语音识别、地图	Sensors, voice recognition and map
10	游戏开发(Game development)	5~3	游戏设计和开发,OpenGL 开发	Game design and development, OpenGL application
11	软件项目报告	7~5	软件项目报告(每位同学上台讲自己做的软件项目,包括创新之处、实现技术等)	Students give presentations about the software project, including what is original, and the technique to implement the software

四、课程特色

本课程有高度的实践性。不但要求学生会编写 Android 程序，还要求学生能够进行市场分析，设计出有创意的软件，并尝试进行推广。

4.1.18　集合论与图论 Set Theory and Graph Theory

Prereq：Advanced Algebra or Linear Algebra

Credits：3

Mission：Combine with another two courses in discrete mathematics，i. e. Algebraic structures and combinatorics and Mathematical logics，this course will build up a foundation for students to learn other computer major courses，and will train students on their ability in abstract thinking and rigorous proofs and inferences.

Covers computer science and computational intelligence science.

Topics include the naive set theory：the basic concept of set，binary relation，function，natural number and cardinality；the graph theory：the basic concept of graphs，Eulerian graphs and Hamiltonian graphs，trees，the matrix representations of graphs，planar graphs，graph colorings，dominating sets，covering sets，independent sets，matchings，weighted graphs and their applications.

Tian Liu

一、课程基本情况

课程名称	集合论与图论 Set Theory and Graph Theory
开课时间	一年级：秋 春 夏；二年级：秋 春 夏；三年级：秋 春 夏；四年级：秋 春 夏
适用院系	计算机科学与技术系，智能科学系
课程定位	主干基础课、专业必修课
学分	3 学分
总学时	48 学时
先修课程	高等代数或线性代数
后续课程	代数结构与组合数学，数理逻辑，数据结构，概率统计，算法设计与分析等
教学方式	讲授＋课下作业＋课程网站
课时分配	课堂授课 48 学时
考核方式	平时作业占 30%，期末笔试占 70%
主要教材	耿素云，屈婉玲，王捍贫．离散数学教程．北京：北京大学出版社，2002

续表

参考资料	屈婉玲,耿素云,王捍贫,刘田. 离散数学习题解析. 北京:北京大学出版社,2008
其他信息	
大纲提供者	刘田

二、教学目的和基本要求

本课程介绍朴素集合论的主要内容,包括集合的基本概念、二元关系、函数、自然数和基数等;介绍图论的主要内容,包括图的基本概念、欧拉图与哈密尔顿图、树、图的矩阵表示、平面图、图的着色、支配集、覆盖集、独立集与匹配、带权图及其应用等。

本课程与其他两门离散数学课程(代数结构与组合数学、数理逻辑)一起,为学生学习其他的计算机专业课程打下基础,培养学生掌握分析问题和解决问题的手段和方法,培养学生的抽象思维和严谨证明及推理能力。

三、课程大纲和知识点

章节顺序	章节名称 Chapters	课时 Hours	知 识 点	Key Points
1	集合(Set)	6	预备知识,集合的概念及集合之间的关系,集合的运算,基本的集合恒等式,集合列的极限	Preliminaries, introduction to sets, Relations, Operations on sets, the limit of sets
2	二元关系(Binary relations)	6	有序对与卡氏积,二元关系,关系矩阵和关系图,关系的性质,二元关系的幂运算,关系的闭包,等价关系和划分,序关系	Ordered pairs and Cartesian, Binary relations, relation matrices and diagrams, the properties of relations, the power of binary relations, closure of relations, equivalences and partitions, orderings
3	函数(Functions)	2	函数的基本概念,函数的性质,函数的合成,反函数	Basic concepts of functions, the properties of functions, composition of functions, inverse functions
4	自然数(Natural numbers)	2	自然数定义,传递集,自然数的运算,N 上的序关系	Definition of natural numbers, transitive sets, the operations on natural numbers, orderings on N
5	基数(Cardinality)	4	集合的等势,有穷集合与无穷集合,基数,基数的比较,基数运算	Sets with equal cardinalities, finite sets and infinite sets, cardinality, arithmetic of cardinalities
6	图(Graphs)	6	图的基本概念,通路与回路,无向图的连通性,无向图的连通度,有向图的连通性	Basic concepts of graphs, paths and cycles, connectivity of undirected graphs, connectivity of directed graphs

续表

章节顺序	章节名称 Chapters	课时 Hours	知　识　点	Key Points
7	欧拉图与哈密顿图	2	欧拉图，哈密顿图	Eulerian graphs and Hamiltonian graphs
8	树（Trees）	2	无向树的定义及性质，生成树，环路空间，断集空间，根树	The definition of undirected trees and their properties, spanning trees, cycle spaces, cut spaces, rooted trees
9	图的矩阵表示（Matrices）	2	关联矩阵，邻接矩阵与相邻矩阵	Incidence matrices, adjacency matrices
10	平面图（Planar Graphs）	4	平面图的基本概念，欧拉公式，平面图的判断，平面图的对偶图，外平面图，平面图与哈密顿图	Planar graphs, Euler formula, there cognition of planar graphs, the dual graphs of planar graphs, outer planar graphs
11	图的着色（Colorings）	2	点着色，色多项式，地图的着色与平面图的点着色，边着色	Vertex colorings, chromatic polynomials, map colorings and vertex coloring of planar graphs, edge colorings
12	支配集、覆盖集、独立集与匹配（Sets）	2	支配集、点覆盖集、点独立集，边覆盖与匹配，二部图中的匹配	Dominating sets, vertex covers, independent sets, edge covers and matchings, matchings in bipartite graphs
13	带权图及其应用（Graphs and applications）	2	最短路径问题，关键路径问题，中国邮递员问题，最小生成树，最优树，货郎问题	Shortest path problem, critical path problem, Chinese postman problem, minimum spanning tree, Optimal alphabetic binary trees, travelling salesman problem
14	习题课	4		

四、课程特色

本课程是国家级精品课程“离散数学”的第一部分。本课程已经成为一门内容先进、体系合理、既有理论深度又能密切联系实践的优秀课程。在课程讲授中不仅注意知识的传授，也注重拓广学生的视野，培养学生的兴趣，同时加强面对实际问题的建模和分析能力的训练。

4.1.19　计算机图形学 Computer Graphics

Prereq: Introduction to computing, higher mathematics, linear algebra

Credits: 3

Mission: Understand fundamental principle and theory of computer graphics, able to design complex geometric algorithm and rendering algorithm, able to realize these algorithms by OpenGL or Direct3D programming.

Covers computers, software and engineering.

Topics include Graphics system and hardware; OpenGL; graphics pipeline; rasterization graphics; transformation and projection; geometric model representation and processing; realistic rendering.

Guoping Wang, Sheng Li, Xiaoyuan Long

一、课程基本情况

<table>
<tr><td rowspan="2">课程名称</td><td colspan="12">计算机图形学</td></tr>
<tr><td colspan="12">Computer Graphics</td></tr>
<tr><td rowspan="2">开课时间</td><td colspan="3">一年级</td><td colspan="3">二年级</td><td colspan="3">三年级</td><td colspan="3">四年级</td></tr>
<tr><td>秋</td><td>春</td><td>夏</td><td>秋</td><td>春</td><td>夏</td><td>秋</td><td>春</td><td>夏</td><td>秋</td><td>春</td><td>夏</td></tr>
<tr><td>适用院系</td><td colspan="12">计算机系,智能科学系,元培学院</td></tr>
<tr><td>课程定位</td><td colspan="12">专业核心课</td></tr>
<tr><td>学分</td><td colspan="12">3 学分</td></tr>
<tr><td>总学时</td><td colspan="12">54 学时</td></tr>
<tr><td>先修课程</td><td colspan="12">计算概论,高等数学,线性代数</td></tr>
<tr><td>后续课程</td><td colspan="12">图像与视觉计算,人机交互</td></tr>
<tr><td>教学方式</td><td colspan="12">课堂讲授为主,课后安排大作业和图形竞赛</td></tr>
<tr><td>课时分配</td><td colspan="12"></td></tr>
<tr><td>考核方式</td><td colspan="12">平时作业占 50%,期末考试占 50%(图形竞赛优胜者免期末考试和作业)</td></tr>
<tr><td>主要教材</td><td colspan="12">自编讲义</td></tr>
<tr><td>参考资料</td><td colspan="12">1. J Foley etc. Computer Graphics, Principles and Practice. Addison-Wesley Pub. Co., 1996(有中译本)
2. F Hill. Computer Graphics Using OpenGL. Prentice Hall Inc., 2001
3. Siggraph CourseNotes(每年更新)
4. 倪明田,吴良芝. 计算机图形学. 北京:北京大学出版社,1999
5. 唐荣锡,等. 计算机图形学基础(新版). 北京:科学出版社,2000
6. 孙家广. 计算机图形学. 3 版. 北京:清华大学出版社,2003
7. 施瑞奈尔(Dave Shreiner). OpenGL 编程指南. 7 版. 北京:机械工业出版社,2010</td></tr>
<tr><td>其他信息</td><td colspan="12"></td></tr>
<tr><td>大纲提供者</td><td colspan="12">李胜,汪国平</td></tr>
</table>

二、教学目的和要求

1. 掌握计算机图形学的基本概念和基本原理，了解计算机图形学的主要应用领域。
2. 掌握图形绘制硬件的原理，掌握光栅图形学的基本方法。
3. 熟练掌握几何外形设计的表示原理和方法。
4. 熟练掌握二维、三维图形绘制的基本原理和基本方法。
5. 了解计算机图形学及其相关领域的发展现状和技术特点，为进一步学习计算机图形学高级课程做准备。

三、课程大纲和知识点

章节顺序	章节名称 Chapters	课时 Hours	知识点	Key Points
1	图形学概述(Introduction to computer graphics)	4~2	图形学与图形的表示方法，图形与图像，图形与视觉，图形学发展概述，图形学现状和特点，图形的相关应用领域，图形与可视化，图形与图形处理器(GPU)	Graphics and its representation, graphics and images, graphics and vision, development of graphics, state of art and character, related applications, graphics and visualization, graphics and graphics processing unit(GPU)
2	图形硬件与系统(Graphics hardware and system)	4~2	图形显示设备，图形交互设备，图形显示流程，图形绘制管道，GPU 简介，OpenGL，Direct3D，Java3D，图形标准，图形系统	Display device, interaction device, graphic framework, graphics rendering pipeline, GPU, OpenGL, Direct3D, Java3D, Graphics standard, graphics system
3	OpenGL 图形系统程序设计基础(Introduction to graphics programming by OpenGL)	4~2	OpenGL 基本特点，OpenGL 基本功能，OpenGL 语法，OpenGL 状态机制，OpenGL 绘制流水线，OpenGL 相关函数库，OpenGL 相关资源，OpenGL 程序设计注意要点	Characteristics of OpenGL, basic functions, OpenGL syntax, state mechanism, OpenGL rendering pipeline, related libraries, related resources, points to OpenGL programming
4	光栅图形学基础(Basic of rasterization graphics)	8~6	线图元的扫描转换算法，多边形扫描转换算法，区域填充算法，采样与走样，图形的反走样方法，直线段裁剪算法，多边形裁剪算法	Scan conversion algorithms of line or curve, scan conversion algorithm of polygon, region filling algorithm, sampling and aliasing, anti-aliasing method, line clipping, polygon clipping algorithm

续表

章节顺序	章节名称 Chapters	课时 Hours	知识点	Key Points
5	图形变换与投影(Transformation and projection)	7 ~ 5	基本几何变换,齐次坐标,四元数,几何变换的矩阵表示,复合变换,三维几何变换,观察坐标系,设备坐标系,透视投影与平行投影,投影变换,窗口与视口,三维图形显示流程,视见体裁剪	Basic geometric transformations, homogeneous coordinate, quaternion, matrix representation, complex transformation, 3D geometric transformation, view coordinate system, device coordinate system, perspective projection and parallel projection, projection transformation, window and viewport, 3D graphics flow, view frustum culling
6	几何模型的参数表示(Parametric representation of geometric model)	6 ~ 4	模型的参数表示,几何连续性,Hermite 曲线,Bernstain 基函数,Bezier 曲线曲面,B 样条曲线曲面,NURBS	Parameters representation of geometry, geometric continuity, Hermite curve, Bernstain function, Bezier curves and surfaces, B-spline curves and surfaces, NURBS
7	离散几何模型表示(Discrete mesh representation geometric model)	4 ~ 2	网格表示与网格拓扑,渐进网格与多分辨率网格,几何压缩与传输,细分曲线与曲面,CC 细分曲面,Doo-Sabin 细分曲面,点模型表示与操作	Mesh representation and topology, progressive mesh and multi-resolution, geometry compression and transmission, subdivision curves and surfaces, CC subdivision, Doo-Sabin subdivision, point model and its operation
8	三维实体模型的表示(Solid Geometry)	6 ~ 4	正则运算,特征表示,边界表示,翼边结构与半边结构,欧拉公式,欧拉操作与集合运算,CSG 表示,几何求交与几何操作,几何造型平台简介	Regular operator and operation, feature representation, boundary representation, half-edge structure, Euler formulation, Euler operations and set operations, CSG, intersection of geometry and geometric operations, geometric modeling platform
9	可见性判断(Visibility determination)	4 ~ 2	隐藏线(面)消除,包围盒技术,背面剔除,画家算法,Z 缓冲器算法,扫描线 Z 缓冲器算法,扫描线算法,A 缓冲器算法,BSP 算法,八叉树算法	Hidden removal, Bounding box, back-face culling, painter algorithm, Z-buffer algorithm, scan-line Z-buffer algorithm, scan-line hidden removal algorithm, A-buffer algorithm, BSP, Octree

续表

章节顺序	章节名称 Chapters	课时 Hours	知　识　点	Key Points
10	真实感图形绘制基础（Basic of realistic rendering）	6~4	简单光照明模型，环境光，漫反射，镜面反射，立体角，Phong 模型，Gouraud 着色方法，Phong 着色方法，整体光照明模型，BRDF 模型，微面理论，光线跟踪算法，层次包围盒技术，双向光线跟踪法，阴影技术，辐射度绘制算法，绘制方程	Simple illumination model, ambient, diffuse, specular reflection, solid angle, Phong lighting model, Gouraud shading method, Phong shading method, the global illumination model, BRDF model, micro surface, ray tracing, hierarchical bounding box, two-way ray tracing, shadow technique, radio sity method, rendering equation
11	纹理与纹理映射（Texture and mapping）	4~2	纹理映射原理，几何纹理，颜色纹理，三维纹理，法向扰动法，纹理反混淆，mipmap 技术，区域求和表技术	Principle of texture mapping, geometry texture, color texture, 3D texture, normal perturbation, texture anti-aliasing, mipmap technology, SAT
12	图形高级专题一：基于 GPU 的绘制（Advanced topics 1: Rendering on GPU）	4~2	GPU 体系结构，GPU 绘制流程，可编程图形流水线，HLSL 与 Cg，顶点操作，片元操作，几何操作，多分辨率绘制	GPU architecture, GPU rendering-framework, programmable graphics pipeline, HLSL and Cg language, Vertex Shader, Fragment Shader, Geometry Shader, multi-resolution rendering
13	图形高级专题二：基于图像的图形绘制（Advanced topics 2: Image based rendering）	4~2	基于图像的建模，基于图像的绘制，全景函数模型，全景图，同心圆拼图技术，图像 Warp 方法，光场函数采样技术，视图插值，非真实感图形绘制	Image-based modeling (IBM), image-based rendering (IBR), plenoptic function model, panorama, concentric mosaic, images Warping, light field, view morphing, Non-Photorealistic Rendering (NPR)

四、课程特色

1. 本课程密切结合图形软硬件技术的发展，与游戏动画等应用领域联系密切，是一门应用背景很强的专业课程。

2. 本课程需要具备较为扎实的数学基础和编程基础，课程内容理论性较强，同时有大量的编程实践，是理论和实践并重的课程。

3. 本课程强调动手能力的培养，鼓励学生通过对图形系统全流程的构建和对最新图形软硬件技术发展的跟踪，通过图形系统竞赛的形式展示丰富多彩的图形技术、效果和图形编程技巧。

4.1.20 计算机网络 Computer Networks

Prereq: Introduction to Computing

Credits: 3

Mission: Understand fundamental concepts and principles of computer networks, understand the computer network architecture and master the TCP/IP protocols, understand technology characteristics and development situation of computer network related fields, able to develop basic computer network applications.

Topics include computer network architectures, the ISO reference model; switching technology; congestioncontrolling, error detection and correction; data link layer HDLC\PPP; wireless transmission; network layer functions and related protocols-IPv4\IPv6\ICMP\ARP\RARP\DHCP\NAT, routing algorithms; mobile computing concepts; UDP\TCP; multimedia etc.

YAN Wei, BIAN Kaigui

一、课程基本情况

课程名称	计算机网络											
	Computer Networks											
开课时间	一年级			二年级			三年级			四年级		
	秋	春	夏	秋	春	夏	秋	春	夏	秋	春	夏
适用院系	计算机系,智能科学系,电子系											
课程定位	专业必修课、主干基础课											
学分	3 学分											
总学时	54 学时											
先修课程	程序设计											
后续课程	计算机网络协议分析与设计											
教学方式	课堂讲授为主,课后安排上级实习											
课时分配												
考核方式	上机实习占 20%,期中考试占 30%,期末考试占 50%											
主要教材	Andrew S Tanenbaum. 计算机网络. 5 版. 北京:清华大学出版社,2012											
参考资料	James F Kurose, Keith W Ross. Computer Networking-A Top-Down Approach Featuring the Internet. 3rd ed. 影印版. 北京:高等教育出版社,2005											

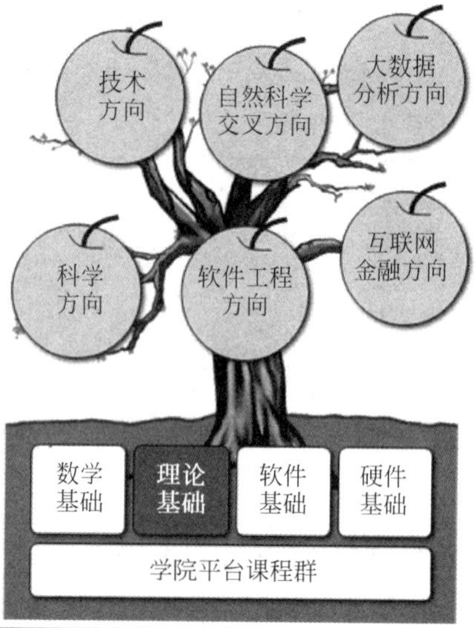

技术方向
自然科学交叉方向
大数据分析方向
科学方向
软件工程方向
互联网金融方向
数学基础
理论基础
软件基础
硬件基础
学院平台课程群

续表

其他信息	
大纲提供者	严伟

二、教学目的和基本要求

1. 熟练掌握计算机网络的基本概念。
2. 熟练掌握计算机网络的基本原理。
3. 熟练掌握 Internet 体系结构。
4. 熟练掌握 TCP/IP 协议。
5. 熟练掌握开发网络应用的基本方法。
6. 了解计算机网络及其相关领域的发展现状和技术特点，为进一步学习计算机网络课程做准备。

三、课程大纲和知识点

章节顺序	章节名称 Chapters	课时 Hours	知识点	Key Points
1	计算机网络概述	2	计算机网络的发展，计算机网络定义，计算机网络功能	Definition, development and functions of computer networks
2	体系结构及参考模型	2	网络体系结构以及 ISO 参考模型和 TCP/IP 协议栈	Computer network architecture, the ISO reference model and the TCP/IP protocol stack
3	网络交换技术	2	电路交换，报文交换，分组交换	Circuit switching, message switching and packet switching
4	流量控制机制	2	数据链路层功能，停等式控制，滑动窗口机制，线路利用率	Functions of the data link layer, stop and wait controlling, the sliding window mechanism, line utilization
5	差错检测与控制	2	差错检测和纠错原理，奇偶校验，循环码冗余校验，ARQ 机制	Error detection and correction, parity check, cyclic redundancy check and ARQ
6	典型数据链路协议	2	HDLC 协议，PPP 协议以及常用的有线接入网络	HDLC and PPP protocol, introduction of common cable access networks
7	计算机局域网与 IEEE 802.3 协议	2	计算机局域网的体系、拓扑结构，介质访问控制方法，IEEE 802.3 协议	The architecture and topological structure of LAN, the medium access control method and IEEE 802.3
8	无线传输与 IEEE 802.11 协议	2	传输介质，无线传输特点，IEEE 802.11 协议	Transmission medium, the characteristics of wireless transmission and IEEE 802.11

续表

章节顺序	章节名称 Chapters	课时 Hours	知识点	Key Points
9	网络互联	2	网络层功能,网络互联设备与技术	Network layer functions, network interconnection equipment and technology
10	报文转发与路由算法	3	距离矢量算法,链路状态算法,直接投递与间接投递	Distance vector algorithm, link state algorithm, direct and indirect delivery
11	Internet 数据报协议	2	尽力而为服务,IP 协议,IPv4/IPv6	Best-effort service, IP protocol, IPv4/IPv6
12	Internet 控制协议	3	ICMP、ARP、RARP、DHCP、NAT 协议	ICMP, ARP, RARP, DHCP and NAT
13	Internet 路由体系与组播技术	4	Internet 路由体系,自治系统,组播算法,组管理	Internet routing system, Autonomous System, broadcast algorithm and group management
14	移动计算与移动 IP	4	移动计算概念,移动 IP 基本机制,隧道转发,ICMP 协议的扩展	Mobile computing concepts and the basic mechanism of mobile IP, tunnel forwarding and extension of ICMP
15	移动自组织网络	4	移动自组织概念,对等计算概念,移动自组织的组网技术,主动路由和按需路由	Concepts of mobile self-organizing and peer to peer computing, mobile self-organizing technology, routing algorithms
16	不可靠数据传输	2	传输层功能,不可靠数据传输,用户数据报协议(UDP)	Functions of transport layer, unreliable data transfer protocol and user datagram protocol (UDP)
17	TCP 与可靠数据传输	3	可靠数据传输技术,TCP 连接管理,TCP 滑动窗口	Reliable data transmission technology, TCP connection management and TCP sliding window
18	TCP 与拥塞控制	3	网络拥塞控制,漏桶算法,TCP 的拥塞控制机制	Network congestion control, Leaky Bucket algorithm and congestion control mechanism of TCP
19	多媒体与服务质量	6	多媒体传输与 VoIP,网络服务质量的性能指标,IntServ 机制与资源预留协议,DiffServ 机制,RTP/RTCP/RTSP 协议	Multimedia transmission and VoIP, the service quality of network performance, IntServ and resource reservation protocol, DiffServ mechanism, RTP/TRCP/RTSP protocol

四、课程特色

1. 本课程密切跟踪计算机网络新技术的发展,是一门应用背景很强的专业基础课程。

2. 本课程在强调网络基础知识的同时注重新技术的发展,鼓励学生积极学习计算机网络新知识。

3. 本课程需要具备较为扎实的计算机基础和编程基础，课程内容涉及面广，同时有一定的编程实践，是理论和实践并重的课程。

4. 本课程的实习采用专门的网络实习教学系统，通过该系统不仅能了解每个层次传送的报文格式，而且通过关键代码的编写真正掌握 Internet 核心协议的基本机制和实现技术。

4.1.21　计算机网络与 Web 技术 Computer Network and Web Technology

Prereq: Data Structure

Credits: 3

Mission: Try to make students understand the fundmental concepts, architectures and protocols of computer network, and be able to grasp the latest technologies of computer network and web applications. Hopefully the students can seize one or more opportunities brought by the Internet and the Web.

Topics include Communication subnet, LAN/WAN, Wireless communication, TCP/IP, Routing, Security, Network applications, Web technology, Web programming, and Web informaton processing.

Yan Zhang

一、课程基本情况

课程名称	计算机网络与 Web 技术 Computer Network and Web Technology											
开课时间	一年级			二年级			三年级			四年级		
	秋	春	夏	秋	春	夏	秋	春	夏	秋	春	夏
适用院系	智能科学系、计算机系											
课程定位	专业选修课											
学分	3 学分											
总学时	48 学时											
先修课程	数据结构											
后续课程												

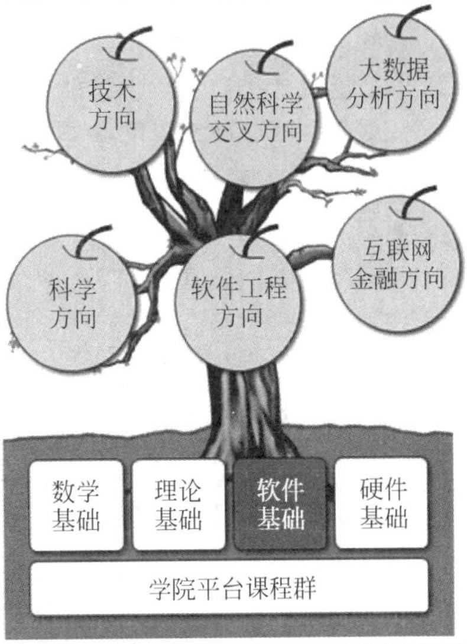

技术方向
自然科学交叉方向
大数据分析方向
科学方向
软件工程方向
互联网金融方向
数学基础
理论基础
软件基础
硬件基础
学院平台课程群

续表

教学方式	课堂教学：课堂讲授(多媒体教学)，每周3学时； 网络课堂：课后复习、练习，作业、讨论、辅导答疑； 课程实验：有多组题目，培养学生综合开发网络软件的能力
课时分配	课堂授课(48学时)
考核方式	平时成绩占20%，编程实习及报告占30%，期末考试占50%。期末考试采用闭卷形式
主要教材	Douglas E Comer. 计算机网络与因特网. 5版. 林生，等译. 北京：机械工业出版社，2009
参考资料	1. James F Kurose and Keith W Ross. 计算机网络——自顶向下方法与Internet特色. 3版. 陈鸣，译. 北京：机械工业出版社，2009 2. Larry L Peterson and Bruce S Davie. 计算机网络系统方法. 4版. 薛静锋，等译. 北京：机械工业出版社，2009 3. A S Tanenbaum. 计算机网络. 4版. 潘爱民，译. 北京：清华大学出版社，2004 4. Fred Halsall. 计算机网络与因特网教程. 吴之艳，魏霖，等译. 北京：机械工业出版社，2006
其他信息	http://course.pku.edu.cn/webapps/login/
大纲提供者	张岩

二、教学目的和基本要求

1. 近年来计算机网络和Web技术的发展异常迅猛，这些技术的应用已经渗透到所有行业。掌握和使用这些技术对于智能信息科学专业的学生来说，关乎将来能否很快适应社会的需求。本课程通过对计算机网络互联技术和Web应用技术的全面介绍，使学生了解计算机网络的基本概念、体系结构、联网技术、网络应用、编程技术以及Web信息应用技术。

2. 通过对网络互联和Web技术的介绍，使学生认识到互联网和WWW的方兴未艾，认识到互联网对人们生活的重大影响，认识到Web这个新领域给智能信息处理带来的机遇和挑战。

3. 通过课程作业和编程实习，锻炼和培养学生的动手能力。

三、课程大纲和知识点

章节顺序	章节名称 Chapters	课时 Hours	知识点	Key Points
1	概述(Introduction)	4~2	计算机网络，分组交换，网络互联，互联网，计算机网络参考模型，World Wide Web，智能网络	Computer network, Packet switching, Network interconnections, Internet, Network reference model, World Wide Web, Intelligent Network

续表

章节顺序	章节名称 Chapters	课时 Hours	知识点	Key Points
2	传输与分组(Transmission and packets)	4～2	传输介质,局域异步通信,Shannon 定理,远距离通信,调制,MODEM,多路复用,编码,分组,帧,差错检测,CRC	Transmission medium, Local asynchronous communication, Shannon theorem, Long distance communication, Modulation, MODEM, Multiplexing, Encoding, Packet, Frame, Error detection, CRC
3	局域网及相关技术(Local area network)	4～2	局域网,IEEE 802,以太网,令牌环,令牌总线,CSMA/CD,CSMA/CA,寻址方案,帧类型,网卡,物理拓扑与逻辑拓扑,局域网扩展技术,中继器,网桥,交换局域网,虚拟局域网交换机	LAN, IEEE 802, Ethernet, Token ring, Token bus, CSMA/CD, CSMA/CA, Addressing scheme, Frame type, NIC, Physical topology, Logical topology, LAN expansion technology, Repeater, bridge, Switched LAN, VLAN switch
4	广域网及相关技术(Wide area network)	4～2	广域网,分组交换机,存储/转发,下一站转发技术,路由表,Dijkstra 算法,因特网接入技术,ADSL,网络所有权,服务模式,COS/CLS,网络性能,X. 25,帧中继,ATM	WAN, Packet switch, Store and forward, Next-hop forwarding, Routing table, Dijkstra algorithm, Internet access technology, ADSL, Network ownership, Service paradigm, COS/CLS, Network performance, X. 25, Frame relay, ATM
5	网络互联(Internetworking)	4～2	网络协议,网络分层,ISO/OSI 七层模型,路由器,网络互联,TCP/IP,互联网体系结构,IP 编址,地址掩码,CIDR,地址解析,ARP,IPv6	Network protocol, Networkstratification, ISO/OSI RM, Router, Internetworking, TCP/IP, Internet architecture, IP addressing scheme, address mask, CIDR, address resolution, ARP, IPv6
6	IP 协议和传输层协议(IP/UDP/TCP)	5～3	IP 数据报,数据报转发,尽力传递,IP 封装、分片和重装,差错报告机制,ICMP,UDP 协议,TCP 协议,自适应重发,三次握手,拥塞控制	IP datagram, Datagram transmission, Best effort transfer, IP encapsulation/fragmentation/reassembly, Error report mechanism, ICMP, UDP, TCP, Self-adaptive retransmission, Three-way handshake, Congestion control

续表

章节顺序	章节名称 Chapters	课时 Hours	知识点	Key Points
7	因特网路由技术(Internet routing technology)	4~2	网络地址转换,静态路由,动态路由,自治系统,IGP,EGP,因特网路由协议,距离矢量路由算法,链路状态路由算法,RIP,OSPF,组播路由技术,IGMP,域名解析,DNS	Network address translation, Static routing, Dynamic routing, Autonomous system, IGP, EGP, Internet routing protocol, Distance-vector routing algorithm, Link status routing algorithm, RIP, OSPF, Multicasting routing technology, IGMP, Domain name resolution, DNS
8	网络安全(Network security)	5~3	安全层次,加密算法,DES,RSA,MD5,安全机制,数字签名,X. 509,证书,IPSEC,HTTPS,PGP,SSH,防火墙,虚拟专用网络,安全性技术	Security level, Encryption algorithm, DES, RSA, MD5, Security mechanism, Digital signature, X. 509, Certificate, IPSEC, HTTPS, PGS, SSH, Firewall, VPN, Security technology
9	互联网应用模式(Internet application paradigm)	4~2	网络性能,服务质量,互联网的脆弱性,拒绝服务攻击,客户/服务器模式,并发服务器,套接字接口,RPC,胖瘦客户端,通信插件	Network performance, QoS, Internet-vulnerability, DoS, C/S paradigm, Concurrent server, Socket API, RPC, Fat/thin client, Communication Stub
10	网络应用(Network applications)	4~2	远程登录,Telnet,文件传输协议,电子邮件,简单邮件传输协议,邮局协议,IMAP,IP 电话,H. 323,SIP,RTP/RTCP,流媒体,RSVP,组播,多媒体应用,网络管理,SNMP	Remote login, Telnet, FTP, Email, SMTP, POP, IMAP, IP telephony, H. 323. SIP, RTP/RTCP, Stream media, RSVP, Multicast, Multimedia application, Network management, SNMP
11	World Wide Web 技术(World Wide Web technology)	4~2	超文本,超媒体,HTTP,浏览器结构,XHTML,公共网关接口,服务器脚本技术,动态文档,活动文档,Java 技术,Java 虚拟机,无线网络,无线 Web	Hypertext, Hypermedia, HTTP, Browser structure, XHTML, CGI, Server-end script, Dynamic document, Active document, Java technology, JVM, Wireless network, Wireless Web

续表

章节顺序	章节名称 Chapters	课时 Hours	知 识 点	Key Points
12	Web 编程(Web programming)	4～2	层次模型，中间件，J2EE，面向服务体系架构，Web 服务，软件即服务，云计算，网络应用发展趋势	Layer model, Middleware, J2EE, SOA, Web service, SaaS, Cloud computing, Development trend of network applications
13	Web 信息发现(Web information discovery)	4～2	Web 信息特性，搜索引擎，链接分析，Web 社区，PageRank，随机访问模型，HITS，搜索引擎带来的影响	Web information characteristics, Search engine, Link analysis, Web community, PageRank, Random surfer model, HITS, Search bias
14	Web 信息收集和处理(Web information collecting and processing)	4～2	信息收集，Crawler 技术，增量 Crawler，并行 Crawler，Deep Web Crawler，抗击 Web Spamming，Web Spamming 分类法，TrustRank	Information collecting, Crawler technology, Incremental crawler, Parallel crawler, Deep Web crawler, Combating Web Spamming, Web Spamming Taxonomy, TrustRank
15	Web 信息的整合与应用(Web information integration and application)	5～3	Web 信息整合，异构信息集成，信息提取，Wrapper 生成，XML 查询，Web 挖掘，Web 内容挖掘，Web 日志挖掘，下一代互联网	Web information integration, Heterogenous information integration, Information extraction, Wrapper generation, XML query, Web mining, Web content mining, Web log mining, Next generation Internet

四、课程特色

1. 系统性与先进性相结合。在注重理论知识的系统性的同时，把最新思想和技术加入到课程讲解中。

2. 理论与实践相结合。特别注重课程实习，提供多组题目供学生选择，学生也可以自行选择合适的题目；学生通过分组实习，锻炼综合开发网络软件的能力和合作能力，同时培养学生对计算机网络和 Web 技术的研究兴趣。

4.1.22　计算机系统导论 Introduction to Computer Systems

Prereq: Introduction to Computing, C Language

Credits: 5

Mission: This course is for computer scientists, computer engineers, and others who want to be able to write better programs by learning what is going on "under the hood" of a computer system.

Our aim is to explain the enduring concepts underlying all computer systems, and to show you the concrete ways that these ideas affect the correctness, performance, and utility of your application programs. Other systems books are written from a builder's perspective, describing how to implement the hardware or the systems software, including the operating system, compiler, and network interface.

This course is taught from a programmer's perspective, describing how application programmers can use their knowledge of a system to write better programs. Of course, learning what a system is supposed to do provides a good first step in learning how to build one, and so this book also serves as a valuable introduction to those who go on to implement systems hardware and software.

Xiangqun Chen

一、课程基本情况

课程名称	计算机系统导论 Introduction to Computer Systems
开课时间	一年级：秋 春 夏 二年级：秋 春 夏 三年级：秋 春 夏 四年级：秋 春 夏
适用院系	计算机科学技术系,智能科学系
课程定位	专业必修课
学分	5 学分
总学时	64 学时
先修课程	计算概论,C 语言程序设计
后续课程	操作系统,编译原理,计算机组织与体系结构等
教学方式	大班授课和小班研讨相结合的授课模式,并安排相应的上机实习
课时分配	每周两次大班课(4 学时)、一次小班研讨课(2 学时)
考核方式	小班研讨表现和平时作业占 25%,上机实习占 25%,期中考试占 20%,期末考试占 30%
主要教材	Computer Systems: A Programmer's Perspective. 3rd Edition
参考资料	
其他信息	
大纲提供者	陈向群,陆俊林

二、教学目的和基本要求

本课程的内容从程序开发者的角度描述了计算机系统如何生成并执行程序、如何存储信息和相互通信,涵盖计算机系统从上到下的多个层次,其中包括:机器语言及其如何通过编译器优化生成、程序性能评估和优化、存储结构组织和管理、网络技术和协议以及并行计算的相关知识。

三、课程大纲和知识点

章节顺序	章节名称 Chapters	* 课时 Hours	知　识　点	Key Points
1	计算机系统概述	2	讲述计算机系统的一些基本理论知识和有关概念，重点阐述计算机系统中的几个关键原理； 以最简单的 Helloworld 程序为例，简要说明各软硬件部件如何组织成为一个高效、可用的系统	Computer Systems Overview
2	信息的表示和操作	4	讲述内存的基本组成，包括位、字节、字节序、各种数据类型的尺寸、布尔代数、C 语言中的逻辑操作、整数的数值表示和编码等内容； 以 IEEE 754 浮点标准为基础，讲述单精度和双精度浮点数的定义、表示、舍入、运算等各种特性，以及 C 语言中的类型转换问题	Bits and Bytes, Integers, Floating Point
3	机器级程序表示	10	编程基础：以 Intel 处理器的发展历程为开端，讲述 C 语言、汇编语言、机器语言之间的关系，以及汇编语言的基本运行环境，并讲解 64 位所引入的重要变化； 运算与控制：讲述寻址模式、算术运算、逻辑运算、分支跳转、各种循环语句等基本操作指令，以及高级语言是如何转换成机器语言的； 函数调用与返回：讲述函数调用与返回的相关操作及工作原理，并实际阐述栈、函数调用规范、递归函数等内容； 数据：讲述各种数据在内存中的实际存储方式，并阐述对齐和字节序等问题，包括一维数组、多维数组、结构体、联合体等； 缓冲区溢出：讲述缓冲区溢出的原理及其危害，并讲述其应对措施	Machine Programming, Basics, Control Procedures, Data, etc.

续表

章节顺序	章节名称 Chapters	*课时 Hours	知识点	Key Points
4	处理器体系结构	8	讲述基本的组合和时序逻辑单元; 从设计单时钟、非流水化的数据通路开始,设计概念非常简单,运行速度不会太快; 引入流水化的思想,设计五阶段的处理器流水线	ISA,Logic Sequential Processor Pipelined Processor Program optimization
5	存储层次结构	4	存储层次结构:讲述存储技术的发展,及其面临的挑战,重点阐述局部性原理和缓存技术,以理解存储层次结构的重要性和必要性; 高速缓存:讲述高速缓存的工作原理,并通过实际的性能差异,讲述算法和数据布局对程序性能的实际影响	The Memory Hierarchy Cache Memories
6	链接	4	链接:链接是软件开发和系统运行时的一个重要环节,本课讲述链接在软件系统中的位置及其重要性,对 ELF 文件的链接和加载过程进行详细说明,并学习实际系统中的静态链接库和动态链接库	Linking
7	异常控制流	6	异常控制流:讲述异常控制流和进程的工作原理,学习中断、系统调用、缺页异常等特殊情况下的操作系统处理流程,以及操作系统所提供的各种进程相关机制; 信号与非局部跳转:讲述真实系统中的信号和非局部跳转的工作原理,学习 shell 程序的工作流程和处理方式	Exceptions & Processes Signals Nonlocal Jumps
8	虚拟内存	8	虚存:讲述虚存的重要性和工作原理,学习操作系统中的页表和 TLB 相关机制,内存映射,COW 策略等内容,并结合实际的处理器实现,学习内存系统的实际运行原理; 动态内存分配:讲述动态内存分配的基本原理和实现方案,以及其中的碎片问题和 GC 策略等内容	Virtual Memory: Concepts Virtual Memory: Systems Dynamic Memory Allocation
9	系统级 I/O	2	文件是 UNIX 操作系统中的一个重要组成,本课讲述文件的分类、文件的 I/O 操作、文件的元数据、标准 I/O 流文件等内容,并结合实例,探讨文件共享和 I/O 重定向等操作的基础原理	System Level I/O

续表

章节顺序	章节名称 Chapters	*课时 Hours	知　识　点	Key Points
10	网络程序设计	6	网络互连：从C/S模型中的事务原理出发，讲述互联网的逻辑结构、协议、软硬件组织和层次结构等，涵盖以太网、桥接、局域网、路由等基本内容，并结合互联网的现状和发展，讲述IP地址、域名、DNS系统、防火墙和VPN的基本工作原理； 网络程序设计：以socket、port、connection等基本概念和原理为开端，讲述client与server之间的端口和协议等相关内容；并结合多个实例，学习socket接口的数据结构、工作原理和处理流程； Web服务：以Web发展历史为开端，以Tiny Web Server为实例，讲述静态和动态Web内容、HTTP标准、HTTP请求和响应流程、URL定义、显式和透明Proxy代理、CGI程序等内容	Network Programming
11	并发程序设计	8	并发程序设计：以竞争、死锁、活锁、互斥等待、公平性等基本概念和原理为开端，以echo server为实例，分别讲述了进程、线程和I/O多路复用所遇到的并发性问题，并进一步探讨了这三种情况下的解决方案； 同步：通过进程和线程的对比分析，阐述线程设计所存在的优缺点，以及线程中的共享变量和存储模型问题，并讲述了互斥、临界区和信号等基本概念和原理，进一步探讨了生产者-消费者问题、读者-写者问题和线程安全问题； 线程级并行性：在以多核技术和超线程技术为代表的并行计算机硬件结构之上，通过实例分析和性能评测探索线程级并行性	Concurrent Programming Synchronization

*注：上表中的“课时建议”仅指大班授课课时，未包含小班研讨课时。

四、课程特色

本课程的教学方式具有新颖和多向化的特点。除了基本的课堂讲授和答疑部分，还有特色的实验习题讨论。例如，对于难度较大的实验习题，由学生提前准备讲解材料与大家分享，而教师则把握方向和引导讨论。此外，课程建立了新颖“智能评价系统”，能够自动根据性能、时间、提交次数等对学生提交的实验习题进行评分,实时公开发布所有同学完成情况并分步分题进行比对,从而有效激励学生对实验的钻研热情。

4.1.23　计算机组织与体系结构(A) Computer Organization and Architecture(A Level)

Prereq: Digital Circuit Design, principle of Microcomputer

Credits: 3

Mission: Describe the basic principles of modern digital computing system; understand the tradeoff between software and hardware; grasping of computer system concepts.

Covers computer science.

Topics include performance evaluation, design of ISA, implementation of ALU, pipeling, Instruction Level Parallelism, memory hierarchy, basic IO etc.

Xu Cheng, Jiangfang Yi

一、课程基本情况

课程名称	计算机组织与体系结构(A)											
	Computer Organization and Architecture (A Level)											
开课时间	一年级			二年级			三年级			四年级		
	秋	春	夏	秋	春	夏	秋	春	夏	秋	春	夏
适用院系	计算机科学技术系											
课程定位	专业必修课、主干基础课											
学分	3 学分											
总学时	48 学时											
先修课程	数字逻辑设计,微机原理											
后续课程	计算机组织与体系结构实验											
教学方式	课堂多媒体教学和课后网络辅导结合,课程讲义和辅助材料均通过网络发布											
课时分配												
考核方式	3~5 次作业,2~3 次课程实习,期中考试,期末考试。作业、实习和期中考试成绩计入总成绩											
主要教材												
参考资料	D A Patterson and J L Hennessy. Computer Organization and Design: The Hardware/Software Interface. 4th Ed. Rev Printing. Menlo Park, CA: Morgan Kaufmann Publishing Co., 2010											

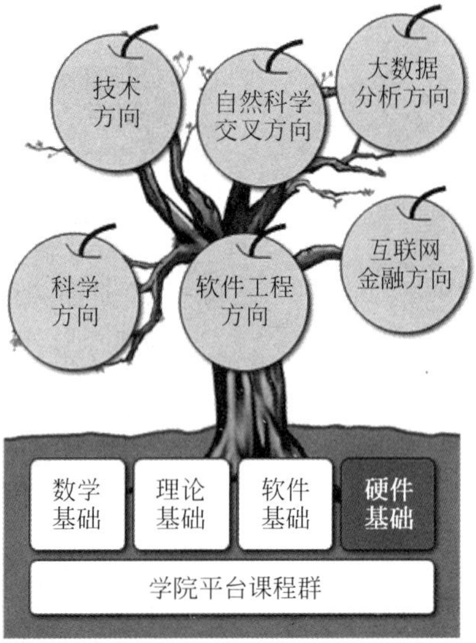

技术方向　自然科学交叉方向　大数据分析方向　科学方向　软件工程方向　互联网金融方向
数学基础　理论基础　软件基础　硬件基础
学院平台课程群

续表

其他信息	
大纲提供者	程旭

二、教学目的和基本要求

本课程使学生深入理解现代数字计算机系统的内部工作原理，以及在硬件、软件界面划分等的权衡策略，建立完整、系统的计算机软硬件整机概念。本课程的教学不仅培养学生具有系统的计算机硬件的基础理论知识，而且培养学生具有对应用开发、编程语言、编译原理、操作系统等专业基础知识的全局把握能力。

通过本课程的学习，学生将会有如下收获。

1. 了解计算机在不同层次上的抽象及工艺技术的发展规律。
2. 了解计算机性能评测的概念，正确掌握计算机性能评测和性能总结的方法。
3. 了解指令系统设计的基本原理。
4. 掌握基本算术、逻辑部件的实现原理和浮点数的表示。
5. 掌握单周期数据通路、多周期数据通路、流水化数据通路及其控制部件的工作原理和设计方法，掌握硬连线控制和微程序控制的实现原理。
6. 了解指令级并行、超标量结构、转移预测等现代处理器中的先进概念。
7. 掌握存储层次结构的工作原理和组成结构。
8. 掌握基本 I/O 设备的特点、I/O 系统工作的原理、总线的分类和工作原理。

三、课程大纲和知识点

章节顺序	章节名称 Chapters	课时 Hours	知　识　点	Key Points
1	课程介绍	2	计算机组织与系统结构的研究范畴，计算机系统结构、计算机组成、计算机实现等基本概念，计算机的不同层次的抽象和表示	Understand the research filed of computer organization and architecture; Master the basicconcept of computer architecture, computer organization, computer implementation; Knowing the abstraction and expression of computer in different level
2	计算机发展简史、成本和性能	4	计算机基本结构的演变与实现技术、社会需求的关系，集成电路的成本估算公式，评价 CPU 性能的基本公式及含义，正确总结性能的方法	Understand the relationship between the development of computer structure with implementation technology and social needs; Understand and master the formula of integrated circuit cost estimation, basic formula of CPU performance evaluation and its meaning, the correct way to summarize performance

续表

章节顺序	章节名称 Chapters	课时 Hours	知识点	Key Points
3	指令系统设计	6	指令系统设计的基本原则、寻址方式及相关基本概念,MIPS 指令系统体系结构,技术工艺和延迟模型	Basic principles of instruction set design, addressing method and relevant concept; MIPS instruction set architecture; techniques and delay model
4	数据部件的设计及浮点表示	8	ALU 设计(加法),ALU 设计(乘法和移位),除法和浮点表示	ALU design (addition); ALU design (multiplication and shift); division and floating-point representation
	期中考试			
5	数据通路以及控制部件	6	设计单周期数据通路,设计单周期控制,设计多周期控制	Single cycle datapath design; Single cycle control design; Multi-cycle datapath design; Multi-cycle control design
6	中断和意外处理、流水技术	8	微程序和中断,流水技术引论,设计流水线处理器,利用流水线改进性能	Micro-programing and interrupt; Introduction of pipeline technique; Pipelined processor design; Use pipeline to improve performance
7	存储系统	8	存储器系统(寄存器堆、SRAM、DRAM),高速缓冲存储器系统,虚拟存储系统	Memory hierarchy (register file, SRAM, DRAM); Cache system; Virtual memory system
8	输入输出系统	6	总线,I/O 数据传送的五种主要控制方式,RAID 的工作原理	BUS; Five main methods of I/O data transfer; basic principle of RAID

4.1.24 计算机组织与体系结构(B) Introduction to Computer Architecture(B Level)

Prereq: Digital Logic design, Assembly language programing, Principle of Microcomputer

Credits: 3

Mission: Give students in electrical engineering the insight into the design of computer systems and high performance processors.

This course overviews the architecture of traditional computing systems and extensively practices various hardware/architectural means that enhance performance of computer systems. Both uni-processor and concurrent systems will be investigated. Students are expected to apply basic knowledge learned in the course to understand more advanced systems.

Guangyu Sun

一、课程基本情况

<table>
<tr><td rowspan="2">课程名称</td><td colspan="12">计算机组织与体系结构(B)</td></tr>
<tr><td colspan="12">Introduction to Computer Architecture (B Level)</td></tr>
<tr><td rowspan="2">开课时间</td><td colspan="3">一年级</td><td colspan="3">二年级</td><td colspan="3">三年级</td><td colspan="3">四年级</td></tr>
<tr><td>秋</td><td>春</td><td>夏</td><td>秋</td><td>春</td><td>夏</td><td>秋</td><td>春</td><td>夏</td><td>秋</td><td>春</td><td>夏</td></tr>
<tr><td>适用院系</td><td colspan="12">电子学系,微电子学系</td></tr>
<tr><td>课程定位</td><td colspan="12">专业选修课</td></tr>
<tr><td>学分</td><td colspan="12">3 学分</td></tr>
<tr><td>总学时</td><td colspan="12">48 学时</td></tr>
<tr><td>先修课程</td><td colspan="12">数字逻辑,汇编语言,微机原理</td></tr>
<tr><td>后续课程</td><td colspan="12"></td></tr>
<tr><td>教学方式</td><td colspan="12">课堂多媒体教学和课后网络辅导结合,课程讲义和辅助材料通过网络发布</td></tr>
<tr><td>课时分配</td><td colspan="12"></td></tr>
<tr><td>考核方式</td><td colspan="12">3～5 次平时作业占 20%,2～3 次课程实习占 30%,期中考试占 20%,期末考试占 30%。其中,期中和期末考试采用闭卷形式(注:根据实际情况调整)</td></tr>
<tr><td>主要教材</td><td colspan="12">D A Patterson and J L Hennessy. Computer Organization and Design: The Hardware/Software Interface. 4th ed. Rev Printing. Menlo Park, CA: Morgan Kaufmann Publishing Co.,2010</td></tr>
<tr><td>参考资料</td><td colspan="12"></td></tr>
<tr><td>其他信息</td><td colspan="12"></td></tr>
<tr><td>大纲提供者</td><td colspan="12">孙广宇</td></tr>
</table>

注:参考程旭老师讲授的“计算机组织与体系结构”课程。

二、教学目的和基本要求

学生对传统计算机系统结构有全面的了解,对高性能处理器有一定认识,能够利用从课上获得的基本技能理解先进计算机系统的设计。

通过本课程的学习,学生将会有如下收获。

1. 了解计算机在不同层次上的抽象及工艺技术的发展规律。
2. 了解计算机性能评测的概念,正确掌握计算机性能评测和性能总结的方法。
3. 了解指令系统设计的基本原理。
4. 掌握基本算术、逻辑部件的实现原理和浮点数的表示。

5. 掌握单周期数据通路、多周期数据通路、流水化数据通路及其控制部件的工作原理和设计方法。

6. 了解指令级并行、超标量结构、转移预测等现代处理器中的先进概念。

7. 掌握存储层次结构的工作原理和组成结构。

8. 掌握基本 I/O 设备的特点、I/O 系统工作的原理、总线的分类和工作的原理。

三、课程大纲和知识点

章节顺序	章节名称 Chapters	课时 Hours	知识点	Key Points
1	课程介绍(Course introduction)	4~2	计算机组织与系统结构的研究范畴,计算机系统结构、计算机组成、计算机实现等基本概念	Background and basic concepts in the research of computer architecture
2	MIPS 指令系统和结构,基本算数单元(MIPS ISA and basic architecture, arithmetic units)	8~6	性能评估方法,指令系统设计的基本原则、寻址方式及相关基本概念,MIPS 指令系统体系结构,ALU 基本算术单元设计	Performance metrics; MIPS ISA, data path and control; ALU and basic arithmetic units
3	流水线数据通路及控制(pipeline datapath design issues)	10~8	单周期、多周期数据通路,流水线数据通路及控制,流水线数据通路和控制,流水线 hazard	Single-/Multi-Cycle, pipeline datapath and control, pipeline hazard
4	多发射体系结构(multiple-issue architectures)	10~8	超标量指令模型,超标量前后端设计	superscalar execution model, superscalar front end issues, superscalar back-end issues
5	存储系统(Memory Organization and Design)	10~8	存储器系统(寄存器堆、SRAM、DRAM),高速缓冲存储器系统,虚拟存储系统;	memory hierarchies, improving cache performance, virtual memory
6	输入输出系统(I/O organization and design)	6~4	总线,I/O 数据传送的主要控制方式,RAID 的工作原理	Peripheral architectures, Buses and I/O design, RAID
7	多核处理器设计结介绍(Introduction to multiprocessor design)	8~6	多核处理器概念,总线连接,网络连接,CMP/SMT 介绍	multiprocessor concept, single-bus connect multiprocessor, network connected multiprocessor, advanced topics: CMP and SMT

4.1.25　计算机组织与体系结构实验 Computer Organization and Architecture Lab

Prereq: Computer Organization and Architecture

Credits: 3

Mission: Understand microprocessor design flow, the hardware description language, the simulation and synthesis EDA tools; Able to design a multi-cycle data path RISC microprocessor core, implement and prototype with FPGA board.

Covers Computer science.

Topics include Microprocessor, RISC ISA, hardware description language, HDL simulation and synthesis, FPGA prototyping.

Xianfeng Li, Feng Liu, Xianhua Liu

一、课程基本情况

<table>
<tr><td rowspan="2">课程名称</td><td colspan="12">计算机组织与体系结构实验</td></tr>
<tr><td colspan="12">Computer Organization and Architecture Lab</td></tr>
<tr><td rowspan="2">开课时间</td><td colspan="3">一年级</td><td colspan="3">二年级</td><td colspan="3">三年级</td><td colspan="3">四年级</td></tr>
<tr><td>秋</td><td>春</td><td>夏</td><td>秋</td><td>春</td><td>夏</td><td>秋</td><td>春</td><td>夏</td><td>秋</td><td>春</td><td>夏</td></tr>
<tr><td>适用院系</td><td colspan="12">计算机系</td></tr>
<tr><td>课程定位</td><td colspan="12">专业基础课、专业必修课</td></tr>
<tr><td>学分</td><td colspan="12">3 学分</td></tr>
<tr><td>总学时</td><td colspan="12">54 学时</td></tr>
<tr><td>先修课程</td><td colspan="12">计算机组织与结构</td></tr>
<tr><td>后续课程</td><td colspan="12">无</td></tr>
<tr><td>教学方式</td><td colspan="12">以实验为主，课堂讲授为辅</td></tr>
<tr><td>课时分配</td><td colspan="12">课堂授课(8 学时) + 实验课(46 学时)</td></tr>
<tr><td>考核方式</td><td colspan="12">根据设计代码、设计文档和实验报告进行综合评分</td></tr>
<tr><td>主要教材</td><td colspan="12">Patterson and Hennessy. Computer Organization & Design: the Hardware/Software Interface. 3rd ed. Morgan Kaufmann Publishers, 2007</td></tr>
</table>

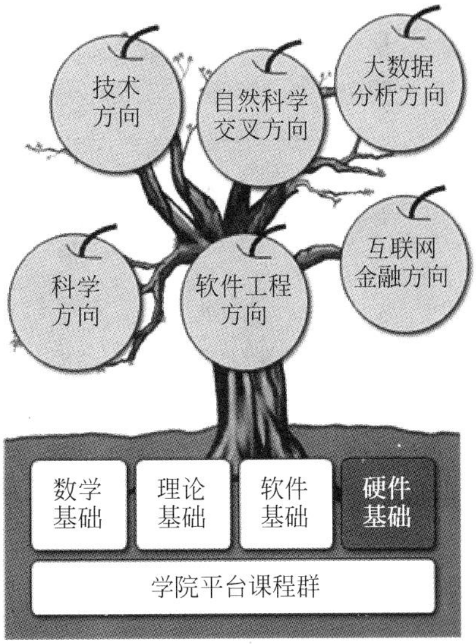

续表

参考资料	1. Xilinx XUP V2P 开发板软硬件资料(Xilinx 网站) 2. The Designer's Guide to Verilog (http://www.doulos.com/knowhow/verilog_designers_guide/) 3. 王冠,俞一鸣. 面向 CPLD/FPGA 的 Verilog 设计. 北京:机械工业出版社,2007
其他信息	
大纲提供者	李险峰,刘锋,刘先华

二、基本教学目的和要求

1. 了解 FPGA 基本原理,熟悉 CAD 工具及 FPGA 原型验证系统的使用方法。
2. 掌握硬件描述语言 Verilog。
3. 掌握处理器中算术部件、控制部件及存储部件的 HDL 设计实现方法。
4. 能够完成单周期和多周期数据通路的简单 RISC 处理器设计。
5. 掌握处理器的基本设计流程和验证方法。
6. 能够完成分支预测和前递机制的典型 RISC 流水线处理器设计(扩展实验要求)。
7. 掌握处理器的高层次建模和性能分析方法(扩展实验要求)。

三、课程教学大纲和知识点

章节顺序	章节名称 Chapters	课时 Hours	知识点	Key Points
1	Verilog 语言和 FPGA 开发板介绍(Introduction to Verilog HDL and FPGA)	8~6	硬件设计方法,包括原理图设计、状态机设计、硬件描述语言(HDL)设计;FPGA 的基本原理和使用方法;硬件设计验证,包括模拟器和综合器	Hardware design methods, include: Schematic, FSM, HDL; FPGA design and implementation flow; Hardware design and verification tools, include: simulator and synthesizer
2	ALU 设计实现(ALU design and implementation)	6~4	1-bit 全加器设计,32-bit 加法器设计,包括逐次进位加法器和超前进位加法器;处理器 ALU 单元设计,支持加/减/移位和逻辑运算功能;快速乘法器设计(扩展实验)	1-bit Full adder design, 32-bit adder design, include: ripple carry adder and carry look-ahead adder; ALU design, support add/sub/shift and logic calculations; Fast multiple design (extension)
3	译码及控制器设计实验(Decoder and controller design)	5~3	微程序实现与状态机设计,优先级译码,时序控制和信号延时控制	Micro-code and FSM design; Priority decodes; Timing and delay control

续表

章节顺序	章节名称 Chapters	课时 Hours	知　识　点	Key Points
4	寄存器堆及存储器设计实验(Register file and memory design)	5 ~ 3	寄存器与存储器区别,多端寄存器读写设计,静态存储器读写控制,动态存储器读写延时	Register file and memory; Multi-port register design; SRAM read/write control; DRAM read/write delay
5	单周期 RISC 处理器设计实验(single-cycle RISC processor design)	6 ~ 4	RISC,关键路径,测试向量,处理器功能验证	RISC; Critical path; Test vector; Verification methodology
6	多周期 RISC 处理器设计实验(multi-cycle RISC processor design)	6 ~ 4	功能模块划分与接口设计,复杂状态机设计,模块重用,CPI 及处理器性能分析	Function blocks partition and interface design; Complicated FSM design; Module reuse; CPI and performance analysis
7	流水线 RISC 处理器设计实现(pipeline RISC processor design)	10 ~ 8	流水线设计; 数据冒险,控制冒险,结构冒险; 分支预测和数据前递; 结合最高工作频率及 CPI,与多周期处理器设计对比,分析流水线处理器性能	Pipeline design; Data hazard, control hazard and structure hazard; Branch prediction and data forwarding; Performance analysis and compare with multi-cycle CPU design
8	高速缓存设计实验(扩展实验)(Cache design)	8 ~ 6	局部性原理,地址映射,替换算法,写入策略	Locally principle; Direct-associative, full-associative, way set-associative; LRU, FIFO, LFU, RAND; Write-through and write-back
9	RISC 处理器模拟器设计实验(扩展实验)(processor simulator design)	10 ~ 6	功能模拟,性能模拟,模拟精度	Function simulation; Performance simulation; simulation accuracy

四、课程特色

1. 本课程在处理器设计实验中,以小组为单位,通过小组成员的分工协作,完成目标的设计实现。

2. 本课程注重计算机系统结构理论概念与实际设计实践的结合,强调学生自主学习能力和团队协作能力的培养。

4.1.26　可重构系统基础 Fundamentals of Reconfigurable Systems

Prereq: Introduction to Computing, Digital Logic Design

Credits: 3

Mission: Understand the fundamentals of reconfigurable systems, and have the capability of developing algorithms/applications in reconfigurable systems to fully leverage the performance/power advantages of the reconfigurable systems.

Covers computer architecture and reconfigurable computing

Topics include the principles, organization, and structure of reconfigurable logic, the hardware description language Verilog and its programming model on reconfigurable logic, the algorithms and applications suitable on reconfigurable systems and some advanced topics in reconfigurable logic research.

Tao Wang

一、课程基本情况

<table>
<tr><td rowspan="2">课程名称</td><td colspan="12">可重构系统基础</td></tr>
<tr><td colspan="12">Fundamentals of Reconfigurable Systems</td></tr>
<tr><td rowspan="2">开课时间</td><td colspan="3">一年级</td><td colspan="3">二年级</td><td colspan="3">三年级</td><td colspan="3">四年级</td></tr>
<tr><td>秋</td><td>春</td><td>夏</td><td>秋</td><td>春</td><td>夏</td><td>秋</td><td>春</td><td>夏</td><td>秋</td><td>春</td><td>夏</td></tr>
<tr><td>适用院系</td><td colspan="12">计算机系，电子学系，微电子学系，元培学院</td></tr>
<tr><td>课程定位</td><td colspan="12">专业选修课</td></tr>
<tr><td>学分</td><td colspan="12">3 学分</td></tr>
<tr><td>总学时</td><td colspan="12">48 学时</td></tr>
<tr><td>先修课程</td><td colspan="12">计算概论，数字逻辑设计</td></tr>
<tr><td>后续课程</td><td colspan="12"> </td></tr>
<tr><td>教学方式</td><td colspan="12">课堂授课为主，课堂授课中包括大作业课堂汇报</td></tr>
<tr><td>课时分配</td><td colspan="12">课堂授课(48 学时)</td></tr>
<tr><td>考核方式</td><td colspan="12">课堂表现占 20%，大作业占 40%，期末论文占 40%</td></tr>
<tr><td>主要教材</td><td colspan="12">Scott Hauck & André Dehon (editors). Reconfigurable Computing. Morgan Kaufmann, 2008</td></tr>
<tr><td>参考资料</td><td colspan="12">Vaughn Betz. 深亚微米 FPGA 结构与 CAD 设计. 王伶俐，等译. 北京：电子工业出版社，2008</td></tr>
<tr><td>其他信息</td><td colspan="12">http://ceca.pku.edu.cn/s.asp?id=174</td></tr>
<tr><td>大纲提供者</td><td colspan="12">王韬</td></tr>
</table>

二、教学目的和基本要求

1. 使学生掌握有关可重构系统的基础知识。

2. 使学生可以针对可重构系统进行应用/算法开发，以充分利用高性能/低能耗的可重构系统。

3. 培养学生的独立思考能力、科学思维方法和求知创新精神。

三、课程大纲和知识点

章节顺序	章节名称 Chapters	课时 Hours	知　识　点	Key Points
1	可重构逻辑简介(Introduction to Reconfigurable logic)	3～3	可重构逻辑的基本概念，可重构逻辑、处理器、定制逻辑的比较	Basic concepts of reconfigurable logic, comparison among reconfigurable logic, processors and dedicated logic
2	硬件描述语言Verilog基础Ⅰ(Hardware Description Language Verilog basic Ⅰ)	3～3	组合逻辑，Verilog中的结构描述方法与行为描述方法，用Verilog设计组合逻辑	Combinational logic, structural & behaviorial Verilog, designing combinational logic circuits with Verilog
3	硬件描述语言Verilog基础Ⅱ(Hardware Description Language Verilog basic Ⅱ)	3～3	时序逻辑，用Verilog设计时序逻辑，状态机	Sequential logic, designing sequential logic circuits with Verilog, state machines
4	现场可编程门阵列FPGA简介(Introduction to Field Programmable Gate Array FPGA)	3～3	FPGA体系结构，FPGA设计流程，当代商用FPGA	FPGA architecture, FPGA design flow, modern commercial FPGA
5	讲解——在FPGA上实现秒表(Case study: stopwatch in FPGA)	3～3	使用Verilog来描述秒表的设计，设计综合，设计实现，时序仿真，配置FPGA	Modeling stopwatch with Verilog, synthesis, implementation, timing simulation of the design, configuring FPGA
6	可重构计算中的流水线(Pipelining in reconfigurable computing)	3～3	多周期设计，流水线，实例分析	Multi-cycle design, pipelining, case study
7	FPGA中的数据存储(Data storage in FPGA)	3～3	可重构计算中的逻辑存储类型，FPGA中的物理存储器件	Logical storage elements in reconfigurable computing, physical storage devices in FPGA

续表

章节顺序	章节名称 Chapters	课时 Hours	知 识 点	Key Points
8	讲解——在 FPGA 上实现先进加密算法 AES (Case study: Advanced Encryption Standard AES in FPGA)	3 ~ 3	AES 加密算法介绍,AES 非流水线设计及代码分析,AES 流水线设计及代码分析,如何评估 FPGA 上的算法设计	AES algorithm, non-pipelined version of AES in FPGA, pipelined version of AES in FPGA, evaluating algorithm designs in FPGA
9	讲解——在 FPGA 上实现简单 CPU (Case study: a simple CPU in FPGA)	3 ~ 3	简单 CPU 系统结构,IF 设计,ID 设计,EXE 设计,MEM 设计,WB 设计,异常处理设计	Architecture of a simple CPU, the design of IF, the design of ID, the design of EXE, the design of MEM, the design of WB, the design of exception handling
10	可重构系统课堂汇报 (Class presentations of reconfigurable systems)	6 ~ 6	可重构计算分组汇报,可重构体系结构分组汇报	Presentations of the reconfigurable computations, presentations of the reconfigurable logic architectures
11	可重构系统前沿系统专题 (Advanced topics in reconfigurable systems)	12 ~ 12	非 FPGA 的可重构逻辑体系结构,结合处理器和可重构逻辑的系统,高层综合,三维可重构系统	Non-FPGA reconfigurable logic architecture, Systems integrating processors and reconfigurable logic, High-level synthesis, 3-D reconfigurable systems
12	可重构系统总结 (Summary of reconfigurable systems)	3 ~ 3	可重构逻辑体系结构和可重构计算的总结	Summary of reconfigurable logic & reconfigurable computing

四、课程特色

1. 课上出现的所有专业名词都为英文,利于同学们的国际学术交流。

2. 本课程包括 4 次前沿系统专题,并邀请 1 ~ 2 位美国知名教授来做课堂讲座,开拓同学们的研究视野。

3. 课后有小测试,记名但不记分,会返回修改结果,目的是帮助学生思考和总结上课内容。

4. 本课程包括分组汇报环节,培养学生的科研表达能力。

4.1.27 理论计算机科学基础 Elements of Theoretical Computer Science

Prereq: Introduction to computing (A Level), Set theory and graph theory, Algebraic structures and combinatorics, mathematical logics

Credits: 3

Mission:

Through the learning of the formal languages and automata theory, students will build up a foundation of knowledge for the learning and understanding of the principle of compilers and the formal methods in softwares.

Through the learning of the computability theory, students will understand what are computable and what are incomputable, and will be able to answer the questions such as what is a computation, and will build up a concept of algorithm.

Through the learning of the computational complexity theory, students will understand what are tractable and what are intractable, and will be able to answer the questions such as what is an efficientcomputation, and will build up a concept of efficient algorithm.

Through the exposing to the advanced topics in computing theory, students will understand the current developments and be inspired to learn more deep results.

Covers computer science and computational intelligence science.

Topics include formal languages and automata, computability and computational complexity.

Tian Liu

一、课程基本情况

课程名称	理论计算机科学基础 Elements of Theoretical Computer Science	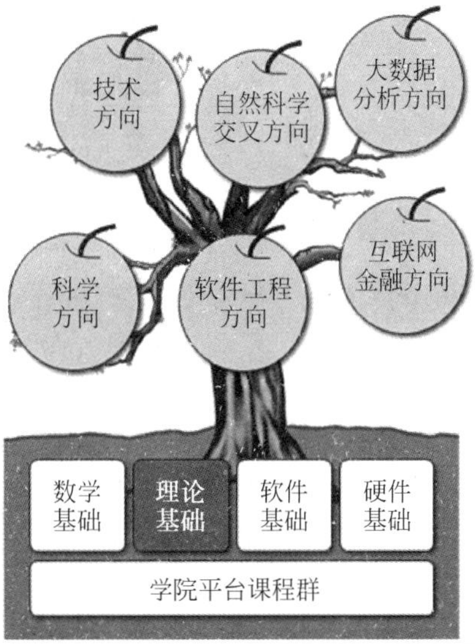
开课时间	一年级：秋 春 夏；二年级：秋 春 夏；三年级：秋 春 夏；**四年级：秋** 春 夏	
适用院系	计算机科学与技术系，智能科学系	
课程定位	本科生选修课	
学分	3 学分	
总学时	48 学时	
先修课程	计算概论 A，集合论与图论，代数结构与组合数学，数理逻辑	
后续课程	数理逻辑，算法设计与分析，理论计算机科学基础等	
教学方式	课堂讲授＋课下作业＋课程网站	
课时分配	课堂讲授(48)	
考核方式	书面作业占30%，期末笔试占70%	
主要教材	M Sipser. 计算理论导引. 张立昂，王捍贫，黄雄，译. 北京：机械工业出版社，2000	
参考资料	张立昂. 可计算性与计算复杂性导引. 3版. 北京：北京大学出版社，2010	

二、教学目的和基本要求

通过对形式语言与自动机理论的学习,将为学生提供学习和理解编译原理、软件形式化等课程的知识基础。

通过可计算性理论的学习,学生将理解什么是可计算的、什么是不可计算的,能回答"什么是计算"这样的问题,建立算法的概念。

通过对计算复杂性理论的学习,学生将理解什么是容易计算的、什么是难以计算的,能回答"什么是有效计算"这样的问题,建立有效算法的概念。

通过对计算理论中高级专题的接触,将使学生了解目前的发展方向,激发学生进一步深入学习的兴趣。

三、课程大纲和知识点

章节顺序	章节名称 Chapters	课时 Hours	知识点	Key Points
1	正则语言	4	预备知识,有穷自动机,非确定性,NFA 与 DFA 的等价性,正则表达式(选学),非正则语言	Preliminaries, finite automata, nondeterministism, the equivalence of NFA and DFA, regular expression, non-regular language
2	上下文无关语言	4	上下文无关文法,下推自动机,非上下文无关语言	Context-free grammars, pushdown automata, non-context-free languages
3	丘奇—图灵论题	2	图灵机,图灵机的变形,算法的定义	Turing machine and its variants, the definition of algorithm
4	可判定性	2	可判定语言,停机问题	Decidable language, halting problem
5	可归约性	2	语言理论中的不可判定问题,一个简单的不可判定问题,映射可归约性	Undecidable problems in language theory, a simple undecidable problem, mapping reducibility
6	可计算性理论的高级专题	2	递归定理,逻辑理论的可判定性,图灵可归约性,信息的定义	Recursion theorem, the decidability of logical theory, Turing reducibility, the definition of information.
7	时间复杂性	6	度量复杂性,P 类,NP 类,NP 完全性,几个 NP 完全问题	Complexity measures, the class P, the class NP, NP-completeness, some NPC problems
8	空间复杂性	6	萨维奇定理,PSPACE 类,PSPACE 完全性,L 类和 NL 类,NL 完全性,NL 等于 coNL	Savitch's theorem, the class PSPACE, PSPACE completeness, the classes L and NL, NL completeness, NL = CoNL
9	难解性	4	层次定理,相对化,电路复杂性	Hierarchy theorem, relativization, circuits complexity

续表

章节顺序	章节名称 Chapters	课时 Hours	知　识　点	Key Points
10	复杂性理论中的高级专题	4	近似算法，概率算法，交错式，交互式证明系统，并行计算，密码学	Approximation algorithms, randomized algorithms, interactive proof systems, parallel computing, cryptography
11	补充内容	6	量子计算，DNA 计算，最新研究成果讲座	Quantum computing, DNA computing, talks on the latest developments
12	习题课	6		

4.1.28　人机交互 Human Computer Interaction

Prereq：Introduction to Computing, Data Structures, Programming

Credits：2

Mission：Understand fundamental principle and theory of Human Computer Interaction, able to analysis, able to do practical applications.

Covers computer sciences.

Topics include introduction；the human；computer and interaction；user interface design；multi-modal systems；user interface software tools；evaluation and usability tests.

Heng Wang

一、课程基本情况

课程名称	人机交互											
	Human Computer Interaction											
开课时间	一年级			二年级			三年级			四年级		
	秋	春	夏	秋	春	夏	秋	春	夏	秋	春	夏
适用院系	计算机系											
课程定位	专业选修课											
学分	2 学分											
总学时	32 学时											
先修课程	计算引论，数据结构，程序设计											
后续课程												

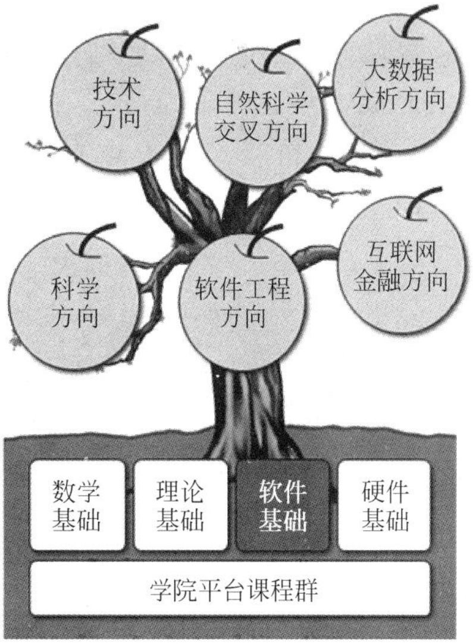

续表

教学方式	课堂讲授为主,配合理论教学,安排学生调研讲演
课时分配	
考核方式	提交一篇论文占50%,平时态度和课堂练习占10%,作业(报告)占40%
主要教材	董士海,王衡. 人机交互. 北京:北京大学出版社,2004.
参考资料	1. Dix A,et al. Human-Computer Interaction. 2nd Ed. Prentice Hall,1998 2. 董士海等. 人机交互和多通道用户界面. 北京:科学出版社,1999 3. Newman W M & Lamming M. Interactive System Design. Addison-Wesley,1995 4. Preece J,et al. Human-Computer Interaction. Addison-Wesley,1994
其他信息	
大纲提供者	王衡

二、教学目的和基本要求

本课程是计算机与应用专业的专业选修课,它的重要性体现在人们越来越强烈地需要和谐的人机交互环境:用户界面是一个软件的重要组成部分,其好坏直接影响计算机的可用性和效率。设置本课程的目的是使学生了解和掌握必要的用户界面设计的方法、理论和工具,掌握有关人机交互的概念和主要设计方法,掌握多通道用户界面的主要特点和整合方法,并对人机交互技术的现有进展和发展趋势有所了解,有一定实践体会和相关的编程能力。

三、课程大纲和知识点

章节顺序	章节名称 Chapters	课时 Hours	知识点	Key Points
1	人机交互引言(Introduction)	2	什么是人机交互,人机交互的重要性,人机交互和人机界面概念,人机交互的研究内容,人机交互的发展历史,人机交互的三元素	What is HCI? Its importance; interaction and interfaces, its research topics; histories
2	人的因素(The Human)	4	人的行为模型,人类工程学,人的特性,人机功能的比较,计算机用户工程原理,软件心理学	Models of human behaviors; ergonomics; human factors; comparison of machine and humans; principle of computer user engineering; software psychology

续表

章节顺序	章节名称 Chapters	课时 Hours	知　识　点	Key Points
3	交互技术与设备(Computer and Interaction)	6	人机交互技术,精确交互技术和非精确交互技术,传统交互设备和新型交互设备,交互设备的分类,各类交互技术的应用,眼动跟踪,姿势识别,三维输入,语音识别,表情识别,自然语言理解,手写识别,全息图像,听觉界面等等	Interaction techniques; traditional computer devices and novel computer devices; classification of interaction devices; applications of interaction techniques; eye tracking; gestures; 3D input; speech recognition; facial expression recognition; natural language understanding; hand writing recognition; hologram etc
4	用户界面设计(User interface design)	4	用户界面的风格包括命令语言、菜单选项、表格填充和直接操作,用户界面设计中的重要问题,对话独立性和对话的表示,用户界面的设计方法	User interface styles: command language; menus; forms; direct manipulation Important issues in user interface design; dialogs and representations; methods of user interface design
5	多通道用户界面(Multi-modal user interfaces)	2	多通道用户界面的研究简况,输入原语,用户模型和描述方法,多通道整合原理和算法	Research issues of multi-modal user interfaces; input primitives; user models and descriptions; multi-modal integration and algorithms
6	用户界面的开发工具和环境(Development tools for user interfaces)	2	用户界面工具箱,用户界面管理系统,多通道用户界面的软件平台,智能体模型、结构和方法。	User interface toolkits; user interface management systems; software platforms for multi-modal interfaces; agents, structures and methods
7	用户界面的评价和可用性测试(User interface evaluation and usability tests)	4	评估方法包括总结评价和阶段评价两大类,用户模型和心理模型的重要性,可用性测试,多通道用户界面评估机制,多通道用户界面的可用性测试举例,界面评估清单	Evaluation methods: summarization and stages; importance of user models and psychological models; usability tests; multi-modal user interface evaluation; examples of multi-modal interface evaluation; lists of items for interface evaluation
8	下一代人机界面的展望(Next generation user interaces)	2	当前计算机的重要的应用趋势和下一代人机界面的最新进展,基于智能体的虚拟现实化多通道因特网界面,虚拟现实技术、设备、特点和应用,虚拟现实和多媒体、多通道人机界面的关系	The important trends in computer applications and advances of next generation user interface; internet based virtual realities with agents; the relationship of virtual reality, multimedia and multi-modal human computer interface

4.1.29 软件工程 Software Engineering

Prereq: Advanced Programming Language, Data Structure

Credits: 3

Mission: Understand fundamental principle and theory of software engineering, able to analyze, design, implement and test software, able to develop application software.

Covers computer science and technology, intelligence science.

Topics include requirement analysis; software design; software implementation; software testing; software project management; software development environment.

Yanchun Sun

一、课程基本情况

<table>
<tr><td rowspan="2">课程名称</td><td colspan="12">软件工程</td></tr>
<tr><td colspan="12">Software Engineering</td></tr>
<tr><td rowspan="2">开课时间</td><td colspan="3">一年级</td><td colspan="3">二年级</td><td colspan="3">三年级</td><td colspan="3">四年级</td></tr>
<tr><td>秋</td><td>春</td><td>夏</td><td>秋</td><td>春</td><td>夏</td><td>秋</td><td>春</td><td>夏</td><td>秋</td><td>春</td><td>夏</td></tr>
<tr><td>适用院系</td><td colspan="12">计算机科学与技术系,智能科学系</td></tr>
<tr><td>课程定位</td><td colspan="12">本科生选修课</td></tr>
<tr><td>学分</td><td colspan="12">3 学分</td></tr>
<tr><td>总学时</td><td colspan="12">54 学时</td></tr>
<tr><td>先修课程</td><td colspan="12">一门高级程序设计语言,数据结构</td></tr>
<tr><td>后续课程</td><td colspan="12">技术方向
自然科学交叉方向
大数据分析方向
科学方向
软件工程方向
互联网金融方向
数学基础
理论基础
软件基础
硬件基础
学院平台课程群</td></tr>
<tr><td>教学方式</td><td colspan="12">课堂授课为主,课程实践为辅</td></tr>
<tr><td>课时分配</td><td colspan="12">课堂授课(42 学时) + 习题与专题课(4 学时) + 课程实践课(8 学时)</td></tr>
<tr><td>考核方式</td><td colspan="12">平时作业占 20%,课程实践占 30%,期末考试占 50%。其中期末考试采用闭卷形式</td></tr>
<tr><td>主要教材</td><td colspan="12">王立福,孙艳春,刘学洋. 软件工程(第三版). 北京:北京大学出版社,2009</td></tr>
<tr><td>参考资料</td><td colspan="12">1. 郑人杰,马素霞,殷人昆. 软件工程概论. 北京:机械工业出版社,2009
2. 邵维忠,杨芙清. 面向对象的系统分析. 2 版. 北京:清华大学出版社,2006
3. Roger S Pressman. Software Engineering - A Practitioner's Approach. 6th ed. 北京:机械工业出版社,2008
4. Ian Sommerville. Software Engineering. 8th ed. Pearson Education Press,2007</td></tr>
<tr><td>其他信息</td><td colspan="12">http://course.pku.edu.cn/webapps/login/? action = guest_login&new_loc = /bin/common/course.pl? course_id = _18973_1</td></tr>
<tr><td>大纲提供者</td><td colspan="12">孙艳春</td></tr>
</table>

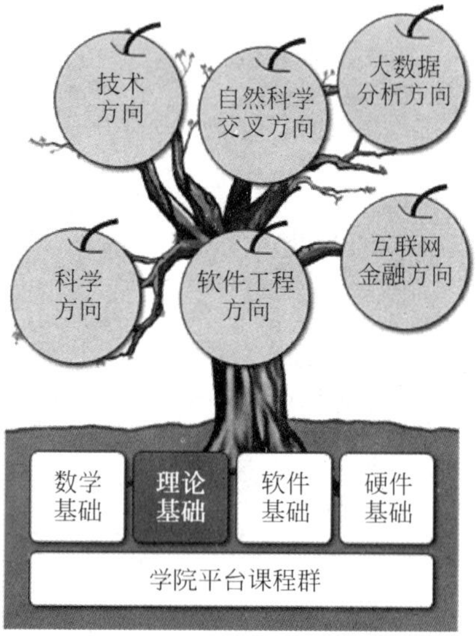

二、教学目的和基本要求

1. 使学生掌握软件工程基本思想,包括软件工程目标、软件工程原则及软件工程活动。

2. 使学生掌握软件开发和维护的方法学,了解软件开发过程和软件项目管理基础知识,通过案例教学和课程实践培养学生软件开发和维护的能力。

3. 通过课程实践,培养学生软件项目管理的意识,即对一个软件项目的工作量、成本、进度和人员的计划和管理。

4. 培养学生的工程素质、创新精神和团队精神。

三、课程大纲和知识点

章节顺序	章节名称 Chapters	课时 Hours	知　识　点	Key Points
1	软件工程引言(Introduction to software engineering)	4 ~ 2	介绍软件工程概念的提出以及发展历程,并分析软件开发的本质	Software engineering concepts, The development of Software engineering, The essence of software development
2	软件生存周期过程(Software lifecycle process)	4 ~ 2	简介 ISO/IEC 12207 标准,并介绍件开发需要定义哪些映射	Introduction to ISO/IEC 12207, The fundamental processes in software development
3	软件开发模型(Software development models)	4 ~ 2	常见的几种软件开发模型,包括瀑布模型、演化模型、增量模型、螺旋模型、喷泉模型、快速原型模型等	Waterfall Model, Evolution Model, Incremental Model, Spiral Model, Fountain model, Rapid Prototype Model etc.
4	软件需求与软件需求规约(Software requirement and software requirement specification)	4 ~ 2	软件需求的定义和分类、需求捕获技术,软件需求规约	The definition and classification of software requirement, Requirement capture technology, Software requirement specification
5	结构化分析(Structured analysis)	6 ~ 4	结构化需求分析的步骤、软件需求规约、需求验证技术、实例研究	Structured requirement analysis process, Software requirement specification, Software requirement verification, Case Study
6	结构化设计(Structured design)	6 ~ 4	总体设计的目标及其表示、总体设计方法、设计评价准则与启发式规则、设计优化、详细设计、软件设计规格说明书、实例研究	Preliminary design, Detailed design, Software design specification, Case study

续表

章节顺序	章节名称 Chapters	课时 Hours	知识点	Key Points
7	面向对象方法——UML(Object-oriented method-UML)	8~6	面向对象方法发展以及UML(Unified Modeling Language)的提出、表达客观事物的术语、表达关系的术语、组织信息的通用机制——包、模型表示工具	The terminology to describe different type of entities and their relations in UML, model representation tools
8	面向对象方法——RUP(Object-oriented method-RUP)	8~6	RUP(Unified Software Development Process)的作用和特点、核心工作流	The function and characters of RUP (Unified Software Development Process), Central workflow of RUP
9	软件测试(Software test)	8~6	软件测试目标与软件测试过程模型、软件测试技术、软件测试步骤、静态分析技术—程序正确性证明	The goal of software test, Software test process, Software test technology
10	软件工程管理(Software engineering management)	8~6	软件工程管理活动;软件规模、成本和进度估算;过程规划与管理;能力成熟度模型CMM;ISO 9000标准。	Software engineering management tasks, The estimation of project scope, cost and schedule, process plan and management, CMM, ISO 9000
11	软件开发工具与环境(Software development tools and environments)	4~2	计算机辅助软件工程(CASE)概述、软件开发工具与环境的分类、典型工具的介绍	Introduction to CASE (Computer Aided Software Engineering), The classification of software development tools and environments, Typical software development tools
12	课程实践1(Practice 1)	4~2	软件项目计划、控制和收尾	Practice project plan, control and closure
13	课程实践2(Practice 2)	4~2	结构化分析和设计	Practice structured analysis and design
14	课程实践3(Practice 3)	4~2	面向对象分析和设计	Practice object-oriented analysis and design
15	课程实践4(Practice 4)	4~2	软件实现和软件测试	Practice implementing and testing software

四、课程特色

1. 课程定位准确,以软件开发过程为导向,强调基本概念和以概念贯穿软件工程知识体系,与科研紧密结合,工程实践训练扎实,培养自主学习和实践能力强的研究型创新人才。

2. 综合各种先进教学手段的立体化教学环境，以学生为本，分层次、多元化培养，注重启发式教学，注重过程性考核。

3. 课程注重软件工程实践能力和创新能力的培养，依托北京大学软件工程团队承担的众多科研任务和良好的软硬件环境，设计课程实践课题，让学生在实践中培养和锻炼能力。

4.1.30　软件工程实习 Software Engineering Practice

Prereq：Advanced Programming Language（C ++ or Java）, Data Structure, Software Engineering, Network

Credits：2

Mission：Understand fundamental principle and theory of software engineering, able to apply them to develop application software, able to apply various software engineering specifications and standards, cultivate the students with a range of capabilities, including engineering ingredient and professional practice, problem-solving and project management ability, professional ethics and relevant laws knowledge, international exchange ability, organizational and management skills, discipline and teamwork, initiative and creativity, the ability to study independently and actively, etc.

Covers computer science and technology, intelligence science.

Topics include requirement analysis; software design; software implementation; software testing; software project management; software development environment.

Yanchun Sun, Xuanzhe Liu

一、课程基本情况

课程名称	软件工程实习 Software Engineering Practice
开课时间	一年级：秋 春 夏；二年级：秋 春 夏；三年级：秋 春 夏；四年级：秋 春 夏
适用院系	计算机科学与技术系，智能科学系
课程定位	本科生选修课
学分	2 学分
总学时	72 时
先修课程	一门高级程序设计语言，数据结构，软件工程
后续课程	

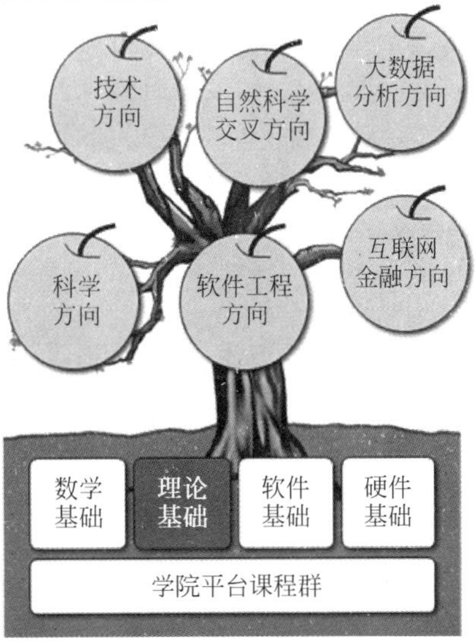

续表

教学方式	教学分两个阶段：第 1 阶段，课堂教学，答疑；第 2 阶段，实践汇报，讨论，答疑
课时分配	理论 36 学时，课堂授课(20 学时) + 学生实践汇报(16 学时)；学生独立实践 36 学时
考核方式	平时(参课情况、课堂回答问题)占 10%；课程实践占 90%，要求 8 次课堂汇报中，每人至少汇报两次
主要教材	
参考资料	1. 王立福，孙艳春，刘学洋. 软件工程. 3 版. 北京：北京大学出版社，2009 2. 吕云翔，刘浩，王昕鹏，周建. 软件工程课程设计. 北京：机械工业出版社，2009 3. 邵维忠，杨芙清. 面向对象的系统分析. 2 版. 北京：清华大学出版社，2006 4. Roger S Pressman. Software Engineering：A Practitioner's Approach. 6th ed. 北京：机械工业出版社，2008 5. Ian Sommerville. Software Engineering. 8th ed. Pearson Education Press，2007
其他信息	无
大纲提供者	孙艳春

二、教学目的和基本要求

1. 通过让学生参与软件工程项目实践，加深学生对软件工程课程基本理论、基本知识的理解和应用。

2. 使学生熟悉常见的软件工程规范和标准。

3. 培养学生的工程素质和专业实践能力、团队协作的能力、问题求解和工程管理能力、书面和口头表达能力、交流和沟通的能力、组织和管理能力，以及主动性和创造性，为学生后续的学习、研究和软件项目开发和管理工作打下良好的基础。

三、课程大纲和知识点

章节顺序	章节名称 Chapters	课时 Hours	知 识 点	Key Points
1	实验一 (Practice 1)	8 ~ 4	目的：智慧校园空间应用场景描述 内容：学生结合现实学习和生活中对于社交网络的需求，充分发挥想象力，构想可能的应用场景并讨论其合理性与可行性，作为确定系统功能范围的依据	Practice to design and describe project scenario

续表

章节顺序	章节名称 Chapters	课时 Hours	知　识　点	Key Points
2	实验二 (Practice 2)	8~4	目的：智慧校园空间系统目标确定 内容：基于应用场景讨论的结果，根据人员、时间、技术储备、展示度等因素，确定项目目标。考虑到校园中学生位置频繁变化的特点，学生可通过各类移动设备，在该平台上进行信息发布、共享和协作，创建个性化的虚拟空间。本课程需要考虑3个方面：(1)应用创新(有价值)，围绕社交网络的特点，充分了解校园的真实应用需求；(2)技术集成创新(可实现)，充分复用网络上已有的技术和系统，以技术集成为主线；(3)风险控制(能交付)，综合考虑时间、人力、物力、技术，逐步明确和取舍功能与质量	Practice to describe project goal
3	实验三 (Practice 3)	16~10	目的：智慧校园空间需求获取与分析 内容：基于给定的系统目标和分组情况，完成项目的需求获取。主要完成以下任务： (1)项目范围说明；(2)采用面向对象系统分析方法(如何发现对象、如何审查、如何精化)；(3)主要的用况描述(必须有 UML Use Case Diagram)；(4)与其他项目组的协作(为哪个组提供什么或需要提供什么、是否已协商)；(5)UML Class Diagram 以及序列图、交互图等系统分析文档；(6)风险分析(可能存在的技术和非技术问题)；(7)小组成员列表，需求获取阶段分工；(8)成立整体组，由各小组项目经理和首席架构师组成，负责汇总每个阶段的小组工作结果，维护智慧校园整体目标，在课堂上重点汇报小组之间的合作情况	Practice to catch requirement and analyze requirement

续表

章节顺序	章节名称 Chapters	课时 Hours	知识点	Key Points
4	实验四 (Practice 4)	20~12	目的: 智慧校园空间的系统设计 内容: (1)面向对象的系统设计回顾(是否有调整); (2)面向对象的系统设计过程与结果; (3)UML Class Diagram 以及序列图、交互图等系统设计文档; (4)与其他项目组的协作(为哪个组提供什么或需要提供什么、是否已协商); (5)风险分析(可能存在的技术和非技术问题); (6)制作 10 分钟胶片,介绍上述工作结果; (7)整体组负责智慧校园空间系统分析回顾、系统设计概览、系统设计跨组协作与结果、整体风险分析、系统实现可行性分析	Practice to design software
5	实验五 (Practice 5)	30~20	目的: 智慧校园空间系统实现和集成 内容: (1)项目过程回顾(重点在于各阶段之间的衔接与变动); (2)每个小组完成关键技术攻关与系统模块实现; (3)完成系统原型的源码和可执行码; (4)与其他项目组所开发的系统进行集成组装,并尽可能地考虑能否衍生出新的增值功能; (5)整体组负责协调各个小组进行系统集成; (6)学期总结(方法、技术和项目组的管理和协同等,可以包括一些非技术的总结)	Practice to implement and integrate software, make project closure

四、课程特色

1. 课程定位准确。以软件开发过程为导向,让学生在具体的软件系统开发项目中,加深对软件工程基本理论和方法的理解和掌握,培养工程素质和专业实践能力、团结协作能力和协调组织能力。

2. 突出软件工程的工程教育属性,是本课程实验设计的核心理念。具体而言,就是要求学生在初步掌握软件工程课程知识体系的基础上,逐步加强学生对软件新技术和新问题的理解和学习,培养自主学习和实践能力强的研究型创新人才。

3. 本课程将以互联网新兴技术和应用模式作为实验主要内容,要求学生具有较强的自学能力和思辨能力,能够自学完成课后内容,能够结合现实生活中的真实问题思考软件解决方案。

4. 加强学生的团队协作能力的培养,以 3~5 人、5~8 人不等组成基本团队,所有团队进一步组合成一个大团队,共同完成一个系统。

5. 培养学生的交流能力,鼓励学生在课上课下踊跃发言提问,或以各种方式进行交流。

4.1.31 软件需求工程 Software Requirements Engineering

Prereq: Software Engineering, Object-Oriented Methods, UML Methods

Credits: 3

Mission: Understand basic principles and theories of software requirements, understand main features of mainstream requirements engineering methods, and able to use these methods to carry out requirements engineering activities in software development.

Covers Software Engineering.

Topics include the concept of software-intensive systems; the relation between requirements, specification, and domain properties; requirements engineering processes; goal-oriented requirements engineering; scenario-based requirements engineering; problem-frames based requirements engineering; documents-driven requirements engineering; aspect-oriented requirements engineering; feature-oriented requirements modeling and reuse.

Zhi Jin, Wei Zhang, and Haiyan Zhao

一、课程基本情况

课程名称	软件需求工程											
	Software Requirements Engineering											
开课时间	一年级			二年级			三年级			四年级		
	秋	春	夏	秋	春	夏	秋	春	夏	秋	春	夏
适用院系	计算机系											
课程定位	专业选修课											
学分	3学分											
总学时	54学时											
先修课程	软件工程，面向对象方法，UML方法											
后续课程	无											
教学方式	课堂授课为主											
课时分配	课堂授课(40学时)+专题讨论课(12学时)											
考核方式	专题讨论占40%，分组大作业占60%											
主要教材	金芝，刘璘，金英．软件需求工程：原理和方法．北京：科学出版社，2008											

续表

参考资料	1. 唐纳德·高斯,杰拉尔德·温伯格. 探索需求——设计前的质量. 北京:清华大学出版社,2004 2. Dean Leffingwell,Don Widrig. 软件需求管理——用例方法. 影印版. 北京:机械工业出版社,2004 3. Michael Jackson. Problem Frames-Analyzing and Structuring Software Development Problems. 影印版. 北京:电子工业出版社,2001 4. 赵海燕,张伟,麻志毅. 面向复用的需求建模. 北京:清华大学出版社,2008
其他信息	无
大纲提供者	张伟

二、教学目的和基本要求

1. 使学生掌握需求工程的基本概念、理论和现阶段的主要需求工程方法。
2. 使学生能够应用所学理论和方法去实施软件开发过程中的需求工程活动。
3. 使学生能够具备进行需求工程方向科学研究所需的基础知识。

三、课程大纲和知识点

章节顺序	章节名称 Chapters	课时 Hours	知 识 点	Key Points
1	软件需求工程原理	5~3	软件加强型系统,需求工程的目的与任务,需求工程的作用和困难	Software-intensive systems; The goal and tasks of requirements engineering; The key problems in requirements engineering
2	软件需求工程过程	5~3	软件生命周期与需求工程过程,需求工程过程模型,需求的抽取和发现,需求建模和文档化,需求分析和协商,需求审查与验证,需求管理	Software lifecycle and requirements engineering processes; Requirements engineering process model; Requirements elicitation and discovery; Requirements modeling and documentation; Requirements analysis and negotiation; Requirements review and validation; Requirements management
3	软件需求建模基础	5~3	概念建模,功能需求建模,非功能需求建模,形式化建模	Conceptual modeling; Functional requirements modeling; Non-functional requirements modeling; Formal requirements modeling

续表

章节顺序	章节名称 Chapters	课时 Hours	知　识　点	Key Points
4	面向目标的需求工程	5~3	目标,目标的建模与表示,目标驱动的需求获取方法	Goal; Goal modeling and representation; Goal-driven requirement elicitation
5	面向主体和意图的需求工程	5~3	主体,主体的建模与表示,基于主体的需求建模	Agent; Agent modeling and representation; Agent-based requirements modeling
6	基于情景的需求工程	5~3	情景,CREWS方法,基于用例的需求建模,形式化的情景分析方法	Scenario; CREWS methods; Scenario-based requirements modeling; Formal scenario analysis methods
7	问题框架需求工程	5~3	问题框架,问题框架描述元语,五种基本问题框架,基于问题框架的需求分析	Problem frame; Constructs in problem frames; Five basic problem frames; Problem frame based requirements analysis
8	文档驱动的需求工程	5~3	需求文档,基于表格的文档表示,SCR需求方法	Requirement document; Tabular-based document structures; SCR requirements methods
9	面向方面的需求工程	5~3	方面,几种主要的面向方面需求工程方法	Aspect; Mainstream aspect-oriented requirements engineering methods
10	面向特征的需求工程	5~3	特征与特征模型,面向特征的需求建模,面向特征的需求复用	Feature and feature model; Feature-oriented requirements analysis; Feature-oriented requirements reuse

4.1.32　面向对象技术引论 Object-Oriented Technology

Prereq: An OO programming language

Credits: 3

Mission: Understand fundamental concepts, principle and theory of object-oriented development design, able to do practical applications in the phases of OOA, OOD, and OOP.

Topics include OOA, OOD, and OOP.

Zhiyi Ma

一、课程基本情况

<table>
<tr><td rowspan="2">课程名称</td><td colspan="12">面向对象技术引论</td></tr>
<tr><td colspan="12">Object-Oriented Technology</td></tr>
<tr><td rowspan="2">开课时间</td><td colspan="3">一年级</td><td colspan="3">二年级</td><td colspan="3">三年级</td><td colspan="3">四年级</td></tr>
<tr><td>秋</td><td>春</td><td>夏</td><td>秋</td><td>春</td><td>夏</td><td>秋</td><td>春</td><td>夏</td><td>秋</td><td>春</td><td>夏</td></tr>
<tr><td>适用院系</td><td colspan="12">计算机科学与技术系,智能科学系</td></tr>
<tr><td>课程定位</td><td colspan="12">本科生选修课</td></tr>
<tr><td>学分</td><td colspan="12">3 学分</td></tr>
<tr><td>总学时</td><td colspan="12">48 学时</td></tr>
<tr><td>先修课程</td><td colspan="12">一门面向对象编程语言</td></tr>
<tr><td>后续课程</td><td colspan="12">软件工程</td></tr>
<tr><td>教学方式</td><td colspan="12">课堂讲授 + 课题讨论</td></tr>
<tr><td>课时分配</td><td colspan="12">课堂授课(34 学时) + 习题与专题课(2 学时) + 课题讨论(12 学时)</td></tr>
<tr><td>考核方式</td><td colspan="12">平时作业与专题讨论占 40%,期末考试占 60%。其中期末考试采用闭卷形式</td></tr>
<tr><td>主要教材</td><td colspan="12">麻志毅. 面向对象分析与设计. 北京: 机械工业出版社,2008</td></tr>
<tr><td>参考资料</td><td colspan="12">1. 邵维忠,杨芙清. 面向对象系统分析. 北京: 清华大学出版社,2007
2. 邵维忠,杨芙清. 面向对象系统设计. 北京: 清华大学出版社,2007</td></tr>
<tr><td>其他信息</td><td colspan="12">Object Management Group. UML documentation version 2. 2. http://www. rational/uml/index. jsp</td></tr>
<tr><td>大纲提供者</td><td colspan="12">麻志毅</td></tr>
</table>

二、教学目的和基本要求

1. 掌握面向对象的基本思想、原则和概念。
2. 掌握面向对象方法在分析、设计、编程等阶段的应用技术。
3. 初步了解面向对象的数据库管理系统和构件技术。

三、课程大纲和知识点

章节顺序	章节名称 Chapters	课时 Hours	知　识　点	Key Points
1	面向对象开发方法概论(Introduction to Object-Oriented Development Method)	4	面向对象的基本思想，面向对象的主要概念及基本原则，面向对象开发方法的发展史及现状简介	Fundamental concepts, principle and theory of object-oriented technology history and present situation of object-oriented development method
2	什么是面向对象的分析(Introduction to Object-Oriented Analysis of)	2	面向对象分析模型和过程模型	Object-oriented analysis model and process model
3	用况图(Use case Diagram)	3	参与者，用况，用况之间的关系	Actors, use cases, relations between use cases
4	类图(Class Diagram)	8	识别对象与类，定义属性与操作，建立关系，接口	Identifying objects and classes, defining attributes and operations, and specifying relations
5	顺序图(Sequence Diagram)	2	概念及表示法，建立顺序图	Concepts, notations, and steps for building sequence diagrams
6	UML中的几种其他图(Other diagrams in UML)	3	协作图，状态机图，活动图，包图	Collaboration diagram, state machine diagram, activity diagram, and package diagram
7	什么是面向对象设计(Introduction to Object-Oriented Design)	1	面向对象设计模型和过程模型	Object-oriented design model and process model
8	问题域部分的设计(Design for Problem Domain)	4	设计问题域部分的若干关键技术	Key techniques to design problem domain
9	人机交互部分的设计(Design for Human-Computer Interaction)	2	什么是人机交互部分，人机交互部分的分析，人机交互的OO设计	What is design for human-computer interaction, and analysis and design for human-computer interaction
10	控制流部分的设计(Design for Control-Driven)	2	什么是控制驱动部分，控制流，如何设计控制驱动部分	What is design for control-driven, and design for control-driven
11	数据管理部分的设计(Design for Data Management)	2	什么是数据管理部分，如何进行数据管理部分设计	What is design for control-driven, and design for data management

续表

章节顺序	章节名称 Chapters	课时 Hours	知识点	Key Points
12	构件及其部署的设计(Design for Components and Deployment)	2	构件图,部署图	Component diagrams, deployment diagrams
13	OOD 的评价准则(Evaluation Criteria for OOD)	1~2	耦合,内聚,复用,其他评判标准	Coupling, cohesion, and reuse etc.
14	面向对象的编程(Object-Oriented Programming)	4	用具体的 OO 语言实现 OOD 模型,状态图的实现等	Implementing OOD models in object- oriented programming languages, techniques to implement state machine diagrams etc.
15	系统与模型(Systems and Models)	1	系统与子系统,模型	Systems and sub-systems, Models
16	案例:会议文件审批系统(Case Study: an Examination and Approval Application for Meeting Documents)	2-4	系统的功能需求,需求模型,分析模型,设计模型	Functional requirements of the application, requirement, analysis, and design models of the application

四、课程特色

1. 本课程所采用的面向对象概念和表示法与国家《面向对象软件建模规范——概念与表示法》和 UML 相一致。

2. 注重基本概念与原则的运用,注重于工程化思想的培养。

4.1.33 中间件技术导论 Introduction to Middleware

Mission: Understand concepts, methodologies, and technologies of middleware, able to develop applications based on some specific kinds of middleware, e. g, Java EE application server.

Covers distributed computing and network technologies.

Minghui Zhou

一、课程基本情况

<table>
<tr><td rowspan="2">课程名称</td><td colspan="12">中间件技术导论</td></tr>
<tr><td colspan="12">Introduction to Middleware</td></tr>
<tr><td rowspan="2">开课时间</td><td colspan="3">一年级</td><td colspan="3">二年级</td><td colspan="3">三年级</td><td colspan="3">四年级</td></tr>
<tr><td>秋</td><td>春</td><td>夏</td><td>秋</td><td>春</td><td>夏</td><td>秋</td><td>春</td><td>夏</td><td>秋</td><td>春</td><td>夏</td></tr>
<tr><td>适用院系</td><td colspan="12">计算机科学与技术系</td></tr>
<tr><td>课程定位</td><td colspan="12">专业选修课</td></tr>
<tr><td>学分</td><td colspan="12">2 学分</td></tr>
<tr><td>总学时</td><td colspan="12">32 学时</td></tr>
<tr><td>先修课程</td><td colspan="12">数据库原理，Web 程序设计，数据结构，Java 程序设计</td></tr>
<tr><td>后续课程</td><td colspan="12">分布计算，网络，高级软件工程等</td></tr>
<tr><td>教学方式</td><td colspan="12">课堂讲授 + 课下作业</td></tr>
<tr><td>课时分配</td><td colspan="12">课堂讲授(32 学时)</td></tr>
<tr><td>考核方式</td><td colspan="12">考勤占 5%，作业 + 报告占 45%，期末考试占 50%</td></tr>
<tr><td>主要教材</td><td colspan="12"></td></tr>
<tr><td>参考资料</td><td colspan="12">1. 王千祥. 应用服务器原理与实现. 北京：电子工业出版社，2003
2. (美)Mahoud. Java 分布式程序设计. 北京：国防工业出版社，2002
3. (瑞)Oberg. 精通 RMI. 北京：电子工业出版社，2003
4. Ed Roman. 精通 EJB. 北京：电子工业出版社，2002
5. 潘爱民. COM 原理与应用. 北京：清华大学出版社，1999
6. Don Box. COM 本质论. 北京：中国电力出版社，2001
7. Dale Rogerson. COM 技术内幕. 北京：清华大学出版社，1999</td></tr>
<tr><td>其他信息</td><td colspan="12">无</td></tr>
<tr><td>大纲提供者</td><td colspan="12">周明辉</td></tr>
</table>

二、教学目的和基本要求

1. 了解分布计算的基本原理。

2. 结合 CORBA 和 J2EE 应用服务器，深入理解中间件的基本概念，原理和方法。

3. 掌握基于 CORBA 和 J2EE 应用服务器进行开发的方法，初步具备基于中间件开发应用系统的能力。

4. 对深入研究中间件的课题有大致了解，激发学生在此领域中继续学习和研究的愿望，为学习分布计算和网络课程做准备。

三、课程教学大纲和知识点

章节顺序	章节名称 Chapters	课时 Hours	知 识 点	Key points
1	分布计算基础(Basis of distributed computing)	2	1.1 背景:为什么需要分布计算,分布计算的发展 1.2 分布式应用开发:如何开发一个分布式应用,开发分布式应用需要解决的问题 1.3 如何简化分布应用的设计、编程和管理:远程过程调用到对象请求代理的工作原理,中间件的引入	Background: The reason to study distributed computing and its development Distributed application development: how to develop a distributed application and the problems that it is going to solve How to simplify the design, program and management of distributed application: the principle of RPC to OBR, and the introduction of middleware
2	中间件概论(Introduction to Middleware)	2	2.1 中间件系统的目标及地位:为什么要使用中间件,中间件的含义是什么,中间件的演化历史 2.2 综合软件复用思想,介绍中间件的基本类型:数据访问中间件、远程过程调用中间件、事务中间件、消息中间件、面向对象中间件等	The objection and standing of middleware systems: why should use middleware, what is middleware and the evolution of middleware Introduce the basic type of middleware according to software reuse: Data access middleware, RPC middleware, Transaction middleware, Message middleware and OO middleware
3	中间件中的软件复用(Software reuse in Middleware)	2	3.1 软件复用面对的问题及发展历史 3.2 中间件领域中软件复用的核心技术:框架和模式 3.3 面向对象中间件中的框架和模式:重点针对CORBA和J2EE应用服务器进行阐述	The problems that software reuse towards and its development history Core technology of software reuse in middleware field: framework and schema Framework and schema in OO middleware: mainly describe CORBA and Java EE application server

续表

章节顺序	章节名称 Chapters	课时 Hours	知　识　点	Key points
4	CORBA 原理和应用(Principle and application of CORBA)	8	4.1　基本结构和概念:对象请求代理的结构,客户结构,对象实现的结构,对象代理的结构,CORBA 对象适配器 4.2　ORB 互操作体系结构:ORB 和 ORB 服务,ORB 之间的互操作,对象寻址,对象引用的信息模型,服务上下文 4.3　GIOP 互操作协议:GIOP 协议要素,CDR 传输语法,GIOP 消息格式,GIOP 消息传输,IIOP 协议 4.4　CORBA 服务:CORBA 消息,CORBA 安全,CORBA 事务,CORBA 容错	4.1　Basic structure and concepts:structure of OBR,client structure,object structure, object broker structure and CORBA object adapter 4.2　ORB inter process architecture:ORB and ORB service,inter process of ORBs, object addressing, information model of object reference,service context 4.3　GIOP inter process protocol:GIOP elements, CDR transport grammar,GIOP message format,GIOP message transmit,IIOP 4.4　CORBA service:CORBA message,CORBA security,CORBA transaction,CORBA fault tolerant
5	J2EE 应用服务器原理和应用(Principle and application of Java EE application)	8	5.1　基本结构和概念:构件和构件容器,轻量级和重量级容器,容器和标准服务之间的关系 5.2　事务服务:目标,模型及实现方式 5.3　消息服务:目标,模型及实现方式 5.4　构件技术:软件工程对应用服务器开发及管理的影响 5.5　应用服务器的现状及发展	5.1　Basic structure and concepts:component and container, Lightweight and heavyweight container,the relationship between container and standard services 5.2　Transaction service:object,model and implementation 5.3　Message service:object,model and implementation 5.4　Component technology:the influence of SE for the development and management of Application server 5.5　The status and development of application server

续表

章节顺序	章节名称 Chapters	课时 Hours	知 识 点	Key points
6	Web 技术(Web technology)	6	6.1 背景和概念:Web技术的源起(面向服务的计算),跟传统中间件技术的区别 6.2 SOA 体系结构及应用方式 6.3 常见 Web 技术的类型及目标 6.4 Internet 社会网络应用的支撑技术及研究	6.1 Background and concepts: beginning of web technology, the difference between traditional middleware technology and web technology 6.2 SOA architecture and application 6.3 Common web technology types and objections 6.4 The supporting technologies and studies of Internet SNS application
7	中间件新技术(New technology of Middleware)	4	7.1 移动及普适计算基本原理及应用 7.2 云计算基本原理及应用	7.1 Basic principles and applications of Mobile and Pervasive computing 7.2 Principles and applications of Cloud Computing

四、课程特色

本课程注重计算机软件开发的基本原则和基础技术,并紧密联系计算机科学技术的应用背景,强化对计算机软件的方法、模型和技术的认知及研究能力的培养。

4.1.34 软件测试 Software Testing

Prereq: Introduction to Computing

Credits: 3

Mission: Understand basic concepts, fundamental principles, and methodologies of software testing; knowing typical techniques in software testing; being able use mainstream software testing tools; being able to test real-world applications.

Covers software engineering.

Topics include test strategies and plans; static and dynamic testing; white-box testing and black-box testing; testing of non-functional properties; unit testing and integration testing; test environments and tools; test results analysis.

Lu Zhang, Yao Guo, Dan Hao

一、课程基本情况

<table>
<tr><td rowspan="2">课程名称</td><td colspan="12">软件测试</td></tr>
<tr><td colspan="12">Software Testing</td></tr>
<tr><td rowspan="2">开课时间</td><td colspan="3">一年级</td><td colspan="3">二年级</td><td colspan="3">三年级</td><td colspan="3">四年级</td></tr>
<tr><td>秋</td><td>春</td><td>夏</td><td>秋</td><td>春</td><td>夏</td><td>秋</td><td>春</td><td>夏</td><td>秋</td><td>春</td><td>夏</td></tr>
<tr><td>适用院系</td><td colspan="12">计算机科学与技术系</td></tr>
<tr><td>课程定位</td><td colspan="12">专业选修课</td></tr>
<tr><td>学分</td><td colspan="12">3 学分</td></tr>
<tr><td>总学时</td><td colspan="12">48 学时</td></tr>
<tr><td>先修课程</td><td colspan="12">计算概论</td></tr>
<tr><td>后续课程</td><td colspan="12"></td></tr>
<tr><td>教学方式</td><td colspan="12">课堂讲授 + 课下作业 + 上机实习</td></tr>
<tr><td>课时分配</td><td colspan="12">课堂讲授(48 学时)</td></tr>
<tr><td>考核方式</td><td colspan="12">考勤占 5%,实习作业占 30%,课下作业占 15%,期末考试占 50%</td></tr>
<tr><td>主要教材</td><td colspan="12">朱鸿,金凌紫. 软件质量保障与测试. 北京:科学出版社,1997</td></tr>
<tr><td>参考资料</td><td colspan="12">1. Paul C Jorgensen. 软件测试(Software Testing: A Craftsman Software Testing: A Craftsman's Approach). 韩柯,杜旭涛,译. 北京:机械工业出版社,2012
2. G D Everett,等. 软件测试. 郭耀,译. 北京:清华大学出版社,2008
3. Rex Black,等. Pragmatic Software Testing. Wiley,2016
4. Ron Patton. 软件测试. 周予滨,姚静,译. 北京:机械工业出版社,2006</td></tr>
<tr><td>其他信息</td><td colspan="12">无</td></tr>
<tr><td>大纲提供者</td><td colspan="12">张路</td></tr>
</table>

二、教学目的和基本要求

1. 了解并结合实践深入理解软件测试的基本概念,原理和方法。

2. 掌握软件测试的基本理论和策略。

3. 掌握各种主要的软件测试的方法与技术,包括静态测试、黑盒测试、白盒测试、非功能测试、单元测试与集成测试。

4. 了解常用的测试环境和自动化测试工具,通过上机实习的训练,初步具备独立进行软件测试的能力。

5. 对软件测试研究的现状有大致了解,激发在此领域中继续学习和研究的愿望。

三、课程大纲和知识点

章节顺序	章节名称 Chapters	课时 Hours	知识点	Key Points
1	引言(Introduction)	3	软件测试简介,软件测试的目标,软件测试的开销,软件测试在软件开发中的地位,软件测试的原则,软件测试人员与开发人员的关系	Introduction to software testing; Objectives of software testing; Costs of software testing; Importance of software testing in software development; Principles of software testing; Relationships between software testers and developers
2	软件开发生命周期(Software lifecycle)	3	软件开发方法简介,软件开发工具简介,软件开发生命周期的演化,软件开发生命周期的主要阶段介绍:需求获取、需求分析、设计、编码、测试、部署、维护	Introduction to software development methods; Introduction to software development tools; Evolution of software lifecycle; Main stages in software lifecycle
3	软件测试策略与规划(Test strategies and plans)	3	软件测试的基本策略,测试计划,测试用例,如何编制测试计划和测试用例,测试文档标准,测试文档示例	Basic strategies in software testing; Plans for software testing; Test cases; How to write test cases; Standards for test documentation; Exemplary test documentation
4	静态测试(Static testing)	3	静态测试的目标,静态测试的对象,静态测试的技术,包括桌面检查、代码检查、走查、同行评审等	Objectives of static testing; Targets of static testing; Techniques for static testing
5	白盒测试(White-box testing)	10	覆盖率的概念;逻辑覆盖方法,包括语句覆盖、判定覆盖、条件覆盖、路径覆盖、条件组合覆盖等;路径测试方法,包括分支结构和循环结构的路径测试;数据流测试	Concept of test coverage; Logical coverage: statement coverage, branch coverage, condition coverage, path coverage, condition combination coverage; Path oriented testing; Dataflow testing

续表

章节顺序	章节名称 Chapters	课时 Hours	知　识　点	Key Points
6	黑盒测试(Black-box testing)	10	等价类测试：概念类型原则，边界值分析，基于判定表的测试，基于因果图的测试，基于状态图的测试	Equivalence class testing; Boundary value testing; Decision table testing; Cause-result graph testing State-graph testing
7	非功能测试(Testing of non-functional properties)	3	接口测试，安全测试，安装测试，备份与恢复测试，性能测试，负载规划技术、负载执行技术、构件性能测试	Interface testing; Security testing; Installation testing; Back and recovery testing; Performance testing
8	单元测试与集成测试(Unit testing and integration testing)	6	单元测试的概念，单元测试的策略，单元测试的用例设计，集成测试的概念，集成测试的策略，集成测试的用例设计	Concept of unit testing; Strategies in unit testing; Test-case design for unit testing; Concept of integration testing; Strategies in integration testing; Test-case design for integration testing
9	测试环境与测试工具(Test environments and tools)	10	测试环境：概念、目标和应用，运行环境模拟，自动化测试的原理和方法，测试工具的分类与选择，测试脚本语言，测试工具的使用	Test environment; Simulation of execution environment; Principles and methodologies of automated testing; Classification and adoption of testing tools; Scripting languages for testing; Usages of testing tools
10	测试结果分析(Test results analysis)	3	缺陷定位，缺陷历史与模式分析，缺陷跟踪日志	Bug localization; Analysis of bug history and patterns; Bug tracking logs

四、课程特色

软件测试既是软件开发中的关键活动，也是相关研究方向的热点研究领域。面向计算机科学与技术学科高层次创新人才的培养目标，本课程在全面深入地介绍软件测试的方法与技术的基础上，进一步激发同学们对软件测试研究的愿望。

4.1.35 面向服务的架构(SOA)Service-Oriented Architecture(SOA)

Prereq: Software Engineering, Object-Oriented Software Analysis and Design

Credits: 2

Mission: Understand fundamental principle and theory of Service-Oriented Architecture, able to analysis and design Service-Oriented software system, able to do practical applications.

Cover computer science and software engineering.

Topics include Web Service and Service-Oriented Architecture concepts, principle and theory on Service-Oriented Architecture, Service-Oriented Analysis, Service-Oriented Design and practice on how to construct SOA based software system.

Yanzhen Zou, Ning Zhang

一、课程基本情况

<table>
<tr><td rowspan="2">课程名称</td><td colspan="12">面向服务的架构(SOA)</td></tr>
<tr><td colspan="12">Service-Oriented Architecture(SOA)</td></tr>
<tr><td rowspan="2">开课时间</td><td colspan="3">一年级</td><td colspan="3">二年级</td><td colspan="3">三年级</td><td colspan="3">四年级</td></tr>
<tr><td>秋</td><td>春</td><td>夏</td><td>秋</td><td>春</td><td>夏</td><td>秋</td><td>春</td><td>夏</td><td>秋</td><td>春</td><td>夏</td></tr>
<tr><td>适用院系</td><td colspan="12">计算机科学技术系,智能科学系</td></tr>
<tr><td>课程定位</td><td colspan="12">专业选修课</td></tr>
<tr><td>学分</td><td colspan="12">2 学分</td></tr>
<tr><td>总学时</td><td colspan="12">36 学时</td></tr>
<tr><td>先修课程</td><td colspan="12">软件工程,面向对象的技术</td></tr>
<tr><td>后续课程</td><td colspan="12"></td></tr>
<tr><td>教学方式</td><td colspan="12">课堂授课为主</td></tr>
<tr><td>课时分配</td><td colspan="12">课堂授课(30 学时) + 习题与专题课(6 学时)</td></tr>
<tr><td>考核方式</td><td colspan="12">平时作业占 10%,课程实习占 40%,期末考试占 50%。其中,期中和期末考试采用闭卷形式</td></tr>
<tr><td>主要教材</td><td colspan="12">(美)Thomas Erl. SOA 概念、技术与设计. 王满红,陈荣华,译. 北京: 机械工业出版社,2007</td></tr>
</table>

续表

参考资料	1. 国家信息安全工程技术研究中心,国家信息安全基础设施研究中心. 电子政务总体设计与技术实现. 北京：电子工业出版社,2003 2. (美)Eric Newcomer & Greg Lomow. Understanding SOA with Web Services. 许涵,译. 北京：电子工业出版社,2006 3. (美)Dirk Krafzig,等. Enterprise SOA——面向服务架构的最佳实践. 韩宏志,译. 北京：清华大学出版社,2006 4. 梁爱虎. 基于服务总线的 Struts + EJB + Web Services 整合应用开发. 北京：电子工业出版社,2007
其他信息	http://course. pku. edu. cn/webapps/login/
大纲提供者	邹艳珍

二、教学目的和基本要求

1. 使学生了解面向服务的理念,了解面向服务的软件架构在学术界和业界的发展现状及未来趋势。

2. 使学生掌握面向服务体系架构的基本理论和实现方法。

3. 使学生能够运用与面向服务架构相关的理论和方法,对某一具体的业务领域的问题进行分析和方案设计。

三、课程大纲和知识点

章节顺序	章节名称 Chapters	课时 Hours	知　识　点	Key Points
1	服务和面向服务的架构基本概念(SOA Concept)	2	服务,SOA 简介,SOA 的构成要素和基本特征,如何正确理解 SOA	Introduction of Web Service and Service-Oriented Architecture, SOA elements, SOA features, and how to understand SOA
2	SOA 的演变和基本原则(SOA Evolution and basic Principles)	4	SOA 的历史,面向服务与面向对象的差异,面向服务的一般原则,Web 服务支持与面向服务原则的比较	The history of SOA, The difference of Service-Oriented and Object-Oriented, SOA rules, Comparing Service-Oriented and Service Supported System
3	服务和基本 SOA (Web Service and SOA)	4	服务框架,服务模型,描述和消息,服务层,场景实例分析	Service Framework, Service Model, Description and Message, Service Level, Instance Analysis
4	面向服务的分析(Service-Oriented Analysis)	4	面向服务分析的目标和基本流程,服务建模指导,服务模型逻辑分析,服务建模方法对比的示例	The target of Service-Oriented Analysis and the process of Service-Oriented Analysis. Service Modeling, Service Model logic analysis, Service Model Approach Comparison.

续表

章节顺序	章节名称 Chapters	课时 Hours	知识点	Key Points
5	面向服务的设计(Service-Oriented Design)	4	WSDL 语言基础,SOAP语言基础,服务接口设计工具,以实体为核心的服务设计,以任务为核心的服务设计,服务设计指导	Introduction of WSDL and SOAP, tools for Service Interface Design, Entity-based Service Design and Task-based Service Design, Service Design Guide
6	通用服务发现和集成协议(UDDI)	2	通用服务发现和集成协议 UDDI 的发展和基本构成	Introduction of Universal Discovery Description and Integration (UDDI)
7	面向服务的事务处理 (Service-Oriented-Business Process)	2	WS-BPEL 语言基础,WS-事务处理预览	Introduction of WS-BPEL (Business Process Execution Language) and WS-Transaction Language
8	基本 WS * 扩展(WS * Specifications)	2	WS-寻址语言基础,WS-策略语言基础,WS-安全语言基础,等等	WS-Addressing, WS-Policy, WS-Security and so on
9	SOA 平台(SOA Platform)	2	SOA 平台基础,J2EE 中的 SOA 支持,.NET 中的 SOA 支持	Symbol, property and equivalent circuit, The characteristics of ideal opamps, Applications
10	案例分析(Project Analysis)	4	基于 SOA 的企业信息化假设及国家电子政务建设实际解决方案	Practice SOA in enterprise information system development and E-Government system development
11	期末复习(Review)	2	基本课程知识体系复习	Review principle and theory on Service-Oriented Architecture

四、课程特色

重视清楚理解和深入掌握 SOA 的基本概念、基本原理和基本方法等三基内容,主要围绕 SOA 的基本构成要素,讲授 SOA 的计划、分析、设计和构建等多个主题。在讲授过程中,结合具体的实施案例分析,加强学生们对所授知识进行综合应用的能力。

4.1.36 数据结构与算法(A) Data Structures and Algorithms (A Level)

Prereq: Introduction to Computing, Practice of Programming, Set and Graph Theory, Statistics

Credits: 3

Mission: Understand principles and theories of Data Structures and Algorithms; complexity analysis and tradeoff, able to design and implement efficient and effective data structures and algorithms to solve problems.

Covers programming, data structures, and algorithm analysis.

Topics include the organization and implementation of fundamental data structures such as list, binary tree, tree and forest, graph; the efficient sorting and searching algorithms; complexity analysis and tradeoff; data abstraction and problem solving.

Ming Zhang, Haiyan Zhao, Tengjiao Wang, Guojie Song, Yasha Wang

一、课程基本情况

<table>
<tr><td rowspan="2">课程名称</td><td colspan="12">数据结构与算法(A)</td><td rowspan="10">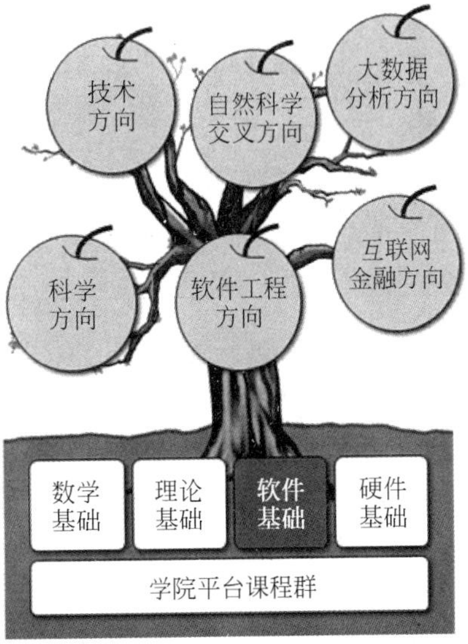
</td></tr>
<tr><td colspan="12">Data Structures and Algorithms (A Level)</td></tr>
<tr><td rowspan="2">开课时间</td><td colspan="3">一年级</td><td colspan="3">二年级</td><td colspan="3">三年级</td><td colspan="3">四年级</td></tr>
<tr><td>秋</td><td>春</td><td>夏</td><td>秋</td><td>春</td><td>夏</td><td>秋</td><td>春</td><td>夏</td><td>秋</td><td>春</td><td>夏</td></tr>
<tr><td>适用院系</td><td colspan="12">计算机系,智能系</td></tr>
<tr><td>课程定位</td><td colspan="12">主干基础课、必修课</td></tr>
<tr><td>学分</td><td colspan="12">3 学分</td></tr>
<tr><td>总学时</td><td colspan="12">64 学时</td></tr>
<tr><td>先修课程</td><td colspan="12">计算概论 A,程序设计实习,集合论与图论,概率统计 A</td></tr>
<tr><td>后续课程</td><td colspan="12">数据结构与算法实习,算法分析与设计</td></tr>
<tr><td>教学方式</td><td colspan="13">以课堂讲授为主,同时借助网络教学平台,拓展课堂讲授的相关知识,便于同学自主学习、巩固课堂所学内容。另外,组织 3 次独立的习题课(6 小时),针对学生作业中出现年的典型问题进行深入探讨。
鉴于本课程是与实践紧密结合的课程,配合理论教学,加强上机实习的训练,通过合理、有效地设计上机题目,改进作业评核方式,调动学生的积极性,启发引导学生掌握基础理论并能创新应用,增强学生综合运用有关知识的能力</td></tr>
<tr><td>课时分配</td><td colspan="13">课堂教学(4 学时) + 学生课下实验(2 学时)/周</td></tr>
<tr><td>考核方式</td><td colspan="13">平时(包括书面和上机,建议各占一半)占 30%,机考占 10%,期中占 30%,期末占 30%。
对于期中、期末考试,全学院的“数据结构与算法 A”和“数据结构与算法 A(实验班)”统一出题、统一阅卷。平时作业和上机作业由各班根据专业要求灵活掌握,教员协调给出成绩。
注重综合能力的考评,平时表现突出、上机实践能力较强的可以得到奖励加分</td></tr>
<tr><td>主要教材</td><td colspan="13">1. 张铭,赵海燕,王腾蛟,宋国杰. 数据结构与算法实验教程(普通高等教育“十一五”国家级规划教材). 北京: 高等教育出版社,2011
2. 张铭,赵海燕,王腾蛟. 数据结构与算法习题指导. 北京: 高等教育出版社,2005</td></tr>
</table>

续表

参考资料	1. 张铭,赵海燕,王腾蛟,宋国杰. 数据结构与算法实验教程(普通高等教育“十一五”国家级规划教材). 北京:高等教育出版社,2011 2. 许卓群,杨冬青,唐世渭,张铭. 数据结构与算法(普通高等教育“十一五”国家级规划教材). 北京:高等教育出版社,2004 3. Thomas H Cormen,Charles E Leiserson,Ronald L Rivest,Clifford Stein. 数据结构与算法分析——C ++. 2 版. 张铭,刘晓丹,译. 北京:电子工业出版社,2002 4. Thomas H Cormen,Charles E Leiserson,Ronald L Rivest,Clifford Stein. Introduction to Algorithms. 2nd ed. 影印版. 北京:高等教育出版社,2001
其他信息	1. “数据结构与算法 A”课程主页 http://www.jpk.pku.edu.cn/pkujpk/course/sjjg/frame/index.html 2. 国家级和北京市精品课“数据结构与算法”网站 http://www.jpk.pku.edu.cn/pkujpk/course/sjjg/
大纲提供者	张铭,赵海燕,宋国杰

二、教学目的和基本要求

1. 介绍基本数据结构和基本算法分析技术。这一部分将介绍常用基本数据结构的 ADT 及其应用,包括线性结构(线性表、串、栈和队列)、二叉树、树、图等;同时基于各种数据结构所实施的运算讨论算法分析的基本技术,掌握时间和空间权衡的原则。

2. 介绍排序、检索和索引技术。这一部分将主要讨论插入排序、Shell 排序、堆排序、快速排序、归并排序、基数排序等常用的各种排序算法及其时间和空间开销,并介绍文件管理(数据在外存中的组织形式)和外排序技术,以及自组织线性表、散列表、倒排文件、B 树等常见的检索和索引技术,及其各自相应的时间和空间开销。

3. 通过本课程的学习,学生将基本掌握数据结构和算法的设计分析技术,提高程序设计的质量,根据所求解问题的性质选择合理的数据结构并对时间空间复杂性进行必要的控制。

三、课程大纲和知识点

章节顺序	章节名称 Chapters	课时 Hours	知 识 点	Key Points
1	数据结构和算法简介(Introduction to Data structures and Algorithms)	2	数据结构定义(逻辑结构、存储结构、运算),抽象数据类型,算法及其算法度量和评价(大 O 表示法及其运算规则)	Data structures (Logical structures of data, Storage structures of data, Algorithms), Abstract data types (ADTs), Algorithms, Analysis of algorithms, Representation of algorithms' complexity, Asymptotic notation (Big O notation), Growth of functions

续表

章节顺序	章节名称 Chapters	课时 Hours	知识点	Key Points
2	线性表(Linear Lists)	2	线性表(向量、链表)	Vectors (Arrays), Linked lists
3	栈和队列(Stacks and Queues)	6	栈和队列(顺序、链接),栈的应用,递归到非递归的转换机制和方法	Stacks and queues, Application of stacks and queues, Mechanism for transforming recursion to non-recursion
4	字符串(Strings)	4	字符串抽象数据类型,存储表示和类定义,字符串的运算,字符串的模式匹配	Strings and their implementations, String functions, String matching (the naïve string-matching algorithm, the Knuth-Morris-Pratt algorithm)
5	二叉树(Binary Trees)	8	二叉树的概念及性质,二叉树的抽象数据类型,二叉树的周游,二叉树的存储实现,二叉检索树、堆与优先队列、Huffman 编码树,非递归深度优先周游二叉树	Binary trees, Properties of binary tree, ADT for binary trees, Traversals of binary tree; Implementation of binary trees, Binary search trees, Heaps and priority queues, Huffman tree, Non-recursive depth-first order traversal of binary trees
6	树与森林(Trees and Forest)	4	树的概念,森林与二叉树的等价转换,树的抽象数据类型,树的周游,树的链式存储,树的顺序存储,父结点表示法和并查集	Trees and forests, Equivalence of trees and their corresponding binary trees, Tree traversal (depth-first order & breadth-first order traversal), Implementation of tree (array-based, left-child, right-sibling representation of trees), Parent Pointer and Union-Find
7	图(Graphs)	6	图的基本概念,图的抽象数据类型,图的存储结构,图的周游(深度优先、搜索、广度优先、拓扑排序),最短路径问题,最小支撑树(Prim 算法、Kruskal 算法)	Graphs, ADT for graphs, Representations of graphs (adjacency matrix, adjacency lists), Graph traversal (depth-first order & breadth-first order traversal, topological sort), Single-source shortest paths (Dijkstra's algorithm), All-pairs shortest paths (the Floyd-Warshall algorithm), Minimum spanning trees (Prim algorithm and Kruskal algorithm)

续表

章节顺序	章节名称 Chapters	课时 Hours	知　识　点	Key Points
8	内排序(Internal Sorting)	6	排序问题的基本概念,三种简单排序算法(插入排序、起泡排序、选择排序),Shell 排序,快速排序,归并排序,堆排序,基数排序,各种排序算法的理论和实验时间代价的讨论以及排序问题的下限的研究	Sorting problem and its related concepts, Insertion sort, Selection sort, Bubble sort, Shell sort, Quick sort, Merge sort, Heapsort, Radix sort and bucket sort, Lower bound for comparison sorting
9	文件管理和外排序(File Processing and external sorting)	2	外排序的特点,置换选择排序,二路/多路归并外排序,竞赛树(赢者树、败方树)	External sorting and its features, Criteria for External Sorting Algorithms, Replacement Selection, Balanced 2-way /multiway merging sort, Tournament trees (Winner Tree, Loser Tree)
10	检索(Searching)	4	检索的基本概念,基于线性表的检索,基于集合的检索,散列方法	Searching problem, Search on linear lists, search on sets, Hash tables (hash functions, open addressing)
11	索引技术(Indexing)	4	倒排索引,B+树等动态索引组织,红黑树	Indexing, Inverted index, B+ trees, Red-Black tree
12	高级数据结构(Advanced Topics on Data structures)	6	矩阵,广义表,字符树,AVL 树、伸展树	Matrix, Generalized lists and their application, Trie tree and Patricia tree, AVL tree, Splaying trees

四、课程特色

1. 本课程强调实习环节,使学生通过课程实习对开放源码软件和数据库系统实现技术有较切实的实践体会,并锻炼在系统软件核心层次进行创新性工作的能力。

2. “数据结构与算法”是一门重要的计算机类基础课程。其主要目的是使学生较全面地理解数据结构的概念、掌握各种数据结构与算法的实现方式,比较不同数据结构和算法的特点。通过学习,使学生能够提高用计算机解决实际问题的能力。

3. 本课程注重数据结构与算法理论和实践的结合,从问题求解的角度指导学生学习如何运用数据结构与算法知识来应用和解决实际问题,为将来利用从事计算机相关的学习、研究和开发工作打下扎实的基础。

4.1.37　数据结构与算法(B) Data Structures and Algorithms (B Level)

Prereq: Introduction to Computing, Practice of Programming

Credits: 3

Mission: Understand principle and theory of Data Structures and Algorithms, able to design and implement fundamental data structures and algorithms.

Covers programming, data structures, and algorithms.

Topics include the organization and implementation of fundamental data structures such as list, binary tree, tree and forest, and graph; sorting and searching algorithms; data abstraction and problem solving.

Tengjiao Wang, Yasha Wang, Ming Zhang, Haiyan Zhao, Guojie Song

一、课程基本情况

<table>
<tr><td rowspan="2">课程名称</td><td colspan="12">数据结构与算法(B)</td><td rowspan="10">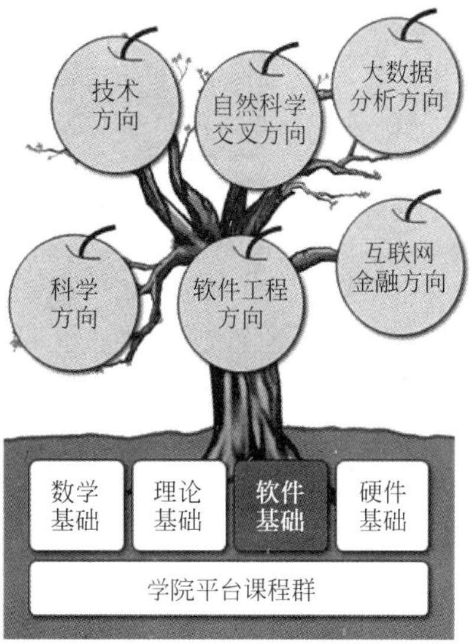
</td></tr>
<tr><td colspan="12">Data Structures and Algorithms (B Level)</td></tr>
<tr><td rowspan="2">开课时间</td><td colspan="3">一年级</td><td colspan="3">二年级</td><td colspan="3">三年级</td><td colspan="3">四年级</td></tr>
<tr><td>秋</td><td>春</td><td>夏</td><td>秋</td><td>春</td><td>夏</td><td>秋</td><td>春</td><td>夏</td><td>秋</td><td>春</td><td>夏</td></tr>
<tr><td>适用院系</td><td colspan="12">电子系,微电子系</td></tr>
<tr><td>课程定位</td><td colspan="12">必修课、主干基础课</td></tr>
<tr><td>学分</td><td colspan="12">3 学分</td></tr>
<tr><td>总学时</td><td colspan="12">48 学时</td></tr>
<tr><td>先修课程</td><td colspan="12">计算概论 A/B,程序设计实习</td></tr>
<tr><td>后续课程</td><td colspan="12">数据结构与算法实习</td></tr>
<tr><td>教学方式</td><td colspan="13">以课堂讲授为主,同时借助网络教学平台,拓展课堂讲授的相关知识,便于同学自主学习、巩固课堂所学内容。另外,组织 3 次独立的习题课(6 小时),针对学生作业中出现年的典型问题进行深入探讨。
鉴于本课程是与实践紧密结合的课程,配合理论教学,加强上机实习的训练,通过合理、有效地设计上机题目,改进作业评核方式,调动学生的积极性,启发引导学生掌握基础理论并能创新应用,增强学生综合运用有关知识的能力</td></tr>
<tr><td>课时分配</td><td colspan="13">课堂教学(3 学时) + 学生课下实验(2 学时)/周</td></tr>
</table>

续表

考核方式	平时(包括书面和上机,建议各占一半)占 30%,机考占 10%,期中占 30%,期末占 30%。 对于期中、期末考试,全学院的"数据结构与算法 B"统一出题、统一阅卷。平时作业和上机作业由各班根据专业要求灵活掌握,教员协调给出成绩。 注重综合能力的考评,平时表现突出、上机实践能力较强的可以得到奖励加分
主要教材	1. 张铭,赵海燕,王腾蛟,宋国杰. 数据结构与算法实验教程(普通高等教育"十一五"国家级规划教材). 北京:高等教育出版社,2011 2. 张铭,赵海燕,王腾蛟. 数据结构与算法习题指导. 北京:高等教育出版社,2005
参考资料	1. 张铭,赵海燕,王腾蛟,宋国杰. 数据结构与算法实验教程(普通高等教育"十一五"国家级规划教材). 北京:高等教育出版社,2011 2. 许卓群,杨冬青,唐世渭,张铭. 数据结构与算法(普通高等教育"十一五"国家级规划教材). 北京:高等教育出版社,2004 3. 张乃孝. 算法与数据结构. 北京:高等教育出版社,2006 4. Thomas H Cormen, Charles E Leiserson, Ronald L Rivest, Clifford Stein. Introduction to Algorithms. 2nd ed. 影印版. 北京:高等教育出版社,2001
其他信息	1. "数据结构与算法 A"课程主页 http://www.jpk.pku.edu.cn/pkujpk/course/sjjg/frame/index.html 2. 国家级和北京市精品课"数据结构与算法"网站 http://www.jpk.pku.edu.cn/pkujpk/course/sjjg/
大纲提供者	王腾蛟,王亚沙,张铭

二、教学目的和基本要求

1. 从 ADT 角度介绍常用的数据结构和算法分析的基本方法。使学生从数据结构的逻辑结构、相应的一组基本运算、实现以及对实现的评价等方面去掌握线性表、栈、队列、串、数组、树、图等常用的数据结构,并对算法的时间和空间复杂性有一定的分析能力。

2. 介绍排序技术,使学生掌握插入排序、选择排序、交换排序、基数排序、归并排序等常用的排序算法,并讨论他们的时间和空间开销。

通过本课程的学习,学生将掌握常用的数据结构和算法的设计和分析方法,提高程序设计的能力,针对简单的求解问题,选择合理的数据结构解决。

三、课程大纲和知识点

章节顺序	章节名称 Chapters	课时 Hours	知识点	Key Points
1	数据结构和算法简介(Introduction to Data structures and Algorithms)	2	数据结构定义(逻辑结构、存储结构、运算),抽象数据类型,算法及其算法度量和评价(大 O 表示法及其运算规则)	Data structures (Logical structures of data, Storage structures of data, Algorithms), Abstract data types (ADTs), Algorithms, Analysis of algorithms, Representation of algorithms' complexity, Asymptotic notation (Big O notation), Growth of functions
2	线性表(Linear Lists)	2	线性表(向量、链表)	Vectors (Arrays), Linked lists
3	栈和队列(Stacks and Queues)	6	栈和队列(顺序、链接),栈的应用	Stacks and queues, Application of stacks and queues, Mechanism for transforming recursion to non-recursion
4	字符串(Strings)	4	字符串抽象数据类型,存储表示和类定义,字符串的运算	Strings and their implementations, String functions, String matching (the naïve string-matching algorithm, the Knuth-Morris-Pratt algorithm)
5	二叉树(Binary Trees)	8	二叉树的概念及性质,二叉树的抽象数据类型,二叉树的周游,二叉树的存储实现,二叉检索树,堆与优先队列,Huffman 编码树	Binary trees, Properties of binary tree, ADT for binary trees, Traversals of binary tree; Implementation of binary trees, Binary search trees, Heaps and priority queues, Huffman tree
6	树与森林(Trees and Forest)	4	树的概念,森林与二叉树的等价转换,树的抽象数据类型,树的周游,树的链式存储,树的顺序存储	Trees and forests, Equivalence of trees and their corresponding binary trees, Tree traversal (depth-first order & breadth-first order traversal), Implementations of tree (array-based, left-child, right-sibling representation of trees)

续表

章节顺序	章节名称 Chapters	课时 Hours	知 识 点	Key Points
7	图(Graphs)	6	图的基本概念,图的抽象数据类型,图的存储结构,图的周游(深度优先、搜索、广度优先、拓扑排序),最短路径问题,最小支撑树(Prim 算法、Kruskal 算法)	Graphs, ADT for graphs, Representations of graphs (adjacency matrix, adjacency lists), Graph traversal (depth-first order & breadth-first order traversal, topological sort), Single-source shortest paths (Dijkstra's algorithm), All-pairs shortest paths (the Floyd-Warshall algorithm), Minimum spanning trees (Prim algorithm and Kruskal algorithm)
8	内排序(Internal Sorting)	6	排序问题的基本概念,三种简单排序算法(插入排序、起泡排序、选择排序),Shell 排序,快速排序,归并排序,堆排序,基数排序,各种排序算法的理论和实验时间代价的讨论	Sorting problem and its related concepts, Insertion sort, Selection sort, Bubble sort, Shell sort, Quick sort, Merge sort, Heapsort, Radix sort and bucket sort
9	文件管理和外排序(File Processing and external sorting)	2	外排序的特点,置换选择排序,二路/多路归并外排序	External sorting and its features, Criteria for External Sorting Algorithms, Replacement Selection, Balanced 2-way /multiway merging sort
10	检索(Searching)	4	检索的基本概念,基于线性表的检索,基于集合的检索,散列方法	Searching problem, Search on linear lists, search on sets, Hash tables (hash functions, open addressing)
11	索引技术(Indexing)	4	倒排索引,B+树等动态索引组织	Indexing, Inverted index, B+ trees

四、课程特色

1. 本课程是理工类专业学生重要的计算机基础课程。其主要目的是使学生正确理解数据结构的基本概念,掌握各种基础数据结构与基本算法的实现方式,比较不同数据结构和算法的特点。通过本课程的学习,使学生提高用应用计算机解决实际问题的能力。

2. 本课程注重数据结构与算法基本理论和实践的结合，从问题求解的角度指导学生学习如何运用数据结构与算法知识来应用和解决实际问题，为将来从事计算机应用开发打下扎实的基础。

4.1.38 数据结构与算法实习 Practice of Data Structures and Algorithms

Prereq: Data Structures and Algorithms, Practice of Programming

Credits: 2

Mission: Understand principles of problem solving and software engineering with fundamental data structures and classical algorithms, able to design and implement practical applications with efficiently and effectively.

Covers algorithm analysis and software engineering.

Topics include classical algorithms, such as enumeration, backtracking, divide and conquer, greedy, and dynamic programming; fundamentals of software engineering, such as programming style, design, testing, debugging, scalability and project management.

Ming Zhang, Dan Hao

一、课程基本情况

<table>
<tr><td rowspan="3">课程名称</td><td colspan="12">数据结构与算法实习</td></tr>
<tr><td colspan="12">Practice of Data Structures and Algorithms</td></tr>
<tr><td colspan="12"></td></tr>
<tr><td rowspan="2">开课时间</td><td colspan="3">一年级</td><td colspan="3">二年级</td><td colspan="3">三年级</td><td colspan="3">四年级</td></tr>
<tr><td>秋</td><td>春</td><td>夏</td><td>秋</td><td>春</td><td>夏</td><td>秋</td><td>春</td><td>夏</td><td>秋</td><td>春</td><td>夏</td></tr>
<tr><td>适用院系</td><td colspan="12">计算机系，智能系</td></tr>
<tr><td>课程定位</td><td colspan="12">主干基础课</td></tr>
<tr><td>学分</td><td colspan="12">2学分</td></tr>
<tr><td>总学时</td><td colspan="12">32+80(理论+上机实习)学时</td></tr>
<tr><td>先修课程</td><td colspan="12">数据结构与算法(A)</td></tr>
<tr><td>后续课程</td><td colspan="12">算法分析与设计</td></tr>
<tr><td>教学方式</td><td colspan="12">理论与实践结合</td></tr>
<tr><td>课时分配</td><td colspan="12">理论32学时，包括教员课堂讲授26学时，学生编程经验交流6学时；学生独立实践80学时，包括数据结构与算法实验59学时，综合上机实习30学时</td></tr>
</table>

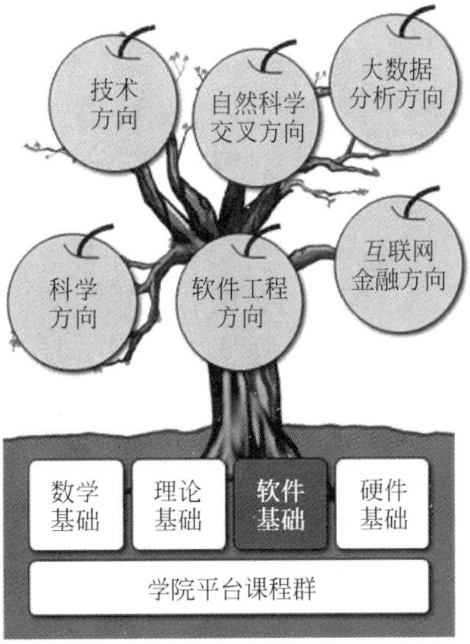

续表

考核方式	平时占20%,算法实验占20%,综合上机题占40%,期末考试占20%
主要教材	张铭,赵海燕,王腾蛟,宋国杰. 数据结构与算法实验教程(普通高等教育"十一五"国家级规划教材). 北京:高等教育出版社,2011
参考资料	1. 张铭,赵海燕,王腾蛟,宋国杰. 数据结构与算法实验教程(普通高等教育"十一五"国家级规划教材). 北京:高等教育出版社,2011 2. 张铭,赵海燕,王腾蛟. 数据结构与算法习题指导. 北京:高等教育出版社,2005 3. Thomas H Cormen,Charles E Leiserson,Ronald L Rivest,Clifford Stein. Introduction to Algorithms. 2nd ed. 影印版. 北京:高等教育出版社,2001 4. Brian W Kernighan,Rob Pike. The Practice of Programming. Addison-Wesley,1999 5. Brian W Kernighan,Rob Pike. 程序设计实践. 裘宗燕,译. 北京:机械工业出版社,2000
其他信息	1. 注意根据北大信息学院同一个学期开设的"数据结构与算法A"课程而调整进度 2. "数据结构与算法A"课程主页 http://www.jpk.pku.edu.cn/pkujpk/course/sjjg/frame/index.html 3. 国家级和北京市精品课"数据结构与算法"网站 http://www.jpk.pku.edu.cn/pkujpk/course/sjjg/
大纲提供者	张铭,郝丹

二、教学目的和基本要求

1. 配合"数据结构与算法"理论课程的学习,介绍一些程序风格、设计、测试和排错等软件工程的基本知识和方法;通过一些趣味例题,系统介绍"数据结构与算法"理论课程涉及的穷举法、回溯法、贪心法、分治法、动态规划等算法基本思想;介绍图和问题建模、数据结构与算法的应用和实践。

2. 培养学生独立实现常用基本数据结构的ADT及相应的STL数据结构,解决一些实际问题,独立编写中小型应用程序。灵活应用基本数据结构,并结合排序、检索、文件、索引等技术,合作编写较综合的大型应用程序,提高学生的实际动手能力。通过本课程的学习,为后续的专业基础课和专业课程打下坚实的基础。

三、课程大纲和知识点

章节顺序	章节名称 Chapters	课时 Hours	知 识 点	Key Points
1	简介(Brief introduction)	2	数据结构与算法实习简介,C/C ++ 基本程序技巧,问题空间和典型的算法思想,数学建模基本思想	Brief introduction to Practice of Data Structures and Algorithms, Basic programming skills of C/C ++, Problem space and typical algorithms, Basic idea of mathematical modeling

续表

章节顺序	章节名称 Chapters	课时 Hours	知　识　点	Key Points
2	程序设计风格(Programming style)	2	程序的良好风格,程序设计和实现技巧	Good programming style, Skills of program design and implementation
3	面向对象技术(Object-Oriented Techniques)	2	面向对象技术,STL 的基本概念和常用容器	Object-Oriented techniques, Basic concepts of STL and its popular containers
4	界面技术(Interface-Principles)	2	人机界面基本原则,排错的技巧	Principles of Human-Computer Interface, Debugging skills
5	测试(Software Testing)	2	测试,性能,可扩展性	Software testing, Performance, Scalability
6	项目管理(Project-Management)	2	项目需求分析,项目开发计划,软件项目的实施(控制)	Requirements analysis, Project development planning, Project implementation
7	基本算法与枚举法(Basic algorithms and Enumeration)	2	问题状态空间的建立,枚举的思想 例题: 百钱百鸡、猴子分桃、宴会彩灯、质数方阵	State space, Basic idea of enumeration Examples: 100 fowls, Peaches division, Extended lights out, The primes
8	回溯法(Backtracking)	2	递归思想强化,搜索解空间的思想,DFS 和 BFS 搜索策略,分枝限定思想 例题: 八皇后,0-1 背包,火车进出栈	The recursive method, Searching the solution space, DFS and BFS strategies, Branch and bound, Examples: 8 queens puzzle, 0-1 knapsack problem, Rails
9	贪心法(The greedy algorithms)	2	最优子结构分解,最优解的正确性证明 例题: 活动安排、可分割背包、区间覆盖	Optimal substructure decomposition, Correctness proof on the optimal solution Examples: Arrangement of tasks, Fractional knapsack problem, Ranges covering problem

续表

章节顺序	章节名称 Chapters	课时 Hours	知识点	Key Points
10	分治法(Divide and conquer)	2	分-治-合的分治法原理,算法复杂性问题 例题:统计逆序对、二进制大整数乘法	The principle of divide and conquer, Algorithm complexity analysis Examples: Counting the number of inversion pairs, Multiplication on large binary integers
11	动态规划(Dynamic programming)	2	最优子结构和重复子问题,备忘录方法,各种算法的比较 例题:最优二叉搜索树、最长子序列、最大全 1 正方形	Optimal substructure and duplicate sub-problems, Memorandum dynamic programming, Algorithm comparison Examples: Optimal binary search tree, The longest substring, The biggest "1" square
12	问题建模(Problem modeling)	2	问题建模专题讨论,数学模型	Problem modeling, Mathematical modeling
13	图的应用(Application of graphs)	2	图模型的建立,图的有效搜索,回溯高级技巧	Graph modeling, Effectively searching in graphs, Advanced backtracking
14	数据结构综合应用(Application of data structures)	2	搜索引擎和数据库等应用系统中的线性表、字符串、图等基本数据结构,散列、索引和排序技术的应用	Basic data structures (i. e., lists, strings, graphs et al.) in applications like searching engines and databases, The application of hash, indexing, and sorting
15	习题讨论(Project discussion)	4	对课程综合习题进行交流讨论,习题讲评	Project discussion

四、课程特色

1. 本课程作为辅助"数据结构与算法"的计算机系学生必修课,强化计算机系学生的实践能力训练。课程内容划分为 C/C ++ 基本程序技巧训练、界面排错和测试、基本数据结构训练、基本算法、数学建模训练 5 个模块。

2. 从问题求解的角度,培养学生的数据结构理论基础、问题数据和算法抽象、数据结构与算法设计的能力。在培养基本问题求解能力的同时,注重实践能力和工程能力的培养,使得学生遵从软件开发的规范性。以项目驱动,从软件工程的角度对学生系统进行需求分析、数学建模、数据结构与算法设计、程序实现测试调试、文档编写训练。不仅要求进行简单的实现,更要求进行工程实现的设计。学生不仅能完成自己承担的开发任务,还能从系统级认识整个项目,积累重大项目的组合、合作协调经验,培养项目组织和管理能力,创造性地解决工程中遇到的问题。

3. 通过典型案例教学,引导学生深入思考,激发创新思想火花,充分调动学生学习的主动性,实现教与学的互动。学生从案例中进行研究型学习,并在研究性学习过程中主动运用所学知识来分析问题、解决问题,根据问题的需求来主动获取新知识,从而强化创新意识和创新能力,相应地提高理论联系实际能力、实践动手能力和科研能力。

4.1.39　数据库概论 Introduction to Database Systems

Prereq: Data structure

Credits: 3

Mission: Understand fundamental principle and theory of database system, able to do practical applications, learn about the new advance in data management techniques.

Covers compute science.

Topics include relational model, SQL language, ER model, relational database design, introduction to the transaction system. database performance tuning

Chen Lijun

一、课程基本情况

课程名称	数据库概论											
	Introduction to Database Systems											
开课时间	一年级			二年级			三年级			四年级		
	秋	春	夏	秋	春	夏	秋	春	夏	秋	春	夏
适用院系	计算机系,智能系											
课程定位	专业核心课程											
学分	3 学分											
总学时	54 学时											
先修课程	数据结构											
后续课程	数据库原理与技术,语义网与数字图书馆											
教学方式	课堂讲授 + 实习											
课时分配												
考核方式	考勤占 5%,实习作业占 30%,章节作业占 25%,期末考试占 40%											

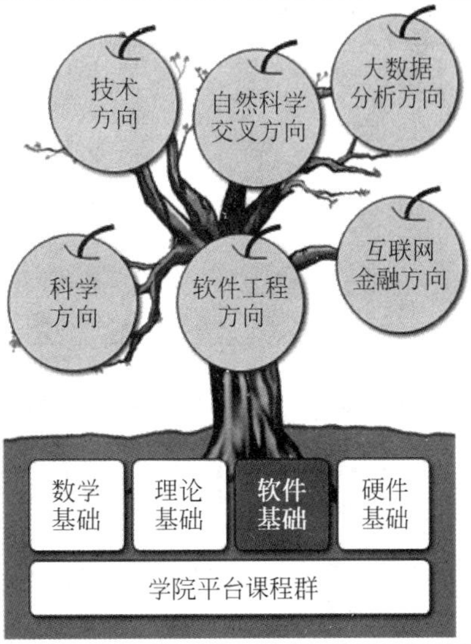

续表

主要教材	Abraham Silberschatz,等. 数据库系统概念. 杨冬青,译. 北京:机械工业出版社,2006
参考资料	1. Hector Garcia-Molina,Jeffrey Ullman,等. 数据库系统全书. 北京:机械工业出版社,2003 2. 萨师煊,王珊. 数据库系统概论. 3 版. 北京:高等教育出版社,2005
其他信息	
大纲提供者	陈立军

二、基本教学目的和要求

1. 深入理解数据库系统的基本概念、原理和方法。

2. 掌握关系数据模型及关系数据语言,能熟练应用 SQL 语言表达各种数据操作。

3. 掌握实体—联系模型的概念和方法,关系数据库的规范化理论和数据库设计方法,掌握数据库应用接口技术和数据库调优技术,初步具备进行数据库应用系统开发的能力。

4. 对数据库领域研究的深入课题有大致了解,激发在此领域中继续学习和研究的愿望,为学习数据库系统高级课程做准备。

三、课程教学大纲和知识点

章节顺序	章节名称 Chapters	课时 Hours	知　识　点	Key Point
1	引言	3	数据管理技术的发展阶段 数据模型 数据模式 数据库系统结构	History of database system Data model Schema Architecture of database system
2	实体-联系模型	4	ER 模型基本概念 E-R 模型的扩展特性 E-R 模型向关系模型的转换	ER's Concept Extended ER feature Translation ER to relations
3	关系模型	4	关系模型定义 关系代数 关系演算	Definition of relational model Relational algebra Relational Calculus
4	SQL 语言	8	SQL 标准的发展,SQL 的组成成分 SQL 数据定义功能 SQL 数据操纵功能 视图 断言、触发器、存储过程 数据库安全性	SQL standards and components Definition in SQL Operator in SQL View Assertion,triggers,stored procedure Database security

续表

章节顺序	章节名称 Chapters	课时 Hours	知 识 点	Key Point
5	数据库应用接口技术	2	嵌入式 SQL ODBC，JDBC，ADO，PHP，ColdFusion	Embedded SQL ODBC，JDBC，ADO，PHP，ColdFusion
6	关系数据理论	6	关系数据库设计中的问题 函数依赖概念及其推理规则，函数依赖集的闭包，属性集的闭包，函数依赖集的覆盖 多值依赖概念及其推理规则 范式概念，包括 1NF、2NF、3NF、BCNF、4NF 模式分解概念及相关算法，包括保持函数依赖和保持无损连接的分解算法	problem during database design Functionaldependencies and its inference rules，closure of a set of functional dependencies，closure of a set of attributes，cover of a set of functional dependencies Multi-valued dependencies and its inference rules Normal form，1NF，2NF，3NF，BCNF，4NF Decomposition conception and schema，including dependency preservation and lossless-join preservation decomposition
7	事务	4	事务概念及其 ACID 性质，事务模型 事务调度的概念，事务调度中的不一致问题 SQL 中的事务隔离性级别定义 事务的冲突可串行化及视图可串行化判定	Concept of transaction and ACID properties，transaction model Concept of transaction schedule，inconsistency in transaction schedule Definition of isolation levels in SQL Conflict serializability and view serializability
8	事务管理	5	并发控制：包括封锁的概念、封锁类型、两阶段封锁协议、死锁处理 故障恢复：包括故障种类、备份类型、日志结构，恢复算法、检查点	concurrency control，including locking concept，locking type，two-phase locking protocol，deadlock recovery from failure，including failure type，back-up type，log structure，recovery strategy，checkpoint

续表

章节顺序	章节名称 Chapters	课时 Hours	知 识 点	Key Point
9	XML	2	XML 基本概念,DTD,XML Schema XML 查询与存储,XPATH XML 与关系的相互转换,将XML存储到关系中,将关系查询结果转换为 XML	XML concept,DTD,XML Schema XML search and store,XPATH Exchange between XML and relations
10	数据库性能调优	6	数据库性能调优框架 数据库性能基准测试 SQL 调优,事务调优,应用接口调优,RAID 数据库物理设计:表的垂直划分,稀疏表存储,索引设计	skeleton frame of database performance optimization database performance benchmark SQL optimization, transactionoptimization,application interface optimization,RAID
11	面向对象数据库和对象—关系数据库	2	新型的数据库应用及其特性 面向对象数据模型的基本概念,对象持久性,OQL 对象—关系数据库:SQL 的面向对象扩充,嵌套关系,复杂数据类型构造和查询	Application and characteristics of new-style database Concept of object-oriented data model,object durability,OQL Object-relation database, including object-oriented extension to SQL,nested relation, construct and search complex data type
12	分布式数据库	4	分布式数据库系统的体系结构、基本特征、目标 分布式数据存储:数据分片,网络透明性 分布式查询处理的策略 分布式事务模型,两阶段提交协议 数据复制的不同途径	Architecture, basic features and goal of distributed database distributed database storage, including data slice,network transparency inquiry processing strategy in distributed environment distributed transaction model, two-phased commit protocol diverse methods about data duplication

续表

章节顺序	章节名称 Chapters	课时 Hours	知　识　点	Key Point
13	数据库新技术	4	新型数据模型：序列和图数据模型，数据流 新型数据库应用领域：数据仓库和 OLAP、数据挖掘、空间和地理数据库、移动数据库	New-style data model, including sequence, picture data model and data stream application domain of New-style database, including data warehouse, OLAP, data mining, spatial/ geographical database and mobile database

四、课程特色

1. 本课程是关于数据库技术的基础课程，全面介绍数据库系统的基本概念、原理和方法，并随时介绍数据库技术的新进展，为进一步学习数据库其他高级课程奠定基础。

2. 本课程强调"学以致用，水中习水"的教学原则。鉴于数据库技术的实用性，在讲授基础理论知识的同时，着重培养学生掌握实用的数据库系统应用开发技能。

3. 针对实践环节的每个知识点，本课程都设计了大量实用而新颖的实习题目，并配有丰富的案例供学生参照学习。

4.1.40　数据库概论(实验班) Introduction to Database Systems (Honor Track)

Prereq: Data structure

Credits: 3

Mission: Understand fundamental principle and theory of database system, able to do practical applications, learn about the new advance in web data management techniques.

Covers computer science.

Topics include relational model, SQL language, ER model, relational database design, introduction to the transaction system, progresses in the web data management techniques.

Jun Gao

一、课程基本情况

<table>
<tr><td rowspan="2">课程名称</td><td colspan="12">数据库概论(实验班)</td></tr>
<tr><td colspan="12">Introduction to Database Systems (Honor Track)</td></tr>
<tr><td rowspan="2">开课时间</td><td colspan="3">一年级</td><td colspan="3">二年级</td><td colspan="3">三年级</td><td colspan="3">四年级</td></tr>
<tr><td>秋</td><td>春</td><td>夏</td><td>秋</td><td>春</td><td>夏</td><td>秋</td><td>春</td><td>夏</td><td>秋</td><td>春</td><td>夏</td></tr>
<tr><td>适用院系</td><td colspan="12">计算机系,智能系</td></tr>
<tr><td>课程定位</td><td colspan="12">专业核心课程</td></tr>
<tr><td>学分</td><td colspan="12">3 学分</td></tr>
<tr><td>总学时</td><td colspan="12">54 学时</td></tr>
<tr><td>先修课程</td><td colspan="12">数据结构</td></tr>
<tr><td>后续课程</td><td colspan="12">数据库原理与技术,语义网与数字图书馆</td></tr>
<tr><td>教学方式</td><td colspan="12">课堂讲授(39 学时) + 课堂讨论(15 学时) + 实习</td></tr>
<tr><td>课时分配</td><td colspan="12"></td></tr>
<tr><td>考核方式</td><td colspan="12">期末考试占 40%,每章课后作业占 5%,期中课程设计占 10%,口头报告占 10%,最终报告占 20%,课堂表现占 5%</td></tr>
<tr><td>主要教材</td><td colspan="12">Abraham Silberschatz,等. 数据库系统概念. 杨冬青,译. 北京:机械工业出版社,2006</td></tr>
<tr><td>参考资料</td><td colspan="12">1. Hector Garcia-Molina,Jeffrey Ullman,等. 数据库系统全书. 北京:机械工业出版社,2003
2. 萨师煊,王珊. 数据库系统概论. 3 版. 北京:高等教育出版社,2005</td></tr>
<tr><td>其他信息</td><td colspan="12"></td></tr>
<tr><td>大纲提供者</td><td colspan="12">高军</td></tr>
</table>

二、教学目的和基本要求

1. 掌握关系数据模型及关系数据语言,能熟练应用 SQL 语言表达各种数据操作。

2. 掌握关系数据库规范化理论和数据库模式的设计方法,通过上机实习的训练,初步具备进行数据库应用系统开发的能力。

3. 理解事务和数据库并发控制、恢复机制的实现策略。

4. 训练定位问题,应用所学知识,提出新方法来解决问题的科研工作能力。

三、课程大纲和知识点

章节顺序	章节名称 Chapters	课时 Hours	知　识　点	Key Points
1	引言	2	数据管理技术的发展阶段 数据模型 数据模式 数据库系统结构	History of database system Data model Schema Architecture of database system
2	关系模型	6～4	关系模型综述 基本关系代数操作符 扩展关系代数操作符 视图 关系演算	Overview of relational model Primitive operator in relational algebra Extended operators in relational algebra View Relational Calculus
3	SQL 语言	4～2	基本结构 集合运算 聚集函数 嵌套查询 视图 数据定义语言	Basic structure Set operations Aggregation operations Nested query View Definition language
4	高级 SQL 语言	4～2	数据完整性 触发器 安全性/授权 存储过程 嵌入式 SQL SQL 中数据分析 递归 SQL SQL 攻击	Data integrity Triggers Security/ Authorization Stored procedure Embedded SQL Analysis in SQL Recursive SQL SQL injection
5	实体-联系模型	2	实体集合 关系集合 映射约束 码 E-R 图 扩展 E-R 特性 转换 E-R 模式到关系表 设计一个 E-R 数据库模式	Entity sets Relationship sets Mapping constraints Keys ER diagram Extended ER feature Translation ER to relations Design of ER Schema

续表

章节顺序	章节名称 Chapters	课时 Hours	知识点	Key Points
6	关系数据理论	6～4	函数依赖 多值依赖 范式,包括1NF、2NF、3NF、BCNF、4NF 函数依赖闭包 属性闭包 正则覆盖 无损连接分解 保持依赖判定 模式分解相关算法	Functionaldependencies Multivalueddependencies Normal form, 1NF, 2NF, 3NF, BCNF, 4NF Closure of a set of functional dependencies Closure of attribute sets Canonical cover Lossless-join decomposition Dependency preservation Schemade composition
7	XML数据管理	2	XML基本知识 XML查询(XPath和XQuery) XML和关系数据库 XML查询处理	Introduction to XML XML query(XPath and XQuery) XML and relational database XML query processing
8	事务	2	事务概念 ACID性质 事务调度 冲突可串行化及视图可串行化 可恢复性调度 隔离性实现	Concept of transaction ACID properties Transaction schedule Conflict serializability and view serializability Recoverable Schedules Implementation of Isolation
9	并发控制	6～4	基于锁的协议 多粒度锁协议 有效性验证协议 时间戳协议 多版本协议 死锁处理	Lock-based Protocols Multiple granularity Validation-based Protocols Timestamp-based Protocols Multiversionschemes Deadlockhandling
10	恢复	4～2	错误分类 存储结构 基于日志的恢复 检查点	Failureclassification Storage structure Log-based recovery Checkpoints

续表

章节顺序	章节名称 Chapters	课时 Hours	知　识　点	Key Points
11	Web 数据管理新技术讨论	18～12	围绕 Web 数据管理中 Web 数据提取、集成、XML 数据管理、图数据、云数据管理等问题，调研 SIGMOD，VLDB，ICDE 的最新成果，并口头报告	Make a survey on the recent progress in Web data extraction, integration, XML, graph, cloud data from SIGMOD, VLDB, ICDE, and make oral report
12	实习		基于商业数据库，构建 B/S 结构的数据库应用，包含大于 5 个表，尽可能使用数据库特性	Build a database application on commercial database with at least 5 tables
13	实习		提出解决 Web 数据管理某个关键问题的创新方案	Propose a novel approach to address one issue in the web data management.

四、课程特色

1．由于数据库系统基础理论方法和计算机专业其他方向的知识不重复，本课程将利用 2/3 的时间，重点讲述数据管理技术经典的基本理论和方法，包括关系模型、SQL 语言、关系数据库模式设计，讲述 ER 概念模型、高级 SQL 语言、事务管理、并发控制和恢复等内容，深入掌握数据库应用系统设计开发、数据库系统管理的基本原理。

2．数据管理技术面临很多新的挑战。我们注意到新的数据类型、海量的数据、新的硬件和计算体系、用户新的查询和分析需求促使数据管理技术不断创新发展，数据管理技术也成为目前学术界和工业界的关注热点。本课程将利用 1/3 的时间，培养学生的科研工作能力，主要实践定位问题、分析问题、解决问题和论证方案有效性等科研工作的关键步骤。

4.1.41　数据库原理与技术 Principle and Technology of Database Systems

Prereq: Database System Concept

Credits: 3

Mission: Understand fundamental principle, theory and current progress of database system, able to do practical applications.

Covers computer science.

Topics include data storage, index, query evaluation and optimization, transaction processing, distributed database, parallel database, cloud data management.

Dongqing Yang and Jun Gao

一、课程基本情况

<table>
<tr><td rowspan="2">课程名称</td><td colspan="12">数据库原理与技术</td></tr>
<tr><td colspan="12">Principle and Technology of Database Systems</td></tr>
<tr><td rowspan="2">开课时间</td><td colspan="3">一年级</td><td colspan="3">二年级</td><td colspan="3">三年级</td><td colspan="3">四年级</td></tr>
<tr><td>秋</td><td>春</td><td>夏</td><td>秋</td><td>春</td><td>夏</td><td>秋</td><td>春</td><td>夏</td><td>秋</td><td>春</td><td>夏</td></tr>
<tr><td>适用院系</td><td colspan="12">计算机系,智能系</td></tr>
<tr><td>课程定位</td><td colspan="12">专业核心课</td></tr>
<tr><td>学分</td><td colspan="12">3 学分</td></tr>
<tr><td>总学时</td><td colspan="12">54 学时</td></tr>
<tr><td>先修课程</td><td colspan="12">数据库系统概论</td></tr>
<tr><td>后续课程</td><td colspan="12"></td></tr>
<tr><td>教学方式</td><td colspan="12">课堂讲授 + 口头报告 + 实习</td></tr>
<tr><td>课时分配</td><td colspan="12">课堂授课(32 学时) + 前沿进展口头报告(12 学时) + 期末项目报告(6 学时)</td></tr>
<tr><td>考核方式</td><td colspan="12">期末考试占 50%,先进技术调研报告占 20%,期末课程项目占 20%,课程讨论占 10%</td></tr>
<tr><td>主要教材</td><td colspan="12"></td></tr>
<tr><td>参考资料</td><td colspan="12">1. Hector Garcia-Molina, Jeffery D. Ullman, Jennifer Widom. 数据库系统实现. 杨冬青,唐世渭,徐其钧,等译. 北京:机械工业出版社,2001
2. Abraham Silberschatz, Henry F Korth, S Sudarshan. 数据库系统概念:第 5 版. 杨冬青,马秀莉,唐世渭,等译. 北京:机械工业出版社,2006</td></tr>
<tr><td>其他信息</td><td colspan="12">为研究生开设,可让高年级本科生选修</td></tr>
<tr><td>大纲提供者</td><td colspan="12">高军,杨冬青</td></tr>
</table>

二、教学目的和基本要求

1. 掌握数据库管理系统的基本成分和工作流程。
2. 掌握数据存储管理的基本策略和方法。
3. 掌握查询处理的基本步骤、代价模型、和查询优化方法。
4. 掌握事务的概念和特征、并发控制机制和故障恢复机制。
5. 掌握分布式数据库和并行数据库的特点和实现要点。

三、课程大纲和知识点

章节顺序	章节名称 Chapters	课时 Hours	知　识　点	Key Points
1	DBMS 系统概述	6 ~ 3	基本概念 关系代数 SQL 数据库系统设计 DBMS 的主要功能和基本成分 DBMS 的工作流程	Basic concept Relational algebra SQL Database design Functionality and main component Data flow in DBMS
2	数据库存储和文件	6 ~ 3	存储器层次 磁盘存储器及磁盘块存取的优化 闪存及其存取的优化 数据记录在文件中的组织 扩展：google 中 bigtable 的文件组织 缓存管理和策略	Storage hierarchy Magneticdisks Flashdisk Organization of records in files Extensions: file organization in google BigTable Buffer management
3	索引结构	6 ~ 3	基本概念和静态文件索引 B+ 树索引(基本概念，查找、插入、删除等操作，重复记录、批量插入等扩展) 哈希索引(基本概念，静态 Hash，动态 Hash) 其他索引(位图索引，kd 树，r 树)	Basic concepts and ordered indices (ISAM) B+ Tree index(basic idea, operations, extension) Hashing Index (basic idea, static, dynamic) Other Indices(bitmap, kd-tree, r-tree)
4	查询操作符实现	6 ~ 3	操作符实现概述 基于扫描的操作符号实现 基于嵌套循环的操作符号实现 基于排序的操作符号实现 基于哈希的符号实现 基于索引的操作符号实现	Overview of operator implementation Scan based implementation Loop based implementation Sort based implementation Hash based implementation Index based implementation

续表

章节顺序	章节名称 Chapters	课时 Hours	知识点	Key Points
5	查询优化和执行	6~3	查询解析 表达式转换的代数定律 基于代价的计划选择 物理执行计划的实现 现有数据库系统中使用的优化器	Query parsing Algebraic laws for improving query plans Cost-based plan selection Completing the physical-query-plan Optimizer indifferent RDBMS
6	事务基本原理	3	事务的基本概念 事务调度的冲突可串行化 事务调度的视图可串行化 事务调度的可恢复性和无级联回滚 事务隔离性的实现	Transaction concept Conflict serializability View serializability Recoverable/cascadeless schedule Implementation of Isolation
7	并发控制	6~3	两阶段锁协议 基于图的锁协议 多粒度锁协议 死锁处理 基于有效性检查的协议 时间戳协议 多版本协议 插入删除过程中的并发处理 索引结构的并发处理	Two phases lock Graph-based protocols Multiple granularity Dead lock handling Validation-based protocols Timestamp-based protocols Multiple version protocols Concurrency in insert and delete Concurrency in Index Structures
8	故障恢复	6~3	恢复的基本概念 延迟更新和立即更新日志技术 检查点 基于日志恢复技术 高级恢复技术	Basic Concept Log for defer and immediate update Checkpoint Recovery based on log Advanced log-based technique ARIES
9	并行数据库系统	6~3	并行数据库概述 并行数据库物理组织与I/O并行 查询间并行、查询内并行 操作间并行、操作内并行 并行查询优化	Basic idea Storage and I/O parallelism Inter and intra query parallelism Inter and intra operator parallelism Optimization in parallel query

续表

章节顺序	章节名称 Chapters	课时 Hours	知　识　点	Key Points
10	分布式数据库系统	6～3	分布式数据库概述 分布式数据存储和网络透明性 分布式事务 提交协议和故障恢复 并发控制 分布式查询处理	Basic concept Transparency of storage and network Distributed transaction Commit protocol and recovery Concurrency control Distributed query processing
11	大规模数据管理系统综述	3	Google BigTable 系统 Hadoop 平台概述 Hbase 系统 Hive 系统	Google bigtable Hadoop Hbase Hive
12	大规模数据管理前沿技术调研报告	12～9	近三年在 SIGMOD、VLDB、ICDE 会议上大数据管理相关进展报告	Big data processing techniques in SIGMOD, VLDB, ICDE in last 3 years
13	实习	6	在现有的分布式计算平台上，实现不同的数据表连接算法并优化	Implementation and optimization of join operator using existing distributed infrastructure, like Hadoop, Hbase

四、课程特色

1. 本课程是关于数据库系统实现技术的高级课程，学生必须在学习了"数据库系统概论"课程，了解数据库系统的基本概念和方法的基础上，才能选修本课程。

2. 本课程培养学生对数据库系统实现原理和技术的掌握，不仅引导学生今后能够在核心层面上从事系统软件研究开发，而且对于在应用层面上从事信息系统开发和维护也有重要的指导意义。

3. 本课程强调实习环节，使学生通过课程实习对现有大规模数据处理平台有较切实的实践体会，并锻炼在系统软件核心层次进行创新性工作的能力。

4.1.42　数理逻辑 Mathematical Logic

Prereq: Set Theory, Algebraic Structures

Credits: 3

Mission: Make students (1) understand the fundamental principles and methods of classical logic, including deduction methods and schemas, and be able to think in abstract way and make strict proofs; (2) understand the formal methods and applications in computer science, especially in theory of programming.

Covers propositional logic and predict logic.

Topics include natural deduction system and Hilbert deduction system in propositional logic and predict logic, the soundness, consistency and completeness of the above systems.

Hanpin Wang

一、课程基本情况

<table>
<tr><td rowspan="2">课程名称</td><td colspan="12">数理逻辑</td></tr>
<tr><td colspan="12">Mathematical Logic</td></tr>
<tr><td rowspan="2">开课时间</td><td colspan="3">一年级</td><td colspan="3">二年级</td><td colspan="3">三年级</td><td colspan="3">四年级</td></tr>
<tr><td>秋</td><td>春</td><td>夏</td><td>秋</td><td>春</td><td>夏</td><td>秋</td><td>春</td><td>夏</td><td>秋</td><td>春</td><td>夏</td></tr>
<tr><td>适用院系</td><td colspan="12">计算机系,智能系,数学系,哲学系</td></tr>
<tr><td>课程定位</td><td colspan="12">主干基础课、专业必修课</td></tr>
<tr><td>学分</td><td colspan="12">3 学分</td></tr>
<tr><td>总学时</td><td colspan="12">48 学时</td></tr>
<tr><td>先修课程</td><td colspan="12">集合论,代数结构</td></tr>
<tr><td>后续课程</td><td colspan="12">理论计算机科学,算法设计与分析,人工智能</td></tr>
<tr><td>教学方式</td><td colspan="12">课堂授课为主</td></tr>
<tr><td>课时分配</td><td colspan="12">课堂授课(44 学时) + 习题课(2 学时) + 答疑与讨论(2 学时)</td></tr>
<tr><td>考核方式</td><td colspan="12">平时作业与专题讨论占 10% ~20%,期中考试占 30% ~20%,期末考试占 40% ~60%,期中和期末考试采用闭卷形式</td></tr>
<tr><td>主要教材</td><td colspan="12">耿素云,屈婉玲,王捍贫. 离散数学教程. 北京: 北京大学出版社,2002</td></tr>
<tr><td>参考资料</td><td colspan="12">屈婉玲,耿素云,王捍贫,刘田. 离散数学习题解析. 北京: 北京大学出版社,2008</td></tr>
<tr><td>其他信息</td><td colspan="12">http://www.jpk.pku.edu.cn/pkujpk/course/lssx/index.htm</td></tr>
<tr><td>大纲提供者</td><td colspan="12">王捍贫</td></tr>
</table>

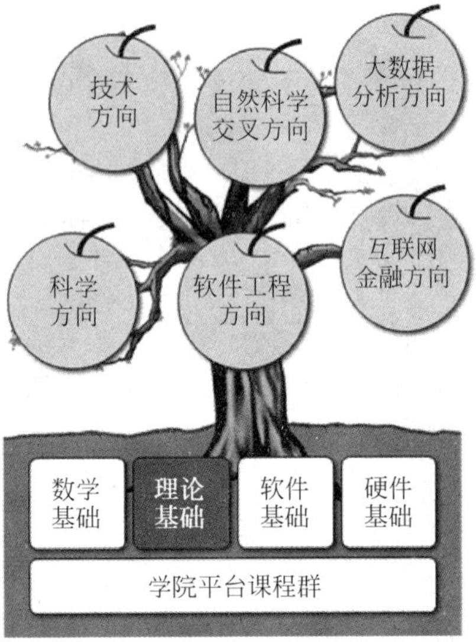

二、教学目的和基本要求

1. 使学生掌握经典逻辑的基本内容,掌握严格的推理方法及推理模式,培养学生的抽象思维和严谨证明能力。

2. 通过逻辑形式系统的定义,使学生了解形式化方法及其在计算机科学中的应用,加深学生对程序设计中基本概念的理解,大大提高设计正确程序的能力。

3. 为学习“理论计算机科学”以及后继的智能和程序理论等课程奠定基础。

三、课程大纲和知识点

章节顺序	章节名称 Chapters	课时 Hours	知　识　点	Key Points
1	预备知识	2	引言,形式系统,公式集,公理集,规则集,形式推理及形式定理等概念	Background, formal system, set of formulas, set of axioms, set off inference rules, formal deduction, formal theorem
2	命题逻辑的基本概念	2	命题与联结词,命题形式与真值表,联结词的完全集	Proposition, connective, propositional form, truth table, complete set of connectives
3	推理形式	2	有效推理形式的定义及其证明方法	Valid inference form
4	命题演算的自然推理形式系统 N	5	自然推理形式系统 N 的构成(公式形成规则、公理集和形式推理规则),N 中形式证明序列和内定理,N 中内定理的证明技巧。	Constructions of natural deduction system N (formulation rules of formulas and axioms, inferences rules), formal proof sequence and inner theorem in N, proof skills of inner theorems in N
5	命题演算的自然推理形式系统 P	4	P 的构成(公式形成规则、公理集和形式推理规则),P 中形式证明序列和内定理,P 中内定理的证明技巧,P 中常见内定理的证明,N 与 P 的等价性	Constructions of natural deduction system P (formulation rules of formulas and axioms, inferences rules), formal proof sequence and inner theorem in P, proof skills of inner theorems in N, some important inner theorems in P, equivalence of P and N
6	命题逻辑的语义	2	指派、公式的真值及其求法,公式的分类(永真式,可满足式,永假式)及其关系,逻辑蕴涵和逻辑等价,等值演算,合取范式和析取范式,范式存在性定理,范式的两种求法	Assignment, truth values of a formula, classification of formulas (tautology, satisfaction, contradiction), logical implication and logical equivalence, calculus of equivalence, conjunction normal form and disjunction normal form and their existence, solutions for Normal forms
7	命题逻辑系统的可靠性、和谐性和完备性	2	可靠性、和谐性和完备性的内容及其证明	Soundness, consistency and completeness for propositional logic systems
8	一阶谓词演算与一阶语言	3	一阶谓词演算符号化,一阶语言的构成,自由与约束	Symbolization for predict sentences, first-order language, free and bound variables

续表

章节顺序	章节名称 Chapters	课时 Hours	知识点	Key Points
9	一阶谓词演算的自然推理形式系统 N_L	6	N_L的构成(公式形成规则、公理集和形式推理规则),N_L中形式证明序列和内定理,N_L中内定理的证明技巧和常见的内定理(如换名规则),前束范式,范式存在性定理,范式的求法	Constructions of natural deduction system N_L (formulation rules of formulas and axioms, inferences rules), formal proof sequence and inner theorem in N_L, proof skills of inner theorems in N_L, some important inner theorems (e. g. rename rule), prenex normal form, solutions for Normal forms
10	一阶谓词演算的自然推理形式系统 K_L	4	K_L的构成(公式形成规则、公理集和形式推理规则),K_L中形式证明序列和内定理,K_L中内定理的证明技巧,K_L中常见内定理的证明,N_L和K_L的等价性	Constructions of natural deduction system K_L (formulation rules of formulas and axioms, inferences rules), formal proof sequence and inner theorem in K_L, proof skills of inner theorems in K_L, some important inner theorems in P, equivalence of K_L and K_LN
11	一阶谓词逻辑的语义	4	K_L的解释和赋值	Interpretation and assignment in K_L
12	一阶逻辑系统的可靠性、和谐性和完备性	6	可靠性、和谐性和完备性,和谐公式集、极大和谐公式集,一阶逻辑完备性证明的常量构造法——Henkin 方法	Soundness, consistency and completeness for predict logic systems, (maximal) consistent set of formulas, Henkin's constant-construction method for completeness of first order logic

四、课程特色

本课程是国家级精品课程"离散数学"的第三部分。在国内计算机学科本科阶段单独开设数理逻辑课程的学校不多,北大信息科学技术学院是其中之一。本课程在命题逻辑和一阶逻辑系统的阐述中没有采用通常离散数学教材中的叙述方法,而是直接介绍公理系统,采用完全形式化的描述,从而更加强化学生的严格推理和证明能力的培养,为程序逻辑的学习奠定基础。

4.1.43 数字逻辑设计 Digital Logic Design

Prereq: None

Credits: 3

Mission: Understand the fundamental principle and theory of digital logic circuit, able to analysis and design digital logic circuit with logic gates and memory devices.

Covers Computer science, Intelligence Science.

Topics include Boolean algebra, Binary Number, Logic Gate, Combinational Logic, Synchronous Sequential Logic, Finite State Machine.

Dong TONG, Xinyu MAO

一、课程基本情况

<table>
<tr><td rowspan="2">课程名称</td><td colspan="12">数字逻辑设计</td><td rowspan="9">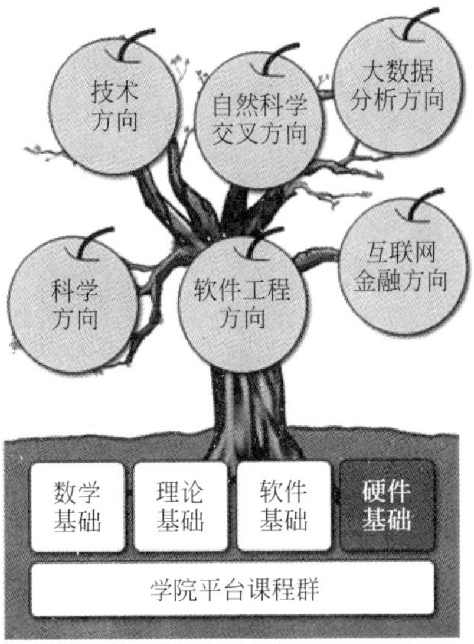</td></tr>
<tr><td colspan="12">Digital Logic Design</td></tr>
<tr><td rowspan="2">开课时间</td><td colspan="3">一年级</td><td colspan="3">二年级</td><td colspan="3">三年级</td><td colspan="3">四年级</td></tr>
<tr><td>秋</td><td>春</td><td>夏</td><td>秋</td><td>春</td><td>夏</td><td>秋</td><td>春</td><td>夏</td><td>秋</td><td>春</td><td>夏</td></tr>
<tr><td>适用院系</td><td colspan="12">计算机系，智能科学系</td></tr>
<tr><td>课程定位</td><td colspan="12">专业基础课、专业必修课</td></tr>
<tr><td>学分</td><td colspan="12">3 学分</td></tr>
<tr><td>总学时</td><td colspan="12">54 学时</td></tr>
<tr><td>先修课程</td><td colspan="12">无</td></tr>
<tr><td>后续课程</td><td colspan="12">微机原理，计算机组织与系统结构</td><td></td></tr>
<tr><td>教学方式</td><td colspan="13">课堂讲授为主，配合数字逻辑实验课，安排相应的 HDL 和 FPGA 工具上机实习</td></tr>
<tr><td>课时分配</td><td colspan="13">课堂授课（54 学时）</td></tr>
<tr><td>考核方式</td><td colspan="13">平时占 20%（其中课程参与占 3%，书面作业占 12%，FPGA 设计作业占 5%），考试占 30%，期末考试占 50%</td></tr>
<tr><td>主要教材</td><td colspan="13">R Katz and G Borriello. 现代逻辑设计：第 2 版. 罗嵘，等译. 北京：电子工业出版社，2006</td></tr>
<tr><td>参考资料</td><td colspan="13">1. Nelson. Digital Logic Circuit Analysis & Design. 影印版. 北京：清华大学出版社，1997
2. M Mano and M Ciletti. 数字设计：第 4 版. 徐志军，等译. 北京：电子工业出版社，2010
3. J Wakerly. Digital Design Principles and Practices. 3 版. 影印版. 北京：高等教育出版社，2001</td></tr>
<tr><td>其他信息</td><td colspan="13"></td></tr>
<tr><td>大纲提供者</td><td colspan="13">佟冬，毛新宇</td></tr>
</table>

二、基本教学目的和要求

1. 掌握数字电路设计的基础理论。
2. 了解实现数字电路的工艺器件原理。
3. 掌握数字电路的分析方法。
4. 重点掌握数字电路中组合电路和同步时序电路的设计方法和实现方法。
5. 培养对硬件设计的兴趣。
6. 了解数字系统设计的发展现状和关键问题。
7. 掌握采用硬件描述语言 HDL 和可编程器件 FPGA 设计软件和验证数字电路的方法。

三、课程教学大纲和知识点

章节顺序	章节名称 Chapters	课时 Hours	知识点	Key Points
1	数字设计概述	2	介绍数字系统,以实现计算设备的物理器件为核心介绍数字系统发展历史	Introduction, digital system, the brief historycomputational devices
2	数制和编码	4	数制基础,数制运算和转换,数字系统中的二进制编码(数字编码、字符编码和其他编码)	Number Systems, binary Numbers, Number-based operations and conversions, Binary numbers and binary codes including number, char, etc.
3	布尔代数和函数	4	布尔代数的公理和定理,开关函数的定义和多种表示方式	Boolean Algebra Axiomatic Definitions and Theorems, Boolean Functions, Canonical and standard forms
4	逻辑门和电路	4	基本逻辑门和门级网络,开关函数和电路的映射,以 CMOS 电路为例介绍逻辑门的具体实现方法	Logic gate and gate-level circuit, Circuitimplementation of switch function, Fundamentals of CMOS logic gate
5	组合电路的分析与设计	2	采用与或逻辑(与非门)、或与逻辑(或非门)和与或非逻辑实现组合逻辑电路	Analysis and Synthesis of Combinational logic using AND-OR (NAND) and OR-AND(NOR) two-level logic circuit
6	组合逻辑化简	6	卡诺图化简,Q-M 方法化简,电路冒险	K-map and Q-M method for gate-level circuit minimization, circuit hazard
7	标准的组合电路模块	4	自定向下的模块化设计方法,译码器,编码器,多路选择器,二进制加法器	Top-Down design methodology, decoder/Encoder, Multiplexer, binary adder

续表

章节顺序	章节名称 Chapters	课时 Hours	知识点	Key Points
8	HDL 和 CAD 工具介绍	2	以 Altera 公司的 MaxPlus-II FPGA 软件工具为主，介绍 FPGA CAD 工具使用原理，硬件描述语言 HDL	Introduction of FPGA CAD tools and Hardware Description Language (HDL) using Altera MaxPlus-II FPGA software
9	基本时序元件	4	锁存器，触发器	Latch and Flip-Flops
10	标准的同步时序电路模块	4	同步时序电路概念，寄存器，移位寄存器，计数器	Concepts on Synchronous Sequential Logic, Register, Shifter, Counter
11	同步时序电路的分析与设计	6	状态机，Moore 机，Mealy 机，同步时序电路的分析和设计，状态机设计，算法型状态机	Finite State Machine, Moore Machine, Mealy Machine, Analysis and Design of Synchronous Sequential Logic, FSM Design, Algorithmic State Machines (ASM)
12	同步时序电路的化简	6	状态等价性原理，状态机化简方法，状态分配	Principles of equivalent state, Methods of State Minimization and Reduction, State Assignment
13	课程复习	2	课程复习	Surveys of Digital Logic Design

4.1.44　数字媒体技术基础 Fundamentals of Digital Media Technology

Prereq: Design and Analysis of Algorithms, Probability Theory and Mathematical Statistics

Credits: 2

Mission: Understand the fundamental concepts and principles of digital media technology, and to master the ability to use typical algorithms about image and video analysis.

Topics include five aspects, including visual primitive detection, image segmentation, foreground description, background modeling, and object recognition. Three cutting edge topics, e. g. local invariant features, 2D-3D video conversion, moving object detection and tracking, are also covered in this course.

Tiejun HUANG, Yonghong TIAN, Yizhou WANG, Lingyu DUAN

一、课程基本情况

<table>
<tr><td rowspan="2">课程名称</td><td colspan="12">数字媒体技术基础</td></tr>
<tr><td colspan="12">Fundamentals of Digital Media Technology</td></tr>
<tr><td rowspan="2">开课时间</td><td colspan="3">一年级</td><td colspan="3">二年级</td><td colspan="3">三年级</td><td colspan="3">四年级</td></tr>
<tr><td>秋</td><td>春</td><td>夏</td><td>秋</td><td>春</td><td>夏</td><td>秋</td><td>春</td><td>夏</td><td>秋</td><td>春</td><td>夏</td></tr>
<tr><td>适用院系</td><td colspan="12">计算机系,其他理工科院系</td></tr>
<tr><td>课程定位</td><td colspan="12">专业基础课</td></tr>
<tr><td>学分</td><td colspan="12">2 学分</td></tr>
<tr><td>总学时</td><td colspan="12">32 学时</td></tr>
<tr><td>先修课程</td><td colspan="12">概率统计,算法设计与分析</td></tr>
<tr><td>后续课程</td><td colspan="12">数字视频处理与分析</td></tr>
<tr><td>教学方式</td><td colspan="12">课堂授课为主,课程实践为辅</td></tr>
<tr><td>课时分配</td><td colspan="12">课堂授课(30 学时)+课程实践(2 学时)</td></tr>
<tr><td>考核方式</td><td colspan="12">课程实践占 50%,闭卷考试占 50%
课程实践结合教学中的“专题”部分进行,进行图像和视频分析识别方面的算法设计与应用验证,为学生参与科研活动提供条件
考试主要内容是主要算法的基本思想和重要算法的关键细节</td></tr>
<tr><td>主要教材</td><td colspan="12">自编讲义,内容包括:
1. 章毓晋. 计算机视觉教程. 北京:人民邮电出版社,2011(选择第 5~8 章)
2. 其他教材选择部分章节
3. 每个专题对应不少于 3 篇代表性论文,其中 1 篇为必读
4. 选择一个专题作为课程实践方向,深入研读该专题的所有论文</td></tr>
<tr><td>参考资料</td><td colspan="12"></td></tr>
<tr><td>其他信息</td><td colspan="12"></td></tr>
<tr><td>大纲提供者</td><td colspan="12">黄铁军等</td></tr>
</table>

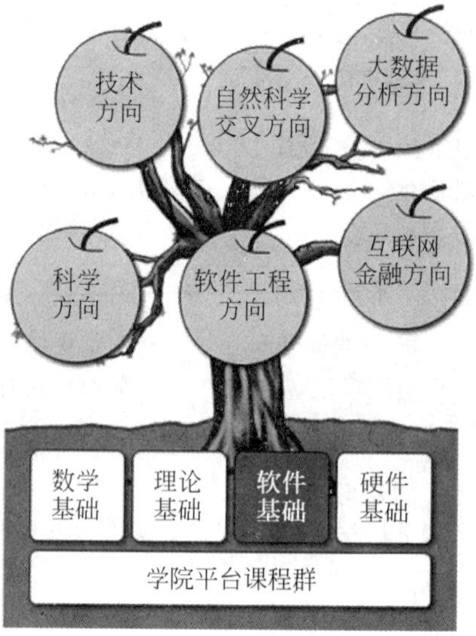

二、教学目的和基本要求

1. 掌握数字媒体技术相关的基本概念和基本原理,掌握图像和视频分析的代表性算法及其应用,通过课程实践初步具备在数字媒体技术领域开展科研工作的能力。

2. 掌握图像和视频识别分析的主要方面和重要算法,包括基元检测、图像分割、前景描述、背景建模、对象识别等五个方面的代表性方法或算法。

3. 熟悉本学科近期三个左右的研究热点,例如局部不变性描述子、平面视频转立体视频、运动目标检测与跟踪，理解这些热点与传统相比是如何突破和创新的，选择其中一个专题开展科研实践。

4. 了解数字媒体技术的前沿研究进展和发展方向，为进一步学习数字媒体技术的高级课程和开展更深入的科学研究打下扎实基础。

三、课程大纲和知识点

章节顺序	章节名称 Chapters	课时 Hours	知识点	Key Points
1	基本概念(Basic Concepts)	2	了解数字媒体的基本概念及其与信息、媒体、视觉等概念和学科的关系；深入掌握数字图像的概念，包括像素、采样、量化、点扩散函数、空间关系(二维)、时间关系(图像序列/视频)、尺度、三维、场景等	The concept of digital media and its relationship with concepts such as Information, Media and Vision etc.; Concepts related to digital image, including pixel, sampling, quantization, point spread function, spatial relationship (two dimension), temporal relationship (image sequence/video), scale, three dimension, scene etc.
2	学科概貌(Overview)	2	数字媒体技术研究的主要内容，包括图像和视频编码，图像处理、分析和理解及其相互关系，视频目标检测、跟踪与对象识别等；主要数字媒体标准(MPEG 等)；数字媒体领域的新兴研究与开发方向	Main topics in digital media research, including image and video coding, image processing, analysis and understanding, video object detection and tracking, object recognition; digital media standards (e. g. MPEG); cutting edge research topics in the digital media field
3	实验平台(Experimental Platform)	2	OpenCV 是图像处理、计算机视觉、模式识别与机器学习领域得到广泛应用的一个开放源代码平台，利用它可以很快编制出功能很强的图像和视频分析软件，是后续教学和课程实践需要使用的基本工具	OpenCV is an open source platform on image processing, computer vision, pattern recognition and machine learning. By using OpenCV, an image and video analysis system could be developed in an easy way. It is also the basic tool in the coming lectures and course projects
4	基元检测(Primitive Detection)	2	基元的概念；边缘检测；角点检测；直线检测(哈夫变换)；广义哈夫变换；斑点检测	Image primitive; edge detection; corner detection; line detection (Hough transform), generalized Hough transform; blob detection

续表

章节顺序	章节名称 Chapters	课时 Hours	知识点	Key Points
5	专题(1) 局部不变性描述子(Special Topic 1: Local Invariant Descriptor)	4	图像的多尺度分析；典型局部不变性描述子 SIFT 和 SURF；局部不变性描述子设计；视觉词典构造与组织；移动视觉搜索标准；课程实践	Multi-scale image analysis; typical local invariant features and descriptors such as SIFT and SURF; design of new local invariant descriptors; visual dictionary construction and indexing; mobile visual search standardization; a course project on this topic
6	图像分割(Image Segmentation)	2	图像分割方法简介；基于 SUSAN 算子的分割；主动轮廓模型；分水岭算法	Introduction to image segmentation, SUSAN operator based segmentation, active contour model, watershed algorithm
7	专题(2) 平面视频转立体视频(Special Topic 2: 2D-3D Video Conversion)	4	利用超级像素对图像进行碎块化；半交互式图像分割算法 Graph Cut；基于图像分割的平面视频转立体视频；课程实践	Super-pixels; semi-interactive segmentation algorithm Graph-Cut; image segmentation based 2D to 3D video conversion; a course project on this topic
8	前景描述(Foreground Description)	2	前景对象表达,包括基于边界的和基于区域的表达；前景对象描述,包括基于边界的和基于区域的描述；形状描述,包括紧凑型描述和复杂性描述；形状分析,包括基于多边形的分析和基于曲率的分析	Foreground representation and description, including edge-based and region-based approaches; Shape description, including compact description and complexity description; shape analysis, including polygon-based and curvature-based approaches
9	背景建模(Background Modeling)	2	监控视频的背景建模概念及技术挑战；常见背景建模方法,包括高斯混合模型、特征背景、核密度估计、贝叶斯方法等；背景建模中的去阴影和去空洞方法；基于背景建模的前景减除方法；PTZ 摄像机和多视监控视频的背景建模	Concepts and challenges of background modeling for surveillance video; the state-of-the-art background modeling algorithms, such as Gaussian mixed model, eigen background, kernel density estimation, Bayesian methods; shadow removing and hole recovering; foreground extraction methods; background modeling for PTZ camera and multiple cameras surveillance video

续表

章节顺序	章节名称 Chapters	课时 Hours	知 识 点	Key Points
10	专题 3：运动对象检测与跟踪（Special Topic 3：Moving Object Detection and Tracking）	4	对象检测与跟踪的概念及技术挑战；对象表示方法；对象检测方法及评测；对象跟踪方法及评测；多视监控视频的对象检测与跟踪；课程实践	Concepts and challenges of object detection and tracking; object representation; object detection algorithms and evaluation criteria; object detection and tracking for multiple camera scene; a course project on this topic
11	对象识别（Object Recognition）	2	介绍代表性对象识别方法的基本思想，包括基于几何模型的方法、基于部件的方法、基于表观的方法、基于特征的方法、模板匹配方法、统计机器学习等，为学生开展进一步的研究工作做基本铺垫	Introduction to the representative object recognition methods, including CAD-like object models, part-based models, appearance-based methods, feature-based methods, template matching, statistical machine learning
12	典型应用（Typical Applications）	2	除上面已经介绍过的应用之外，对数字媒体技术其他典型应用进行介绍，开阔学生未来发展的思路。本部分内容将紧密结合最新进展，例如立体电视、基于云计算的视听服务、新型多媒体检索、数字媒体安全与版权管理等	Beyond the ones mentioned before, more typical applications will be introduced here to open the mind of the students. This section will touch the cutting edge of the digital media technology, such as 3D TV, visual-aural cloud computing, new multimedia retrieval mechanism, digital media security and digital right management
13	课程实践陈述（Course Project Qualification and Report）	2	任选上述三个专题中的一个作为课程实践内容，建议学生参与研究所相应课题组的科研工作，参加每周一次的讨论，在正在进行的科研活动中选择力所能及的具体任务进行探索研究并动手实现。课程实践以思路清晰、创新明确或应用效果好为佳	Any student can focus on any one course project from the three special topics mentioned before. They are also encouraged to be involved in the ongoing research projects of the corresponding research groups, by attending each weekly seminar and undertaking small tasks in these projects. The course project and its report should be qualified according to its presentation quality, technology novelty or application outlook

四、课程特色

1. 知识讲授“博”“精”兼顾、点面结合。以图像分析为主线，密切结合数字媒体技术的发展，涵盖图像和视频技术领域的主要内容，较为全面地介绍经典方法或算法，并选择一个精讲，做到点面结合，既使学生在有限的课时内能够了解数字媒体技术的全貌，把握知识主干，也能掌握一种行之有效的算法。鼓励自学能力强的同学在此基础上进行扩展学习。

2. 鼓励创新,结合正在开展的科研项目切入学科前沿。挑选近年来的研究热点,结合正在进行的科研工作,设定专题进行深入探究,以精选的经典论文为教材,揭示其独特和创新之处,介绍正在进行的研究工作和最新进展,为学生在本科期间开展科研活动提供切入点。

3. 强调动手能力,算法研究与应用实践紧密结合。采用广泛使用的开放源代码平台 OpenCV 作为实验平台,对于讲述的算法进行直观实现和验证,直观看到结果和存在的问题,再探究算法的优缺点和改进方案。结合实际科研项目和明确应用进行课程实践,支持在 Android 平台进行实现并开发创新应用,鼓励基于学习成果撰写论文或进行实际应用。

4.1.45 数字视频处理与分析 Digital Video Processing and Content Analysis

Prereq: Probability Theory, Signal and Systems, Fundamentals of Digital Media Technology

Credits: 2

Mission: Understand fundamental principle and technology of digital video processing and content analysis. For video processing, understand and be able to design kernel algorithms about video coding. The topics on video coding include kernel coding algorithms, e. g. prediction, transform and entropy coding, and the new advancement in video coding technology, such as the new video coding standard H. 26x, AVS, multi view coding, distributed video coding etc. Understand and be able to use typical algorithms about video analysis.

Wen Gao, Siwei Ma, Yonghong Tian, Ruiqin Xiong, Tingting Jiang

一、课程基本情况

<table>
<tr><td>课程名称</td><td colspan="12">数字视频处理与分析
Digital Video Processing and Content Analysis</td></tr>
<tr><td rowspan="2">开课时间</td><td colspan="3">一年级</td><td colspan="3">二年级</td><td colspan="3">三年级</td><td colspan="3">四年级</td></tr>
<tr><td>秋</td><td>春</td><td>夏</td><td>秋</td><td>春</td><td>夏</td><td>秋</td><td>春</td><td>夏</td><td>秋</td><td>春</td><td>夏</td></tr>
<tr><td>适用院系</td><td colspan="12">计算机系,电子系</td></tr>
<tr><td>课程定位</td><td colspan="12">专业选修课</td></tr>
<tr><td>学分</td><td colspan="12">2 学分</td></tr>
<tr><td>总学时</td><td colspan="12">32 学时</td></tr>
<tr><td>先修课程</td><td colspan="12">概率统计,信号与系统,数字媒体技术基础</td></tr>
<tr><td>后续课程</td><td colspan="12"></td></tr>
</table>

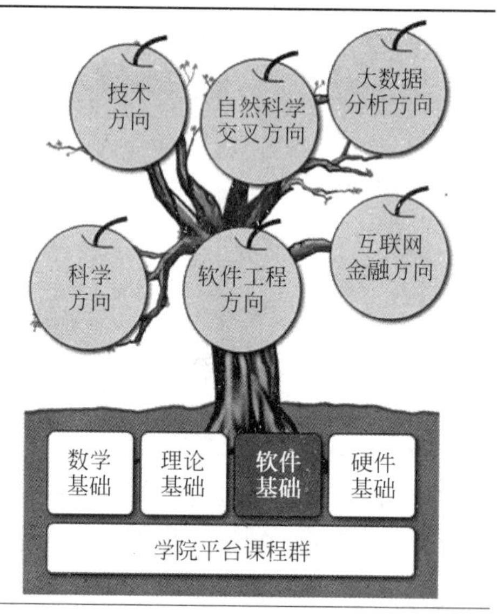

续表

教学方式	课堂授课为主,课程实践为辅
课时分配	课堂授课(30学时)+课程实践(2学时)
考核方式	课堂记录与讨论占20%,课程设计占40%,专题报告占40%。 其中课程设计就课程覆盖的数字视频处理与分析方面的论题设计开发分析处理或应用的程序设计,考察要点是学生能否熟练运用数字视频处理的各种基本方法与技术。专题报告就课程覆盖的高级论题或自选论题(须经教师认可)撰写综述报告,考察要点是文献综述是否比较齐全、报告是否抓住了主要思想及其发展脉络、能否对未来发展提出独特的思路、报告内容及其组织方式的独特性等
主要教材	高文,赵德斌,马思伟. 数字视频编码技术原理. 北京:科学出版社,2010
参考资料	1. Yun Q Shi, Huifang Sun. Image and Video Compression for Multimedia Engineering, Fundamentals, Algorithms, and Standards. CRC Press, 2000 2. Yao Wang, Joern Ostermann, and Ya-Qin Zhang. Video Processing and Communications. Prentice Hall, 2002
其他信息	
大纲提供者	高文等

二、教学目的和基本要求

1. 在数字视频处理方面,掌握数字视频压缩编码的基本概念、基本原理和基本方法,为后续课程打下牢固的视频处理基础;了解视频编码技术的发展历程,典型视频编码标准及其最新进展。

2. 在视频分析方面,深入理解视频分析的基本概念和原理,掌握视频分析的实现和应用技术。

3. 培养学生在视频处理与分析方面的系统实现能力,同时了解视频处理分析的前沿研究进展和发展方向,为开发实际系统以及开展更深入的科学研究打下扎实基础。

三、课程大纲和知识点

章节顺序	章节名称 Chapters	课时 Hours	知识点	Key Points
1	数字视频导论(Introduction to Digital Video)	2	数字视频的概念、三维运动模型、透视投影、正交投影、朗伯(Lambertian)反射模式、三维运动图像的光学效应等	The concept of digital video and its relationship with concepts such as 3D motion, perspective projection, orthogonal projection, Lambertian reflection and the optical effect of 3D motion picture etc.

续表

章节顺序	章节名称 Chapters	课时 Hours	知 识 点	Key Points
2	视频处理基础(Foundation of Video Processing)	2	视频的采样结构、傅里叶变换、正交采样重构、采样点阵转换,运动估算方法,亚奈奎斯特时空采样、运动补偿滤波、帧内滤波、运动自适应滤波	Introduce the concepts related with digital video processing, including sampling, Fourier transform, orthogonal sampling reconstruction, sampling matrix conversion; motion estimation, sub-Nyquist sampling, motion compensation filtering, intra filter and motion adaptive filtering etc.
3	视频压缩(Video Compression)	2	运动补偿波形编码、基于模型的编码等;熵编码技术与率失真优化理论;非标准编码技术,包括基于Wavelet的视频编码、Matching pursuit 编码等	Introduce the foundation of video compression, including motion compensation wave coding, model based coding, entropy coding and rate-distortion optimization coding theory; non-standard coding technology, such as wavelet based coding, match pursuit coding
4	预测编码(Prediction Coding)	2	帧内预测、帧间预测、多参考帧预测、子像素插值、运动估计、运动矢量预测、跳过/直接预测模式等	Introduce the principle of prediction coding technology, including intra prediction, inter prediction, multiple reference prediction, sub-pixel interpolation, motion estimation, motion vector prediction and skip/direct prediction mode etc.
5	变换(Transform)	2	傅里叶变换、DCT 变换、KLT 变换、小波变换、整数变换、哈达玛变换等	Introduce the principle of transform coding and transform details, including Fourier transform, DCT, wavelet, integer transform and Hadamard transform etc.
6	量化(Quantization)	2	非均匀量化、均匀量化、自适应量化、矢量量化及率失真理论	Concepts of quantization, including non-uniform quantization, uniform quantization, adaptive quantization, vector quantization and rate-distortion theory etc.

续表

章节顺序	章节名称 Chapters	课时 Hours	知　识　点	Key Points
7	熵编码(Entropy Coding)	2	信息熵、哈夫曼码、哥伦布码、算术编码,香农定理等	Introduction to the foundation of entropy coding,including basic concepts, entropy, Huffman code, Golomb code, arithmetic coding and Shannon theory
8	预处理/后处理(Pre/postProcessing)	2	高斯滤波、维纳滤波、去块效应滤波、自适应滤波等	Concepts for filter processing of image/video, including general filter, such as Gaussian filter,and optimal filter design,e. g. Weiner filter. Applications of pre/post filter in video coding,including deblock-filter,adaptive loop filter
9	视频编码新技术与标准(Video Coding Technology and Standard)	2	典型视频编码标准及其最新进展,包括 MPEG、H. 26X、AVS 系列视频编码标准的现有技术及其最新发展动态	Introduction to the typical video coding standard and technology, including MPEG,H. 26x,AVS series of standards
10	可伸缩编码(Scalable Coding)	2	可伸缩编码原理及技术,帧率提升、分辨率提升等超分辨率处理技术	The principle for scalable video coding,including temporal,spatial and SNR scalable coding; some new relatedtechniques,such as frame rate conversion, video super-resolution
11	分布式编码(Distributed Video Coding)	2	分布式编码原理,主要的分布式编码技术,包括 Wyner-Ziv, Slephian-Wolf Coder,Turbo Code,LDPC	The principle of distributed video coding and distributed video coding technology,including theWyner-Ziv coding theory, Slephian-Wolf Coder, Turbo Code and LDPC etc
12	三维电视与多视编码(3D TV and Multiview Coding)	2	三维电视的基本概念与原理,三维电视的系统结构与关键技术,多视编码	The concepts of 3DTV,3DTV system architecture and key technology, multiview code
13	主观质量评价与视觉编码(Subjective Quality Assessment and Perceptual Coding)	2	图像/视频主观质量评价方法,SSIM,VSNR,视觉编码主要技术及原理	Introduce the popular Image/video quality assessment method, including objective and subjective, e. g. PSNR, SSIM,VSNR etc. Some topics on perceptual coding,e. g. sparse coding

续表

章节顺序	章节名称 Chapters	课时 Hours	知识点	Key Points
14	视频分析与理解(Video Content Analysis and Understanding)	4	视频分析的理论基础及技术,包括:视频特征描述、结构化分析、语义特征提取(包括人脸、文字、物体等)、视频摘要、对象检测与跟踪、事件检测等;特定类型视频的分析方法,包括体育视频、监控视频等	The concepts and methods for video content analysis and understanding, including: video feature representation, structure analysis, semantic concept extraction and annotation (such as face, text, object), video summarization, object detection and tracking, event detection; Topics related to special gene video analysis, such as sports video and surveillance video
15	课程设计(Course Project Presentation)	2	分组设计并编程实现视频处理算法,就课程覆盖内容阅读相关研究论文并撰写课程报告	Research practice focusing on video coding. The students are encouraged to involve in ongoing research projects by participant the weekly seminar of the research group and doing research on small task. A good research practice project should own clear basic idea, identical innovation or applications impact

四、课程特色

1. 数字视频的处理和内容分析是数字媒体技术的两个重要研究领域,是数字媒体应用领域中的基础核心技术。本课程以视频处理为重点,并将视频处理与分析从统一的视角将它们有机结合起来,为后续的研究与开发打下坚实的基础。

2. 在内容设置上,本课程从理论基础、关键技术、课程设计与报告三个方面来着手,与相关的前沿研究和应用领域联系紧密,是一门研究和应用背景很强的专业课程。

3. 本课程需要具备较为扎实的数字信号处理基础和编程技术基础,课程内容理论性较强,同时有大量的编程实践,是理论和实践并重的课程。

4. 本课程强调动手能力和独立思考能力的培养,鼓励学生独立或协作从事数字视频处理与内容分析的程序设计,同时与目前从事的科研项目相结合,力图使课程内容符合国际上最新的研究发展趋势。

4.1.46 数字图像处理 Digital Image Processing

Prereq: Signals and Systems, Introduction to Pattern Recognition

Credits：3

Mission：Introduce basic concepts and techniques in digital image processing, learn to implement some image processing algorithms on computers using C-programming or MATLAB

Covers machine intelligence and computer science.

Topics include image sensing and acquisition, histogram processing, spatial filtering, two-dimensional Fourier transforms, frequency domain filtering, noise removal, image deblurring and restoration, color image processing, morphological operations, image segmentation, image representation and description, image matching, multiresolution representation using wavelets, and image compression.

Chao Zhang, Xianghua Ying

一、课程基本情况

<table>
<tr><td rowspan="2">课程名称</td><td colspan="12">数字图像处理</td></tr>
<tr><td colspan="12">Digital Image Processing</td></tr>
<tr><td rowspan="2">开课时间</td><td colspan="3">一年级</td><td colspan="3">二年级</td><td colspan="3">三年级</td><td colspan="3">四年级</td></tr>
<tr><td>秋</td><td>春</td><td>夏</td><td>秋</td><td>春</td><td>夏</td><td>秋</td><td>春</td><td>夏</td><td>秋</td><td>春</td><td>夏</td></tr>
<tr><td>适用院系</td><td colspan="12">信息科学技术学院</td></tr>
<tr><td>课程定位</td><td colspan="12">专业选修课</td></tr>
<tr><td>学分</td><td colspan="12">3 学分</td></tr>
<tr><td>总学时</td><td colspan="12">54 学时</td></tr>
<tr><td>先修课程</td><td colspan="12">信号与系统，模式识别导论</td></tr>
<tr><td>后续课程</td><td colspan="12">计算机视觉，数字视频处理与分析</td></tr>
<tr><td>教学方式</td><td colspan="12">课堂授课为主 + 课下作业 + 上机练习 + 课程设计</td></tr>
<tr><td>课时分配</td><td colspan="12">课堂授课(42 学时) + 习题课与专题讨论(12 学时)</td></tr>
<tr><td>考核方式</td><td colspan="12">平时作业与专题讨论占 50%，期末考试占 50%</td></tr>
<tr><td>主要教材</td><td colspan="12">1. Rafael C Gonzalez and Richard E Woods. Digital Image Processing. 3rd Ed. 影印版. 北京：电子工业出版社，2010
2. Rafael C Gonzalez and Richard E Woods. 数字图像处理. 3 版. 阮秋琦，等译. 北京：电子工业出版社，2011</td></tr>
</table>

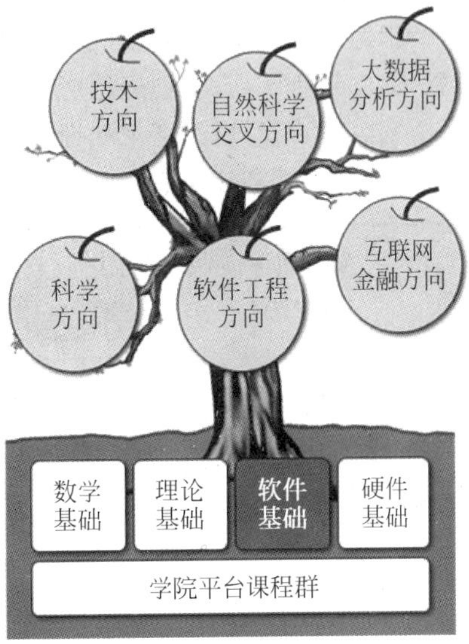

续表

参考资料	1. Sonka, Hlavac and Boyle. Image Processing, Analysis, and Machine Vision. 3rd Ed. PWS publishing, 2008 2. Sonka, Hlavac and Boyle. 图像处理、分析与机器视觉. 3 版. 艾海舟,等译. 北京:人民邮电出版社, 2011 3. Kenneth R Castleman. Digital Image Processing. 影印版. 北京:电子工业出版社, 2008 4. Kenneth R Castleman. 数学图像处理. 朱志刚,等译. 北京:电子工业出版社, 2011 5. Rafael C Gonzalez, Richard E Woods and Steven L Eddins. Digital Image Processing using MATLAB. Prentice Hall, 2009
其他信息	参见北京大学教学网课程主页
大纲提供者	张超

二、教学目的和基本要求

1. 学习掌握数字图像处理的基本概念、原理和方法。
2. 通过编程练习,学会运用所学知识解决实际问题。
3. 完成课程设计,为图像处理及相关领域的研究打下基础。

三、课程大纲和知识点

章节顺序	章节名称 Chapters	课时 Hours	知 识 点	Key Points
1	数字图像基础(Digital Image Fundamentals)	4 ~ 2	数字图像处理研究内容和典型图像处理系统的组成、主要应用,人类视觉系统的构造、视觉现象及分析、数字图像的获取、图像取样和量化	Human visual system, image sensing, sampling and intensity quantization
2	图像的基本运算(Basic intensity and geometric transformations)	6 ~ 4	基本灰度变换,几何变换,直方图处理,空间滤波	Basic intensity transformations, geometric transformations, histogram processing, spatial filtering
3	图像变换域分析(Image Transformations)	6 ~ 4	图像正交变换的特点,傅里叶变换,沃尔什变换,哈达玛变换,离散余弦变换,霍特林变换,小波变换	Unitary transform, Fourier transform, Walsh transform, Haar transform, Hadamard transform, discrete Fourier transform, discrete cosine transform, wavelet transform
4	图像频域滤波(Frequency domain filtering)	6 ~ 4	傅里叶变换及其性质,二维离散傅里叶变换和反变换,平滑滤波器,锐化滤波器,同态滤波器	2D Discrete Fourier Transform and its properties, convolution theorem, image smoothing, sharpening using frequency domain filters, homomorphic filtering

续表

章节顺序	章节名称 Chapters	课时 Hours	知　识　点	Key Points
5	图像复原(Image restoration)	4～2	图像退化/复原过程的模型,噪声模型,只有噪声存在条件下的空间滤波复原,频率域滤波消减周期噪声,逆滤波器,最小均方滤波,约束最小二乘滤波器	A model of the image degradation/restoration process, noise models, restoration in the presence of noise only-spatial filtering, periodic noise reduction by frequency domain filtering, inverse filtering, wiener filtering, constrained least squares filtering
6	彩色图像处理(Color Image Processing)	6～4	彩色基础,彩色模型,伪彩色处理,彩色变换,平滑和锐化	Color models, pseudocolor image processing, color transformation, color image smoothing, sharpening and segmentation
7	形态学图像处理(Morphological Image Processing)	4～2	集合论的基本概念,二值图像的逻辑运算,复制和膨胀,开操作和闭操作,击中或击不中变换,形态学算法,灰度级形态学图像扩展	Erosion and dilation, opening and closing, the hit-or-Miss Transformations, gray-scale morphology
8	图像分割(Image Segmentation)	6～4	不连续行检测,边缘连接和边界检测,阈值处理(最佳全局、自适应阈值),基于区域的分割,基于形态学分水岭算法的分割,运动分割	Point, line and edge detection, thresholding, region-based segmentation, watershed segmentation algorithm and motion segmentation
9	表示与描述(Representation and Description)	6～4	表示方法,边界描述子,区域描述子,纹理,主成分表示,关系描述	Representation, corner and boundary descriptors, regional descriptors, texture, principal components description and relational descriptors
10	物体识别(Object Recognition)	6～4	图像匹配,图像分类,图像识别	Image matching, optimum statistical classifiers, recognition
11	图像压缩(Image Compression)	8～4	图像压缩基础,压缩模型,无损图像压缩,有损图像压缩,图像压缩标准	Image compression models, error-free compression, lossy compression, image compression standards
12	图像处理典型应用与新进展(Advanced progress and application in image processing)	6～2	最新论文选读	Selected papers reading

四、课程特色

1. 作为本科高年级课程,在讲解基本图像处理技术原理的基础上,强调编程实践,要求学生不仅在原理和方法上,而且要在程序设计的层次上熟练掌握图像处理技术。

2. 通过编程练习和课程设计等环节,充分发挥学生的主动性,培养学生分析问题和解决问题的基本能力,使学生能够初步掌握解决实际应用中具体问题的方法。

3. 结合近期实验室在学术刊物上发表的科研论文,介绍图像处理的最新进展和典型应用,使学生了解到图像处理技术的应用及发展情况,为进入计算机视觉、图像检索和视频处理领域的前沿研究打下扎实的基础。

4.1.47 数字信号处理 Digital Signal Processing

Prereq: Advanced Mathematics

Credits: 3

Mission: Understand fundamental principle and theory on signal processing, able to do signal analysis and filter design.

Covers electronics engineering and computer science.

Topics include Fourier Transform, Z transform, FIR filter, IIR filter, filter structure, filter design.

Qu Tianshu

一、课程基本情况

课程名称	数字信号处理											
	Digital Signal Processing											
开课时间	一年级			二年级			三年级			四年级		
	秋	春	夏	秋	春	夏	秋	春	夏	秋	春	夏
适用院系	信息学院											
课程定位	主干基础课、专业必修课											
学分	3 学分											
总学时	54 学时											
先修课程	高等数学,线性代数											
后续课程	现代信号处理											
教学方式	课堂授课为主											
课时分配	课堂授课(42 学时)+习题课(8 学时)+讨论课(4 学时)											

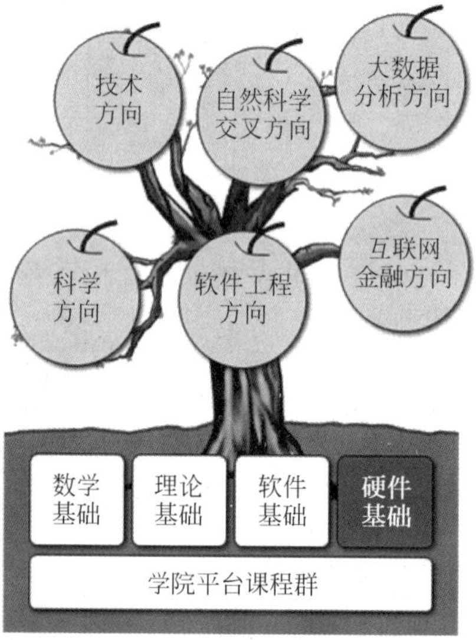

续表

考核方式	课程测试采取闭卷方式，主要考查学生对于各章内容中基本概念的理解以及对于其中基本分析方法和主要分析手段的掌握。学习成绩以平时作业成绩、课堂发言及出席情况以及测验成绩的综合状况进行评定
主要教材	Sanjit K Mitra. 数字信号处理——基于计算机的方法. 北京：清华大学出版社，2001
参考资料	1. A V Oppenheim. 离散时间信号处理. 3版. 北京：电子工业出版社，2015 2. 胡广书. 数字信号处理. 3版. 北京：清华大学出版社，2012
其他信息	
大纲提供者	曲天书

二、教学目的和基本要求

通过本课程的学习，要求学生满足以下几点要求。

1. 了解数字信号处理的基本概念、特点、基础内容、应用及由来和发展等。

2. 了解连续信号与连续时间系统的基本概念，掌握连续时间系统的时域分析与s域分析方法，掌握连续时间信号的傅里叶变换。

3. 了解离散信号与离散时间系统的基本概念，掌握离散时间系统的时域分析与z域分析方法，掌握离散时间信号的傅里叶变换。

4. 掌握离散傅里叶级数、离散傅里叶变换和快速傅里叶变换。

5. 掌握数字滤波器的设计和结构。

6. 了解有限字长效应。

三、课程大纲和知识点

章节顺序	章节名称 Chapters	课时 Hours	知　识　点	Key Points
1	信号处理基本概念(Basical concept for signal processing)	5~3	信号的描述与分类，信号的各种分解方法，典型信号的分析，信号的基本运算，系统模型及其分类	Description and classify of signal; analysis methods on signal; typical operators of signal; description and classify on system
2	线性时不变系统时域分析(Time analysis on linear time-invariant system)	6~3	连续LTI系统的数学描述-线性常系数微分方程的分析和求解，零状态响应和零输入响应，冲激响应和阶跃响应，卷积，离散时间系统的数学描述-线性常系数微分方程的分析和求解，离散系统的单位样值响应	Differential function of continuous LTI system; zero-state response and zero-input response; impulse response and step response; convolution; Differential function of discrete LTI system; unit impulse response

续表

章节顺序	章节名称 Chapters	课时 Hours	知 识 点	Key Points
3	傅里叶变换域(Fourier Transform)	6~3	周期信号的傅里叶级数分析,傅里叶变换及其性质,非周期信号的傅里叶变换,周期信号的傅氏分析,抽样信号的傅氏分析	Fourier transform for periodic signal; the definition and nature of Fourier transform; Fourier transform for non-periodic signal
4	拉普拉斯变换(Laplace transform)	6~3	拉氏变换定义及其收敛区间,拉氏变换的基本性质,拉氏逆变换,用拉氏变换方法分析系统,系统函数的概念,系统的频响特性分析,系统的稳定性分析	The definition and nature of Laplace transform; inverse Laplace transform; system analysis by Laplace transform; Frequency analysis of system; stable analysis of system
5	Z 变换(Z transform)	6~3	Z 变换及反变换,Z 变换的各种性质,利用 Z 变换分析离散时间系统,离散时间系统的传输函数及频响特性离散时间系统的稳定性	The definition and nature of Z transform; inverse Z transform; discrete system analysis by Z transform; the transform function frequency response
6	离散时间傅立叶变换及其快速算法(Discrete time Fourier transform and fast Fourier transform)	8~4	傅里叶变换的离散性和周期性,离散傅里叶变换,离散傅里叶变换性质,快速傅里叶变换,快速傅里叶变换的应用	The discrete and periodic of Fourier transform; discrete Fourier transform; the nature of discrete Fourier transform; fast Fourier transform; the application of FFT
7	线性时不变系统分析(Analysis on linear time-invariant system)	6~3	线性时不变系统定义,线性时不变系统性质,理想滤波器,零相位滤波器,线性相位滤波器,简单滤波器,全通滤波器	Definition and nature of linear and time-invariant system; idea filter; zero phase filter; linear-phase filter; simple filter; all-pass filter
8	数字滤波器设计(Design on digital filter)	6~3	数字滤波器的设计,有限长数字滤波器的设计,无限长数字滤波器的设计	Design of digital filter; design for finite impulse filter; design for infinite impulse filter
9	数字滤波器结构(Structure of digital filter)	6~3	方块图和流图的表示,无限长数字滤波器的结构,有限长数字滤波器的结构	Introduction of block diagram and flow diagram; infinite impulse filter structure; finite impulse structure
10	有限字长效应的统计分析(statistic analysis on finite word effect)	6~3	模拟信号抽样时产生的误差,量化误差在离散系统中的传递,滤波器系数量化对滤波器性能的影响,FFT 运算中的误差分析	Error from sampling the analog signal; quantity error effect on discrete system; error analysis on FFT calculation

四、课程特色

1. 注重理论与实践相结合。
2. 注重科研与教学相结合。
3. 注重对前沿知识的掌握。

4.1.48　数字信号与多媒体处理器 Digital Signal and Multimedia Processor

Prereq：Digital Logic Design，Principle of Microcomputer

Credits：2

Mission：Understand the character of digital media signal processing algorithms，the fundamental design of multimedia extension ISA，the features of DSP and GPU architecture；Able to design/program/evaluate multimedia extension ISA，implement/simulation/synthesis with hardware description language.

Covers computer science.

Topics include Digital video/audio processing algorithms，ex：FFT/DCT/MC etc.；CPU Multimedia Extension ISA；SIMD；Digital Signal Processor；Graphic Processing Unit.

Feng LIU

一、课程基本情况

课程名称	数字信号与多媒体处理器											
	Digital Signal and Multimedia Processor											
开课时间	一年级			二年级			三年级			四年级		
	秋	春	夏	秋	春	夏	秋	春	夏	秋	春	夏
适用院系	计算机系											
课程定位	专业选修课											
学分	2 学分											
总学时	48 学时											
先修课程	数字逻辑设计，微机原理											
后续课程												
教学方式	课堂讲授，课后作业和实验相结合											
课时分配	课堂授课(32 学时) + 习题与专题课(6 学时) + 实验课(10 学时)											
考核方式	平时占 40%(其中书面作业占 15%、硬件设计作业占 25%)，期末考试占 60%											

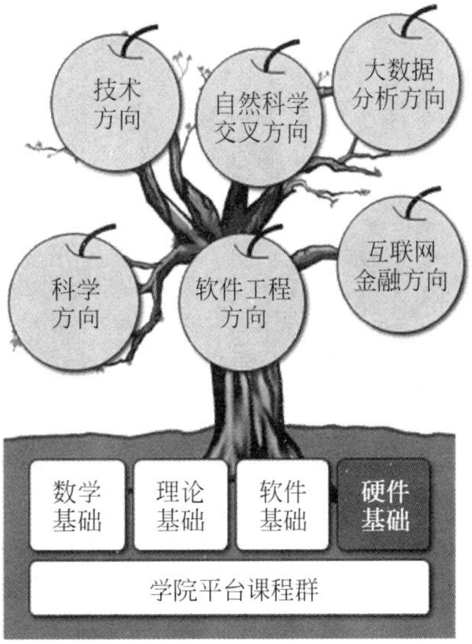

续表

主要教材	S K Mitra. Digital Signal Processing: A Computer-Based Approach. 2nd Ed. Mcgraw-Hill,2001
参考资料	1. K R Rao,et al. Discrete Cosine Transform. Academic Press,1990 2. 张明. Verilog HDL 实用教程. 成都:电子科技大学出版社,1999 3. E C Ifeachor,B W Jervis. Digital Signal Processing: A Practical Approach. 2nd Ed. Pearson,2002
其他信息	
大纲提供者	刘锋

二、教学目的和基本要求

1. 了解多媒体数字信号处理典型算法的特点。
2. 了解处理器多媒体扩展指令系统 DSP 和 GPU 的体系结构特点和发展现状。
3. 掌握扩展指令的设计和使用方法,掌握典型的并行处理硬件结构和硬件映射方法。
4. 掌握硬件设计流程,掌握硬件描述语言的编程、仿真和综合方法。

三、课程大纲和知识点

章节顺序	章节名称 Chapters	课时 Hours	知识点	Key Points
1	数字信号与多媒体处理器介绍(Introduction to digital signal and multimedia processor)	4 ~ 2	介绍数字信号与多媒体处理器结构及其应用,回顾典型微处理器的结构和特点,以图像和图形处理为核心介绍 DSP 和 GPU 发展历史	Introduction of media processorarchitecture and applications, review the key features of general purpose microprocessor architecture, the road map of DSP and GPU architecture
2	多媒体计算特点(The character of multimedia calculation)	8 ~ 6	以计算机声音、图形、图像处理为例,介绍多媒体数字信号处理的典型算法(如 FFT/DCT/MC/ME 等)	Focus on audio, graphics, video processing, analysis those typical algorithms, such as: FFT/DCT/MC/ME etc.
3	系统建模与性能评测(System modeling and performance evaluation)	6 ~ 4	系统的高层次抽象方法,性能、功耗建模方法,基于模拟或分析的评测技术,设计空间探索技术	System level abstraction, performance and power modeling, evaluation based on simulation or analysis, design space exploration
4	算法的软硬划分(HW/SW partition of algorithm)	8 ~ 4	多媒体算法的数据流分析和软硬划分	Data flow analysis and HW/SW partition of typical multimedia algorithm

续表

章节顺序	章节名称 Chapters	课时 Hours	知 识 点	Key Points
5	算法硬件结构映射(The map from SW algorithm to HW architecture)	8～6	典型的并行处理硬件结构和硬件映射方法(如向量运算单元、矩阵运算单元、脉动阵列结构等)	Typical parallel hardware structure and hardware mapping method, such as: vector unit, matrix unit, systolic array
6	专用指令扩展(Extension ISA)	8～6	多媒体指令扩展技术,微处理器的指令系统设计和专用指令扩展设计方法	Multimedia extension ISA design and implementation
7	硬件描述语言(Hardware Description Language)	8～6	硬件设计流程和硬件描述语言 HDL 编程、仿真和综合方法	HDL modeling, program, simulation and synthesis
8	优化实现和性能分析(Performance analysis and optimization)	6～4	基于多媒体扩展指令和硬件结构映射的算法优化和性能分析方法	Algorithms program and optimization with multimedia extension ISA
9	设计实例分析(Design Examples)	6～4	多媒体视频处理设计分析	Video codec processor design examples analysis

4.1.49　数字艺术 Digital Art

Prereq: Calculus, Introduction to Computing

Credits: 2

Mission: Understand fundamental theory and application of computer graphics &imaging, able to analysis the general and specific features of related softwares, and also able to do some practical works.

Covers Introduction to Computer graphics & Digital imaging.

Topics include digital darkroom techniques; natural painting &drawing media simulation; digital design &layout techniques; 3D scene & animation techniques etc.

Xiaoyuan Long

一、课程基本情况

课程名称	数字艺术 Digital Art
开课时间	一年级：秋 春 夏 二年级：**秋** 春 夏 三年级：秋 春 夏 四年级：秋 春 夏
适用院系	计算机系
课程定位	专业选修课
学分	2 学分
总学时	36 学时
先修课程	高等数学,计算概论
后续课程	
教学方式	课堂讲授与上机实验结合
课时分配	课堂授课(22 学时)+实验课(14 学时)
考核方式	(小组)作业占 30%,平时小作业占 30%,期末开卷笔试占 40%
主要教材	自编讲义
参考资料	1. Ron Brinkmann. The Art and Science of Digital Compositing. 2nd Ed. Morgan Kaufmann,2008(有中译本) 2. Jeremy Birn. Digital Lighting & Rendering. 2nd Ed. New Riders,2006(有中译本) 3. Kerlow I V. Computer Graphics for Designers & Artists. Van Nostrand,1998(有新版本) 4. Kerlow I V. The Art of 3D Computer Animation and Imaging. Thompson Publishing,2000(有新版本) 5. Thomas Strothotte,等. 非真实感图形学. 叶修梓,等译. 北京:电子工业出版社,2004 6. 龙晓苑,王阳. 数字化艺术(技术、应用与技巧). 北京:北京大学出版社,2009 7. 龙晓苑. 数字艺术技术基础教程. 北京:清华大学出版社,北京交通大学出版社,2011
其他信息	
大纲提供者	龙晓苑

二、教学目的和基本要求

1. 使学生掌握与数字艺术创作密切相关的计算机图形/图像技术与方法。

2. 使学生能应用所学技术与方法分析或剖析相关数字图形/图像处理软件的一般特点

及特色功能。

3. 启发并挖掘学生对计算机图形/图像技术进一步研究的兴趣，为后续的深入课程做准备。

三、课程大纲和知识点

章节顺序	章节名称 Chapters	课时 Hours	知识点	Key points
1	基础知识的准备(Some basis on digital image)	2	模拟与数字、连续与离散，像素，像素块与图像分辨率，组分、通道、蒙版，图像大小与颜色深度，数字图像文件格式，图像输入设备	Traditional &digital image, component/channel/mask, bit/color depth, digital image format
2	数字摄影与数字暗室技术(Digital photograph & digital darkroom techniques)	4	基本图像操作，包括颜色操作、空间滤波、几何变换； 基本图像合成，包括Matte图像、组合的Matte通道、蒙版、Matting技法、多源操作、图像混合运算	Color correction, digital filtering, geometric transformation, matte image&mask, pixel operator
3	数字绘画：自然媒体仿真技术(Digital painting &drawing: natural media simulation techniques)	4	绘画(paint)与插图(draw)的方法学，模拟媒介(CA方法)，模拟媒介(SEM分析方法)，模拟笔刷，基于图像的方法	Methodology of paint&draw, color&ink painting simulation, pen&pencil drawing simulation, brush simulation, image-based method
4	数字设计与布局技术(Digital design & layout techniques)	4	几何图元生成：直线、曲线与样条，图元填充：均匀填充、渐变填充，图案填充：图元混合与插值，组合图元的编辑：布尔操作、图元变换，字型处理与控制，* 排印设计	Basic geometric shapes generating, geometric shapes filling, geometric shapes blending and interpolating, Boolean Operations, Characters designing, * layoutdesigning
5	电子色彩与色彩实践(Digital color)	2	色彩空间：加色空间与减色空间，电子色彩模式：CIE LAB、RGB、CMYK、HSB，颜色表、索引颜色，电子色彩实践：色彩构成	Color space, digital image color models, color practices

续表

章节顺序	章节名称 Chapters	课时 Hours	知　识　点	Key points
6	数字视幻美术(Digital scene & animation techniques)	6	三维建模基本方法,数字光照与渲染,计算机动画与运动的生成技术, * 基于图像的绘制	basis on 3D modeling technique, digital lighting, digital shadow, digital texture, motion simulation on rigid object, flexible object, joints object, Particles and fractals or graftals, * image-based rendering
7	数字图形/图像/三维软件剖析(Related software applications)	14	Photoshop(4 学时):图像合成实验 Painter(2 学时):数字(描)绘画实验 Illustrator(2 学时):图形设计实验 Flash(2 学时):二维动画实验 3DS MAX 或 Maya(4 学时):三维场景建造与渲染实验	Project 1: composite 2 ~ 3 pieces of image and conclude the technical methods in it Project 2: make a portrayal of picture with WACOM and conclude the related painting parameters in it Project 3: design certain logo and analysis the used techniques Project 4: construct 1 ~ 2 typical motion animation example(s) and describe the force &forces relation in it Project 5: design a 3D scene using digital lighting/shadow/texture

4.1.50 算法设计与分析 Algorithm Design and Analysis

Prereq: Programming Design, Data Structure and Algorithms

Credits: 5

Mission: This course is an introductory undergraduate course on the design and analysis of algorithms.

Covers computer science.

Topics include asymptotic analysis, solving recurrence, divide-and-conquer, dynamic programming, greedy algorithms, branch and bound, NP completeness, linear programming, flow network, randomized algorithms, approximation algorithms and sorting.

Xiaolin Wang, Tingting Jiang, Guojie Luo

一、课程基本情况

<table>
<tr><td rowspan="2">课程名称</td><td colspan="12">算法设计与分析</td><td rowspan="10">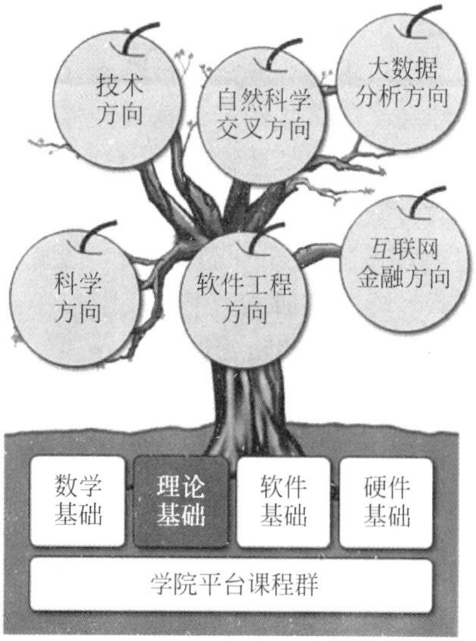
</td></tr>
<tr><td colspan="12">Algorithm Design and Analysis</td></tr>
<tr><td rowspan="2">开课时间</td><td colspan="3">一年级</td><td colspan="3">二年级</td><td colspan="3">三年级</td><td colspan="3">四年级</td></tr>
<tr><td>秋</td><td>春</td><td>夏</td><td>秋</td><td>春</td><td>夏</td><td>秋</td><td>春</td><td>夏</td><td>秋</td><td>春</td><td>夏</td></tr>
<tr><td>适用院系</td><td colspan="12">信息学院</td></tr>
<tr><td>课程定位</td><td colspan="12">主干基础课、必修课</td></tr>
<tr><td>学分</td><td colspan="12">5 学分</td></tr>
<tr><td>总学时</td><td colspan="12">80 学时</td></tr>
<tr><td>先修课程</td><td colspan="12">程序设计基础,数据结构与算法</td></tr>
<tr><td>后续课程</td><td colspan="12">理论计算机科学基础等</td></tr>
<tr><td>教学方式</td><td colspan="13">本课程以教师大班课堂讲授、学生分小班讨论报告相结合的方式,配合课下书面作业、论文阅读、选题研究等形式,让学生阅读相关算法文献</td></tr>
<tr><td>课时分配</td><td colspan="13">大班课堂授课(52 学时) + 研讨型小班课(28 学时)</td></tr>
<tr><td>考核方式</td><td colspan="13">平时成绩占 50%,包括:书面作业(20%)、论文阅读(15%)、大作业(15%),期中考试占 10%;期末考试占 40%</td></tr>
<tr><td>主要教材</td><td colspan="13">屈婉玲,刘田,张立昂,王捍贫. 算法设计与分析. 2 版. 北京:清华大学出版社,2016</td></tr>
<tr><td>参考资料</td><td colspan="13">1. 屈婉玲,刘田,张立昂,王捍贫. 算法设计与分析习题解答与学习指导. 2 版. 北京:清华大学出版社,2016
2. T H Cormen,C E Leiserson,R L Rivestand,C Stein. Introduction to Algorithms. 3rd ed. MIT Press,2009
3. T H Cormen,C E Leiserson,R L Rivestand,C Stein. 算法导论. 3 版. 殷建平,等译. 北京:机械工业出版社,2012
4. Jon Kleinberg,Eva Tardos. 算法设计(影印版). 北京:清华大学出版社,2006</td></tr>
<tr><td>其他信息</td><td colspan="13"></td></tr>
<tr><td>大纲提供者</td><td colspan="13">汪小林,蒋婷婷,罗国杰</td></tr>
</table>

二、教学目的和基本要求

本课程从算法复杂性分析的基本方法和原理入手,以讲授算法设计的基本方法和原理、算法优化的基本方法和技巧为主,通过典型的问题及其相应的求解算法,以及算法复杂性的分析,完善学生的知识体系,培养学生的分析能力,拓展学生的思维方法,并鼓励学生把理论与实践相结合。

本课程大班教学从算法设计出发,系统介绍算法设计的一般方法和常用模式,并围绕算法的正确性、算法的复杂度与问题的复杂度等问题,介绍算法证明的基本方法、算法分析的数学基础与常用技巧、问题复杂度分析的基础理论等知识。主要内容包括:算法证明、渐进分析和递推式求解等算法分析基础,递归、分治、贪心、动态规划和回溯等常用算法设计方法,NP完全性和多项式规约等计算复杂性理论,线性规划、网络流等问题及其求解算法,近似算法、随机算法等高级算法设计方法及相关分析方法等。

研讨型小班课则以算法理论在各个方向上的应用的经典论文阅读、讨论和小组选题研讨为主,紧密配合大班课教学内容,锻炼学生分析与表达能力,促进学生学以致用,培养学生理论联系实际的科研能力。

三、课程大纲和知识点

章节顺序	章节名称 Chapters	课时 Hours	知识点	Key Points
1	引论(Introduction)	2	介绍本课的学习目的,讲解算法复杂度分析的含义和复杂度计算的技巧,介绍 O Ω Θ 表示法的定义、用途和用法,学会比较函数间规模关系	The role of algorithms in computing, Growth of functions, Asymptotic notations
2	递归分析(Solving recurrences)	2	掌握求解递归中猜测与证明的技巧,了解主方法的内在含义并能熟练应用主方法推导一般递推公式的递推函数之规模	Recurrences, Substitution method, Recursion-tree method and the Master method
3	分治(Divide-and-conquer)	6	介绍分治思想求解问题时的分-治-合的思想,与一般的递归相比,分治往往会带来更高效的算法;介绍如大整数乘法、矩阵乘法、计算菲波纳契数等应用分治的典型例子	Examples of divide and conquer, such as merge sort, binary search, matrix multiplication, computing Fibonacci numbers etc.
4	动态规划(Dynamic programming)	6	介绍动态规划算法在提高递归算法效率时的应用条件:最优子结构和重复子问题;介绍经典的动态规划算法示例,如背包问题、矩阵链乘法、最大公共子序列等	Elements of dynamic programming, Classical examples of dynamic programming algorithms, such as backpack problem, longest common subsequence, matrix-chain multiplication etc.

续表

章节顺序	章节名称 Chapters	课时 Hours	知　识　点	Key Points
5	贪心算法(Greedy algorithm)	6	主要介绍贪心算法局部最优到全局最优的贪心性质;介绍得不到最优解得参数化分析、贪心法的应用,如单源最短路径、最小生成树等	Elements of greedy strategy, how to deal with greedy algorithms when they are not optimal globally, classical examples of greedy algorithms, such as single source shortest path, minimum spanning tree etc.
6	回溯法(Backtracking)	2	介绍问题解空间的概念,理解回溯法系统搜索解空间的思想和算法平均效率高的原因,掌握两种回溯法范型实现;学会利用问溯法求解,如装箱问题、多机调度问题、0-1背包问题、三着色问题等	Elements of backtracking, efficiency of backtracking, improving backtracking, and examples of backtracking
7	分支界限法(Branch-and-Bound)	2	介绍分支界限法利于求解最优化问题的本质原因,掌握分枝界限法广度优先队列周游的技巧;学会利用分支界限法求解一些应用问题	Elements of Branch-and-Bound, the difference between Brach-and-Bound and Backtracking, examples of Branch-and-Bound
8	线性规划(Linear programming)	2	介绍线性规划和单纯形法,对偶性和整数规划的分支限界	Linear programming, simplex method, dual linear programming and branch and bound for integer programming
9	最大流与最小费用(Maximum flow and minimum cost flow)	6	初步介绍最大流问题及几种解决最大流问题的算法;了解对最大流算法逐步优化的过程和思路,了解如何应用最大流问题求解问题;要求掌握最大流问题和最小费用问题的关系,了解最小费用流问题的两种解决方案及其应用	Flow networks, Maximum flow, The Ford-Fulkerson method, Dinic method, Minimum cost, Cost reduction method, Min-cost augmentation method and applications

续表

章节顺序	章节名称 Chapters	课时 Hours	知识点	Key Points
10	问题的复杂度分析(Analysis of problem-complexity)	6	介绍问题复杂度分析方法,决策树,介绍检索问题、排序问题和选择问题的算法复杂度下界,以及归约	Analysis of problem complexity, including decision tree, the complexity of algorithms for search, sorting and selection problems, and reduction-method
11	NP 完全问题(Introduction to NP-Completeness)	4	介绍 P、NP、NPC、NP 难等类问题的含义,理解多项式规约的重要意义;了解最基本的 NPC 问题 SAT 问题,并了解如何证明团集、顶点覆盖和独立集问题都是 NPC 问题	Polynomial time, Polynomial-time verification, NP-completeness and reducibility, NP-completeness proofs, NP-complete problems
12	近似算法(Approximation algorithm)	4	掌握近似算法的概念和原理;了解近似解与最优解之间的近似程度的评估方法,理解如何在算法时间复杂性与近似程度之间平衡以解决实际问题	Approximation algorithms, Vertex-cover problem, Traveling-salesman problem, Subset-cover problem
13	随机算法(Randomized algorithm)	4	掌握随机算法的概念和原理;理解拉斯维加斯算法和蒙特卡罗算法的区别和应用场景;了解如何利用随机算法解决数值计算、串匹配等问题	Randomized algorithms, Las Vegas algorithms, Monte Carlo algorithms and their applications

四、课程特色

本课程是“程序设计基础”和“数据结构与算法”的后续课程,是强化学生程序设计能力的核心课程。本课程的特色是:以算法设计的通用技术与分析方法作为主线引入典型的范例,强调设计思想和分析方法的训练。通过研讨型小班教学,锻炼学生分析与表达能力,促进学生学以致用,培养学生理论联系实际的科研能力,鼓励学生结合学习兴趣选读相关论文与参考文献,拓宽学习的广度和深度。

4.1.51　随机过程引论 Introduction to Stochastic Processes

一、课程基本情况

课程名称	随机过程引论 An Introduction to Stochastic Processes
开课时间	一年级：秋 春 夏；二年级：秋 春 夏；**三年级**：秋 **春** 夏；四年级：秋 春 夏
适用院系	计算机科学与技术系，智能科学系
课程定位	本科生选修课
学分	2学分
总学时	32学时
先修课程	高等数学，线性代数，集合论与图论，概率统计
后续课程	
教学方式	课堂教学＋课后作业＋习题课
课时分配	课堂授课(32学时)
考核方式	平时成绩占20%，期中考试占30%，期末考试占50%。注重综合能力的考评，平时表现突出的可以得到奖励加分
主要教材	Edward P C Kao. An Introduction to Stochastic Processes. 影印版. 北京：机械工业出版社，2003
参考资料	1. 钱敏平，龚光鲁. 应用随机过程. 北京：北京大学出版社，1998 2. 陆大金. 随机过程及其应用. 北京：清华大学出版社，2002
其他信息	
大纲提供者	

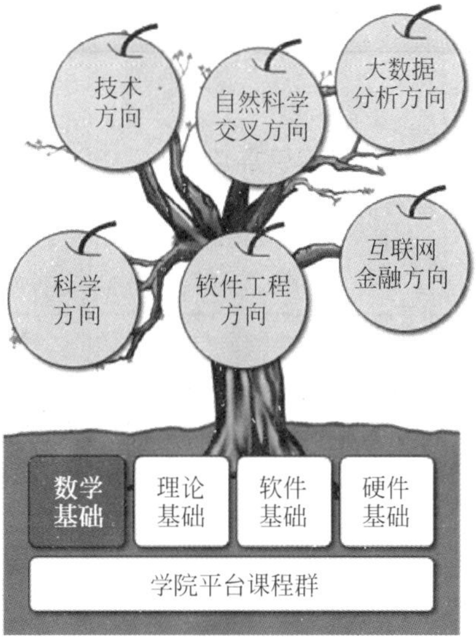

二、基本教学目的和要求

随机过程是随机数学的一个高级组成部分，也是应用数学的基本研究对象之一。它研究随机现象的数学理论和方法，在自然科学、工程技术和经济金融领域有广泛应用，学会求解随机数学问题，是众多方向研究生最基本的数学素养之一。

通过本课程的学习，要求学生能较深刻地理解随机过程的基本理论、思想和方法，并能应用于解决实践中遇到的随机问题，从而提高学生在建立随机数学模型、分析和解决实际问题、开展科研工作等方面的水平和能力。

三、课程教学大纲和知识点

章节顺序	章节名称 Chapters	课时 Hours	知 识 点	Key Points
1	随机过程引言及预备知识	2	介绍课程的主要情况,简述随机过程的主要研究内容,回顾其预备知识	Introduces the main situation of the course, briefly introduces the main research contents of the stochastic process, and reviews its preparatory knowledge
2	随机过程的基本概念与主要类型	4	随机过程的基本概念,随机过程的主要分类,随机过程的统计描述	The basic concepts of stochastic processes, the main categories of stochastic processes, and statistical descriptions of stochastic processes
3	马尔柯夫链及马尔科夫过程	6	马尔柯夫链及马尔科夫过程的基本概念、基本定理与基本模型,状态分类,遍历性及平稳分布,几种重要的马尔可夫过程	The basic concepts, basic theorems and basic models of Malco J chains and Markov processes, state classification, ergodic and stationary distributions, and several important Markov processes are presented
4	二阶矩过程与随机分析	6	二阶矩过程,随机分析的思想,均方随机分析,几类重要的二阶矩过程,正态过程	The two order moment procedure, the idea of stochastic analysis, mean square stochastic analysis, several important two order moment processes, normal processes
5	平稳过程	3	平稳过程的基本概念、性质,平稳过程的各态历经性,平稳过程的谱分解	The basic concepts and properties of stationary processes, the ergodic properties of stationary processes, and the spectral decomposition of stationary processes

续表

章节顺序	章节名称 Chapters	课时 Hours	知 识 点	Key Points
6	独立增量过程及维纳过程	3	独立过程的概念，独立增量过程的概念、性质及其统计特性的确定，独立增量过程的分解，维纳过程的概念及性质	The concept of independent process, the concept of independent increment process, the determination of its nature and statistical characteristics, the decomposition of independent increment process, the concept and property of Wiener process
7	泊松过程与更新过程	4	计数过程、泊松过程、更新过程的概念性质及统计规律	Counting process, Poisson process, concept, property and statistical law of renewal process
8	时间序列分析	2	时间序列分析基本概念，平稳时间序列的概念、线性模型及其性质，模型参数估计	Basic concepts of time series analysis, concepts of stationary time series, linear models and their properties, and model parameter estimation
9	期中考试和课程小结	2		

四、课程特色

本课程的教学与科研实践密切结合，从课堂讲授、课后作业、考核办法等各个环节加强培养学生理论联系实际、建立随机模型、分析和解决实际问题的能力。

4.1.52　网络存储与系统虚拟化技术 Networked Storage and System Virtualization Technologies

Prereq: Programming Design, Operation System, Computer Network

Credits: 2

Mission: This course is an introductory undergraduate course on the principles and applications of networked storage and system virtualization technologies.

Covers computer science and intelligent science.

Topics include Direct Attached Storage; Network Attached Storage; Storage Area Network; Content Addressed Storage; Business Continuity; Data Center; Virtual Machine Monitor; Virtual Machine; Migration; Virtual Center.

Yingwei Luo and Xiaolin Wang

一、课程基本情况

课程名称	网络存储与系统虚拟化技术 Networked Storage and System Virtualization Technologies
开课时间	一年级(秋、春、夏)；二年级(秋、春、夏)；三年级(秋、春、夏)；四年级(秋、春、夏)
适用院系	计算机系,智能科学系
课程定位	专业选修课
学分	2 学分
总学时	36 学时
先修课程	程序设计,操作系统,计算机网络
后续课程	无
教学方式	课堂讲授(多媒体教学),企业讲座,应用实践
课时分配	课堂授课(28 学时) + 讲座及课堂报告(8 学时),课外实验课(不少于 10 学时)
考核方式	期末考试(笔试)占 40%,平时作业占 20%,应用实践占 40%
主要教材	以课程讲义为主
参考资料	1. (新加坡)G Somasundaram,等. 信息存储与管理:数字信息的存储、管理与保护. 罗英伟,等译. 北京:人民邮电出版社,2009 2. James E Smith, Ravi Nair. Virtual Machines, Versatile Platforms for Systems and Processes. 影印版. 北京:电子工业出版社,2006 3. James E Smith,Ravi Nair. 虚拟机——系统与进程的通用平台. 安虹,等译. 北京:机械工业出版社,2010 4. 金海,等. 计算系统虚拟化——原理与应用. 北京:清华大学出版社,2008 5. Intel 开源软件技术中心,复旦大学并行处理研究所. 系统虚拟化——原理与实现. 北京:清华大学出版社,2009
其他信息	http://gis.pku.edu.cn/course/svt/(校内),http://xpgc.vicp.net/course/svt/(校外)
大纲提供者	罗英伟,汪小林

二、教学目的和基本要求

1. 了解现代信息管理的复杂度与需求。
2. 了解存储系统的基本结构。
3. 了解网络存储应用于不同环境的构架。
4. 了解应对业务连续性需求的存储技术解决方案。

5. 了解数据中心的监测和管理的原理、方法与实现。
6. 了解存储虚拟化的原理与方法。
7. 了解系统虚拟化的原理、方法与应用,以及最新的进展。

三、课程大纲和知识点

章节顺序	章节名称 Chapters	课时 Hours	知 识 点	Key Points
1	信息管理的复杂性(The Complexity of Information Management)	2	满足现代需求的数据存储,数据存储的解决方案,数据中心的基础构架	Meeting Today's Data Storage Needs, Data Storage Solutions, Data Center Infrastructure
2	存储系统架构(Storage Systems Architecture)	2	主机环境,连接,物理磁盘,磁盘阵列,磁盘存储系统	The Host Environment, Connectivity, Physical Disks, Disk Arrays, Disk Storage Systems
3	网络存储系统(Networked Storage Systems)	4	直连存储(DAS),网络附加存储(NAS),光纤存储局域网络(FC SAN),IP存储局域网(IP SAN),内容寻址存储(CAS)	Direct Attached Storage(DAS), Network Attached Storage (NAS), Fibre Channel Storage Area Networks (FCSAN), IP Storage Area Networks (IP SAN), Content Addressed Storage(CAS)
4	业务连续性(Business Continuity)	2	业务连续性概述,备份与恢复,业务连续性—本地复制,业务连续性—远程复制	Business Continuity Overview, Backup and Recovery, Business Continuity: Local Replication, Business Continuity: Remote Replication
5	数据中心的监测与管理(Monitoring and Managing the Data Center)	2	数据中心的监测,数据中心的管理,信息管理软件	Monitoring the Data Center, Managing the Data Center, Information Management Software
6	讨论1(Discussion 1)	2	存储技术课后调研与讨论	Project discussion about networked storage
7	系统虚拟化(System Virtualization)	4	系统虚拟化概述,虚拟化技术标准、最新进展及趋势	System Virtualization Overview, Standards for System Virtualization, Latest Development and Prospect of Virtualization
8	虚拟化技术原理(Principle of Virtualization)	8	软件虚拟化,硬件辅助虚拟化,CPU虚拟化,内存虚拟化,I/O虚拟化	Software Virtualization, Hardware-assisted Virtualization, Virtualizing CPU, Virtualizing Memory, Virtualizing I/O Devices

续表

章节顺序	章节名称 Chapters	课时 Hours	知识点	Key Points
9	虚拟化应用(Application of Virtualization)	4	虚拟化数据中心,虚拟机管理,虚拟机克隆与迁移	Virtualized Data Center, Management of Virtual Machines, Clone and Migration of Virtual Machines
10	讨论2(Discussion 2)	4	虚拟化技术文献阅读及讨论	References reading and discussion about system virtualization
11	讨论3(Discussion 3)	2	虚拟化技术课后实验讨论	Project discussion about system virtualization

四、课程特色

现代信息管理面临信息量大、管理成本居高不下等诸多挑战。本课程从信息管理的复杂性与现实需求出发,介绍满足现代信息管理需求的存储系统的构成和基本原理,并在此基础上介绍不同的网络存储构架以及不同的应用环境。从需求出发,本课程还介绍业务连续性对企业的重要价值与实现形式,数据中心监测和管理的原理、方法与实现。通过本课程的学习,学生能够对存储技术有一个全面的了解,这不仅有利于学生在存储技术领域的发展,同时,对于学生将来在企业、政府机关中所进行信息管理的规划、决策等方面的工作也颇有助益。与此同时,面对虚拟化技术的复兴,本课程还将介绍系统级虚拟化的原理、方法与应用,虚拟机管理软件及其在数据中心的应用,虚拟化技术的最新进展,以及它如何改善现代计算系统的可靠性、可管理性、有效性及安全性。

本课程是北京大学信息学院与EMC、VMWare和Intel公司共同建设的,三个在业界领先的公司也将为本课程提供先进的软硬件产品,为本课程构建一个良好的实践环境。同时,本课程还邀请三个公司的高级技术人员为学生举办实际应用案例讲座。

本课程的另一特色是采用英文讲义,作为双语教学的一种尝试。

五、其他补充说明

本课程的课堂讨论1涉及的课后实验主要包括以下4个实验:

- 实验一　网络存储设备(参观、调研)
- 实验二　存储解决方案调查
- 实验三　存储解决方案设计
- 实验四　网络存储管理(数据中心的备份和恢复)

本课程的课堂讨论3所涉及的课后实验主要包括以下6个实验:

- 实验五　开源虚拟化支撑软件(Xen、KVM)测试
- 实验六　虚拟机迁移(共享存储、全系统)
- 实验七　虚拟机带外存的克隆(LVM)
- 实验八　多核环境下的虚拟机调度(基于Intel多核系统)

- 实验九　多核环境下的 Cache 分区(基于 Intel 多核系统)
- 实验十　基于模型的访存模拟

4.1.53　微机原理(A) Principle of Microcomputer (A Level)

Prereq: Introduction to Computing, Digital Logic Design

Credits: 3

Mission: Understand fundamental principle and organization of microcomputers, able to program in assembly language, able to do practical applications.

Covers Computer Science and Technology.

Topics include internal organization and external pins of CPUs; addressing modes and 80x86 instruction set architecture; memory structure; programmable I/O interface; bus standards.

Junlin Lu

一、课程基本情况

<table>
<tr><td rowspan="2">课程名称</td><td colspan="12">微机原理(A)</td><td rowspan="10">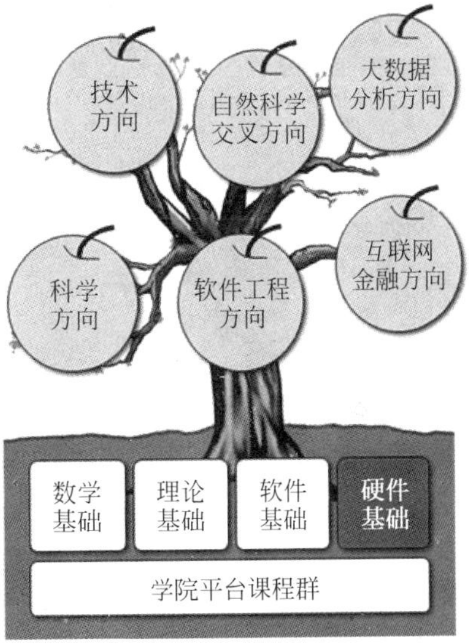
</td></tr>
<tr><td colspan="12">Principle of Microcomputer (A Level)</td></tr>
<tr><td rowspan="2">开课时间</td><td colspan="3">一年级</td><td colspan="3">二年级</td><td colspan="3">三年级</td><td colspan="3">四年级</td></tr>
<tr><td>秋</td><td>春</td><td>夏</td><td>秋</td><td>春</td><td>夏</td><td>秋</td><td>春</td><td>夏</td><td>秋</td><td>春</td><td>夏</td></tr>
<tr><td>适用院系</td><td colspan="12">计算机科学与技术系,微电子学系,智能科学系</td></tr>
<tr><td>课程定位</td><td colspan="12">专业必修课</td></tr>
<tr><td>学分</td><td colspan="12">3 学分</td></tr>
<tr><td>总学时</td><td colspan="12">48 学时</td></tr>
<tr><td>先修课程</td><td colspan="12">计算概论 A,数字逻辑设计</td></tr>
<tr><td>后续课程</td><td colspan="12">微机原理实验,计算机组织与体系结构</td></tr>
<tr><td>教学方式</td><td colspan="13">课堂授课为主,安排相应的上机实习</td></tr>
<tr><td>课时分配</td><td colspan="13">课堂授课(48 学时)+上机实习(课堂授课之外安排 10 学时)</td></tr>
<tr><td>考核方式</td><td colspan="13">平时书面作业、课堂测试和上机实习占 30%,期末考试占 70%。注重分析和解决问题能力的考评。其中,期末考试采用闭卷形式</td></tr>
<tr><td>主要教材</td><td colspan="13">1. 王克义,等. 微机原理与接口技术教程. 北京:北京大学出版社,2004
2. 王克义,等. 80x86/Pentium 处理器硬件、软件及接口技术教程. 北京:清华大学出版社,1998</td></tr>
</table>

续表

参考资料	1. 唐朔飞. 计算机组成原理. 2版. 北京:高等教育出版社,2008 2. Barry B Brey. The Intel Microprocessors. 8th ed. 影印版. 北京:机械工业出版社,2010
其他信息	http://mprc.pku.edu.cn/zhx/kcjx.htm? wjyljs.htm http://course.pku.edu.cn
大纲提供者	陆俊林

二、教学目的和基本要求

1. 使学生从理论和实践上掌握微型计算机的基本组成、工作原理及常用接口技术。

2. 使学生掌握汇编语言程序设计的基本方法和上机调试过程。

3. 使学生建立微型计算机的整体概念,具备利用微机技术进行硬、软件开发的初步能力。

三、课程大纲和知识点

章节顺序	章节名称 Chapters	课时 Hours	知识点	Key Points
1	计算机的基本组成与工作过程(Fundamental principle and organization of computer)	6~4	计算机的基本组成与工作过程	Fundamental principle and organization of computer
2	微处理器结构(Microprocessor architecture)	8~6	CPU的编程结构、内部组成及外部引脚功能,CPU的操作和时序	Programmingstructure, internal organization and external pins of CPUs, Operation and timing of CPUs
3	指令系统(Instruction set architecture)	6~4	寻址方式,指令编码格式及80x86指令系统	Addressing modes, Instruction encoding format and 80x86 instruction set architecture
4	汇编语言程序设计(Assembly language programming)	4~2	汇编语言程序格式,汇编语言的基本语法,BIOS与DOS功能调用,汇编语言程序设计及上机调试	Program format and basic grammar of Assembly language, BIOS and DOS function invoking, Assembly language programming and debugging
5	存储器(Memory)	8~4	存储器结构,工作原理,存储器与CPU的连接,存储空间的扩展,高速缓存	Memory structure, Operational principle, Connection of memory and CPU, Extending memory space, Cache
6	输入与输出(Input/Output)	8~6	程序控制方式,中断方式及中断控制器,DMA方式及DMA控制器	Polling, Interruption and interrupt controller, Direct memory accessing and DMA controller

续表

章节顺序	章节名称 Chapters	课时 Hours	知识点	Key Points
7	可编程I/O接口电路(Programmable I/O interface)	10～8	串行接口,并行接口,定时器/计数器等	Serial interface, Parallel interface, Timer and Counter
8	总线及常见总线标准(Bus and bus standards)	4～2	ISA,EISA,PCI,USB等总线标准	Bus standards including ISA,EISA, PCI and USB
9	高性能微处理器的先进技术及典型结构(Advanced techniques and architecture of high performance microprocessors)	4～2	高性能微处理器的先进技术及典型结构	Advanced techniques and architectures of high performance microprocessors

四、课程特色

1. 重视清楚理解和深入掌握基本概念、基本原理和基本方法等内容。

2. 强调计算机基本原理与软、硬件设计实践能力的结合,着重培养分析问题和解决问题的能力。

3. 注重在微型计算机原理的讲授过程中,融合微型计算机前沿技术的最新进展,着力为学生展示丰富多彩的微型计算机世界。

4. 注重教学互动,采用灵活的方式,鼓励学生积极思考,发现问题,享受学习的快乐。

4.1.54　问题求解与程序设计 Problem Solving and Programming

Prereq: Introduction to Computing, Practice on Programming, Data Structure and Algorithm

Credits: 2

Mission: Provide a forum for those students who have the experience of Olympiad in Informatics (OI) Contest and toward to attend the ACM/ICPC (International Collegial Programming Contest). The students will discuss and work on some really tough tasks initially published in OI and ACM/ICPC. They will also be trained to generate tasks for national and international OI and ICPC.

Topics include problem understanding and analysis, algorithm design and analysis, program implementation and testing; ways to compose and describe a task, test data design, difficulty analysis and expected score distribution analysis.

Wenxin Li

一、课程基本情况

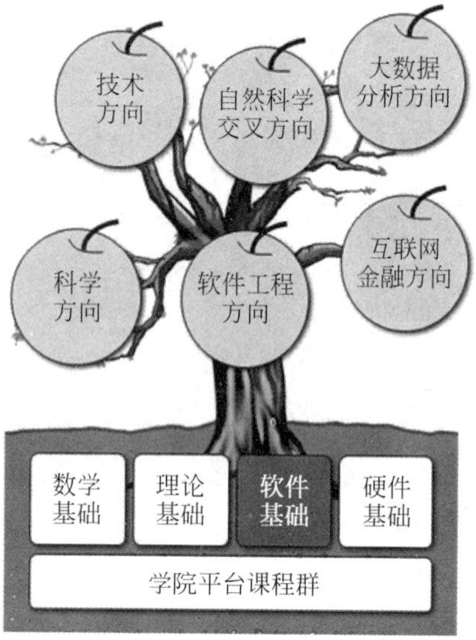

<table>
<tr><td rowspan="2">课程名称</td><td colspan="12">问题求解与程序设计</td></tr>
<tr><td colspan="12">Problem Solving and Programming</td></tr>
<tr><td rowspan="2">开课时间</td><td colspan="3">一年级</td><td colspan="3">二年级</td><td colspan="3">三年级</td><td colspan="3">四年级</td></tr>
<tr><td>秋</td><td>春</td><td>夏</td><td>秋</td><td>春</td><td>夏</td><td>秋</td><td>春</td><td>夏</td><td>秋</td><td>春</td><td>夏</td></tr>
<tr><td>适用院系</td><td colspan="12">信息科学技术学院,数学学院,物理学院,工学院</td></tr>
<tr><td>课程定位</td><td colspan="12">专业选修课</td></tr>
<tr><td>学分</td><td colspan="12">2 学分</td></tr>
<tr><td>总学时</td><td colspan="12">36 学时</td></tr>
<tr><td>先修课程</td><td colspan="12">计算概论(A),程序设计实习,数据结构与算法</td></tr>
<tr><td>后续课程</td><td colspan="12"></td></tr>
<tr><td>教学方式</td><td colspan="12">学生讨论为主,配合上机编程比赛</td></tr>
<tr><td>课时分配</td><td colspan="12">课堂讨论(32 学时)+上机比赛(课堂讨论之外安排 20 学时上机编程比赛)</td></tr>
<tr><td>考核方式</td><td colspan="12">上课讲解占 35%,出题占 15%,比赛成绩占 50%</td></tr>
<tr><td>主要教材</td><td colspan="12">自编讲义</td></tr>
<tr><td>参考资料</td><td colspan="12"></td></tr>
<tr><td>其他信息</td><td colspan="12">http://poj.org
http://course.pku.edu.cn
http://poj.grids.cn
http://botzone.org</td></tr>
<tr><td>大纲提供者</td><td colspan="12">李文新</td></tr>
</table>

二、教学目的和基本要求

对参加过高中信息学奥赛和将要参加大学生程序设计竞赛的学生开设的高级研讨班,主要目的是通过一些难度较高的竞赛题目提高学生应用数据结构和算法的知识解决实际问题的能力。同时通过让学生出题的形式,使学生反向思考竞赛题目,了解题目的形成过程、题目难度的分析方法、测试数据的设计要素和对受试群体能力的评估方法。

三、课程大纲和知识点

章节顺序	章节名称 Chapters	课时 Hours	知　识　点	Key Points
1	学生轮流讲析自选题目	8	题目类型包括但不局限于动态规划的优化、搜索空间和搜索顺序的优化、计算几何相关问题、网络流的灵活应用等	Student individual presentation to solutions of some tough problems published by IOI and ACM/ICPC
2	小组讨论题目解法	6	学生在课堂上讨论教师给定的题目，主要是一些较难的信息学奥赛和 ACM 国际大学生程序设计竞赛题目	Group discussion on some unsolved problems on our online programming system
3	学生自己出程序设计的题目	6	题目的描述、输入输出格式、输入输出样例，题目英文描述	Problems set composition
4	参加网上比赛	8	参加北京大学程序设计竞赛，参加北京大学“百练”在线评测系统上的月赛，参加每周“百练”在线评测系统安排的练习赛	Participate online programming contest individually
5	以小组为单位的程序对抗赛	8	3～4 人组成一组，完成一个智能程序，并用该程序参加程序对抗赛(程序对抗赛采用北大自主研发的程序对抗赛平台)	Participate a program game competition in small group

四、课程特色

1. 以学生讨论为主。
2. 以程序设计竞赛评定成绩。
3. 注重学生自主思考和学习。
4. 学生作业设计的题目提供给全国信息学竞赛和大学生程序设计竞赛使用。

4.1.55　现代信息检索导论 Introduction to Modern Information Retrieval

Prereq: Introduction to the Theory of Computation, Data Structures and Algorithms, Introduction to Programming (or Basics of the C Language Programming)

Credits: 2

Mission: Understand the fundamental concepts, methods of modern time information retrieval, with the capabilities for designing and implementing technologies concerning document indexing and index-based search and ranking.

Covers Computer Science.

Topics include index structures, index construction methods, search and ranking using indexes, Web search engine basics.

一、课程基本情况

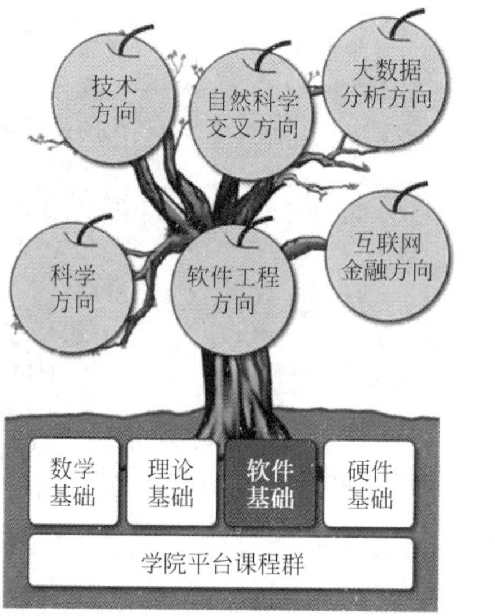

课程名称	现代信息检索导论 Introduction to Modern Information Retrieval
开课时间	一年级 | 二年级 | 三年级 | 四年级 秋 春 夏 | 秋 春 夏 | 秋 春 夏 | 秋 春 夏
适用院系	计算机系、智能科学系
课程定位	选修课
学分	2 学分
总学时	36 学时
先修课程	计算概论,程序设计导论 和/或 C 语言程序设计基础,数据结构与算法
后续课程	
教学方式	教学:课堂讲授,文献研读;辅导:课后复习和练习,每周作业,分组讨论和开发,约定时间答疑
课时分配	每周 2 学时
考核方式	平时成绩占 50%,期末考试占 50%
主要教材	Christopher D Manning, Prabhakar Raghavan and Hinrich Schütze. An Introduction to Information Retrieval. Cambridge University Press, 2008
参考资料	1. Baeza-Yates R & Ribeiro-Neto B, eds. Modern Information Retrieval. ACM Press, 1999(国内有机械工业出版社出版的影印版和中文翻译版) 2. 网上相关资料汇编,包括部分 SIGIR、WWW 等会议论文
其他信息	

二、教学目的和基本要求

本课程讲授和学习现代信息检索领域的基本思想、主要概念、理论模型以及关键技术的实现方法。课程的目的之一在于:使学生了解互联网时代信息获取与分析处理的基本原理,对当前的学术研究和技术应用现状有一个基本的了解,为相关课程的学习和未来的工作提供一个基础知识背景。课程的另一个目的在于:培养和训练学生的动手实践能力,在信息检索基本模型的应用、关键算法和数据结构的设计、程序实现的技能等方面获得良好的教育。

本课程要求学生具备必要的基础知识，包括计算概论、程序设计基础、数据结构与算法设计方面的基础，最好具有 C 语言程序设计和自然语言处理导论方面的知识。同时，要求学生对互联网搜索相关的技术和应用具有很强的兴趣。另外，本课程的主要教材为英文，要求学生具有大学英语层次的阅读理解能力。

三、课程大纲和知识点

章节顺序	章节名称 Chapters	课时 Hours	知　识　点	Key Points
1	导论（Introduction）	2	信息检索的基本概念和发展历史，信息检索和其他相关学科的关系，信息检索系统的基本构架和一般流程，Bool 检索的示例	The basic concepts and development history of information retrieval, the relationship between information retrieval and other related disciplines, the basic framework and general process of information retrieval system, Examples of Bool retrieval
2	文档处理与索引词表（Document processing and indexing vocabulary）	2	词法分析（中文分词、词性标注、英文停用词消除、词干提取等），索引项的选取和构造	Lexical analysis (Chinese word segmentation, POS tagging, lemmatization English stop word elimination, etc.), the index of the item selection and construction)
3	索引词典的结构与容错检索（Structure and fault tolerant retrieval of indexed Dictionaries）	2	索引词条的查找结构，通配符（wildcard）查询的处理，查询词的拼写检查与更正	The lookup structure of index entries, the processing of wildcard (wildcard) queries, and the spelling check and correction of query words
4	索引的创建（Index creation）	2	索引信息的组织和管理，倒排表的数据结构，倒排索引的创建方法，索引的更新，实时索引	Index information is organized and managed, inverted table data structure, inverted index creation method, index update, real-time index
5	索引的压缩（Index compression）	2	索引词的统计特征，索引词典的压缩，倒排索引的压缩，整数序列的编码和解码	The statistical features of index words, the compression of index dictionaries, the compression of inverted indexes, the encoding and decoding of Integer Sequences

续表

章节顺序	章节名称 Chapters	课时 Hours	知识点	Key Points
6	索引词权重和相关度计算(Index word weight and correlation calculation)	2	t. f. 与 i. d. f. 的概念,索引词的权重与文档向量,文档向量的相似度	The concept of T. F. and i. d. f. ,the weight of index word and document vector,and the similarity of document vector
7	信息检索性能评价(Performance evaluation of information retrieval)	2	检索系统的效率和效果,查全率和查准率,其他性能测度,相关评测语料和评测会议介绍	The efficiency and effectiveness of the retrieval system, recall and precision, other performance measures, relevant evaluation corpus and evaluation conference are also introduced
8	相关反馈与查询扩展(Relational feedback and query expansion)	2	相关反馈的概念,相关反馈和伪相关反馈,Rocchio 公式,查询扩展的概念,全局与局部的查询扩展	The concepts of relevance feedback, relevance feedback and pseudo correlation feedback, Rocchio formula, query expansion concept,global and local query expansion are presented
9	XML 检索和结构化查询(XML retrieval and structured query)	2	XML 概述,XML 及 HTML 文档的结构分析,XML“概念检索”,结构化内容的查询	XML overview, structural analysis of XML and HTML documents,XML,concept retrieval,structured content queries
10	概率化信息检索(Probabilistic information retrieval)	2	概率论基础,概率评级原理,二元独立模型,概率的估算方法	Basis of probability theory,probabilistic rating principle, two independent model,probability estimation method
11	信息检索的语言模型(Language model for information retrieval)	2	N 元序列的概率公式,*n*-gram,查询的似然估计,查询生成概率	N element sequence of probability formula, n-gram, query likelihood estimation,query generation probability
12	文档分类与聚类的基本概念(The basic concepts of document classification and clustering)	2	分类与聚类的概念,文档特征选取与文档向量表示,向量分类方法: naive Bayes,VSM, SVM,聚类的基本方法: *K*-means,层次化聚类	The concept of classification and clustering, feature selection and document document vector, vector classification method: Na ve VSM, her Bayes,SVM, K-means,the basic method of clustering hierarchical clustering

续表

章节顺序	章节名称 Chapters	课时 Hours	知　识　点	Key Points
13	Web 信息检索概述	3	互联网搜索引擎的基本原理和结构,网络信息的格式,HTTP 协议概述,HTML 文档的分析	The basic principles and structure of the Internet search engine, the format of network information, the overview of HTTP protocol, and the analysis of HTML documents
14	网页的搜集和处理(Overview of Web information retrieval)	3	网页爬取(Web crawling)的概念,爬取器(crawler)的设计和实现,网页数据的大规模存储与检索,倒排索引技术,查询处理技术,分布式索引和查询处理	The concept of web crawling (Web crawling), the design and implementation of crawler, large-scale storage and retrieval of Web data, inverted index technology, query processing technology, distributed index and query processing
15	链接分析(Hyperlink analysis)	3	Web 图结构, Markov 链与 PageRank,大规模的矩阵计算方法	Web graph structures, Markov chains and PageRank, large scale matrix computing methods

四、课程特色

本课程的特色包括：教学内容更新及时,概念和方法先进,以当前大规模网络信息的处理和检索为应用背景；知识体系完整、系统,便于今后不断扩充和深化；强调知识与实践的结合,在动手实验过程中学习关键算法和数据结构,提高程序实现技能；易于结合个人兴趣,形成若干有趣味性的互联网信息检索方面的应用工具。

4.1.56　信息安全引论 Introduction to Information Security

Prereq: Program Designing, Discrete Mathematics, Computer Network, Operating System

Credits: 2

Mission: Understand the basic principles of information security, technology, and some of the latest research results. Grasp network and information security theory and practice basic research ability.

Covers Computer Network and Information Security.

Topics include Fundamentals of Cryptology, Cryptographic Application, Access Control, Internet Protocol Security, Email Security, Firewall technology and its application, Network intrusion and attack analysis, System Safety, Computer virus and its prevention, Security program design, Cloud computing and its safety.

Jianbin Hu

一、课程基本情况

课程名称	信息安全引论 An Introduction to Information Security
开课时间	一年级：秋 春 夏；二年级：秋 春 夏；三年级：秋 春 夏；四年级：秋 春 夏（四年级秋季开课）
适用院系	计算机系,元培学院
课程定位	专业选修课
学分	2 学分
总学时	36 学时
先修课程	操作系统,离散数学,计算机网络,程序设计
后续课程	
教学方式	课堂授课为主
课时分配	课堂授课(32 学时) + 专题讲座(4 学时)
考核方式	平时作业与报告占 50% ,期末考试占 50% 。其中,期末考试采用闭卷形式
主要教材	William Stallings. Cryptography and Network Security: Principles and Practice. 5th Ed. Prentice Hall,2011
参考资料	1. William Stallings. 密码编码学与网络安全——原理与实践. 4 版. 孟庆树,王丽娜,傅建明,等译. 北京: 电子工业出版社,2006 2. Bruce Schneier. 应用密码学——协议、算法与 C 源程序. 吴世忠,祝世雄,张文政,等译. 北京: 机械工业出版社,2000 3. 南湘浩,陈钟. 网络安全技术概论. 长沙: 国防工业出版社,2003
其他信息	http://course.pku.edu.cn/webapps/login/ http://infosec.pku.edu.cn/
大纲提供者	胡建斌

二、教学目的和基本要求

1. 理解信息安全的基本原理、技术及最新研究成果。
2. 掌握网络与信息安全的理论基础及基本研究与实践能力。

三、课程大纲和知识点

章节顺序	章节名称 Chapters	课时 Hours	知　识　点	Key Points
1	概论(Introduction to information security)	2	国内外信息安全现状、技术发展,学术/产业/政府在信息安全方面的主要作为,信息安全学科概要,国际主要学术会议,本课程学习方法和内容概要	Domestic and foreign information security status and technological development, academic / industry / government achievements in information security, summary of information security, major international conferences, learning methods and outline of the course
2	密码学基础—经典密码学(Classical Cryptography)	2	密码学的基本概念,密码学起源、发展历史,古典密码学的基本原理、密码编码艺术与密码分析艺术、典型的密码算法及密码学家,混乱与扩散的方式	Basic concepts, origin and history of cryptography, basic principles of classical cryptography, cryptanalysis and encoding art, a typical cryptographic algorithm and cryptographer, confusion and diffusion approaches
3	密码学基础—现代加密方法(Modern encryption methods)	2	密码学从艺术到科学的转变标志,对称分组密码体制,典型算法 Simple-DES,数据加密标准 DES,密码部署与工作模式,流密码简介 典型密码算法及分析:3DES、IDEA、RC5、RC6、AES	change signs of Cryptography from art to science, symmetric block cipher system, typical algorithms: Simple-DES and DES, password deployment and operating mode, Introduction to stream ciphers, Typical cryptographic algorithms and analysis: 3DES, IDEA, RC5, RC6, AES
4	密码学基础—公钥密码学(Public-key Cryptography)	2	密码学中常用的数学工具,包括群、环、域,数论基础;模算术,中国剩余定理,背包算法、D-H 算法、RSA 算法、ECC 算法	useful mathematical tools in cryptography, Basic Number Theory, modulo arithmetic, Chinese remainder theorem, Knapsack algorithm, D-H algorithm, RSA algorithm, ECC algorithm
5	密码学基础—椭圆曲线密码学(Elliptic curve cryptography)	2	椭圆曲线密码学的数学基础,椭圆曲线密码学的有关基本概念,椭圆曲线密码体制	mathematical basis of Elliptic curve cryptography, basic concepts of elliptic curve cryptography, elliptic curve cryptosystem
6	密码应用(Cryptographic application)	2	密码应用,密钥管理,公钥基础设施 PKI	Cryptographic applications, key management, Public Key Infrastructure PKI

续表

章节顺序	章节名称 Chapters	课时 Hours	知识点	Key Points
7	身份鉴别(Authentication)	2	身份鉴别基础,鉴别协议,鉴别协议的实现,Kerberos 协议、X. 509 协议	Bases of authentication, authentication protocols, authentication protocol implementations: Kerberos protocol, X. 509 protocol
8	访问控制(Access Control)	2	访问控制原理,自主访问控制,强制访问控制,基于角色的访问控制,常用 OS 中的访问控制实例	Access control principles, discretionary access control, mandatory access control, role-based access control, common instance of the OS access control
9	IPSec 和 Web 安全(IPSec and Web security)	2	IPSec 协议,IPSec 安全特性,隧道模式,Web 安全攻击种类及方式,SSL	IPSec protocol, IPSec security features, tunnel mode, Web security attack types and methods, SSL
10	电子邮件安全(E-mail Security)	2	电子邮件系统,电子邮件系统攻击方式,安全邮件协议,电子邮件系统安全防范	E-mail system, E-mail system attack; secure mail protocols, E-mail system security
11	防火墙技术及其应用(Firewall technology and its application)	2	防火墙技术概述,过滤型防火墙,代理型防火墙,安全网关技术	Firewall technology overview, filtering firewall, proxy-based firewall, security gateway technology
12	网络入侵和攻击分析(Network intrusion and attack analysis)	2	入侵检测原理与技术,数学模型,特征分析与协议分析,响应机制,入侵检测对抗技术,标准化	Intrusion detection theory and technology, mathematical models, feature analysis and protocol analysis, the response mechanism, detection technology against intrusion, standardization
13	系统安全(System Safety)	2	操作系统面临的安全威胁,基本概念,安全机制,安全体系结构,安全操作系统设计	security threats of operating system; basic concepts, security methods, security architecture, secure operating system design
14	计算机病毒及其防治(Computer virus and its prevention)	2	计算机病毒的概念、分析、防范,网络病毒的防治,常用的杀毒软件	The concept, analysis and prevention of computer viruses, prevention and control of network virus; commonly used anti-virus software
15	安全程序设计(Security program design)	2	程序漏洞,溢出,常用攻击方法,安全程序设计方法	Bugs, overflow, common attack methods, security program design
16	云计算及其安全性(Cloud computing and its safety)	2	云计算,云安全,云防火墙,云计算安全的主要挑战,云存储安全,云迁移安全	Cloud computing, cloud security, cloud firewall, the major challenges of cloud security, cloud storage security, cloud migration security

四、课程特色

本课程深入浅出地介绍信息安全相关的理论基础、产品技术、最新研究成果及法规标准等内容，同时让学生在某些方向上进行问题分析研究、编程实现或社会调研，形成研究报告。本课程准确地反映了信息安全多学科交叉综合的特点，较好地兼顾了学生今后从事学术研究、产业研发和政府管理等不同就业目标。

4.1.57　语言统计分析 Statistical Methods in Linguistics

Prereq：Advanced Mathematics

Credits：2

Mission：Understand the concept of entropy and Maximum Entropy Principle，some fundamental distributions and the ability to solve practical problems related to Chinese.

Topics include entropy；from MaxEnt to usual distributions；RegExp；frequency and evenness；Zipf's Law；log-transform and sqrt-transform；couplet analysis.

HuaRui Zhang，Sujian Li

一、课程基本情况

<table>
<tr><td rowspan="2">课程名称</td><td colspan="12">语言统计分析</td></tr>
<tr><td colspan="12">Statistical Methods in Linguistics</td></tr>
<tr><td rowspan="2">开课时间</td><td colspan="3">一年级</td><td colspan="3">二年级</td><td colspan="3">三年级</td><td colspan="3">四年级</td></tr>
<tr><td>秋</td><td>春</td><td>夏</td><td>秋</td><td>春</td><td>夏</td><td>秋</td><td>春</td><td>夏</td><td>秋</td><td>春</td><td>夏</td></tr>
<tr><td>适用院系</td><td colspan="12">计算机系，智能科学系</td></tr>
<tr><td>课程定位</td><td colspan="12">专业选修课</td></tr>
<tr><td>学分</td><td colspan="12">2 学分</td></tr>
<tr><td>总学时</td><td colspan="12">32 学时</td></tr>
<tr><td>先修课程</td><td colspan="12">高等数学</td></tr>
<tr><td>后续课程</td><td colspan="12">现代信息检索导论</td></tr>
<tr><td>教学方式</td><td colspan="12">课堂教学：课堂讲授，每周 2 学时；辅助教学：课后复习、练习，期末大作业</td></tr>
<tr><td>课时分配</td><td colspan="12">基础知识部分（12 学时）＋ 实际应用部分（20 学时）</td></tr>
<tr><td>考核方式</td><td colspan="12">平时成绩占 20%，期末大作业占 30%，期末考试占 50%。其中，期末考试采用闭卷形式</td></tr>
</table>

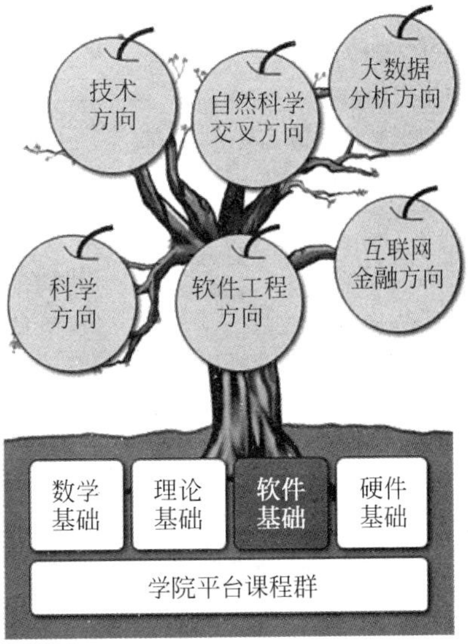

续表

主要教材	自编电子讲义
参考资料	1. William Feller. 概率论及其应用：第 3 版. 胡迪鹤,译. 北京：人民邮电出版社,2006 2. T M Cover. 信息论基础：第 2 版. 阮吉寿,等译. 北京：机械工业出版社,2008 3. C R Rao. 统计与真理. 石坚,等译. 北京：科学出版社,2004
其他信息	
大纲提供者	张化瑞

二、教学目的和基本要求

1. 以信息论为切入点,介绍在语言分析中有效的统计方法及分析技术。语言数据的特点决定了不能简单地采用针对无差别数据的统计方法进行分析。通过信息熵来引入概率模型,用最大熵原理来决定分布,最小相对熵进行检验,从整体上把握语言的不同尺度上的统计特征。

2. 从最大熵原理出发,理解并掌握常用分布(均匀分布、正态分布、指数分布、幂分布等)用于语言统计时必须满足的条件。

3. 了解并探索汉语/汉字的统计规律及其应用,如汉字的字频序号曲线、汉语句长的分布规律和双语对齐、联句的对偶判定等问题。

三、课程大纲和知识点

章节顺序	章节名称 Chapters	课时 Hours	知 识 点	Key Points
1	语言与信息(Language and Information)	2	语言现象的规律性与随机性,信息表达的系统性与经济性	Regularity and randomness of language phenomena; Systematicity and economy of informative expression
2	概率与统计(Probability and Statistics)	2	独立和互斥的关系,集中和离散程度的度量	Relation between independence and mutual exclusion; Measure of degree of concentration and dispersion
3	文法与编程(Grammar and Programming)	2	正则表达式,Python 语言简介,用于文本分析	Regular expression; Introduction to Python: for text analysis
4	信息的度量：熵(Measure of Information: Entropy)	2	离散分布的熵、相对熵、互信息,相对熵和卡方的比较	Entropy of discrete distributions, relative entropy and mutual information; Comparison of relative entropy and chi-square

续表

章节顺序	章节名称 Chapters	课时 Hours	知 识 点	Key Points
5	最大熵原理和常见分布的条件(Maximum Entropy Principle and Conditions for usual distributions)	4	由最大熵原理导出以下常见分布: (a)算术平均值固定→指数分布;(b)几何平均值固定→幂分布;(c)方差固定→正态分布	Deduction of the following distributions from Maximum Entropy Principle: (a) Fixed arithmetic mean: exponential distribution; (b) Fixed geometric mean: power distribution; (c) Fixed variance: normal distribution
6	泊松分布在语言统计中的特殊性(A Special Distribution for Linguistics: Poisson Distribution)	2	词汇的出现几乎都是小概率事件,估算:莎士比亚认识多少单词? 泊松分布与指数分布之间的关系	Every word is a rare event individually; Estimation: How many words did Shakespeare know? Relation between Poisson distribution and exponential distribution
7	汉字熵的计算(Computation of Entropy of Chinese Characters)	2	汉字的熵及其影响因素,熵与汉字量及大字符集的效率	Entropy of Chinese characters and related influencing factors; Entropy and number of Chinese characters and efficiency of large character set
8	频度和匀度(Frequency and Evenness)	2	频度的唯一性,匀度的多元化,均方匀度、均根匀度、熵匀度	Uniqueness of measure of frequency; Diversity of measure of evenness: RMS evenness, Square-Mean-Root evenness and Shannon Entropy evenness
9	语言中的长程相关(Long Range Correlation in language)	2	搭配指标:互信息、平方互信息; 进一步改进:带对数项的平方互信息	Index for collocations: mutual information, squared mutual information; Further improvement: squared mutual information with logarithmic term
10	对应关系的发现:相关与拟合(Exploring Corresponding Relationship: Correlation and Fitting)	2	直线拟合与曲线拟合,最小二乘法和最小一乘法; 探讨:最小半乘法的可能性	Linear regression and non-linear regression, Least Square method and Least Absolute Deviation method; Discussion: Possibility of Least square-root method

续表

章节顺序	章节名称 Chapters	课时 Hours	知识点	Key Points
11	对应关系的数值实验(Numerical Experiment on Corresponding Relationship)	2	从Zipf定律到汉字频序关系,Stirling公式的逐阶误差分析	Form Zipf's Law to Rank-frequency relation of Chinese characters; Gradual error analysis of Stirling's Formula
12	针对词频的变换和误差分布(Transformation on Frequency and Error Distribution)	2	对数变换和平方根变换; 误差带的分布:扩散、收敛、均匀	Logarithmic transformation and square-root transformation; Distribution of error bands: expanding, converging and uniform
13	翻译过程中的布朗运动(Brownian Motion in Translation Process)	2	形式上:长度对应关系的波动; 意义上:词汇选择的随机性	Form: wave——of correspondence of length; Meaning: randomness of lexical selection
14	句长分布与对齐研究(Distribution of Sentence Length and Alignment)	2	中英文句长分布的统计规律,利用句长的对应关系进行对齐校正	Statistical principles of sentence length (Chinese and English); Modification to alignment based on sentence length
15	对偶的统计研究(Statistical Analysis of Couplet)	2	从全唐诗中抽取对偶词汇,利用对偶词汇考察联句的对偶程度	Extraction of coupling words from couplets in Complete Poems of TangDynasty; Degree of strictness of couplets measured by coupling words

四、课程特色

1. 一个整体概念(熵),两个基本原理(最大熵原理、最小相对熵),三个实际问题(对应、对齐、对偶)。

2. 频度匀度,计算之柱;平方开方,变换之乡。

4.1.58 语义网与数字图书馆 Semantic Web and Digital Libraries

Prerequisite: Networking, Database

Credits: 3

Mission: Understand principles and theory of Semantic Web and Digital Libraries, able to design and implement practical applications.

Cover Metadata, Ontology, Semantic Web, Interoperation, Digital Libraries.

Topics include Semantic Web: Metadata, Ontology, OWL, SPARQL, reasoning, Linked Open

Data, Knowledge Management, and Semantic Retrieval; Digital Libraries: Metadata Extraction, Interoperation, OAI, and Open Access Repositories.

Ming Zhang

一、课程基本情况

课程名称	语义网与数字图书馆	技术方向；自然科学交叉方向；大数据分析方向；科学方向；软件工程方向；互联网金融方向；数学基础；理论基础；软件基础；硬件基础；学院平台课程群
	Semantic Web and Digital Libraries	
开课时间	一年级（秋 春 夏）　二年级（秋 春 夏）　三年级（秋 春 夏）　四年级（秋 **春** 夏）	
适用院系	计算机系，智能系，信息管理系，数学学院	
课程定位	专业选修课	
学分	3 学分	
总学时	54 学时	
先修课程	数据结构与算法，数据库概论	
后续课程	网络信息挖掘	
教学方式	以课堂讲授和课堂讨论为主	
课时分配	课堂讲授(48 学时)	
考核方式	课堂占 20%，项目实习占 20%，读书报告占 20%，合作综合实习占 40%	
主要教材	宋炜，张铭．语义网简明教程．北京：高等教育出版社，2004	
参考资料	1. Tim Berners-Lee, et al. The Semantic Web. Scientific American, 2001 2. 高文，刘峰，黄铁军，等．数字图书馆的原理与技术实现．北京：清华大学出版社，2000 3. (美) W Y Arms. 数字图书馆概论(Digital Libraries)．施伯乐，张亮，汪卫，等译．北京：电子工业出版社，2001 4. 庄越挺，潘云鹤，吴飞．网上多媒体信息分析与检索．北京：清华大学出版社，2002 5. 李晓明，闫宏飞，王继民．搜索引擎原理、技术与系统．北京：科学出版社，2005	
其他信息	参考课程网站 http://db.pku.edu.cn/mzhang/SW/推荐的文献 为研究生开设，可让高年级本科生选修	
大纲提供者	张铭	

二、教学目的和基本要求

1. 本课程的目的：介绍语义网和数字图书馆理论、技术、相关标准，以及语义网在数字图书馆领域的典型应用。开阔硕士研究生和高年级本科生的知识领域,引导他们通过文献阅读和课程实习初步掌握语义网和数字图书馆相关的理论、技术和方法,并应用于相关研究领域。

2. 本课程要求选课学生为学习过离散数学、数据库的研究生或高年级本科生。每位学生完成一篇深入的读书报告、两次作业和一次综合实习,课程最后有一次期末开卷测试。

三、课程大纲和知识点

章节顺序	章节名称 Chapters	课时 Hours	知识点	Key Points
1	语义网和数字图书馆简介(Brief Introduction to Semantic Web and Digital Libraries)	3~3	语义网和数字图书馆的产生背景,基本概念和理论、相关标准和技术,语义网和数字图书馆的结合以及发展趋势	Background of Semantic Web and Digital Libraries; Basic Concepts, Standards, and Techniques; The future of SW and DLs
2	元数据(Metadata)	6~3	元数据标准、模式、体系结构,元数据自动抽取,OAI 和元数据互操作	The Standard, Schema, and architecture of Metadata; Automatic Extraction of Metadata; OAI-PMH and metadata interoperation
3	本体(Ontologism)	6~3	本体的定义、分类,本体实例 WordNet、Cyc、FOAF 等,描述逻辑和推理	Definition and Classification of Ontology. WordNet, CYC, FOAF, Description Logic and Reasoning
4	语义网基本语言(Language Stack of Semantic Web)	6~3	语义网和元数据表示语言,包括 XML、RDF/RDFS、OWL、SPARQL 等	The Language Stack of SW: XML, RDF/RDFS, OWL, SPARQL
5	数字图书馆信息组织和信息检索效率(Information Organization and Retrieval in DLs)	6~3	词频/倒文档频率(TF/IDF)、倒排文件,信息过滤、文本分类算法	TF/IDF, Inverted Files, Information Filtering, Text Categorization
6	知识管理和基于语义的内容检索(Knowledge Management and Content-based Retrieval)	3~3	知识获取和语义标引,同义词和相关词扩展,知识推理和检索	Knowledge Acquision, Semantic Annotation, Semantic Retrieval
7	引文分析和互联(Linkage Analysis and Reference Linking)	6~3	引用链的分析,Authority/Hub, Page Rank	Linked Open Data, Authority/Hub, Page Rank
8	数字图书馆体系结构(Architecture of DLs)	3~3	数字对象,数字图书馆的互操作体系,异构信息源的集成	Digital Object, Interoperation-Spectrum of DLs, Information Integration

续表

章节顺序	章节名称 Chapters	课时 Hours	知　识　点	Key Points
9	开放仓储(Open Access Repository)	3~3	开放仓储平台(DSpace、Fedora),开放仓储的重用和数据交换	DSpace,Fedora,OAI-ORE (The Open Archives Initiative Object Reuse and Exchange)
10	其他的研究课题(Research Issues in SW and DLs)	9~3	Web服务,语义网格,Web 2.0,Web 3.0,数字图书馆2.0	Web Service, Semantic Grid, Web2.0,Web3.0 Lib 2.0,Social Networking
11	语义网和数字图书馆的设计、开发、使用和评价(Best Practice and Evaluation of SW and DLs)	6~3	Stanford、Cornell、Columbia、北京大学等研究开发的语义网和数字图书馆,分析其设计和开发思想,指定学生使用并进行评价	Best Practice and Evaluation: SW: Swoogle, Wolf ramalpha, DBpedia Freebase,Data. gov,semantic wiki DLs: Stanford,Cornell,Columbia, Peking University
12	课堂讨论和报告(Discussions)	9~6	对一些经典或前沿的学术成果讨论交流	Discussion on Advanced Topics

四、课程特色

1. 本课程是数据库课程群中的高级课程,学生应该先修数理逻辑、数据库系统概论、计算机网络等课程,之后才能选修本课程。

2. 本课程系统介绍语义网和数字图书馆的基本概念和理论、相关标准和技术,引导学生在其他相关领域中灵活应用元数据、本体、知识管理等理论和技术,构建语义信息系统。

3. 本课程实现教与学的互动。学生从案例中进行研究型学习,鼓励学生深入调研相关领域的语义信息系统研究状况,并在研究性学习过程中主动运用所学知识来分析问题、解决问题,根据问题的需求来主动获取新知识,从而强化创新意识和创新能力,相应地提高理论联系实际能力、实践动手能力和科研能力。

4.1.59　自然语言处理导论 Introduction to Natural Language Processing

Prereq: Advanced Mathematics,Probability and Statistics,Discrete Mathematics,Introduction to the Theory of Computation,Data Structures and Algorithms,Principles of Compilers

Credits: 2

Mission: Understand fundamental concepts,methods and frameworks concerning processing and understanding of natural language,able to do practical applications by programming in Python and using NLTK package.

Covers Computer Science.

Topics include Formal Models of Human Languages, Knowledge Representation of Human Languages, Word Segmentation and POS Tagging, Sentence Parsing, Introduction to NLP Applications, Engineering Practice by Using Python and NLTK Package.

Yang Liu

一、课程基本情况

<table>
<tr><td rowspan="2">课程名称</td><td colspan="12">自然语言处理导论</td></tr>
<tr><td colspan="12">Introduction to Natural Language Processing</td></tr>
<tr><td rowspan="2">开课时间</td><td colspan="3">一年级</td><td colspan="3">二年级</td><td colspan="3">三年级</td><td colspan="3">四年级</td></tr>
<tr><td>秋</td><td>春</td><td>夏</td><td>秋</td><td>春</td><td>夏</td><td>秋</td><td>春</td><td>夏</td><td>秋</td><td>春</td><td>夏</td></tr>
<tr><td>适用院系</td><td colspan="12">计算机系,智能科学系</td></tr>
<tr><td>课程定位</td><td colspan="12">选修课</td></tr>
<tr><td>学分</td><td colspan="12">2 学分</td></tr>
<tr><td>总学时</td><td colspan="12">48 学时</td></tr>
<tr><td>先修课程</td><td colspan="12">高等数学,离散数学,概率统计,数据结构与算法,编译原理</td></tr>
<tr><td>后续课程</td><td colspan="12">现代信息检索导论</td></tr>
<tr><td>教学方式</td><td colspan="12">课堂授课,课后练习</td></tr>
<tr><td>课时分配</td><td colspan="12">课堂授课(32 学时) + 实验课(16 学时)</td></tr>
<tr><td>考核方式</td><td colspan="12">团队作业占 50%,期末考试占 50%。其中,期末考试采用闭卷形式</td></tr>
<tr><td>主要教材</td><td colspan="12">Daniel Jurafsky & James H Martin. Speech and Language Processing. Pearson, 2000
Daniel Jurafsky & James H Martin. 自然语言处理综论. 冯志伟,等译. 北京:电子工业出版社,2005
S Bird, E Klein and E Loper. Natural Language Processing with Python. O'Reilly Media, 2009</td></tr>
<tr><td>参考资料</td><td colspan="12">Christopher D Manning & Hinrich Schutze. Foundations of Statistical Natural Language Processing. MIT Press, 2002
Christopher D Manning & Hinrich Schutze. 统计自然语言处理基础. 苑春法,等译. 北京:电子工业出版社,2005</td></tr>
<tr><td>其他信息</td><td colspan="12"></td></tr>
<tr><td>大纲提供者</td><td colspan="12">刘扬</td></tr>
</table>

二、教学目的和基本要求

1. 培养学生掌握自然语言处理的基本思想、概念和常见算法。
2. 培养学生分析问题和解决问题的实际能力。

三、课程大纲和知识点

章节顺序	章节名称 Chapters	课时 Hours	知识点	Key Points
1	人类语言知识的形式化理论(Formal Models of Human Languages)	2	句法、语义和语篇知识,形式语言、状态转移网络与自动机,特征结构(FS)与合一运算,CFG 语法、TAG 语法、链语法、依存语法等	Syntactics, Semantics and Discourse, Formal Language, State Transition Network and Automata, Feature Structure and Unification, CFG, TAG, Link Grammar and Dependency Grammar
2	人类语言知识的表现形式(Knowledge Representation of Human Languages)	6 ~ 4	词典理论和建设,典型词典与应用,语料库理论和建设,典型语料库与应用,Web 技术,统计语言模型,N 元语法(N-gram)及平滑技术	Construction and Application of Lexicon, Using Corpus, Web Techniques, SLM, N-gram and Smoothing Techniques
3	词法分析(Word Segmentation & POS Tagging)	4	汉语分词,隐马尔科夫模型(HMM)和词性标注方法,命名实体识别,搭配抽取	Chinese Word Segmentation, HMM and POS Tagging, Named Entity Recognition, Collection Extraction
4	句法分析(Sentence Parsing)	6 ~ 4	句法的表示方法,句法树,句法分析的基本方法(广义 LR 分析方法、基于线图的分析技术等)	Syntactic Tree and Parsing, LR Parser, Tomita Parser, Chart Parser
5	应用系统介绍 1 (Introduction to NLP Applications 1)	2	机器翻译的基本理论、方法与应用	Introduction to Machine Translation
6	应用系统介绍 2 (Introduction to NLP Applications 2)	2	信息检索、信息抽取、文本分类等应用	Introduction to Information Retrieval, Information Extraction and Text Classification
7	工程实践 1: NLTK 包的应用 (Engineering Practice: Using NLTK Package 1)	4	Python 语言与 NLTK 工具包,访问语言资源,文本处理基础	Python and NLTK Package, Accessing Text Corpora and Lexical Resources, Processing Raw Text
8	工程实践 2: NLTK 包的应用 (Engineering Practice: Using NLTK Package 2)	8 ~ 4	分词,词性标注,句法分析实现	Realization of Chinese Word Segmentation, POS Tagging and Sentence Parsing

续表

章节顺序	章节名称 Chapters	课时 Hours	知　识　点	Key Points
9	工程实践 3：NLTK 包的应用 (Engineering Practice：Using NLTK Package 3)	2	信息抽取应用	Realization of Information Extraction
10	工程实践 4：NLTK 包的应用 (Engineering Practice：Using NLTK Package 4)	2	文本分类应用	Realization of Text Classification

四、课程特色

1. 本课程具有文理交叉性质,由北京大学计算机系和中文系联合开设,两系教师联合讲授。

2. 本课程重视自然语言处理的基本思想、概念和常见算法的讲解,鼓励学生深入思考,在讨论、比较中获得对相关问题的理解。

3. 配合基础知识的讲解,本课程强调工程实践,将三分之一以上的课时用于 Python 语言与 NLTK 工具包的编程、应用,强调试验研究和原型系统的迅速开发。

4.2 电子与通信类课程 Electronics and Communication Speciality Courses

4.2.1 传感器电子与物联网 Sensor Electronics and Internet of Things

Prereq：basic physical courses

Credits：2

Mission：Understand the basic concept, classification and working principle of sensors. Introduce diverse applications of sensor and the development in nanosensors and smart sensor systems.

Covers electrics, electronics and engineering.

Topics include basic concept, classification, working principle and applications of various kinds of sensors, hardware/software in smart sensor, and wireless network in smart sensor

YoufanHu, Yuping Zhao, Lingyang Song, Xiaohui Duan

一、课程基本情况

课程名称	传感器电子与物联网											
	Sensor Electronics and Internet of Things											
开课时间	一年级			二年级			三年级			四年级		
	秋	春	夏	秋	春	夏	秋	春	夏	秋	春	夏
适用院系	电子学系，微电子学系，元培学院，物理学院，工学院											
课程定位	专业基础课、选修课											
学分	2 学分											
总学时	32 学时											
先修课程	物理基础课程											
后续课程	微电子方向 电路与系统方向 信号处理方向 通信方向 物理电子方向 数学基础 计算机基础 电路基础 物理基础 学院平台课程群											
教学方式	课堂授课为主，配合课外阅读和课堂讨论											
课时分配	课堂授课（40 学时）+ 课堂讨论（8 学时）											
考核方式	平时课堂测验占 50%，期末报告占 50%											
主要教材	Gerard C M Meijer. Smart Sensor Systems. Wiley-VCH，2008											
参考资料	1. 刘迎春，叶湘滨. 传感器原理、设计与应用. 长沙：国防科技大学出版社，2015 2. 迈克 J 麦格拉思. 智能传感器：医疗、健康和环境的关键应用. 胡宁，王君，王平，译. 北京：机械工业出版社，2017 3. 苏巴斯・钱德拉・穆克帕德亚. 智能感知、无线传感器及测量. 梁伟，译. 北京：机械工业出版社，2016											
其他信息												
大纲提供者	胡又凡											

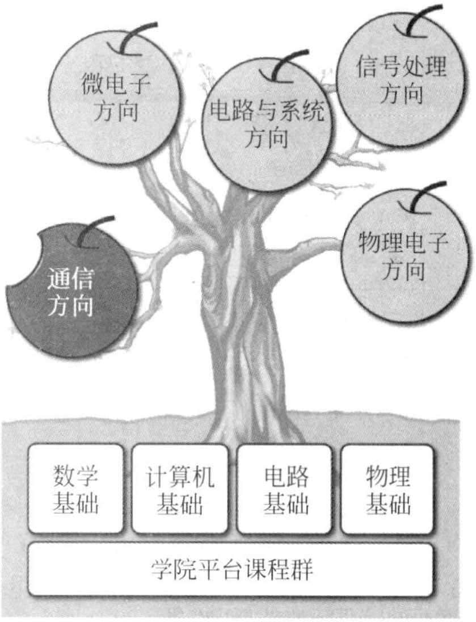

二、教学目的和基本要求

1. 掌握传感器的基本概念、组成和分类，了解各类传感器的基本工作原理。
2. 了解传感技术在纳米技术领域和智能传感领域的应用发展。
3. 掌握无线传感器中的硬软件、无线网络关键技术。
4. 了解无线传感器网络中的数据挖掘技术及其应用。

三、课程大纲和知识点

章节顺序	章节名称 Chapters	课时 Hours	知识点	Key Points
1	传感器技术的现状及发展(Current Situation and Development of Sensor Technology)	4~2	传感器的定义,无线传感器网络,未来发展趋势	Definition of sensor, wireless sensor network, future trends
2	传感器的基本概念和特征(The basic concept and characteristics of sensors)	4~2	转移函数,静态特征,动态特征	Transfer function, static characteristics, dynamic characteristics
3	传感器的分类与工作原理(Classification and working principle of sensors)	8~6	有源传感器,无源传感器,电阻式传感器,电容式传感器,电感式传感器	Active sensor, passive sensor, resistive sensor, capacitive sensor, inductive sensor
4	传感器的应用(Applications of sensors)	8~6	人体探测,位移、高度和速度探测,压力和形变探测	Detection of humans, displacement, level and velocity detection, force and deformation detection
5	纳米传感器(Nanosensors)	4~2	纳米尺度的材料特性,纳米传感器的器件结构和应用	Special properties at nanoscale, device structure and application of nanosensors
6	传感器的模拟前端及执行器技术(Sensor AFE /Actuator technology)	4~2	传感器中的前端模拟信号调理技术,包括转换、滤波、放大等。 传感器中的微小执行器技术	Signal condition including transfer, filter, amplifier, ADC in sensor AFE Sensor actuator technology
7	传感器电源技术(Power technology in smart sensor)	4~2	传感器的电源管理、能量收集	Power management technology in smart sensors Energy Harvesting

续表

章节顺序	章节名称 Chapters	课时 Hours	知 识 点	Key Points
8	传感器中的硬软件关键技术(Hardware and software technology in smart sensor)	4~2	传感器中硬件技术 传感器中软件技术 传感器中接口与通信技术	Sensor platform overview Microcontrollers for smart sensors Microcontroller software and debugging Interface and communications
9	无线传感器网络(Wireless sensor network)	4~2	传感器网络架构概述 无线传感器网络关键技术	Sensor network topologies, Wireless sensor network based on ZigBee/Bluetooth
10	传感器数据挖掘(Smart sensor data mining)	4~2	传感器数据的信号处理技术,包括数据预处理、特征提取、特征降维、模式识别和数据可视化展示技术	Data mining in sensor data including preprocessing, feature extraction, feature reduction, pattern recognition and data visualization
11	智能传感器系统(Smart sensors system)	4~2	智能传感器系统的构成,应用实例与发展趋势	The construction of smart sensor system, application and development trend

4.2.2 电磁波理论与应用导论 Introduction to Electromagnetic Wave Theory and Applications

Prereq: Electromagnetism

Credits: 2

Mission: Understand the basic theory and widespread applications of electromagnetic waves.

Topics include Electromagnetics fundamentals; electromagnetic spectral; transmitting, propagating and scattering of EM waves; EM waves as information carrier in communications; Radar system and imaging; EM data processing; EM waves as exploring tool in radars; EM waves as efficient energy in industry and household.

Mingyao Xia, Lianlin Li, and Pukun Liu

一、课程基本情况

<table>
<tr><td rowspan="2">课程名称</td><td colspan="12">电磁波理论与应用导论</td></tr>
<tr><td colspan="12">Introduction to Electromagnetic Wave Theory and Applications</td></tr>
<tr><td rowspan="2">开课时间</td><td colspan="3">一年级</td><td colspan="3">二年级</td><td colspan="3">三年级</td><td colspan="3">四年级</td></tr>
<tr><td>秋</td><td>春</td><td>夏</td><td>秋</td><td>春</td><td>夏</td><td>秋</td><td>春</td><td>夏</td><td>秋</td><td>春</td><td>夏</td></tr>
<tr><td>适用院系</td><td colspan="12">电子学系,微电子学系,元培学院,物理学院,工学院</td></tr>
<tr><td>课程定位</td><td colspan="12">专业选修课</td></tr>
<tr><td>学分</td><td colspan="12">2 学分</td></tr>
<tr><td>总学时</td><td colspan="12">32 学时</td></tr>
<tr><td>先修课程</td><td colspan="12">电磁学</td></tr>
<tr><td>后续课程</td><td colspan="12">电子线路,数字逻辑电路</td></tr>
<tr><td>教学方式</td><td colspan="12">课堂授课为主</td></tr>
<tr><td>课时分配</td><td colspan="12">课堂授课(30 学时) + 专题课(2 学时)</td></tr>
<tr><td>考核方式</td><td colspan="12">课堂表现占 30% ,小论文作业占 70%</td></tr>
<tr><td>主要教材</td><td colspan="12">自编讲义和 PPT</td></tr>
<tr><td>参考资料</td><td colspan="12">1. 杨洁,等. 电磁频谱管理技术. 北京: 清华大学出版社,2015
2. 孙锦华,等. 现代调制解调技术. 西安: 西安电子科技大学出版社,2014
3. B R Mahafza. 雷达系统分析与设计. 陈志杰,等译. 北京: 电子工业出版社,2008
4. 王保平. 真空电子学及其应用. 南京: 东南大学出版社,2002</td></tr>
<tr><td>其他信息</td><td colspan="12">ftp://ftp. ele. pku. edu. cn/pub/讲义/电磁波理论与应用导论</td></tr>
<tr><td>大纲提供者</td><td colspan="12">夏明耀</td></tr>
</table>

二、教学目的和基本要求

1. 掌握电磁波产生和传播的基本规律。
2. 学习电磁波作为信息载体的应用方式。
3. 学习电磁波作为探测工具的应用方法。
4. 了解电磁数据处理的基本概念和方法。
5. 学习电磁波作为能源有效利用的方式。
6. 了解以电磁波为基础的科研和产业发展。

三、课程大纲和知识点

章节顺序	章节名称 Chapters	课时 Hours	知　识　点	Key Points
1	Maxwell方程和电磁波理论基础	2	电磁学：从库仑到爱因斯坦,实验电磁学→数理电磁学→计算电磁学	Electromagnetics laws and principles, characteristics of electromagnetic waves
2	电磁频谱知识和各频段电磁波的主要应用	2	从静电磁场到伽马射线,各频段电磁波的主要应用	Electromagnetic spectrum management
3	电磁波发射与接收,天线基础知识	2	我们的电子眼和电子耳：天线概念、设计和产业	Antenna terminologies and physics meanings
4	电磁波在空间、界面和导波系统中传输	2	地波、空间波、天波、导行波和特殊介质中的波传播	Phase speed and group speed, wavevector, propagation and attenuation parameters
5	作为信息载体的电磁波,信号调制与解调	2	载波与调制信号,各种调制方法	Major modulation methods in communications, navigations, and radars
6	电磁目标与环境的散射特性	2	目标和环境的电磁响应特性的基本概念,目标分类与识别的基本概念与方法	Electromagnetic scattering properties of objects and environment, methods for object classification and recognition
7	雷达系统设计基础	2	雷达架构与体系,超宽带,连续波,步进频	General radar architectures, UWB, CW, stepped frequency
8	电磁探测与成像的基本原理	2	目标特征综述,伯恩近似,电磁探测原理,电磁逆散射,电磁成像,	Target features, detection and recognition, principle of electromagnetic detection and scattering imaging
9	雷达信号处理基础	2	奈奎斯采样,脉冲压缩,多普勒频率,压缩感知,稀疏成像	Nyquist sampling theorem, pulse compression, Doppler frequency, compressive sensing, sparse imaging
10	合成孔径雷达成像基础	2	合成孔径,距离向,方位向,距离-多普勒算法,系统模糊函数	Synthetic aperture, range-Doppler imaging algorithm, ambiguous function
11	电磁大数据基本概念	2	大数据挖掘,电磁频谱感知,隐身与反隐身概念	Big data mining, electromagnetic spectrum sensing, stealth and anti-stealth techniques
12	大功率微波真空电子器件	2	微波真空器件概论,速调管,行波管,磁控管,回旋管,新型微波真空电子器件,微波真空电子器件的未来发展	Introduction of microwave vacuum electronic devices (MVEDs); klystron; traveling-wave tube; magnetron; gyrotron; novel MVEDs; future development of MVEDs

续表

章节顺序	章节名称 Chapters	课时 Hours	知 识 点	Key Points
13	高功率微波及其军事应用	2	高功率微波的内涵,高功率微波的产生,相对论器件,超级微波干扰机,毫米波拒止武器,电磁脉冲弹,高功率微波炮,微波武器的发展前景	Concept of high-power microwave (HPM); super microwave jammer; electromagnetic pulse bomb and HPM weapon
14	微波能及其民用技术	2	微波的特点,微波加热原理,微波在工业、医疗、化学、石油化工、环境保护、无线输电等领域的应用	Microwave heating principle; applications in industry, medical treatment, petrochemical, and wireless transmission
15	太赫兹科学技术及其发展	2	太赫兹波的内涵和特点,国际太赫兹研究情况,太赫兹波的产生、探测和应用	Characteristic of terahertz wave; international terahertz research
16	总结或考试			

四、课程特色

1. 内容全面丰富,类似于高级科普。
2. 系统阐述电磁波的产生、传播以及与物质相互作用原理。
3. 全面介绍电磁波在通信、雷达与能源利用方面的应用。
4. 了解与电磁波相关的产业布局与发展。

4.2.3 电动力学(B) Electrodynamics (B Level)

Prereq: Advanced Mathematics, Mechanics, Theoretical Mechanics, Electromagnetics, Methods of Mathematical Physics, Vector Analysis and Field Theory

Credits: 3

Mission: To grasp the basic concepts and laws of classical electrodynamics, master the methods to analysis and deal with some of the basic problems of electrodynamics, including static electric and magnetic fields, radiation and propagation of electromagnetic field, and its reaction with charged system, etc.. To comprehend the materiality of electromagnetic field, and get a deeper understanding of the property of electromagnetic field and the relationship of space and time by studying the special theory of relativity.

Covers electronic engineering, electromagnetic theory and microwave technology, communication engineering.

Topics include Maxwell equations, static electric and magnetic field, electromagnetic wave propagation and radiation, special theory of relativity, interaction of charged particle and electromagnetic field.

Zhengbin Li, Mingzhi Li

一、课程基本情况

课程名称	电动力学(B) Electrodynamics (B Level)
开课时间	一年级：秋 春 夏；二年级：秋 春 夏；三年级：**秋** 春 夏；四年级：秋 春 夏
适用院系	信息科学技术学院,物理学院,工学院,元培学院
课程定位	主干基础课、专业必修课
学分	3 学分
总学时	64 学时
先修课程	高等数学,力学,理论力学,电磁学,数学物理方法,矢量分析与场论
后续课程	量子力学,物理电子学
教学方式	课堂授课
课时分配	课堂授课(64 学时)
考核方式	平时作业占 10% ~20%,期中考试占 20% ~40%,期末考试占 50% ~70%。期中和期末考试均采用闭卷形式
主要教材	1. 郭硕鸿. 电动力学. 3 版. 北京:高等教育出版社,2008 2. 俞允强. 电动力学简明教程. 北京:北京大学出版社,1999 3. 虞福春,郑春开. 电动力学(修订版). 北京:北京大学出版社,2003
参考资料	1. John David Jackson. Classical Electrodynamics. 3rd Ed. 影印版. 北京:高等教育出版社,2004 2. 林璇英,张之翔. 电动力学题解. 北京:科学出版社,1999
其他信息	http://course.pku.edu.cn/webapps/login/
大纲提供者	李明之,李正斌

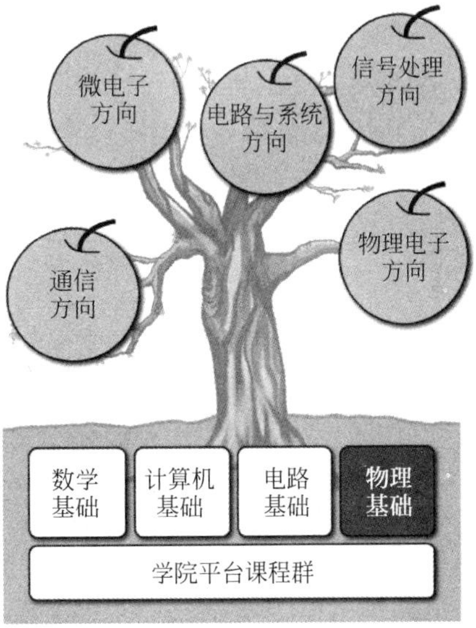

二、教学目的和基本要求

1. 掌握经典电动力学的基本概念和规律。

2. 熟练掌握本领域内分析和处理一些基本问题的方法,包括正确运用电动力学基本规律分析和处理稳恒电磁场、电磁场的辐射、传播以及与带电体系相互作用的基本问题等。

3. 通过对电磁场运动规律和狭义相对论的学习,深刻领会电磁场的物质性,加深对电磁场性质和时空概念的理解。

4. 为建立体系清晰和逻辑完备的理论物理学框架打下坚实的基础。

三、课程大纲和知识点

章节顺序	章节名称 Chapters	课时 Hours	知识点	Key Points
1	电磁现象的普遍规律(Principals of Electromagnetic Phenomenon)	12~8	Maxwell 方程组,介质与边界条件,能量和能流	Maxwell Equations, Media and Boundary Conditions, Energy and Energy Flow
2	静电场(Static Electric Field)	14~10	静电场的标势及其微分方程,唯一性定理,分离变量法,镜像法,Green 函数法,电多极矩,	Scalar Potential of Static Electric Field and Its Differential Equation, Uniqueness Theorem, Separation of Variables, Method of Images, Green Functions, Electric Multipole Moments
3	静磁场(Static Magnetic Field)	10~6	矢势,磁标势,磁多极矩,A-B 效应,超导	Vector Potential, Magnetic Scalar Potential, Magnetic Multipole Moments, Aharonov-Bohm Effect, Superconductor
4	电磁波的传播(Electromagnetic Wave Propagation)	12~8	平面电磁波,电磁波的折射和反射,波导	Plane Electromagnetic Wave, Reflection and Refraction of Electromagnetic Wave, Waveguide
5	电磁波的辐射(Electromagnetic Radiation)	12~8	电磁场的标势和矢势,推迟势,电偶极矩辐射,天线辐射	Scalar and Vector Potential of Electromagnetic Filed, Retarded Potential, Radiation of Electric Dipole, Radiation of Antennas
6	狭义相对论(Special Theory of Relativity)	14~10	狭义相对论实验基础,基本原理,Lorentz 变换,相对论时空理论,相对论理论的四维形式,电动力学的相对论不变性,相对论力学	Experimental Foundation of Special Theory of Relativity, Basic Principles, Lorentz Transformations, Space-Time Theory of Special Theory of Relativity, 4-Dimentional Form of Special Theory of Relativity, Relativistic Invariance of Electrodynamics, Relativistic Mechanics
7	带电粒子和电磁场的相互作用(Interaction of Charged Particle and Electromagnetic Field)	4~2	运动带电粒子的势和辐射电磁场	Potential of Moving Charged Particle and Its Radiation

四、课程特色

1. 重视物理概念的建立，让学生深入掌握基本概念、基本原理和基本方法。
2. 结合实际应用加深对理论的理解，引入前沿研究热点问题，培养学习兴趣。
3. 重视培养学生的自主学习能力、独立思考能力和坚实的数学物理基础。
4. 鼓励学生积极参与讨论，互学互助。

4.2.4　电路分析原理（含实验）Principle of Circuit Analysis

Prereq：Advanced Mathematics，Electromagnetism

Credits：4

Mission：Understand fundamental principle and theory of circuit analysis，able to analysis and calculate circuits，able to do practical applications.

Covers electrics，electronics and engineering.

Topics include Kirchoff's current and voltage law，Thévenin's and Norton's theorem，time-and transform-domain methods，two-port Network analysis，and lossless transmission line analysis.

Weiwei Hu，Wei Jiang，Jiang Chen，Lu Liu，Zhijun Wang，Meng Ma，Weixin Gai，Wengao Lu，Chaohai Du，Chuanchuan Yang，and Qiang Gu

一、课程基本情况

课程名称	电路分析原理（含实验）											
	Principle of Circuit Analysis											
开课时间	一年级			二年级			三年级			四年级		
	秋	春	夏	秋	春	夏	秋	春	夏	秋	春	夏
适用院系	电子学系，微电子学系，元培学院，物理学院，工学院											
课程定位	主干基础课、专业核心课											
学分	4 学分											
总学时	80 学时											
先修课程	高等数学，电磁学											
后续课程	电子线路，数字逻辑电路											
教学方式	课堂授课为主											
课时分配	课堂授课（48 学时）+习题与专题课（36 学时）+实验课（9 学时）											

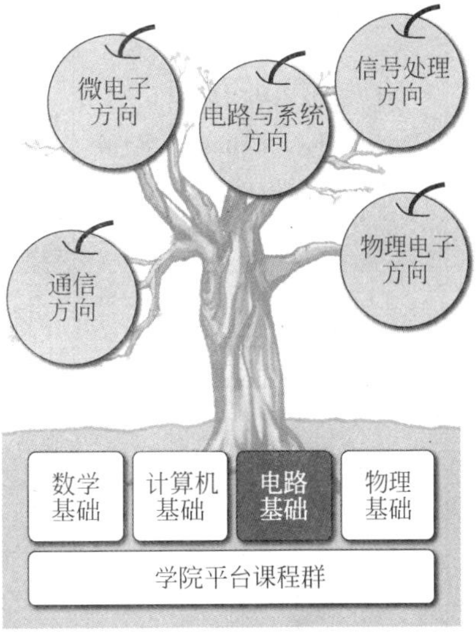

微电子方向
电路与系统方向
信号处理方向
通信方向
物理电子方向
数学基础
计算机基础
电路基础
物理基础
学院平台课程群

续表

考核方式	平时作业占10%,专题讨论占30%,实验占10%,期中考试占20%,期末考试占30%。其中,期中和期末考试采用闭卷形式
主要教材	1. 胡薇薇. 电路分析原理. 北京:清华大学出版社,2014 2. 王楚,余道衡. 电路分析. 北京:北京大学出版社,2000
参考资料	1. 李瀚荪. 简明电路分析基础. 北京:高等教育出版社,2002 2. William H Hayt Jr., Jack E Kemmerly, Steven M Durbin. Engineering Circuit Analysis. 6th ed. 影印版. 北京:电子工业出版社,2002
其他信息	http://www.jpk.pku.edu.cn/pkujpk/course/dlfxyl/ http://course.pku.edu.cn/webapps/login/
大纲提供者	胡薇薇

二、教学目的和基本要求

1. 使学生掌握电路分析的基本原理和基本分析方法。
2. 使学生能应用所学原理和方法去理解和认识常用电路。
3. 培养学生的独立思考能力、科学思维方法和求知创新精神。

三、课程大纲和知识点

章节顺序	章节名称 Chapters	课时 Hours	知识点	Key Points
1	线性电路分析基础(Introduction to linear circuit analysis)	8~4	集中假设,参考方向,线性与非线性,时变与定常,基本元件及约束方程,独立源和受控源,负阻,基本定律(KVL、KCL、VCR),激励与响应	Lumped parameter, Reference direction, Linear and nonlinear, Time-invariant, basic circuit elements R L C, Ideal and controlled source, Negative resistance, Fundamental law (KVL, KCL, VCR), Stimulation and response
2	正弦稳态电路分析(Analysis of sinusoidal Steady-state Circuit)	8~4	相量,复数分析法(相量法),阻抗和导纳,传递函数和频率响应,固有频率,滤波器基础	Complex solution, impedance and admittance, Transfer function and frequency response, Natural frequency of network, First-order filter, Second-order filter
3	变换域分析1—拉普拉斯分析(Laplace Transform)	8~4	单位阶跃信号与单位冲激信号,单位阶跃响应与单位冲激响应,变换与反变换、网络的s域描述与求解、网络函数的s域描述	Unit step signal, unit impulse signal, unit step response and unit impulse response, Laplace transform and inverse transform, Analyzing linear circuits using Laplace Transform, S-domain description of the network transfer function

续表

章节顺序	章节名称 Chapters	课时 Hours	知　识　点	Key Points
4	变换域分析2——傅里叶分析(Fourier Series and Transform)	8~4	信号的频谱特性、傅里叶变换的基本性质和定理、信号的线性失真与非线性失真	Frequency Spectrum of signals, Basic property and theorem, Linear and nonlinear distortion
5	线性电路的网络分析基础(Introduction to Network Analysis)	8~4	拓扑图、回路电流法、节点电压法	Topological graph of circuits, Loop current method, Nodal point voltage method
6	线性电路的网络定理(Network theorem)	6~4	戴文宁定理和诺顿定理,置换定理、叠加定理、互易定理、特勒根定理	Thévenin's theorem, Norton's theorem, Replacement theorem, Superposition theorem, Reciprocity theorem, Tellegen theorem
7	双口网络分析(Two-port Network)	8~4	双口网络参量与联接,等效电路,输入阻抗,输出阻抗,传递函数,应用	Parameters(Z,Y,H,G,T) and connections, equivalent circuit of two-port network, input impedance, output impedance, transfer functions, Applications
8	分布参数电路分析——链式网络与传输线(Lossless Transmission Line)	10~6	特性阻抗、传输常数、入射波和反射波、反射系数,阻抗匹配,双口网络等效分析	natural impedance, transmission constant, incident wave, reflected wave, reflectance, impedance matching, two-port network analysis
9	非线性电路分析简介(Introduction to nonlinear circuit analysis)	6~2	分段线性,等效建模,近似分析方法	Piecewise linearity, Equivalent model
10	运算放大器(Operational amplifier)	4~2	特性曲线,等效电路,理想运放的基本特性(虚短,虚断,虚地),基本运算电路	Characteristics and equivalent circuit, The properties of ideal op-amps, Common operational circuits
11	实验1(Project 1)	8~4	RC/RL微分/积分电路的时域和频域特性分析研究	Time-and frequency-domain analysis of RLC linear circuit
12	实验2(Project 2)	8~4	线性电路基本定理和分析方法的研究	Analysis and verification of basic law and theorems of linear circuits
13	实验3(Project 3)	8~4	命题电路的设计和实验研究	Design and research of a specified circuit

四、课程特色

1. 重视清楚理解和深入掌握基本概念、基本原理和基本方法等三基内容,重视培养学生的自主学习兴趣、独立思考能力、科学思维方法和求知创新精神。鼓励学生积极思考,提出问题,在学习中获得答案,享受学习的快乐;鼓励学生积极参与讨论,互学互助。

2. 在扎实的数理基础背景下,对学生对于这门课的掌握深度和广度上要求较高。

3. 采用立体化的教学、教辅和考量方法。

4.2.5 电路与电子学 Circuits and Electronics

Prereq: Electromagnetism, Introduction to Microelectronics & circuits

Credits: 3

Mission: Understanding the principle of linear and analogue electronic circuits, corresponding theorem and analysis methods, the ideas of designing circuits, being able to use the methods and ideas in practical applications.

Followings: Electronic System Designing.

Topics include modeling the linear and non-linear circuits, introducing their and amplifying devices, designing and analysis of basic amplifier circuits, integrated operational amplifiers, feedback circuits, signal processing circuits, waveform generation and conversion circuits.

Weiwei Hu, Jiang Chen

一、课程基本情况

课程名称	电路与电子学											
	Circuits and Electronics											
开课时间	一年级			二年级			三年级			四年级		
	秋	春	夏	秋	春	夏	秋	春	夏	秋	春	夏
适用院系	电子学系,元培学院											
课程定位	主干基础课、专业必修课											
学分	3 学分											
总学时	64 学时											
先修课程	电磁学,微电子与电路基础											
后续课程	模拟集成电路,电子系统设计											

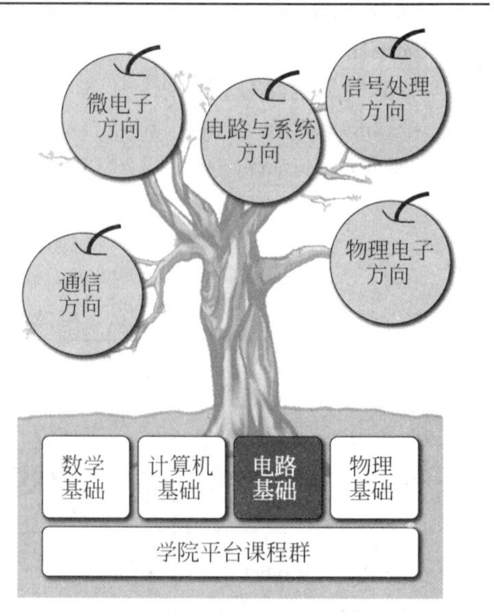

续表

教学方式	课堂授课为主
课时分配	课堂授课(64 学时)
考核方式	平时作业占 20%,期中考试占 30%,期末考试占 50%。其中,期中和期末考试采用闭卷形式
主要教材	1. 胡薇薇. 电路分析原理. 北京：清华大学出版社,2014 2. 自编电子线路讲义
参考资料	童诗白,华成英. 模拟电子技术基础. 4 版. 北京：高等教育出版社,2006
其他信息	
大纲提供者	胡薇薇,陈江

二、教学目的和基本要求

1. 使学生理解和掌握线性电路中的理论、方法。
2. 使学生理解和掌握模拟电子线路的基本原理、分析方法。
3. 使学生认识一些常见的基础电路模块和结构。
4. 使学生能顺利完成后续的电子线路实验等课程。

三、课程大纲和知识点

章节顺序	章节名称 Chapters	课时 Hours	知　识　点	Key Points
1	线性电路分析基础(Introduction to linear circuit analysis)	8 ~ 4	集中假设,参考方向,线性与非线性,时变与定常,基本元件及约束方程,独立源和受控源,负阻,基本定律(KVL、KCL、VCR),激励与响应	Lumped parameter model, Reference direction, Linear and nonlinear, Time-invariant, basic circuit elements R L C, Ideal and controlled source, Negative resistance, Fundamental law (KVL, KCL, VCR), Stimulation and response
2	正弦稳态电路分析(Analysis of sinusoidal Steady-state Circuit)	8 ~ 4	相量,复数分析法(相量法),阻抗和导纳,传递函数和频率响应,固有频率,滤波器基础	Complex solution, impedance and admittance, Transfer function and frequency response, Natural frequency of network, First-order filter, Second-order filter
3	线性电路的网络分析基础(Introduction to Network Analysis)	8 ~ 4	拓扑图、回路电流法、节点电压法	Topological graph of circuits, Loop current method, Node voltage method
4	线性电路的网络定理(Network theorem)	6 ~ 4	戴文宁定理和诺顿定理,置换定理、叠加定理、互易定理、特勒根定理	Thévenin's theorem, Norton's theorem, Replacement theorem, Superposition theorem, Reciprocity theorem, Tellegen theorem

续表

章节顺序	章节名称 Chapters	课时 Hours	知识点	Key Points
5	双口网络分析(Two-port Network)	8~4	双口网络参量与联接,等效电路,输入阻抗、输出阻抗,传递函数,应用	Parameters(Z,Y,H,G,T) and connections, equivalent circuit of two-port network, input impedance, output impedance, transfer functions, Applications
6	载流子的控制和非线性器件(Manipulating charge carrier to build non-linear Devices)	3~2	载流子的操控和效果,非线性器件的发展,半导体,PN结;半导体器件(晶体二极管,双极结型晶体管,场效应管)的类型、结构、工作机理、主要参数、特性曲线	Effect of charge carrier manipulating, History of non-linear devices, Semiconductor, PN junction; Semiconductor devices: diodes, BJT, FET, etc., and their types, structures, principle, parameters, and characteristics
7	基本放大电路(Basic Amplifier Circuits)	4~3	从压控电流源到放大器,放大器的概念和性能指标; 共源放大电路:图解分析法,静态工作点,动态范围,小信号等效电路; 其他组态的 BJT 和 FET 放大电路	From VCCS to amplifier, Amplifiers' performance indicators, Common source amplifier: bias, analysis by diagram, dynamic range, small-signal equivalent circuit analysis method, Other BJT & FET amplifier configurations
8	多级放大电路和集成运算放大电路(from Multistage Amplifiers to Op-Amp)	4~3	耦合方式,级联放大器,差分放大器,推挽放大器 运放的组成结构,电流源电路及其功用,运放电路性能指标,典型运放	Coupling types, cascaded amplifiers, differential amplifiers, push-pull amplifiers, Composition of the OP-Amp, Current Source circuits and its usage, performance indicators of OPA, typical OPA
9	放大电路中的反馈(Feedback in Amplifier Circuits)	4~3	反馈概念,类型,四种增益和相应的反馈系数,反馈极性和组态判别,反馈放大器基本方程,深度负反馈及其估算方法,负反馈和正反馈对放大器的影响	Concept & types of feedback, Four types of Gains & corresponding feedback coefficients, Decision of the feedback polarity and configurations, Basic equation of feedback, depth of feedback, Deep negative feedback & corresponding estimation method, Effects of the negative/positive feedback on Amplifiers

续表

章节顺序	章节名称 Chapters	课时 Hours	知　识　点	Key Points
10	放大电路的频率响应(Frequency Response of Amplifier Circuits)	4～3	频率响应的概念和机理，传输函数和零极点，波特图，BJT 和 FET 的高频信号模型及其放大器的频响分析；频率响应与阶跃响应的关系，反馈放大器的稳定性和相位补偿	Concept & principle of frequency response, transfer function & zero-pole analysis, Bode plots, high-frequency equivalent circuit of BJT & FET, and frequency response of amplifier circuits, relation between frequency response & the step response, Stability of feedback Amp, phase compensation
11	信号的运算和处理(Signal Processing circuits)	4～3	加法电路，减法电路，积分、微分电路，运算误差分析，运放 + 反馈的框架； 模拟乘法器，有源滤波器，开关电容滤波器，状态变量型滤波器，信号预处理电路	Add/Sub/Integrate/Differentiate circuits, Error Analysis, architecture of OPA with deep negative feedback, Analogue multiplier, active filters, switched-capacitor filter, state variable filter, signal pre-processing circuits
12	波形发生和波形转换(Signal Generation and Conversion)	4～3	振荡条件，RC 振荡电路，LC 振荡电路，晶体振荡器 电压比较器，多谐振荡器，三角波与锯齿波振荡器，波形变换电路，电流-电压变换，电压-频率变换(VCO)	Oscillation conditions, RCoscillator, LC oscillators, crystal oscillator, Voltage comparators, multivibrators, triangle/sawtooth oscillators, waveform conversion, current-Voltage conversion, voltage-frequency conversion
13	直流电源(DC Power Supply)	4～3	整流电路的主要参数； 滤波电路的类型、特点； 并联与串联稳压电路：电路设计，保护电路，开关型稳压电路	Rectifiers: types and their performance, Filters in DC power supply, and their performance, Linear regulators: parallel & Series types, principles, protection circuits, switching regulators

4.2.6 电子线路 Electronic Circuits

Prereq: Electromagnetism, Principles of Circuit Analysis

Credits: 3

Mission: Understand the principle of basic analogue electronic circuits, their analysis methods, and being able to use them in practical applications.

Topics include common semiconductor devices, basic amplifier circuits, integrated operational amplifiers, feedback, waveform generation and conversion, signal processing circuits, power amplifiers.

Jiang Chen

一、课程基本情况

<table>
<tr><td rowspan="2">课程名称</td><td colspan="12">电子线路</td></tr>
<tr><td colspan="12">Electronic Circuits</td></tr>
<tr><td rowspan="2">开课时间</td><td colspan="3">一年级</td><td colspan="3">二年级</td><td colspan="3">三年级</td><td colspan="3">四年级</td></tr>
<tr><td>秋</td><td>春</td><td>夏</td><td>秋</td><td>春</td><td>夏</td><td>秋</td><td>春</td><td>夏</td><td>秋</td><td>春</td><td>夏</td></tr>
<tr><td>适用院系</td><td colspan="12">电子学系,微电子学系,元培学院,物理学院</td></tr>
<tr><td>课程定位</td><td colspan="12">主干基础课、专业必修课</td></tr>
<tr><td>学分</td><td colspan="12">3 学分</td></tr>
<tr><td>总学时</td><td colspan="12">64 学时</td></tr>
<tr><td>先修课程</td><td colspan="12">电磁学,微电子与电路基础,电路分析原理</td></tr>
<tr><td>后续课程</td><td colspan="12">模拟集成电路,电子系统设计</td></tr>
<tr><td>教学方式</td><td colspan="12">课堂授课为主</td></tr>
<tr><td>课时分配</td><td colspan="12">课堂授课(64 学时)</td></tr>
<tr><td>考核方式</td><td colspan="12">平时作业占 10%,期中考试占 40%,期末考试占 50%。其中,期中和期末考试采用闭卷形式</td></tr>
<tr><td>主要教材</td><td colspan="12">童诗白,华成英. 模拟电子技术基础. 4 版. 北京: 高等教育出版社,2006</td></tr>
<tr><td>参考资料</td><td colspan="12">王楚,余道衡. 电子线路. 北京: 北京大学出版社,2003</td></tr>
<tr><td>其他信息</td><td colspan="12"></td></tr>
<tr><td>大纲提供者</td><td colspan="12">陈江</td></tr>
</table>

二、教学目的和基本要求

1. 使学生理解和掌握模拟电子线路的基本原理和基本分析方法。
2. 使学生认识一些常见的基础电路模块和结构。
3. 使学生能顺利完成下一学期的电子线路实验课程。

4. 使学生能在未来实际应用中分析和运用一些模拟电子线路。

三、课程大纲和知识点

章节顺序	章节名称 Chapters	课时 Hours	知　识　点	Key Points
1	常用半导体器件(Common Semiconductor Devices)	7 ~ 6	半导体物理,PN 结,半导体器件(晶体二极管,双极结型晶体管,场效应管)的类型、结构、工作机理、主要参数、特性曲线	Semiconductor physics, PN junction; Semiconductor devices: diodes, BJT, FET, etc., Types, structure, principle, parameters, and characteristics
2	基本放大电路(Basic Amplifier Circuits)	8	放大器的概念和性能指标: 增益,输入/输出阻抗,频率响应,效率,偏置等; BJT 和 FET 放大电路的组态: 图解分析法,静态工作点,动态范围,小信号等效电路	Concept and performance indicators of amplifiers: gain, input/output impedances, frequency response, efficiency, bias, etc. BJT & FET amplifier configurations, analysis by diagram, quiescent working condition, dynamic range, small-signal equivalent circuit methodology
3	多级放大电路(Multistage Amplifier Circuits)	7 ~ 6	耦合方式,级联放大器,差分放大器,推挽放大器	Coupling methods, cascaded amplifiers, differential amplifiers, push-pull amplifiers
4	集成运算放大电路(Integrated Operational Amplifier)	5 ~ 4	运放的组成,电流源电路及其功用,运放电路性能指标,典型运放介绍	Composition of the OP-Amp, Current Source circuits and its usage, performance indicators of OPA, introduction of typical OPA
5	放大电路的频率响应(Frequency Response of Amplifier Circuits)	5 ~ 4	频率响应的概念和机理,传输函数和零极点,波特图,BJT 和 FET 的高频信号模型及其放大器的频响分析; 频率响应与阶跃响应的关系	Concept & principle of frequency response, transfer function & zero-pole analysis, Bode plots, high-frequency equivalent circuit of BJT & FET, and frequency response of amplifier circuits, relation between frequency response & the step response

续表

章节顺序	章节名称 Chapters	课时 Hours	知 识 点	Key Points
6	放大电路中的反馈(Feedback in Amplifier Circuits)	7~6	反馈概念,类型,四种增益和相应的反馈系数,反馈极性和组态判别,反馈放大器基本方程,负反馈对放大器的影响,反馈放大器的稳定性和相位补偿	Concept & Types of Feedback, Four Gains & corresponding feedback coefficients, Decision of the feedback polarity and configurations, Basic equation of feedback, depth of feedback, Effects of the negative feedback on Amp's, Stability of feedback Amp, phase compensation
7	信号的运算和处理(Signal Processing circuits)	6	加法电路,减法电路,积分、微分电路,运算误差分析,模拟乘法器,有源滤波器,开关电容滤波器,状态变量型滤波器,信号预处理电路	Add/Sub/Integ/Diff Circuits, Error Analysis, analogue multiplier, active filters, switched-capacitor filter, state variable filter, signal pre-processing circuits
8	波形发生和波形转换(Signal Generation and Conversion)	7~6	振荡条件,RC 振荡电路,LC 振荡电路,晶体振荡器,电压比较器,多谐振荡器,三角波与锯齿波振荡器,波形变换电路,电流-电压变换,电压-频率变换(VCO)	Oscillation conditions, RCoscillator, LC oscillators, crystal oscillator, Voltage comparators, multivibrators, triangle/sawtooth oscillators, waveform conversion, current-Voltage conversion, voltage-frequency conversion
9	功率放大电路(Power Amplifier)	4	功放类型和主要性能参数,OTL/OCL/BTL 架构,D 类功放	Types and performance of power amp, OTL/OCL/BTL architecture, D-class Power Amp

续表

章节顺序	章节名称 Chapters	课时 Hours	知　识　点	Key Points
10	直流电源(DC Power Supply)	4	整流电路,主要参数; 滤波电路:类型,特点; 并联与串联稳压电路:电路设计,保护电路,开关型稳压电路	Rectifiers: types and performance; Filters in DC power supply, and their performance; Linear regulators: parallel & Series types, principles, protection circuits, switching regulators

四、课程特色

(模拟)电子线路是电子类专业的重要基础课,因此在各所有电子科学、电子工程专业的院校都被设定为必修课,并投入较大的课时,赋予较高的学分,配以相关的实验课(单独开设或者与理论课合成一门课)。本学院面向电子学系和微电子学系开设的电子线路课程,有如下特色。

1. 学生在上本课程之前已经有完整的先修课程的积淀,具备良好的高等数学、电磁学、微电子与电路基础、电路分析原理等课程的基础。因此课程的深度和广度较高。

2. 作为理科电子学系的重要工程基础课,强调分析问题时,一方面定性推理,分析主要因素,兼顾次要因素;另一方面掌握工具和规律,快速解决典型问题。

3. 讲解内容要兼顾集成电路的内部构造和集成电路的应用,做到内外兼修,以使两方面的内容相互促进。

4. 专门配有必修的电路实验课和选修的电路仿真课,并在进度、内容上相互协调,以使学生的学识不致偏颇,而是理论和实践均衡发展。

4.2.7　电子线路(实验班)Electronic Circuits (Honor Track)

Prereq: Electromagnetism, Introduction to Microelectronics & circuits, Principles of Circuit Analysis

Credits: 3

Mission: Understand the principle of analogue electronic circuits, their analysis methods, the ideas of designing circuits, being able to use the methods and ideas in practical applications.

Topics include philosophy of non-linear and amplifying devices, designing and analysis of basic amplifier circuits, integrated operational amplifiers, feedback circuits, signal processing circuits, waveform generation and conversion circuits, power amplifiers, current-mode circuits.

Jiang Chen

一、课程基本情况

<table>
<tr><td rowspan="2">课程名称</td><td colspan="12">电子线路(实验班)</td><td rowspan="9">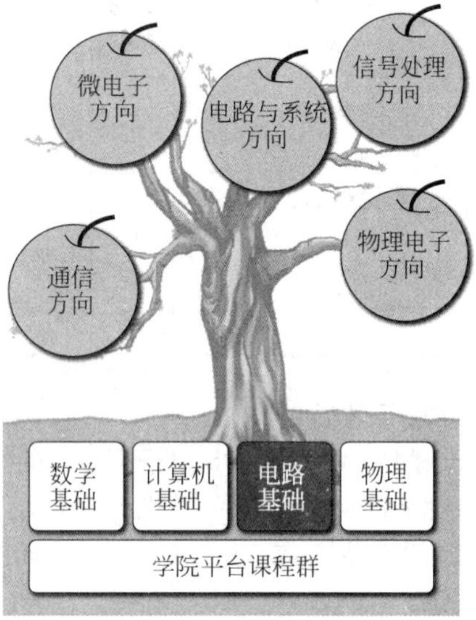
</td></tr>
<tr><td colspan="12">Electronic Circuits (Honor Track)</td></tr>
<tr><td rowspan="2">开课时间</td><td colspan="3">一年级</td><td colspan="3">二年级</td><td colspan="3">三年级</td><td colspan="3">四年级</td></tr>
<tr><td>秋</td><td>春</td><td>夏</td><td>秋</td><td>春</td><td>夏</td><td>秋</td><td>春</td><td>夏</td><td>秋</td><td>春</td><td>夏</td></tr>
<tr><td>适用院系</td><td colspan="12">电子学系,元培学院</td></tr>
<tr><td>课程定位</td><td colspan="12">主干基础课、专业必修课</td></tr>
<tr><td>学分</td><td colspan="12">3 学分</td></tr>
<tr><td>总学时</td><td colspan="12">64 学时</td></tr>
<tr><td>先修课程</td><td colspan="12">电磁学,微电子与电路基础,电路分析原理</td></tr>
<tr><td>后续课程</td><td colspan="12">模拟集成电路,电子系统设计</td><td></td></tr>
<tr><td>教学方式</td><td colspan="13">课堂授课为主</td></tr>
<tr><td>课时分配</td><td colspan="13">课堂授课(64 学时)</td></tr>
<tr><td>考核方式</td><td colspan="13">平时作业占 20%,期中考试占 30%,期末考试占 50%。其中,期中和期末考试采用半闭卷形式</td></tr>
<tr><td>主要教材</td><td colspan="13">自编实验班讲义</td></tr>
<tr><td>参考资料</td><td colspan="13">王楚,余道衡. 电子线路. 北京:北京大学出版社,2003
童诗白,华成英. 模拟电子技术基础. 4 版. 北京:高等教育出版社,2006</td></tr>
<tr><td>其他信息</td><td colspan="13"></td></tr>
<tr><td>大纲提供者</td><td colspan="13">陈江</td></tr>
</table>

二、教学目的和基本要求

1. 使学生理解和掌握模拟电子线路的基本原理和基本分析方法。
2. 使学生认识一些常见的基础电路模块和结构。
3. 使学生能顺利完成下一学期的电子线路实验课程。
4. 使学生能应用所学原理和方法设计、改造简单的电路。
5. 培养学生的独立思考能力、科学思维方法和求知创新精神。

三、课程大纲和知识点

章节顺序	章节名称 Chapters	课时 Hours	知　识　点	Key Points
1	载流子的控制和非线性器件(Manipulating charge carrier to build non-linear Devices)	5 ~ 4	载流子的操控和效果,非线性器件的发展,半导体,PN 结,半导体器件(晶体二极管,双极结型晶体管,场效应管)的类型、结构、工作机理、主要参数、特性曲线	Effect of charge carrier manipulating, History of non-linear devices, Semiconductor, PN junction, Semiconductor devices: diodes, BJT, FET, etc., Types, structure, principle, parameters, and characteristics
2	基本放大电路(Basic Amplifier Circuits)	5 ~ 4	从压控电流源到放大器; 放大器的概念和性能指标:增益,输入/输出阻抗,频率响应,效率,偏置等; 共源放大电路:图解分析法,静态工作点,动态范围,小信号等效电路; 其他组态的 BJT 和 FET 放大电路	From VCCS to amplifier; Amplifiers' performance indicators: gain, input/output impedances, frequency response, efficiency, bias, etc.; Common source amplifier: bias, analysis by diagram, dynamic range, small-signal equivalent circuit analysis methodology; Other BJT & FET amplifier configurations
3	多级放大电路和集成运算放大电路(from Multistage Amplifiers to Op-Amp)	8	耦合方式,级联放大器,差分放大器,推挽放大器,运放的组成结构,电流源电路及其功用,运放电路性能指标,典型运放,运放中电路的设计思想	Coupling methods, cascaded amplifiers, differential amplifiers, push-pull amplifiers, Composition of OP-Amp, Current Source circuits and its usage, performance indicators of OPA, typical OPA, ideas in designing OPA
4	放大电路中的反馈(Feedback in Amplifier Circuits)	7 ~ 6	反馈概念,类型,四种增益和相应的反馈系数,反馈极性和组态判别,反馈放大器基本方程,深度负反馈及其估算方法,负反馈和正反馈对放大器的影响	Concept &types of feedback, Four Gains & corresponding feedback coefficients, Decision of feedback polarity and configurations, Basic equation of feedback, depth of feedback, Deep negative feedback & corresponding estimation method Effects of negative/positive feedback on Amplifiers

续表

章节顺序	章节名称 Chapters	课时 Hours	知 识 点	Key Points
5	放大电路的频率响应(Frequency Response of Amplifier Circuits)	8～7	频率响应的概念和机理,传输函数和零极点,波特图,BJT 和 FET 的高频信号模型及其放大器的频响分析;频率响应与阶跃响应的关系,反馈放大器的稳定性和相位补偿	Concept & principle of frequency response, transfer function & zero-pole analysis, Bode plots, high-frequency equivalent circuit of BJT & FET, and frequency response of amplifier circuits, relation between frequency response & step response, Stability of feedback Amp, phase compensation
6	信号的运算和处理(Signal Processing circuits)	7～6	加法电路,减法电路,积分、微分电路,运算误差分析,运放+反馈的框架;模拟乘法器,有源滤波器,开关电容滤波器,状态变量型滤波器,信号预处理电路	Add/Sub/Integrate/Differentiate circuits, Error Analysis, architecture of OPA with deep negative feedback, Analogue multiplier, active filters, switched-capacitor filter, state variable filter, signal pre-processing circuits
7	波形发生和波形转换(Signal Generation and Conversion)	7～6	振荡条件,RC 振荡电路,LC 振荡电路,晶体振荡器,电压比较器,多谐振荡器,三角波与锯齿波振荡器,波形变换电路,电流-电压变换,电压-频率变换(VCO)	Oscillation conditions, RC oscillator, LC oscillators, crystal oscillator, Voltage comparators, multivibrators, triangle/sawtooth signal generator, waveform conversion, current-Voltage conversion, voltage-frequency conversion
8	功率放大电路(Power Amplifier)	4	功放类型和主要性能参数,OTL/OCL/BTL 架构,D 类功放	Types and performance of power amp, OTL/OCL/BTL architecture, D-class Power Amp

续表

章节顺序	章节名称 Chapters	课时 Hours	知　识　点	Key Points
9	直流电源(DC Power Supply)	5~4	整流电路,主要参数; 滤波电路:类型,特点; 并联与串联稳压电路:电路设计,保护电路; 开关型稳压电路	Rectifiers: types and their performance; Filters in DC power supply, and their performance; Linear regulators: parallel & Series types, principles, protection circuits; Switching regulators
10	电流模电路简介(Introduction to Current-mode Circuits)	4	电流模电路特点,跨导线性电路,电流镜,电流传输器,电流反馈运放	Features of the current-mode circuits, Translinear circuits, currentmirrors, current conveyors, current feedback OPA

四、课程特色

(模拟)电子线路是电子类专业的重要基础,因此在各个具有电子科学、电子工程的院校都被设定为必修课,并投入较大的课时,赋予较高的学分,配以相关的实验课(单独开设或者与理论课合成一门课)。作为本学院面向电子学和微电子学系开设的电子线路课程(实验班),除具有普通班的特色(详见 4.2.6 节)之外,还不断尝试与传统电子线路课程不太相同的选材/讲课方法,力求在课程中使得学生的思辨能力得到提升。相对于兄弟院校中的同名课程,本课程更注重寻求历史发展过程的一些升华,探求多个电路/器件之间的共性,以便更清晰地理解当前的电路和设计未来的电路。

4.2.8　电子线路计算机辅助设计 Electronic Circuits CAD

Prereq: Principle of Circuit Analysis

Credits: 2

Mission: This course is one of the experimental class electronic information, training students to master the simulation circuit design and measurement methods, the use of familiar design tools to enhance students' software and hardware combination of circuit and system design capabilities.

Topics include application of PSpice, Simulation Models, PSpice Advanced Analysis, PCB Design.

Shunnan Lai, Yunfeng Zhang

一、课程基本情况

课程名称	电子线路计算机辅助设计 Electronic Circuits CAD
开课时间	一年级：秋 春 夏 **二年级**：秋 **春** 夏 三年级：秋 春 夏 四年级：秋 春 夏
适用院系	电子学系,微电子学系,元培学院,物理学院,工学院
课程定位	专业选修课
学分	2 学分
总学时	50 学时
先修课程	电路分析原理
后续课程	电子线路,电子系统设计
教学方式	课堂授课与上机操作同步进行
课时分配	课堂授课(25 学时) + 上机操作(25 学时)
考核方式	平时作业占 40%,期末考试占 60%。期末考试采用自主命题开卷方式,根据命题立意、难度情况、所含知识点、创新性、文档完成水平等情况综合评定成绩
主要教材	崔玉芹. 电子线路计算机辅助设计. 北京:北京大学出版社,2008
参考资料	http://eelab. pku. edu. cn
其他信息	
大纲提供者	赖舜男

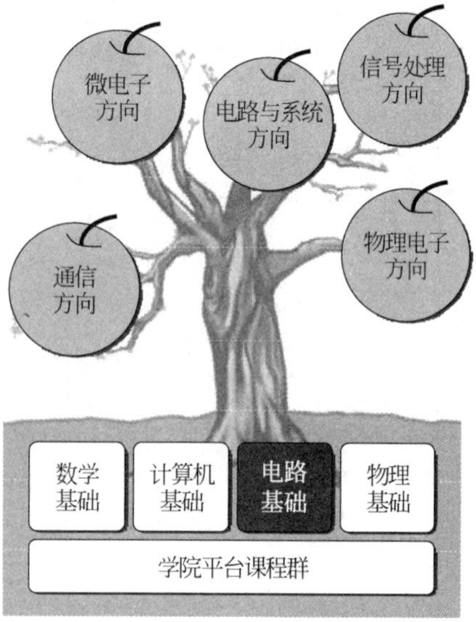

二、教学目的和基本要求

本课程是电子信息类综合设计层次实验课之一,主要培养目标是在学生掌握电路分析的基础上,学习现代电子线路设计和测量方法及设计工具的使用。综合实验的目的是提高学生对软、硬件相结合的电路与系统的设计及测试技术方面的能力,鼓励学生自组小组合作完成,培养团队合作能力。

三、课程大纲和知识点

章节顺序	章节名称 Chapters	课时 Hours	知识点	Key Points
1	EDA 软件入门(Introduction to EDA software)	4	知识点：函数调用、程序控制、数据采集、信号调理	Function call, Programmed control, Data acquisition, Signal conditioning
2	PSpice 的应用(The application of PSpice)	4	知识点：时域分析、直流分析、频域分析、参数扫描	Time Domain analysis, DC analysis, AC analysis, Parametric sweep
3	分层电路图绘制(Drawing of hierarchical circuit schematic)	4	知识点：分层电路图绘制,子电路	Drawing of hierarchical circuit schematic, Subcircuit
4	激励源的创建与应用(Defining and using stimulus)	4	知识点：激励源编辑器、激励源参数	Stimulus editor, Stimulus parameter
5	创建器件及器件模型(Create parts and simulation models)	4	知识点：模型参数、子电路精调、调用器件	Model parameters, Edit netlist of subcircuits, call device
6	ABM 建模应用(Creating and using ABM)	4	知识点：ABM、器件库、器件模板	ABM, Part library, Part templates
7	信息测量及测量函数的创建(Creating measurement definitions)	4	知识点：测量表达式	Measurement definitions
8	高级分析(PSpice advanced analysis)	4	知识点：灵敏度、优化	Sensitivity, Optimization, Monte Carlo, Smoke
9	数模混合电路的仿真分析(Mixed analog/digital simulation)	4	知识点：数字激励源、数模混合仿真	Digital stimulus, Mixed analog/digital simulation

续表

章节顺序	章节名称 Chapters	课时 Hours	知识点	Key Points
10	习题课(Exercise class)	4	知识点:应用实例、收敛问题	Application examples, Convergence problem
11	PCB 设计(1)(PCB design 1)	4	知识点:设计规则、设计方法	Design rules, Design method
12	PCB 设计(2)(PCB design 2)	4	知识点:Layout 应用	Design with PCB Editor
13	综合项目(Project)	12 ~ 8	用 OrCAD 设计一个电路系统	Design a circuit system with OrCAD

四、课程特色

1. 坚持以培养学生的独立思维、创新能力、团队精神为主导思想。

2. 采用互动式、开放式教学模式。促进学生相互启发,共同研究,开阔设计思路。

3. 教学和考试过程中学生自主命题,多方位查阅资料,结合实际命题并自主设计,激发学生的创造热情。

4. 实行将基础知识、综合能力、创新思维相结合的综合成绩评定方法。鼓励学生创新,主动培养并提高综合设计及创新能力。

5. 培养团队精神及协调能力。提倡合作完成设计项目。

4.2.9 电子线路实验 Analog Circuit Lab

Prereq: Principle of Circuit Analysis, Analog Circuits

Credits: 2

Mission: Understand fundamental design and analysis methods of analog circuits, study basic skills of analog circuit experiments, able to do practical applications.

Covers electrics, electronics and engineering.

Topics include circuit experiments of transistor amplifier, operational amplifier, voltage-peak detector, two-phase oscillator, LC voltage-controlled oscillator, complementary symmetrical power amplifier, signal generator, regulated voltage source and analog phase-locked loop. CAD of transistor amplifier, feedback amplifier, filter and Wien bridge frequency-selected amplifier.

Dou Li, Xinyuan Liu, Mingke Dong, Xinyu Mao, Lu Liu, and Qiang Guo

一、课程基本情况

<table>
<tr><td rowspan="2">课程名称</td><td colspan="12">电子线路实验</td></tr>
<tr><td colspan="12">Analog Circuit Lab</td></tr>
<tr><td rowspan="2">开课时间</td><td colspan="3">一年级</td><td colspan="3">二年级</td><td colspan="3">三年级</td><td colspan="3">四年级</td></tr>
<tr><td>秋</td><td>春</td><td>夏</td><td>秋</td><td>春</td><td>夏</td><td>秋</td><td>春</td><td>夏</td><td>秋</td><td>春</td><td>夏</td></tr>
<tr><td>适用院系</td><td colspan="12">电子学系,微电子学系,元培学院</td></tr>
<tr><td>课程定位</td><td colspan="12">主干基础课、专业必修课</td></tr>
<tr><td>学分</td><td colspan="12">2 学分</td></tr>
<tr><td>总学时</td><td colspan="12">64 学时</td></tr>
<tr><td>先修课程</td><td colspan="12">电路分析原理,电子线路</td></tr>
<tr><td>后续课程</td><td colspan="12">数字逻辑电路,数字逻辑电路实验</td></tr>
<tr><td>教学方式</td><td colspan="12">学生实验为主</td></tr>
<tr><td>课时分配</td><td colspan="12">实验课(56 学时)+讲座(8 学时)</td></tr>
<tr><td>考核方式</td><td colspan="12">电路实验成绩根据实验过程和报告评分,计算机仿真实验成绩根据报告和上机测验成绩评分。总评成绩中电路实验的权重为85%,仿真实验的权重为15%</td></tr>
<tr><td>主要教材</td><td colspan="12">电子线路实验课程组. 电子线路实验. 北京:北京大学出版社,2014</td></tr>
<tr><td>参考资料</td><td colspan="12">1. 胡薇薇. 电路分析原理. 北京:清华大学出版社,北京大学出版社,2012
2. 王楚,余道衡. 电路分析. 北京:北京大学出版社,2000
3. 王楚,余道衡. 电子线路原理. 北京:北京大学出版社,1986</td></tr>
<tr><td>其他信息</td><td colspan="12">http://eelab.pku.edu.cn/
http://course.pku.edu.cn/webapps/login/</td></tr>
<tr><td>大纲提供者</td><td colspan="12">李斗</td></tr>
</table>

二、教学目的和基本要求

本课程的实验内容分为电路实验和计算机仿真实验两部分。电路实验培养学生的基本实验技能及兴趣,养成科学有序的工作习惯,同时了解电子线路的一些实际应用;计算机仿真实验使学生深入了解现代电子技术的进展,培养软硬件相结合的实验技能,为将来从事科研工作奠定坚实的基础。

三、课程大纲和知识点

章节顺序	章节名称 Chapters	课时 Hours	知 识 点	Key Points
			第一部分:电路实验 PART Ⅰ　Analog Circuit Experiments	
1	仪器使用(Instrument operating)	4	熟悉常用仪器的使用方法,了解常用仪器的工作原理和性能	The functions of common electronic instruments, The principle and performance of common electronic instruments
2	晶体管放大器(Transistor amplifier)	8	设计三极管放大器并进行较全面的测试,深入了解晶体管的特性,研究放大器的非线性问题	The design of basic transistor amplifier circuits, The characteristics of transistor amplifier circuits, The nonlinear problems of transistor amplifiers
3	运算放大器(Operational amplifier)	8	了解运算放大器的主要技术参数,掌握利用运算放大器设计放大电路的方法,研究分布参量对运算放大器性能的影响	The basic technical parameters of operational amplifiers, The design of operational amplifier circuits, The influence of distributed parameters
4	峰值检测器(Voltage-peak detector)	4	了解峰值检测的原理,学习设计高性能的峰值检测电路	The principle of voltage-peak detector, The optimizing design of high performance voltage-peak detector
5	二相振荡器(Two-phase oscillator)	4	掌握二阶有源低通滤波器的工作原理和特点,掌握积分器的工作原理并测试其特性,了解由二阶有源低通滤波器及积分器组成的二相振荡电路的工作原理	The principle of second-order active low-pass filters and integral circuits, The performance of two-phase oscillator composed by second-order active low-pass filter and integral circuit
6	LC 压控振荡器(LC Voltage-controlled oscillator)	8	掌握克拉拨振荡器的基本原理及调试方法,了解共基极放大器特性,了解变容二极管的性能及其在压控振荡器中的应用	The principle of Clapp oscillator, The characteristics of common-base amplifier, The performance of variable capacitance diode and its applications in voltage-controlled oscillators

续表

章节顺序	章节名称 Chapters	课时 Hours	知识点	Key Points
第一部分：电路实验 PART Ⅰ　Analog Circuit Experiments				
7	互补对称式功率放大器（Complementary symmetrical power amplifier）	8	了解互补对称式功率放大器的工作原理及电路特点，研究改善电路性能及提高电路效率的方法	The principle of complementary symmetrical power amplifiers, The optimizing design of complementary symmetrical power amplifiers
8	波形发生器（Signal generator）	2	熟悉集成运算放大器在电路中的应用，掌握反馈在电路中的应用，了解波形发生电路的原理，波形产生和调整的基本方法，掌握波形检测的方法，了解末级缓冲放大器在波形检测中的应用	The design of signal generators based on operational amplifiers and feedback circuits, The principle of signal producing and regulating, The detecting methods and the function of output buffer amplifier
9	稳压电源（Regulated Voltage source）	4	掌握稳压电源的工作原理，计算和测量稳压电源的一些基本参数，了解较复杂电路的分析研究过程	The principle of regulated voltage sources, The measurement and calculation of some basic parameters of RVS, The analyzing methods of complex circuits
10	模拟锁相环（Analog phase-locked loop）	4	了解模拟锁相环的原理、性能和应用，学习如何用集成芯片实现锁相环电路，掌握模拟锁相环各个电路部件的测试方法	The principal, performance and application of analog phase-locked loops, The designs of phase-locked loops with integrated chips; The test of different parts of phase-locked loop circuits
第二部分：计算机仿真实验 PART Ⅱ　Computer Aided Design of Analog Circuits				
1	晶体管放大器（Transistor amplifier）	2	学习基本的三极管放大器设计方法，了解计算机辅助设计方法在模拟电路设计中的应用	The basic design methods of transistor amplifier circuits, The application of CAD in analog circuit designs

续表

章节顺序	章节名称 Chapters	课时 Hours	知 识 点	Key Points
第二部分:计算机仿真实验 PART Ⅱ　Computer Aided Design of Analog Circuits				
2	反馈放大器(Feedback amplifier)	2	掌握电压串联负反馈放大器的设计与分析方法,了解相关参数对放大器性能的影响	The design and analyzing of amplifiers with concatenate voltage negative feedback, The influence of relative parameters to the performance of amplifiers
3	滤波器(一)(Filter-1)	2	掌握一般无源、有源滤波器的原理设计及组成元件参数的调整方法,分析了解影响滤波效果的一些参数	The principal of passive and active filter designs, The regulating methods of component parameters, The influence of some parameters to the performance of filters
4	滤波器(二)(Filter-2)	2	学习高阶无限增益多路反馈滤波器的设计,学习产生有限周期激励信号的方法	The design of high order filters with infinite gain and multi-feedback, The modeling of signal sources with finite cycles
5	文氏桥选频放大器(Wien bridge frequency-selected amplifier)	2	了解文氏桥选频放大器的设计原理,利用理想元件和建模器件建立文氏桥电路并进行测试	The principal of Wien bridge frequency-selected amplifier, The design of Wien bridge frequency-selected amplifier circuit with ideal components and modeling components

四、课程特色

本课程注重理论与实践相结合的基本原则,充分体现了“因材施教”的教学指导思想,反映了现代电子技术的发展和新技术的应用。目前的课程内容包括以下两部分。

电路实验:注重培养学生的基本实验技能及兴趣,养成科学、有序的工作习惯。实验的难度循序渐进,与学生所学基础理论知识紧密结合,使学生们更多地了解电子线路的一些实际应用,为将来从事实际工作奠定坚实的基础。

计算机仿真实验:使学生更深入地了解现代电子技术的进展,全面培养实验技能。这部分实验内容的设计注重与电路实验部分的相辅相成,充分体现了计算机辅助分析的优越性。

4.2.10　概率论与随机过程 Probability Theory and Stochastic Process

Prereq: Advanced Mathematics, Linear Algebra

Credits: 3

Mission: Understand the basic theories and methods of Probability and Stochastic Processes, handle the basic ideas and methods to deal with the random phenomenon, able to solve the corresponding problems by Probability and Stochastic Processes analysis.

Covers science and engineering.

Topics include axioms of probability, random variable and its distribution, statistical characteristics of random variables, law of large numbers and central limit theorem, definition and description of the stochastic process, correlation function, Markov process and its application, and analysis of the queuing theory.

Chuanchuan Yang and Lili Ma

一、课程基本情况

课程名称	概率论与随机过程											
	Probability Theory and Stochastic Process											
开课时间	一年级			二年级			三年级			四年级		
	秋	春	夏	秋	春	夏	秋	春	夏	秋	春	夏
适用院系	电子学系,微电子学系,元培学院,物理学院,工学院											
课程定位	基础课、核心课											
学分	3 学分											
总学时	54 学时											
先修课程	高等数学,线性代数											
后续课程	随机过程											
教学方式	课堂授课为主											
课时分配	课堂授课(54 学时)											
考核方式	平时作业占 10%,期中考试占 45%,期末考试占 45%。其中,期中和期末考试采用闭卷形式											
主要教材	茆诗松,程依明,濮晓龙. 概率论与数理统计教程. 北京:高等教育出版社,2011											
参考资料	帕普利斯. 概率、随机变量与随机过程. 保铮,译. 西安:西安交通大学出版社,2012											
其他信息	http://course.pku.edu.cn/webapps/login/											
大纲提供者	杨川川,马黎黎											

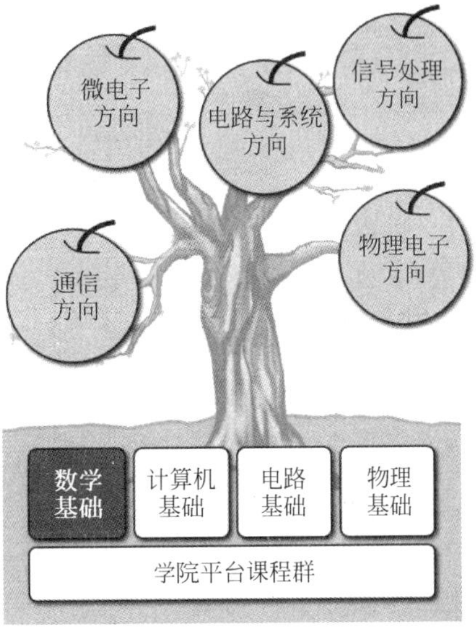

二、教学目的和基本要求

1. 使学生掌握概率论与随机过程的基本概念,了解基本理论和方法。

2. 使学生初步掌握处理随机现象的基本思想和方法,培养学生运用概率论与随机过程分析和解决实际问题的能力。

三、课程大纲和知识点

章节顺序	章节名称 Chapters	课时 Hours	知识点	Key Points
1	概率的公理(Axioms of probability)	9~6	随机试验、样本空间、随机事件和随机事件概率的基本概念,条件概率和事件独立性的概念,事件的关系、运算及运算法则,条件概率的三个重要公式及应用举例	The basic concepts of random test, sample space, random events and random event probability; the concepts of conditional probability and independence of events; event operation and operation rules; three important formulas and application examples of the conditional probability
2	随机变量及其分布(Random variable and its distribution)	10~6	一维和二维随机变量的概念,随机变量分布函数的定义和性质,离散型随机变量及其分布、连续型随机变量及其概率密度的定义和性质,边缘分布和条件分布,随机变量独立性	The concepts of 1-D and 2-D random variables; the definition and properties of distribution function of random variable; the definition and properties of discrete random variable and its distribution; the definition and properties of continuous random variable and its probability density; marginal and conditional distributions; independent random variables
3	随机变量的统计特征(Statistical characteristics of random variables)	8~6	随机变量的数学期望、方差的概念以及二维随机变量的相关系数的概念和性质,多维随机变量的协方差矩阵	Mathematical expectation and variance of random variables; the concept and properties of correlation coefficient of 2-D random variable; covariance matrix of multivariate random variables
4	大数定律和中心极限定理(Law of large numbers and central limit theorem)	3~2	契比雪夫、贝努利和辛钦大数定理及其意义,独立同分布的中心极限定理	Chebyshev, Bernoulli and Khinchin theorem of large numbers; the central limit theorem

续表

章节顺序	章节名称 Chapters	课时 Hours	知 识 点	Key Points
5	概率论在通信中的应用（Application of probability theory in communications）	3～1	蒙特卡罗数值仿真，高斯信道误码率分析，贝叶斯估值与检测	Monte Carlo simulation; bit error rate analysis of Gaussian channel; Bayesian estimation and detection
6	随机过程的一般概念（General concept of stochastic process）	3～2	随机变量与随机过程的联系与区别，随机过程的定义，一般的随机过程，通信工程中的随机过程	The relationship and difference between the random variable and the stochastic process; The concepts of stochastic process; examples of the stochastic in life and in communications
7	随机过程的描述（Description of stochastic process）	5～3	描述随机过程的方式方法：包括参数域，状态域的概念，概率密度函数，随机过程的数字特征（数学期望、方差、矩、相关函数）	The description method of a stochastic process: parameter sets, state space, probability density function, numerical characteristics of the stochastic process (mathematical expectation, variance, moment, correlation function)
8	马尔可夫过程，马尔可夫链(Markov process, Markov chain)	6～4	马尔可夫过程的定义，概率转移矩阵，马尔可夫过程的例子，马尔可夫链的状态分类和状态传递图	Definition of Markov process, probability transfer matrix, examples of Markov process; state classification and state transfer graph
9	马尔可夫过程和排队论（Queuing theory and Markov process）	3～2	排队系统的应用，排队系统的描述，分析排队系统采用的一般方式	Application and description of the queuing system, analysis method of queuing systems
10	排队系统的分析（Analysis of the queuing system）	10～8	M/M/1 系统的状态图分析及求解，其他排队系统	Analysis and solving of the state graph in M/M/1 system; other queuing systems
11	知识点回顾（Retrospect of the key points）	3～2	回顾和总结本学期相关学习内容	Retrospect and summarize the key points of the stochastic process

4.2.11　高级光电子技术实验 Advanced Optoelectronic Lab

Prereq: Photoelectron experiment, Optics, Electromagnetism, Atomic physics

Credits: 3

Mission: Master the forefront of technology in laser field, cultivate scientific interest.

Covers laser, electronics and atomic physics.

Topics include external cavity semiconductor lasers and fiber lasers, saturated absorption spectra and laser frequency stabilization, cold atoms and optical absolute frequency measurements.

Xuzong Chen, Xianghui Qi, Sunnan Lai, Xiang Peng, Aimin Wang and Qing Wang

一、课程基本情况

课程名称	高级光电子技术实验											
	Advanced Optoelectronic Lab											
开课时间	一年级			二年级			三年级			四年级		
	秋	春	夏	秋	春	夏	秋	春	夏	秋	春	夏
适用院系	电子学系,物理学院,元培学院											
课程定位	专业选修课											
学分	3 学分											
总学时	60 学时											
先修课程	光电子实验,光学,电磁学,原子物理											
后续课程												
教学方式	理论大课加分组实验课。学生每 2 ~ 3 个人组成一台实验,每位教师负责指导 2 组学生;大课集中讲授											
课时分配	实验课(48 学时) + 理论课(12 学时)											
考核方式	平时实验表现占 50%,实验报告占 50%											
主要教材	陈徐宗. 高级光电子技术实验讲义及实验手册.											
参考资料	周炳琨,等. 激光原理. 7 版. 北京:国防工业出版社,2014											
其他信息	http://course.pku.edu.cn/webapps/login/											
大纲提供者	王青											

二、教学目的和基本要求

1. 掌握现代激光领域科学发展的前沿技术。
2. 锻炼学生光电方面的基本实验技能。
3. 培养学生的独立思考能力、科学思维方法和求知创新精神。

三、课程大纲和知识点

章节顺序	章节名称 Chapters	课时 Hours	知　识　点	Key Points
1	外腔半导体激光器的组装(Assembly of external cavity semiconductor lasers)	8~4	半导体激光器,激光线宽,光栅,腔模,调谐	Semiconductor lasers, Laser linewidth, Grating, Cavity modes, Frequency tuning
2	外腔半导体激光器特性实验(Characteristics Experiment of external cavity semiconductor lasers)	8~4	频率电流特性曲线,频率温度特性曲线,激光跳模,连续调谐范围,阈值电流	Current characteristics of laser frequency, Temperature characteristics of the laser frequency, Jump mode, Continuous tuning range, Threshold curren
3	饱和吸收光谱实验(Saturated absorption spectra)	8~4	原子光谱,高分辨率谱线,发射谱,吸收谱,饱和吸收,能级跃迁,多普勒吸收本底	Atomic spectrum, high resolution spectral line, emission spectrum, absorption spectrum, saturation absorption, energy level transition, Doppler absorption background
4	半导体激光稳频实验(Semiconductor laser frequency stabilization)	8~4	微分稳频,调制解调,鉴相,误差信号,PI反馈	Laser frequency stabilization, modulation and demodulation, phase discrimination, error signal, PI feedback
5	磁光阱实验(MOT)(Magneto-optical trap)	8~4	磁光阱,冷原子,激光冷却与囚禁,反抽运	Magneto-optical trap, cold atom, laser cooling and trapped, repumping
6	激光锁模实验(一)——光纤飞秒激光形成(Laser mold clamping experiment (1)-Fiber femtosecond laser formation)	8~4	增益带宽,激光模式,连续激光,锁模激光,主动锁模,被动锁模,非线性偏振旋转锁模	Gain bandwidth, laser mode, continuous laser, mode-locked laser, active mode-locked, passive mode-locked, nonlinear polarization rotation mode
7	激光锁模实验(二)——光纤飞秒激光压缩(Laser mold clamping experiment (2)-Fiber Femtosecond Laser Compression)	8~4	色散系数,正色散,负色散,啁啾,非线性效应	Dispersion coefficient, positive dispersion, negative dispersion, chirp, nonlinear effect

续表

章节顺序	章节名称 Chapters	课时 Hours	知识点	Key Points
8	光纤飞秒光梳测定光学绝对频率(Optical Absolute Frequency Measurement Experiment)	8~4	初始频率,重复频率,拍频,频率稳定度,阿伦方差	Initial frequency, repetition frequency, frequency beating, frequency stability, Allan variance

四、课程特色

1. 高起点。所有实验均是围绕1987年、1989年、1997年、2001年和2005年等光电子领域最新的五次诺贝尔物理奖工作而设计,实验内容涉及激光光谱、原子钟、激光冷却、玻色-爱因斯坦凝聚、光学频率精密测量等当今前沿热门课题。

2. 低落点。实验设计与讲义编写均是严格遵循深入浅出的原则精心设计,确保学生在已有的知识水平上能够通过自主思考而独立完成实验。实验的目标主要以加深理解基础概念、锻炼基本光电实验技能为主,为学生以后继续相关方向的研究工作进行必要的基础训练。

3. 独一无二性。将当今激光技术、量子信息技术的最新成果转化到本科生与研究生的实验课程中,让学生掌握当今激光科学发展的最前沿的技术。该课程属于国内首创,不仅在本校受到学生欢迎,而且吸引了清华大学、中科院、北航等外校的学生慕名而来。

4.2.12 固体物理 Solid State Physics

Prereq: Quantum Mechanics, Thermodynamics and Statistical Physics

Credits: 3

Mission: Study the fundamental concepts and principles of crystal structure, crystal binding, lattice vibration and electronic band of solid materials. Study and master the theoretical models and methods applied to deal with the interactions between atoms and electrons in solid materials. Understand the macroscopic properties of solid materials and their relationship with the interactions and dynamics of the constituent atoms and electrons.

Covers electrics, electronics and engineering, nanoelectronics.

Topics include crystal structure, crystal binding, lattice vibration, electronic band theory, quasi-classical approximation of band electrons, and electron theory of metals.

Ziyong Shen

一、课程基本情况

<table>
<tr><td rowspan="2">课程名称</td><td colspan="12">固体物理</td></tr>
<tr><td colspan="12">Solid State Physics</td></tr>
<tr><td rowspan="2">开课时间</td><td colspan="3">一年级</td><td colspan="3">二年级</td><td colspan="3">三年级</td><td colspan="3">四年级</td></tr>
<tr><td>秋</td><td>春</td><td>夏</td><td>秋</td><td>春</td><td>夏</td><td>秋</td><td>春</td><td>夏</td><td>秋</td><td>春</td><td>夏</td></tr>
<tr><td>适用院系</td><td colspan="12">电子学系，微电子学系，元培学院</td></tr>
<tr><td>课程定位</td><td colspan="12">主干基础课、专业核心课</td></tr>
<tr><td>学分</td><td colspan="12">3 学分</td></tr>
<tr><td>总学时</td><td colspan="12">54 学时</td></tr>
<tr><td>先修课程</td><td colspan="12">量子力学，热力学与统计物理</td></tr>
<tr><td>后续课程</td><td colspan="12">半导体物理，微电子器件，光电子学，纳电子技术与器件</td></tr>
<tr><td>教学方式</td><td colspan="12">课堂授课为主</td></tr>
<tr><td>课时分配</td><td colspan="12">课堂授课（54 学时）</td></tr>
<tr><td>考核方式</td><td colspan="12">平时作业占 30% ~40%，考勤占 10%，期末考试占 50% ~60%。期末考试采用闭卷形式</td></tr>
<tr><td>主要教材</td><td colspan="12">黄昆，韩汝琦．固体物理学．北京：高等教育出版社，2004</td></tr>
<tr><td>参考资料</td><td colspan="12">1．阎守胜．固体物理基础．北京：北京大学出版社，2000
2．Charles Kittel．Introduction to Solid State Physics．Hoboken，NJ：Wiley，2005</td></tr>
<tr><td>其他信息</td><td colspan="12"></td></tr>
<tr><td>大纲提供者</td><td colspan="12">申自勇</td></tr>
</table>

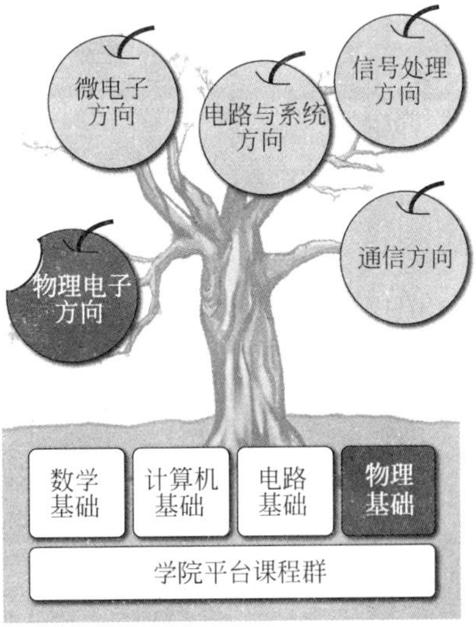

二、教学目的和基本要求

1．学习并掌握晶体结构、晶体结合、晶格振动、电子能带等固体物理基本概念和原理。

2．学习并掌握描述固体中原子、电子等微观粒子间相互作用的物理模型、理论方法和主要结果，深入理解固体宏观特性与微观粒子间相互作用和运动规律的关系。

3．掌握扎实的固体物理知识，具备用固体物理知识和方法分析问题、解决问题的能力。

三、课程大纲和知识点

章节顺序	章节名称 Chapters	课时 Hours	知识点	Key Points
1	晶体结构(Crystal structure)	9~7	晶格,布拉法格子,倒格子,对称操作,群,晶格结构的周期性和对称性	Crystal Lattice, Bravais Lattice, Reciprocal Lattice, Symmetry Operations, Group Theory, Periodicity and Symmetry of Crystal Structure
2	晶体结合(Crystal Binding)	6~4	离子性结合,共价结合,金属性结合,范德瓦尔斯结合,晶体结合的规律性	Ionic, Covalent, Metallic and Van der Walls bindings, The law of the crystal binding
3	晶格振动与晶体的热学性质(Lattice vibrations and the thermal properties of the Solid)	12~10	简谐近似,简正坐标,色散关系,声学波与光学波,声子,振动模式密度,晶格热容的量子理论,热膨胀和热传导	Harmonic Approximation, Normal Coordinate, Dispersion Relation, Acoustic Wave, Optical Wave, Phonon, Density of Vibration Modes, Quantum Theory of Lattice Heat Capacity, Thermal Expansion and Heat Conduction
4	能带理论(Electronic bandtheory)	15~12	布洛赫定理,近自由电子近似,紧束缚近似,能态密度,费米面	Bloch Theorem, Nearly Free Electron Approximation, Tight Binding Approximation, Density of States, Fermi Surface
5	能带电子的准经典运动(Quasi classical approximation for the motion of band electrons)	3~3	准经典近似,波包,有效质量,晶体导电性的能带论解释	Quasi classical Approximation, Wave Packet, Effective Mass of Electron, Explanation of the conductivity of the solid based on the Electronic Band Theory
6	金属电子论(Electron theory of metals)	9~7	费米统计,费米能级,电子热容,态密度,平衡态与非平衡态统计理论	Fermi Statistics, Fermi Level, Electronic Heat Capacity, Density of State, Equilibrium and Nonequilibrium Statistical Theory

四、课程特色

1. 重视深入理解和掌握基本概念、基本原理和基本方法。

2. 重视培养学生的学习兴趣、独立思考能力、科学思维方法和求知创新精神。

3. 鼓励学生将所学知识与自己兴趣相结合,鼓励学生积极思考、提出问题,并用固体物理知识和方法分析问题和解决问题。

4.2.13　光电子技术实验 Experiments on Optoelectronics

Prereq: Optics

Credits: 2

Mission: Understand experimental technique and fundamental principle of lasers and laser-related applications in the configuration of experiments on optoelectronics.

Covers optics, electronics and engineering.

Experiments (Topics) include experimental optics with lasers, basic characteristics of He-Ne laser/diode laser/YAG laser and its frequency doubling laser, measurements of laser transverse Gaussian mode and longitudinal mode, external cavity feedback and external modulation of laser, laser free space and fiber-optic communications.

Jingbiao CHEN, Xingjun WANG, Aimin WANG, Dengzhu GUO

一、课程基本情况

课程名称	光电子技术实验 Experiments on Optoelectronics	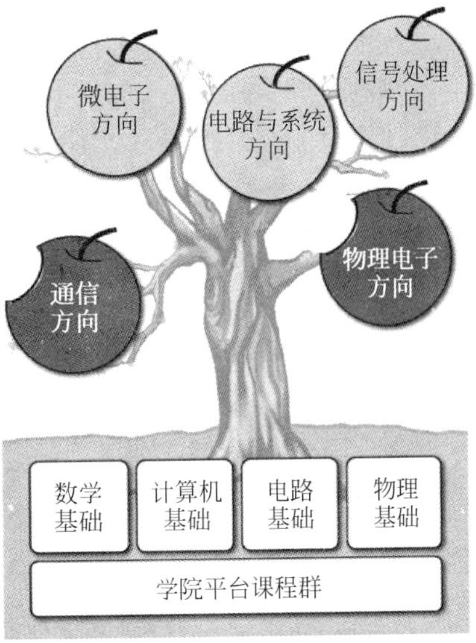
开课时间	一年级：秋 春 夏 二年级：秋 春 夏 三年级：秋 春 夏 四年级：秋 春 夏	
适用院系	电子学系，微电子学系，元培学院，物理学院，工学院	
课程定位	专业选修课	
学分	2 学分	
总学时	48 学时	
先修课程	光学	
后续课程		
教学方式	每位学生单独一个实验平台，以实验操作授课为主	
课时分配	实验操作授课(42 学时) + 光电子技术基本知识课(6 学时)	
考核方式	实验操作完成情况占 70%，预习和实验报告占 30%	
主要教材	北京大学信息科学技术学院自编讲义. 光电子实验. 北京大学教材科印刷，2017	
参考资料		
其他信息	http://course.pku.edu.cn/webapps/login/	
大纲提供者	陈景标	

二、教学目的和基本要求

1. 使学生掌握光电子实验的基本技能,熟悉现代光学实验研究的主要光学器件、多种激光器以及相关测量设备的功能和使用方法。

2. 使学生通过独立而具体的实验探索,提升对现代激光光电子学的深入了解,并能够掌握并应用所学多种激光器的原理特性、空间和光纤光通信的原理和方法。

3. 培养独立进行激光相关的光电子实验研究的操作能力,思考能力、科学思维方法和通过科学实验进行求知创新的精神。

三、课程大纲和知识点

实验顺序	实验名称 Sections/Chapters	课时 Hours	知识点	Key Points
0	光电子技术基本知识课(Basic knowledge of optoelectronic experiment)	6	课程所有实验涉及的主要光电器件的简介和要点说明	Introduction of all planned experiments on optoelectronics, and related optical elements and devices used in these experiments
1	光电子实验基本技能训练(Basic skills of optoelectronic experiment Train)	4~2	简单光路的设计和调整、认识相关仪器以及光学元件和器材	Design and adjustment of simple optical path, be familiar with the related instruments and optical components and equipment
2	精密光路调整(Precise adjustment of optical path)	4~2	高精密度光路的设计和调整、非谐振环光路和光束干涉原理	Design and adjustment of high precision optical path, principle of non-resonant-ring optical path and beam interference
3	激光器基本参数测试(Test the basic parameters of laser)	4~2	半导体激光器基本参数测试方法、半导体激光器的主要性能与使用方法	Test method for basic parameters of semiconductor laser, main performance and usage method of semiconductor laser
4	激光纵模测量及外腔反馈实验(Measurement of laser longitudinal mode and external cavity feedback experiment)	4~2	半导体激光器的光谱特性、外腔反馈对半导体激光器频谱特性的影响	Spectral properties of semiconductor lasers, influence of external cavity feedback on spectrum characteristics of semiconductor laser and He-Ne laser
5	激光的强度和偏振控制(Control of Laser intensity and polarization)	5~3	光路设计的基本知识和技能、运用常用光学元件设计光路	Basic knowledge and skills of optical path design, design of optical path with common optical elements

续表

实验顺序	实验名称 Sections/Chapters	课时 Hours	知识点	Key Points
6	高斯光束的传输和变换(Propagation and transformation of Gaussian beam)	4~2	高斯光束的传输和变换的基本特性、高斯光束的腰斑和发散角测量、薄透镜对高斯光束的变换、高斯光束的聚焦和准直、空间滤波	The basic characteristics of Gaussian beam propagation and transformation, measurement of beam waist and divergence angle of Gaussian beam, transformation of thin lens to Gaussian beam, focusing and collimation of Gaussian beam, spatial filtering
7	激光外调制实验(Laser external modulation experiment)	5~3	电光调制的基本原理、铌酸钾晶体横向调制系统的基本结构、铌酸钾电光调制器的调试方法、电光调制的主要特性参数	The basic principle of electro-optic modulation, The basic structure of transverse modulation system of potassium niobate, the debugging method of potassium niobate electro-optic modulator, main characteristic parameters of electro-optic modulation
8	激光自由空间通信实验(Free space laser communication experiment)	5~3	空间光通信的概念、光束的准直、对准、发送、接收、光信号的光电/电光转换、接收和放大	The concept of space optical communication, beam collimation, alignment, transmission and reception, photoelectric/electro-optical conversion, reception and amplification of optical signals
9	光纤通信实验(Optical fiber communication experiment)	4~2	光纤通信的基础知识和技术、光纤耦合、传输和光电转换技术	Basic knowledge and technology of optical fiber communication, fiber coupling, transmission and photoelectric conversion technology
10	激光倍频实验(Laser frequency doubling experiment)	4~2	激光倍频原理、倍频激光器系统设计方法	Principle of laser frequency doubling, Design method frequency doubling laser system
11	光纤传输和波分复用(Optical fiber transmission and wavelength division multiplexing)	5~3	光纤传输光信号的性质、传输损耗和反射等参数的测量方法、波分复用技术、光纤通信技术	The optical signal properties of optical fiber transmission, measurement of transmission loss and reflectivity, wavelength division multiplexing, optical fiber communication technology

续表

实验顺序	实验名称 Sections/Chapters	课时 Hours	知识点	Key Points
12	半导体光栅外腔激光器(Semiconductor grating external cavity laser)	5~3	闪耀光栅的性质、闪耀光栅作为激光谐振腔输出耦合的作用原理、光栅外腔激光器的选模和调谐原理和技术	Properties of blazed gratings, the principle of blazed grating as resonator of laser output coupling, the principle and technology of mode selection and tuning of grating external cavity laser
13	可见光波分复用原理实验(Principle of visible light wavelength division multiplexing experiment)	5~3	波分复用技术、闪耀光栅的原理和使用方法、用部分反射镜、滤光镜	Wavelength division multiplexing technology, principle of blazed grating and usage method, usage method of partial reflection mirror, optical filter
14	相干布局数囚禁实验(Coherent population trapping experiment)	5~3	相干布局数原理、激光频率调谐和稳频的基本原理和方法、谱线线宽和饱和增宽等概念、谱线线宽的估算方法	The basic principle and method of coherent population trapping, the basic principle and method of laser frequency tuning and frequency stabilization, principle of the linewidth and saturation broadening, and the assessment method of linewidth

四、课程特色

1. 本课程是为了本校相关专业高年级本科生开设的专业基础实验课。光电子技术在现代科学技术中有着日趋广泛的应用和越来越重要的地位,而对于光电子技术的学习和掌握中,实验是一个非常重要的环节。本课程重在培养学生在光电子实验方面的独立动手能力,有效加深对所学相关理论知识的理解和认识,从而提升学生光电子技术的水平,培养相关科学研究和应用的独立探索能力。

2. 本课程以 14 个光电实验项目为核心,学习使用实验和科研中遇到的各种光电器件和设备、多种激光器,并熟悉其性能和应用,让学生在本课程的学习过程中拓展光电子技术的掌握深度和广度。

3. 重视培养学生的自主研究探索的学习兴趣、独立完成实验和探究的能力。为高年级学生此后进入研究生的学习,或者做市场产品研发,在光电子技术的动手能力上打下重要基础。

4.2.14 光电子学 Optoelectronics

Prereq: Calculus, Electromagnetism, Optics

Credits: 3

Mission: Understand the basic principles and practices of the Optoelectronics. Study a variety of optoelectronic devices and modern integrated optoelectronic technology. Through the course study, enhance the abilities of analyzing and solving comprehensive problems.

Covers silicon photonics, photonic integrated circuits, lasers, optical communication.

Optoelectronics studies the conversion of photons and electrons and the conversion of electricity into light, and vice versa. The field involves research and application of electronic devices that source, detect and control photons/light, also considered a sub-field of photonics. Optoelectronic devices include electrical-to-optical transducers, optical-to-electrical transducers and instruments that use these transducers in their operations.

Zhiping Zhou, Xingjun Wang

一、课程基本情况

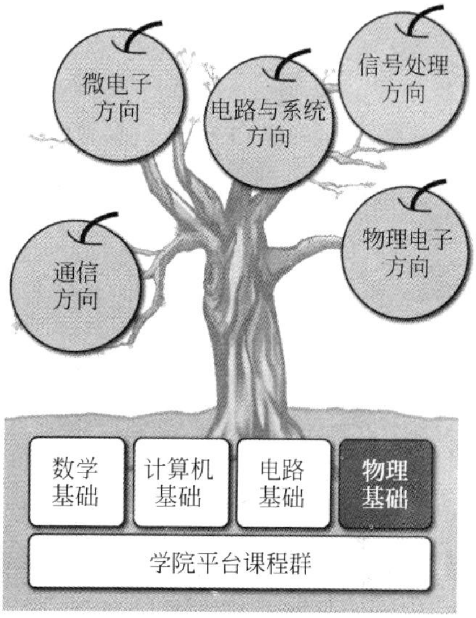

<table>
<tr><td rowspan="2">课程名称</td><td colspan="12">光电子学</td></tr>
<tr><td colspan="12">Optoelectronics</td></tr>
<tr><td rowspan="2">开课时间</td><td colspan="3">一年级</td><td colspan="3">二年级</td><td colspan="3">三年级</td><td colspan="3">四年级</td></tr>
<tr><td>秋</td><td>春</td><td>夏</td><td>秋</td><td>春</td><td>夏</td><td>秋</td><td>春</td><td>夏</td><td>秋</td><td>春</td><td>夏</td></tr>
<tr><td>适用院系</td><td colspan="12">信息学院，物理学院，元培学院</td></tr>
<tr><td>课程定位</td><td colspan="12">专业选修课</td></tr>
<tr><td>学分</td><td colspan="12">3 学分</td></tr>
<tr><td>总学时</td><td colspan="12">54 学时</td></tr>
<tr><td>先修课程</td><td colspan="12">高等数学，电磁学，光学</td></tr>
<tr><td>后续课程</td><td colspan="12">光电子实验，电动力学，量子力学</td></tr>
<tr><td>教学方式</td><td colspan="12">课堂授课为主</td></tr>
<tr><td>课时分配</td><td colspan="12">课堂授课(48 学时) + 习题与专题课(6 学时)</td></tr>
<tr><td>考核方式</td><td colspan="12">平时作业与专题讨论占 30%，期中考试占 30%，期末考试占 40%。其中，期中考试采用闭卷形式</td></tr>
<tr><td>主要教材</td><td colspan="12">S O Kasap. Optoelectronics and Photonics: Principles and Practices. 2nd Ed. Pearson Education, Inc., 2013</td></tr>
<tr><td>参考资料</td><td colspan="12">周治平. 硅基光电子学. 北京: 北京大学出版社, 2012</td></tr>
<tr><td>其他信息</td><td colspan="12">ftp://ele.pku.edu.cn/pub/
http://course.pku.edu.cn/webapps/login/</td></tr>
<tr><td>大纲提供者</td><td colspan="12">周治平</td></tr>
</table>

二、教学目的和基本要求

1. 使学生掌握光电子学的基本原理和基本分析方法。
2. 使学生能应用所学原理和方法去理解和认识常用光电子器件及系统。
3. 培养学生的独立思考能力、科学思维方法和求知创新精神。

三、课程大纲和知识点

章节顺序	章节名称 Chapters	课时 Hours	知 识 点	Key Points
1	平板介质光波导理论(Planar Dielectric Waveguides Theory)	6-2	光波的电磁场理论,平板波导,光在平板介质波导中的传输特性,矩形介质波导,波导耦合理论	Light Wave and Electromagnetic Field, Planar Waveguides, Transmission Characteristics of Light in Planar Waveguides Rectangular Dielectric Waveguide, Theory of Coupling to Waveguides
2	PN 结理论(PN Junction)	6-2	PN 结的原理,PN 结的能带图,PN 结电流电压特性,PN 结电容,复合寿命,PN 结击穿,异质结及其能带图,异质结中的晶格匹配	PN Junction Principles, The PN Junction Band Diagram, I-V Characteristics, Capacitance of PN Junction, Recombination Lifetime, Breakdown of PN Junction, Heterojunction and Band Diagram, Lattice Match in Heterojunction
3	半导体中光子-电子的相互作用(Interaction between Photos and Electrons in Semiconductors)	8-4	波动光学与光子光学,E-k 方程,半导体中量子跃迁,直接带隙跃迁,间接带隙跃迁,跃迁速率与爱因斯坦关系,光子密度与能量分布,电子态密度与占据概率,半导体中的载流子复合,光子晶体带隙结构	Wave Optics and Photon Optics, Energy Bands of Semiconductors, Quantum Transition, Direct and Indirect Bandgap Semiconductors, E-k Diagrams, Transition Rate and Einstein Coefficients, Photons Density and Energy Distribution, Electron States Density and Occupied Possibility, Carrier Generation and Recombination, E-K Diagrams of Photonics Crystal Structures
4	光的偏振和调制(Polarization and Modulation of Light)	8-4	偏振,光在均匀介质中的传播,双折射,双折射光学器件,电光效应,集成光调制器,声光调制器,磁光调制器,非线性光学和倍频	Polarization, Light Propagation in an Anisotropic Medium: Birefringence, Birefringent Optical Devices, Optical Activity and Circular Birefringence, Electro-Optic Effects, Integrated Optical Modulators, Acousto-Optic Modulator, Magneto-Optic Effects, Non-Linear Optics and Second Harmonic Generation

续表

章节顺序	章节名称 Chapters	课时 Hours	知识点	Key Points
5	光发射和光放大(Light Emitting and Optical Amplifiers)	6-2	光发射及相关器件,LED材料,LED特性,异质结高亮度LED,应用于光纤通信中的LED,光放大与光放大器,光纤放大器,	Light Emitting Diodes, LED Materials, Heterojunction High Intensity LEDs, LED Characteristics, LEDs for Optical Fiber Communications, Optical Amplifiers
6	受激发射和激光器(Stimulated Emission and Lasers)	10-6	受激发射速率和爱因斯坦系数,气体激光器:氦氖激光器,输出光谱,受激振荡条件,激光器的原理,异质结激光器,激光器的基本特性,稳态速率方程,光纤通信中的光发射器件,单模固态激光器,量子阱器件,垂直腔面发射激光器,	Stimulated Emission and Photon Amplification, Stimulated Emission Rate and Einstein Coefficients, Optical Fiber Amplifiers, Gas Laser: The He-Ne Laser, The Output Spectrum of a Gas Laser, LASER Oscillation Conditions, Principle of the Laser Diode, Heterostructure Laser Diodes, Elementary Laser Diode Characteristics, Steady State Semiconductor Rate Equation, Light Emitters for Optical Fiber Communications, Single Frequency Solid State Lasers, Quantum Well Devices, Vertical Cavity Surface Emitting Lasers (VCSELs)
7	光电探测(Photodetection)	8-4	光探测器的原理,外部光电流,吸收系数和探测器材料,量子效率和响应度,PIN光探测器,雪崩光电二极管,异质结光探测器,光电晶体,光电导探测器和光电导增益,光探测器的噪声	Principle of the pn Junction Photodiode, Ramo's Theorem and External Photocurrent, Absorption Coefficient and Photodiode Materials, Quantum Efficiency and Responsivity, The pin Photodiode, Avalanche Photodiode, Heterojunction Photodiodes, Phototransistors, Photoconductive Detectors and Photoconductive Gain, Noise In Photodetectors
8	光伏技术(Photovoltaics)	8-4	太阳光谱,光伏器件,PN结光伏器件的I-V曲线特性,串联电阻和等效电路,温度效应,太阳能电池的材料、器件和效率	Solar Energy Spectrum, Photovoltaic Device Principles, pn Junction Photovoltaic I-V Characteristics, Series Resistance and Equivalent Circuit, Temperature Effects, Solar Cells Materials, Devices and Efficiencies
9	发展中的光电子学(Developments of Optoelectronics)	6-2	表面等离子体激元及相关器件,光电子器件工艺与系统集成,硅基光电子学	Surface Plasmon and Related Devices, Optoelectronic Devices Processes and System Integration, Silicon Photonics

四、课程特色

1. 重视清楚理解和深入掌握基本概念、基本原理和基本方法等三基内容,重视培养学生的自主学习兴趣、独立思考能力、科学思维方法和求知创新精神。鼓励学生积极思考,提出问题,在学习中获得答案,享受学习的快乐;鼓励学生积极参与讨论,互学互助。

2. 在扎实的数理基础背景下,对学生对于这门课的掌握深度和广度上要求较高。

3. 采用立体化的教学、教辅和考量方法。

4. 学生在学习中,不但可以参考国内外优秀教材,还有不断更新的、适合北京大学特色的自编教材。

4.2.15 光纤通信系统 Optical Fiber Communication Systems

Prereq: Advanced Mathematics, Electromagnetism

Credits: 2

Mission: Understand fundamental principle and theory of optical communication, able to analysis and design optical fiber communication system.

Covers electronics and engineering.

Topics include Optical Fibers; Optical sources; External Modulation; Optical Receiver; WDM Concepts and Components; Optical amplifiers; Nonlinear Effects; Frontier of optical communication.

Fan Zhang

一、课程基本情况

课程名称	光纤通信系统											
	Optical Fiber Communication Systems											
开课时间	一年级			二年级			三年级			四年级		
	秋	春	夏	秋	春	夏	秋	春	夏	秋	春	夏
适用院系	电子学系,微电子学系,元培学院,物理学院,工学院											
课程定位	专业选修课											
学分	2 学分											
总学时	36 学时											
先修课程	高等数学,电磁学											
后续课程												

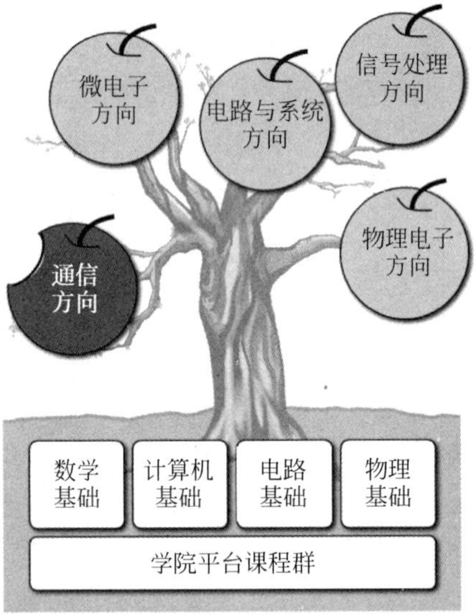

微电子方向
电路与系统方向
信号处理方向
通信方向
物理电子方向
数学基础
计算机基础
电路基础
物理基础
学院平台课程群

续表

教学方式	课堂授课为主
课时分配	课堂授课(34 学时)+习题课(2 学时)
考核方式	平时作业占 40%,期末考试占 60%。期末考试采用开卷形式
主要教材	G Keiser. 光纤通信. 4 版. 北京:电子工业出版社,2011
参考资料	1. 吴德明. 光纤通信原理与技术. 2 版. 北京:科学出版社,2010 2. 随堂电子资料
其他信息	http://course.pku.edu.cn/webapps/login/
大纲提供者	张帆

二、教学目的和基本要求

1. 使学生掌握光纤通信系统的基本原理和设计方法,了解光纤通信系统的最新发展趋势。

2. 培养学生的独立思考能力、科学思维方法和求知创新精神。

三、课程大纲和知识点

章节顺序	章节名称 Chapters	课时 Hours	知　识　点	Key Points
1	光纤通信简介(Introduction to optical fiber communication)	2~1	光通信基本概念和发展历史,光纤通信优点	Concept and history of optical communication, advantages of optical fiber communication
2	光纤:结构、导波原理及制造(Optical fiber: structure, wave guide and fabrication)	4~2	阶跃/渐变折射率光纤、单模/多模光纤、光纤模式及结构、光纤制造、光缆	Step-index, Graded-index, Single and Multimode fibers, optical fiber mode and structure, fiber fabrication, optical fiber cable.
3	光纤损耗和色散	3~2	光纤损耗物理机制,光纤色散基本概念、分类及对系统带宽限制	Signal degradation due to attenuation and dispersion, physical explanation, limit to system bandwidth
4	光源(Optical source)	4~3	发光二极管、面发射、边发射、半导体激光器,发光效率、动态特性、啁啾和带宽	LED, LED efficiency, surface emitting LED, edge emitters; LASER, stimulated emission, Laser diodes, dynamics, bandwidth and chirp.
5	外调制(External modulation)	3~2	外调制基本原理、光发射机组成、光调制格式产生电光效应,铌酸锂调制器	Principle of External Modulation, optical transmitter, optical modulation format, electro-optic effect, Lithium modulator

续表

章节顺序	章节名称 Chapters	课时 Hours	知识点	Key Points
6	光探测器(Photo detector)	3~2	光检测器基本原理,带宽限制物理机制、光检测器噪声,光电二极管,雪崩二极管	Principle of photo detector, bandwidth limitation, detector noise, PIN, APD
7	光接收机(Optical receiver)	4~3	光接收机组成及性能指标,噪声分析理论、误码率、光接收机灵敏度的计算,量子极限、眼图	Optical receiver: design and components, performance, noise analysis, BER, receiver sensitivity, quantum limit, eye diagram
8	波分复用系统(WDM system)	5~4	波分复用系统器件与系统设计,无源光耦合器,光纤光栅滤波器,基于相位阵列的WDM复用器解复用器,可调谐光源,WDM系统光纤设计,WDM系统容量	WDM system: components and design, optical coupler, optical fiber grating, AWG WDM MUX/DEMUX, tunable laser, fiber design for WDM, WDM system capacity
9	光放大器(Optical amplifier)	5~4	光放大器的原理,光放大器的基本应用和分类,半导体光放大器,掺铒光纤放大器,放大器噪声,光信噪比,拉曼放大器	Principle of optical amplifier, application and classification, semiconductor amplifier, EDFA, amplifier noise, OSNR, Raman amplifier
10	光纤非线性效应(Fiber nonlinearity)	3~2	光纤非线性效应物理机制和分类,光克尔非线性,有效传输距离与有效面积,受激拉曼散射,受激布里渊散射,自相位调制,交叉相位调制,四波混频	Optical fiber nonlinearity: physical dynamics and classification, optical Kerr nonlinearity, effective length and area, SRS, SBS, SPM, XPM, FWM
11	光通信前沿(Frontier of optical communication)	3~2	相干光通信、数字信号处理、光子集成、空分复用、短距离光互连	Coherent optical communication, DSP, PIC, SDM, short reach optical connection

四、课程特色

1. 重视清楚理解和深入掌握基本概念、基本原理和基本方法等三基内容,重视培养学生的自主学习兴趣、独立思考能力、科学思维方法和求知创新精神。

2. 学习中可以参考国内外优秀教材和随堂电子资料。

4.2.16 光学 Optics

Prereq: Advanced Mathematics, Electromagnetism

Credits：3

Mission：Understand fundamental concepts and theory of physical and geometrical optics, able to solve the basic problems in optics for practical applications.

Covers electrics and electronics engineering, quantum electronics, quantum information and Covers optical communications.

Topics include Fermat principle, ray optics, physical optics, Huygens-Fresnel principle, diffraction, interference, polarization, Fresnel Equations, Brewster angle, total internal reflection, birefringence, phase and group velocity. Abbe Imaging Principle, Fourier optics,

---

Zhigang Zhang, Zhangyuan Chen, Jianmin Wang

一、课程基本情况

课程名称	光学 Optics
开课时间	一年级：秋 春 夏 **二年级**：**秋** 春 夏 三年级：秋 春 夏 四年级：秋 春 夏
适用院系	电子学系，微电子学系，元培学院，物理学院，工学院，生命科学学院
课程定位	主干基础课、专业核心课
学分	3 学分
总学时	54 学时
先修课程	高等数学，电磁学
后续课程	量子力学，光电子学，光通信系统与网络，光电子技术实验
教学方式	课堂授课为主
课时分配	课堂授课(52 学时)＋习题(2 学时)
考核方式	平时作业与专题讨论占 10%，课堂测验占 5%，期中考试占 35%，期末考试占 50%。其中，期中和期末考试采用闭卷形式
主要教材	1. 钟锡华. 现代光学基础. 北京：北京大学出版社，2012 2. 王楚，汤俊雄. 光学. 北京：北京大学出版社，2001
参考资料	1. Eugene Hecht. Optics. Addison Wesley，2003 2. M 波恩，E 沃尔夫. 光学原理：上，下. 北京：科学出版社，1978，1981

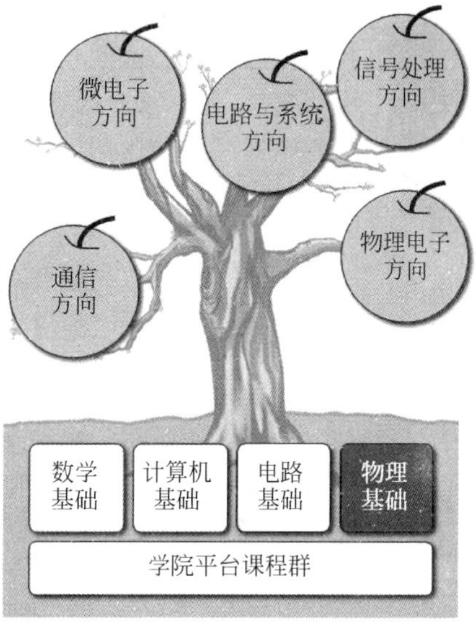

续表

其他信息	http://www.physics.gatech.edu/gcuo/UltrafastOptics/index.html http://www.core.org.cn/OCW_CN/Mechanical-Engineering/2-71Fall-2004/CourseHome/index.htm
大纲提供者	张志刚

二、教学目的和基本要求

1. 本课程的目的:使学生掌握光学的基本概念、原理和方法,为后续课程和所学专业打下基础。通过本课程的学习,培养独立思考和质疑能力、科学思维方法,开阔学生视野,培养专业精神。

2. 本课程的基本要求:学习和掌握几何光学和物理光学的基本内容,包括成像、干涉、衍射、偏振、吸收和色散的相关原理和概念及解题方法。

三、课程大纲和知识点

章节顺序	章节名称 Chapters	课时 Hours	知识点	Key Points
1	绪论(Introduction)	2	课程体系和课程内容简介,现代光学发展对课程的影响,几何光学和波动光学的概念和应用	Syllabus of the course, history of optics, concept of geometrical optics and physical optics
2	几何光学初步及变折射率光学(Geometrical optics and gradient index optics)	8	折射率,光程,费马原理,费马原理与成像,自然变折射率,人工变折射率与强光变折射率,光线方程;共轴球面傍轴成像,薄透镜,像差概念	Optical path length, refractive index, gradient index, optical path equation, Fermat principle, paraxial approximation and ray optics, ray vector and matrix, imaging condition, thin and thick lens, aberrations
3	波动光学引论(Wave optics and diffraction)	8	光的电磁波本质,定态光波复振幅描述,波前函数,球面波向平面波的转化,光波干涉引论,两个点源的干涉场杨氏实验,两束平行光的干涉场,光波衍射引论,圆孔和圆屏菲涅耳衍射,波带片,单缝夫琅禾费衍射,圆孔夫琅禾费衍射及成像仪器分辨本领	Electromagnetic theory of light. Huygens-Fresnel principle, Kirchhoff's scalar diffraction theory, plane wave interference, Fresnel and Fraunhofer diffraction, double-slit interference, Airy pattern, resolution power of optical instruments

续表

章节顺序	章节名称 Chapters	课时 Hours	知　识　点	Key Points
4	介质界面光学(Propagation of light at interface)	4	菲涅耳公式,反射率透射率,反射光的相位变化,反射光的偏振态,全反射时的透镜场—隐失波,近场扫描光学显微镜	Fresnel equations at interface, reflection, transmission dependence on polarization. Phase change at the interface, Brewster angle, total internal reflection evanescent wave
5	干涉装置与光场时空相干性(Interference and temporal and spatial coherence)	10	分波前干涉装置,光源宽度对干涉场衬比度的影响,光场的空间相干性,薄膜干涉,迈克耳孙干涉仪,非单色性对干涉场衬比度的影响,傅里叶变换光谱仪,光场的时间相干性,多光束干涉及法里布-珀罗干涉仪,激光,法里布-珀罗干涉仪的重要性	Wavefront-splitting interferometers, Amplitude-splitting interferometers, Thin film interferometer, Fabry-Perot Etalon Michelson Interferometer, Mach-Zehnder Interferometer, spatial and temporal coherence
6	多元多维结构衍射(Multi-beam diffraction)	4	位移—相移定理,有序结构及一维光栅的衍射,光栅光谱仪及闪耀光栅,二维周期结构的衍射	Phase shift theory. Grating diffraction, blazed grating diffraction, Littrow angle, grating spectrometer, crystal diffraction
7	傅里叶变换光学与相因子分析法,光全息术(Wavefront analysis and Introduction to Fourier Optics)	4	相因子分析法,空间频谱概念,阿贝成像原理,傅立叶变换光学,光学信息处理的基本方法,全息	Wavefront analysis, spatial frequency, Abbe imaging principle, Fourier transform optics, optical information processing, holograph
8	光在晶体中的传播(Propagation of light in anisotropic medium; Crystal optics)	8	晶体双折射,单轴晶体光学公式,晶体光学器件,圆偏振光、椭圆偏振光的产生和检验,偏振光干涉,旋光性,电光效应,克尔效应	Crystal and birefringence, optical axis, circular and elliptical circular polarizations, interference of polarized light, optical activity, electro-optical effect, Kerr effect
9	光的吸收、散射和色散(Absorption, scattering and dispersion)	4	比尔定律、大气散射与天空颜色、散射与偏振、吸收,相速度、群速度与色散	Physical origin of absorption, scattering and dispersion, Bill's law, polarization of scattered light, phase velocity, group velocity and dispersion
10	习题课与课堂测验(Practice and Quiz)	2	期中和期末知识点总结和课堂小测验	Summarization and practice

四、课程特色

1. 强调基本概念,植入科学素养。本课程力图使学生清楚理解和深入掌握基本概念、基本原理和基本方法这三基内容,通过对每个原理的发现和最新进展的讲解,启发学生的独立思考能力、科学思维方法和求知创新精神; 通过灵活的教学方式和师生互动,享受学习的乐趣。

2. 开阔学科视野,培养专业精神。本课程吸收国外教材部分内容,结合现代教学手段,充分展示本课程的基础知识与当代前沿研究课题的联系,及本课程在本专业领域(如现代光通信、量子电子学和物理电子学)中的应用。课程也涉及对日常生活中光学现象的解释和常识。

4.2.17 近代物理 Modern Physics

Prereq: Classical Physics

Credits: 3

Mission: Understand fundamental phenomena, concepts, principles and methods of Modern physics, able to analysis and process microphysics problems with quantum physics concepts and theory.

Covers atom, molecule, nucleus and solid Physics.

Topics include atomic physics before quantum mechanics, primary quantum mechanics, alkali elements and electron spin, atomic structure of multi-electronic atoms, the atoms in an external magnetic field, the resonance interaction of atoms with electromagnetic fields, molecular structure and spectra, introduction of nucleus and particle physics, outline of solid physics.

Anpei Ye

一、课程基本情况

<table>
<tr><td rowspan="2">课程名称</td><td colspan="12">近代物理</td></tr>
<tr><td colspan="12">Modern Physics</td></tr>
<tr><td rowspan="2">开课时间</td><td colspan="3">一年级</td><td colspan="3">二年级</td><td colspan="3">三年级</td><td colspan="3">四年级</td></tr>
<tr><td>秋</td><td>春</td><td>夏</td><td>秋</td><td>春</td><td>夏</td><td>秋</td><td>春</td><td>夏</td><td>秋</td><td>春</td><td>夏</td></tr>
<tr><td>适用院系</td><td colspan="12">信息科学技术学院</td></tr>
<tr><td>课程定位</td><td colspan="12">主干基础课、专业选修课</td></tr>
<tr><td>学分</td><td colspan="12">3 学分</td></tr>
<tr><td>总学时</td><td colspan="12">54 学时</td></tr>
<tr><td>先修课程</td><td colspan="12">高等数学,经典物理,数学物理方法</td></tr>
<tr><td>后续课程</td><td colspan="12">量子力学,固体物理,光电子学,激光原理与技术,近代物理实验等</td></tr>
</table>

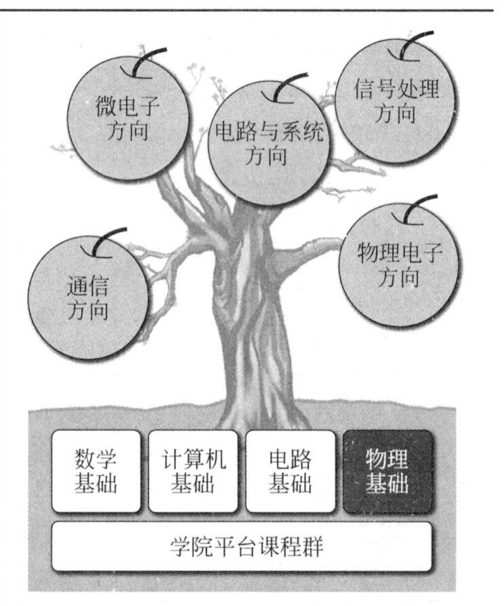

续表

教学方式	课堂授课为主,专题与习题辅导为辅
课时分配	课堂授课(46 学时)+专题与习题辅导等(8 学时)
考核方式	平时作业占 30%,期中考试占 30%,期末考试占 40%。考试采用闭卷形式
主要教材	1. 郑乐民. 原子物理. 2 版. 北京:北京大学出版社,2000 2. 赵凯华,罗蔚茵. 量子物理. 北京:高等教育出版社,2001
参考资料	1. 王正行. 近代物理. 北京:北京大学出版社,1995 2. 杨福家. 原子物理学. 2 版. 北京:高等教育出版社,1995 3. 诸圣麟. 原子物理. 北京:人民教育出版社,1979
其他信息	http://course.pku.edu.cn/webapps/login/
大纲提供者	叶安培

二、教学目的和基本要求

1. 使学生认识 20 世纪初以来物理的重要发展,着重掌握原子物理学和量子物理学的基本概念、基本原理,了解重要的近代物理实验和重要物理成就,以及若干现代物理领域的最新进展,认识近代物理在现代科学技术中的重要作用,为进一步学习量子力学、固体物理,近代物理实验等高级课程奠定基础。

2. 通过本课程的学习,使学生逐步体会近代物理的分析问题和解决问题的方法,激发学生探索现代科学技术的兴趣。

三、课程大纲和知识点

章节顺序	章节名称 Chapters	课时 Hours	知　识　点	Key Points
1	绪论(Introduction)	2~1	经典物理的困惑,近代物理的基本问题,课程定位	Difficulty of classical physics, basic questions of modern physics, signification of modern physics
2	量子力学前的原子物理(Atomic Physics before Quantum Mechanics)	5~3	相对论时空观,原子结构模型,玻尔模型,莫塞莱定律,弗兰克—赫兹实验,普朗克假设,量子化,光的吸收与发射	Relativistic view of time and space, atomic structure model, Bohr model, Moseley law, Frank and Hertz experiment, Planck quantum hypothesis, quantization, absorption and emission of light

续表

章节顺序	章节名称 Chapters	课时 Hours	知识点	Key Points
3	量子力学初步(Primary Quantum Mechanics)	7~6	物质的波粒二象性、几率波、海森堡不确定原理、波函数与量子态、态叠加原理、薛定谔方程、力学量的平均值、算符本征值方程、本征值、本征函数、角动量、全同粒子,全同性原理,用薛定谔方程解氢原子	Wave-particle duality of matter, probability wave, Heisenberg uncertainty principle, wave function and quantum states, the principle of state superposition, Schrodinger equation, expectation values of mechanical quantity, operators, eigenvalue, eigenfunction, angular momentum, identical particles, the principle of identical particles, application of Schrodinger equation in hydrogen atom
4	碱金属原子与电子自旋(Alkali Elements and Electron Spin)	5~4	碱金属原子结构与光谱特征、量子亏损、原子实极化、轨道贯穿,电子轨道磁矩、电子自旋、自旋轨道相互作用、碱金属原子能级与谱线的精细结构、碱金属原子的超精细结构、同位素移位	Characteristics of the structure and spectra for alkali elements, quantum defect, atomic core polarization and orbital penetration, magnetic moment of electron, electron spin, spin-orbit interaction, fine structure of energy level and spectral lines, hyperfine structure, isotope shift of atomic levels
5	复杂原子的能级结构(Atomic Structure of Multielectronic Atoms)	6~5	有心场近似、泡利原理、电子的壳层结构,角动量耦合,两个价电子原子的结构与光谱,跃迁选择定则,复杂原子的能级结构的一般规律,原子电离能级,X-射线,康普顿效应,光电子能谱与俄歇电子能谱	Central field approximation, Pauli exclusion principle, electron shell structure, angular coupling, transition selection rules, atomic structure and spectra for two valence electron atoms, general energy level rule for multielectronic atoms, Ionization energy levels, X-ray, Compton effect, photoelectron energy spectra, Oxe electron energy spectra
6	外磁场中的原子(The Atoms in an External Magnetic Field)	5~4	原子的磁矩、磁场对原子的作用,物质的宏观磁性,顺磁与抗磁性,Zeeman 效应,Paschen-Back 效应 磁共振、磁偶极选跃迁择定则、施特恩—格拉赫实验、原子(分子)束磁共振,Stark 效应	Magnetic moment of atoms, interaction between atoms and magnetic field, macro-magnetic feature of matter, paramagnetic and antimagnetic effects, Zeeman effect, Paschen-Back effect, magnetic resonance, magnetic dipole selection rules, Stern-Gerlach experiment, atoms (molecules) beam magnetic resonance experiments, Stark effects

续表

章节顺序	章节名称 Chapters	课时 Hours	知识点	Key Points
7	辐射场与原子的共振相互作用(The Resonance Interaction of Atoms with Radiative fields)	5~3	辐射场与原子的共振相互作用的经典理论,原子的自发辐射、原子的受激辐射、吸收与色散,量子力学修正和补充、核磁共振,线型与线宽,光谱产生的Lorenze理论,爱因斯坦唯象理论,原子的微波激射、激光	The classical theory of the resonance interaction of atoms with radiant fields, Spontaneous emission, stimulated emission, absorption and chromatic dispersion, quantum mechanics correction of classic theory, nuclear magnetic resonance (NMR), The shape and width of spectral lines, Lorentz theory for atomic spectra, Einstein Phenomenological theory Maser and Laser
8	分子结构与光谱(Molecular Structure and Spectra)	6~4	玻恩-奥本海默近似,氢分子离子 H^{2+}、电子能态,振动势能和分子的形成,氢分子、共价键与离子键,分子的能级与光谱,双原子分子的转动能与纯转动谱、双原子分子的振动和振转谱、多原子分子的振动光谱、分子的电子能态与电子带系光谱,拉曼散射和非线性光学效应	Born-Oppenheimer approximation, hydrogen molecular ion H^{2+}, electronic states, vibration potential and molecular form, hydrogen molecule, covalent bond and ionic bond, molecular energy levels and spectra, rotational energy levels and pure rotational spectra of diatomic molecules, vibrational energy levels and pure vibrational spectra of diatomic, molecules, vibrational-raotational spectra of diatomic molecules, the vibrational spectra of multiatomic molecules, the electronic energy states and electronic band series spectra, Raman scattering and nonlinear optical effects
9	原子核与粒子物理简介(Induction of Nucleus and Particle Physics)	6~4	原子核的组成与基本性质,核模型与核力,天然放射性衰变,核反应,裂变与聚变,正反粒子对称性,时空对称性,轻子与弱相互作用,强子与强相互作用	Components and basic characteristic of atomic nucleus, nuclear model and nuclear forces, natural radioactivity decay, nuclear reaction, fission and fusion, symmetry for positive and negative particles. space-time symmetry, lepton and weak interaction, hadron and strong interaction
10	固体物理导论(Introduction of State Physics)	6~4	固体结构,晶格振动,固体的能带,声子,金属中的自由电子,半导体,超流与超导,量子阱与量子点	Solid structure, crystal lattice vibration, energy band of solid, phonon, free electrons in metals, semiconductors, superfluids and superconductors, quantum well and quantum dots

4.2.18 可编程逻辑电路 Digital Design Using PLD

Prereq: Digital Circuits

Credits: 2

Mission: Learn to design digital circuits using VHDL language and implement them in a programmable logic device.

Covers electrics, electronics and engineering.

Topics include programmable device, VHDL language, the developing tools and process of PLD.

Wei Jiang

一、课程基本情况

<table>
<tr><td rowspan="2">课程名称</td><td colspan="12">可编程逻辑电路</td></tr>
<tr><td colspan="12">Digital Design Using PLD</td></tr>
<tr><td rowspan="2">开课时间</td><td colspan="3">一年级</td><td colspan="3">二年级</td><td colspan="3">三年级</td><td colspan="3">四年级</td></tr>
<tr><td>秋</td><td>春</td><td>夏</td><td>秋</td><td>春</td><td>夏</td><td>秋</td><td>春</td><td>夏</td><td>秋</td><td>春</td><td>夏</td></tr>
<tr><td>适用院系</td><td colspan="12">电子学系,微电子学系</td></tr>
<tr><td>课程定位</td><td colspan="12">专业选修课</td></tr>
<tr><td>学分</td><td colspan="12">2 学分</td></tr>
<tr><td>总学时</td><td colspan="12">32 学时</td></tr>
<tr><td>先修课程</td><td colspan="12">数字逻辑电路</td></tr>
<tr><td>后续课程</td><td colspan="12">电子系统与设计,嵌入式系统</td></tr>
<tr><td>教学方式</td><td colspan="12">以学生动手实验为主、老师指导为辅。分组项目实验采用项目驱动,小组自主开放实验为主</td></tr>
<tr><td>课时分配</td><td colspan="12">入门实验(4 学时)+单元实验(12 学时)+分组项目实验(16 学时)</td></tr>
<tr><td>考核方式</td><td colspan="12">平时成绩占 50%,含 4 个小实验,实验 1 不计分,实验 2~4 共计 50 分,其中实验报告和实验过程各占 25 分;分组项目占 50%,含项目结果 30 分,答辩表现 10 分,实验报告 10 分</td></tr>
<tr><td>主要教材</td><td colspan="12">北京大学自编实验讲义</td></tr>
</table>

续表

参考资料	1. 潘松. EDA 技术实用教程. 北京：科学出版社,2002 2. 卢毅. VHDL 与数字电路设计. 北京：科学出版社,2001 3. 蒋璇,臧春华. 数字系统设计与 PLD 应用技术. 北京：电子工业出版社,2001 4. 褚振勇. FPGA 设计及应用. 西安：西安电子科技大学出版社,2006 5. 北理工 ASIC 研究所. VHDL 语言 100 例详解. 北京：清华大学出版社,1999
其他信息	http://course.pku.edu.cn/webapps/login/
大纲提供者	蒋伟

二、教学目的和基本要求

本课程是为本科生开设的一门专业选修实验课。通过本课程的训练,使学生熟悉可编程逻辑器件的结构和原理,掌握可编程逻辑器件的开发方法和工具,学习使用硬件描述语言 VHDL 来进行数字系统设计的方法,并通过分组项目的形式,锻炼学生设计和实现数字系统的技能,培养学生的团队合作能力、交流能力和表达能力。

三、课程大纲和知识点

章节顺序	章节名称 Chapters	课时 Hours	知　识　点	Key Points
1	理论课及入门实验 (Introductory experiment)	4	可编程逻辑器件常识,数字设计的优化,实验平台介绍,可编程逻辑器件开发工具和开发流程	Introduction to PLD, optimization of digital design, the SOPC/FPGA experimental box, the developing tools and process of PLD
2	组合逻辑电路实验 (Combinational logic circuit design)	4	用 VHDL 语言设计组合逻辑电路	Design of combinational logic circuits using VHDL language
3	时序逻辑电路设计实验(Sequential logic circuit design)	4	常见时序逻辑电路的 VHDL 语言实现,扫描显示的原理,流水线的原理	Design of sequential logic circuits using VHDL language, principle of scanning display, principle of pipe-line
4	状态机和层次化设计(State machine and hierarchical design)	4	状态机的实现,层次化设计小系统	Realization of state machines, hierarchical design of small-scale digital systems
5	分组项目实验 (Group project work)	16	中小规模数字系统的实现	Design and realization of a middle-scale digital system

四、课程特色

1. 由浅入深,循序渐进。

由于选修本课程的大多数是刚上完“数字逻辑电路”理论课程、尚无数字电路实验,经验的大二学生,对可编程逻辑器件以及 VHDL 硬件描述语言更是刚刚接触,了解不深。因此,本课程在实验内容上分为入门实验、单元实验和分组项目实验三个层次,由浅入深,循序渐进。学生首先做一个简单的入门实验以便熟悉开发流程、然后依次做三个单元实验逐步锻炼其对 VHDL 语言的掌握和设计实现数字系统的能力。在此基础上,学生再利用后两周时间,分组自选题目,完成一个中等规模的数字系统的设计和实现。实验内容的这种安排正好符合学生学习和实验技能逐步提高的过程。

2. 精心选择单元实验内容。

本课程由于在小学期开设,课时非常有限,因此在 3 次单元实验中,需要精心选择实验内容,让学生在有限的时间内尽可能得到更多的训练。各单元实验的内容并非完全独立,而是有一些相关性。例如,在实验三中,学生先完成一个扫描显示电路,之后在完成可逆计数器时,其显示部分就可以直接采用前面完成的扫描显示电路模块;完成脉宽测量电路的实验时,学生可以利用前面的扫描显示电路、计数器等;学生如果在分组项目中选择做计算器,之前做过的一些加减运算、比较、乘法器除法器等模块都可以加以利用。通过这种设计,一方面让学生可以在有限的时间内完成更多的实验,另一方面也可以培养他们模块化和层次化的概念,有利于他们完成后续的分组项目。此外,单元实验中包含必做部分和可选部分,必做部分是对学生的基本要求,而可选部分则有利于一部分学有余力的学生进一步提高。

3. 分组进行项目实验。

在课程的后两周时间,要求学生 3~4 人组队,分工合作完成一个分组项目,即基于 FPGA 设计和实现一个中等规模的数字系统。在项目的选题阶段,由教师提供几个备选题目,如电子表、频率计、计算器等,由各组自主挑选题目,并鼓励自主另设题目。在项目的进行过程中,全天开放实验室资源,学生可以自由前往。在这段时间内,主要由学生主导项目的进行,教师只是适当地对学生的进度进行监督,并参与学生的讨论和答疑解惑。分组项目完成后,由教师和助教进行检查,并进行项目答辩。

4. 注重学生全面能力的培养。

理论课时间有限,因此教师只能简单地介绍一些实验所必需的基本知识,然后给出一些参考资料和网络资源,培养了学生主动学习和查阅资料的能力;无论是单元实验还是分组项目实验,讲义都只给出基本的实验要求或者简单的原理,并不详细给出实验的步骤,激励学生自己思索、解决问题,培养学生分析问题、解决问题的能力;在分组项目实验中,鼓励学生自设题目,去设计、实现和优化一些自己感兴趣的数字系统,培养了他们的创新能力;分组项目完成后,每组要进行 10 分钟答辩,培养学生的归纳能力和演讲能力。

4.2.19　理论力学 Theoretical Mechanics

Prereq: Mechanics and Calculus

Credits: 3

Mission: Understand of the fundamental concepts, laws and methodologies of the analytical mechanics. Establishment of the foundations for learning other branches of theoretical physics.

Topics include D'Alembert's principle, Lagrange's equations, Canonical equations of Hamilton, Variational principle, Small oscillations, Kinematics of rigid body, Rigid body equations of motion.

Gengmin Zhang

一、课程基本情况

课程名称	理论力学 Theoretical Mechanics
开课时间	一年级：秋 春 夏 **二年级**：秋 **春** 夏 三年级：秋 春 夏 四年级：秋 春 夏
适用院系	电子学系
课程定位	主干基础课
学分	3 学分
总学时	48 学时
先修课程	力学，高等数学
后续课程	其他课程及理论物理课程
教学方式	课堂授课
课时分配	理论讲授与习题课混排
考核方式	期中考试占 40%，期末考试占 60%。期中和期末考试采用闭卷形式
主要教材	周乐柱．理论力学简明教程．北京：北京大学出版社，2005
参考资料	1．吴德明．理论力学基础．北京：北京大学出版社，1995 2．胡慧玲，林纯镇，吴惟敏．理论力学基础教程．北京：高等教育出版社，1986
其他信息	
大纲提供者	张耿民

二、教学目的和基本要求

本课程讲授分析力学的基本内容,是第一门理论物理课程,也是各个力学分支的基础。

三、课程大纲和知识点

章节顺序	章节名称 Chapters	课时 Hours	知识点	Key Points
1	运动学(Kinematics)	6	质点在任意曲线坐标系下的速度和加速度、刚体运动学、相对运动的运动学	Velocity and acceleration of a particle described in an arbitrary curvilinear coordinate system, kinematics of a rigid body, kinematics of relative motion
2	分析力学静力学(Statics of analytical mechanics)	3	基本概念(约束、自由度、广义坐标和广义力、虚位移和虚功)、虚功原理	Constraint, degree of freedom, generalized coordinates and generalized forces, virtual displacement and virtual work, D'Alembert's principle.
3	分析力学动力学(Dynamics of analytical mechanics)	9	拉格朗日方程、循环坐标、拉格朗日不定乘子法	Lagrange's equations, cyclic coordinates, Lagrange's multipliers
4	小振动(Small oscillations)	6	小振动问题的实例和普遍理论	Examples and general theory of small oscillations.
5	有心运动(The central force problem)	4	有心运动的动力学方程和轨迹方程	Dynamic equations and orbit equation of the central force problem.
6	刚体动力学(The rigid body equation of motion)	9	刚体动力学基本方程、惯量张量、惯量主轴、自由刚体和对称重刚体的定点运动	The rigid body equation of motion, inertia tensor, principal axes, torque free motion of a rigid body and motion of a heavy symmetrical rigid body with one point fixed.
7	正则方程和泊松括号(Canonical equations of Hamilton and Poisson bracket)	8	正则变量、哈密顿函数和正则方程、泊松括号	Canonical variables, Hamiltonian, Canonical equations of Hamilton, Poisson bracket
8	哈密顿原理(Hamilton's principle)	3	泛函极值和变分原理简介,哈密顿原理	Extremum of a functional, variational principle, Hamilton's principle.

4.2.20 量子计算导论 An Introduction to Quantum Computations

Prereq: Introduction to Information Science and Technology, Microelectronics and Circuit Fundamentals

Credits: 3

Mission: Understand fundamental principle and physics of quantum computation, able to analyze quantum bits and quantum algorithms, and to do follow the state of art of quantum information research.

Covers nanoelectronics and quantum devices, quantum information processing.

Topics include quantum superposition, quantum entanglement, quantum bits, quantum gates, quantum Fourier transform, quantum algorithms, quantum computation, quantum information processing, physical implementation, and advances in quantum computation.

Hongqi Xu, Shaoyun Huang

一、课程基本情况

课程名称	量子计算导论 An Introduction to Quantum Computations
开课时间	一年级：秋 春 夏；二年级：秋 春 夏；**三年级**：秋 春 **夏**；四年级：秋 春 夏
适用院系	电子学系，微电子学系，计算机科学技术系，元培学院，物理学院，工学院
课程定位	专业选修课
学分	3 学分
总学时	54 学时
先修课程	信息科学技术概论，微电子与电路基础
后续课程	
教学方式	课堂授课为主
课时分配	课堂授课(45 学时)＋习题与专题课(9 学时)
考核方式	平时作业与专题讨论占 20%～30%，期中考试占 20%～30%，期末考试占 50%。其中，期中和期末考试采用闭卷形式
主要教材	Michael A Nielsen and Issac L Chuang. Quantum Computation and Quantum Information. 10th Anniversary Ed. Cambridge University, 2010
参考资料	1. D Bouwmeester, A Ekert, and A Zeilinger. The Physics of Quantum Information. Springer, 2000 2. Thomas Ihn. Semiconductor Nanostructures: Quantum States and Electronic Transport. Oxford University, 2010
其他信息	http://www.qubit.org
大纲提供者	徐洪起，黄少云

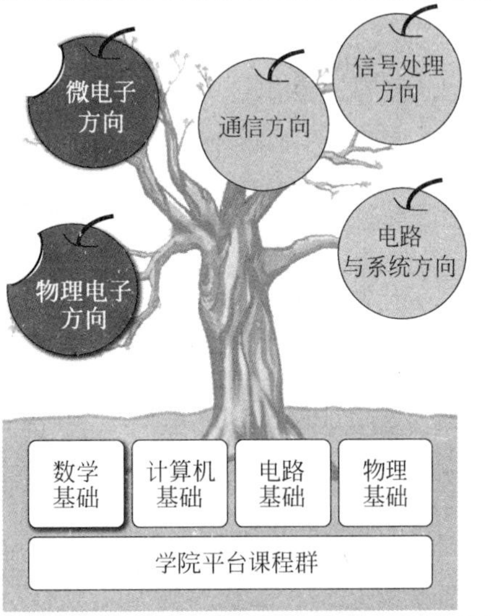

二、教学目的和基本要求

1. 使学生掌握量子计算相关的基本概念和物理基础。
2. 使学生理解量子比特器件的原理和器件设计。
3. 培养学生的独立思考能力、科学思维方法和求知创新精神。

三、课程大纲和知识点

章节顺序	章节名称 Chapters	课时 Hours	知识点	Key Points
1	量子信息及量子计算概论（Introduction to quantum information and quantum computations）	6～3	薛定谔“猫”和EPR佯谬、量子叠加和纠缠、量子非定域性、贝尔不等式、量子信息、量子计算	Schrodinger's cat and EPR paradox, quantum superposition and entanglement, quantum nonlocality, Bell's inequality, quantum information, quantum computation
2	量子计算的物理基础（Fundamental physics for quantum computations）	12～9	量子力学基础、量子态的叠加和纠缠、量子态的相干和退相干、两能级系统和量子比特、量子比特的布洛赫球空间表达	Quick review of quantum mechanics, quantum state in superposition and entanglement, coherence and decoherence of quantum state, Bloch sphere representation for quantum bits
3	量子线路基础（Quantum circuits）	6～3	布尔逻辑、量子逻辑门、可逆计算、量子普适逻辑门、量子并行算法、量子纠错、量子计算线路模型	Boolean logic, quantum gate, reversible computation, quantum universal gate, algorithms for quantum parallelism, quantum correction, models for quantum computation circuits
4	量子傅里叶变换及量子搜索算法（Quatum Fourier transform and quantum searching algorithms）	6～3	量子傅里叶变换、量子搜索算法、Shor大数因素分解、Grover大型数据库搜索、量子模拟	Quatum Fourier transform, quantum searching algorithms, Shor's factoring, Grover order-finding
5	量子计算的物理实现（Physical implementations for quantum computations）	9～6	构筑量子计算机的基本原则、离子陷阱、核磁共振、相干光子、腔量子电动力学、半导体固态电子、固体中的准离子	Criteria for building a quantum computer, ion trap, nuclear magnetic resonance (NMR), coherent optical photon, optical cavity quantum electrodynamics, semiconductor solid electrons, quasi-particles in solid states
6	固态量子比特（Solid state quantum bits）	12～9	单电子自由度、核自旋自由度、超导约瑟夫结的二能级、拓扑态的任意子	Degree of freedom of single electron, degree of freedom of nuclear spin, two-level system of superconducting Josephson junction, Topological anyon

续表

章节顺序	章节名称 Chapters	课时 Hours	知 识 点	Key Points
7	固态量子比特的器件实现和研究进展(Solid state quantum bit devices and advances)	9 ~ 6	半导体量子点电子自旋比特、金刚石氮空位色心、杂质核自旋比特、超导磁通量子比特、超导电荷量子比特、拓扑量子计算	Electron spin qubit of semiconductor quantum dot, Nitrogen-vacancy color center in diamond, nuclear spin qubit of impurity, superconductor flux qubit, superconductor charge qubit, topological quantum computation
8	量子计算专题讨论(Seminars and topic discussions on quantum computations)	12 ~ 9	命题专题和自由讨论:猫怎样看待薛定谔理想实验、量子力学是完备的吗、D-wave 是普适量子计算机吗、量子并行的理想与现实、当前研究进展和热点	Seminars and topic discussions on how do the cat "think" about the Schrodinger thought experiment, Is the quantum mechanics complete, Is the D-Wave an universal quantum computer, Quantum parallelism, Current researches and advances

四、其他补充说明

本课程偏物理,学习过"量子力学"将有助于本课程的学习,但不是必要条件。

4.2.21　量子力学(A) Quantum Mechanics (A Level)

Prereq: Advanced Mathematics, Linear Algebra, Mathematics in Physics, Mechanics, Theoretical Mechanics, Electromagnetism, Electrodynamics

Credits: 4

Mission: Grasp fundamentals of the concepts, theories and methods of non-relativistic quantum mechanics and its simple applications.

Covers quantum electrics, quantum information, physics, quantum chemistry, and quantum biology.

Topics include basics of quantum mechanics, observables and eigenvalue problems, stationary Schrödinger equation, charged particles in EM field and frontiers in quantum information and quantum engineering.

Hong Guo

一、课程基本情况

课程名称	量子力学(A) Quantum Mechanics(A Level)
开课时间	一年级：秋 春 夏；二年级：秋 春 夏；三年级：秋 春 夏；四年级：秋 春 夏
适用院系	电子学系,微电子学系,元培学院,物理学院,数学学院,化学院,工学院
课程定位	主干基础课、专业核心课
学分	4 学分
总学时	72 学时
先修课程	高等数学,线性代数,数理方法,力学,理论力学,电磁学,电动力学
后续课程	固体物理,原子结构与光谱,高等量子力学
教学方式	课堂授课为主(板书 + PPT,中文 + 英文)
课时分配	课堂授课(54 学时) + 习题与专题课(16 学时) + 期中考试(2 学时)
考核方式	平时成绩占 50%,其中平时作业和期中考试占 10%,大作业占 40%;期末考试占 50%。其中,期中和期末考试采用闭卷形式
主要教材	1. 郭弘. 非相对性量子力学(量子力学课件)(PDF 版). 北京大学课程讲义 2. 曾谨言. 量子力学导论. 2 版. 北京:北京大学出版社,1998
参考资料	1. Jean-Louis Basdevant and Jean Dalibard. Quantum Mechanics. Springer,2005 2. Jean-Louis Basdevant and Jean Dalibard. The Quantum Mechanics Solver: How to Apply Quantum Theory to Modern Physics. Springer,2005 3. C Cohen-Tannoudji, B Diu and F Laloe. Quantum Mechanics: Vol. one and two. Wiley,1977 4. J S Bell. Speakable and Unspeakable in Quantum Mechanics. Cambridge,2004
其他信息	http://www.answers.com/ http://scholar.google.com/ http://www.wikipedia.org/
大纲提供者	郭弘

二、教学目的和基本要求

1. 使学生掌握非相对论性量子力学的基本概念、知识和计算方法。
2. 使学生能应用所学知识去再理解和再认识已学的光学和原子物理知识。
3. 使学生初步具备应用量子力学知识解决简单应用问题的能力。
4. 培养学生的独立思考能力、科学思维方法和求知创新精神。

三、课程大纲和知识点

章节顺序	章节名称 Chapters	课时 Hours	知识点	Key Points
1	量子力学发展史 (History of Quantum Mechanics)	8～6	经典物理学总结，早期量子概念及实验，旧量子论，量子力学及其应用	Brief summary of classical physics; quantum concepts and experiments in early period; old quantum theory; quantum mechanics and its developments and applications
2	量子力学基本概念 (Basics of Quantum Mechanics)	10～6	态、力学量、Dirac 符号，测量、动力学演化及 Heisenberg 方程、Schrödinger 方程，矢量张量分析、坐标变换、线性代数，量子力学公理化体系，表象及表象变换、图像及图像变换	State, mechanical observables, Dirac notations; measurement, dynamical evolution and Heisenberg's equation, Schrödinger's equation; vector and tensors, coordinate transform, linear algebra; the axiomatic system of quantum mechanics, representation and its transforms, picture and its transforms
3	力学量算符及其本征值问题 (Mechanical observable operators and eigenvalue problems)	20～16	位置、动量、能量、Hamiltonian 量，轨道角动量及其运算，自旋角动量、Pauli 算符及其运算，自旋角动量耦合问题及自旋单态、三重态，角动量耦合、耦合与非耦合表象、C-G 系数与 3j 系数，力学量本征值问题的代数解法，守恒量、Ehrenfest 定理，守恒量与对称性的关系	Position, momentum, energy, Hamiltonian and their operator forms; orbital angular momentum operator and related calculations; spin angular momentum operator, Pauli matrices and related calculations; spin coupling and spin singlet and triplet; coupling of angular momentum, coupling and non-coupling representation, C-G coefficient and 3j coefficient; conservation and conserved variables in quantum mechanics, Ehrenfest's theorem
4	定态 Schrödinger 方程(Stationary Schrödinger's equation)	12～8	波函数及几率诠释，一维定态势阱问题、势垒问题，中心力场；势散射，微扰论及其应用(非简并情况、谱移、简并情况、Stark 效应、简并消除)	Wave function and its probabilistic interpretation, one dimensional stationary potential well and potential barrier problems; central potential problems; potential scattering; perturbation theory and its applications (non-degenerate case and spectra shift; degenerate case and Stark effect and degenerate elimination)

续表

章节顺序	章节名称 Chapters	课时 Hours	知识点	Key Points
5	电磁场中的带电粒子(Charged particles in electromagnetic field)	12~8	相对论协变形式的电磁场理论简介,守恒流与规范不变性,Hamiltonian;两种磁矩,Zeeman效应(正常、反常),实物原子与模型原子方法(氢原子、Rabi振荡),变分法及应用:变分原理、氦原子	Brief introduction of classical electromagnetic field theory based on relativistic covariant forms; conserved current and gauge invariance; two kinds of magnetic moments (torques); Zeeman effects (normal and anomalous); hydrogen atom, Rabi oscillation; variation method and its applications in Helium atom
6	前沿进展(Frontier topics)	12~10	量子信息——基础:单粒子态、多粒子态与量子纠缠,纯态与混合态,量子通信与量子计算,量子成像,量子精密测量——量子磁探测与原子磁力仪,量子频标与原子钟	Applications of quantum mechanics in quantum information science and technologies— fundamentals: single- and multi-partite state and quantum entanglement; quantum communication and quantum computation; quantum imaging; quantum precise measurement—quantum magnetic detection and atomic magnetometer; quantum frequency standard and atomic clock

四、课程特色

1. 重视清楚理解和深入掌握基本概念、基本原理和基本方法等三基内容,重视培养学生的自主学习兴趣、独立思考能力、科学思维方法和求知创新精神。鼓励学生积极思考,提出问题,在学习中获得答案,享受学习的快乐;鼓励学生积极参与讨论,互学互助。

2. 在扎实的数理基础背景下,对学生对于这门课的掌握深度和广度上要求较高。

3. 采用立体化的教学、教辅和考量方法。

4. 学生在学习中,不但可以参考国内外优秀教材,还有不断更新的、适合北京大学特色的自编教材。

4.2.22 量子力学(B) Quantum Mechanics (B Level)

Prereq: Advanced Mathematics, Electromagnetism

Credits: 3

Mission: Understand fundamental principle and theory of quantum mechanics, able to perform analytical calculations and derivations, familiar with some most important model applications of quantum theory.

Covers physical electronics, nano-electronics, and certain range of micro-electronics.

Topics include the sketch of quantum theory in Copenhagen interpretation, wave function mechanics, operator approach for observables, central force problem, electromagnetic field problem, matrix mechanics, spin, time-independent perturbation theory, time-dependent perturbation theory.

Lin-Hui Ye

一、课程基本情况

<table>
<tr><td rowspan="2">课程名称</td><td colspan="12">量子力学(B)</td></tr>
<tr><td colspan="12">Quantum mechanics(B Level)</td></tr>
<tr><td rowspan="2">开课时间</td><td colspan="3">一年级</td><td colspan="3">二年级</td><td colspan="3">三年级</td><td colspan="3">四年级</td></tr>
<tr><td>秋</td><td>春</td><td>夏</td><td>秋</td><td>春</td><td>夏</td><td>秋</td><td>春</td><td>夏</td><td>秋</td><td>春</td><td>夏</td></tr>
<tr><td>适用院系</td><td colspan="12">物理电子学系，微电子学系，元培学院，物理学院，工学院</td></tr>
<tr><td>课程定位</td><td colspan="12">主干基础课、专业核心课</td></tr>
<tr><td>学分</td><td colspan="12">3 学分</td></tr>
<tr><td>总学时</td><td colspan="12">64 学时</td></tr>
<tr><td>先修课程</td><td colspan="12">高等数学，电磁学</td></tr>
<tr><td>后续课程</td><td colspan="12">固体物理，半导体物理</td></tr>
<tr><td>教学方式</td><td colspan="12">课堂授课为主</td></tr>
<tr><td>课时分配</td><td colspan="12">课堂授课(54 学时) + 习题课(10 学时)</td></tr>
<tr><td>考核方式</td><td colspan="12">平时作业占 10%，期中考试占 40%，期末考试占 50%。其中，期中和期末考试采用闭卷形式</td></tr>
<tr><td>主要教材</td><td colspan="12">曾谨言. 量子力学教程. 北京：科学出版社，2003</td></tr>
<tr><td>参考资料</td><td colspan="12">1. 自编讲义
2. 曾谨言. 量子力学：第一卷. 北京：科学出版社，1993</td></tr>
<tr><td>其他信息</td><td colspan="12">http://course.pku.edu.cn/webapps/login/</td></tr>
<tr><td>大纲提供者</td><td colspan="12">叶林晖</td></tr>
</table>

二、教学目的和基本要求

1. 使学生掌握初等量子力学的基本理论、基本方法，以及重要模型问题的解法与结论。
2. 使学生能求解简单体系的定态问题，进行物理量计算。
3. 培养解析推导和演算的基本功。

三、课程大纲和知识点

章节顺序	章节名称 Chapters	课时 Hours	知识点	Key Points
1	量子力学概况(Sketch of quantum mechanics in Copenhagen interpretation)	12~8	量子力学诞生的背景,运动状态由波函数描述,力学量用算符表示,波函数的统计诠释,量子态叠加原理,Schrödinger 方程	History of the birth of quantum mechanics, wave function description of movement, operator method of observables, statistical interpretation of wave function, superposition principle, Schrödinger equation
2	一维势场中的粒子(Particle movement in one dimension)	8~4	一维势场中粒子定态的一般性质,无限深方势阱,对称有限深方势阱,离散谱与束缚态边界条件的关系,方势垒的散射与投射,一维谐振子	General properties of stationary states in one dimension, square potential (infinite depth), square potential (symmetrical and finite depth), discrete spectra and the boundary condition of bound states, scattering and penetration of square potential barrier, one dimensional oscillator
3	力学量用算符表达(Operator method for observables)	8~4	算符的运算规则,厄米算符的性质,共同本征函数	Principles of operator calculus, properties of Hermite operators, common eigenstates
4	力学量随时间的演化(Time evolution of observables)	6~4	守恒量,多体物理初步	Conservative observables, fundamentals of many-particle physics
5	中心力场(Central force problem)	6~4	氢原子	Hydrogen atom
6	电磁场中粒子的运动(Particle movement in electromagnetic fields)	6~4	电磁场理论回顾,电磁场问题中 Hamiltonian 的形式,电磁场问题中 Schrödinger 方程的基本性质,正常 Zeeman 效应,Landau 能级	Review of fundamentals of electromagnetism, form of the Hamiltonian in electromagnetic fields, properties of Schrödinger equation in electromagnetic fields, normal Zeeman effect, Landau level
7	矩阵力学(Matrix mechanics)	8~6	量子力学的矩阵计算方法,矩阵变换与表象变换,Dirac 符号	Matrix form of quantum mechanics, matrix transformation and picture transformation, Dirac notation

续表

章节顺序	章节名称 Chapters	课时 Hours	知 识 点	Key Points
8	自旋(Spin)	8～6	电子的自旋算符和自旋态，自旋运动的矩阵力学，自旋轨道耦合，对"自旋"概念的加深理解	Spin operator and spin states, matrix form of spin movement, spin-orbit coupling, further understanding of the concept of spin
9	束缚态的定态微扰论(Time-independent-perturbation theory for bound states)	6～4	非简并微扰论，简并态微扰论	Time-independent perturbation theory for non-degenerate states, time-independent theory for degenerate states
10	含时微扰论(Time-dependent perturbation theory)	6～4	量子跃迁的概念，能量时间不确定度关系，量子跃迁的微扰计算方法，周期微扰，Fermi 黄金规则，光的吸收与辐射的半经典理论	Concept of quantum transition, energy-time uncertainty principle, perturbation method for quantum transition, periodic perturbation, Fermi golden rule, semi-classical theory of the absorption and radiation of light

四、课程特色

1. 重视基本图像、基本概念、基本方法的掌握。
2. 强调解析能力的培养。
3. 采用多媒体授课。
4. 有自编讲义。

4.2.23　纳米科技与纳米电子学 Nanotechnology and Nanoelectronics

Prereq: Basic Physical courses

Credits: 3

Mission: Understand the basic concept and overall development trend of nanotechnology and nanoelectronics. Introduce the advanced characterization and fabrication technology at nanoscale, and different kinds of nanoelectronics.

Covers electrics, electronics and engineering.

Topics include special properties at nanoscale, growth and characterization technology of nanomaterials, and various kinds of nanoelectronical devices.

Youfan Hu, Lian-Mao Peng, Qing Chen, Zhiyong Zhang, Wentao Sun, Shengyong Xu, Sheng Wang, Ziyong Shen, Jianhui Liao, Yongfeng Wang and Xianlong Wei

一、课程基本情况

<table>
<tr><td rowspan="2">课程名称</td><td colspan="12">纳米科技与纳米电子学</td></tr>
<tr><td colspan="12">Nanotechnology and Nanoelectronics</td></tr>
<tr><td rowspan="2">开课时间</td><td colspan="3">一年级</td><td colspan="3">二年级</td><td colspan="3">三年级</td><td colspan="3">四年级</td></tr>
<tr><td>秋</td><td>春</td><td>夏</td><td>秋</td><td>春</td><td>夏</td><td>秋</td><td>春</td><td>夏</td><td>秋</td><td>春</td><td>夏</td></tr>
<tr><td>适用院系</td><td colspan="12">电子学系,微电子学系,元培学院,物理学院,工学院</td></tr>
<tr><td>课程定位</td><td colspan="12">专业基础课,选修课</td></tr>
<tr><td>学分</td><td colspan="12">3 学分</td></tr>
<tr><td>总学时</td><td colspan="12">48 学时</td></tr>
<tr><td>先修课程</td><td colspan="12">物理基础课程</td></tr>
<tr><td>后续课程</td><td colspan="12"></td></tr>
<tr><td>教学方式</td><td colspan="12">课堂授课为主,配合课外阅读和课堂讨论</td></tr>
<tr><td>课时分配</td><td colspan="12">课堂授课(46 学时)+参观实践课(2 学时)</td></tr>
<tr><td>考核方式</td><td colspan="12">平时课堂测验占 50%,期末报告占 50%</td></tr>
<tr><td>主要教材</td><td colspan="12">薛增泉. 纳米电子学. 北京: 电子工业出版社,2003</td></tr>
<tr><td>参考资料</td><td colspan="12">1. 薛增泉. 纳米技术探索. 北京: 清华大学出版社,2002
2. 彭练矛,张志勇,李彦,王胜. 碳基纳电子和光电子器件. 北京: 科学出版社,2014</td></tr>
<tr><td>其他信息</td><td colspan="12"></td></tr>
<tr><td>大纲提供者</td><td colspan="12">胡又凡</td></tr>
</table>

二、教学目的和基本要求

1. 使学生了解纳米科技和纳米电子学的产生背景和整体发展趋势。

2. 使学生掌握纳米尺度的物理规律,并对量子力学和固体物理在纳米尺度的应用有初步的了解,初步理解纳米电子学的基本原理和加工技术。

3. 使学生熟悉碳纳米管和一维半导体纳米材料的结构和性能特点,理解纳米材料的基本制备技术。

4. 使学生理解作为纳米材料重要表征和加工技术的扫描探针显微镜、电子显微镜的基本原理和方法。

5. 使学生了解纳米材料的电学和光学特性与测量方法和工具,熟悉纳米材料在器件(电子、光电、传感、能源和生物)方面的应用。

三、课程大纲和知识点

章节顺序	章节名称 Chapters	课时 Hours	知识点	Key Points
1	纳米科技的内涵和发展历程(The concept and development of nanotechnology)	4~2	纳米尺度,纳米材料,纳米加工,自上而下,自下而上等	Nanoscale, nanomaterials, nanofabrication, top-down, bottom-up
2	纳米尺度物理基础(Physics at nanoscale)	4~2	特征长度,量子限域,能带	Characteristic length, quantum confinement, band structure
3	纳米材料的一般介绍(General introduction of nanomaterials)	4~2	材料学的基本原则,纳米尺度下的材料性能	Basic Materials Science Principles, Properties at nanoscale
4	纳米材料—碳纳米管(Nanomaterials-Carbon nanotube)	4~2	碳纳米管的结构、性能和应用	The structure, properties and applications of carbon nanotubes.
5	纳米材料制备技术(Synthesis method of nanomateirials)	4~2	物理气相沉积,化学气相沉积,化学湿法,电弧放电,机械剥离,溶胶凝胶法	Physical vapor deposition, chemical vapor deposition, wet chemical method, arc discharge, mechanical exfoliation, Sol-gel method.
6	纳米材料的表征—电镜(Characterization of nanomaterials: microscopy)	8~6	波粒二相性,TEM,SEM,成像,衍射,能谱,原位测量和原位操纵	Wave-particle duality, transmission electron microscopy, scanning electron microscopy, imaging, diffraction, energy spectrum, in-situ measurement and manipulation
7	纳米材料的表征—扫描探针显微镜(Characterization of nanomaterials: Scanning probe microscopy)	6~4	STM,AFM,成像,隧穿电流,原子间相互作用力,工作模式,纳米操纵	Scanning tunneling Microscopy, atomic force microscopy, imaging, tunneling current, interatomic force, working mode, nanomanipulation
8	纳米材料的电学性能与测量(Electrical properties and measurement of nanomaterials)	6~4	弹道输运,库仑阻塞,接触,纳米器件制备技术和测量方法	Ballistic transport, Coulomb blockade, contact, fabrication and measurement method of nanodevices
9	纳米传感器(Nanosensor)	4~2	比表面积,化学活性,表面修饰,灵敏度,分辨率	Surface-to-volume ratio, reactivity, surface modification, sensitivity, resolution

续表

章节顺序	章节名称 Chapters	课时 Hours	知 识 点	Key Points
10	分子电子器件(Molecular electronic device)	4~2	分子的电接触,器件的加工和表征方法	Contacting molecules, fabrication and characterization method of devices
11	纳米能源器件(Energy harvester based on nanomaterials)	6~4	光伏效应,压电,摩擦起电	Photovoltaic effect, piezoelectricity, triboelectrification
12	单分子自旋电子学(Single molecule spin electronics)	4~2	自旋,量子输运,低温物理	Spin, quantum transport, physics at low temperature
13	新型纳米器件(Emerging nanodevices)	4~2	单电子晶体管,可拉伸电子器件,瞬态电子器件	Single electron transistor, stretchable electronics, transient electronics,

四、课程特色

1. 本课程为专业物理课程和讲座的结合,既强调对纳米尺度物理规律特别是关于纳米电子学等方面基础物理知识比较全面和扎实的掌握,同时也强调对纳米技术领域最新进展开阔视野式的介绍。

2. 注意学生科研能力的培养,为学生提供大量接触实验室和科研人员以及课外科技阅读等方面的机会和指导。

4.2.24 嵌入式 Linux 操作系统 Embedded Linux Operating System Lab

Prereq: Microcomputer Principle

Credits: 2

Mission: Understand fundamental principle of embedded system, learn to work within the Linux programming environment, able to do networking programming and GUI programming under Linux.

Covers Operating system, computer architecture and C/C ++ programming language.

Topics include Linux operating system; Cross compiling; ARM architecture; Linux device driver; Networking and GUI programming.

Yanjun Yang, Guocheng Lv, Quansheng Ren

一、课程基本情况

<table>
<tr><td rowspan="2">课程名称</td><td colspan="12">嵌入式 Linux 操作系统</td><td rowspan="10">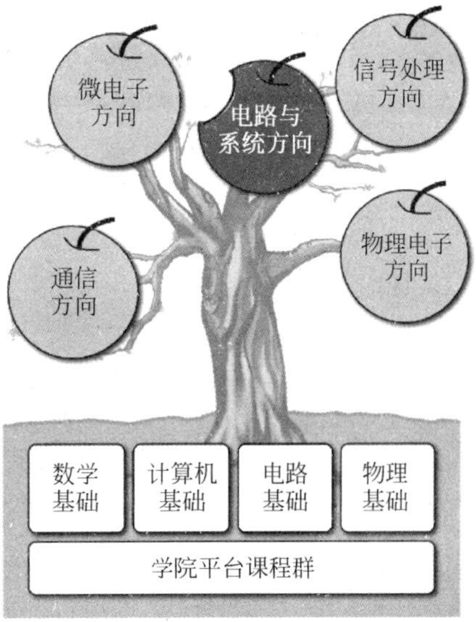
</td></tr>
<tr><td colspan="12">Embedded Linux Operating System Lab</td></tr>
<tr><td rowspan="2">开课时间</td><td colspan="3">一年级</td><td colspan="3">二年级</td><td colspan="3">三年级</td><td colspan="3">四年级</td></tr>
<tr><td>秋</td><td>春</td><td>夏</td><td>秋</td><td>春</td><td>夏</td><td>秋</td><td>春</td><td>夏</td><td>秋</td><td>春</td><td>夏</td></tr>
<tr><td>适用院系</td><td colspan="12">电子学系，微电子学系，计算机系，元培学院</td></tr>
<tr><td>课程定位</td><td colspan="12">选修课</td></tr>
<tr><td>学分</td><td colspan="12">2 学分</td></tr>
<tr><td>总学时</td><td colspan="12">64 学时</td></tr>
<tr><td>先修课程</td><td colspan="12">微机原理</td></tr>
<tr><td>后续课程</td><td colspan="12">毕业设计</td></tr>
<tr><td>教学方式</td><td colspan="13">理论大课配合五个专题实验和一个自命题项目实验</td></tr>
<tr><td>课时分配</td><td colspan="13">理论大课(20 学时) + 专题实验(20 学时) + 项目实验(24 学时)</td></tr>
<tr><td>考核方式</td><td colspan="13">专题实验占 40%，项目实验占 60%</td></tr>
<tr><td>主要教材</td><td colspan="13">杨延军，等. 嵌入式系统开发原理与实验. 北京：北京大学出版社，2011</td></tr>
<tr><td>参考资料</td><td colspan="13">1. Wayne Wolf. Computers as Components：Principles of Embedded Computing System Design. 北京：机械工业出版社，2008
2. Corbet J. Linux 设备驱动程序. 北京：中国电力出版社，2006
3. Sobell M. Linux 命令、编辑器与 Shell 编程. 北京：清华大学出版社，2007
4. Richard Stevens. UNIX 环境高级编程. 北京：人民邮电出版社，2006
5. Blanchette J. C ++ GUI Qt4 编程. 北京：电子工业出版社，2008</td></tr>
<tr><td>其他信息</td><td colspan="13"></td></tr>
<tr><td>大纲提供者</td><td colspan="13">杨延军</td></tr>
</table>

二、教学目的和基本要求

1. 学习掌握以嵌入式处理器为核心、包含嵌入式操作系统的智能电子系统的设计过程及方法。

2. 掌握 Linux 操作系统的开发流程，掌握在 Linux 环境中进行网络编程和图形界面编程的方法。

3. 了解 Linux 操作系统的基本原理，能够编写简单的设备驱动程序。

4. 通过综合实验的设计，对嵌入式系统的特定方向进行深入了解。

三、课程大纲和知识点

章节顺序	章节名称 Chapters	课时 Hours	知识点	Key Points
1	嵌入式系统概述(Introduction to Embedded System)	2	嵌入式系统概念,嵌入式系统举例,常见嵌入式处理器和操作系统	Definition of embedded system, Embedded system examples, Common embedded CPUs and operating systems
2	Linux 操作系统(Linux Operating System)	4~2	Linux/Unix 历史,Linux 安装,Linux 基本命令,文本编辑,学习的方法	History of Linux/Unix, Installation of Linux, Basic commands, VI editor, Methodology of Linux
3	ARM 处理器简介(ARM architecture)	4~2	ARM 处理器简介,ARM 编程模型,ARM 内存管理,ARM 汇编程序设计	Introduction to ARM architecture, ARM programming model, ARM memory management, ARM assembly language
4	开发板介绍(Introduction to development board)	2	TI ARM 处理器介绍,开发板介绍,相关工具介绍	Introduction to TI ARM processors, Introduction to the development board, Introduction to related tools
5	Linux 环境编程(Linux programming environment)	4~2	Shell 编程介绍,Linux 环境下 C 语言,GNU 工具,交叉编译,开源社区,源代码管理	Shell programming, C programming under Linux, GNU tools, Cross compiling, Open source community, Source code version control
6	嵌入式 Linux 组成(Organization of embedded Linux)	4~2	Linux 文件系统,Busybox,嵌入式 Linux 启动过程	File system under Linux, Busybox, Bootstrap embedded Linux
7	Linux 内核与驱动(Linux kernel and driver)	4~2	Linux 内核介绍,Linux 内核代码,驱动设计基础,驱动实例分析	Introduction to Linux kernel, Linux kernel source code, Linux driver development, Simple driver source code review
8	嵌入式图形界面编程(Embedded GUI programming)	4~2	嵌入式图形库,QT 简介,嵌入式平台的 QT	Embedded GUI library, Introduction to QT, QT in embedded Linux
9	实验 1(Project 1)	4	安装嵌入式开发环境,在开发平台安装 Linux	Building embedded Linux develop environment, Install Linux on the development board
10	实验 2(Project 2)	4	交叉编译,编译内核,建立 NFS 文件系统	Cross-compiling, Kernel compiling, NFS root file system
11	实验 3(Project 3)	4	C 语言编程,网络编程	C programming language, Network programming

续表

章节顺序	章节名称 Chapters	课时 Hours	知　识　点	Key Points
12	实验4(Project 4)	4	驱动程序开发	Linux driver develop
13	实验5(Project 5)	4	图形界面开发	GUI programming
14	项目实验(Final project)	24~16	资料查找,团队合作,解决问题能力,表达能力	Find useful information,Team cooperation,Problem solving,Express yourself

四、课程特色

1. 本课程从嵌入式系统的应用出发,采用主流的ARM处理器作为硬件核心、Linux作为嵌入式的操作系统,通过五个单元实验的设计,让学生可以在比较短的时间内掌握嵌入式系统软硬件开发的基本流程。之后通过一个综合实验,让学生可以深入了解嵌入式系统的某个特定方向,并从中获得协同合作、查找资料等多种综合能力的训练。

2. "嵌入式Linux操作系统"是一门综合实验课程,涉及的理论知识有微机原理、操作系统、编译原理等多个方面。在实验过程中需要运用包括汇编、C、C++、Shell脚本等多种编程语言。因此学生在实验过程中必须充分调动自己曾经学习过的知识,并利用参考书、网络、讨论等多种手段完成实验,对学过的理论知识产生更加深入的理解。

3. 综合实验的内容会超出实验课和教材的范围,需要学生自己查找资料,遇到问题要在网络上搜索答案或者通过邮件列表求助。通过这个实验,学生可以得到解决问题能力的训练,对将来做毕业论文或进入实验室进行科研都具有积极的意义。多人合作也培养学生的团队合作能力和对项目进行合理分解的能力。最后的答辩环节则锻炼学生的总结和表达能力,学生们在答辩环境的交流也拓展学生的视野,加深对课程内容的理解。

4.2.25　热力学统计物理(B) Thermodynamics and Statistical Physics (B Level)

Prereq: Advanced Mathematics

Credits: 3

Mission: Understand the three laws of thermodynamics,the conditions of the equation of state, the basic principle and theory of statistical physics,canonical distribution,the theory of phase transmission,able to analysis and calculate basic thermal ensembles,able to do practical applications.

Covers Condensed Matter Physics.

Topics include thermodynamics and statistical physics theory.

Jingyun Wang

一、课程基本情况

课程名称	热力学统计物理(B) Thermodynamics and Statistical Physics (B Level)
开课时间	一年级：秋 春 夏；二年级：秋 春 夏；三年级：秋 春 夏；四年级：秋 春 夏
适用院系	信息科学技术学院
课程定位	限选课、主干基础课
学分	3 学分
总学时	48 学时。每周 3 学时,共 16 周
先修课程	高等数学,概率
后续课程	固体物理
教学方式	课堂授课为主,习题辅导为辅
课时分配	课堂授课(44 学时) + 习题辅导等(4 学时)
考核方式	平时作业占 10% ,期中考试占 30% ,期末考试占 60% 。其中期中和期末考试采用闭卷形式
主要教材	汪志诚. 热力学统计物理. 4 版. 北京:高等教育出版社,2008
参考资料	电子资源,每次授课前于课程网站上更新相关课件和习题
其他信息	
大纲提供者	王晶云

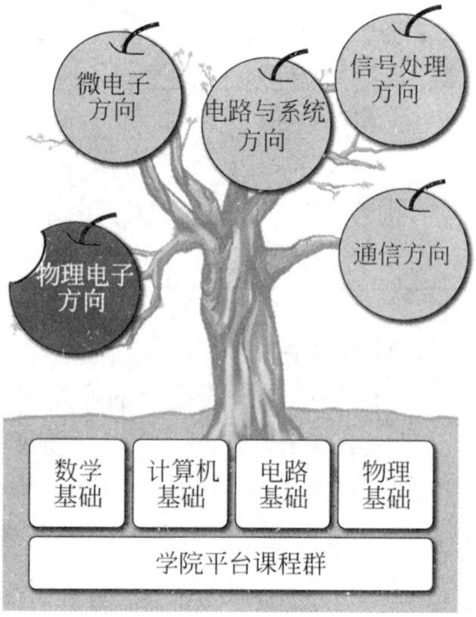

二、教学目的和基本要求

1. 使学生掌握热力学(宏观理论)的三个定律和统计物理(微观理论)的基本理论和研究方法,理解系统的各种平衡条件和统计分布,了解系统的相变理论和涨落理论。

2. 使学生能应用所学原理和方法用以理解和解决一些基本的、和专业相关的物理问题。

3. 使学生初步具有以之进行科学研究和应用研究的能力。能阅读与教材水平相近的参考书、文献资料等。

三、课程大纲和知识点

章节顺序	章节名称 Chapters	课时 Hours	知　识　点	Key Points
1	引言 第 1 章　热力学的基本规律(Introduction Part 1: the fundamentals of thermodynamics)	7 ~ 5	态函数的基本概念及表示,热力学第一、第二定律,卡洛循环及其应用,熵增加原理及其应用,温标	State function, the first and second Law of Thermodynamics, Carnot Cycle and its application, entropy increase and application, scale of temperature
2	第 2 章　均匀物质的热力学性质(Part 2: thermodynamics properties of homogeneous material)	3 ~ 2	气体的节流过程和绝热膨胀过程,基本热力学函数的确定,平衡辐射的热力学	Joule-Thomson effect, The determination of thermodynamic function, Thermodynamics of Blackbody Radiation
3	第 3 章　单元系的相变(Part 3: Phase Transitions of pure substance)	4 ~ 3	热动平衡判据及条件,相的转变及相系的平衡性质,液滴的形成,相变的分类	Equilibrium conditions, Phase Transitions and equilibrium properties of phase, The formation of liquid water, Different type of phase transitions
4	第 4 章　多元系的复相平衡和化学平衡(Part 4: Phaseequilibrium of substances and Chemical Equilibrium)	4 ~ 3	多元系的热力学函数和热力学方程,吉布斯相律和具体实例,热力学第三定律	Thermodynamics function and thermodynamics equation for ensemble of substances, Phase rules and examples, The third Law of Thermodynamics
5	习题课、期中小节(Exercises for midterm)	4 ~ 2	热力学基本规律第一、二定律,熵增加原理,麦克斯韦关系	Four laws of thermodynamics, Maxell relations
6	第 5 章　近独立粒子的最概然分布(Part 5: The Most Probable Distribution of independent particles)	4 ~ 3	粒子运动状态的经典描述及量子描述,系统微观运动状态的描述,分布和微观状态,玻耳兹曼分布、玻色分布和费米分布及三种分布的关系	Classical and Quantum Analysis of Internal Energy Modes, The microstates of ensemble, Distribution and microstates, Maxwell-Boltzmann Distribution, Bose-Einstein and Fermi-Dirac Statistics, Dilute Limit

续表

章节顺序	章节名称 Chapters	课时 Hours	知识点	Key Points
7	第6章 波耳兹曼统计(Part 6: Maxwell-Boltzmann Statistics)	6~5	热力学量的统计表达式,理想气体的物态方程推导,麦克斯韦速度分布律,能量均分定理,固体热容量的爱因斯坦理论	Statistical Modeling for Thermodynamics, The equation of state for ideal gas, The Maxwell-Boltzmann Velocity Distribution, The Equipartition Principle, Einstein Theory for the Crystalline Solid
8	习题课(Exercises lesson)	10~6	麦克斯韦 波耳兹曼分布	Maxwell-Boltzmann Distribution
9	第7章 玻色统计和费米统计(Part 7: Bose-Einstein and Fermi-Dirac Statistics)	6~5	弱简并玻色气体和费米气体,光子气体,玻色—爱因斯坦凝聚、金属中的自由电子气体,简并理想费米气体简例	Weak degenerate ideal Bose and Fermi gas, Photon Gas, Bose-Einstein Statistics for the Photon Gas, Thermodynamic Properties of the Electron Gas in metals
10	习题课(Exercises lesson)	2	玻色爱因斯坦分布	Bose-Einstein and Fermi-Dirac Distribution
11	第8章 系综理论(Part 8: The ensemble method of statistical thermodynamics)	4~2	刘维尔定理,实际气体物态方程,正则分布、巨正则分布	Bose-Einstein and Fermi-Dirac Distribution

四、课程特色

注重学生对物理图像和模型的理解,穿插生动的实例使抽象的内容具体化,启发学生用课堂知识解释日常生活中经常接触的热现象;适当引入研究前沿和热点问题的介绍,对课后作业及典型习题进行重点讲评。

4.2.26 热学(B) Thermal Physics (B Level)

Prereq: None

Credits: 2

Mission: Understand fundamental principle and theory of Thermal Physics.

Topics include Temperature and energy, Thermodynamics system and process, The 1st, 2nd and

3rd Laws of thermodynamics, Basic of thermodynamic statistics, Basic of phase and phase transition, etc..

Qing Chen, Shengyong Xu

一、课程基本情况

<table>
<tr><td rowspan="2">课程名称</td><td colspan="12">热学(B)</td><td rowspan="12">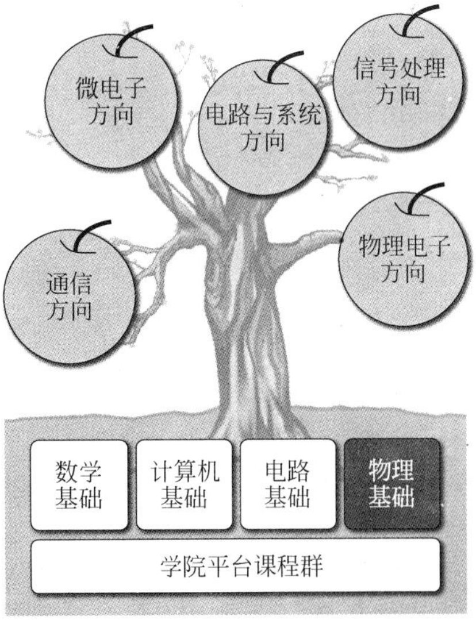
</td></tr>
<tr><td colspan="12">Thermal Physics (B Level)</td></tr>
<tr><td rowspan="2">开课时间</td><td colspan="3">一年级</td><td colspan="3">二年级</td><td colspan="3">三年级</td><td colspan="3">四年级</td></tr>
<tr><td>秋</td><td>春</td><td>夏</td><td>秋</td><td>春</td><td>夏</td><td>秋</td><td>春</td><td>夏</td><td>秋</td><td>春</td><td>夏</td></tr>
<tr><td>适用院系</td><td colspan="12">电子学系,微电子学系,元培学院,工学院等</td></tr>
<tr><td>课程定位</td><td colspan="12">主干基础课</td></tr>
<tr><td>学分</td><td colspan="12">2 学分</td></tr>
<tr><td>总学时</td><td colspan="12">36 学时</td></tr>
<tr><td>先修课程</td><td colspan="12">无</td></tr>
<tr><td>后续课程</td><td colspan="12">热力学统计物理</td></tr>
<tr><td>教学方式</td><td colspan="13">课堂授课为主</td></tr>
<tr><td>课时分配</td><td colspan="13">课堂授课 + 重点习题问题讲解(36 学时)</td></tr>
<tr><td>考核方式</td><td colspan="13">平时作业占 10% ~20%,期中考试占 30%,期末考试占 50% ~60%。其中,期中和期末考试采用闭卷形式</td></tr>
<tr><td>主要教材</td><td colspan="13">刘玉鑫. 热学. 北京: 北京大学出版社,2002</td></tr>
<tr><td>参考资料</td><td colspan="13">1. 李椿,章立源,钱尚武. 热学. 北京: 高等教育出版社,2002
2. 赵凯华,罗蔚茵. 热学. 北京: 高等教育出版社,2000</td></tr>
<tr><td>其他信息</td><td colspan="13"></td></tr>
<tr><td>大纲提供者</td><td colspan="13">陈清</td></tr>
</table>

二、教学目的和基本要求

本课程介绍热物理学的基本概念和规律、典型现象和应用。对定律进行分析,对概念、现象和规律进行讨论,适度拓展基本规律在当代科学前沿和现实生活中的应用。

通过本课程的学习,学生将掌握热物理学的基本概念和规律,可以用这些概念和规律解释一些科研和实际问题,对相关的物理学分析和研究方法有所了解。

三、课程大纲和知识点

章节顺序	章节名称 Chapters	课时 Hours	知 识 点	Key Points
1	热学基本概念(Basic concepts on thermodynamics)	6	温度与热力学第零定律,理想气体状态方程,理想气体压强与温度的微观意义,实际气体的状态方程	Temperature,the 0th law of thermodynamics
2	热平衡态的统计分布(Statistical distribution of thermal equilibium)	8	统计基础,麦克斯韦分布,玻尔兹曼分布,能量均分定律,费米气体、玻色气体实例	The Maxwell speed distribution and velocity distribution, the Bose-Einstein distributions; the Fermi-Dirac distributions the equipartitiontheorem
3	输运过程——近平衡态(Transport process near equilibrium)	4	近平衡态中的输运过程及宏观规律,气体分子的碰撞及其平均自由程,气体中输运现象的微观解释,布朗运动及其引起的扩散,非平衡过程中的一些常见现象简介	Transport Phenomena
4	热力学第一定律(The 1st Law of Thermodynamics)	4	热力学过程和准静态过程,热力学第一定律,气体的摩尔热容量,热力学第一定律对理想气体的应用,循环过程和卡诺循环	The 1st Law of Thermodynamics
5	热力学第二定律与第三定律(The 2nd and 3rd Laws of Thermodynamics)	6	可逆过程与不可逆过程,热力学第二定律,卡诺定理,熵,自由能、吉布斯函数和热力学第三定律	The 2nd Law of Thermodynamics, the 3rd Law of Thermodynamics
6	物质聚集态(Matter aggregation state)	6	物质的状态,固体,液体,相变	Phase and Phase Transition

4.2.27 声场与声信号处理导论 Introduction to Acoustical Field and Acoustical Signal Processing

Prereq: Mathematical Methods of Physics, Signals and systems, Circuit analysis

Credits: 3

Mission: Understand fundamental principle and theory of acoustical field and wave propagation, as well as transmitting and receiving of acoustical signals, grasp basic models, methods and techniques of acoustical signal processing, have knowledge of typical acoustical signal processing systems.

Topics include principle and theory of acoustical field and wave propagation in mediums, acoustical signal channels, transduction principles, spatial acoustical signal processing, typical acoustical signal processing systems and techniques.

Zhaohui LI

一、课程基本情况

课程名称	声场与声信号处理导论 Introduction to Acoustical Field and Acoustical Signal Processing	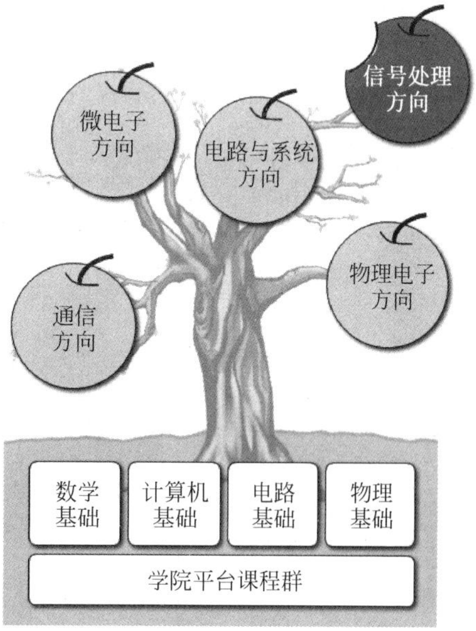
开课时间	一年级（秋 春 夏） 二年级（秋 春 夏） 三年级（秋 春 夏） 四年级（秋 春 夏）	
适用院系	电子学系、微电子学系、元培学院、物理学院、工学院	
课程定位	专业核心课	
学分	3 学分	
总学时	54 学时	
先修课程	数学物理方法，信号与系统，电路分析	
后续课程		
教学方式	课堂授课为主	
课时分配	课堂授课(42～48 学时)＋文献阅读(6～12 学时)	
考核方式	平时作业占 10%，文献综述占 30%，期末考试占 60%。其中，期末考试采用闭卷形式	
主要教材	李朝晖. 声场与声信号处理导论. 自编讲义	
参考资料	1. 杜功焕，朱哲民，龚秀芬. 声学基础. 2 版. 南京：南京大学出版社，2001 2. Lawrence E Kinsler, Austin R Frey, Alan B Coppens, James V Sanders. Fundamentals of Acoustics. 3rd ed. John Wiley & Sons, 1982. 3. 栾桂冬，张金铎，王仁乾. 压电换能器与换能器阵. 北京：北京大学出版社，2005	
其他信息		
大纲提供者	李朝晖	

二、教学目的和基本要求

1. 使学生理解声场与声波传播的基本规律，以及声信号发生、接收的基本原理。
2. 使学生掌握声信号处理的基本模型、方法和技术，了解典型的声信号处理系统。

3. 培养学生的独立思考能力、科学思维方法和求知创新精神。

三、课程大纲和知识点

章节顺序	章节名称 Chapters	课时 Hours	知识点	Key Points
1	振动理论(Principles of vibration)	8 ~ 4	简单振子系统的振动规律,力阻抗,等效机械回路分析,振动控制原理	Vibration laws of simple vibrators; Mechanical impedance; Analysis method of equivalent mechanical circuits; Principles of vibration control
2	声场与波(Principle and theory of acoustical field and wave propagation)	10 ~ 6	流体媒质、固体媒质中的声波方程; 直角、柱、球坐标系下声波方程的解,固体媒质中的纵波、横波与自由表面上的声表面波,弹性体中的声驻波	Sound wave equations for liquid and solid mediums; Solutions to wave equations in different coordinates; Compressing and shear waves in solid medium, as well as surface wave on free surface of solid medium; Sound standing wave in elastic bodies
3	声信道(Acoustical channels)	6 ~ 4	声信道的空时脉冲响应,无限大媒质的声信道,有界媒质的声信道,波导声信道	Spatial-time impulse responses of acoustical channels; Channel property of infinite medium; Channel property of medium boundary; Wave guides
4	换能原理(Transduction theorems)	8 ~ 4	换能器的双端口网络分析,发射接收换能器的性能分析,压电换能原理	Two port network models for transducer analysis; Performance analyses of transmitting and receiving transducers; Theorems of piezoelectric transduction
5	空间声信号处理(Spatial acoustical signal processing)	6 ~ 4	换能器及阵列的指向性,相控阵波束形成与聚焦原理,自适应波束形成与动态聚焦技术	Directivity of transducers and arrays; Beamforming and focusing techniques of phased arrays; Adaptive beamforming and dynamic focusing techniques
6	应用声信号处理技术(Applications of typical acoustical signal processing techniques)	6 ~ 4	典型的应用声信号处理系统模型,声目标探测技术,声成像技术,声通信技术与声测量技术	Typical acoustical signal processing system models; Acoustical target detection techniques; Acoustical imaging techniques; Acoustical communication techniques; Acoustical measurement techniques
7	文献阅读(Literature reading)	12 ~ 6	最新的声信号处理技术及其应用	New technologies or applications of acoustical signal processing

四、课程特色

1. 结合声信号处理典型应用系统,如声呐信号处理、医学超声信号处理、超声探伤信号处理、地震勘探信号处理、语音信号处理等领域的实际,从信号系统的角度出发,介绍声信号的产生、演化和接收过程及其模型，包括媒质的声信道模型、换能器的时域响应模型、发射接收阵列的空间响应模型；在此基础上，介绍典型的信号处理技术及其应用。重视培养学生的自主学习兴趣和求知创新精神。

2. 设置文献阅读环节，使学生了解最新的声信号处理技术发展及其应用。

3. 采用北京大学特色的自编讲义，同时可以参考国内外优秀教材。

4.2.28　数学物理方法 Methods of Mathematical Physics

Prereq: Advanced Mathematics (Mathematical Analysis), Linear Algebra (Advanced Algebra), Electromagnetism

Credits: 3

Mission: Understand the fundamental principle and theory of mathematical physics, including a tutorial to analytic function theory, ordinary differential equations, definite integration, and etc.. It course provides comprehensive knowledge to future study of electronic and microelectronic engineering.

Covers electronic and microelectronic engineering.

Topics include functions of complex variable; analytic function; complex integration; infinite series; residue theorem and its application; ordinary differential equations, special functions within different coordinates.

Chao Peng

一、课程基本情况

<table>
<tr><td rowspan="2">课程名称</td><td colspan="12">数学物理方法</td></tr>
<tr><td colspan="12">Methods of Mathematical Physics</td></tr>
<tr><td rowspan="2">开课时间</td><td colspan="3">一年级</td><td colspan="3">二年级</td><td colspan="3">三年级</td><td colspan="3">四年级</td></tr>
<tr><td>秋</td><td>春</td><td>夏</td><td>秋</td><td>春</td><td>夏</td><td>秋</td><td>春</td><td>夏</td><td>秋</td><td>春</td><td>夏</td></tr>
<tr><td>适用院系</td><td colspan="12">电子学系，微电子学系</td></tr>
<tr><td>课程定位</td><td colspan="12">专业必修课、主干基础课</td></tr>
<tr><td>学分</td><td colspan="12">3 学分</td></tr>
<tr><td>总学时</td><td colspan="12">64 学时</td></tr>
<tr><td>先修课程</td><td colspan="12">高等数学（数学分析），线性代数（高等代数），电磁学</td></tr>
<tr><td>后续课程</td><td colspan="12">电动力学，量子力学，半导体器件物理，热力学与统计物理</td></tr>
</table>

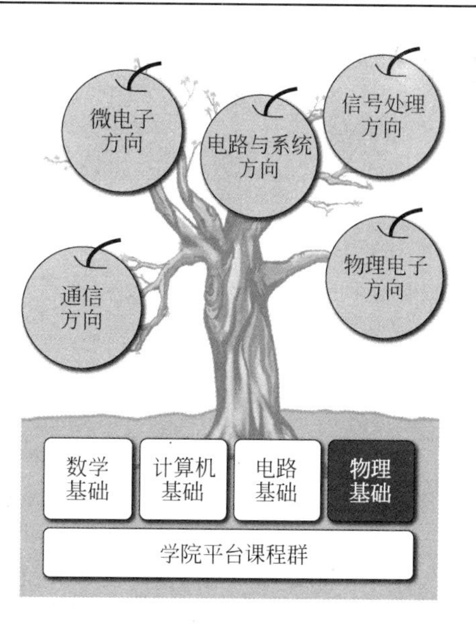

续表

教学方式	课堂授课为主,专题与习题辅导为辅
课时分配	课堂授课(56学时)+专题与习题辅导等(8学时)
考核方式	平时作业占30%,期中考试占30%,期末笔试占40%
主要教材	1. 吴崇试. 数学物理方法. 2版. 北京:北京大学出版社,2003 2. 郭敦仁. 数学物理方法. 2版. 北京:高等教育出版社,1991 3. 梁昆淼. 数学物理方法. 3版. 北京:高等教育出版社,1998
参考资料	电子资源,每次授课后于课程网站上更新
其他信息	
大纲提供者	彭超,高春媛

二、教学目的和基本要求

1. 本课程是"数学物理方法(上)"和"数学物理方法(下)"的精炼,介绍学习物理理论课程所需的数学物理方法的一些基础知识。

2. 使学生掌握解析函数理论概要,能熟练应用于求解有关的常微分方程和计算定积分。

3. 要求学生能够熟练掌握数学物理方程的主要解法——分离变量法、积分变换以及基本特殊函数的主要性质及其应用。

三、课程大纲和知识点

章节顺序	章节名称 Chapters	课时 Hours	知识点	Key Points
1	复数和复变函数(Complex numbers and functions of complex variables)	2	复数及其运算规则,复数的几何表示,辐角的多值性,复数序列,复变函数,复变函数的极限和连续,无穷远点	Complex numbers and its operation rules, geometric representation, multi-value of the argument, complex series, functions of complex variables, Infinite point
2	解析函数(Analytic function)	8~4	复数的导数,微商与微分,Cauchy-Riemann条件,解析函数,初等函数,多值函数,解析函数的几何性质*,保角变换	Derivative and differential of complex numbers, Cauchy-Riemann condition, analytical function, multiple valued function, geometric properties of analytic functions*, conformal transformation
3	复变积分(Complex Integration)	6~4	复变积分,Cauchy定理,Cauchy积分公式,Cauchy型积分及含参量积分的解析性,Cauchy积分公式的几个重要推论,解析函数的高阶导数公式	Complex integration, Cauchy theorem, Cauchy integration formula, Cauchy integration and its analysis, inferences of Cauchy integration formula, Higher derivative formula of analytic function

续表

章节顺序	章节名称 Chapters	课时 Hours	知识点	Key Points
4	无穷级数(Infinite Series)	4~2	复数级数,幂级数,解析函数的Taylor展开,解析函数的Laurent展开	Complex series, Power series, Taylor expansion of analytic function, Laurent expansion of analytic function
5	留数定理及应用(Residue theorem and application)	8~4	留数定理,应用留数定理计算定积分,*几个常用的引理:大圆弧/小圆弧引理	Residue theorem, Definite integration calculation with residue theorem, Large arc lemma, small arc lemma
6	二阶线性常微分方程的幂级数解法(Power series solutions of 2nd order linear ordinary differential equation)	4~2	二阶线性常微分方程的常点和奇点,在方程常点邻域内的解,在方程正则奇点邻域内的解,Bessel方程的解	The regular point and singularity of 2nd order linear ordinary differential equation; solution in the field of regular point and singularity, solutions of Bessel equation
7	数学物理方程和定解条件(Mathematical physics equation and the boundary conditions)	4~2	弦的横振动方程,杆的纵振动方程,热传导方程,稳定问题,边界条件与初始条件,内部界面连接条件,定解问题适定性	Transverse vibration equation of strings, longitudinal vibration equation of bars, heat conduction equation, stability problem; boundary conditions and initial conditions, internal interface conditions; fixed solution problem's well-posedness
8	分离变量法(Method of variables separation)	6~4	两端固定弦的自由振动,矩形区域内的稳定问题,两端固定弦的强迫振动,非齐次边界条件的齐次化	Free vibration, force vibration of fixed string at both ends, stability of rectangular area; non homogeneous boundary condition of the homogeneous;
9	正交曲面坐标系(Orthogonal curvilinear coordinate systems)	6~2	正交曲面坐标系,正交曲面坐标系中的Laplace算符,Laplace算符的平移、转动和反射不变性,Helmholtz方程在柱坐标系下的分离变数,Helmholtz方程在球坐标系下的分离变数,圆形区域	Orthogonal curvilinear coordinate systems; orthogonal curvilinear coordinate systems in the Laplace operator; the Laplace operator translation, rotation and reflection invariance; Helmholtz equation in cylindrical coordinates; Helmholtz equation in spherical coordinate system; circular area

续表

章节顺序	章节名称 Chapters	课时 Hours	知 识 点	Key Points
10	球函数(Spherical function)	6~4	Legendre方程的解,Legendre多项式,Legendre多项式的基本性质,Legendre多项式的微分表示,Legendre多项式的正交完备性,Legendre多项式的生成函数,Legendre多项式的递推关系,Legendre多项式应用举例,连带Legendre函数和球面调和函数	The solutions of Legendre equation, Legendre polynomials; Legendre polynomial differential expression, Legendre polynomial orthogonal polynomials completeness, the generating function of Legendre polynomial, Legendre polynomial recurrence relations; joint Legendre functions and spherical harmonics function
11	柱函数(Cylindrical function)	6~4	Bessel函数的基本性质,Neumann函数,Bessel方程的本征值问题,含Bessel函数的积分,Hankel函数;球Bessel函数	The basic properties of Bessel function; Neumann function; Bessel equation eigenvalue problem; Bessel integral; Hankel function; spherical Bessel functions
12	Sturm-Liouville型方程(Sturm-Liouville type equations)	6~4	自伴算符的本征值问题,Sturm-Liouville型方程的本征值问题,从Sturm-Liouville型方程本征值问题看分离变数法	Self-adjoint operator eigenvalue problem; Sturm-Liouville type equation eigenvalue problem; the method of separation of variables from type Sturm-Liouville equation eigenvalue
13	Green函数法(Green function method)	6~4	Green函数的概念,常微分方程初值问题的Green函数,稳定问题Green函数的一般性质,三维无界空间Helmholtz方程的Green函数	Green function; initial value problems of ordinary differential equations in Green function; stability problem of Green function; three-dimensional unbounded space Helmholtz equation's Green function
14	二阶线性偏微分方程的其他解法(Other solution of 2nd order linear partial differential equation)	4~2	保角变换法,变分法	The method of conformal transformation; variation method

四、课程特色

1. 本课程为信息学院所开设,物理学院和元培学院的学生也可以选修。本课程包括解析函数、常微分方程的级数解法和积分变换法、Γ函数和δ函数、二阶线性偏微分方程的基本解法,以及基本特殊函数的主要性质及其应用。

2. 考虑到信息学院学生的需要,本课程适当加强对积分变换等的介绍和常用二阶线性偏微分方程基本解法的具体应用,因而涉及先行课程高等数学和普通物理的内容,又与后续课程密切相关。

3. 学生在学习本课程之后，可以对基本的传输现象进行物理简化和建模，对一般的电、热、磁、力等问题进行数学求解。

4.2.29 数字逻辑电路 Digital Logic Circuits

Prereq: Advanced Mathematics, Electromagnetism, Principle of Circuit Analysis

Credits: 4

Mission: Provide the student with the fundamental concepts and skills necessary to analyze and design combinational and sequential logic circuits. It also introduces the student to the use of Hardware Description Language (VHDL), ROM, RAM, and Field-Programmable Gate Arrays (FPGA) to describe and design digital logic systems.

Covers electrics, electronics and engineering.

Topics include Number Systems, Binary Arithmetic and Binary Codes. Boolean Algebra and Karnaugh Maps, CMOS and TTL implementation of Logic Gates. Electrical characteristics of Logic Gates. Analysis and Design of Combinational Logic Circuits. Introduction to VHDL. Latches, Flip-Flops, Registers and Counters. Analysis and Design of Sequential Logic Circuits. Practice of Sequential Logic Circuit Design Using VHDL. Digital System Performance: Power Dissipation, Speed and Propagation Delay, Memory and PLDs, Data Converters.

Wu Luo, Xiaohui Duan, Wei Jiang, Lu Liu and Xinyu Mao

一、课程基本情况

<table>
<tr><td rowspan="2">课程名称</td><td colspan="12">数字逻辑电路</td><td rowspan="10">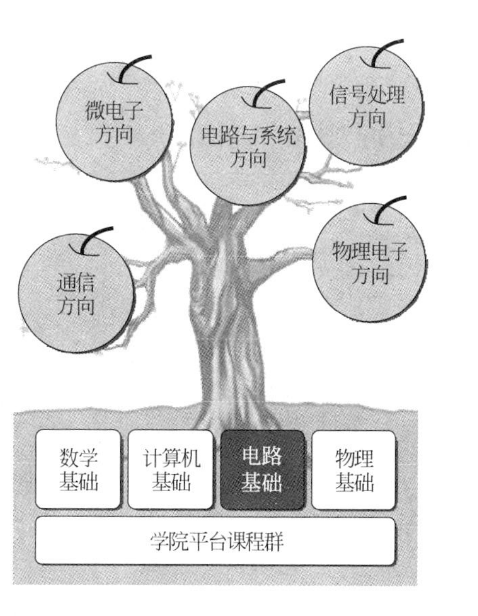
</td></tr>
<tr><td colspan="12">Digital Logic Circuits</td></tr>
<tr><td rowspan="2">开课时间</td><td colspan="3">一年级</td><td colspan="3">二年级</td><td colspan="3">三年级</td><td colspan="3">四年级</td></tr>
<tr><td>秋</td><td>春</td><td>夏</td><td>秋</td><td>春</td><td>夏</td><td>秋</td><td>春</td><td>夏</td><td>秋</td><td>春</td><td>夏</td></tr>
<tr><td>适用院系</td><td colspan="12">电子学系，微电子学系，元培学院，物理学院</td></tr>
<tr><td>课程定位</td><td colspan="12">主干基础课，专业核心课</td></tr>
<tr><td>学分</td><td colspan="12">4 学分</td></tr>
<tr><td>总学时</td><td colspan="12">80 学时。每周 5 学时，共 16 周</td></tr>
<tr><td>先修课程</td><td colspan="12">电磁学，微电子电路导论，电路分析原理</td></tr>
<tr><td>后续课程</td><td colspan="12">数字逻辑电路实验，信号与系统，可编程逻辑电路，电子系统设计</td></tr>
</table>

续表

教学方式	大班讲授,小班讨论,课下上机
课时分配	大班授课(48 学时)+小班研讨(32 学时)
考核方式	Homework 10% + Discussion 30% + Midterm exam 20% + Final exam 40% All exams are closed-book
主要教材	1. J F Wakerly. Digital Design: Principles & Practices. 4th Ed. 影印版. 北京: 高等教育出版社,2007 2. J F Wakerly. 数字设计: 原理与实践. 4 版. 林生,等译. 北京: 机械工业出版社,2008
参考资料	1. M Mano. Logic & Computer Design Fundamentals. 4th Ed. Prentice Hall,2008 2. Jr. C H Roth. Fundamentals of Logic Design. 6th Ed. Cengage Learning,2009 3. 刘宝琴. 数字电路与系统. 2 版. 北京: 清华大学出版社,2007 4. R H Katz. Contemporary Logic Design. 2nd Ed. Prentice Hall,2004 5. 卢毅,赖杰. VHDL 与数字电路设计. 北京: 科学出版社,2003
其他信息	http://course.pku.edu.cn/webapps/login/
大纲提供者	罗武

二、课程基本情况

1. 学习并掌握二进制数制、编码和布尔代数。

2. 学习逻辑电路与逻辑代数的差异,掌握数字电路的输入输出特性。

3. 掌握数字逻辑电路即组合逻辑电路和时序逻辑电路分析与设计的基本原理和基本方法,锻炼学生的逻辑思维能力,培养逻辑电路分析和设计能力。

4. 熟悉组成数字系统的各类器件包括 SSI、MSI、MEMORY、ADC/DAC、CPLD 和 FPGA 器件的功能和使用方法,学习使用硬件描述语言 VHDL 进行数字逻辑电路设计的流程和方法,初步掌握数字系统的设计方法。

三、教学大纲和知识点

章节顺序	章节 Chapters	课时 Hours	知识点	Key Points
1	数制与编码	4	课程概述,数字电路与代码,无符号数的二进制编码,十进制数的二进制编码,有符号数的二进制编码,原码、反码、补码,检错码和纠错码,字符编码	Concept of Digital Circuits, Classification of Digital Circuits and Device; The Binary Expression of Unsigned Numbers; The Binary Expression of Decimal Numbers; The Binary Expression of Unsigned Numbers, Sign-magnitude, 1's Complement, 2's Complement and the Operation Between Them; Error-detecting Code and Error-correcting Code; Character Codes

续表

章节顺序	章节 Chapters	课时 Hours	知 识 点	Key Points
2	逻辑门电路：CMOS 与 TTL 门电路	6	CMOS 逻辑与 CMOS 电路，CMOS 电路电气特性与器件特性，TTL 逻辑与 TTL 电路，TTL 与 CMOS 三态门	CMOS Logic and CMOS Circuits; Electrical Behavior of CMOS Circuits and Characteristics of CMOS Devices; TTL Logic and TTL Circuits; TTL and CMOS Tristate Gate
3	组合逻辑电路设计原理	4	逻辑代数公理、定理与规则，逻辑函数的标准形式；逻辑函数的化简，组合电路的分析与综合，组合逻辑电路的竞争与冒险	Principle of Combinational Logic Circuit Design: Axiom, Theorem and Rules of Logic Algebra; Standard Forms of Logic Functions; Combinational Circuit Analysis and Synthesis; Timing Hazards of Combinational Circuits
4	组合逻辑电路设计实践	6	组合逻辑电路的 VHDL 设计，常用组合逻辑电路，编码器、译码器、三态门，选择器、分配器、比较器、(逐位/超前进位)加法器、ALU、乘法器等	Practice of Combinational Logic Circuit Design: Common Combinational Circuits and Application: Encoder, Decoder, Selector, Multiplexer, Comparator, (Carry Lookahead/Ripple) Adder, Arithmetic Logic Unit, Multiplier; VHDL Program for Combinational Circuits
5	时序逻辑电路	6	锁存器：RS Latch，亚稳定现象； 触发器：DFF, TFF, J-KFF *，触发器的 VHDL 描述； 常用时序逻辑电路：计数器，计数器控制电路和应用，移位寄存器等，计数器的 VHDL 描述	Sequential Logic Circuits: Feedback Loop and Bistable Circuit, Metastable State Phenomenon; Monostabtle and Astable Circuit; Latch and Flip-Flop: DFF, TFF, J-KFF *; VHDL Description Of Latch; Counter: Asynchronism, Synchronism, BCD Code, Left-shift-bit Counter; Control Circuit of Counters and Typical Example of Integrated Counter; Shift-register; VHDL Program for sequential Circuits
	期中考试	2		Mid-Term Exam
6	时序逻辑电路设计原理	6	状态机：Mealy 机与 Moore 机，状态转移图，状态转换表；同步状态机(时序电路)分析；同步状态机(时序电路)设计；反馈时序电路(异步时序电路)分析与设计	Principle of Sequential Logic Circuit Design: Finite State Machine: Mealy and Moore Machine; State Diagram, State Transition/Output Table; Synchronous Sequential Circuit Analysis; Synchronous Sequential Circuit Design; Feedback Sequential Circuits; Feedback Sequential Circuit Design

续表

章节顺序	章节 Chapters	课时 Hours	知 识 点	Key Points
7	时序逻辑电路设计实践	4	同步时序电路的VHDL设计,同步时序系统的定时特性,同步时序系统结构、设计方法,同步时序系统故障与亚稳定性	Practice of Synchronous Sequential Logic Circuit Design Examples Using VHDL; Timing Diagrams and Characteristics in Synchronous Sequential Logic Circuit; Breakdown and Metastable State of Synchronous Sequential Logic Circuit
8	存储器、可编程逻辑电路	4	只读存储器: PROM/EPROM/EEPROM/Flash,随机存取存储器,SRAM、DRAM、SAM; 可编程逻辑器件 PAL 和 GAL; CPLD 和 FPGA	Memory and PLDs: ROM: PROM/EPROM/EEPROM/Flash Memory Random Access Memory: SRAM,DRAM and SAM Simple PLD: PAL and GAL; LargeScale PLD: CPLD and FPGA
9	ADC 与 DAC	4	DAC 原理,ADC 原理,数据转换器性能参数,ADC 采样和混叠,DAC 信号重构	Principle of Data Converters,Common ADC architectures,Common DAC architectures; Data Converter Performance Metrics; ADC Sampling & Aliasing; DAC Construction
	期末考试	2		Final Exam
	总计	48		

4.2.30 数字逻辑电路(实验班)Digital Logic Circuits (Honor Track)

Prereq: Principles of Circuit Analysis

Credits: 4

Mission: Understand fundamentals of digital logic and digital devices, Enable the students to master the analysis and design methodologies of digital circuits including combinational logic circuits and sequential logic circuits. After basic principles and system design flow has been covered, the system design is best taught by using examples and practices, for this reason, a real world related project would be modeled by VHDL and demonstrated on a FPGA board by each group of the students.

Covers electrics, electronics and engineering.

Topics include logic algebra, CMOS/TTL circuit model, combinational logic, sequential logic, digital system model, digital system design flow, VHDL, FPGA, Memory, AD/DA and Asynchronous Logic circuits.

Xiaohui Duan

一、课程基本情况

<table>
<tr><td rowspan="2">课程名称</td><td colspan="12">数字逻辑电路(实验班)</td></tr>
<tr><td colspan="12">Digital Logic Circuits (Honor Track)</td></tr>
<tr><td rowspan="2">开课时间</td><td colspan="3">一年级</td><td colspan="3">二年级</td><td colspan="3">三年级</td><td colspan="3">四年级</td></tr>
<tr><td>秋</td><td>春</td><td>夏</td><td>秋</td><td>春</td><td>夏</td><td>秋</td><td>春</td><td>夏</td><td>秋</td><td>春</td><td>夏</td></tr>
<tr><td>适用院系</td><td colspan="12">电子学系,微电子学系</td></tr>
<tr><td>课程定位</td><td colspan="12">主干基础课、核心课</td></tr>
<tr><td>学分</td><td colspan="12">4 学分</td></tr>
<tr><td>总学时</td><td colspan="12">80 学时</td></tr>
<tr><td>先修课程</td><td colspan="12">电路分析原理</td></tr>
<tr><td>后续课程</td><td colspan="12">可编程逻辑电路,微机原理</td></tr>
<tr><td>教学方式</td><td colspan="12">课堂授课、小班讨论、项目设计相结合</td></tr>
<tr><td>课时分配</td><td colspan="12">课堂授课(36 学时)+小班讨论(22 学时)+项目设计(22 学时)</td></tr>
<tr><td>考核方式</td><td colspan="12">平时成绩占 40%(作业占 10%、小班讨论占 30%),期中成绩占 20%(笔试),期末成绩占 40%(笔试占 20%,Project 占 20%)。其中,期中和期末考试采用闭卷形式</td></tr>
<tr><td>主要教材</td><td colspan="12">1. John F Wakerly. 数字设计:原理与实践. 4 版. 影印版. 北京:高等教育出版社,2007
2. Nelson. Digital Logic Circuit Analysis & Design(数字逻辑电路分析与设计). 北京:清华大学出版社,1997</td></tr>
<tr><td>参考资料</td><td colspan="12">1. 王楚,沈伯弘. 数字逻辑电路. 北京:高等教育出版社,1999
2. 阎石. 数字电子技术基础. 北京:高等教育出版社,2007</td></tr>
<tr><td>其他信息</td><td colspan="12">http://www. jpk. pku. edu. cn/pkujpk/course/szljdlysy/index. htmhttp://course. pku. edu. cn/</td></tr>
<tr><td>大纲提供者</td><td colspan="12">段晓辉</td></tr>
</table>

二、教学目的和基本要求

1. 使学生掌握数字电路的理论基础和电路基础,熟悉常用数字器件的原理和特性。
2. 使学生掌握数字组合电路和时序电路的基本分析方法和设计方法。
3. 通过自主项目实验,掌握基于 FPGA 开发板的数字系统原型设计方法。
4. 培养学生的独立思考和自主学习能力,锻炼科学思维,激发自主创新精神。

三、课程大纲和知识点

章节顺序	章节名称 Chapters	课时 Hours	知识点	Key Points
1	数字设计概论(Digital Design Overview)	2	数字与模拟,数字系统的组成,数字系统设计方法学,数字创新	Analog vs. Digital, Digital devices, Digital system, Methodology overview, Innovation in the future
2	数制与编码(Number System and Codes)	2	编码器与解码器,数的表示(二进制补码等数制及其运算,非数字量的编码(数字、字符和事件等)),编码的性能	Coder/Decoder, Code for numbers including number systems and its operations like two's complement number system, etc.. Code for non-numeric data including number code, Character code and Action/Event/Condition code, Code performance
3	逻辑代数基础(Switching Algebra)	2	逻辑代数原理,公理与定理,逻辑运算,逻辑代数的应用	Logic algebra, Axioms, Theorems, Operations, and Applications of logic algebra
4	数字门电路——CMOS(Digital Circuits, CMOS)	2	CMOS 逻辑,CMOS 逻辑门电路的直流/交流特性,常用 CMOS 门电路,CMOS 器件系列,CMOS 接口电路	CMOS Logic Signals, CMOS DC/AC Electrical Characteristics, CMOS Logic Gates, CMOS Families, CMOS Interface Circuits
5	数字门电路——TTL(Digital Circuits, TTL)	2	二极管逻辑,晶体管逻辑,晶体管逻辑门电路的直流/交流特性,CMOS/TTL 接口电路	DTL Logic, TTL Logic, TTL DC/AC Electrical Characteristics, CMOS/TTL Interface Circuits
6	组合逻辑分析与设计方法(Combinational Logic Circuit Analysis and Design)	2	逻辑函数的表示方法,组合逻辑电路的分析方法,组合逻辑电路的综合,组合逻辑电路的化简	Logic Functions, Combinational Circuit Analysis, Combinational Circuit Synthesis, Minimization
7	常用组合逻辑器件(Combinational Logic MSI)	2	译码器,编码器,多路选择器,多路分配器,比较器,加法器,奇偶校验器,三态门电路	Decoder, Encoder, Multiplexer, De-multiplexer, Comparator, Adder, Odd/Even Parity Checker, Three-state Gate

续表

章节顺序	章节名称 Chapters	课时 Hours	知识点	Key Points
8	组合逻辑设计实例研究（Combinational Logic Design）	2	组合逻辑电路设计概述，组合电路设计实例研究：单片机外设扩展、编码转换器和算术运算电路，竞争与冒险	Combinational Logic Design Overview, Case Studies Including Microprocessor Peripheral Extension, Conversion Circuits and Arithmetic Circuit, Timing Hazards
9	触发器（Registers）	2	时序电路与存储单元，双稳态电路，寄存器电路包括 S-R 锁存器、D 锁存器、D 触发器、JK 触发器和 T 触发器及其特征方程	Sequential Logic and Storage Cell, Bistable Circuit, Latches including S-R Latch and D Latch, Flip-Flop including DFF, JKFF and TFF, Characteristic Equation of Registers
10	时序逻辑电路分析与设计方法（Sequential Logic Circuit Analysis and Design）	2	时序逻辑电路的模型（Mealy 状态机和 Moore 状态机），时序电路的分析及其时序模型（建立时间、保持时间和最大工作频率），时序电路的设计方法包括状态转换图的设计、状态化简和电路实现，设计方法的进一步讨论包括电路复位、非法状态处理、基于 JK 触发器的时序电路设计、状态赋值和自启动设计	Sequential Logic Models including Mealy and Moore State Machine, Sequential Logic Circuit Analysis, Timing Model including Tsetup, Thold and Fmax, Sequential Logic Circuit Design including State Diagram Design, State Minimization and Circuit Design, Discussion Topics about Reset, Unused States, Using JKFF, State Assignment and Invalid States and Self-Starting
11	常用时序逻辑电路 MSI（Sequential Logic MSI）	2	常用的时序电路 MSI 器件，包括寄存器、移位器和计数器	Sequential Logic MSI including Registers, Shift Registers and Counters
12	时序逻辑设计实例研究（Sequential Logic Design）	2	时序电路设计概述，时序电路设计实例研究：组合锁、汽车尾灯控制器、加/减计数器，N 进制通用计数器和 ADC 控制器	Sequential logic design overview, Case studies including combinational locker, car taillights controller, Up/Down counters, N counter and ADC controller
13	VHDL 电路设计（CAD Tools and VHDL）	3	CAD 工具简介，VHDL 概述，组合电路 VHDL 设计，时序电路 VHDL 设计	CAD Tools, VHDL Overview, Combinational logic design using VHDL, Sequential logic design using VHDL

续表

章节顺序	章节名称 Chapters	课时 Hours	知识点	Key Points
14	数字系统设计——实例研究(Digital System Design-Case Study)	2	数字系统设计流程,自顶向下设计方法,系统划分及架构设计方法(控制器-数据通道模型、ASMD 方法),数据通道结构(串行结构、并行结构和流水线结构),数字系统设计实例研究(计时器、过街红绿灯控制器、ALU 和 CPU)	System design flow, Top-Down methodology, Design partition methodologies including controller/datapath system model and ASMD, Data path models including sequential, parallel and pipeline structures, Case studies including stop watch, crosswalk traffic lights controller, ALU and CPU
15	数字系统——FPGA(System Design-PLD devices)	2	可编程逻辑器件概述,CPLD 器件原理,FPGA 器件原理和 PLD 的应用	PLD overview, CPLD, FPGA and PLD applications
16	数字系统——时钟/存储器/ADDA	3	数字系统中的时钟电路、复位电路和通用输入输出电路,存储器原理包括 ROM、SRAM、DRAM、多口存储器及其应用,ADC 和 DAC 原理	Clock/Reset/Digital IO circuit for digital system, Principles of memory devices including ROM, SRAM, DRAM, Multiport memory and its applications. Principles of ADC and DAC
17	数字系统——异步电脑	2	基本模式反馈电路分析,多时钟数字系统,亚稳态	Analysis method of fundamental-mode asynchronous circuit, Multi-clock digital system, Metastable state

四、课程特色

1. 本课程注重清楚理解和深入掌握基本概念、基本原理和基本方法,注重培养学生批判性的独立思考能力,激发自我学习和持续创新的精神。

2. 本课程紧密结合小班研讨课。研讨小班共有 22 学时、共 11 次,由学生轮流主持,内容包括课程重点回顾、问题答疑和质询以及开放主题报告三部分,其中开放主题报告由学生选择感兴趣的主题进行分别阅读、报告和研讨,主题包括新原理的计算机、数字产品剖析等,在了解最新业界进展的同时,开阔学生的眼界和思路。

3. 本课程以学生组队完成一个解决实际问题的 FPGA 项目作为总体考核要求,要求学生能运用所学的理论知识、分析方法和设计能力,通过项目开题、项目设计和项目验收等环节的考察,在学期后半段的一个月左右的时间内(22 学时),在 FPGA 开发板上完成一个可演示验收的数字系统设计项目,从而在一定的广度和深度上牢固掌握数字系统的设计方法。

4. 通过理论教学、小班讨论和项目实践的综合化教学方法，充分锻炼学生的独立思考、交流协作、自我学习和创新实践的能力。

4.2.31　数字逻辑电路实验 Digital Circuits Lab

Prereq：Digital logic circuits，Electronic Circuit Experiment，Principle of Circuit Analysis

Credits：2

Mission：It is the main basic course and required course for undergraduate students of electronic engineering.

Covers electrics，electronics and engineering.

Topics include gates and basic gates circuits，small system design and programmable devices and circuits.

Jianjun Wu，Xinyuan Liu，Lu Liu，Qiang Guo，Yuxin Chen，Jin Zhou

一、课程基本情况

<table>
<tr><td rowspan="2">课程名称</td><td colspan="12">数字逻辑电路实验</td><td rowspan="12">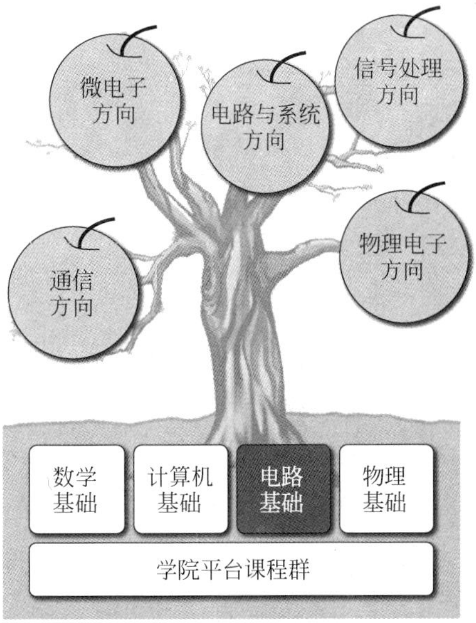</td></tr>
<tr><td colspan="12">Digital Circuits Lab</td></tr>
<tr><td rowspan="2">开课时间</td><td colspan="3">一年级</td><td colspan="3">二年级</td><td colspan="3">三年级</td><td colspan="3">四年级</td></tr>
<tr><td>秋</td><td>春</td><td>夏</td><td>秋</td><td>春</td><td>夏</td><td>秋</td><td>春</td><td>夏</td><td>秋</td><td>春</td><td>夏</td></tr>
<tr><td>适用院系</td><td colspan="12">电子学系，微电子学系，元培学院，物理学院，工学院</td></tr>
<tr><td>课程定位</td><td colspan="12">主干基础课、专业必修课</td></tr>
<tr><td>学分</td><td colspan="12">2 学分</td></tr>
<tr><td>总学时</td><td colspan="12">64 学时</td></tr>
<tr><td>先修课程</td><td colspan="12">数字逻辑电路，电子线路实验，电路分析</td></tr>
<tr><td>后续课程</td><td colspan="12">通信电路实验，微机与接口技术实验</td></tr>
<tr><td>教学方式</td><td colspan="13">实验室教学为主，辅以上机仿真</td></tr>
<tr><td>课时分配</td><td colspan="13">课前讲解（8 学时）+实验操作（56 学时）</td></tr>
<tr><td>考核方式</td><td colspan="13">根据每个实验表现和实验报告评分（实验表现占 60%，实验报告评分占 40%），总分为每个实验分数加权平均值。其中实验表现成绩中，课前预习占 10%，课前讨论占 5%，课堂表现占 85%。考勤当次迟到扣 5%，旷课扣 10%</td></tr>
<tr><td>主要教材</td><td colspan="13">数字逻辑电路实验课程组. 数字逻辑电路实验. 北京：北京大学出版社，2008</td></tr>
</table>

续表

参考资料	王楚,沈伯弘. 数字逻辑电路. 北京:高等教育出版社,1999
其他信息	http://www.jpk.pku.edu.cn/pkujpk/course/dlfxyl/ http://course.pku.edu.cn/webapps/login/
大纲提供者	吴建军,刘新元

二、教学目的和基本要求

1. 使学生掌握数字逻辑电路分析和设计的基本原理和基本方法。

2. 使学生能灵活运用所学原理和方法,分析和设计数字逻辑系统。

3. 通过科学而系统的实验训练,培养学生的逻辑思维能力、分析和解决问题的能力,培养学生知识自我更新和不断创新的能力。

三、课程大纲和知识点

实验顺序	实验名称 Projects	课时 Hours	知识点	Key Points
1	逻辑门电路测试之一(Logic gates test: 1/2)	8 ~ 4	门电路,静态参数,负阻效应	Gate, Static parameters, Negative resistance effect
2	逻辑门电路测试之二(Logic gates test: 2/2)	2 ~ 2	门延迟,环形振荡器法,脉冲形成法,仪器误差修正	Gate delay, Measurement methods using ring oscillator or pulse generator, Instrument measure error correction
3	单稳态电路与无稳态电路(Monostable and oscillator circuit)	4 ~ 4	单稳态,双稳态,无稳态	Monostable circuit, Bistable circuit, Oscillator circuit
4	晶体振荡器(Crystal oscillator)	2 ~ 2	多模现象,串联谐振,并联谐振	Multimode phenomenon, Series resonance, Parallel resonance
5	组合逻辑电路的应用(Applications of combinational circuits)	4 ~ 4	分配器,多路选择器,比较器	Splitter, Multiplexer, Comparator
6	计数器和脉宽测量(Counter and pulse width measurement)	4 ~ 4	计数器,锁存器,防抖动电路	Counters, Flip-flop & latch, Jitter-free circuits
7	同步时序系统设计(Design of synchronous sequential system)	14 ~ 10	同步时序规范设计,子系统调试,竞争冒险	Synchronous timing design, Subsystem debugging, Race and hazard phenomenon

续表

实验顺序	实验名称 Projects	课时 Hours	知识点	Key Points
8	单次触发异步时序系统设计(Design of single-trigged asynchronous sequential system)	4～4	异步时序设计,状态转移	Asynchronous timing design, State transition
9	程序控制反馈移位寄存器(Program-controlled Feedback shift registers)	6～4	异步时序设计,状态转移	Asynchronous timing design, State transition
10	m 序列(M-sequence)	4～4	M 序列,全零检测,自相关函数	M-sequence, All-zero detection, Auto-correlation function
11	数字锁相环(Digital phase-locked loop)	4～4	数字锁相,反馈电路,锁相环原理	Digital phase locking, Feedback circuit, Principle of Phase-locked loop
12	模数与数模转换(AD/DA converter)	4～4	AD/DA,单片机,控制逻辑	Analog-to-Digital Converter, Digital-to-Analog Converter, Microcontrollers, Control logic
13	同步时序系统设计仿真(Simulation of synchronous sequential system design)	4～2	OrCAD,仿真软件Pspice,同步时序系统设计	OrCAD, Pspice, Synchronous sequential system design
14	程序控制反馈移位寄存器仿真(Simulation of program-controlled Feedback shift registers)	4～2	反馈移位寄存器,程序控制	Feedback shift registers, Program control

四、课程特色

1. 发扬理科特色,注重基础,强调教学与科研相结合、与工程实践结合,融入新技术,加强实践环节,培养学生的原创能力。

2. 以主流技术为载体,与基本理论和规律融合,提出实验课内容的骨架。建立并完善了三个层次(基本门电路、小系统设计、可编程器件与电路)研究型、分析设计型实验课程的内容体系。

4.2.32　数字信号处理 Digital Signal Processing

Prereq: Signals and Systems

Credits: 3

Topics include Concept of digital signal processing; Discrete fourier transform; Fast fourier transform; Structures for the digital filter; Filter design for the IIR and FIR filter; Multirate digital signal processing; Finite word length effects in DSP.

Yong Shang, Yuxin Cheng

一、课程基本情况

<table>
<tr><td rowspan="2">课程名称</td><td colspan="12">数字信号处理</td></tr>
<tr><td colspan="12">Digital Signal Processing</td></tr>
<tr><td rowspan="2">开课时间</td><td colspan="3">一年级</td><td colspan="3">二年级</td><td colspan="3">三年级</td><td colspan="3">四年级</td></tr>
<tr><td>秋</td><td>春</td><td>夏</td><td>秋</td><td>春</td><td>夏</td><td>秋</td><td>春</td><td>夏</td><td>秋</td><td>春</td><td>夏</td></tr>
<tr><td>适用院系</td><td colspan="12">电子学系,微电子学系,智能科学系,元培学院</td></tr>
<tr><td>课程定位</td><td colspan="12">专业选修课</td></tr>
<tr><td>学分</td><td colspan="12">3 学分</td></tr>
<tr><td>总学时</td><td colspan="12">72 学时</td></tr>
<tr><td>先修课程</td><td colspan="12">信号与系统</td></tr>
<tr><td>后续课程</td><td colspan="12">通信原理</td></tr>
<tr><td>教学方式</td><td colspan="12">课堂授课为主</td></tr>
<tr><td>课时分配</td><td colspan="12">课堂授课(54 学时) + 实验课(18 学时)</td></tr>
<tr><td>考核方式</td><td colspan="12">平时成绩 + 实验大作业 + 期末考试。其中,期末考试采用闭卷形式</td></tr>
<tr><td>主要教材</td><td colspan="12">程佩青. 数字信号处理教程. 北京: 清华大学出版社,2007</td></tr>
<tr><td>参考资料</td><td colspan="12">1. Richard G Lyons. Understanding Digital Signal Processing. 2nd Ed. Prentice Hall,2004
2. A V Oppenheim. Digital Signal Processing. Pearson,1975
3. S J Orfanidis. Introduction to Signal Processing. Prentice Hall,1995</td></tr>
<tr><td>其他信息</td><td colspan="12"></td></tr>
<tr><td>大纲提供者</td><td colspan="12">尚勇,程宇新</td></tr>
</table>

二、教学目的和基本要求

1. 使学生掌握数字信号处理的基本原理和基本分析方法。
2. 使学生能应用所学原理和方法去分析常见的数字信号系统。

三、课程大纲和知识点

章节顺序	章节名称 Chapters	课时 Hours	知识点	Key Points
1	数字信号处理概述(Introduction to digital signal processing)	6~4	数字信号的概念,模数变换(ADC),数模变换(DAC),抽样与重构	Concept of digital signal, analog-to-digital converter, digital-to-analog converter, sampling and reconstruction
2	离散傅里叶变换(Discrete fourier transform)	10~6	离散傅里叶级数(DFS)的定义,DFS的性质,DFT的定义,DFT的性质,圆周卷积,重叠相加法,重叠保留法,频率分辨力,频谱泄漏,栅栏效应,频域抽样与重构	Discrete fourier series, properties of discrete fourier series, Discrete fourier transform, properties of discrete fourier transform, circular convolution, overlap-add method, overlap-save method, resolution of frequency, spectrum leakage, picket fence effect, frequency sampling and reconstruction
3	快速傅里叶变换(Fast Fourier Transform)	8~4	FFT定义,按时间抽选基-2FFT算法,按频率抽选基-2FFT算法,IDFT的快速算法,混合基FFT,基-4FFT,分裂基FFT	Fast fourier transform, decimation-in-time radix-2 FFT, decimation-in-frequency radix-2 FFT, fast calculation method of IDFT, mixed radix FFT, radix-4 FFT, split-radix FFT
4	离散时间LTI系统的变换域分析(LTI discrete-time systems in the Transform Domain)	4~2	滤波的概念,频率响应,传递函数,最大和最小相位延迟系统,全通滤波器	The concept of filtering, the frequency response, the transfer function, minimum-phase and maximum-phase transfer functions, all-pass filters
5	数字滤波器结构(Structures for the digital filter)	6~4	IIR滤波器的基本结构,FIR滤波器的基本结构,数字滤波器的格型结构	Basic structures for IIR filters, basic structures for FIR filters, the lattice structures

续表

章节顺序	章节名称 Chapters	课时 Hours	知识点	Key Points
6	IIR 滤波器的设计(Filter design for the IIRfilter)	10~6	滤波器设计简介,模拟滤波器设计概述,冲激响应不变法,双线性变换法,频率变换法,IIR 滤波器设计举例	Introductions to filter design techniques, basic continuous-time filters, the transform by impulse invariance, bilinear transformations, the frequency transposition, IIR filters design examples
7	FIR 滤波器的设计(Filter design for the IIR filter)	8~4	线性相位 FIR 滤波器的特点,穿函数设计法,频率抽样设计法,最优化设计法	Properties of the linear phase FIR filter, design FIR filters by windowing, design FIR filters by frequency sampling, optimum approximations for FIR filter
8	多速率信号处理基础(Multirate digital signal processing)	6~4	信号抽取和内插的基本特性,抽取和内插中的滤波器,多相分解和多相结构,数字滤波器组基本概念	The basic principle of Up-sampling and down-sampling, filtering in sample rate alteration systems, the polyphase decomposition and the polyphase structures; the concept of digital filter banks
9	数字信号处理中的有限字长效应(Finite word-length effects in DSP)	4~2	二进制数表示法,量化和量化误差,A/D 变化器量化效应,滤波器系数量化效应,运算过程中的有限字长效应	The representation of binary digit, the quantization process and error, the quantization error for A/D convertor, finite word length effects for filter coefficients, finite word length effects for computation in DSP
10	实验 1 (Project 1)	8~6	FFT 实现与应用	Implementation and applications of FFT
11	实验 2 (Project 2)	8~6	IIR 滤波器的设计和应用	Design and applications for IIR filters
12	实验 3 (Project 3)	6~4	FIR 滤波器的设计和应用	Design and applications for FIR filters

4.2.33　数字信号处理实验 Digital Signal Processing Lab

Prereq: Digital Signal Processing, Laboratory for Micro Computer and Interface Technology, Digital Circuits, C Programming Language

Credits: 2

Mission: Understand DSP technology and application, able to develop program on typical DSP platform under integrated development environments, able to design and implement typical signal processing algorithms on DSP system, able to design basic DSP system.

Covers electronics and engineering, signal processing, communication engineering.

Topics include overview of DSP, typical DSP platform, typical DSP development environment, FIR filter, IIR filter, FFT, DSP signal source and optional projects.

Mingke Dong, Lili Ma

一、课程基本情况

课程名称	数字信号处理实验 Digital Signal Processing Lab
开课时间	一年级：秋 春 夏 二年级：秋 春 夏 三年级：秋 春 夏 四年级：**秋** 春 夏
适用院系	电子学系、微电子学系、元培学院、物理学院
课程定位	专业选修课
学分	2 学分
总学时	56 学时
先修课程	数字信号处理、微机原理与接口技术实验、数字电路、C 语言
后续课程	本科生毕业设计
教学方式	1 组讲座、6 个实验
课时分配	共 56 学时。讲座部分 4 学时，实验 52 学时
考核方式	每次实验过程表现占 60%，实验报告占 40%，总分为所有实验分数之和
主要教材	北京大学信息科学技术学院 DSP 实验室教研组. 数字信号处理实验讲义. 2014

续表

参考资料	ftp://ftp. ele. pku. edu. cn/pub/讲义/DSP 实验 http://course. pku. edu. cn/webapps/login/
其他信息	http://www. ti. com
大纲提供者	董明科

二、教学目的和基本要求

1. 了解 DSP 技术的应用、DSP 器件的发展。

2. 掌握一种主流 DSP 开发平台环境。掌握一种主流 DSP 芯片的编程方法并实现典型数字信号算法。

3. 初步具有复杂 DSP 算法的实现能力及 DSP 系统综合设计能力。

三、课程大纲和知识点

章节顺序	章节名称 Chapters	课时 Hours	知识点	Key Points
1	DSP 概述讲座(Lecture: Overview of DSP)	4	DSP 技术及其发展综述、TMS320C54X DSP、DSK5416 实验板	Overview of DSP technology and development, TMS320C54X DSP, DSK5416 emulator
2	TMS320C5416 DSK 的使用(Fundaments of TMS320C5416 DSK Development)	4	DSP 开发套件、TI CCS 开发环境	Using TI typical DSK board, working under DSP development environment and CCS
3	FIR 数字滤波器设计与实现(FIR Digital Filter Design and Implementation)	8	设计和 DSP 系统中实现 FIR 滤波器、FIR 语音滤波、DSP 编程	Designing and implementing FIR filters by DSK, performing sound filtering, understanding DSP programming
4	IIR 数字滤波器设计与实现(IIR Digital Filter Design and Implementation)	12	设计和 DSP 系统中实现 IIR 滤波器、IIR 滤波、IIR 量化和字长、DSP 编程	Designing and implementing FIR filters by DSK, performing sound filtering, quantization and finite word length effect, understanding DSP programming
5	FFT 设计与实现(FFT Design and Implementation)	12	设计和 DSP 系统中实现 FFT、FFT 谱分析、FFT 量化和有限字长问题、进一步 DSP 编程	Design and implementing FFT/IFFT unit in a DSP, basic signal spectrum analyzing, quantization and finite word length effect, further study of DSP programming

续表

章节顺序	章节名称 Chapters	课时 Hours	知识点	Key Points
6	波形发生器(Waveform Generator Design)	8	改编汇编程序、在CCS中做波形发生程序编程和基本调试跟踪	Designing assembly language source code by making changes to the reference code, designing basic DSP assembly language waveform generator and debugging and tracing it in CCS
7	自适应滤波器(选做)(Adaptive Filter (optional))	8	自适应滤波器基本原理、LMS算法、DSP中的自适应滤波器设计及实现	Principle of adaptive filter, LMS algorithm, Designing and implementing adaptive filter in a DSP

四、课程特色

1. 注重DSP技术的系统性：先学习DSP基础知识，再学习DSP处理器系统和软硬件开发平台。通过完成DSP设计、编程、调试、测试、实验数据处理、报告的训练，完成由简单到复杂的几个经典处理算法。在基本实验完成后继续选做内容，进一步提升信号处理算法或系统的设计和实现技能。

2. 注重能力培养：以学生个人独立进行实验为主，教师指导为辅。通过设计和实验训练，鼓励学生积极思考，提出问题，通过实验研究获取答案。培养科研兴趣以及独立工作的能力。学会通过实验操作研究和掌握信号处理算法。

4.2.34　通信电路 Communication Circuits

Prereq: Electronic Circuits (A), Principle of Circuit Analysis

Credits: 3

Mission: Understand fundamental principle, technical index and design methods of communication circuits, able to solve practical problems.

Covers Communications, Electronic Engineering, Micro-electronics.

Topics include Noise and nonlinear distortion, Modulation and demodulation, Structures of transmitter and receiver, Low-noise amplifier, Mixer, Phase lock and frequency synthesis technique, Oscillator and timing circuit, Circuits of modulation and demodulation, Regulated power supply.

Bocheng Zhu, Lianlin Li

一、课程基本情况

<table>
<tr><td rowspan="2">课程名称</td><td colspan="12">通信电路</td></tr>
<tr><td colspan="12">Communication Circuits</td></tr>
<tr><td rowspan="2">开课时间</td><td colspan="3">一年级</td><td colspan="3">二年级</td><td colspan="3">三年级</td><td colspan="3">四年级</td></tr>
<tr><td>秋</td><td>春</td><td>夏</td><td>秋</td><td>春</td><td>夏</td><td>秋</td><td>春</td><td>夏</td><td>秋</td><td>春</td><td>夏</td></tr>
<tr><td>适用院系</td><td colspan="12">电子学系</td></tr>
<tr><td>课程定位</td><td colspan="12">专业选修课</td></tr>
<tr><td>学分</td><td colspan="12">3 学分</td></tr>
<tr><td>总学时</td><td colspan="12">64 学时</td></tr>
<tr><td>先修课程</td><td colspan="12">电子线路(A)、电路分析</td></tr>
<tr><td>后续课程</td><td colspan="12">电子系统与设计</td></tr>
<tr><td>教学方式</td><td colspan="12">课堂授课为主,安排课后辅导及网络辅导</td></tr>
<tr><td>课时分配</td><td colspan="12">课堂授课(54 学时)+专题与习题辅导(10 学时)</td></tr>
<tr><td>考核方式</td><td colspan="12">期末考试占 45%,期中考试占 40%,平时作业占 10%,考勤与态度占 5%</td></tr>
<tr><td>主要教材</td><td colspan="12">陈邦媛. 射频通信电路. 北京:科学出版社,2006</td></tr>
<tr><td>参考资料</td><td colspan="12">1. 董在望. 通信电路原理. 北京:高等教育出版社,1989
2. 罗伟雄. 通信原理与电路. 北京:北京理工大学出版社,1999
3. Jack R Smith. Modern Communication Circuits. McGRAW-HILL,1986
4. 曹志刚. 现代通信原理. 北京:清华大学出版社,1992</td></tr>
<tr><td>其他信息</td><td colspan="12"></td></tr>
<tr><td>大纲提供者</td><td colspan="12">朱柏承,李廉林</td></tr>
</table>

二、教学目的和基本要求

1. 掌握通信系统的组成、各部分的功能以及主要性能指标,加深对通信系统的认识和了解。

2. 掌握通信电路的基本原理和设计方法,重点掌握噪声、非线性对系统性能的影响,调制/解调原理,发射机和接收机方案设计,各模块化电路的原理、功能、技术指标以及分析设计方法,如低噪声放大器、混频器、振荡器、锁相环、调制/解调电路、功率放大器和稳压电源。

3. 培养学生的独立思考能力、科学思维方法和求知创新精神。

三、课程大纲和知识点

章节顺序	章节名称 Chapters	课时 Hours	知　识　点	Key Points
1	绪言(Introduction)	4～2	通信发展历史，通信系统组成，发射机接收机的基本结构，射频电路设计的难点	History of telecommunication, compositions of communication system, structures of transmitter and receiver, design difficulties of RF circuits
2	噪声与非线性失真(Noise and nonlinear distortion)	6～2	噪声系数，等效噪声温度，非线性器件的描述方法，灵敏度，动态范围	Noise coefficient, equivalent noise temperature, description method of nonlinear device, sensitivity, dynamic range
3	调制与解调(Modulation and demodulation)	4～2	调制方式分类，模拟调幅的调制与解调方法，模拟调频的调制与解调方法	Modulation types, modulation/demodulation methods for amplitude modulation and frequency modulation
4	发射与接收机结构(Structures of transmitter and receiver)	5～2	发射机接收机射频部分的组成和指标，超外差式/直接下变频/镜频抑制/数字中频接收机方案，发射机方案	Compositions and performance index of receiver and transmitter, typical receiver schemes, transmitter schemes
5	低噪声放大器(Low-noise amplifier)	8～4	S参数，低噪声放大器的技术指标，分析设计方法	S parameters, technical index of low-noise amplifier, design methods
6	混频器(Mixer)	8～4	混频器技术指标，典型有源混频电路，无源混频电路	Technical index of mixer, typical circuits of active mixer and passive mixer
7	锁相与频率合成技术(Phase lock and frequency synthesis technique)	12～8	锁相环原理，运算放大器，有源滤波电路，跟踪性能，捕捉性能，锁相环实现，频率合成器	Principles of phase-locked loop, amplifiers, active filter circuits, PLL tracking performance, acquisition performance, PLL implementation, frequency synthesizer

续表

章节顺序	章节名称 Chapters	课时 Hours	知 识 点	Key Points
8	振荡和定时电路(Oscillator and timing circuit)	6~2	振荡器原理,性能指标,LC 振荡器,石英晶体振荡,压控振荡器,555 定时器	Oscillator principles, performance index, LC oscillator, quartz crystal oscillator and voltage controlled oscillator, timer 555
9	调制与解调电路(Circuits of modulation and demodulation)	8~4	乘法器,相干解调,载波提取,非相干解调,包络检波,调频电路,鉴频电路	Multiplying unit, coherent demodulation, carrier extraction, non-coherent demodulation, envelope detection circuit, frequency modulation circuit, frequency discrimination circuit
10	稳压电源(Regulated power supply)	2~1	串联和并联稳压电路,开关稳压电源,集成稳压器	Serial and parallel voltage regulator, switch regulated power supply, integrated stabilized voltage supply
11	通信电路初探(Primary study of communication circuits)	8~4	接收机结构,线性乘法器和幅度调制,混频器,中频和音频放大器,频率调制,锁相环	Receiver structures, linear multiplying unit, amplitude modulation, mixer, amplifier, frequency modulation, phase-locked loop

4.2.35 通信电路实验 Communication Circuits Lab

Prereq: Electronic Circuit

Credits: 2

Mission: Understand fundamental communication circuits and communication circuit parameters measurement.

Covers electrics, communication engineering.

Topics include impedance matching, LNA, Filter, Mixer, PLL, Modulation and demodulation, Audio circuits, and Power amplifier.

Yunfeng Zhang, Weimin Wang

一、课程基本情况

课程名称	通信电路实验 Communication Circuits Lab
开课时间	一年级：秋 春 夏 二年级：秋 春 夏 三年级：秋 春 夏 四年级：秋 春 夏
适用院系	电子学系，微电子学系，元培学院
课程定位	专业选修课
学分	2 学分
总学时	48 学时
先修课程	电子线路
后续课程	通信原理
教学方式	实验为主，教师指导为辅
课时分配	大课(2 学时) + 实验课(44 学时) + 演示实验课(2 学时)
考核方式	实验报告占 20%，实验表现占 70%，其他占 10%。其中，实验表现主要指实验过程中的学习主动性、实验完成度及回答问题等
主要教材	1. 通信电路实验. 自编讲义. 2017 年 2 月 2. 相关电子版文档
参考资料	1. GWINSTEK. 射频实验系统 GRS3300S. 2016 2. 陈邦媛. 射频通信电路. 北京：科学出版社，2002 3. 陈艳华，李朝晖，夏玮. ADS 应用详解. 北京：人民邮电出版社，2008(第 1 章射频电路基础)
其他信息	http://eelab.pku.edu.cn/网页上“实验教学”->“电类选修课”->“通信电路实验”
大纲提供者	张云峰

二、教学目的和基本要求

1. 使学生了解通信系统中的常用电路组成，对通信系统有初步了解。

2. 使学生掌握通信电路的工作原理，学会使用仪器测试通信电路的主要参数。

3. 培养实验技能，了解现代通信的主要技术基础，为未来在通信领域学习、工作打下良好基础。

三、课程大纲和知识点

章节顺序	章节名称 Chapters	课时 Hours	知识点	Key Points
1	大课(Course)	2	实验内容介绍,实验安排	Introduction
2	实验1 射频实验系统 GRF3300S 概述(Lab 1)	4	射频实验系统 GRF3300S, Tektronix 频谱分析仪 RSA603A 初步使用	GRF3300S & RSA603A
3	实验2 阻抗匹配(Lab 2)	4	阻抗匹配原理,用史密斯圆图实现阻抗匹配	Impedance matching
4	实验3 低噪声放大器(Lab 3)	4	低噪声放大器原理,主要参数及测量方法	Low Noise Amplifier(LNA)
5	实验4 滤波器(Lab 4)	4	滤波器原理、种类及在通信电路中的应用。测量滤波器参数	Filter
6	实验5 混频器(Lab 5)	4	混频器原理及设计方法,混频器指标及测量方法,混频器在通信系统中的应用	Mixer
7	实验6 锁相环(Lab 6)	4	锁相环工作原理,频率综合器芯片 MB15E03L 的应用。锁相环在通信系统中的应用	Phase-Locked Loop(PLL)
8	实验7 调制和解调(Lab 7)	4	调制和解调工作原理,FM 调制解调芯片 MC2833, TA31161. 数字调制和解调的种类,16QAM,星座图,眼图	Modulation and demodulation
9	实验8 音频处理电路(Lab 8)	4	加重与去加重,压缩与解压缩	Audio Amplifier, Audio Pre-emphasis, Audio Compressor, Audio Expandor,Audio De-emphasis
10	实验9 射频前置放大器和功率放大器(Lab 9)	4	射频前置放大器、功放原理,放大器参数和测量方法	RF prime amplifier, RF power amplifier
11	实验10 接收机(Lab 10)	4	接收机构成结构,参数及测量方法	Receiver
12	实验11 发射机(Lab 11)	4	发射机构成结构,参数及测量方法	Transmitter
13	实验12 收发信机参数测量(Lab 12)	2	演示实验:收发信机(数传电台 ND882)主要测量	ND882-Transceiver parameter measurement(Demonstration)

四、课程特色

1. 本实验课程重点在于使学生建立通信的基本概念,了解通信电路的基本构成。
2. 从系统的角度了解通信系统评价要素、单元电路参数指标的定义及测量方法。
3. 射频及非线性电路是特点也是重点。频谱分析仪在射频通信中的广泛应用在本课程中也有体现。

4. 学生在学习本课程后，不但可以做到通信入门，还可以了解现代通信的概览。

五、上课形式

1. 每位同学每周一次实验，一段4课时。

2. 每段最多14人组成小班实验，根据选课人数设定上课时间段，两人一组做实验，实验报告每人单独完成。

3. 每次课前半小时左右教师讲评上次实验报告，说明本次实验内容。实验过程中学生随时提问，教师随时解答问题。期中期末无测验，教师最后评定成绩。

4.2.36　通信网概论与宽带信号技术 Introduction to Broadband Telecommunication Networks

Prereq: None

Credits: 2

Mission: Introduction of theory and technologies in broadband telecommunication networks.

A cutting-edge course in research methodology and practicein the cross-area of telecommunication engineering and computer science.

Topics include Basic Theory and Technologies (Routing, Scheduling, Signaling, Protocol, Algorithm, Topology, and Architecture), Case Study (IP Router Design and Routing, Mobile Networks, Wireless Healthcare, and Optical Networks).

Anpeng Huang

一、课程基本情况

课程名称	通信网概论与宽带信号技术											
	Introduction to Broadband Telecommunication Networks											
开课时间	一年级			二年级			三年级			四年级		
	秋	春	夏	秋	春	夏	秋	春	夏	秋	春	夏
适用院系	信息科学技术学院（计算机与电子），元培学院，物理学院，数学学院											
课程定位	专业选修课											
学分	2学分											
总学时	36学时											
先修课程	无											
后续课程												

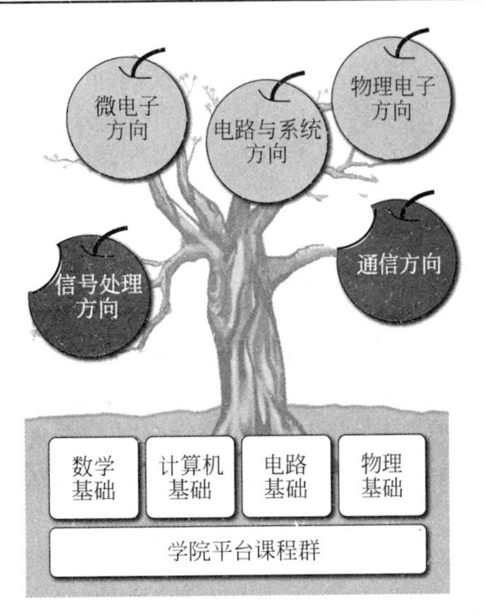

续表

教学方式	课堂授课+课程项目为主
课时分配	课堂授课(30学时)+课程项目(4学时)+课后讨论(2学时)
考核方式	课程项目占70%,由4次任务组成,分别为发现问题(15%)、解决问题(30%)、交流问题(10%)、项目报告(15%);课后讨论占15%,课程出勤占15%
主要教材	黄安鹏. 宽带通信网技术与应用. 课程讲义
参考资料	1. Jean Walrand, Pravin Varaiya. High-Performance Communication Networks. 2nd Ed. Morgan Kaufmannn Press, 2000 2. Roger L Freeman. Fundamentals of Telecommunications. John Wiley and Sons, Inc., 1999 3. Stefania Sesia. LTE-The UMTS Long Term Evolution, from Theory to Practice. John Wiley and Sons, Inc., 2010 4. Harri Holma. WCDMA for UMTS: HSPA Evolution and LTE. 5th Ed. John Wiley and Sons, Inc., 2010 5. Davis W Corne. Telecommunications Optimization: Heuristic and Adaptive Techniques. John Wiley and Sons, Inc., 2000 6. Thomas H Cormen. Introduction to Algorithms. 2nd Ed. MIT Press, 2001 7. Hevin H Liu. IP over WDM. John Wiley and Sons, Inc., 2000 8. Edward H Shortliffe. Networking Health: Prescriptions for the Internet. National Academy Press, 2011 9. Kishor Shridharbhai Trivedi. Probability and Statistics with Reliability, Queuing, and Computer Science Applications. John Wiley and Sons, Inc., 2002 10. Karen A Wager. Health Care Information Systems: A Practical Approach for Health Care Management. 2nd Ed. Jossey Bass Press, 2009
其他信息	
大纲提供者	黄安鹏

二、教学目的和基本要求

1. 培养符合我国在新世纪战略利益需求的复合型、应用型人才。

2. 鼓励学生进行团队合作,与个人能力的充分发挥相结合。

3. 本课程采用案例教学法,课程结合具体应用来讨论通信网的关键技术以及解决方案。

三、课程大纲和知识点

章节顺序	章节名称 Chapters	课时 Hours	知 识 点	Key Points
1	宽带通信网基础(Introduction to Broadband Telecommunication Networks)	8 ~ 6	宽带通信网基本知识：路由算法、调度算法、信令系统、网络协议、网络架构、分层模型、网络拓扑、网优网规、宽带应用、算法设计等内容	Theory and Technologies of Broadband Telecommunication Networks: Routing Algorithms, Scheduling Algorithms, Signaling System, Network Protocol, Architecture and Layers, Network Optimization and Planning, Broadband Applications, and Algorithms Design
2	移动网络(Mobile Networks)	8 ~ 4	第一代到第四代移动网络的网络控管理论与技术，主要讨论 CDMA 与 OFDMA 两种移动网络控管技术的异同、移动网络优化技术以及移动 IP 技术，并展望下一代移动网络控管技术	Focuses on MAC and higher layers in CDMA and OFDMA systems, and optimization Technologies, Mobile IP, and presents a new vision of next-generation mobile networks
3	移动数字医疗技术(Mobile Digital Healthcare Technologies)	8 ~ 4	移动数字医疗系统中的采集、传授、处理三个环节所涉及的技术内涵	Focuses on mobile digital healthcare technologies, in which signal process and sensor, medical data and video over wireless transmission, and data mining will be addressed in detail
4	光网络新技术(New Technologies in Optical Networks)	8 ~ 4	光网络技术，具体包括光 IP 路由器技术、光与无线混合网络、光接入网等内容	Introduction of Optical Networks, in which optical IP router, hybrid of optical and wireless networks, and optical access technologies are discussed
5	课程项目(Course Project)	4 ~ 2	理解 IT(通信或计算机)及其在工程应用领域中的科学问题的本质，并掌握解决实际问题的途径与方法	Find right problems in IT and its applications, and their solutions
6	课程交流(Course Communication)	2 ~ 1	选课学生与任课老师一对一进行沟通与交流	Practice communication skills

4.2.37 通信网络与软件设计 Software Design of Communication Network

Prereq: Communication Network Fundamentals, Introduction to Computing A, Data Structure

Credits: 3

Mission: Understand fundamental principle and model of communication system and network software; Be familiar with design pattern, operating system, network programming, data base programming, embed system and distribute system; Know well the basic development procedure and method of communication system and network software.

Cover selectrics, electronics and engineering, communication engineering.

Topics include communication network fundamentals, introduction to software engineering, object orient design, high quality programming, network programming, synchronous and asynchronous I/O mechanism, operating system concurrency mechanism, memory model network frame and library, design of embed and distribute system software.

Na Yi, Xiaohui Duan, Meiping Feng

一、课程基本情况

<table>
<tr><td rowspan="2">课程名称</td><td colspan="12">通信网络与软件设计</td></tr>
<tr><td colspan="12">Software Design of Communication Network</td></tr>
<tr><td rowspan="2">开课时间</td><td colspan="3">一年级</td><td colspan="3">二年级</td><td colspan="3">三年级</td><td colspan="3">四年级</td></tr>
<tr><td>秋</td><td>春</td><td>夏</td><td>秋</td><td>春</td><td>夏</td><td>秋</td><td>春</td><td>夏</td><td>秋</td><td>春</td><td>夏</td></tr>
<tr><td>适用院系</td><td colspan="12">电子学系,微电子学系,计算机系,元培学院,物理学院,工学院</td></tr>
<tr><td>课程定位</td><td colspan="12">专业选修课</td></tr>
<tr><td>学分</td><td colspan="12">3 学分</td></tr>
<tr><td>总学时</td><td colspan="12">54 学时</td></tr>
<tr><td>先修课程</td><td colspan="12">计算概论(A),数据结构</td></tr>
<tr><td>后续课程</td><td colspan="12"></td></tr>
</table>

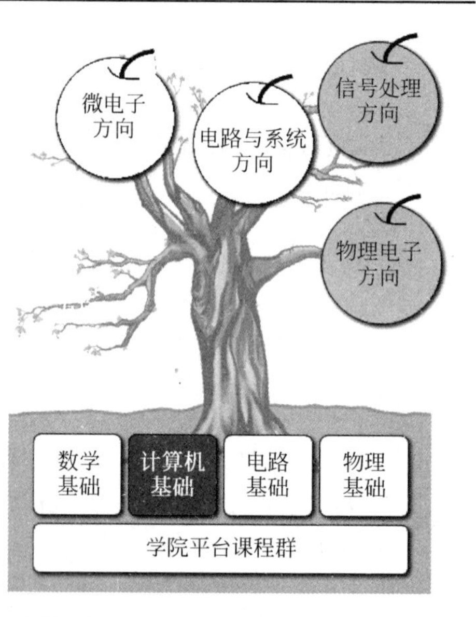

续表

教学方式	课堂授课为主
课时分配	课堂授课(54 学时)
考核方式	平时作业占 20%，大作业占 20%，期末考试占 60%。其中，期末考试采用闭卷形式
主要教材	1. 谢希仁. 计算机网络. 6 版. 北京：电子工业出版社，2013 2. John Torjo. Boost. Asio C ++ Network Programming. Packt Publishing，2013 3. 卢誉声. 分布式实时处理系统：原理、架构与实现. 北京：机械工业出版社，2016
参考资料	1. Steve McConnel. 代码大全. 2 版. 金戈，等译. 北京：电子工业出版社. 2006 2. Ian Sommerville. Software Engineering. 9th Ed. McGraw Hill Education, 2010
其他信息	http://www.cse.wustl.edu/~schmidt/ACE.html http://technet.baosight.com/mediawiki/index.php/ACE http://www.acejoy.com/space/html/index.html
大纲提供者	依那

二、教学目的和基本要求

1. 建立通信系统与通信网络中软件系统的整体概念和基本模型。
2. 了解设计模式、操作系统、网络编程、数据库、嵌入式系统以及分布式系统的相关知识。
3. 熟悉和掌握嵌入式通信软件与分布式网络软件的开发。

三、课程大纲和知识点

章节顺序	章节名称 Chapters	课时 Hours	Key Points
1	通信网络概论(Communication Network Fundamentals)	8 ~ 6	Network layered model，TCP/IP stack
2	软件工程导论(Introduction to software engineering)	4 ~ 2	Software process modeling
3	面向对象设计与高质量编程(Object orient design and high quality programming)	6 ~ 4	Object orient design and high quality programming
4	网络编程与系统 I/O 机制(Network programming and synchronous and asynchronous I/O mechanism)	4 ~ 2	Socket API，synchronous and asynchronous I/O mechanism，blocking and non-blocking call
5	操作系统并发机制与内存模型(Operating system concurrency mechanism and memory model)	4 ~ 2	Process and thread，interexchange of thread，thread programming，memory concurrency model
6	ACE、Boost. ASIO 与 LibEvent 框架与网络库(ACE，Boost. ASIO and LibEvent network framework and library)	6 ~ 4	Reactor and proactormodel，ACE，Boost. ASIO and LibEvent network framework and library

续表

章节顺序	章节名称 Chapters	课时 Hours	Key Points
7	嵌入式通信软件设计(Design of embed system software)	6~4	Architecture of embed system software, design of embed system software
8	分布式网络软件设计(Design of distribute system software)	6~4	Architecture of distribute system, distribute storage, distribute message services, distribute computing, design of distribute system software

4.2.38 通信原理 Principle of Communication

Prereq: Advanced Mathematics, Signals and systems, Digital signal processing

Credits: 3

Mission: Understand technology background, fundamental principle and theory of communication systems. Able to analyze and calculate performance of communication systems. Able to set up basic model of communication systems. Able to do practical applications.

Covers electronic Information Engineering.

Topics include basic backgrounds and mathematical analysis method of communication systems, analog linear modulations, analog angle modulations, analog signal digitizations, digital signal baseband transmissions, binary digital modulations, M-ary digital modulations, Optimal digital signal receiving, and fundamental of advanced communication systems networks.

Yongqi He and Juhao Li

一、课程基本情况

<table>
<tr><td rowspan="2">课程名称</td><td colspan="12">通信原理</td><td rowspan="10">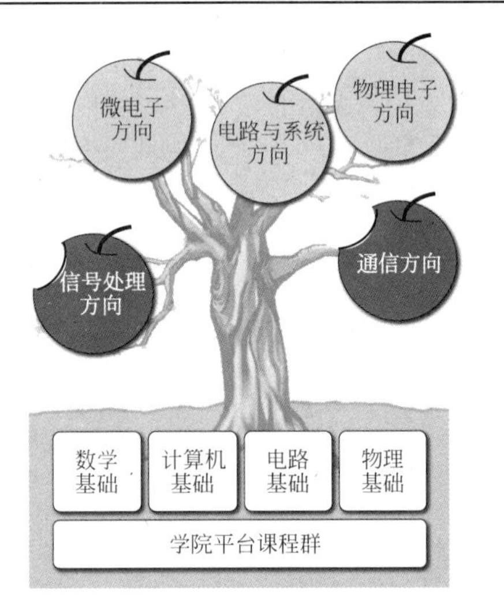
</td></tr>
<tr><td colspan="12">Principle of Communication</td></tr>
<tr><td rowspan="2">开课时间</td><td colspan="3">一年级</td><td colspan="3">二年级</td><td colspan="3">三年级</td><td colspan="3">四年级</td></tr>
<tr><td>秋</td><td>春</td><td>夏</td><td>秋</td><td>春</td><td>夏</td><td>秋</td><td>春</td><td>夏</td><td>秋</td><td>春</td><td>夏</td></tr>
<tr><td>适用院系</td><td colspan="12">电子学系,微电子学系,元培学院,物理学院,工学院</td></tr>
<tr><td>课程定位</td><td colspan="12">专业核心课</td></tr>
<tr><td>学分</td><td colspan="12">3 学分</td></tr>
<tr><td>总学时</td><td colspan="12">48 学时</td></tr>
<tr><td>先修课程</td><td colspan="12">高等数学,信号与系统,数字信号处理</td></tr>
<tr><td>后续课程</td><td colspan="12">现代电子与通信导论,现代无线通信中的新兴技术,通信网概论与宽带信号技术</td></tr>
</table>

续表

教学方式	课堂授课为主
课时分配	课堂授课(42 学时) + 习题与专题课(6 学时)
考核方式	平时作业与专题讨论占 30%,期末考试占 70%。其中,期末考试采用闭卷形式
主要教材	1. 樊昌信. 通信原理. 7 版. 北京: 国防工业出版社,2013 2. 曹志刚. 现代通信原理. 北京: 清华大学出版社,2012
参考资料	1. Leon W Couch. Digital and Analog Communication System 2. John G Proakis. Digital Communications 3. Bernard Sklar. Digital Communications Fundamentals and Application 4. Roy Blake. Electronic Communications System 5. J G Proakis. Contemporary Communication System Using MATLAB
其他信息	
大纲提供者	何永琪

二、教学目的和基本要求

1. 使学生掌握通信系统的基本概念、基本原理和基本分析方法。
2. 使学生能应用所学原理和方法理解、认识和研究典型通信系统。
3. 培养学生的独立思考能力、科学思维方法和求知创新精神。

三、课程大纲和知识点

章节顺序	章节名称 Chapters	课时 Hours	知　识　点	Key Points
1	通信原理概述(Introduction to communication principle)	4 ~ 2	通信系统概念,通信系统关键技术,通信系统模型	Communication system concept, Key technologies of communication system, Communication system model
2	信息论基础(Fundamental to information theory)	4 ~ 2	消息的统计特性,信息度量,离散信源与连续信源信息度量,信道容量,香农公式	Statistical properties of messages, Information measurement, Information content of discrete information source and continuous information source, channel capacity, Shannon theorem
3	模拟线性调制系统(Analog linear modulation system)	10 ~ 6	常规双边带幅度调制,抑制载波双边带幅度调制,单边带调制,残留边带调幅(VSB),线性调制信号一般模型,线性调制系统性能分析	Conventional double sideband amplitude modulation, Double sideband suppressed carrier amplitude modulation, Single sideband amplitude modulation, Vestigial sideband amplitude modulation, General model of linear modulation signal, Performance analysis of linear modulation system

续表

章节顺序	章节名称 Chapters	课时 Hours	知 识 点	Key Points
4	模拟角调制系统(Analog angle modulation system)	8~4	频率调制,相位调制,窄带角调制,宽带角调制,调频信号调制解调,调频系统性能分析	Frequency modulation, Phase modulation, Narrowband angle modulation, Broadband angle modulation, FM signal modulation and demodulation, Performance analysis of frequency modulation system
5	模拟信号数字化(Analog signal digitization)	8~4	模拟信号抽样,模拟信号量化,脉冲编码调制,差分脉冲编码调制,增量调制,时分复用	Sampling, quantizing and coding of analog signal, Pulse code modulation, Differential pulse code modulation, Delta modulation, Time division multiplexing
6	数字信号基带传输系统(Digital signal baseband transmission system)	10~6	数字信号常用码型,数字信号功率谱密度,数字基带信号传输原理,无码间串扰基带传输特性,数字基带信号传输性能分析,时域均衡	Common code of digital signal, Digital signal power spectral density, Digital baseband signal transmission principle, characteristics of Baseband transmission without inter-symbol interference, Performance analysis of digital baseband signal transmission, Time domain equalization
7	二进制数字信号载波传输系统(Binary digital signal carrier transmission system)	8~4	二进制数字调制解调原理,幅移键控,开关键控,频移键控,相移键控,差分相移键控,二进制数字调制系统性能分析	Principle of binary digital modulation and demodulation, Amplitude shift keying, On-off shift keying, Frequency shift keying, Phase shift keying, Differential phase shift keying, Performance analysis of binary digital modulation system
8	数字信号最佳接收(Optimal digital signal reception)	8~4	数字信号统计模型,最大输出信噪比准则,最小均方误差准则,最小差错概率准则,确知信号最佳接收,随机信号最佳接收,基带信号最佳接收	Digital signal statistical model, Maximum output signal to noise ratio criterion, Minimum mean square error criterion, Minimum error probability criterion, Optimal receiving of deterministic signal, Optimal receiving of Random signal, Optimal receiving of baseband signal

续表

章节顺序	章节名称 Chapters	课时 Hours	知识点	Key Points
9	多进制数字信号载波传输系统(Mary digital signal carrier transmission system)	8~4	多进制数字调制解调原理,多进制数字振幅调制,多进制数字频率调制,多进制数字相位调制,多进制幅相键控,多进制正交幅度调制,多进制正交部分响应幅度调制,偏移四相相移键控,恒包络调制,最小移频键控	Principle of M-ary digital modulation and demodulation, M-ary digital amplitude modulation, M-ary digital frequency modulation, M-ary digital phase modulation, Mary amplitude phase keying, Multiple Quadrature Amplitude Modulation, Multiple quadrature partial response amplitude modulation, Offset quadrature phase shift keying, Constant envelope modulation, Minimum shift keying
10	OFDM传输系统简介(Introduction to OFDM transmission system)	4~2	OFDM原理,OFDM传输系统结构,OFDM传输系统关键技术简介	OFDM Principle, OFDM transmission system architecture, Brief introduction of key technologies of OFDM transmission system
11	通信网简介(Introduction to communication network)	4~2	通信网体系架构,通信网模型,通信网拓扑结构,通信网关键技术简介	Communication network architecture, Communication network model, Communication network topology, Brief introduction to key technologies of communication network

4.2.39　通信原理(实验班)Principle of Communications (Honor Track)

Prereq: Signal and systems, Probability and stochastic processes

Credits: 3

Mission: Understand fundamental principle and theory of analog and digital communications, be able to perform basic performance analysis of simple modulations.

Covers electronics, systems, communications, automation.

Topics include analog communication (modulation), digital communication (source coding; modulation and detection; channel coding).

Xiang Cheng

一、课程基本情况

课程名称	通信原理(实验班) Principle of Communications (Honor Track)
开课时间	一年级 二年级 三年级 四年级 秋 春 夏 秋 春 夏 秋 春 夏 秋 春 夏
适用院系	电子学系,微电子学系,元培学院,物理学院,工学院
课程定位	专业核心课
学分	3 学分
总学时	64 学时
先修课程	信号与系统,概率论和随机过程
后续课程	数字通信,无线通信,信息论
教学方式	课堂授课为主
课时分配	课堂授课(48 学时) + 习题与专题课(10 学时) + 实验课(12 学时)
考核方式	平时作业与专题讨论占 10% ~20%,实验占 10%,期中考试占 30% ~20%,期末考试占 50%。其中,期中和期末考试采用闭卷形式
主要教材	B P Lathi and Zhi Ding. Modern Digital and Analog Communication Systems. 4th Ed. Oxford University Press, 2009
参考资料	Simon Haykin and Michael Moher. Introduction to Analog & Digital Communications. 2nd Ed. John Wiley & Sons, 2007
其他信息	
大纲提供者	程翔

二、教学目的和基本要求

1. 使学生掌握通信的基本原理和基本分析方法。
2. 使学生掌握通信系统基本模块的数学表达、物理含义和意义。
3. 使学生能应用所学原理和方法理解和认识基本通信系统。
4. 培养学生的独立思考能力、科学思维方法和求知创新精神。

三、课程大纲和知识点

章节顺序	章节名称 Chapters	课时 Hours	知识点	Key Points
1	幅度调制(Amplitude modulation)	8~4	各种幅度调制方案,包括双边带幅度调制、单边带幅度调制、QAM	Double-sideband amplitude modulation, single-sideband amplitude modulation, quadrature modulation
2	相位调制(Angle modulation)	8~4	相位调制和频率调制,以及两者之间的关系	Phase modulation, frequency modulation, and their relationship
3	采样,量化和脉冲调制(Sampling, quantization and pulse modulation)	8~4	模拟信号的采样技术,量化方案以及量化噪声分析,Delta 调制技术和脉冲调制方案	Sampling of analog signals, quantization noise analysis, delta modulation, pulse modulation
4	基带数据传输(Baseband data transmission)	8~4	脉冲成型技术和基带传输方案	Pulse shaping, transmission through bandlimited channels
5	通带数据传输(Passband data transmission)	8~4	相位移位键控和频率移位键控技术	Phase shift keying, frequency shift keying
6	数字通信系统中的噪声(Noise in digital communications)	6~4	信号空间描述,相关接收机和匹配滤波接收机	Signal space representation, correlator receiver, matched fitter receiver
7	错误概率分析(Error Probability Calculations)	8~4	最佳接收机设计以及各种调制方式的错误概率计算	Computation of error probability of various modulations using the optimum receiver

4.2.40 微波技术实验 Experiments of Microwave Technologies

Prereq: Microwave Technologies and Circuits

Credits: 2

Mission: Enhance understanding of fundamental principle and theory of microwave technologies, be able to do microwave measurements and simulations.

Covers microwave circuits and engineering.

Topics include propagation characteristics of electromagnetic wave; measurements of typical microwave devices and parameters; microwave telecommunication; microwave simulations.

Yunhua Tan

一、课程基本情况

<table>
<tr><td rowspan="2">课程名称</td><td colspan="12">微波技术实验</td><td rowspan="10">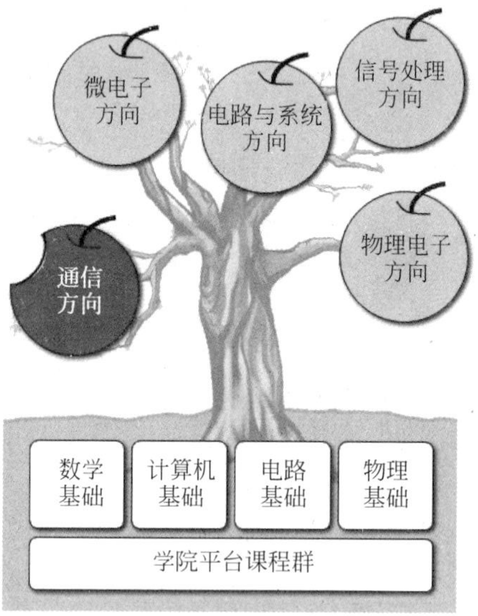
</td></tr>
<tr><td colspan="12">Experiments of Microwave Technologies</td></tr>
<tr><td rowspan="2">开课时间</td><td colspan="3">一年级</td><td colspan="3">二年级</td><td colspan="3">三年级</td><td colspan="3">四年级</td></tr>
<tr><td>秋</td><td>春</td><td>夏</td><td>秋</td><td>春</td><td>夏</td><td>秋</td><td>春</td><td>夏</td><td>秋</td><td>春</td><td>夏</td></tr>
<tr><td>适用院系</td><td colspan="12">电子学系,微电子学系,元培学院</td></tr>
<tr><td>课程定位</td><td colspan="12">专业选修课</td></tr>
<tr><td>学分</td><td colspan="12">2 学分</td></tr>
<tr><td>总学时</td><td colspan="12">64 学时</td></tr>
<tr><td>先修课程</td><td colspan="12">电动力学,微波技术与电路</td></tr>
<tr><td>后续课程</td><td colspan="12">天线,射频电路</td></tr>
<tr><td>教学方式</td><td colspan="13">学生实验为主,教师指导为辅</td></tr>
<tr><td>课时分配</td><td colspan="13">理论基础课(8 学时)+演示实验(12 学时)+独立完成实验(44 学时)</td></tr>
<tr><td>考核方式</td><td colspan="13">根据实验过程和实验报告评分,实验报告占 50%,实验表现占 40%,实验室纪律占 10%</td></tr>
<tr><td>主要教材</td><td colspan="13">微波技术实验. 自编讲义. 2017</td></tr>
<tr><td>参考资料</td><td colspan="13">1. 王子宇. 微波技术基础. 北京: 北京大学出版社,2003
2. 董树义. 微波测量技术. 北京: 北京理工大学出版社,1990</td></tr>
<tr><td>其他信息</td><td colspan="13"></td></tr>
<tr><td>大纲提供者</td><td colspan="13">谭云华</td></tr>
</table>

二、教学目的和基本要求

1. 使学生加深对微波技术基础理论知识的理解。
2. 使学生掌握微波电路以及基本元器件的参数测量方法。
3. 使学生了解应用微波 EDA 软件进行微波电路和器件设计分析的方法。
4. 培养学生的独立思考和解决问题的能力。

三、课程大纲和知识点

章节顺序	章节名称 Chapters	课时 Hours	知识点	Key Points
1	实验理论基础(Introduction of fundamental theory and experimental equipment)	8 ~ 4	理论基础知识,微波实验仪器,微波元器件	Fundamental theory of microwave technologies, experimental equipment and microwave components
2	电磁波传播特性实验(1)(Propagation experiments of electromagnetic waves (1))	8 ~ 4	电磁波反射,单缝衍射,双缝干射	Reflection, single slit diffraction, double slit diffraction of electromagnetic waves
3	电磁波传播特性实验(2)(Propagation experiments of electromagnetic waves (2))	8 ~ 4	迈克尔逊干涉,介电常数测量,偏振	Michelson interference, permittivity measurement, polarization
4	微波测量线的使用(Application of microwave measuring line)	6 ~ 4	测量线使用,频率测量,波导波长测量,小驻波比测量	Microwave measuring line, measurements of frequency, wavelength, small standing wave ratio(SWR)
5	电压驻波比测量(Measurements of standing wave ratio)	6 ~ 4	大驻波比,中驻波比,等指示度法,功率衰减法	Measurements of large and middle standing wave ratio (SWR), method of equivalent indicator, method of power attenuation
6	阻抗测量与阻抗匹配(Measurements of impedance and impedance matching)	6 ~ 4	微波测量线测量阻抗,阻抗匹配,史密斯圆图应用	Impedance measurements using microwave measuring line, impedance matching, application of Smith chart

续表

章节顺序	章节名称 Chapters	课时 Hours	知识点	Key Points
7	二端口微波网络参量测量(Measurements of two-port network parameters)	6~4	二端口网络,散射参量,三点法	Two-port network, S parameters, three-point measurement method
8	谐振腔品质因数的测量实验(Quality factor measurements of electromagnetic resonant cavity)	6~4	谐振腔,品质因数测量,驻波比法	Resonant cavity, Quality factor, method of standing wave ratio
9	定向耦合器特性的测量(Characteristic measurements of directional coupler)	6~4	定向耦合器,衰减,耦合度,方向性,驻波波腹比法,功率比法,高频替代法	Directional coupler, attenuation, coupling coefficient, directivity, measurement methods of standing wave ratio, power ratio and high-frequency replacement
10	微带电路和微波通信综合实验(Comprehensive experiments of microstrip circuits and microwave communication)	8~4	微带电路,微波元器件,微波通信	Microstrip circuits, components, microwave communication
11	微波 EDA 软件的使用(Use typical microwave EDA software)	6~4	EDA 软件的功能、操作、相关参数设置	Function of the software, operation methods, parameter setting
12	用集总参数方法设计滤波器(Filter design using lumped parameter analysis method)	6~4	仿真设计,集总参数方法,LC 滤波器	Simulation and design, lumped parameter analysis method, LC low-pass filter
13	用分布参数方法设计滤波器(Filter design using distributed parameter analysis method)	6~4	仿真设计,分布参数方法,微带滤波器	Simulation and design, distributed parameter analysis method, microtrip filter

四、课程特色

1. 教学形式。分为独立完成实验和演示实验两部分。独立完成实验两人一组，轮换及协作完成实验；演示实验以老师讲解操作为主、学生配合为辅，其目的是拓宽学生视野，并结合先进仪器设备，让学生了解更多有关现代微波技术领域的研究内容和先进研究手段。

2. 教学内容。除了课堂实验内容以外，本课程还为优秀和感兴趣的同学增加研究性、创新性实验内容，如实际射频微波电路和器件的设计、天线设计、EMC 等，为广大学生提供多层次、开放式的实验教学服务，开展学生科研创新实践活动。

4.2.41　微波技术与电路 Microwave Technology and Circuits

Prereq：Advanced Mathematics，Electromagnetism

Credits：3

Mission：Understand fundamental physical concepts and analysis methods of the microwave engineering theory，able to analysis microwave devices and Microstrip circuits.

Covers electromagnetics and microwave engineering.

Topics include microwave waveguides and resonant cavities，long-line transmission theory，Smith chart，network parameters（S parameter and A parameter），microwave devices，Quasi static analysis method of microstrip transmission line.

Yanping Li and Ziyu Wang

一、课程基本情况

课程名称	微波技术与电路											
	Microwave Technology and Circuits											
开课时间	一年级			二年级			三年级			四年级		
	秋	春	夏	秋	春	夏	秋	春	夏	秋	春	夏
适用院系	电子学系，元培学院，物理学院，工学院											
课程定位	专业选修课											
学分	3 学分											
总学时	54 学时											
先修课程	高等数学，电磁学											
后续课程												

续表

教学方式	课堂授课为主
课时分配	课堂授课(48 学时) + 习题课(6 学时)
考核方式	平时作业、随堂测试占 40%,期末考试占 60%。期末考试采用闭卷形式
主要教材	王子宇. 微波技术基础. 2 版. 北京:北京大学出版社,2013
参考资料	1. David MPozar. 微波工程. 3 版. 张肇仪,周乐柱,吴德明,等译. 北京:电子工业出版社,2008 2. David K Cheng. Field and Wave Electromagnetics. 2nd ed. 北京:清华大学出版社,2007 3. Reinhold Ludwig, Pavel Bretchko. 射频电路设计——理论与应用. 王子宇,张肇仪,徐承和,等译. 北京:电子工业出版社,2002 4. Matthew M Radmanesh. Radio Frequency and Microwave Electronics Illustrated. Prentice Hall, Inc. ,2001 5. Joseph C Palais. 光纤通信. 5 版. 王江平,等译. 北京:电子工业出版社,2006
其他信息	
大纲提供者	李艳萍

二、教学目的和基本要求

1. 掌握微波工程理论的基本概念和基本分析方法。

2. 了解电磁波传输系统、微波元、器件及微带电路的工作原理和设计原则。

3. 培养学生的独立思考能力、科学思维方法和求知创新精神,为将来从事通信、雷达、制导等领域的研究和工程设计工作打下基础。

三、课程大纲和知识点

章节顺序	章节名称 Chapters	课时 Hours	知识点	Key Points
1	电磁波传输系统理论(Theory of Electromagnetic transmission systems)	10~8	Maxwell 方程组与边界条件,矩形金属波导,圆柱金属波导,同轴线,奇偶禁戒规则	Maxwell's equations and boundary conditions, Rectangular metal waveguide, Cylinder metal waveguide, Coaxial line, Even-odd modes forbidden regulation
2	微波等效电路(Microwave equivalent circuits)	14~10	长线理论,圆图,网络参量(S 参量、A 参量)	Long-line transmission theory, Smith chart, Network parameters (S parameter and A parameter)
3	微波元件(Microwave devices)	10~8	匹配负载,短路器,衰减器,移相器,定向耦合器,微波铁氧体元件,功率分配器	Matched load, Short-circuit devices, Attenuator, Phase shifter, Directional coupler, Microwave ferrite device, Power divider and power splitter

续表

章节顺序	章 节 名 称 Chapters	课时 Hours	知 识 点	Key Points
4	谐振腔(Microwave resonant cavity)	6 ~ 4	矩形谐振腔,圆柱谐振腔,同轴谐振腔,工作模式选择,品质因素,频率微扰公式	Rectangular cavity, Cylinder cavity, Coaxial resonant cavity, Modes selection, Qfactor, Frequency perturbation formula
5	微带电路(Microstrip circuits)	10 ~ 8	准静态分析法,微带元件,小信号晶体管放大器的分析与设计	Quasi static analysis of microstrip transmission line, Microstrip elements, Analysis and design of small signal microwave transistor amplifier
6	光纤通信技术简介(Introduction of optical fiber telecommunications)	4 ~ 2	数值孔径,损耗,色散,光纤传输系统	Numerical aperture, Loss, Chromatic dispersion, Fiber telecommunication system

四、课程特色

1. 重视理解和掌握基本物理概念、微波器件的基本工作原理和解决微波问题的一般方法。

2. 在教材基本内容上做适当拓展,深入浅出,满足具有不同基础的学生的需求。

4.2.42　微机与接口技术实验 Experiment of Microcomputer and Interface Technology

Prereq: Principle of Circuit Analysis, Digital Circuit, Microcomputer Principle

Credits: 2

Mission: Understand fundamental principles and theories of microcomputer, learn to program with assembly language and C51, familiar with various interface technologies.

Covers electronics system design, electrical engineering.

Topics include MCU architecture, MCS-51 assembly language, C51 programming, UART, SPI, I2C, AD/DA converter.

Yanjun Yang, Fanmin Gao, Hongfei Ye

一、课程基本情况

<table>
<tr><td rowspan="2">课程名称</td><td colspan="12">微机与接口技术实验</td></tr>
<tr><td colspan="12">Experiment of Microcomputer and Interface Technology</td></tr>
<tr><td rowspan="2">开课时间</td><td colspan="3">一年级</td><td colspan="3">二年级</td><td colspan="3">三年级</td><td colspan="3">四年级</td></tr>
<tr><td>秋</td><td>春</td><td>夏</td><td>秋</td><td>春</td><td>夏</td><td>秋</td><td>春</td><td>夏</td><td>秋</td><td>春</td><td>夏</td></tr>
<tr><td>适用院系</td><td colspan="12">电子学系,微电子学系</td></tr>
<tr><td>课程定位</td><td colspan="12">专业选修课</td></tr>
<tr><td>学分</td><td colspan="12">2 学分</td></tr>
<tr><td>总学时</td><td colspan="12">48 学时</td></tr>
<tr><td>先修课程</td><td colspan="12">电路分析,数字电路,微机原理</td></tr>
<tr><td>后续课程</td><td colspan="12">电子系统设计,嵌入式 Linux 操作系统</td></tr>
<tr><td>教学方式</td><td colspan="12">上机实验为主</td></tr>
<tr><td>课时分配</td><td colspan="12">理论大课(4 学时)+单元实验(32 学时)+综合实验(12 学时)</td></tr>
<tr><td>考核方式</td><td colspan="12">单元实验占 40%,综合实验占 60%</td></tr>
<tr><td>主要教材</td><td colspan="12">北京大学信息学院自编. 微机与接口技术实验讲义. 2017</td></tr>
<tr><td>参考资料</td><td colspan="12">1. 张毅刚. 新编 MCS-51 单片机应用设计. 3 版. 哈尔滨: 哈尔滨工业大学出版社,2008
2. 鲍可进. SoC 单片机原理与应用. 2 版. 北京: 清华大学出版社,2017
3. C8051F020 数据手册</td></tr>
<tr><td>其他信息</td><td colspan="12"></td></tr>
<tr><td>大纲提供者</td><td colspan="12">杨延军</td></tr>
</table>

微电子方向 电路与系统方向 信号处理方向 通信方向 物理电子方向
数学基础 计算机基础 电路基础 物理基础
学院平台课程群

二、教学目的和基本要求

1. 从理论和实践上掌握单片机的基本原理,了解开发板的电路原理和设计思想。

2. 掌握汇编语言和 C51 语言在单片机开发中的运用,掌握开发工具的使用和软件调试方法。

3. 建立电子系统设计的基本概念,掌握常用的单片机接口电路的原理和使用方法。

三、课程大纲和知识点

章节顺序	章节名称 Chapters	课时 Hours	知识点	Key Points
1	课程情况介绍(Introduction)	4	单片机的基本知识,51系列单片机的指令系统,C51的语法特点	Introduction to the basic principle of MCS-51, familiar with the instruction set and the C51 programming language
2	单片机开发系统的使用(MCU IDE)	4	MCS-51单片机内存架构和编程方法,开发系统的使用	The memory architecture of MCS-51, and how to use different instructions to access different memory
3	定时器和计数器(Timer and Counter)	4	单片机的中断系统,C51的使用,C8051F020并行端口的使用	The interrupt system of the MCS-51. The use of C51 as programming language. The use of GPIO of C8051F020
4	键盘与显示(Keyboard and Display)	4	扫描键盘的原理,扫描显示的原理,总线扩展的原理	The architecture of keyboard and display and how to program them. How to use the external bus
5	数模和模数转换(DA/AD)	4	数模转换和模数转换的基本原理与使用方法,用示波器和信号源辅助调试	The basic principle of AD/DA convert and how to use them with C8051F020. Use signal generator and oscilloscope to debug program
6	基于单片机的串行通信(UART of MCU)	4	串行通信的基本知识,用单片机进行串行通信的方法	The basic principle of UART communication and how to use C8051F020's UART port
7	SPI总线(SPI Bus)	4	了解SPI总线的基本时序,掌握串行SPI Flash的基本用法	The timing diagram of SPI bus, The use of SPI Flash with MCU
8	I2C总线(I2C Bus)	4	了解I2C总线的基本时序,使用C8051F020操作时钟芯片DS1307	The timing diagram of I2C bus, Use C8051F020 to program DS1307
9	字符型液晶模块(LCD module)	4	了解字符型液晶模块的使用方法。掌握用并行接口模拟时序的方法	The timing and command interface of LCD module, How to use the parallel port to big-bang the LCD interface
10	综合实验(Project)	12	自主命题完成简单的电子系统设计	Project based experiment, Build a small electronics device in three weeks

四、课程特色

1. 基础单元实验与综合性实验相结合。前者密切结合单片机开发的主要方面,通过实验加深学生对单片机系统的理解和对各种单片机接口的掌握;后者充分调动学生的想象力,发挥学生的创新能力、多方面知识的综合运用能力,自主选题进行全方位的训练,使学生获得更加全面的知识。

2. 以教学改革与教学内容的不断创新为导向,自主设计实验箱,确保实验设备在技术上与性能上满足高标准的教学需求。

3. 综合实验内容开放,学生可以对实验硬件进行扩展,把更多的创新外设和应用带到课堂上来,开阔学生视野,丰富课程内容。

4.2.43 微机原理(B) Microcomputer Principle(B Level)

Prereq: Introduction to Computing, Digital Circuits

Credits: 3

Mission: Understand fundamental principle and theory of microcomputer, master computer interface technology, able to do hardware and software development with microcomputer technology.

Covers electrics, electronics and engineering.

Topics include Intel 8086microprocessor, instruction and assembly language programming; input and output interfaces, programmable I / O interface circuits; memory; the bus and the common bus standards; microcontroller; introduction to high-performance microprocessor.

Na Yi

一、课程基本情况

<table>
<tr><td rowspan="2">课程名称</td><td colspan="12">微机原理(B)</td></tr>
<tr><td colspan="12">Microcomputer Principle(B Level)</td></tr>
<tr><td rowspan="2">开课时间</td><td colspan="3">一年级</td><td colspan="3">二年级</td><td colspan="3">三年级</td><td colspan="3">四年级</td></tr>
<tr><td>秋</td><td>春</td><td>夏</td><td>秋</td><td>春</td><td>夏</td><td>秋</td><td>春</td><td>夏</td><td>秋</td><td>春</td><td>夏</td></tr>
<tr><td>适用院系</td><td colspan="12">电子学系,微电子学系,计算机系,微电子系,元培学院,物理学院,工学院</td></tr>
<tr><td>课程定位</td><td colspan="12">主干基础课</td></tr>
<tr><td>学分</td><td colspan="12">3 学分</td></tr>
<tr><td>总学时</td><td colspan="12">60 学时</td></tr>
<tr><td>先修课程</td><td colspan="12">计算概论(A),数字逻辑电路</td></tr>
<tr><td>后续课程</td><td colspan="12">电子线路,数字逻辑电路</td></tr>
</table>

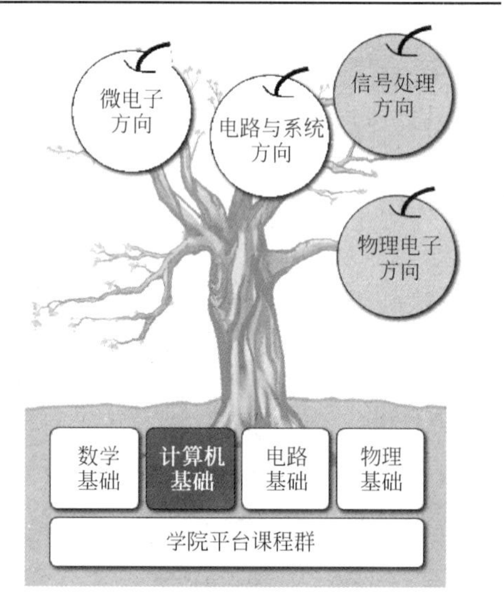

续表

教学方式	课堂授课为主
课时分配	课堂授课(48学时)+习题课(4学时)+上机实习课(8学时)
考核方式	平时作业占10%,上机实习占10%,小测验占10%,期末考试占70%。其中,期末考试采用闭卷形式
主要教材	1. 王克义. 微机原理——结构、编程与接口. 北京：清华大学出版社,2009 2. 王克义,等. 微机原理与接口技术教程. 北京：北京大学出版社,2004
参考资料	1. 尹建华,等. 微型计算机原理与接口技术. 北京：高等教育出版社,2003 2. 张凡,等. 微机原理与接口技术. 北京：清华大学出版社,2004 3. 李继灿. 新编16/32位微型计算机原理及应用. 北京：清华大学出版社,2005
其他信息	http://course.pku.edu.cn/webapps/login/ ftp://ele.pku.edu.cn/pub/讲义/微机原理B
大纲提供者	依那

二、教学目的和基本要求

1. 从理论和实践上掌握微型计算机的基本组成、工作原理及常用接口技术。
2. 初步掌握汇编语言程序设计的基本方法和上机调试过程。
3. 建立微机系统的整体概念,具备利用微机技术进行软、硬件开发的初步能力。

三、课程大纲和知识点

章节顺序	章节名称 Chapters	课时 Hours	知识点	Key Points
1	微型计算机组成(Introduction to micro-computer)	3~2	微型计算机的发展、组成,冯·诺依曼计算机工作原理	The composition, process and performance of micro-computer
2	8086微处理器(8086 microprocessor)	4~2	8086微处理器的编程结构、总线操作、存储器与I/O接口组织	8086 CPU programming structure, internal composition and external pin functions, CPU operation and timing
3	指令系统(8086 instruction)	6~4	指令的寻址方式,8086微处理器的指令系统	Addressing, instruction coding format and 80x86 instruction
4	汇编语言程序设计(Assembly language programming)	6~4	汇编语言语法与上机过程,BIOS/DOS中断调用	Assembly language programming format, the basic syntax of assembly language, BIOS and DOS function calls, assembly language programming and debugging on the machine

续表

章节顺序	章 节 名 称 Chapters	课时 Hours	知 识 点	Key Points
5	半导体存储器(Memory)	6~4	半导体存储器基本原理,微型计算机存储器子系统设计,Cache 的基本结构与工作原理	Memory structure and principle, memory and CPU connections, the expansion of storage space, cache, virtual memory
6	可编程 I/O 接口电路(Programmable I/O interface circuits)	12~8	I/O 接口电路基本结构与工作方式,中断系统,DMA 传送方式,定时技术,并行通信与串行通信	Parallel interface 8255, timer/counters 8253,serial interface 8251
7	总线及常见总线标准(The bus and the common bus standards)	6~4	总线的分类、操作过程与性能指标,PCI 系统总线标准,USB 通信总线标准	Bus concept, bus standards, ISA bus,PCI bus,USB bus
8	高性能微处理器(Introduction to Intel high-performance microprocessors)	4~2	80x86 微处理器的工作模式、存储器管理,80x86 系列微处理器	Intel microprocessorseries,80286, 80386,80486 and Pentium CPU
9	上机实习(Lab practice)	8~4	汇编语言语言设计与上机调试	Lab of assembly language programming

4.2.44 卫星导航定位系统概论 Introduction to Satellite Navigation and Positioning System

Prereq: Telecommunication Circuits

Credits: 2

Mission: Enhance understanding the methods, applications, developments of satellite navigation and positioning.

Topics include history, current situation and applications of satellite navigation and positioning; methods of satellite navigation and positioning; error analysis; augmentation systems.

Yunhua Tan

一、课程基本情况

<table>
<tr><td rowspan="2">课程名称</td><td colspan="12">卫星导航定位系统概论</td><td rowspan="10">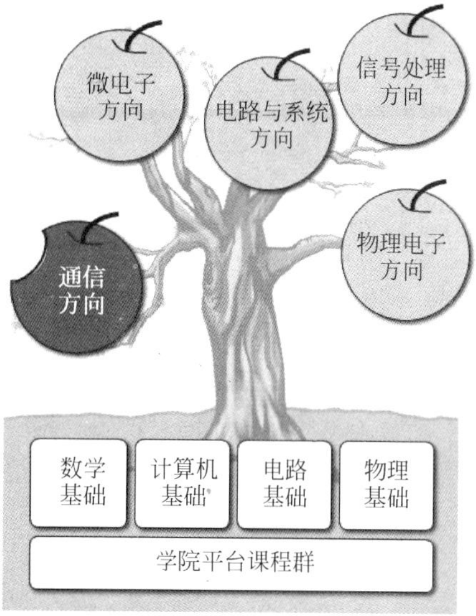
</td></tr>
<tr><td colspan="12">Introduction to Satellite Navigation and Positioning System</td></tr>
<tr><td rowspan="2">开课时间</td><td colspan="3">一年级</td><td colspan="3">二年级</td><td colspan="3">三年级</td><td colspan="3">四年级</td></tr>
<tr><td>秋</td><td>春</td><td>夏</td><td>秋</td><td>春</td><td>夏</td><td>秋</td><td>春</td><td>夏</td><td>秋</td><td>春</td><td>夏</td></tr>
<tr><td>适用院系</td><td colspan="12">电子学系，元培学院</td></tr>
<tr><td>课程定位</td><td colspan="12">专业选修课</td></tr>
<tr><td>学分</td><td colspan="12">2 学分</td></tr>
<tr><td>总学时</td><td colspan="12">32 学时</td></tr>
<tr><td>先修课程</td><td colspan="12">通信电路，数字逻辑电路</td></tr>
<tr><td>后续课程</td><td colspan="12"></td></tr>
<tr><td>教学方式</td><td colspan="13">教师授课为主，学生讨论为辅</td></tr>
<tr><td>课时分配</td><td colspan="13">教师授课（28 学时）+ 学生报告（每次课前 15 ~ 30 分钟）+ 专题讨论（4 学时）</td></tr>
<tr><td>考核方式</td><td colspan="13">对学生的学习态度、作业情况、期末论文报告等方面进行综合考核来评定。平时作业占 30%，课堂表现占 30%，专题讨论报告占 40%</td></tr>
<tr><td>主要教材</td><td colspan="13">北京大学自编讲义. 卫星导航定位系统概论. 2008，2009，2010，2011</td></tr>
<tr><td>参考资料</td><td colspan="13">1. 边少锋，李文魁. 卫星导航系统概论. 北京：电子工业出版社，2005
2. E DKaplan，等. GPS 原理与应用. 2 版. 寇艳红，译. 北京：电子工业出版社，2008
3. 赵琳. 卫星导航系统. 哈尔滨：哈尔滨工程大学出版社，2001
4. 徐绍铨，等. GPS 测量原理及应用. 3 版. 武汉：武汉大学出版社，2008
5. 袁建平，罗建军，等. 卫星导航原理与应用. 北京：宇航出版社，2003</td></tr>
<tr><td>其他信息</td><td colspan="13"></td></tr>
<tr><td>大纲提供者</td><td colspan="13">谭云华</td></tr>
</table>

二、教学目的和基本要求

1. 使学生了解卫星导航的历史、现状和发展趋势。
2. 使学生熟悉卫星导航的原理及相关技术。
3. 拓展知识结构，拓宽学术视野，提高对原有知识的理解和应用能力。

4. 提高学生查阅文献、独立思考和解决问题的能力。

三、课程大纲和知识点

章节顺序	章节名称 Chapters	课时 Hours	知识点	Key Points
1	概述(Brief introduction of satellite navigation and positioning)	4~2	发展历史和现状,分类、原理和应用	History, current situation, classification, principle and applications
2	卫星导航定位基础(Basis of satellite navigation and positioning)	4~2	卫星轨道要素,定位常用坐标系,时间系统	Satellite orbital elements, positioning coordinate systems, time systems
3	GPS (Introduction of GPS)	6~4	系统组成,GPS 信号,现代化	System configurations, GPS signals, modernization
4	GLONASS (Introduction of GLONASS)	4~2	系统组成,GLONASS 信号,与 GPS 的比较,现代化	System configurations, satellite signals, comparison with GPS, modernization
5	GALILEO (Introduction of GALILEO)	4~2	系统组成,GALILEO 信号,与其他系统的比较,面临的问题	System configurations, satellite signals, comparison with others, existing problems
6	"北斗"系统(Introduction of COMPASS)	4~2	北斗一代、北斗二代	BD-1, BD-2
7	卫星定位方法(Methods of satellite navigation and positioning)	12~8	卫星导航定位基本观测量及其测量,静态定位、动态定位、单点定位、相对定位、多普勒定位、伪距定位、载波相位定位	Basic observations and measurements, static positioning, dynamic positioning, point positioning, relative positioning, doppler positioning, pseudorange positioning, carrier phase positioning
8	卫星导航系统误差分析(Error analysis of satellite navigation and positioning)	6~4	误差性质,误差来源,与信号传播有关的误差,与卫星有关的误差,与接收机有关的误差,其他误差	Error properties, error sources, error relevant to signal propagations, error relevant to satellites, error relevant to receivers

续表

章节顺序	章 节 名 称 Chapters	课时 Hours	知 识 点	Key Points
9	卫星导航定位增强系统(Augmentation systems of satellite navigation and positioning)	6～4	局域差分定位,广域差分定位,伪卫星,网络RTK,INS/GPS 组合技术	Local-area differential, wide-area differential technologies, pseudolite technologies, network RTK, integrated navigation technologies with inertial navigation
10	导航对抗与卫星导航定位系统展望(Countermeasures and prospects of satellite navigation and positioning)	4～2	导航对抗,现代化	Navigation countermeasures, modernization
11	专题讨论——接收机(seminar – Receiver)	4～2	天线,射频,信号捕获,信号跟踪,PVT 解算	Antenna, RF, signal capture, signal tracking, PVT resolver

四、课程特色

1. 教学形式。采取“老师授课为主、学生讨论为辅”的形式,上课首先由学生根据事先布置的专题内容进行介绍和讨论,然后由老师进行补充和课堂教学,通过启发式、讨论式、互动式的授课模式,充分发挥学生的学习主动性、积极性,形成教学互动的氛围。

2. 教学内容。除了正常教学内容以外,本课程还结合卫星导航领域的国际前沿问题开展专题讨论,进一步拓宽学生的学术视野。

4.2.45　文献写作与报告 Academic Writing and Report

Prereq: Basic English reading and writing skills and a keen interest in technical reading and writing

Credits: 2

Mission: Students will be able to carry out various research tasks including literature search, report and article writing, and patent preparation and application.

Topics include the fundamentals of literature search, technical reading, technical writing, and technical presentation.

Jiang Chen, Xiang Cheng, Xiaohui Duan, and Weiwei Hu

一、课程基本情况

课程名称	文献写作与报告											
	Academic Writing and Report											
开课时间	一年级			二年级			三年级			四年级		
	秋	春	夏	秋	春	夏	秋	春	夏	秋	春	夏
适用院系	理工科院系											
课程定位	专业选修课											
学分	2 学分											
总学时	32 学时											
先修课程	英语											
后续课程												
教学方式	课堂授课 + 课外练习											
课时分配	课堂授课(32 学时) + 课外练习(32 学时)											
考核方式	专题考核占 60%,期末考核占 40%											
主要教材												
参考资料												
其他信息												
大纲提供者	程翔,陈江,段晓辉,胡薇薇											

二、教学目的和基本要求

1. 培养学生的科技论文的概述、阅读、写作和报告能力,严肃学术道德与规范。
2. 使学生掌握学术文献的检索和基本阅读方法。
3. 使学生掌握学术专利的申请和基本撰写方法。
4. 使学生掌握学术论文的报告和基本写作方法。

三、课程大纲和知识点

章节顺序	章节名称 Chapters	课时 Hours	知识点	Key Points
1	文献阅读与检索(Literature search reading)	4 ~ 2	检索的意义和作用,文献检索的常识和方法,图书馆和检索工具的使用,数字文献库和搜索引擎的使用	Importance and usefulness of literature search. Basics and methods of literature search. Utilization of library and other literature search tools. Usage of digital library and search engines
2	报告与演示技能(Skills of report & presentation)	6 ~ 4	科技报告的特点和原则,主流演示工具和辅助软件,PPT 的制作效率和质量,PPT 演示的方法和技巧	Principle of academic report, popular presentation software and tools, essential for preparing a PowerPoint presentation, PowerPoint trick and tips
3	科技报告演练(Academic report Practice)	4 ~ 2	报告的准备,现场报告演练,互动问答交流,互相评价	Academic report preparing, report drills, Q&A exercise, peer to peer assessment
4	专利的申请与写作(Patent preparation and application)	8 ~ 6	知识产权概述,专利基础知识,专利的检索与查新报告,专利的撰写与申请,专利检索总结报告交流	Intellectual property overview, fundamentals of Patent, Patent search and novelty retrieval report, Patent preparation and application, Patent summary report seminar
5	论文的写作(Technical writing)	4 ~ 2	技术报告和文章的关键要素,技术文章的基本结构,如何把数学和实验思想转化为易于理解的英文文章	Key elements of technical reports and articles. Basic structure of technical articles. How to migrate your idea from the mathematical world or laboratory into legible English on paper
6	写作工具(用 Latex 写论文)(Writing with Latex)	4 ~ 2	Latex 论文编写	Fundamentals of writing with Latex

4.2.46　现代电子学与通信导论 Introduction to Modern Electronics and Communication

Prereq: None

Credits: 1

Mission: Open your eyes.

Covers electrics, electronics and engineering.

Topics include Modern Electronics and Communication Technology, Nanoelectronics, Interconnection Network and Optical Communication, Signal Processing and Sensing, System On a Chip, Atom Clocks and Navigation, Quantum Electronics and Ultrafast Optics, Quantum Information and Quantum Communication, Integrated Optoelectronics, Fiber Laser and Fiber Optical Gyros, Mobile Communication, Nuclear Magnetic Resonance Imaging, Vacuum Electronics, Microwave and Terahertz Wave.

Pukun Liu, Shengyong Xu, Zhangyuan Chen, Xiaohui Duan, zhaohui Li, Xuzong Chen, Zhigang Zhang, Xiang Peng, Zhiping Zhou, Jianye Zhao, Zhengbin Li, Ye Jin, and Weiming Wang

一、课程基本情况

课程名称	现代电子学与通信导论 Introduction to Modern Electronics and Communication
开课时间	一年级(秋 春 夏) 二年级(秋 春 夏) 三年级(秋 春 夏) 四年级(秋 春 夏)
适用院系	信息科学技术学院,元培学院,物理学院,工学院
课程定位	选修课
学分	1 学分
总学时	32 学时
先修课程	无
后续课程	无
教学方式	讲座形式的课堂授课
课时分配	课堂授课(32 学时)
考核方式	期末提交 2000 字左右的论文,论述新的思考
主要教材	
参考资料	
其他信息	
大纲提供者	刘濮鲲

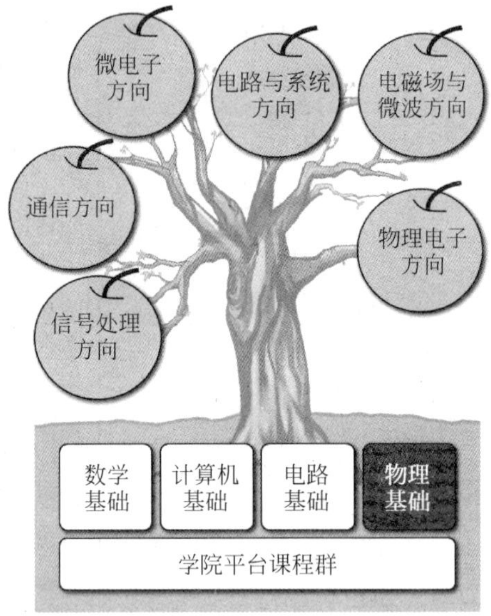

二、教学目的和基本要求

1. 本课程是一门导论课,旨在帮助学生了解现代电子学与通信技术的历史、现状和发展趋势,使学生对现代电子学与通信技术各学科领域有较为全面的认识,培养学生的创新意识以及对电子学与通信学科的兴趣。

2. 本课程密切结合当代电子与通信技术的应用和发展,着重介绍新兴技术,以及在每次技术变革过程中的创新思路、应用范畴和发展趋势。课程面向对电子与通信技术感兴趣的本科生,涵盖现代电子与通信领域的新技术、新概念和新术语,采用图文并茂、深入浅出的讲解方法,对专业课的学习起到抛砖引玉的作用。

三、课程大纲和知识点

章节顺序	章 节 名 称 Chapters	课时 Hours	知 识 点	Key Points
1	现代电子学与通信导论课程介绍(Introduction to Modern Electronics and Communication)	2	科学发展史,电磁波的历史、基本理论与传播,阴极射线(电子流),通信,无线电广播,电视,雷达,电子管,晶体管,集成电路,激光,电子回旋脉塞	History of science; history, theory and propagation of electromagnetic wave; cathode ray (electron stream); communication; radio broadcast; television; radar; electron tube; transistor; laser; electron cyclotron maser
2	纳米电子学:电子器件的新挑战(Nanoelectronics-New Challenge for Electronic Devices)	2	场效应晶体管和介电层,大规模集成电路,尺度效应与量子效应,新型纳米尺度电子学,自旋与自旋电子学,分子电子器件,碳纳米管与石墨烯电子器件	Field effect transistor & dielectrics; large scale integrated circuits; Moore's Law; scale effect and quantum effect; spin & spintronics; molecular electronics device; electronics on carbon nanotubes & grapheme
3	互联网与光纤通信(Interconnection Network and Optical Communication)	2	光通信,光纤,半导体激光器,掺铒光纤放大器,波分复用,光交换,光网络,光接入,光纤传感,信息化,网络带宽	Optical communication; optical fiber; semiconductor laser; erbium-doped optical fiber amplifier; wavelength division multiplex; optical switching; optical network; optical access; optical fiber sensing; informationization; network bandwidth
4	信号处理与 SoC(Signal Processing and SoC)	2	信号处理的历史,信号处理的理论,信号处理的应用,信号处理 SoC	History of signal process; theory of signal process; application of signal process; SoC for signal process

续表

章节顺序	章节名称 Chapters	课时 Hours	知识点	Key Points
5	声信号处理与传感(Acoustic Signal Processing and Sensing)	2	水声信号处理,超声信号处理,语音与音频信号处理,听觉与声仿生信号处理,地震信号处理,换能器与声传感器	Signal processing for underwater sound, ultrasound, speech and audio, auditory and bionic sounds, geoacoustic; acoustical transducers and sensors
6	原子钟与导航(Atom Clocks and Navigation)	2	原子钟的原理,铷原子钟,铯原子钟,氢原子钟,冷原子钟,光钟,光梳,卫星导航,GPS 原理	Principle of atomic clock, rubidium clock, cesium clock, hydrogen; cold atom clock, optical clock, optical frequency comb; satellite navigation, principle of GPS
7	量子电子学与超快光学(Quantum Electronics and Ultrafast Optics)	2	量子电子学与电子学,量子电子学与激光技术,超快光学的起源,超快线性光学,超快非线性光学,超短脉冲激光器及其应用	Quantum electronics and electronics, quantum electronics and laser technologies, origin of ultrafast optics, ultrafast linear optics; ultrafast nonlinear optics, ultrafast lasers and applications
8	量子信息与量子通信(Quantum Information and Quantum Communication)	2	量子计算,量子通信,量子密钥分发,量子隐形传态,量子中继器,量子超密集编码,量子秘密共享,量子技术	Quantum computing; quantum communication; quantum key distribution; quantum teleportation; quantum repeater; quantum superdense coding; quantum secret sharing; quantum technology
9	集成光电子学(Integrated Optoelectronics)	2	电子在真空/固体中的运动,真空管,晶体管,CMOS,集成光学,微纳光电子集成,半导体激光器,阵列波导光栅,掺铒光纤放大器,光子晶体,硅基光电子学	The control of electrons in vacuum and solid, vacuum tube, transistor, CMOS, integrated optics; micro/nano optoelectronics integration; semiconductor laser; arrayed waveguide grating; erbium doped fiber amplifier; photonic crystals; silicon photonics
10	光电一体化的 SoC 及其应用(Optoelectronic integrated SoC and its application)	2	时间标准,传统原子钟,CPT 原子钟,CPT 原子钟的应用,CPT 原子钟的研究目标与内容,CPT 原子钟的设计与制作	Time standard; traditional atomic clock, CPT atomic clock; applications of CPT atomic clock; research objectives and content of CPT atomic clock; design and fabrication of CPT atom clock

续表

章节顺序	章节名称 Chapters	课时 Hours	知识点	Key Points
11	光纤激光与光纤陀螺(Fiber Laser and Fiber Optical Gyros)	2	导航与定位,陀螺与 Sagnac 干涉仪,干涉型光纤陀螺,调制解调,开环闭环控制,光的偏振,Y 波导,零偏稳定性,光纤谐振腔,Q 值,激光线宽,谐振型光纤陀螺,盲区	Navigation and positioning; gyroscope and Sagnac interferometer; interferometric fiber optic gyroscope; modulation demodulation; open loop and close loop control; Y-branch $LiNbO_3$ waveguide; bias stability; fiber optical resonator; Q value; linewidth of laser; resonator fiber optic gyro; dead zone
12	从手机到移动通信(From Cellphone to Mobile Communication)	2	微波通信,移动通信,卫星通信,4G 技术,Wi-Fi 技术,蓝牙技术	Microwave communication; mobile communication; satellite communication; 4G technology; Wi-Fi technology; blue-tooth technology
13	现代电子技术与核磁共振成像(Modern Electronic Technology and Nuclear Magnetic Resonance Imaging)	2	核磁共振原理,空间编码,核磁共振成像,傅里叶变换与核磁共振化学谱分析,时域核磁共振分析原理与方法	Principle of nuclear magnetic resonance; spatial coding, nuclear magnetic resonant imaging; Fourier transform and NMR spectroscopy; principle and method of time domain NMR analysis
14	真空中的电子束:产生与应用(Electron Beams in Vacuum: Generation & Applications)	2	真空电子学,速调管,行波管,磁控管,回旋管,自由电子激光,真空电子器件的应用,热阴极、冷阴极,真空电子器件的未来发展	Vacuum electronics; klystron; traveling wave tube; magnetron; gyrotron; free-electron laser; applications of vacuum electronic devices; hot cathode; cold cathode; future development of vacuum electronic devices
15	从微波电子学到太赫兹电子学(From Microwave Electronics to Terahertz Electronics)	2	微波的定义,微波发展的历程,微波与电路的关系,微波的主要特点,微波技术的应用,毫米波技术,太赫兹技术	Definition of microwave; history of microwave, characteristic of microwave; relationship between microwave and circuit; applications of microwave technology; millimeter wave technology; terahertz technology

四、课程特色

本课程将现代电子与通信技术的发展历史、基本原理、应用领域和最新动态等以深入浅出、图文并茂的方式展现出来,并结合科普,让学生有兴趣、能听懂,对电子与通信技术包含的各学科领域有一个比较全面和整体的了解。

4.2.47 现代无线通信中的新兴技术 Emerging Techniques for Modern Wireless Communications

Prereq: None

Credits: 2

Mission: Understand fundamental principle and theory of modern wireless communications and the emerging techniques.

Covers digital communications, principle of communication networks, wireless communications.

Topics include Generation and Evolution of Mobile Communications and WLAN, Mobile Communication Systems, WLAN and IEEE 802 Family, GSM/CDMA, TD-SCDMA/WCDMA/CDMA2000, HSDPA/HSUPA, LTE system, Cognitive Radio.

Lingyang Song

一、课程基本情况

课程名称	现代无线通信中的新兴技术											
	Emerging Techniques for Modern Wireless Communications											
开课时间	一年级			二年级			三年级			四年级		
	秋	春	夏	秋	春	夏	秋	春	夏	秋	春	夏
适用院系	信息学院,元培学院,物理学院											
课程定位	专业选修课											
学分	2 学分											
总学时	32 学时											
先修课程	无											
后续课程	无											
教学方式	课堂授课为主											
课时分配	课堂授课(28 学时) + 专题讨论(4 学时)											

续表

考核方式	平时作业与专题讨论占 20%，期中考试占 30%，期末考试占 50%。其中，期中和期末考试采用分组大作业形式
主要教材	无
参考资料	1. W C Lee. Lee's Essentials of Wireless Communications. McGraw-Hill，2001 2. William J Beyda. Data Communications：From Basics to Broadband. 4th Ed. Prentice Hall，2004 3. Cajetan M Akujuobi. Introduction to Broadband Communication Systems. Chapman & Hall/CRC，2007 4. W C Lee. Mobile Communications Design Fundamentals. John Wiley & Sons，1993
其他信息	http://www.jpk.pku.edu.cn/pkujpk/course/ http://course.pku.edu.cn/webapps/login/
大纲提供者	宋令阳

二、教学目的和基本要求

1. 使学生了解现代无线通信系统的发展。
2. 使学生掌握现代无线通信的各种典型新兴技术及其基本理论。
3. 培养学生的创新思维和基本科研能力。

三、课程大纲和知识点

章节顺序	章节名称 Chapters	课时 Hours	知识点	Key Points
1	无线通信的发展历史（Introduction to Development History of Wireless Communications）	1	移动通信和无线局域网络的产生和演进：第一代至第四代移动通信系统的演进过程，无线局域网络的发展	Generation and Evolution of Mobile Communications and WLAN • The evolution of the first to the fourth mobile communication systems • The development of wireless local area networks
2	无线通信系统的基本原理（Fundamental Principle of Wireless Communication System）	2	移动通信系统，无线局域网络，IEEE 802 家族：影响移动通信质量的主要因素，衡量通信质量的准则	Mobile Communication Systems, WLAN and IEEE 802 Family • The major challenges of mobile communications • The criteria of designing a good communication system

续表

章节顺序	章节名称 Chapters	课时 Hours	知识点	Key Points
3	当代移动通信系统(Modern Mobile Communication System)	2	第二、三代移动通信系统以及演进:全球通信系统/码分多址接入,时分同步码分多址接入/宽带码分多址接入/码分多址接入2000,高速下行/上行包接入	The 2nd and 3rd wireless communication system and evolution • GSM/CDMA • TD-SCDMA/WCDMA/CDMA2000 • HSDPA/HSUPA
4	第四代移动通信系统(4G Mobile Communication System)	3	第四代移动通信系统(长期演进):LTE系统的扁平系统框架以及帧结构,LTE系统中的关键技术(多天线、正交频分复用、干扰协调技术),LTE系统的升级(载波聚合、多点协同、中继通信)	The fourth generation wireless communication system: Long-term evolution • Flat system framework of LTE system and frame structure • Key technologies of LTE system: MIMO, OFDMA, interference coordination • Upgradc of LTE system: Carrier Aggregation, Comp Transmission, Relay communication
5	认知无线电网络(Cognitive Radio Networks)	3	认知无线电技术:软件无线电和认知无线电,频谱感知,频谱接入,动态频谱分配	Introduction to cognitive radio • Software radio and cognitive radio • Spectrum sensing • Spectrum access • Dynamic spectrum allocation
6	无线局域网(Wireless Local Area Network)	3	无线自主网络,无线传感器网络,无线网状网络	Ad-hoc network, wireless sensor networks, mesh networks
7	无线通信系统的未来(Future of Wireless Communication System)	1	无线通信系统面临的关键挑战,无线通信系统的发展趋势	• Development trend • Challenges of wireless communication system

四、课程特色

1. 在学时有限的情况下,课程讲授时定量与定性相结合,部分内容可以留给学生自学,以激发学生的学习能力和创造能力。

2. 通过本课程的学习，学生不但可以更清楚地理解和掌握上述理论和方法，并且能够运用所学的原理和方法去从本质上认识当代通信技术，从而有效搭起理论和实际的桥梁。

4.2.48　信号与系统 Signals and Systems

Prereq: Principle of Circuit Analysis, Advanced Mathematics, Complex Functions

Credits: 3

Mission: Understand fundamental principle and theory of linear system, and has a certain ability to solve practical problems.

Covers Communications, Signal processing, Electronic Engineering.

Topics include time-domain analysis of Continuous & Discrete Time Systems; Fourier Transform analysis and Laplace Transform Analysis of Signals and Systems; The Z Transform and Z-domain analysis of Discrete-Time Systems; Signal analysis of vector space.

Yong Shang, Chen Chen

一、课程基本情况

<table>
<tr><td rowspan="2">课程名称</td><td colspan="12">信号与系统</td></tr>
<tr><td colspan="12">Signals and Systems</td></tr>
<tr><td rowspan="2">开课时间</td><td colspan="3">一年级</td><td colspan="3">二年级</td><td colspan="3">三年级</td><td colspan="3">四年级</td></tr>
<tr><td>秋</td><td>春</td><td>夏</td><td>秋</td><td>春</td><td>夏</td><td>秋</td><td>春</td><td>夏</td><td>秋</td><td>春</td><td>夏</td></tr>
<tr><td>适用院系</td><td colspan="12">电子系，微电子系，智能科学系，元培学院，物理学院</td></tr>
<tr><td>课程定位</td><td colspan="12">主干基础课、专业必修课</td></tr>
<tr><td>学分</td><td colspan="12">3 学分</td></tr>
<tr><td>总学时</td><td colspan="12">54 学时</td></tr>
<tr><td>先修课程</td><td colspan="12">高等数学，线性代数，复变函数</td></tr>
<tr><td>后续课程</td><td colspan="12">数字信号处理，通信原理</td></tr>
<tr><td>教学方式</td><td colspan="12">课堂授课</td></tr>
<tr><td>课时分配</td><td colspan="12">课堂授课(48 学时) + 专题与习题辅导等(6 学时)</td></tr>
<tr><td>考核方式</td><td colspan="12">平时作业占 25%，专题讨论及大作业占 15%，期末考试占 60%。其中，专题讨论及大作业开卷，期末考试闭卷</td></tr>
</table>

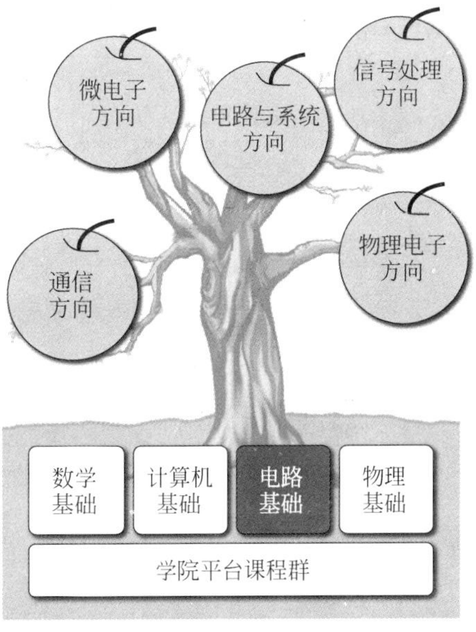

续表

主要教材	郑君里. 信号与系统. 3 版. 北京:高等教育出版社,2009
参考资料	1. Michael J Roberts. Signals and Systems. NY: McGraw-Hill,2003 2. Alan V Oppenheim, Alan S Willsky with S Hamid Nawab. Signals and Systems. 2nd Ed. NJ: Prentice-Hall,1997
其他信息	ftp://ftp.ele.pku.edu.cn/pup/讲义/信号与系统 http://course.pku.edu.cn/webapps/login/
大纲提供者	王道宪

二、教学目的和基本要求

1. 使学生掌握线性时不变系统分析的基本原理和方法。
2. 使学生能应用所学原理和方法理解和认识一般线性系统。
3. 培养学生的独立思考能力、科学思维方法和求知创新精神。

三、课程大纲和知识点

章节顺序	章节名称 Chapters	课时 Hours	知识点	Key Points
1	绪论(Introduction)	4~2	信号的描述与分类,信号的分解,信号的运算,线性系统模型,系统分析方法	Mathematical Description and classification of Signals, Signal decomposition, Signal operations, Linear system models
2	连续时间系统的时域分析(Time-domain analysis of continuous-time systems)	10~6	系统的微分方程描述,零输入响应与零状态响应,冲激响应与阶跃响应,卷积	Solving differential equations, Zero-input response, Zero-state response, Unit impulse response, Unit step response, Convolution
3	信号与系统的傅里叶分析(Fourier analysis of signals and systems)	8~4	周期信号的傅里叶级数,非周期信号的傅里叶变换,傅里叶变换的基本性质,抽样信号的傅氏变换,抽样定理	Fourier series of periodic signal, Fourier transform of non-periodic signal, Basic property and theorem, Sampled signal's spectrum, The Sampling theorem
4	信号与系统的 s 域分析(S-domain analysis of signals and systems)	8~4	拉氏变换定义,拉氏变换的基本性质和定理,拉氏逆变换,系统函数,系统的极零图,图解系统的频响特性	Laplace transform and inverse transform, Basic property and theorem, S-domain description of the network transfer function, Pole-Zero Diagrams, Graphical calculation of frequency response

续表

章节顺序	章节名称 Chapters	课时 Hours	知识点	Key Points
5	通信系统的若干问题分析（Analysis of some problems in the field communication）	4	系统的无失真传输，系统的物理可实现性，佩里维纳准则，信号的调制与解调，频分复用，时分复用	Distortionless transmission, Physical reality, The Peili-Weina Guidelines, Modulation & Demodulation, FDM Frequency Division Multiplexing, TDM Time Division Multiplexing
6	信号的矢量空间分析（Signal analysis of vector space）	6~2	信号的矢量空间概念，信号的正交分解，完备正交函数集，相关，能量谱与功率谱	Vector space concept, Orthogonal decomposition of signal, Complete set of orthogonal function, Energy spectrum and Power spectrum
7	离散系统的时域分析（Time-domain analysis of discrete-time systems）	6~2	离散系统的数学模型，常系数差分方程，离散卷积，系统的单位样值响应，反卷积	Mathematical model of discrete-time systems, Constant-coefficient difference equations, The Convolution Sum, Unit impulse response
8	信号与系统的 Z 变换分析（Z-Transform analysis of signals and systems）	8~4	Z 变换定义，逆 Z 变换，Z 变换的性质，利用 Z 变换解差分方程，离散系统的系统函数，离散系统的频响特性	Z-Transform, Inverse Z-transform, Basic property and theorem, Solution of difference equations, The system transfer function, The calculation of frequency response
9	反馈系统（Feedback systems）	4~2	反馈系统的特征及应用，根轨迹，Nyquist 稳定性判据，信号流图	Characteristics and application of feedback systems, Root-locus Graphs, Nyquist stability criterion, Signal-flow graphs
10	系统的状态变量分析（The state variables of the system analysis）	4~2	系统状态变量的选取，状态方程的建立，状态方程的求解，状态矢量的变换	Selection of system state variables, Establishment of State equation, Solution of State equation
11	Matlab 编程（Matlab Programming）	8~4	Matlab 编程环境，Matlab 工具箱，Simulink	Matlab programming environment, Matlab toolbox, Simulink
12	Matlab 大作业	8~4	系统分析应用问题练习	Application exercises

四、课程特色

1. 安排宽口径的教学内容，适用于电子、微电子、智能科学、元培、物理等具有不同基础的专业。

2. 结合专题研讨式的教学内容，启发学生主动、深入地思考，摒弃全盘灌输的教学模式。

3. 在扎实的数理基础背景下，对学生对于这门课的掌握深度和广度上要求较高。

4. 采用立体化的教学、教辅和考量方法,理论学习与 MATLAB 实验相结合。

4.2.49 信息论与编码理论基础 Elements of Information and Coding Theory

Prereq: Probability and Statistics, Linear Algebra, Digital Logic Circuit

Credits: 2

Mission: Understand fundamental principle and method of information and coding theory, able to analysis and solve the problem of data compression and communication.

Covers signal processing, communication theory and technique.

Topics include asymptotic equipartition property theorem, high-probability sets, typical set, entropy and mutual information, source coding, channel capacity, linear block code, cyclic code, and convolutional codes.

Meng Ma

一、课程基本情况

<table>
<tr><td rowspan="2">课程名称</td><td colspan="12">信息论与编码理论基础</td></tr>
<tr><td colspan="12">Elements of Information and Coding Theory</td></tr>
<tr><td rowspan="2">开课时间</td><td colspan="3">一年级</td><td colspan="3">二年级</td><td colspan="3">三年级</td><td colspan="3">四年级</td></tr>
<tr><td>秋</td><td>春</td><td>夏</td><td>秋</td><td>春</td><td>夏</td><td>秋</td><td>春</td><td>夏</td><td>秋</td><td>春</td><td>夏</td></tr>
<tr><td>适用院系</td><td colspan="12">电子学系,微电子学系,元培学院,物理学院,工学院</td></tr>
<tr><td>课程定位</td><td colspan="12">专业选修课</td></tr>
<tr><td>学分</td><td colspan="12">2 学分</td></tr>
<tr><td>总学时</td><td colspan="12">32 学时</td></tr>
<tr><td>先修课程</td><td colspan="12">概率统计,线性代数,数字逻辑电路</td></tr>
<tr><td>后续课程</td><td colspan="12"></td></tr>
<tr><td>教学方式</td><td colspan="12">课堂授课为主,习题辅导为辅</td></tr>
<tr><td>课时分配</td><td colspan="12">课堂授课(28 学时) + 习题辅导(4 学时)</td></tr>
<tr><td>考核方式</td><td colspan="12">平时作业占 10%,期末考试占 90%。其中,期末考试采用闭卷形式</td></tr>
</table>

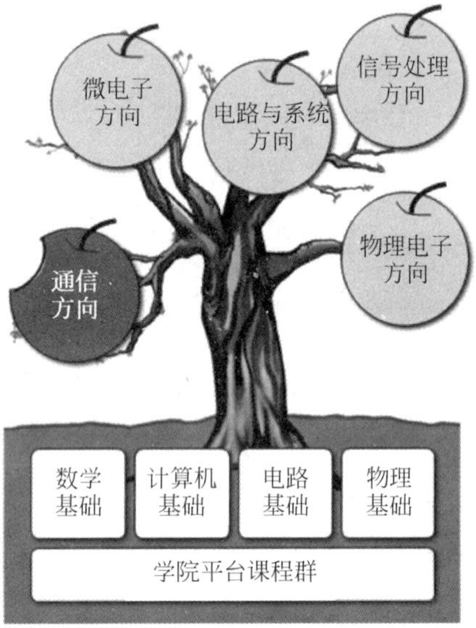

微电子方向
电路与系统方向
信号处理方向
物理电子方向
通信方向
数学基础
计算机基础
电路基础
物理基础
学院平台课程群

续表

主要教材	1. Thomas M Cover, Joy A Thomas. 信息论基础(Elements of Information Theory). 北京：机械工业出版社，2007 2. 曹志刚，钱亚生. 现代通信原理. 北京：清华大学出版社，1992
参考资料	朱雪龙. 应用信息论基础. 北京：清华大学出版社，2000
其他信息	
大纲提供者	马猛

二、教学目的和基本要求

1. 了解信息的概念及其在度量、处理和传递等过程中的通用手段和方法。
2. 掌握熵和互信息量等基本概念和性质以及香农信息论的主要内容。
3. 了解信息论在投资、数据压缩、存储和通信等领域的应用。
4. 了解信道纠错编码的基本方法及应用。

三、课程大纲和知识点

章节顺序	章节名称 Chapters	课时 Hours	知　识　点	Key Points
1	熵与互信息(Entropy and Mutual Information)	5 ~ 4	渐进均分性定理，高概率集与典型集，熵的概念，联合熵与条件熵的概念，互信息	Asymptoticequi partition property theorem, High-probability sets, Typical set, Entropy, Joint entropy and Conditional entropy, Mutual information
2	信源无失真编码(Loss-less source coding)	3 ~ 2	信源及信源编码的分类，定长信源编码，变长信源编码(Huffman 编码、Shannon 编码)	Source, Huffman codes, Source coding theorem of fixed-length, Source coding theorem of variable length (Huffman codes, Shannon coding)
3	博弈与数据压缩(Gambling and Data Compression)	3 ~ 2	赛马，博弈与边信息，英文的熵	The horse race, Gambling and side information, Entropy of English
4	信道容量(Channel Capacity)	5 ~ 4	通信系统模型，信道编码定理，信道容量示例分析	Model of communication system, Channel coding theorem, Examples and analysis of channel capacity
5	高斯信源和信道(Gaussian Source and Channel)	5 ~ 4	微分熵，高斯信道，带宽受限的通信系统	Differential entropy, Gaussian channel, bandlimited communication systems

续表

章节顺序	章节名称 Chapters	课时 Hours	知　识　点	Key Points
6	线性分组码(Linear Block Code)	4～3	差错控制码,线性分组码,汉明码,最小码距	Error-control code, Linear block code, Hamming code, Minimum Hamming distance
7	循环码(Cyclic Code)	5～4	循环码的特点,生成多项式,生成矩阵和监督矩阵,循环码的编码器,循环码的译码	Properties of cyclic code, Generator polynomial, Generator matrix, Check matrix, Encoder and decoder of cyclic code
8	卷积码(Convolutional Codes)	5～4	卷积码的结构和描述,卷积码的图解表示,解析表示,卷积码的距离特性,维特比译码,序列译码,卷积码的应用	Structure and description of convolutional codes, Graph and analytical representation, Viterbi decoding, Sequential decoding, Application of convolutional codes.
9	通信系统的编码和性能介绍(Introduction to Coding Methods and its Performance in Communication Systems)	5～4	Turbo 码简介,LDPC 码简介,离散输入连续输出系统的容量	Turbo code, LDPC code, Piecewise linearity, Equivalent modeling

四、课程特色

1. 信息论是现代通信系统设计和通信及信号处理等技术发展的理论基础,了解这一理论有助于加深学生对通信和信号处理技术的理解。此外,随着数字技术的发展,编码技术现已成为一项广泛应用的技术,在对信息的压缩和可靠传输上具有重要的作用。本课程涵盖了上述两方面的内容。

2. 奥克姆剃刀(Occam Razor)原理指出,“最简洁的解释最佳”。本课程追求以一种“简洁”而直观的方式来讲解信息论的思想、编码的原理等知识。

3. 本课程的前半部分主要介绍信息论的基本概念和重要定理,通过简单的例子说明香农解决通信问题的基本思路。课程的后半部分介绍基本的信道编码技术,包括线性分组码、循环码和卷积码等。通过本课程的学习,帮助学生掌握数据处理和通信的本质,理解信号处理技术和通信系统设计的方针及原理。

4. 针对一些较为典型的通信系统,从信息论和编码的角度进行分析和说明。

4.2.50　原子物理导论 Introduction to Atomic Physics

Prereq: Mechanics

Credits: 2

Mission: Understand classical experiments, fundamental principle and theory of atomic physics, able to analyze and write the states and energy levels of simple atoms.

Covers electronics and physics.

Topics include Rutherford model of atom, Bohr model, introduction to quantum mechanics, electron spin, Pauli principle, X ray, hyperfine structure interaction and some applications.

Yanhui Wang

一、课程基本情况

课程名称	原子物理导论 Introduction to Atomic Physics
开课时间	一年级：秋 春 夏；二年级：秋 春 夏；三年级：秋 春 夏；四年级：秋 春 夏
适用院系	电子学系，微电子学系，元培学院，物理学院，工学院
课程定位	专业选修课
学分	2 学分
总学时	36 学时
先修课程	
后续课程	量子力学
教学方式	课堂授课为主
课时分配	课堂授课(32 学时)＋专题课(4 学时)
考核方式	平时作业占 20%，专题讨论占 20%，期末考试占 60%。其中，期末考试采用闭卷形式
主要教材	杨福家. 原子物理学. 北京：高等教育出版社，2008
参考资料	1. B H Bransden and C J Joachain. Physics of Atoms and Molecules. Longman Group, 1983 2. 郑乐民. 原子物理. 北京：北京大学出版社，2010 3. 赵峥. 物理学与人类文明十六讲. 北京：高等教育出版社，2008
其他信息	
大纲提供者	王延辉

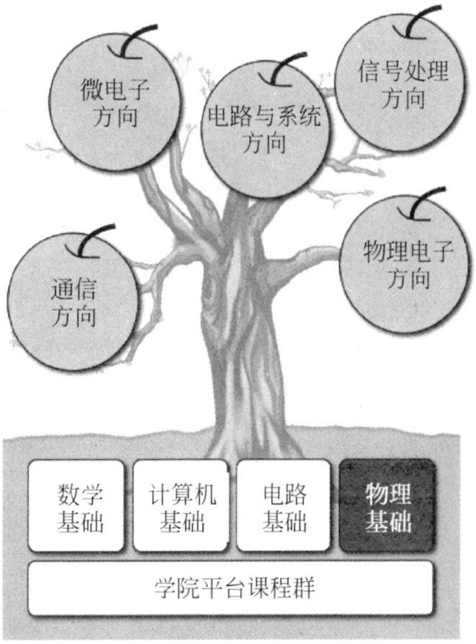

二、教学目的和基本要求

1. 使学生理解原子物理中的经典实验、定性地理解其物理本质。

2. 使学生能应用所学原理和方法去理解量子世界。

3. 培养学生的自学能力、独立思考能力、科学思维方法和求知创新精神。

三、课程大纲和知识点

章节顺序	章节名称 Chapters	课时 Hours	知识点	Key Points
1	原子的位形:卢瑟福模型(Atomic configuration: Rutherford model)	4~2	电子的发现,卢瑟福模型,卢瑟福散射公式,卢瑟福公式的实验验证,行星模型	Discovery of electron, Rutherford model, Rutherford scattering formula, Rutherford scattering formula experimental confirmation, Planet model
2	原子的量子态:波尔模型(Quantum states of atom: Bohr model)	4~2	黑体辐射,光电效应,氢光谱,波尔模型,弗兰克-赫兹实验,波尔-索末菲模型	Black body radiation, Photoelectric effect, Spectra of hydrogen, Bohr model, Frank-Hertz experiment, Bohr-Sommerfeld model
3	量子力学导论(Introduction to Quantum Mechanics)	8~6	波粒二象性,德布罗意波,戴维孙-革末实验,不确定关系,波函数,双缝干涉实验,态的叠加原理,薛定谔方程,本征值,本征函数,氢原子的薛定谔方程解	Wave-particleduality, De Broglie's wave, Davisson-Germer experiment, Uncertainty principle, wave function, double slit interference experiment, Schroedinger equation, eigenvalue, eigenfunction, Schroedinger solution of hydrogen
4	原子的精细结构:电子的自旋(Fine Structure of the atom: electron spin)	6~4	磁矩,斯特恩-盖拉赫实验,电子自旋,朗德g因子,碱金属双线,塞曼效应,兰姆移位	Magnetic moment, Stern-Gerlach experiment, electron spin, Lande g factor, Double lines of alkali metal, Zeeman effect, Lamb shift
5	多电子原子:泡利原理(Many electron atoms: Pauli Principle)	4~2	氦的光谱与能级,L-S耦合,j-j耦合,泡利不相容原理,洪特定则,元素周期表	Spectra and energy levels of Helium, L-S coupling, j-j coupling, Pauli's exclusion principle, Hund's rules,. Periodic table of the elements
6	X射线(X ray)	4~2	X射线的发现,布拉格公式,轫致辐射,标识辐射,俄歇电子,康普顿散射	Discovery of X ray, Bragg formula, Bremsstrahlung radiation, Characteristic radiation, Auger electron, Compton scattering

续表

章节顺序	章节名称 Chapters	课时 Hours	知识点	Key Points
7	超精细相互作用(Hyperfine Structure Interaction)	4～2	磁偶极超精细相互作用,电四极超精细相互作用,同位素移位与同质异能移位,拉比振荡	Magnetic dipolar hyperfine interaction, Electric quadruple hyperfine interaction, Isotope shift and Isomer shift, Rabi Oscillation
8	原子物理的应用(Applications of atomic physics)	4～2	激光,磁共振,量子频标	Laser, Magnetic resonance, Quantum frequency standard

四、课程特色

1. 重视正确理解 20 世纪原子物理领域中的经典实验,体会实验物理的乐趣。
2. 授课过程中穿插原子物理领域杰出的物理学家的故事,引起学生的学习兴趣。
3. 采用立体化的教学、教辅和考量方法。
4. 学生在学习中,可以根据专题讨论锻炼初步的文献调研、归纳整理和提出问题的能力。

4.2.51　智能电子系统设计与实践 Smart Device Design Project

Prereq: Principles of Microcomputer, Analogue circuit, Digital Logic Circuit

Credits: 3

Mission: This course is a project design lab for the undergraduate, three students work together as one team. firstly, the requirements of real world will be analyzed, then a smart device based on microcontroller (ARM or 8051) will be designed and implemented, after that, the system will be demonstrated and tested, finally, A presentation will be reported to the instructors. The course provides an opportunity to simulate real-world problems and solutions that involve system level trade-offs and design methodology. By exploring the design, construction, and debugging of electronic circuits, wireless communication software and the signal-processing algorithm, the team will find the right way to design, implement, test, written and oral presentation of a project in an environment similar to that of engineering design teams in industry.

Covers electronics and engineering, wireless communications, signal processing and control.

Topics include Electronics System Design, Wireless Communication Software Design and Signal Processing Algorithm Design and Smart Device Product Design.

Xiaohui Duan, Zhijun Wang, YuFeng Zhang, Manming Gao

一、课程基本情况

<table>
<tr><td rowspan="2">课程名称</td><td colspan="12">智能电子系统设计与实践</td></tr>
<tr><td colspan="12">Smart Device Design Project</td></tr>
<tr><td rowspan="2">开课时间</td><td colspan="3">一年级</td><td colspan="3">二年级</td><td colspan="3">三年级</td><td colspan="3">四年级</td></tr>
<tr><td>秋</td><td>春</td><td>夏</td><td>秋</td><td>春</td><td>夏</td><td>秋</td><td>春</td><td>夏</td><td>秋</td><td>春</td><td>夏</td></tr>
<tr><td>适用院系</td><td colspan="12">电子学系,元培学院</td></tr>
<tr><td>课程定位</td><td colspan="12">专业核心课</td></tr>
<tr><td>学分</td><td colspan="12">3 学分</td></tr>
<tr><td>总学时</td><td colspan="12">64 学时</td></tr>
<tr><td>先修课程</td><td colspan="12">模拟电路,数字逻辑电路,微机原理</td></tr>
<tr><td>后续课程</td><td colspan="12">毕业论文</td></tr>
<tr><td>教学方式</td><td colspan="12">自主开放项目为主,结合理论教学讲座和原型实例 DIY 制作(智能番茄闹钟)</td></tr>
<tr><td>课时分配</td><td colspan="12">课堂教学讲座(8 学时)+原型实例制作实验(10 学时)+自主开放项目设计(46 学时)</td></tr>
<tr><td>考核方式</td><td colspan="12">平时成绩占 50%(包括原型实例制作占 15%、项目节点检查占 30%、平时表现占 5%),项目验收成绩占 50%(包括验收测试占 40%、答辩表现占 10%)</td></tr>
<tr><td>主要教材</td><td colspan="12">1. 段晓辉等. 智能电子系统设计与实践(自编讲义). 2016
2. 何小艇. 电子系统设计. 杭州:浙江大学出版社,2000</td></tr>
<tr><td>参考资料</td><td colspan="12">1. 亿科信息. ARM/ST 全国大学生智能设备创新大赛参赛指南及获奖作品案例实战(2015). 北京:中国水利水电出版社,2015
2. Bonnie Baker. 嵌入式系统中的模拟设计. 李喻奎,译. 北京:北京航空航天大学出版社,2006
3. 周航慈. 嵌入式系统软件设计中的常用算法. 北京:北京航空航天大学出版社,2010
4. 周航慈. 基于嵌入式实时操作系统的程序设计技术. 2 版. 北京:北京航空航天大学出版社,2011
5. Elecia White. 嵌入式系统设计与实践. 余水清,译. 北京:机械工业出版社,2013
6. DJoseph Stadtmiller. 电子学:项目设计与管理. 2 版. 施惠琼,译. 北京:清华大学出版社,2007</td></tr>
<tr><td>其他信息</td><td colspan="12">http://course.pku.edu.cn/</td></tr>
<tr><td>大纲提供者</td><td colspan="12">段晓辉</td></tr>
</table>

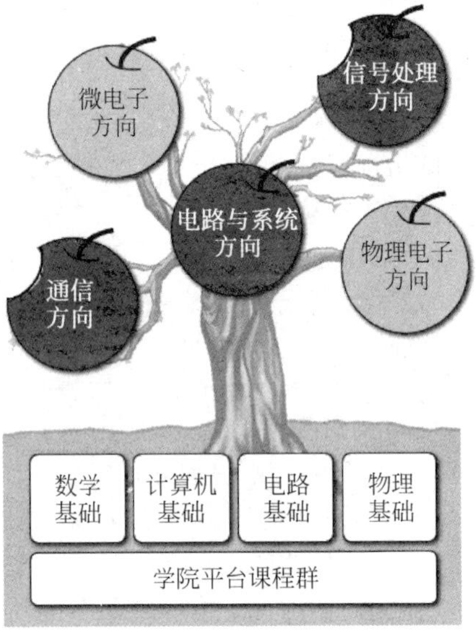

二、教学目的和基本要求

1. 掌握以 CPU 为核心的智能电子系统的设计方法。
2. 掌握电子系统的硬件设计模型及方法(模拟/数字/工业设计)。
3. 掌握电子系统的软件设计模型及方法(嵌入式软件/通信软件/信号处理)。
4. 训练电子系统设计的工程化管理方法(指标测试、文档编写、项目管理)。
5. 锻炼电子系统的综合设计和创新能力,培养自主创新意识。

三、课程大纲和知识点

章节顺序	章节名称 Chapters	课时 Hours	知识点	Key Points
1	理论教学讲座(Lectures)	10 ~ 8	设计大课(1)系统设计课程简介 设计大课(2)智能硬件实验平台 设计大课(3)系统设计实例研究 设计大课(4)PCB 设计和 SMT 焊接 设计大课(5)企业参观	Introduction to electronic system design, Introduction to smart device education kit, Case study of electronics system design, CAD tools and PCB, Business tour
2	智能硬件实例制作——智能番茄闹钟(Smart Pomodoro DIY)	12 ~ 10	Lab1: GPIO 入门实验 Lab2: ADC/DAC 实验 Lab3: 温度传感实验 Lab4: 智能互联实验 Lab5: 番茄闹钟焊接制作	NucleoF401 + MDK, ADC/DAC, PWM, UART, I2C, Timer, Interrupt, TFT LCD, Bluetooth module, Android APP, Sensors kit, WiFi module, Web services API, Cloud platform
3	总体设计(Project Proposal)	10	项目需求分析与立项,总体方案设计,开发环境熟悉,项目开题报告	Project proposal, Principle research, Environment setup, Project proposal report and discussion
4	系统设计(System Design)	10	快速原型(关键模块)验证,硬件原理图设计,FPGA 模块划分设计,软件设计,系统设计评审	Prototype based principle verification, Hardware schematic design, FPGA design partition, Software design (Algorithm Flow Charts), System design review and discussion

续表

章节顺序	章节名称 Chapters	课时 Hours	知识点	Key Points
5	系统开发(System Implementation)	10	PCB设计布线,软件编码开发,VHDL开发,机箱外壳设计与加工,PCB外协加工,项目中期检查	PCB layout, Software coding, VHDL modeling, Housing design and manufacturing, PCB manufacturing, Midterm review and discussion
6	系统调试(System Integration and Debug)	12	PCB焊接调试,软件移植联调,系统集成调测	PCB soldering and debugging, Software porting and debugging, System Integration and debugging
7	系统测试(System Test)	2	系统测试方案制定,系统功能指标测试	System test planning, System functional testing, System performance testing
8	项目结题报告(Project Seminar)	2	项目设计报告提交,项目结题答辩	Project design document, Project Seminar

四、课程特色

1. 本课程采用课堂和实验教学相结合、以开放式实验教学为主的教学方式。通过理论教学讲座,掌握智能电子系统设计的基本模型和方法;通过“番茄闹钟”的智能硬件实例DIY制作,训练开发设计智能硬件的综合能力,为学生完成自主项目打下基础。

2. 本课程采用Project驱动的设计实验形式,要求3人组队,分工合作完成1个Project。项目题目由学生自主立项,以满足一个实践需求或者解决一个实际问题为目标,综合本科阶段掌握的理论和实践能力,包括模拟电路、数字电路、微机原理、信号与系统、数字信号处理、计算机网络、通信原理和C++编程等课程的内容,实现一个产品原型。每个项目要求使用一片处理器,包含模拟电路和通信电路,通过自主设计一块PCB电路板,并装入所制作的产品外壳中,最终完成一个产品原型。

3. 本课程教学体现以学生为中心、自主创新实践的特点。小组同学与指导老师每周安排见面一次,时长30分钟;在项目立项报告、系统设计评审、中期进度检查等关键节点安排进行集体评审和讨论;在整个课程实施过程中,教师只起到平时监督、节点检查、难点答疑的作用,充分培养同学们的创新意识,强调锻炼自主创新能力。

五、其他补充说明

1. 本课程为每个小组的项目提供一定的经费支持,由小组同学自己安排使用。

2. 每名学生必须独立完成“智能番茄闹钟”的智能硬件实例DIY制作,并将获得此番茄闹钟作为课程纪念,同时该番茄闹钟也可以作为学生未来课外的智能硬件开发平台。

4.3　微电子类课程 Microelectronics Science and Engineering Speciality Courses

4.3.1　半导体材料 Fundamentals of Semiconductor Materials

Prereq: Physics

Credits: 2

Mission: Understand fundamental principle of fabrication process of semiconductor materials, able to analysis the structural and compositional characteristics of semiconductor materials, able to understand the frontiers of semiconductor material research.

Covers microelectronics and electronics.

Topics include basis of material physics; fundamentals of material fabrication processes; measurement and analysis of material properties; Applications and development of novel semiconductor materials in microelectronics.

Lifeng Liu, Jinfeng Kang

一、课程基本情况

<table>
<tr><td rowspan="2">课程名称</td><td colspan="12">半导体材料</td></tr>
<tr><td colspan="12">Fundamentals of Semiconductor Materials</td></tr>
<tr><td rowspan="2">开课时间</td><td colspan="3">一年级</td><td colspan="3">二年级</td><td colspan="3">三年级</td><td colspan="3">四年级</td></tr>
<tr><td>秋</td><td>春</td><td>夏</td><td>秋</td><td>春</td><td>夏</td><td>秋</td><td>春</td><td>夏</td><td>秋</td><td>春</td><td>夏</td></tr>
<tr><td>适用院系</td><td colspan="12">微电子学系,元培学院,物理学院</td></tr>
<tr><td>课程定位</td><td colspan="12">专业选修课</td></tr>
<tr><td>学分</td><td colspan="12">2 学分</td></tr>
<tr><td>总学时</td><td colspan="12">48 学时</td></tr>
<tr><td>先修课程</td><td colspan="12">力学、电磁学</td></tr>
<tr><td>后续课程</td><td colspan="12">集成电路工艺、半导体器件测试实验</td></tr>
<tr><td>教学方式</td><td colspan="12">课堂授课为主,辅以自由讨论</td></tr>
<tr><td>课时分配</td><td colspan="12">课堂授课(48 学时),辅以自由讨论</td></tr>
<tr><td>考核方式</td><td colspan="12">期末考试占 50%,期末论文占 40%,出勤与讨论占 10%。期末考试采用开卷形式</td></tr>
</table>

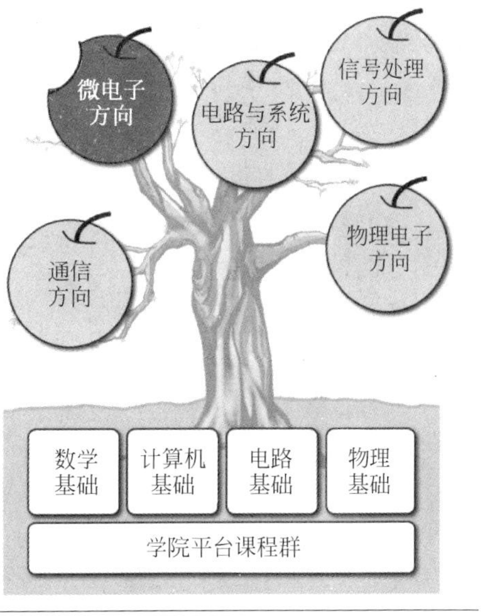

微电子方向
电路与系统方向
信号处理方向
通信方向
物理电子方向
数学基础
计算机基础
电路基础
物理基础
学院平台课程群

续表

主要教材	唐伟忠. 薄膜材料制备原理、技术及应用. 2 版. 北京：冶金工业出版社,2003
参考资料	1. 干福喜. 信息材料. 天津：天津大学出版社,2001 2. 任风章. 材料物理基础. 北京：机械工业出版社,2006 3. 杨德仁. 半导体材料测试与分析. 北京：科学出版社,2010
其他信息	
大纲提供者	刘力锋

二、教学目的和基本要求

1. 使学生了解微电子技术发展对新型半导体微电子材料发展的需求以及新型微电子材料技术与微电子集成电路技术之间的相互依赖和促进关系。

2. 介绍半导体材料物理、制备技术和表征分析技术的基础,使学生了解和掌握开展半导体材料技术研究必备的基础理论和实验技术及其原理,为今后进一步开展新型半导体材料技术研究奠定必要的基本理论和技术手段。

3. 通过介绍当前微电子技术中一些重点研究的新型微电子材料的性质、所要解决的实际问题、所面临的技术挑战及可能的解决途径,使学生初步了解当前新型半导体材料研究的前沿课题,初步了解和掌握如何将半导体材料研究和微电子技术需求结合起来开展前沿研究的方法。

三、课程大纲和知识点

章节顺序	章节名称 Chapters	课时 Hours	知识点	Key Points
1	微电子新材料	3～2	集成电路发展趋势,新材料引用的必要性	Development trend in VLSI techniques, Introduction of new microelectronic materials
2	材料物理基础(Basis of material physics)	6～4	晶体结构,化学键,晶体的能带和缺陷	Crystal structure, chemical bonds, Energy band and defects of crystal materials
3	薄膜生长原理(Fundamentals of crystal growth)	3～2	薄膜生长模式,薄膜成核理论	Growth mode of crystal, Nucleation theory of crystal
4	薄膜制备方法(Fabrication techniques of thin films)	12～8	物理气相沉积,化学气相沉积,旋涂和电镀	Physical vapor deposition, Chemical vapor deposition, Spin coating, Electro-plating

续表

章节顺序	章节名称 Chapters	课时 Hours	知识点	Key Points
5	薄膜测试分析方法(Measurement and analysis of semiconductor films)	14～10	薄膜的厚度、结构、成分特性	Measurement and analysis of film thickness, structural and compositional properties
6	栅结构材料(Gate materials)	4～2	栅材料的要求,新型栅电极/氧化物材料	Needs for gate materials in VLSI, Novel gate stack materials
7	源漏材料(Source and drain materials)	4～2	源漏材料的要求,源漏电阻,新型源漏材料	Novel source and drain materials, resistance of source and drain materials
8	电容材料(Capacitance materials)	6～4	电容材料的应用,新型电容存储材料	Applications of capacitance materials, New memory materials
9	互连材料(Interconnection materials)	4～2	互连材料的发展趋势,新型互连材料	Development tendency of interconnection materials, Novel interconnection materials
10	衬底材料(Substrate Materials)	3～2	衬底材料的种类,新型衬底材料	Category of substrate materials, novel substrate materials
11	专题讨论	4～2	新型微电子材料研究方法	Research methods on novel microelectronic materials

四、课程特色

1. 课堂讲授与自由讨论相结合,鼓励学生独立思考、自主学习,重视培养学生学习科学研究的思维方法。

2. 将微电子材料领域前沿研究带入课堂教学中,引导学生了解和掌握将材料基础研究和实际技术需求相结合开展国际前沿研究的方法。

4.3.2　半导体器件物理 Semiconductor Devices Physics

Prereq: An Introduction to Microelectronics and Circuits, Semiconductor Physics

Credits: 4

Mission: Understand DC, frequency and switching characteristics of junction semiconductor devices, compound semiconductor devices, meta-oxide-semiconductor devices; mastering models, parameters and equivalent circuits of above devices; understanding second level effects and their analysis of devices.

Covers microelectronics and electronics engineering.

Topics include PN junction, bipolar transistor, compound semiconductor devices, MOS Field

Effect Transistor.

Gang Du, Yimao Cai, Yandong He

一、课程基本情况

课程名称	半导体器件物理 Semiconductor Devices Physics
开课时间	一年级：秋 春 夏；二年级：秋 春 夏；三年级：秋 春 夏；四年级：秋 春 夏
适用院系	微电子学系,电子学系,元培学院
课程定位	专业必修课
学分	4 学分
总学时	80 学时
先修课程	微电子与电路基础,半导体物理
后续课程	数字集成电路原理,模拟集成电路原理
教学方式	课堂授课为主
课时分配	课堂授课(48 学时) + 小班讨论课(32 学时)
考核方式	期末考试占 50% ,作业占 20% ,平时及讨论班占 30%
主要教材	1. Robert F Pierret. 半导体器件基础. 黄如,等译. 北京: 电子工业出版社,2004 2. 曾树荣. 半导体器件物理基础. 北京: 北京大学出版社,2002
参考资料	1. S M SZE. Semiconductor Devices Physics and Technology. 2nd Ed. John Wiley & Sons. Inc. ,2002 2. R S Muller, T I Kamins, M Chan. 集成电路器件电子学. 王燕,等译. 北京: 电子工业出版社,2004
其他信息	
大纲提供者	杜刚,蔡一茂

二、教学目的和基本要求

1. 使学生了解和掌握集成电路中常用的结型半导体器件、化合物半导体器件和金属-氧化物-半导体器件的工作原理、直流特性、频率特性、开关特性及其分析方法。

2. 使学生了解和掌握上述器件的常用模型、等效电路和模型参数。

3. 使学生了解和掌握上述器件在小尺寸条件下出现的二阶效应及描述方法。

三、课程大纲和知识点

章节顺序	章节名称 Chapters	课时 Hours	知识点	Key Points
1	PN 结静电学特性（PN junction electrostatic characteristics）	2	热平衡条件下 PN 结的物理描述，PN 结的耗尽区宽度和势垒电容	PN junction physical description under thermal equilibrium condition, Depletion region width and barrier capacitance
2	PN 结二极管电流特性（PN junction diode current characteristics）	4	理想 PN 结伏安特性，PN 结耗尽区的产生—复合效应，PN 结的正向电流的大注入效应，PN 结电流的温度特性，PN 结电流的交流小信号特性和扩散电容，PN 结的电荷存储效应和反向恢复时间	Ideal PN junction volt-ampere characteristics, generation and recombination effect in depletion region, injection effect for positive current, temperature characteristics of junction current, small signal AC characteristics and diffusion capacitance, charge storage effect and reverse recovery times
3	PN 结击穿特性（PN junction breakdown characteristics）	4	隧道击穿，雪崩击穿及雪崩击穿的条件，提高 PN 结击穿电压的技术措施	Tunnel breakdown, avalanche breakdown and its condition, measures to raise breakdown voltage
4	双极型晶体管直流（Bipolar transistors DC characteristics）	12	双极型晶体管的基本结构，双极晶体管的放大作用，双极晶体管的电流增益，缓变基区加速场的作用，发射极电流集边效应，基区宽度调制效应（Early 效应）和基区展宽效应（Kirk 效应），高低发射结偏压效应，双极晶体管模型	Basic structure of bipolar transistor, amplification effect of bipolar transistor, current gain, graded base region accelerating field, crowding effect in emitter current, Early effect, Kirk effect, bipolar models
5	双极晶体管交流特性（Bipolar transistor AC characteristics）	2	小信号交流等效电路，电流增益随频率的变化，频率参数，提高 f_T 和 f_{max} 的技术途径，基区渡越时间	Small signal AC equivalent circuit, current gain dependency on frequency, frequency parameter, method to increase f_T and f_{max}, base transition time
6	双极型晶体管开关特性（Bipolar transistors switching characteristics）	2	基本开关电路，晶体管饱和的条件，开关时间的定义，决定导通延迟时间 t_α，电流上升时间 t_γ，超量电荷消失时间 t_S 和电流下降时间 t_f 的物理过程及减小其时间常数的技术措施	Basic switch circuit, saturation condition, switch time, physical process related to conduction delay t_α, current rising time t_γ, excessive charge disappearance time t_S and current falling time t_f, and methods to decrease these time constants

续表

章节顺序	章节名称 Chapters	课时 Hours	知识点	Key Points
7	先进双极型晶体管结构(Advance bipolar transistors)	2	多晶硅发射极晶体管,多晶硅发射极晶体管具有高电流增益的几种典型模型,异质结双极晶体管,异质结双极晶体管的特点、能带图和电流增益及常见的异质结双极晶体管的结构	Polysilicon emitter transistor, typical models of high current gain, heterojunction bipolar transistor and its characteristics, energy band and current gain, common heterojunction bipolar transistor structures
8	化合物半导体器件(Compound semiconductor devices)	4	理想情况下肖特基势垒高度,考虑金属—半导体接触处界面态情况下的势垒高度一般表示,SBD的电流特性,SBD的等效电路,金属—半导体的欧姆接触特性,金属—半导体场效应晶体管(MESFET),高电子迁移率晶体管(HEMT)	Ideal Schottky barrier and barrier height with metal-semicondutor interface state, current characteristics of SBD, SBD equivalent circuit, metal-semiconductor ohm contact, metal semiconductor field effect transistor(MESFET), high electron mobility transistor (HEMT)
9	MOS结构特性(MOS structure characteristics)	4	MOS结构在热平衡状态时的能带图、平带电压、表面势垒、电势平衡和电荷平衡,半导体表面平带状态、积累状态、耗尽及反型状态的条件和特点,反型和强反型状态下表面电荷、表面势与栅压的关系,半导体表面层电容 C_S 与表面势的一般关系	MOS energy band, flat band voltage, surface barrier, potential balance and charge balance; Conditions and characteristics of flat band, accumulation, depletion, inversion; surface charge under inversion and strong inversion, relation of surface and gate voltage; relation of semiconductor surface capacitance C_S and surface potential
10	理想MOSFET特性(MOSFET characteristics)	8	MOS场效应晶体管的基本结构和原理,MOS晶体管阈值电压 V_T 的定义及解析表达式,MOS晶体管的电流方程及线性区、饱和区和亚阀区漏极电流方程,亚阈值摆幅,表面迁移率修正,MOS场效应晶体管小信号等效电路和频率特性	MOSFET structure and mechanism, threshold voltage V_T, current function of MOS, linear region, saturation region and subthreshold region; subthreshold swing, small AC equivalent circuit and frequency characteristics of MOSFET

续表

章节顺序	章节名称 Chapters	课时 Hours	知识点	Key Points
11	MOSFET 非理想特性(MOSFET non ideal characteriscs)	4	阈值电压的短沟道和窄沟道效应,漏感应势垒降低(DIBL)效应,速度饱和效应和两区模型,热载流子效应,短沟道器件结构	Short channel and narrow channel effects of threshold voltage, drain induced barrier lowing(DIBL) effect, velocity saturation effect, hot carrier effect, short channel device structure

注:以上授课内容共计48学时,并对应配备32学时的小班讨论课时。

四、课程特色

1. 在课程内容的安排上将以满足实际专业研究的实际需要出发,着重讲述在VLSI中应用最广泛的器件的基本特性,为在VLSI技术相关领域学习的微电子学专业学生进行VLSI技术领域专业课的学习和研究提供必要的物理基础。

2. 除了讲述器件基本工作原理之外,强调培养学生对于半导体器件特性的分析方法。强调对于物理图像的掌握,而不是对公式死记硬背。

3. 针对大课讲授,开展每周一次的小班讨论课,讨论大课对应相关知识点的实际应用、扩展以及难点的深入分析,可以开阔学生的视野,提高学生实际应用器件知识的能力以及对现在集成电路产业与器件的相关性、市场以及重要公司的相关知识的掌握等。

4.3.3 半导体物理 Semiconductor Physics

Prereq: Mechanics, Electromagnetics

Credits: 3

Mission: Understand fundamental principle, concepts and methods of semiconductor physics, able to analysis and process microelectronic problems with semiconductor physics theory.

Covers microelectronics and eléctronics engineering.

Topics include property of semiconductor; physical basics of equilibrium state of semiconductor; carrier moving property in nonequilibrium semiconductors; PN junction; metal/semiconductor contact and heterojunction; MOS structure.

Jinfeng Kang, Lifeng Liu, Yi Wang

一、课程基本情况

<table>
<tr><td rowspan="2">课程名称</td><td colspan="12">半导体物理</td></tr>
<tr><td colspan="12">Semiconductor Physics</td></tr>
<tr><td rowspan="2">开课时间</td><td colspan="3">一年级</td><td colspan="3">二年级</td><td colspan="3">三年级</td><td colspan="3">四年级</td></tr>
<tr><td>秋</td><td>春</td><td>夏</td><td>秋</td><td>春</td><td>夏</td><td>秋</td><td>春</td><td>夏</td><td>秋</td><td>春</td><td>夏</td></tr>
<tr><td>适用院系</td><td colspan="12">微电子学系、电子学系、元培学院、工学院、物理学院等理工科院系</td></tr>
<tr><td>课程定位</td><td colspan="12">专业必修课</td></tr>
<tr><td>学分</td><td colspan="12">3 学分</td></tr>
<tr><td>总学时</td><td colspan="12">90 学时</td></tr>
<tr><td>先修课程</td><td colspan="12">力学,电磁学</td></tr>
<tr><td>后续课程</td><td colspan="12">半导体器件物理</td></tr>
<tr><td>教学方式</td><td colspan="12">大班课堂授课和小班讨论课结合,辅以习题和单元测试</td></tr>
<tr><td>课时分配</td><td colspan="12">大班课堂授课(44 学时) + 习题课(4 学时) + 小班讨论课(32 学时)</td></tr>
<tr><td>考核方式</td><td colspan="12">期末考试占 50%,单元测试占 30%,小班课成绩占 20%,附加奖励分(对于在小班讨论、项目训练、课堂表现、课程建设等方面有突出表现者给予的奖励加分)</td></tr>
<tr><td>主要教材</td><td colspan="12">自编讲义</td></tr>
<tr><td>参考资料</td><td colspan="12">1. 叶良修. 半导体物理学: 上册. 2 版. 北京: 高等教育出版社,2007
2. 刘恩科,朱秉升,罗晋生,等. 半导体物理. 6 版. 北京: 电子工业出版社,2003
3. 钱佑华,徐至中. 半导体物理. 北京: 高等教育出版社,1999
4. 黄昆. 固体物理学. 韩汝琦,改编. 北京: 高等教育出版社,1998</td></tr>
<tr><td>其他信息</td><td colspan="12">http://www.jpk.pku.edu.cn/pkujpk/course/bdtwl/</td></tr>
<tr><td>大纲提供者</td><td colspan="12">康晋锋</td></tr>
</table>

二、教学目的和基本要求

1. 本课程系统地讲述了半导体物理的基础理论、概念、方法及其应用,内容主要包括: 半导体的基本性质、平衡态半导体的物理基础、非平衡半导体中载流子的运动规律、半导体 PN 结、金属/半导体接触与异质结、半导体 MOS 结构等。

2. 通过本课程的学习,要求学生掌握半导体物理的基础理论、概念和方法,学会运用半导体物理理论分析、处理和解决微电子学相关领域实际问题的技能和方法。

三、课程大纲和知识点

章节顺序	章节名称 Chapters	课时 Hours	知识点	Key Points
1	绪论（Introductions）	8	半导体学科变迁，半导体的基本性质，包括：电学和晶体结构性质、半导体化学键结合的性质、半导体的能带、半导体的导电机制	Evolution of semiconductor field, Basic electrical properties, Crystal structure of semiconductor, Property of semiconductor junction, Energy band of semiconductor, Conduction mechanism of semiconductor
2	平衡态半导体的物理基础（Physical basis of semiconductor in equilibrium state）	8	本征半导体和本征费米能级，非本征半导体，费米能级，重掺杂半导体，能级杂质和多重能级杂质	Intrinsic semiconductor and intrinsic Fermi energy level, nonintrinsic semiconductor, Fermi level, Heavy doping semiconductor, level impurity and multiple level impurity
3	非平衡半导体中载流子的运动规律（Moving carriers in non-equilibrium semiconductor）	10	载流子漂移运动和漂移电流，载流子的扩散运动和扩散电流，载流子的迁移率，非平衡情形的过剩载流子，准费米能级，半导体中的基本物理方程	Carrier drift motion and drift current, Carrier diffusion motion and diffusion current, carrier mobility, Excess carrier in nonequilibrium, Quasi Fermi level, Basic physical function in semiconductor
4	半导体的 PN 结（PN junction）	8	导体平衡 PN 结的能带图和自建势，偏置 PN 结及其 IV 特性，PN 结电容，PN 结击穿	Energy band and built in potential of PN junction, PN junction in bias and its IVproperty, PN junction capacitor, PN junction breakdown
5	金属和半导体接触与异质结（Metal and semiconductor contact, heterojunction）	8	金属/半导体接触，实际肖特基势垒高度的调制，肖特基二极管及其 IV 特性，M/S 的欧姆接触，半导体异质结	Metal/semiconductor contact, Real Schottky barrier height modulation, Schottky diode and its IV property, M/S Ohm contact, Semiconductor heterojunction
6	半导体的 MOS 结构（MOS structure）	10	理想的 MOS 结构，MOS 结构的 CV 特性，非理想（实际）MOS 结构	Ideal MOS structure, MOS CV property, real MOS structure

四、课程定位

目标：在通用数理课程与微电子专业课之间建立起联系的桥梁；了解微电子学科的特点，为微电子学专业领域相关学科的学习和研究打下基础；

重点：讲授以能带论为基础的半导体与器件物理的理论基础，包括基本概念、原理、物理图像及相关的数理方法；

注重：运用基本物理理论和方法研究、分析、处理和解决问题能力的培养；

了解：学科发展趋势和前沿问题，相关理论和学科发展的局限性和挑战，启发引导创新性思维方法的形成。

4.3.4 高等模拟集成电路原理 Principle of Advanced Analog Integrated Circuits

Prereq: Principle of Circuit Analysis, Analog Circuits, Semiconductor Device, Principle of Analog Integrated Circuits, Semiconductor Process

Credits: 2

Mission: Understand fundamental principle and theory of analog IC, able to analysis and design bandgap, SC circuits, DAC and ADC, able to layout and test these circuits.

Covers micro-electronics, electrics, and engineering.

Topics include noise analysis, bandgap reference, switched-capacitor circuits, nonlinearity and mismatch, layout and packaging, digital-to-analog converters, analog-to-digital converters.

Wengao Lu

一、课程基本情况

课程名称	高等模拟集成电路原理											
	Principle of Advanced Analog Integrated Circuits											
开课时间	一年级			二年级			三年级			四年级		
	秋	春	夏	秋	春	夏	秋	春	夏	秋	春	夏
适用院系	微电子学系，电子学系，元培学院，物理学院，生物学院，工学院											
课程定位	专业核心课											
学分	2 学分											
总学时	32 学时											
先修课程	电路分析原理，模拟电路，半导体器件，模拟集成电路原理，半导体工艺											
后续课程												

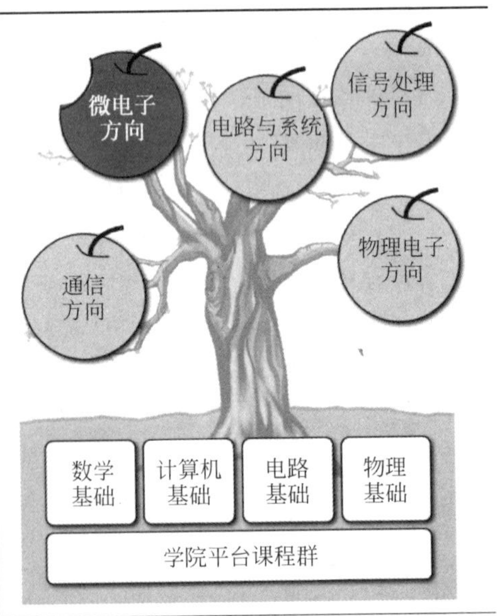

续表

教学方式	课堂授课
课时分配	课堂授课(32 学时)
考核方式	作业、电路仿真、读书报告等平时成绩占 50%,期末考试成绩占 50%(考试采用闭卷形式)
主要教材	1. 拉扎维. 模拟 CMOS 集成电路设计. 陈贵灿,等译. 西安:西安交通大学出版社,2003 2. 马洛贝蒂. Data Converters. 影印版. 西安:西安交通大学出版社,2013
参考资料	1. Willy Sansen. 模拟集成电路设计精粹. 北京:清华大学出版社,2008 2. Baker. CMOS 电路设计 · 布局与仿真. 陈中建,译. 北京:机械工业出版社,2006
其他信息	
大纲提供者	鲁文高

二、教学目的和基本要求

1. 使学生掌握噪声、非线性、失配等非理想因素的分析计算方法与抑制技术。

2. 使学生掌握带隙基准、开关电容电路、振荡器、数模转换器、模数转换器等电路的基本原理和分析设计方法。

3. 通过实践掌握电路仿真与版图设计的方法与技巧,并培养学生查阅文献、独立思考、科研协作等方面的能力。

三、课程大纲和知识点

章节顺序	章节名称 Chapters	课时 Hours	知识点	Key Points
1	带隙基准源(Bandgap Reference)	6 ~ 4	正温度系数电压源,负温度系数电压源,PTAT 电流,恒定 Gm 产生,速度与噪声	Positive TC Voltage, Negative TC Voltage, PTAT current, Constant Gm biasing, Speed and Noise
2	开关电容电路(Switched-capacitor Circuits)	6 ~ 4	开关,电荷注入,开关电容放大器,开关电容积分器,开关电容共模反馈	Switch, Charge Injection, Switched Capacitor Amplifier, Switched Capacitor Integrator, Switched Capacitor Common-Mode Feedback

续表

	章节名称 Chapters	课时 Hours	知识点	Key Points
3	非线性与失配(Nonlinearity and Mismatch)	6~4	差分电路的非线性,负反馈对非线性的影响,线性化技术,失配的原理,失配抑制技术	Nonlinearity of Differential Circuits, Effect of Feedback on Nonlinearity, Linearization Technique, Principle of Mismatch, Offset Suppression Technique
4	版图与封装(Layout and Packaging)	6~4	设计规则,天线效应,共质心,CMOS 工艺中的器件,互连,衬底耦合,去耦合	Design Rule, Antenna effect, Common Centroid, Devices in CMOS process, Interconnect, Substrate coupling, Decoupling
5	数据转换器基础(Introduction to Data Converters)	2	数据转换器类别,编码方案,基本特性参数,静态指标,动态指标	Type of Converter, Coding Schemes, General Features, Static Specifications, Dynamic Specifications
6	数模转换器(D/A Converters)	6~4	DAC 应用,电阻型 DAC,电阻分压型,X-Y 选择,R-2R 电阻型 DAC,电容型 DAC,电容-电阻混合型,电流型 DAC	DAC Applications, Resistor based DAC, Resistive Divider, X-Y Selection, R-2R Resistor Ladder DAC, Capacitor Based DAC, Hybrid Capacitive-Resistive DAC, Current Source based DAC
7	模数转换器(A/D Converters)	8~6	全闪型 ADC,两步型转换器,折叠与插值,时间交织,逐次逼近,流水线,单斜率,电压频率转换	Full-Flash Converters, Two-Step Converters, Folding and Interpolation, Time-Interleaved, Successive Approximation, Pipeline, Single-Slope, Voltage-to-Frequency Converter

4.3.5　固体物理基础 Fundamentals of Solid State Physics

Prereq: Advanced Mathematics (or, College Mathematics), College Physics

Credits: 3

Mission: This course introduces the fundamentals of solid state physics, including the basic concepts, important methods and physical models, giving students a solid foundation for the follow-up courses (e. g., semiconductor physics, semiconductor device physics, etc.) and their future research.

Covers electrics, electronics and engineering.

Topics include free electron gas model, crystal structure, energy band structure, chemical bonding, lattice vibration and phonon, carrier transport phenomena.

Runsheng Wang

一、课程基本情况

课程名称	固体物理基础											
	Fundamentals of Solid State Physics											
开课时间	一年级			二年级			三年级			四年级		
	秋	春	夏	秋	春	夏	秋	春	夏	秋	春	夏
适用院系	微电子学系，电子学系，工学院，化学学院，元培学院											
课程定位	主干基础课、专业核心课											
学分	3 学分											
总学时	48 学时											
先修课程	高等数学，大学物理											
后续课程	半导体物理，半导体器件物理											
教学方式	课堂授课为主											
课时分配	课堂授课(46 学时) + 习题与专题课(2 学时)											
考核方式	平时成绩占 20%，期中考试占 30%，期末考试占 50%。其中，期中考试采用开卷形式，期末考试采用闭卷或半开卷形式											
主要教材	王润声. 固体物理引论. 自编讲义，2012											

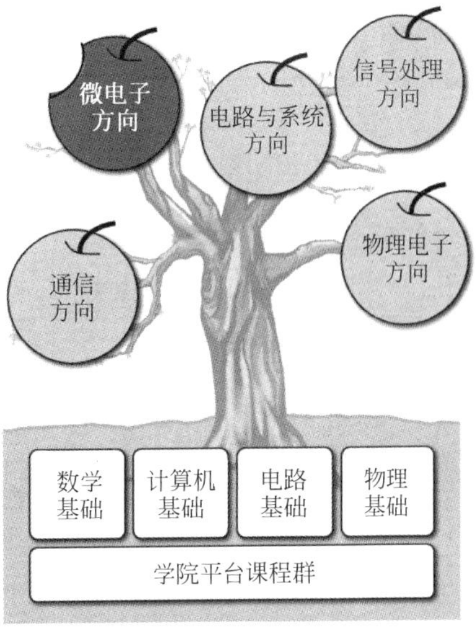

续表

参考资料	1. C Kittel. 固体物理导论. 8th ed. 北京：化学工业出版社,2005 2. 沈为民,唐莹,孙一翎. 固体电子学导论. 北京：清华大学出版社,2012 3. 黄昆,韩汝琦. 固体物理学. 北京：高等教育出版社,1988 4. R F Pierret. Advanced Semiconductor Fundamentals. 2nd ed. Prentice Hall,2003 5. J Singh. Smart Electronic Materials：Fundamentals and Applications. London：Cambridge University Press,2005 6. J S Blakemore. Solid State Physics. 2nd ed. London：Cambridge University Press,1985 7. N W Ashcroft & N D Mermin. 固态物理学. 影印版. 北京：世界图书出版公司,2004
其他信息	http://course.pku.edu.cn/
大纲提供者	王润声

二、教学目的和基本要求

1. 讲述固体物理的基础知识和基本理论。

2. 使学生了解和掌握固体物理的基本概念、重要方法和物理模型。

3. 为后续课程(如"半导体物理"、"半导体器件物理"等)的学习以及未来的研究打下良好基础。

4. 培养独立思考能力、科学思维方法和求知创新精神。

三、课程大纲和知识点

章节顺序	章节名称 Chapters	课时 Hours	知识点	Key Points
1	绪论(Introduction)	2~1	固体的种类,晶体的整体物理图像	Classification of solids, the physical picture of crystal solid
2	预备知识(Preliminary Knowledge)	9~7	电子的力学,微观粒子与系统的状态(量子与统计物理初步)	Mechanics of electrons, States of microscopic particles and system (the preliminary of quantum and statistical physics)
3	自由电子气模型(Free Electron Gas Model)	3~2	经典与量子自由电子气模型,应用与局限性	Classical and quantum free electron gas model, Application and limitations
4	晶体结构(Crystal Structure)	3~2	晶格实例,晶格的周期性与对称性,晶格的几何、倒格子	Examples of crystal lattices, Periodic and symmetrical structure of crystal, Lattice geometry, Reciprocal lattice

续表

章节顺序	章节名称 Chapters	课时 Hours	知识点	Key Points
5	晶体中电子的状态——能带论(Electronic State in Crystals: Energy Band Theory)	10～8	晶格的周期势场对电子状态的影响，能带论基本假设，一维近似分析，实际晶体的能带，能带论的应用，能带论的局限	The Effect of periodic potential on electronic state, Basic assumptions of energy band theory, One-dimensional approximation analysis, Band structures of real crystals, Applications of energy band theory, Limitations of energy band theory
6	固体的结合——成键模型(Solid Binding: Chemical Bonding Model)	4～3	原子间的力与键，晶体结合的规律性，分子轨道成键理论，从键到能带	Forces and chemical bonds between atoms, Rules of crystal binding, Molecular orbital bonding theory, From bond to band
7	晶格振动与声子——晶格动力学(Lattice Vibration and Phonon: Lattice Dynamics)	8～6	格波与声子，晶格振动的经典与量子模型，声子与电子/光子的相互作用，晶体的热学特性	Lattice wave and phonon, Classical and quantum model of lattice vibration, the interactions of the phonon and electron/photon, thermal property of crystal
8	固体中的输运现象：电子/声子状态的改变(Transport Phenomena in Solids: the change of Electron/Phonon States)	14～10	固体中的基本导电机制，晶体中的电输运，电子电导与离子电导，固体中电子传导的其他机制，晶体中的热输运，固体电子的多场耦合效应，"自底向上"的输运	Basic conduction mechanisms in solids, Electrical transport in crystals: Electronic conduction and ionic conduction, Other mechanisms of electrical conduction in solids, Heat transport in crystals, Multi-field coupling effect in solids, Carrier transport model from bottom-up approach
9	晶体完美周期性的破缺(Crystal Periodic Breaking)	2～0	缺陷与杂质，表面与界面	Defect and impurity, Surface and interface
10	专题讲座(Selected Topics)	2～0	固体的维度与尺寸——纳电子学的兴起，固体物理实验常用的表征分析技术	Dimension and size of solids: the rise of nanoelectronics, characterization techniques in solid state physics

四、课程特色

本课程专门针对微电子等非物理学专业低年级本科生的特点，将传统的、针对物理学专业的固体物理教学体系进行改造，围绕电导的逻辑关系(即固体中电子的状态与运动)来组织课程,并在教学内容上进行了相应的取舍,以适合微电子等专业的课程体系设计。

4.3.6 集成电路测试原理 Principle of Integrated Circuits Test

Prereq: Foundations of Analog and Digital Electronic Circuits, Digital Logic Circuits

Credits: 2

Mission: Understand fundamental principle and theory of IC test, able to test circuits, able to do practical applications.

Covers electrics, electronics and engineering.

Topics include IC test, ATPG, Design for Testability, Built-In Self-Test, Scan test, Boundary Scan test Standard, IDDQ Test, Delay Test, System on Chip Test Core-Based Design.

Jianhua Feng, Hongfei Ye

一、课程基本情况

<table>
<tr><td rowspan="2">课程名称</td><td colspan="12">集成电路测试原理</td></tr>
<tr><td colspan="12">Principle of Integrated Circuits Test</td></tr>
<tr><td rowspan="2">开课时间</td><td colspan="3">一年级</td><td colspan="3">二年级</td><td colspan="3">三年级</td><td colspan="3">四年级</td></tr>
<tr><td>秋</td><td>春</td><td>夏</td><td>秋</td><td>春</td><td>夏</td><td>秋</td><td>春</td><td>夏</td><td>秋</td><td>春</td><td>夏</td></tr>
<tr><td>适用院系</td><td colspan="12">微电子学系,计算机系,电子学系,元培学院</td></tr>
<tr><td>课程定位</td><td colspan="12">专业选修课</td></tr>
<tr><td>学分</td><td colspan="12">2 学分</td></tr>
<tr><td>总学时</td><td colspan="12">32 学时</td></tr>
<tr><td>先修课程</td><td colspan="12">数字和模拟电路基础,数字逻辑电路</td></tr>
<tr><td>后续课程</td><td colspan="12"></td></tr>
<tr><td>教学方式</td><td colspan="12">课堂授课为主</td></tr>
<tr><td>课时分配</td><td colspan="12">课堂授课(24 学时)+实验(6 学时)+习题(2 学时)</td></tr>
<tr><td>考核方式</td><td colspan="12">平时作业与专题讨论占 20%,实验成绩占 20%,期末考试占 60%。其中,期末考试采用考查形式</td></tr>
<tr><td>主要教材</td><td colspan="12">(美)M L Bushnell,等. 超大规模集成电路测试——数字、存储器和混合信号系统. 将安平,冯建华,王新安,译. 北京:电子工业出版社,2005</td></tr>
</table>

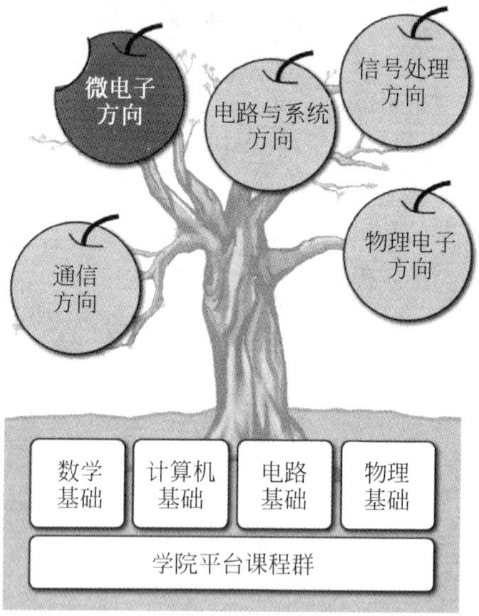

续表

参考资料	1. Laung-Terng Wang, Cheng-Wen Wu, Xiaoqing Wen. VLSI Test Principles and Architectures-Design for Testability. Elsevier, 2006 2. Laung-Terng Wang, Charles E Stroud, Nur A Touba. System on Chip Test Architectures-nanometer Design for Testability. Elsevier, 2007
其他信息	
大纲提供者	冯建华

二、教学目的和基本要求

1. 建立 VLSI 测试的基本概念、原理和测试方法，如故障与故障模型、故障覆盖率、组合和时序电路的测试生成、可测试设计和可测试性分析概念等。

2. 掌握 VLSI 数字电路测试向量生成方法，如模拟方法和算法方法（D 算法）等。

3. 掌握各种可测试性设计（DFT）方法，如扫描测试、边界扫描测试、BIST 测试、IDDQ 测试、延迟测试等，了解可测试性分析方法。

4. 掌握特定结构电路的测试方法，如微处理器测试、存储器测试等。

5. 熟悉 SOC 测试方法，如 P1500 标准、IP 核测试、测试访问机制、测试外壳、测试压缩、低功耗测试等。

三、课程大纲和知识点

章节顺序	章节名称 Chapters	课时 Hours	知识点	Key Points
1	前言（Introduction）	2 ~ 1	测试方法学，测试任务，数字 VLSI 测试，	Testing philosophy, role of testing, digital VLSI testing
2	VLSI 测试过程和测试设备（VLSI testing process and test equipment）	2 ~ 1	如何测试芯片，测试类型，自动测试设备，电参数测试	How to test chips? types of testing, automatic test equipment, electrical parametric testing
3	测试经济学和产品质量（Test economics and product quality）	2 ~ 1	测试经济学，成品率，缺陷级与质量测量的关系	Test economics, yield, defect level as a quality measure
4	故障模型化（Fault modeling）	2 ~ 1	缺陷、错误和故障，功能测试与结构测试，故障模型的分级，故障模型术语，单固定故障，故障等价性，故障压缩，故障支配性	Defects, errors, and faults, functional versus structural testing, levels of fault models, a glossary of fault models, single stuck-at fault, fault equivalence, fault collapsing, fault dominance

续表

章节顺序	章 节 名 称 Chapters	课时 Hours	知 识 点	Key Points
5	故障模拟(Fault simulation)	2	模拟的电路模型化,真值模拟算法,故障模拟算法,串行故障模拟,并行故障模拟,演绎故障模拟,并发故障模拟,故障模拟的统计方法	Modeling circuits for simulation, algorithms for true-value simulation, algorithms for fault simulation, serial fault simulation, parallel fault simulation, deductive fault simulation, concurrent fault simulation, statistical methods for fault simulation
6	可测试性分析(Testability measures)	1	SCOAP 可控制性和可观察性,组合 SCOAP 测量,时序 SCOAP 测量,高层次可测试性测量	SCOAP controllability and observability, combinational SCOAP measures, sequential SCOAP measures, high-level testability measures
7	组合电路测试生成(Combinational circuit test generation)	3	定义,组合 ATPG 算法,D 算法,PODEM 算法,FAN 算法,先进的算法,测试生成系统,测试压缩	Definitions, combinational ATPG algorithms, D-algorithm, PODEM, FAN, advanced algorithms, test generation systems, test compaction
8	时序电路测试生成(Sequential circuit test generation)	2	时间帧扩展方法,基于模拟的时序电路 ATPG	Time-frame expansion methods, simulation-based sequential circuit ATPG
9	扫描测试(Scan test)	2	Ad-Hoc DFT 方法,结构化方法,全扫描设计,部分扫描设计,扫描的物理设计和时序验证	Ad-Hoc DFT methods, structured methods, full-scan design, partial-scan design, physical design and timing verification of scan
10	内建自测试(Built-In Self-Test)	2	定义,BIST 测试向量生成,BIST 响应压缩,BIST 结构,逻辑 BIST,存储器 BIST	Definitions, BIST Pattern Generation, BIST Response Compaction, BIST structure, Logic BIST, Memory BIST
11	边界扫描(Boundary Scan)	2	边界扫描系统结构,扫描单元,TAP 控制器和端口,边界扫描测试指令,边界扫描描述语言	Boundary scan system structure, scan cell, TAP controller and port, boundary scan test instructions, boundary scan description language
12	模拟测试总线标准(Analog Test Bus Standard)	1	模拟测试总线,模拟测试访问端口,测试总线接口电路,模拟边界扫描模块,1149.4 标准	Analog test bus standard, analog test access port, test bus interface circuit, analog boundary module, 1149.4 standard

续表

章节顺序	章节名称 Chapters	课时 Hours	知识点	Key Points
13	IDDQ 测试（IDDQ Test）	1	IDDQ 测试所检测的故障，测试方法，电流阈值的设置，内建电流测试，IDDQ 可测试性设计	Faults Detected by IDDQ Tests, Testing Methods, Current Limit Setting, Built-In Current Testing, IDDQ Design for Testability
14	延迟测试（Delay Test）	2	延迟测试问题，路径延迟测试，延迟测试方法，延迟测试的实际考虑	Delay test problem, path-delay test, delay test methodologies, practical considerations in delay testing
15	微处理器测试（Microprocessor Test）	1	微处理器结构，功能测试，结构测试，微处理器可测试性设计，先进微处理器测试方法	Microprocessor architecture, functional Test, structural Test, Microprocessor Design for Testability
16	存储器测试（Memory Test）	1	存储器故障模型，March 测试算法，存储器测试方法	Memory fault models, march test algorithms, memory test methods
17	基于内核的 SoC 系统测试（System on Chip Test Core-Based Design）	1	系统测试争端，功能测试，结构测试，SoC 可测试性设计，测试访问机制，测试外壳，测试数据压缩，低功耗测试	System test problem, functional test, structural test, SoC design for testability, test access mechanism, test wrapper, test data compression, low power test
18	未来展望（The Future Of Testing）	1		

四、课程特色

1. 重视掌握基本概念、基本原理和基本方法，培养学生的自主学习兴趣、独立思考能力、科学思维方法和求知创新精神。

2. 除了理论学习之外，增加 ATE 和 EDA 工具实践环节，增强学生的实践能力。

3. 学生在学习中，除了学习课本知识之外，鼓励学生阅读最新的国内外学术期刊和会议内容，增强学生对测试领域前沿知识的了解。

4.3.7　集成电路工艺原理 Principle of Integrated Circuits Process

Prereq: An Introduction to Microelectronics and Circuits, Semiconductor Physics

Credits: 3

Mission: Understand fundamental principle of integrated circuit basic process, able to apply the theories, master modern IC fabrication and advanced process.

Covers microelectronics and electronics engineering.

Topics include basic process of silicon integrated circuits; property of silicon material; oxidation; diffusion; ion implantation; PVD; epitaxial process; photolithographic process; etching process; metallization; process integration.

Wengang Wu, Lei Sun

一、课程基本情况

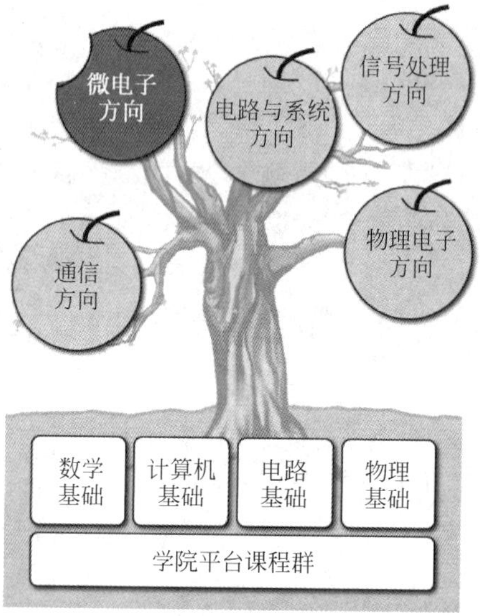

<table>
<tr><td rowspan="2">课程名称</td><td colspan="12">集成电路工艺原理</td></tr>
<tr><td colspan="12">Principle of Integrated Circuits Process</td></tr>
<tr><td rowspan="2">开课时间</td><td colspan="3">一年级</td><td colspan="3">二年级</td><td colspan="3">三年级</td><td colspan="3">四年级</td></tr>
<tr><td>秋</td><td>春</td><td>夏</td><td>秋</td><td>春</td><td>夏</td><td>秋</td><td>春</td><td>夏</td><td>秋</td><td>春</td><td>夏</td></tr>
<tr><td>适用院系</td><td colspan="12">微电子学系,电子学系,元培学院</td></tr>
<tr><td>课程定位</td><td colspan="12">专业必修课</td></tr>
<tr><td>学分</td><td colspan="12">3 学分</td></tr>
<tr><td>总学时</td><td colspan="12">48 学时</td></tr>
<tr><td>先修课程</td><td colspan="12">微电子与电路基础,半导体物理</td></tr>
<tr><td>后续课程</td><td colspan="12">数字集成电路原理,模拟集成电路原理</td></tr>
<tr><td>教学方式</td><td colspan="12">课堂授课,辅以录像教学</td></tr>
<tr><td>课时分配</td><td colspan="12">课堂授课(48 学时)</td></tr>
<tr><td>考核方式</td><td colspan="12">期末考试占 60%,期中考试占 30%,作业占 10%</td></tr>
<tr><td>主要教材</td><td colspan="12">关旭东. 硅集成电路工艺基础. 北京:北京大学出版社,2004</td></tr>
<tr><td>参考资料</td><td colspan="12">1. (美)S A Campbell. 微电子制造科学原理与工程技术. 曾莹,等译. 北京:电子工业出版社,2003
2. (美)M Quirk,等. 半导体制造技术. 韩郑生,等译. 北京:电子工业出版社,2004</td></tr>
<tr><td>其他信息</td><td colspan="12"></td></tr>
<tr><td>大纲提供者</td><td colspan="12">吴文刚,贾嵩</td></tr>
</table>

微电子方向
电路与系统方向
信号处理方向
通信方向
物理电子方向
数学基础
计算机基础
电路基础
物理基础
学院平台课程群

二、教学目的和基本要求

1. 本课程系统讲述了硅集成电路制造的基础工艺,重点放在工艺物理基础和基本原理上。

2. 通过本课程的学习,学生将基本掌握集成电路工艺制备的基本原理,提高实际应用的能力,清楚现代先进集成电路的制备方法和最新的一些先进工艺。

三、课程大纲和知识点

章节顺序	章节名称 Chapters	课时 Hours	知识点	Key Points
1	工艺绪论（Introduction to process）	2	工艺发展，制备流程	Evolution of process, Fabrication process
2	硅材料电学特性（Electrical proper of silicon material）	1	硅材料的电学特性	Electrical property of silicon material
3	氧化工艺（Oxidation process）	5	热氧化，氧化类型，测试方法	Thermal oxidation, Oxidation types, testing methods
4	扩散工艺（Diffusion process）	5	扩散机理，扩散种类	Diffusion mechanism, Diffusion types
5	离子注入工艺（Ion implantation process）	5	离子注入原理	Principle of ion implantation
6	物理气相淀积（Physical Vapor Deposition）	4	蒸发原理，溅射原理	Evaporation principle, Sputtering principle
7	期中考试（Middle-term exam）	2		
8	化学气相淀积（Chemical Vapor Deposition）	5	化学气相淀积原理	Chemical vapor deposition principle
9	外延工艺（Epitaxial process）	4	外延工艺原理	Epitaxial process principle
10	光刻工艺（Photolithography process）	6	光刻流程和原理	Photolithography process and principle
11	刻蚀工艺（Etching Process）	4	湿法刻蚀原理，干法刻蚀原理	Wet etching principle, Dry etching principle
12	金属化工艺（Metallization process）	3	金属化工艺技术	Metallization process technology
13	工艺集成（Process integration）	2	CMOS 工艺流程，双极工艺流程	CMOS process flow, Bipolar process flow

四、课程特色

1. 紧密结合集成电路工艺的发展状况，不断调整课程设置，更新教材和教学内容。教学内容先进，反映了集成电路工艺发展中出现的新技术。

2. 利用多媒体教学手段，将原理性知识与具体实践结合起来。开展一定的实验性教学，增加学生对理论知识的感性和理性认识。

3. 结合半导体技术应用的发展状况，在教学内容上扩展到半导体加工技术可应用的诸领域。

4.3.8 集成电路计算机辅助设计 Integrated Circuits Computer Aided Design

Prereq: Advanced Mathematics, Linear Algebra, Circuit Analysis, Semiconductor Device Physics

Credits: 3

Mission: Understand the basic procedure and methods for numerical simulation and analysis of integrated circuits.

Covers microelectronics.

Topics include automatic formulation of circuit equations; direct and iterative numerical methods for solving linear, nonlinear and transient circuit equations; Device models for circuit simulation.

Zhenchuan Yang

一、课程基本情况

<table>
<tr><td rowspan="2">课程名称</td><td colspan="12">集成电路计算机辅助设计</td></tr>
<tr><td colspan="12">Integrated Circuits Computer Aided Design</td></tr>
<tr><td rowspan="2">开课时间</td><td colspan="3">一年级</td><td colspan="3">二年级</td><td colspan="3">三年级</td><td colspan="3">四年级</td></tr>
<tr><td>秋</td><td>春</td><td>夏</td><td>秋</td><td>春</td><td>夏</td><td>秋</td><td>春</td><td>夏</td><td>秋</td><td>春</td><td>夏</td></tr>
<tr><td>适用院系</td><td colspan="12">微电子学系，元培学院</td></tr>
<tr><td>课程定位</td><td colspan="12">专业选修课</td></tr>
<tr><td>学分</td><td colspan="12">3 学分</td></tr>
<tr><td>总学时</td><td colspan="12">48 学时</td></tr>
<tr><td>先修课程</td><td colspan="12">高等数学，线性代数，电路分析，半导体器件物理</td></tr>
<tr><td>后续课程</td><td colspan="12">集成电路设计实习</td></tr>
<tr><td>教学方式</td><td colspan="12">课堂授课为主</td></tr>
<tr><td>课时分配</td><td colspan="12">课堂授课(48 学时)</td></tr>
<tr><td>考核方式</td><td colspan="12">平时作业与专题讨论占 10% ~20%，期中考试占 30% ~20%，期末考试占 50%。其中，期中和期末考试采用闭卷形式</td></tr>
<tr><td>主要教材</td><td colspan="12">张天义. 集成电路计算机辅助设计基础教程. 北京：北京大学出版社，1999</td></tr>
<tr><td>参考资料</td><td colspan="12">Farid N Najm. Circuit Simulation. Wiley, 2010</td></tr>
<tr><td>其他信息</td><td colspan="12"></td></tr>
<tr><td>大纲提供者</td><td colspan="12">杨振川</td></tr>
</table>

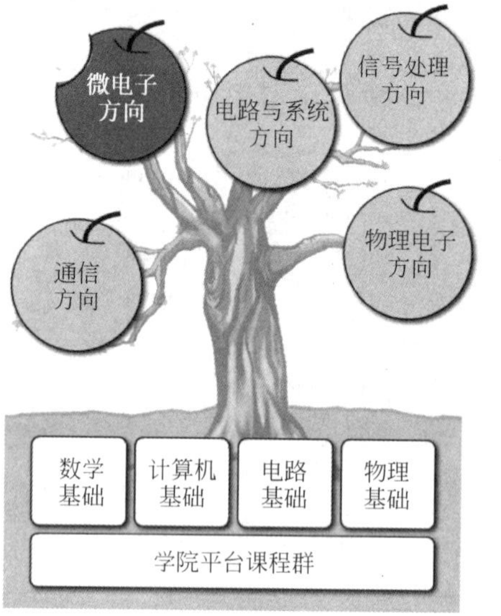

二、教学目的和基本要求

1. 使学生了解集成电路计算机辅助设计的基本流程。
2. 重点学习电路模拟的重要技术。
3. 使学生掌握电路模拟的主要算法原理，并能够自己动手编写小型的电路模拟程序。
4. 培养学生的独立思考能力和科学思维方法。

三、课程大纲和知识点

章节顺序	章节名称 Chapters	课时 Hours	知识点	Key Points
1	绪论(Introduction)	2	LSI/VLSI 计算机辅助设计发展过程，VLSI CAD 设计方法和流程，模拟在 ICCAD 中的地位和作用，SPICE 简介	Evolution of ICCAD; IC/ICCAD design methodology and procedure; Importance of numerical simulation; Introduction to SPICE
2	电路方程的自动建立(Automatic setup of circuits equation)	6~4	有向图，简约关联矩阵，集成电路元件的填值规律，稀疏表格法，节点分析法，改进节点分析法	Directed graph; Reduced incidence matrix; Stamping procedure; Sparse tableau analysis (STA); Nodal analysis (NA); Modified nodal analysis (MNA)
3	线性代数方程组的直接求解(Direct solving of linear algebra equations)	10~8	高斯消去法，LU 分解法，矩阵的范数，病态方程，选主元法，稀疏矩阵技术，线性电路交流分析	Gausss Elimination; LU Decomposition; Norms of matrix; Ill conditioned equations; Pivoting; Sparse Matrix; AC Analysis of linear circuit
4	线性代数方程组的定常迭代求解(Iteration solving of linear algebra equations)	6~4	简单迭代法，高斯-赛德尔迭代法，逐次超松弛迭代法，迭代算法的收敛性	Jacobi iteration; Gauss-Seidel iteration; Successive over relaxation iteration; Convergence of the iteration
5	线性代数方程组的非定常迭代求解(Unsteady iteration of linear algebra equations)	4~2	最陡下降法，共轭梯度法，通用最小残差法，方程的预处理	Steepest decent; Conjugate gradient; GMRES; Equation preconditioning
6	非线性电路的直流分析(DC analysis of nonlinear circuits)	6~4	简单迭代 Newton-Raphson 迭代法，N-R 迭代法的改进技术	Jacobi iteration; Newton-Raphson iteration; Modified Newton-Raphon iteration

续表

章节顺序	章节名称 Chapters	课时 Hours	知识点	Key Points
7	伴随网络分析法(Companion network analysis)	2	伴随网络分析法,二极管、双极型晶体管和MOSFET的直流伴随模型	Companion model; DC companion model for diode, bipolar transistor and MOSFET
8	瞬态分析(Transient analysis)	10	瞬态分析电路方程的自动建立,向前欧拉法、向后欧拉法、梯形法,线性多步法,基尔算法,数值积分算法的稳定性,贮能元件的伴随模型	Automatic equation formulation for transient analysis; Forward Euler, Backward Euler, Trapezoidal rule; Linear multi-step, Gear method; Stability of numerical integration methods; Companion model for energy storage elements
9	电路模拟中的半导体器件模型(Semiconductor device models in circuits simulation)	6~4	二极管、双极型晶体管和MOSFET的等效电路模型,两种MOSFET的电容模型,Meyer模型和电荷守恒模型	Equivalent circuit model for diode, bipolar transistor and MOSFET; Capacitor model for MOSFET: Meyer model and charge conversation model

4.3.9 集成电路设计实习 Integrated Circuits Design Practices

Prereq: Digital Integrated Circuits Design, Analog Integrated Circuits Design, Digital System Design with HDL

Credits: 2

Mission: Understand fundamental principle of integrated circuits design methodology, able to design digital and analog IC using semicustom and custom methods, able to do practical tradeoff.

Covers microelectronics and electronics engineering.

Topics include IC design methodology; SPICE simulation; custom layout; logic simulation; logic synthesis; automatic place and route.

Song Jia, Yuan Wang, Yacong Zhang, and Xiaoxin Cui

一、课程基本情况

<table>
<tr><td rowspan="2">课程名称</td><td colspan="12">集成电路设计实习</td></tr>
<tr><td colspan="12">Integrated Circuits Design Practices</td></tr>
<tr><td rowspan="2">开课时间</td><td colspan="3">一年级</td><td colspan="3">二年级</td><td colspan="3">三年级</td><td colspan="3">四年级</td></tr>
<tr><td>秋</td><td>春</td><td>夏</td><td>秋</td><td>春</td><td>夏</td><td>秋</td><td>春</td><td>夏</td><td>秋</td><td>春</td><td>夏</td></tr>
<tr><td>适用院系</td><td colspan="12">微电子学系，电子学系，元培学院</td></tr>
<tr><td>课程定位</td><td colspan="12">专业必修课</td></tr>
<tr><td>学分</td><td colspan="12">2 学分</td></tr>
<tr><td>总学时</td><td colspan="12">64 学时</td></tr>
<tr><td>先修课程</td><td colspan="12">数字集成电路原理，模拟集成电路原理，基于 HDL 数字系统设计</td></tr>
<tr><td>后续课程</td><td colspan="12">无</td></tr>
<tr><td>教学方式</td><td colspan="12">学生上机实验</td></tr>
<tr><td>课时分配</td><td colspan="12">学生实验（60 学时）＋课堂讲授（2 学时）＋学生答辩（2 学时）</td></tr>
<tr><td>考核方式</td><td colspan="12">实验报告占 50%，实验完成情况占 30%，期末答辩占 20%</td></tr>
<tr><td>主要教材</td><td colspan="12">自编讲义</td></tr>
<tr><td>参考资料</td><td colspan="12">1. 甘学温，赵宝瑛，等. 集成电路原理与设计. 北京：北京大学出版社，2006
2. Jan M Rabaey，等. 数字集成电路：电路、系统与设计. 2 版. 周润德，等译. 北京：电子工业出版社，2004
3. Paul R Gray，等. Analysis and Design of Analog Integrated Circuits. 4th Ed. 影印版. 北京：高等教育出版社，2003</td></tr>
<tr><td>其他信息</td><td colspan="12">http://www.jpk.pku.edu.cn/pkujpk/course/ic/index.htm</td></tr>
<tr><td>大纲提供者</td><td colspan="12">贾嵩</td></tr>
</table>

二、教学目的和基本要求

1. 使学生进一步掌握集成电路设计的定制和半定制设计方法，掌握数字和模拟集成电路设计的基本方法。

2. 训练学生初步具有利用主流 EDA 工具完成电路仿真、电路优化、版图设计、规则检查等定制设计。

3. 训练学生初步具有利用主流 EDA 工具完成逻辑综合、逻辑仿真、自动布局布线等半定制集成电路设计的能力。

为学生今后从事集成电路的设计、制造等应用研究工作打下坚实基础。

三、课程大纲和知识点

章节顺序	章节名称 Chapters	课时 Hours	知识点	Key Points
1	绪论:集成电路设计方法(Integrated Circuits Design Methodology)	2	基于晶体管的定制设计方法,基于标准单元的ASIC方法,基于IP的SoC方法	Custom design method based on devices, ASIC method based on standard cell, SoC method based on IPs
2	单元实验一:单元电路定制设计(Cell circuit design)	12~8	反相器和与非门的设计,原理图输入,SPICE电路仿真,定制版图设计,DIVA版图验证	Schematic circuits of inverter and nand, SPICE simulation, Custom layout, DIVA layout check
3	单元实验二:基于逻辑门的定制设计(Custom design based on gates)	12~8	全加器的设计,原理图输入,电路仿真,基于反相器和与非门的版图,版图验证	Full adder's schematic, circuit simulation, layout based on inverter and nand gate, layout check
4	单元实验三:模拟单元电路设计(Analog amplifier design)	12~8	差分放大器的原理图输入,电路仿真,参数优化,版图设计	Differential amplifier schematic, circuit simulation and optimization, layout design and check
5	单元实验四:半定制数字电路设计(Digital design based on standard cell)	12~8	HDL输入,逻辑仿真,逻辑综合,门级网表后仿真,自动布局布线和dracula版图验证	HDL design of 16bit adder, logic simulation, logic synthesis, netlist simulation, automatic place and route, Dracula layout check
6	综合实验一:加法器设计(Adder design)	24~20	16位加法器结构设计,电路设计,版图设计,版图验证,后仿真	16 bit adder structure design, circuits design, layout design, layout check, post layout simulation
7	综合实验二:运算放大器设计(Operational amplifier design)	24~20	运算放大器电路设计,Miller补偿,零点消除,偏置电路,版图设计和验证	Amplifier circuit design, Miller compensation, Zero point, bias circuit, layout design and check
8	综合实验三:数字定时器的设计(Digital timer design)	24~20	算法设计,结构设计,RTL实现,逻辑仿真,逻辑综合,自动布局布线	Algorism design, architecture design, RTL design, logic simulation, logic synthesis, automatic place and route
9	综合实验四:锁相环设计(PLL design)	24~20	PLL结构设计,电路设计,版图设计,版图验证,后仿真	Architecture design, circuits simulation, layout design and check, post-layout simulation

四、课程特色

1. 教学内容先进，采用商用 EDA 设计工具进行定制和半定制设计实验，便于学生掌握主流的设计方法，使得实验课内容同未来的研究工作能够很好地衔接。

2. 实验内容广泛，覆盖数字和模拟集成电路设计，与先修课程“数字集成电路原理与设计”“模拟集成电路原理与设计”和“基于硬件描述语言的数字系统设计”等课程内容紧密相关，力图通过实验课加深对理论知识的理解。

3. 理论联系实践，通过组织部分优秀的学生进行流片加工以及封装、测试，使得学生可以通过流片测试进一步对自己的设计进行验证，积累设计经验，做到理论与实践相结合。

4.3.10　基于 HDL 的数字电路设计 Design of Digital Circuits Based HDL

Prereq: Design of Digital circuits

Credits: 3

Mission: Learn from RTL to netlist front-end digital integrated circuits design methodology and design process.

Covers large scale digital integrated circuits design, system on a chip design.

Topics include the basic processes and methods of digital integrated circuits design; the Verilog hardware description language; design and simulation technology; logic synthesis principles and EDA tools.

Dunshan Yu, Xiaoxin Cui

一、课程基本情况

<table>
<tr><td rowspan="2">课程名称</td><td colspan="12">基于 HDL 的数字电路设计</td></tr>
<tr><td colspan="12">Design of Digital Circuits Based HDL</td></tr>
<tr><td rowspan="2">开课时间</td><td colspan="3">一年级</td><td colspan="3">二年级</td><td colspan="3">三年级</td><td colspan="3">四年级</td></tr>
<tr><td>秋</td><td>春</td><td>夏</td><td>秋</td><td>春</td><td>夏</td><td>秋</td><td>春</td><td>夏</td><td>秋</td><td>春</td><td>夏</td></tr>
<tr><td>适用院系</td><td colspan="12">电子学系，微电子学系，元培学院，物理学院，工学院</td></tr>
<tr><td>课程定位</td><td colspan="12">专业选修课</td></tr>
<tr><td>学分</td><td colspan="12">3 学分</td></tr>
<tr><td>总学时</td><td colspan="12">54 学时</td></tr>
<tr><td>先修课程</td><td colspan="12">微电子与电路基础，数字逻辑电路</td></tr>
<tr><td>后续课程</td><td colspan="12">集成电路设计实习</td></tr>
</table>

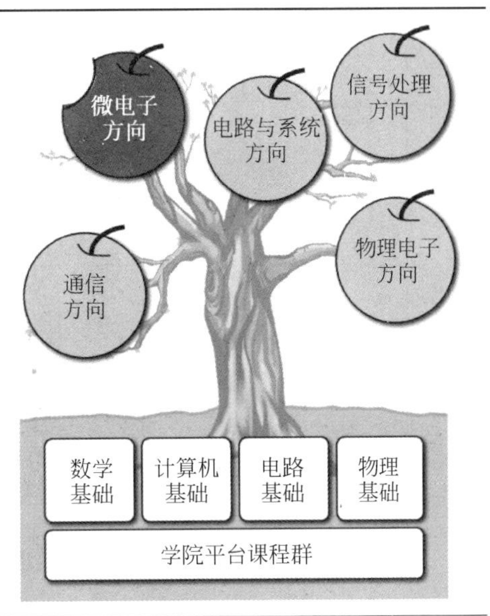

续表

教学方式	课堂授课及实验
课时分配	课堂授课(30 学时)+习题与专题课(6 学时)+实验课(18 学时)
考核方式	平时作业与专题讨论占 10%,实验占 20%,期中考试占 20%,期末考试占 50%。其中,期中和期末考试采用闭卷形式
主要教材	自编讲义
参考资料	1. 夏宇闻. 从算法设计到硬线逻辑的实现——复杂数字逻辑系统的 Verilog HDL 设计技术和方法. 北京：高等教育出版社,2001 2. Thomas & Moorby. 硬件描述语言 Verilog. 4 版. 刘明业,等译. 北京：清华大学出版社,2001 3. Michael J S Smith. Application-Specific Integrated Circuits(影印版). 北京：电子工业出版社,2003
其他信息	
大纲提供者	于敦山

二、教学目的和基本要求

1. 学习数字集成电路设计的基本流程和方法。
2. 掌握使用硬件描述语言 Verilog 进行设计和仿真的技术。
3. 掌握并熟悉使用逻辑综合工具进行逻辑综合的方法与技术。

三、课程大纲和知识点

章节顺序	章节名称 Chapters	课时 Hours	知识点	Key Points
1	绪论	2	集成电路的发展与分类,集成电路设计流程,Verilog 硬件描述语言的基本情况	The classification and the development of integrated circuits, IC design flow, the basic condition of the Verilog hardware description language
2	Verilog 语言基础	2	Verilog 语言结构,标识符,数据,常量与变量	Verilog language structure, identifier, data, constants and variables
3	运算符	2	算术运算,关系运算,等式运算,逻辑运算,条件运算,按位运算,移位运算,拼接运算	Arithmetic, calculation, logic operation, operation conditions, bitwise operations, shift operation, splicing operations
4	结构与语句	4	模块定义与调用,过程建模,赋值,块语句,控制语句,函数与任务等	Module definition and reference, process modeling, assignment, block statements, control statements, function and task, etc.

续表

章节顺序	章 节 名 称 Chapters	课时 Hours	知 识 点	Key Points
5	原语	2	原语的种类，原语的使用，用户自定义原语(UDP)	The use of primitive types, primitive, user-defined primitives (UDP)
6	时序描述与信号强度	2	时序控制，信号强度	Sequential control circuits, signal strengths
7	系统函数	2	文本与波形输出，文件处理，时序检查	Text and waveform output, file processing, sequential logic circuits inspection
8	设计与可综合编码风格	4	可综合的语言结构，组合逻辑的描述，时序逻辑的描述，有限状态机，资源共享	Synthesis language structure, the description of the combinational logic and sequential logic, description of finite state machine, resource sharing
9	设计正确性的验证	2	仿真的目的与过程，仿真与测试激励的编写	The purpose and process of simulation, simulation and test bench coding
10	设计举例	6	典型模块的设计代码举例	The example of the typical module code
11	实验：设计和仿真	12	基于 Verilog HDL 的设计和仿真	Design and simulation based on Verilog HDL
12	逻辑综合介绍	2	逻辑综合原理	Logic synthesis principle
13	逻辑综合方法	6	逻辑综合的约束条件、优化过程、综合结果报告	The logical constraints, optimization of process, the results report
14	实验：逻辑综合	6	逻辑综合工具使用	EDA tools for Logic synthesis

四、课程特色

1. 完整地学习从 RTL 到 netlist 的数字集成电路前端设计流程。课程采用 Verilog HDL 语言作为课程的主要编码语言。课程详细全面地介绍 Verilog 语言，对语言中使用的每一个操作符会产生一个什么结构的电路、语言中赋值符等对电路仿真以及电路的综合具体影响，对语言编码风格的影响，对电路的拓扑结构、性能的影响，都进行了深入的分析。课程还介绍了时序分析的概念和方法，通过时序分析方法，引出时序约束的概念和采用的方法，并对综合的基本过程进行了介绍。

2. 课程涉及的 EDA 工具较多，有 Verilog Simulator、Design Compiler、Prime Time 等。因此课程安排了大量实验，能够基本掌握设计方法和相关工具的使用。

3. 课程实验由小到大，前面小实验的结果最终构成一个大的具有完整功能的设计。实验由最基本的 MUX 电路开始,到 ALU 设计、寄存器设计、memory 设计、状态机设计,最终由这些基本电路完成一个 8 位、10 条指令的简单微处理器。

4.3.11 模拟电路 Analog Circuits

Prereq: Principle of Circuit Analysis, Electromagnetism

Credits: 2

Mission: Understand fundamental principle and theory of analog circuits, able to analysis basic amplifiers, being able to use MOSFET/BJT/OPA in practical application

Covers micro-electronics, electrics, and engineering.

Topics include Semiconductor Materials and Diodes, Basic MOSFET Amplifiers, Basic BJT Amplifiers, Frequency Response, Ideal Operational Amplifiers and Op-Amp Circuits, Feedback and Stability, Active Filters, and Oscillator.

Wengao Lu

一、课程基本情况

<table>
<tr><td rowspan="2">课程名称</td><td colspan="12">模拟电路</td></tr>
<tr><td colspan="12">Analog Circuits</td></tr>
<tr><td rowspan="2">开课时间</td><td colspan="3">一年级</td><td colspan="3">二年级</td><td colspan="3">三年级</td><td colspan="3">四年级</td></tr>
<tr><td>秋</td><td>春</td><td>夏</td><td>秋</td><td>春</td><td>夏</td><td>秋</td><td>春</td><td>夏</td><td>秋</td><td>春</td><td>夏</td></tr>
<tr><td>适用院系</td><td colspan="12">微电子学系、电子学系、元培学院、物理学院、生物学院、工学院</td></tr>
<tr><td>课程定位</td><td colspan="12">专业必修课</td></tr>
<tr><td>学分</td><td colspan="12">2 学分</td></tr>
<tr><td>总学时</td><td colspan="12">48 学时</td></tr>
<tr><td>先修课程</td><td colspan="12">电路分析原理,电磁学</td></tr>
<tr><td>后续课程</td><td colspan="12">模拟集成电路原理,高等模拟集成电路原理</td></tr>
<tr><td>教学方式</td><td colspan="12">课堂授课</td></tr>
<tr><td>课时分配</td><td colspan="12">课堂授课(48 学时)</td></tr>
<tr><td>考核方式</td><td colspan="12">作业、电路仿真等平时成绩占 50%,期末考试成绩占 50%(考试采用闭卷形式)</td></tr>
</table>

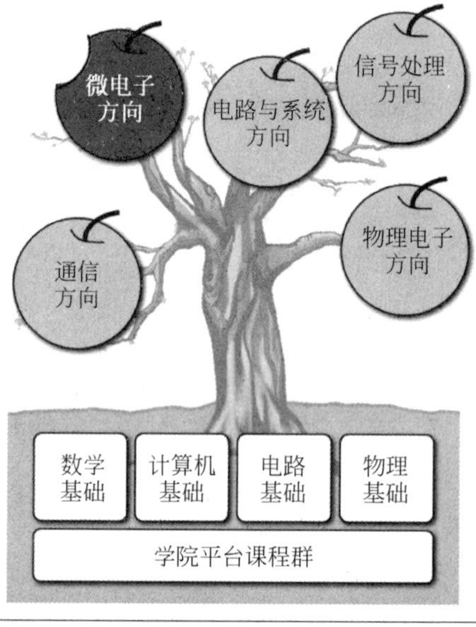

微电子方向
电路与系统方向
信号处理方向
通信方向
物理电子方向
数学基础
计算机基础
电路基础
物理基础
学院平台课程群

续表

主要教材	1. Neamen. 电子电路分析与设计. 3版. 王宏宝,等译. 北京：清华大学出版社,2009 2. 拉扎维. 模拟 CMOS 集成电路设计. 陈贵灿,等译. 西安：西安交通大学出版社,2003
参考资料	杨素行. 模拟电子技术基础简明教程. 3版. 北京：高等教育出版社,2006
其他信息	
大纲提供者	鲁文高

二、教学目的和基本要求

1. 使学生掌握模拟电路的基本原理与分析计算方法。
2. 通过实践掌握电路仿真方法,利用所学知识设计简单的实用电路。
3. 培养学生查阅文献、独立思考、求知创新等方面的能力。

三、课程大纲和知识点

章节顺序	章节名称 Chapters	课时 Hours	知识点	Key Points
1	绪论(Prologue)	2～1	无源与有源器件,分立与集成电路,模拟与数字信号,符号	Passive and Active Devices, Discrete and Integrated Circuits, Analog and Digital Signals, Notation
2	二极管(Diodes)	4	PN结,IV特性分析,等效电路,二极管类型与应用	Pn Junction, IV Analysis, Equivalent Circuit, Diode Types and their Applications
3	MOSFET放大器(MOSFET Amplifiers)	6～4	小信号等效电路,共源放大器,共漏放大器,共栅放大器,共源共栅放大器	Small Signal Equivalent Circuit, Common-Source Amplifier, Common-Drain Amplifier, Common-Gate Amplifier, CS-CG Amplifier
4	BJT放大器(BJT Amplifiers)	4	小信号等效电路,共射放大器,共集放大器,共基放大器,共射共基放大器	Small Signal Equivalent Circuit, Common-Emitter Amplifier, Common-Collector Amplifier, Common-Base Amplifier, CE-CB Amplifier
5	频率响应(Frequency Response)	2	系统传输函数,高通,低通,带通,波特图,时域响应,放大电路频率效应	System Transfer Functions, High Pass, Low Pass, Band pass, Bode Plots, Time Response, Amplifier Frequency Response

续表

章节顺序	章节名称 Chapters	课时 Hours	知识点	Key Points
6	理想运放及电路(Ideal Operational Amplifiers and Op-Amp Circuits)	6~4	理想运算放大器参数,反向放大器,同向放大器,加法器,运算放大器的应用	Ideal Operational Amplifiers' Parameters, Inverting Amplifier, Noninverting Amplifier, Summing Amplifier, Op-Amp Applications
7	反馈与稳定性(Feedback and Stability)	8~6	反馈的基本概念,理想的反馈拓扑结构,电压(串联—并联)放大器,电流(并联—串联)放大器,跨导(串联—串联)放大器,跨租(并联—并联)放大器,环路增益,反馈电路的稳定性,频率补偿	Basic Feedback Concepts, Ideal Feedback Topologies, Voltage (Series-Shunt) Amplifiers, Current (Shunt-Series) Amplifiers, Trans-conductance (Series-Series) Amplifiers, Trans-resistance (Shunt-Shunt) Amplifiers, Loop Gain, Stability of the Feedback Circuit, Frequency Compensation
8	有源滤波器(Active Filters)		系统传输函数,响应类型,主要参数,巴特沃斯响应,贝塞尔响应,切比雪夫响应	System Transfer Functions, Response Types, Key Parameters, Butterworth Response, Bessel Response, Chebyshev Response
9	振荡器(Oscillator)		振荡条件,RC振荡器,LC振荡器,电压控制振荡器	Oscillation Conditions, RC Oscillators, LC Oscillators, Voltage Controlled Oscillator

4.3.12 模拟集成电路原理与设计 Principle of Analog Integrated Circuits

Prereq: An Introduction to Microelectronics and Circuits, Semiconductor Device Physics, Principle of Integrated Circuits Process

Credits: 3

Mission: Understand fundamental principle of analog integrated circuit, able to analysis and design analog circuits, able to do practical applications.

Covers microelectronics and electronics engineering.

Topics include MOS device physics; single-stage amplifiers; differential amplifiers; current mirrors; frequency response of amplifiers; noise; feedback; operational amplifiers; stability and frequency compensation.

Zhongjian Chen

一、课程基本情况

课程名称	模拟集成电路原理与设计											
	Principle of Analog Integrated Circuits											
开课时间	一年级			二年级			三年级			四年级		
	秋	春	夏	秋	春	夏	秋	春	夏	秋	春	夏
适用院系	微电子学系，电子学系，元培学院											
课程定位	专业必修课											
学分	3 学分											
总学时	64 学时											
先修课程	微电子与电路基础，半导体器件物理，集成电路工艺原理											
后续课程	集成电路设计实习，集成电路计算机辅助设计											
教学方式	课堂授课为主，配合作业、实习和习题课											
课时分配	课堂授课(50 学时) + 习题课(12 学时) + 期中考试(2 学时)											
考核方式	期末考试占 50%，期中考试占 20%，作业和考勤占 30%											
主要教材	(美)拉扎维. 模拟 CMOS 集成电路设计. 陈贵灿，等译. 西安：西安交通大学出版社，2003											
参考资料	1. R Jacob Baker. CMOS Circuit Design, Layout, and Simulation. 3rd Ed. Wiley-IEEE Press，2010 2. Paul R Gray，等. Analysis and Design of Analog Integrated Circuits. 4th Ed. 影印版. 北京：高等教育出版社，2003 3. Philip E Allen，等. CMOS Analog Circuits Design. 2nd Ed. 影印版. 北京：电子工业出版社，2002											
其他信息	http://www.jpk.pku.edu.cn/pkujpk/course/ic/index.htm											
大纲提供者	陈中建											

二、教学目的和基本要求

1. 了解模拟集成电路的重要作用，掌握 CMOS 晶体管的结构、原理、模型及工艺。
2. 掌握 CMOS 模拟电路基本模块的结构和工作原理。
3. 掌握 CMOS 模拟集成电路的基本分析和设计方法。
4. 掌握 CMOS 模拟集成电路的版图设计技术。
5. 为学生从事 CMOS 模拟集成电路及相关领域的设计与研究奠定坚实基础。

三、课程大纲和知识点

章节顺序	章节名称 Chapters	课时 Hours	知识点	Key Points
1	绪论、器件物理基础(Introduction and basic MOS device physics)	4	模拟集成电路的重要性,MOSFET的结构、工作原理和模型	Importance of Analog Integrated Circuits, structure and principle of MOSFET, model of MOSFET
2	单级放大器(Single-stage amplifiers)	8	共源、共栅、共漏、共源共栅放大级的结构和工作原理	Structure and principle of CS/CD/CG/Cascode stages
3	差分放大器(Differential amplifiers)	4	差分放大器的结构和工作原理,Gilbert单元	Structure and principle of differential amplifiers and Gilbert cell
4	电流镜(Current mirrors)	4	基本和共源共栅电流镜的结构和工作原理,电流镜作负载的差分放大器分析	Structure and principle of basic and cascade current mirrors, analysis of differential amplifiers with current mirror load
5	放大器的频率特性(Frequency response of amplifiers)	8	单级和差分放大器的频率特性	Frequency response of single-stage and differential amplifiers
6	噪声(Noise)	6	噪声的类型,单级和差分放大器的噪声特性	Types of noise, noise of single-stage and differential amplifiers
7	反馈(Feedback)	8	反馈原理,四种反馈结构,负载的影响	Principle of feedback, four feedback topologies, effect of loading
8	运算放大器(Operational amplifiers)	8	单级运放,两级运放,增益提升,共模反馈,转换速率,电源抑制,运放的噪声	One-stage OPA, two-stage OPA, gain-boosting, common-mode feedback, slew rate, power supply rejection, noise in OPA

续表

章节顺序	章 节 名 称 Chapters	课时 Hours	知 识 点	Key Points
9	稳定性与频率补偿(Stability and frequency compensation)	8	多极点系统的稳定性，频率补偿的原理，两级运放的频率补偿，其他补偿技术	Stability of multi-pole system, principle of frequency compensation, frequency compensation of two-stage OPA, other compensation techniques
10	版图设计(Layout design)	4	版图设计规则和模拟电路版图设计技术	Design rules of layout and analog layout techniques

四、课程特色

1. 授课目标明确，基础性强。本科生通过本课程的学习，应掌握 CMOS 模拟运算放大器的分析与设计技术。针对此目标，先后讲授构成 CMOS 模拟集成电路的基础元器件——MOSFET、基础电路模块(单级和差分放大级、电流镜、运算放大器)、基础分析方法(直流特性、交流特性、频率特性、噪声特性、反馈特性、稳定性)。通过上述内容的学习，可使学生奠定坚实的模拟集成电路设计基础。

2. 强调所讲授知识的实用性。针对 CMOS 模拟集成电路在实际设计中应用最广泛这一现实和技术前景，在安排讲授内容时专讲 CMOS 模拟集成电路的分析与设计知识，不讲双极型集成电路的设计知识。这样做有利于在有限的课时内讲透模拟集成电路的共性分析与设计方法，让学生掌握今后最有可能实际应用的知识。若将来学生需要设计双极或 BiCMOS 模拟集成电路，则可基于本课程所学到的基础的模拟集成电路分析和设计方法进行自学。

3. 采用比较适合的教材。授课小组参阅了国内外本领域的各种教材，经讨论、比较后，决定选用中译版《模拟 CMOS 集成电路设计》(Behzad Razavi 原著)。该书概念清楚，内容全面，且反映了工艺技术发展对模拟集成电路设计所提出的新要求及相应解决方法，因此，为 UCLA、Berkeley 等国外名校普遍采用。采用中译版避免本科生在英文阅读、理解上耗费太多精力，使他们能把学习的重心放在模拟集成电路分析和设计本身上来。

4. 强调理论和实践紧密结合。结合所讲授的知识，补充了大量例题，供学生做作业时参考。每章均安排了必做的作业题和选作的设计实习，督促学生课下进一步理解所授内容，并通过作业和设计实习来应用所学知识，从而加深对知识的掌握，唤起学习兴趣。

4.3.13　纳电子器件导论 Introduction to Nanoelectronic Devices

Prereq: Semiconductor Devices, Semiconductor Physics

Credits: 2

Mission: Understand the fundamental concepts and principles of nanoelectronic devices from bottom-up approach, including the materials, devices, circuits and physics.

Covers materials, electronics and engineering.

Topics include the electronic structures and properties of emerging materials, typical nanoelectronics devices (e. g. , carbon-based devices, molecular devices and atomic scale devices) and quantum effects.

Yunyi Fu

一、课程基本情况

课程名称	纳电子器件导论 Introduction to Nanoelectronic Devices
开课时间	一年级: 秋 春 夏; 二年级: 秋 春 夏; **三年级: 秋** 春 夏; 四年级: 秋 春 夏
适用院系	电子学系,微电子学系,元培学院,物理学院
课程定位	选修课
学分	2 学分
总学时	32 学时
先修课程	半导体器件,半导体物理
后续课程	
教学方式	课堂授课
课时分配	课堂授课(28~30 学时)+实验课(2~4)
考核方式	期末论文报告占 65%,实验报告占 10%,作业占 10%,课堂提问和讨论占 15%
主要教材	自编讲义. 纳电子器件基础(待出版)
参考资料	1. A V Narlikar and Y Y Fu (eds). The Oxford Handbook of Nanoscience & Technology Vol. 1~3. Oxford University Press, 2010 2. 薛增泉,刘唯敏. 纳米电子学. 北京:电子工业出版社,2003 3. 黄昆,韩汝绮. 固体物理学. 北京:高等教育出版社,1988 4. 阎守胜. 固体物理基础. 北京:北京大学出版社,2000 5. C Kittel. Introduction to Solid State Physics. 8th ed. John Wiley & Sons, Inc. ,2005 6. 期刊中的最新论文
其他信息	课程相关材料下载地址:http://course.pku.edu.cn/webapps/login/
大纲提供者	傅云义

二、教学目的和基本要求

1. 掌握纳电子材料的基本概念和理论。
2. 掌握纳电子器件的结构、性能和基本原理。
3. 初步掌握纳电子器件中的量子效应。
4. 初步掌握纳电子器件集成的关键技术。
5. 了解纳电子器件及其电路研究的最新进展和趋势。
6. 培养对纳电子学的兴趣,培养创新思维的能力和方法。

三、课程大纲和知识点

章节顺序	章节名称 Chapters	课时 Hours	知识点	Key Points
1	微/纳电子学简史	2	硅基技术面临的问题,Tera规模器件集成中的物理极限,纳电子器件概念,自下而上技术中新材料和器件	Challenges in Silicon technology, Fundamental limits on tera scale integration (TSI), Concepts of nanoelectronic devices, Emerging materials and devices from the bottom-up
2	纳电子材料	6~4	纳米结构的概念、纳米结构的特征,费米波长,纳米结构材料中的缺陷、零维、一维和二维材料中的电子结构和态密度,久保能隙,Van Hove奇点	Nanostructured materials for nanoelectronic devices, Fermi Wavelength, Defects in nanostructured materials, Electronic structure and density of states (DOS) in 0-, 1-and 2-dimension materials, Kubo gap, Van Hove singularities
3	量子点和量子线	2	量子点中的能量量子化和电荷量子化,量子线中的电导量子化,介质量子线中的热导量子化,量子点和量子线的应用	Energy quantization and charge quantization in Quantum Dots (QDs), Conductance quantization in quantumwires (QWs), Quantized thermal Conductance of dielectric QWs, Applications of QDs and QWs
4	结器件	2	分子结器件、交叉结、异质结、结器件中的量子尺寸效应	Intramolecular Junction, Crossed Junction, Heterojunction, Quantum size effects in junctions
5	单电子器件	4~2	库仑阻塞、单电子隧穿、库仑振荡、耦合量子点、基于单岛、双量子点、少电子量子点晶体管,自旋阻塞	Coulomb blockade and single electron tunneling, Coulomb oscillation, Single-electron Transistors (SETs) based on: single island, double quantum dot, few-electron quantum dots, Spin Blockade

续表

章节顺序	章节名称 Chapters	课时 Hours	知识点	Key Points
6	Kondo 效应	2	电阻最小现象原因,量子点/单电子器件中的Kondo效应	Original of Resistance Minimum, Kondo effect in QDs or SETs
7	Luttinger-liquid	2~1	基于碳纳米管的单电子器件/结器件中的Luttinger-liquid:概念和特征,电荷和自旋分离	Luttinger-liquid in single-electron transistors or junction devices based on carbon nanotube: basic concepts and characterization, Spin-Charge Separation
8	场效应晶体管	4	基于纳米结构材料的场效应晶体管、晶体管的性能特点和工作原理、若干关键的物理问题	Field-effecttransistors (FETs) based on nanostructured materials, Possibility of a metallic FETs, How to obtain stable ntype FETs?
9	光电器件	2	光子探测器,发光二极管,红外辐射器,光伏器件,太阳能电池	Photon Detectors, Light EmittingDiodes (LEDs), Infrared emitter, Photovoltaic devices, Solar cells
10	纳电子器件中的量子干涉效应	6~4	Aharonov-Bohm (A-B)效应,弱定域化,普适电导涨落,弹道输运	Aharonov-Bohm (A-B) Effect, Weak Localization, Universal, Conductance Fluctuations, Ballistic transport
11	分子和原子尺度的器件	2	分子结,单分子晶体管,分子开关,量子干涉效应(QIE),QIE控制的分子电子器件,原子开关,量子电导的分子开关	Molecular Junctions, Single-Molecule Transistors, Molecular Switch, Quantum Interference Effect (QIE), QIE-Controlled Molecular Electronic devices, Atomic Switch, Quantized conductance atomic switch
12	纳电子器件的集成	2	纳电子器件集成的关键技术,基于纳米管或纳米线的逻辑电路,分子电子电路,石墨烯电路	Integration of Nanoelectronic Devices: Key technologies, Logic gates and circuits based on nanotubes/-wires, Molecular electronic circuits, Graphene-based circuits
13	实验1	2	纳电子材料的制备和表征	Fabrication and characterization of nanoelectronic materials
14	实验2	2	纳电子器件制备和电学性能测量	Preparation and measurement of the nanoelectronic devices

4.3.14 PSoC 应用开发基础实验 Programmable System-on-Chip Application Development Lab

Prereq: Electronics, Analog and Digital Circuit, C Language Programming

Credits: 2

Mission: PSoC(Programmable System-on-Chip) is not just a microcontroller, it is a configurable mixed signal array with an on board controller. PSoC allows you to create a customized chip by defining, what functions appear, when they appear and how they interconnect. This course aims to expose the students to the advanced design concept in MCU area. In this course, the architecture and principle about Cypress PSoC chip will be fully introduced, and during the lab the students can create the most commonly used peripheral circuits, such as, ADC, DAC and UART etc., using the configurable digital/analog modules in the chip. After taking this course, the students will get the first feeling on the flexibility of PSoC, and get familiar with the design environment. The Capsense™ technique, a kind of capacitive sensing technique, also will be introduced in this course.

Covers micro-electronics, electronics and engineering.

Topics include the concept of PSoC based application, PSoC architecture, PSoC Application Design Methodology, Integrated Design Environment, Capacitive sensing technique.

Yandong He

一、课程基本情况

<table>
<tr><td rowspan="2">课程名称</td><td colspan="12">PSoC 应用开发基础实验</td></tr>
<tr><td colspan="12">Programmable System-on-Chip Application Development Lab</td></tr>
<tr><td rowspan="2">开课时间</td><td colspan="3">一年级</td><td colspan="3">二年级</td><td colspan="3">三年级</td><td colspan="3">四年级</td></tr>
<tr><td>秋</td><td>春</td><td>夏</td><td>秋</td><td>春</td><td>夏</td><td>秋</td><td>春</td><td>夏</td><td>秋</td><td>春</td><td>夏</td></tr>
<tr><td>适用院系</td><td colspan="12">微电子学系，元培学院</td></tr>
<tr><td>课程定位</td><td colspan="12">选修课</td></tr>
<tr><td>学分</td><td colspan="12">2 学分</td></tr>
<tr><td>总学时</td><td colspan="12">64 学时</td></tr>
<tr><td>先修课程</td><td colspan="12">电子线路，模拟、数字逻辑电路，C 语言编程</td></tr>
<tr><td>后续课程</td><td colspan="12">集成电路设计实习</td></tr>
</table>

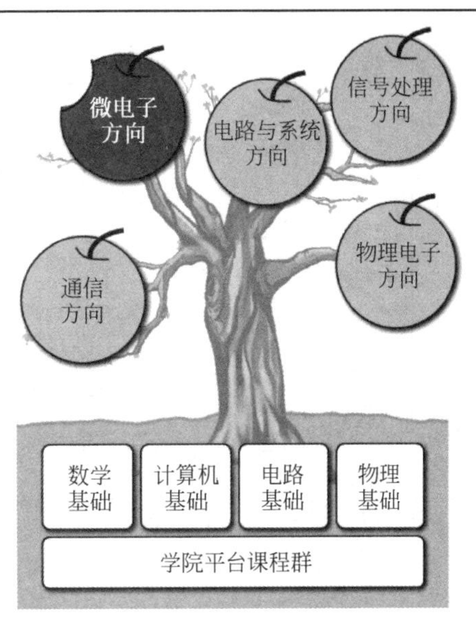

续表

教学方式	独立实验配合课堂授课
课时分配	实验(56 学时)+课堂授课(8 学时)
考核方式	单元实验占 60%,综合实验占 40%
主要教材	自编讲义
参考资料	1. PSoC 系统帮助文档 2. PSoC Technical Reference Manual 3. 戴国骏,等. PSoC 体系结构与编程. 合肥:中国科学技术出版社,2005
其他信息	http://course. pku. edu. cn/webapps/login/ http://www. cypress. com
大纲提供者	何燕冬

二、教学目的和基本要求

1. 使学生熟悉和掌握 PSoC 可配置型混合信号阵列系统芯片的结构和工作原理。

2. 熟悉和掌握基于 C 语言的 PSoC 系统设计、开发、调试环境和方法。

3. 学习利用 Cypress Capsense™(电容式触摸传感)技术实现类似 ipod 中所应用的触摸式滑动控制。

三、课程大纲和知识点

章节顺序	章节名称 Chapters	课时 Hours	知识点	Key Points
1	绪论(Introduction)	8~4	PSoC(Programmable System-On-Chip)技术,PSoC 的发展历史、主要应用、未来发展方向	Programmable System-On-Chip technique, the history of PSoC development, major application, future trend of development
2	PSoC 系统结构和工作原理(PSoC architecture and principle)	8~4	PSoC,可配置型混合信号阵列系统芯片,数字模块,模拟模块,Timer, Counter, PGA, 6 ~ 14bit ADC, DAC, PSoC Designer 软件	PSoC, Configurable Mixed Signal Array, digitaland analog modules, Timer, Counter, PGA, 6 ~ 14bit ADC, DAC, PSoC Designer Software
3	单元实验一:配置 ADC(Unit 1: configuring ADC)	4	ADC, Port, PSoC Eval Board,外部接口控制	ADC, Port, PSoC Eval Board, GPIO signal configuration
4	单元实验二:搭建任意波形发生器(Unit 2: configuring arbitrary waveform generator)	4	DAC, Port,任意波形产生,外部接口控制	DAC, Port, arbitrary waveform generator design

续表

章节顺序	章节名称 Chapters	课时 Hours	知识点	Key Points
5	单元实验三：GPIO 和定时时钟中断（Unit 3：GPIO and timer）	8～4	中断控制，定时器 Timer，GPIO，端口配置，频率	Interrupt control, Timer, GPIO, Port configuration, frequency
6	CapSense 触摸技术原理及应用（CapSense touching technology）	4	CapSense 触摸专利技术	Touch sensing concept, Capacitive sensing patent technique, principle, method, major application
7	单元实验四：Capsense 按键实现（Unit 4：Capsense key implementation）	4	Capsense 专利技术，接口控制，单个/多个 button 控制实现	Capacitive sensing patent technique, GPIO control, single/multiple button implementation
8	单元实验五：基于 Capsense 的触摸控制（Unit 5：touching control basedon Capsense）	4	Capsense 专利技术，接口控制，slider 控制实现	Capacitive sensing patent technique, GPIO control, slider implementation
9	单元实验六：两个 PSoC 芯片间的 I^2C 通信（Unit 6：I^2C communication between 2 PSoCs）	8～4	I^2C 通信协议，PSoC 接口配置实现	Inter-IC communication protocol, signal definition, implementation
10	综合实验一：Capsense 触摸控制方法实现信号的调节（Capsense touching control implementing signal management）	16～12	PSoC 的配置、接口、控制方法，编程、调试方法，I^2C 接口	PSoC configuration, implementation, programming and debugging method, arbitrary waveform generator design, I^2C interface control
11	综合实验二：PSoC + Capsense 的自由设计（PSoC + Capsense free design）	16～12	PSoC + Capsense 套件，配置功能，内部模块，自由选题设计	PSoC + Capsense package, configuration, module, free design

四、课程特色

1. 结合现代 SoC（System-on-Chip）潮流设计理念，通过与国际半导体公司的合作，培养学生的设计、实践能力。

2. 教学内容先进，课堂实践包括应用不同的 PSoC（Programmable System-on-Chip）芯片和最新的 Cypress Capsense™专利技术。

3. 使用 PSoC 可配置型混合信号阵列系统芯片的可配置功能，可以在不额外增加外围器件的情况下，方便地实现各种电路功能，灵活多变。有利于学生开拓思维，尝试不同种类、功能的电路。

4.3.15 射频集成电路 Radio Frequency Integrated Circuit

Prereq: Semiconductor Device Physics, Principles of Analog Integrated Circuits

Credits: 3

Mission: The course covers the basic knowledge and skills of CMOS RF IC design, and focus on the training of student's capability in analyzing and solving problems, cooperating and absorbing advanced techniques. Besides basic knowledge and skills, the content of course reflects the state-of-art techniques, circuit topologies and devices in CMOS Integrated Circuits. This course is a multidisciplinary course, in which, the basic theory of microwave, RF front end, wireless communication and signal analysis are also included. To deepen understanding of course for students, real design examples are given in the course, also a course project will be fulfilled by the team of students.

Huailin Liao

一、课程基本情况

<table>
<tr><td rowspan="2">课程名称</td><td colspan="12">射频集成电路</td></tr>
<tr><td colspan="12">Radio Frequency Integrated Circuit</td></tr>
<tr><td rowspan="2">开课时间</td><td colspan="3">一年级</td><td colspan="3">二年级</td><td colspan="3">三年级</td><td colspan="3">四年级</td></tr>
<tr><td>秋</td><td>春</td><td>夏</td><td>秋</td><td>春</td><td>夏</td><td>秋</td><td>春</td><td>夏</td><td>秋</td><td>春</td><td>夏</td></tr>
<tr><td>适用院系</td><td colspan="12">微电子学系,电子学系,元培学院</td></tr>
<tr><td>课程定位</td><td colspan="12">专业选修课</td></tr>
<tr><td>学分</td><td colspan="12">3 学分</td></tr>
<tr><td>总学时</td><td colspan="12">48 学时</td></tr>
<tr><td>先修课程</td><td colspan="12">半导体器件物理,模拟集成电路原理</td></tr>
<tr><td>后续课程</td><td colspan="12">无</td></tr>
<tr><td>教学方式</td><td colspan="12">课堂授课为主</td></tr>
<tr><td>课时分配</td><td colspan="12">课堂授课(42 学时)+课程项目设计(6 学时)</td></tr>
<tr><td>考核方式</td><td colspan="12">出席和讨论占 40%,课程项目占 60%</td></tr>
<tr><td>主要教材</td><td colspan="12">1. Thomas H Lee. CMOS 射频集成电路设计. 北京: 电子工业出版社,2006
2. Behzad Razavi. 射频微电子. 2 版. 北京: 电子工业出版社,2012</td></tr>
</table>

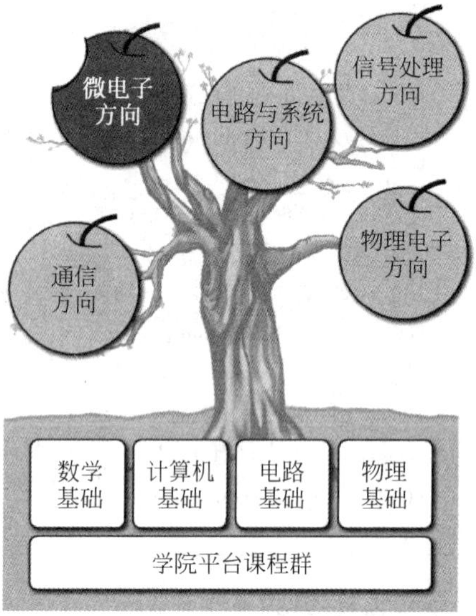

续表

参考资料	1. Reinhold Ludwig. 射频电路设计——理论与应用. 2版. 北京：电子工业出版社,2010 2. IEEE International Solid-states Circuits Conference 3. IEEE Journal of Solid-states Circuits
其他信息	http://course. pku. edu. cn/webapps/login/
大纲提供者	廖怀林

二、教学目的和基本要求

1. 使学生了解和掌握CMOS射频集成电路的基础知识,了解该领域的最新进展。

2. 使学生能应用所学原理和方法分析和理解常见的CMOS射频集成电路模块和系统。培养学生的合作能力和理论与实践结合的能力,通过合作完成课程项目,深化学生的课程内容学习。

3. 培养学生的独立思考能力、科学思维方法和求知创新精神。

三、课程大纲和知识点

章节顺序	章节名称 Chapters	课时 Hours	知识点	Key Points
1	微波基本原理(Microwave Fundamentals)	4~2	传输线理论,S参数,输入匹配	Transmission line theory, S parameter, Input matching
2	射频有源和无源器件及建模(RF active and passive devices and modeling)	6~4	高频下MOS器件,电阻、电容及电感等器件的特性及模型	High frequency MOS devices, resistors, capacitors and inductors and other devices characteristics and models
3	射频系统基础知识(Basics of RF systems)	6~4	线性度,动态范围,灵敏度,噪声理论	Linearity, Dynamic range, Sensitivity, Noise theory
4	射频前端系统结构(RF front-end system architecture)	4~2	超外差结构,低中频结构,零中频结构	Superheterodyne structure, Low-IF structure, Zero-IF structure
5	低噪声线性放大器(Low noise linear amplifier)	6~4	窄带LNA设计,宽带LNA设计,分布式放大器	Narrowband LNA Design, Broadband LNA Design, Distributed Amplifier
6	混频器(Mixer)	4~2	不平衡、单平衡和双平衡混频器,无源混频器和有源混频器,混频器设计要点	Unbalanced, single-balanced and double-balanced mixers, Passive mixers and active mixers, Mixer design points

续表

章节顺序	章节名称 Chapters	课时 Hours	知识点	Key Points
7	压控振荡器(Voltage-controlled oscillator)	4~2	压控振荡器,相噪声理论	Voltage-controlled oscillator, Phase noise theory
8	锁相环(Phase-locked loop)	6-4	锁相环基本原理;整数分频锁相环;小数N分频锁相环	Key words of phase-locked loop; Integer-N phase-locked loop; Fractional-N Phase-locked loop
9	功率放大器(Power amplifier)	6~4	功率放大器的原理	Power amplifier principle
10	可变增益放大器(Variable gain amplifier)	4~2	可变增益放大器	Variable gain amplifier
11	无线通信标准(Wireless communication standard)	4~2	移动射频通信,多址访问技术,常见通信协议	Mobile radio communication, Multiple access technology, Common communication protocols
12	电路设计实例研究(Research on circuit design example)	4~2	射频电路分析方法	RF circuit analysis method

四、课程特色

1. 重视清楚理解和深入掌握CMOS射频集成电路基本概念、原理和方法。重视培养学生的自主学习能力和对电路设计的兴趣。鼓励学生积极思考,当堂提出问题,积极讨论。

2. 重视CMOS集成电路的分析方法与原理,同时涉及射频集成电路领域的新进展,为学生进入更深层次的射频或模拟集成电路设计领域打下扎实的基础。

3. 以课程项目的形式,培养学生的合作能力和理论与实践结合的能力,提供难得的集成电路设计经验。

4.3.16 数字集成电路原理与设计 Principle of Digital Integrated Circuits

Prereq: An Introduction to Microelectronics and Circuits, Semiconductor Physics, Digital Logic Circuits

Credits: 3

Mission: Understand fundamental principle of digital integrated circuit, able to analysis and design circuits, able to do practical applications.

Covers microelectronics and electronics engineering.

Topics include semiconductor process and devices; MOS inverter; static CMOS circuits; dynamic CMOS circuits; combinational circuits; sequential circuits; CMOS input/output design;

MOS memory.

Song Jia

一、课程基本情况

课程名称	数字集成电路原理与设计 Principle of Digital Integrated Circuits
开课时间	一年级：秋 春 夏 二年级：秋 春 夏 三年级：秋 春 夏 四年级：秋 春 夏
适用院系	微电子学系,电子学系,元培学院
课程定位	专业必修课
学分	3 学分
总学时	64 学时
先修课程	微电子与电路基础,数字逻辑电路
后续课程	集成电路设计实习
教学方式	课堂授课为主
课时分配	课堂授课(58 学时) + 习题课(4 学时) + 期中考试(2 学时)
考核方式	期末考试占 60%,作业占 25%,期中考试占 15%
主要教材	甘学温,赵宝瑛. 集成电路原理与设计. 北京: 北京大学出版社,2006
参考资料	1. Jan M Rabaey. Digital Integrated Circuits, A Design Perspective. 影印版. 北京: 清华大学出版社,2004 2. Jan M Rabaey. 数字集成电路: 电路、系统与设计. 2 版. 周润德,等译. 北京: 电子工业出版社,2004 3. Neil H E Weste, David Harris. CMOS 大规模集成电路设计. 3 版. 影印版. 北京: 机械工业出版社,2005
其他信息	http://www.jpk.pku.edu.cn/pkujpk/course/ic/index.htm
大纲提供者	贾嵩

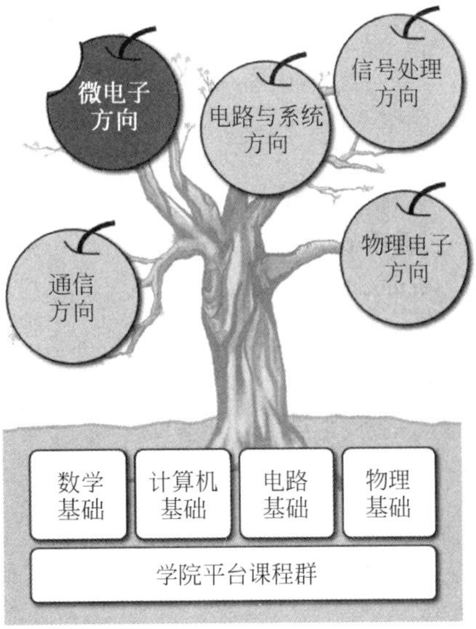

二、教学目的和基本要求

1. 使学生了解集成电路的发展,掌握 CMOS 器件的结构特点及制造工艺。
2. 使学生掌握 CMOS 数字集成电路的基本电路结构和工作原理。
3. 使学生掌握 CMOS 数字集成电路的分析、优化和设计方法。
4. 为学生今后从事集成电路的设计、制造及应用研究等工作打下坚实的基础。

三、课程大纲和知识点

章节顺序	章节名称 Chapters	课时 Hours	知识点	Key Points
1	绪论(Introduction to integrated circuits)	2	集成电路的重要性,集成电路的发展历史,摩尔定律,等比例缩小定律,未来的发展和挑战	Application of Integrated Circuits, History of IC develop, Moore's law, Scaling down theory, Future and challenge of IC
2	集成电路基本结构和制作工艺(Integrated Circuits process basics)	2	平面工艺的基本操作,N阱CMOS工艺,深亚微米CMOS工艺,闩锁效应,SOI CMOS工艺,版图设计规则	Basic semiconductor process steps, N well CMOS process, Deep submicron CMOS process, Latch-up, SOI CMOS process, Layout design rules
3	集成电路中的元器件(Integrated Circuits devices)	2	阈值电压、MOSFET电流方程、导电因子,寄生效应,集成电阻、集成电容、互连线的寄生电阻和寄生电容、互连线的RC延迟	Threshold voltage, MOSFET current and voltage relationship, Parasitic devices, Integrated resistors and capacitors, Interconnection and its parasitic resistor and capacitor
4	MOS反相器(MOS inverter)	6~4	直流电压传输特性,逻辑阈值,噪声容限,可恢复逻辑,上升时间和下降时间,传输延迟时间,有比电路和无比电路	Voltage transfer characteristic, Logic threshold point, Noise margin, Restorable logic, Rise and fall time, Propagation delay, Ratioless circuit
5	静态CMOS逻辑电路(Static CMOS circuits)	10~8	CMOS与非门,CMOS或非门,CMOS逻辑门的设计,CMOS异或电路,传输门的逻辑特点,阈值损失	CMOS NAND and NOR circuits, CMOS logic design, CMOS EXOR circuits, Transmission gate, Threshold loss
6	动态CMOS逻辑电路(Dynamic CMOS circuits)	6~4	预充求值动态CMOS电路,电荷分享,级联问题,Domino CMOS	Pre-charge evaluation dynamic circuits, Charge sharing, Cascading dynamic logic, Domino CMOS
7	CMOS电路的功耗(Low power CMOS circuits)	2	动态功耗,短路功耗,静态功耗,亚阈值电流,开关活动因子	Dynamic power dissipation, Short circuit power, Static power, Subthreshold current, Activity factors

续表

章节顺序	章节名称 Chapters	课时 Hours	知识点	Key Points
8	CMOS 组合逻辑电路（Combinational CMOS circuits）	8～6	多路器和逆多路器，传输门多路器电路，编码器和译码器，全加器，进位链电路	Multiplexor and Demux, MUX based on transmission gates, Encoder and decoder, Full adders, Carry chain
9	时序逻辑电路（Sequential CMOS circuits）	6～4	时序逻辑，双稳态电路，R-S 锁存器和触发器，D 锁存器和触发器，数据建立时间，移位寄存器，计数器	Sequential logic, Bi-stable circuit, RS latch and flip-flop, D latch and flip-flop, Setup time and hold time, Shifter register, Counter
10	CMOS 集成电路的 I/O 设计（CMOS input/output design）	4～2	输入缓冲器，输出缓冲器，ESD 保护电路，三态输出和双向 I/O 缓冲器	Input buffer, Output buffer, ESD structure, Tristate output and bi-direction buffers
11	MOS 存储器（MOS memory）	8～4	MOS 存储器的分类，存储器的总体结构，存储器外围电路，DRAM、SRAM 和 ROM 的单元结构	MOS memory types, Memory architecture, Peripheral circuits, DRAM SRAM and ROM cells
12	集成电路设计方法（IC design Methodology）	2	定制设计方法，半定制设计方法，SoC 设计方法	Custom design, Semicustom design, SoC design

四、课程特色

1. 紧密结合集成电路的发展状况，不断调整课程设置，更新教材和教学内容。突出以 CMOS 电路为主，为此课程组编写了《集成电路原理与设计》教材（北京大学出版社，2006 出版，2007 年第 2 次印刷）。该教材列入国家“十一五”教材规划，并在 2007 年被评为“国家普通高等教育精品教材”。

2. 教学内容先进，反映了集成电路发展中出现的新技术、新器件和新电路。如第 1 章绪论的内容在讲课中随时更新，在第 2 章介绍亚 100nm CMOS 工艺中引入的新工艺和新的器件结构。

3. 突出重点，加强基础。在课程的内容安排上突出 CMOS 基本单元电路结构和特性的分析，通过基本单元电路让学生掌握 CMOS 电路的结构特点和电路分析方法。

4. 理论和实践结合。在课程中安排简单的版图设计练习，以及用 SPICE 进行电路分析，使学生对影响电路性能的参数有感性的认识。另外，与后续课程“集成电路设计实习”紧密结合，培养学生的电路设计能力。

4.3.17　数字逻辑 Digital Logic

Prereq: None

Credits: 2

Mission: Introduction to concepts, principles and design techniques governing the behavior of digital circuits.

Covers electronics engineering and computer science.

Topics include binary number system, switching algebra, arithmetic and logic operations, combinational and sequential logic systems, registers and counters, state tables and state diagrams.

Xiaoxin CUI, Yacong Zhang

一、课程基本情况

<table>
<tr><td rowspan="2">课程名称</td><td colspan="12">数字逻辑</td></tr>
<tr><td colspan="12">Digital Logic</td></tr>
<tr><td rowspan="2">开课时间</td><td colspan="3">一年级</td><td colspan="3">二年级</td><td colspan="3">三年级</td><td colspan="3">四年级</td></tr>
<tr><td>秋</td><td>春</td><td>夏</td><td>秋</td><td>春</td><td>夏</td><td>秋</td><td>春</td><td>夏</td><td>秋</td><td>春</td><td>夏</td></tr>
<tr><td>适用院系</td><td colspan="12">电子学系,微电子学系,元培学院,物理学院,工学院</td></tr>
<tr><td>课程定位</td><td colspan="12">主干基础课、专业核心课</td></tr>
<tr><td>学分</td><td colspan="12">2 学分</td></tr>
<tr><td>总学时</td><td colspan="12">48 学时</td></tr>
<tr><td>先修课程</td><td colspan="12">无</td></tr>
<tr><td>后续课程</td><td colspan="12">数字集成电路设计,基于 HDL 的数字系统设计</td></tr>
<tr><td>教学方式</td><td colspan="12">课堂授课为主</td></tr>
<tr><td>课时分配</td><td colspan="12">课堂授课(48 学时,其中包括习题讲解和随堂实验)</td></tr>
<tr><td>考核方式</td><td colspan="12">平时作业与 FPGA 实验占 30% ~40%,期末考试占 60% ~70%。其中,期末考试采用闭卷形式</td></tr>
<tr><td>主要教材</td><td colspan="12">1. John F Wakerly. Digital Design—Principles and Practices. 4 版. 北京: 高等教育出版社,2007
2. John F Wakerly. 数字设计: 原理与实践. 4 版. 林生,等译. 北京: 机械工业出版社,2007</td></tr>
<tr><td>参考资料</td><td colspan="12">阎石. 数字电子技术基础. 北京: 高等教育出版社,2005</td></tr>
</table>

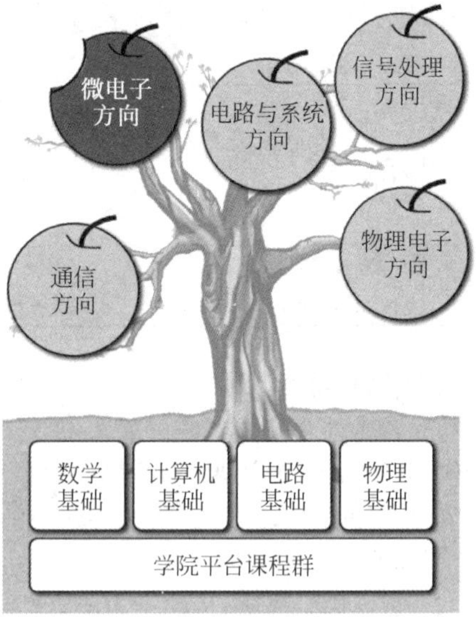

续表

其他信息	http://course. pku. edu. cn
大纲提供者	崔小欣

二、教学目的和基本要求

1. 掌握数字电路设计的基础理论。
2. 掌握数字电路的分析方法。
3. 重点掌握数字电路中组合逻辑和时序逻辑电路的设计和实现方法。
4. 培养对数字硬件设计的兴趣。
5. 了解数字系统设计的发展现状和关键问题。
6. 掌握采用可编程器件 FPGA 软件设计和验证数字电路的方法。

三、课程大纲和知识点

章节顺序	章节名称 Chapters	课时 Hours	知识点	Key Points
1	数字系统概述(Introduction to digital system)	3~2	介绍数字系统及其发展史	Introduction to digital system and its development history
2	数制与编码(Number Systems and Codes)	5~4	数制基础,数制转换,二进制运算,数字系统中的编码(纠错码、字符编码以及其他编码)	Number System, Number System Conversions, Addition/Subtraction/Multiplication/Division ofNondecimal Numbers, Codes for Detecting and Correcting Errors, Character Codes, etc.
3	布尔代数和开关函数(Boolean Algebra, Theorems, Standard Representation of Logic Functions)	5~4	布尔代数的公式和定理,开关函数的定义和多种表示方法(真值表、函数表达式、逻辑图、卡诺图)	Axioms, Single/Two/Multi-Variable Theorems, Standard Representations of Logic Functions (Truth Table, Logic expression, Logic Diagram, Karnaugh Map)
4	组合电路的分析与设计(Combinational Circuit Analysis and Synthesis)	4~3	组合逻辑分析的方法与步骤,组合逻辑设计的方法与步骤,逻辑化简(卡诺图、Q-M 方法),电路中的冒险与竞争	Combination Circuit Analysis (Truth Table, Expression, Simulation/Testbench), Combinational Circuit Synthesis (Truth Table, Minterms and Maxterms), Simplified Circuit (Karnaugh Map, Quine-Mecluskey), Timing Hazards

续表

章节顺序	章节名称 Chapters	课时 Hours	知识点	Key Points
5	常用组合逻辑电路(Combinational Logic Circuit)	4~3	编码器,解码器,数据选择器,数据比较器,数值运算器(加法器)	Encoder, Decoder, Multiplexer, Comparator, Half Adder, Full Adder, Ripple Carry Adder, Carry Look Ahead Adder
6	HDL 简介与 FPGA 设计(HDL and FPGA Design)	9~8	硬件描述语言 HDL(Verilog),以 Xilinx 公司的 FPGA 和 ISE 工具为主,FPGA 的原理和 EDA 工具使用	Hardware Description Language (Verilog), Xilinx FPGA, ISE
7	基本时序元件(Sequential Circuit)	6~5	锁存器,触发器	Latches, D Latches, Flip-Flops
8	常用时序逻辑电路(Sequential Logic Circuits)	3~2	寄存器,移位寄存器,计数器	Register, Shift Registers, Counters
9	时序电路的分析与设计(Sequential Circuit Analysis and Design)	4~3	状态机,Moore 机,Mealy 机,同步时序电路的设计实现,状态机设计	Clock Synchronous State-Machine Analysis, State Machine Design and Synthesis, Designing State Machines Using State Diagrams
10	ADC 和 DAC 基础(ADC and DAC)	5~4	ADC 和 DAC 的基本原理和基本结构	The basic principle and basic structure of ADC and DAC

4.3.18 微电子器件测试实验 Experiment of Microelectronics Device Testing

Prereq: Semiconductor Physics, Semiconductor Device Physics

Credits: 1

Mission: Understand fundamental principle and theory of microelectronics device testing, able to analysis and test microelectronics device, able to do practical applications.

Covers microelectronics device, electronics and engineering.

Topics include Semiconductor Physics and Semiconductor Device Physics; Semiconductor process design and simulation; C-V characteristics of MOS devices; I-V characteristics of MOSFET devices.

Dedong Han, Lifeng Liu, and Gang Gu

一、课程基本情况

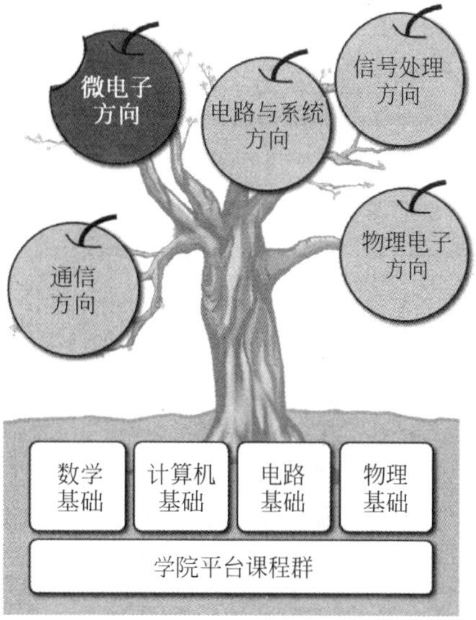

课程名称	微电子器件测试实验 Experiment of Microelectronics Device Testing
开课时间	一年级（秋 春 夏） 二年级（秋 春 夏） **三年级（秋** 春 夏） 四年级（秋 春 夏）
适用院系	微电子学系
课程定位	专业必修课
学分	1 学分
总学时	32 学时
先修课程	半导体物理，半导体器件物理
后续课程	无
教学方式	以学生个人独立进行实验为主，教师指导为辅
课时分配	实验课(32 学时)，完成指定实验内容
考核方式	实验前的预习情况占20%，实验中的动手能力，独立操作水平以及实验态度占40%，实验报告水平(主要包括数据处理情况、计算情况、图表处理情况等)占40%
主要教材	刘晓彦，韩德栋. 微电子学实验讲义
参考资料	1. 叶良修. 半导体物理学. 2 版. 北京：高等教育出版社，2007 2. 九院校编写组. 微电子学实验教程. 南京：东南大学出版社，1991 3. N 艾罗拉. 用于 VLSI 模拟的小尺寸 MOS 器件模型. 张兴，等译. 北京：科学出版社，1999
其他信息	每个实验完成之后，提交一份详细的实验数据，内容包括实验原理、实验步骤、实验结果、数据处理与分析以及必要的图表
大纲提供者	韩德栋

二、教学目的和基本要求

1. 使学生掌握集成电路制造技术中几种重要工艺的模拟模型。
2. 掌握微电子测试技术中几种常用而重要的仪器测试方法和实验原理。
3. 掌握实验数据的分析和处理方法。
4. 熟悉 IC 芯片版图。

三、课程大纲和知识点

章节顺序	章节名称 Chapters	课时 Hours	知识点	Key Points
1	半导体工艺的设计和模拟(Semiconductor process design and simulation)	8~4	微电子各项制备工艺过程的模拟	Simulation of Microelectronics Devices process
2	MOS 器件的高频和准静态 C-V 特性测试(MOS device high frequency and quasi static C-V testing)	8~4	Keithley 同步 C-V 测量仪的使用,MOS 电容 C-V 特性	Test using of Keithley CV meter, C-V characteristics of MOS capacitor
3	MOS 器件的参数提取(Parameter extraction of MOS device)	8~4	MOS 电容的参数提取	Parameter extraction of MOS capacitance
4	MOSFET 的输入特性和输出特性测试(MOSFET input and output characteristics testing)	8~4	学习 Agilent4156C 半导体参数分析仪的使用方法,利用 MOSFET 的输入(转移)特性曲线求跨导和阈值电压等,利用绘图软件处理和分析实验数据	Learning to use Agilent4156C semiconductor parameter analyzer; Extraction parameter such as transconductance and threshold voltage, etc., using the transfer characteristics of MOSFET; Process and analyze experimental data
5	MOSFET 参数提取、数据处理和分析(MOSFET parameter extraction and data analysis)	8~4	SPICE-II 程序的使用,MOS 模型及其模型参数提取	Learning to use SPICE-II program, MOS model and its model parameter extraction
6	芯片剖析(Chip anatomy)	6~4	芯片解剖的过程,芯片分析的基本方法,读数显微镜测量版图尺寸	The process of chip anatomy, the basic method of chip analysis, Chip map size measurements by reading microscope

四、课程特色

1. 实验内容先进。本课程的实验内容安排结合了微电子专业本科生的基础知识和科学研究中常用的方式方法。通过本实验课程的学习,微电子专业高年级本科生一方面能巩固所学的专业理论课,同时又能够熟悉微电子专业科研中经常用到的器件测试方法,为学生将来在本专业领域进一步发展奠定良好的基础。

2. 教学方法新颖。本课程从微电子专业课的基本知识出发,一方面传授实验基础知识、基本方法和基本技能,同时着重培养学生综合运用知识分析问题和解决问题的能力。在实验课程之外为学生留下广阔的自由发挥的空间,使学生能够自主学习,课外收集相关材料,解决实验中遇到的问题。

3. 实验设备先进。本课程使用的实验仪器大多是目前国内外科研工作中经常使用的仪器,熟练使用这些仪器将会对学生将来从事科研工作打下良好的基础。

4.3.19 微电子物理基础 Fundamental of Physics for Microelectronics

Prereq: Advanced Mathematics, electromagnetics, An Introduction to Microelectronics and Circuits

Credits: 3

Mission: Understand fundamental principle of quantum mechanics and solid state physics for microelectronics, able to master microelectronics related concepts and methods in quantum mechanics and solid state physics, providing theoretical foundation for semiconductor physics and other microelectronics lessons.

Topics include Lagrange equation and Hamilton equation, Schrodinger equation, Wace function and energy level of Hydrogen atom and Hydrogen like ions, energy band theory basics and concepts of thermodynamics and statistical physics.

Yi Wang

一、课程基本情况

<table>
<tr><td rowspan="2">课程名称</td><td colspan="12">微电子物理基础</td></tr>
<tr><td colspan="12">Fundamental of Physics for Microelectronics</td></tr>
<tr><td rowspan="2">开课时间</td><td colspan="3">一年级</td><td colspan="3">二年级</td><td colspan="3">三年级</td><td colspan="3">四年级</td></tr>
<tr><td>秋</td><td>春</td><td>夏</td><td>秋</td><td>春</td><td>夏</td><td>秋</td><td>春</td><td>夏</td><td>秋</td><td>春</td><td>夏</td></tr>
<tr><td>适用院系</td><td colspan="12">微电子学系,电子学系,元培学院</td></tr>
<tr><td>课程定位</td><td colspan="12">专业选修课</td></tr>
<tr><td>学分</td><td colspan="12">3学分</td></tr>
<tr><td>总学时</td><td colspan="12">48学时</td></tr>
<tr><td>先修课程</td><td colspan="12">高等数学,电磁学,微电子与电路基础</td></tr>
<tr><td>后续课程</td><td colspan="12">半导体物理</td></tr>
</table>

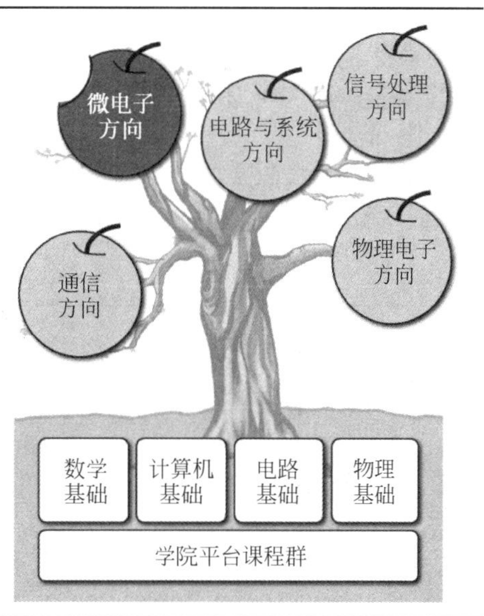

续表

教学方式	课堂授课为主,专题与习题辅导为辅
课时分配	课堂授课(42 学时) + 习题课(6 学时)
考核方式	期末考试占 70%,平时成绩占 30%
主要教材	曾谨言. 量子力学教程. 北京:科学出版社,2004
参考资料	1. A Beiser. Concepts of Modern Physics. McGraw-Hill,1987 2. 李卫,刘义荣. 理论物理导论. 北京:北京理工大学出版社,1998
其他信息	
大纲提供者	王漪,贾嵩

二、教学目的和基本要求

1. 介绍量子力学和固体物理学及其理论在微电子学中的应用。

2. 初步掌握量子力学和固体物理学中与半导体物理学相关的基本概念、分析方法和基本算法。

3. 为学生学习半导体物理等后续专业课提供必要的理论基础。

三、课程大纲和知识点

章节顺序	章节名称 Chapters	课时 Hours	知识点	Key Points
1	引言(Introduction)	2	黑体辐射,广电效应,卢瑟福散射等实验的物理意义	Blackbody radiation, Broadcasting effect, Rutherford scattering
2	拉格朗日方程与哈密顿方程(Lagrange equation and Hamilton equation)	9	约束与广义坐标,拉格朗日方程,哈密顿函数	Generalized coordinates, Lagrange equation, Hamilton equation
3	薛定谔方程(Schrodinger equation)	9	微观粒子的波粒二象性,薛定谔方程,一维势阱中的粒子,测不准关系与隧道效应	Wave-particle duality, Schrodinger equation, particles in one dimensional potential well, uncertainty relation and tunnel effect
4	氢原子和类氢离子的波函数和能级(Wace function and energy level of Hydrogen atom and Hydrogen like ions)	6	能级和径向波函数,辐射跃迁和选择定则,矢量模型和角动量相加,自旋—轨道耦合,氢原子的能级在均匀外电场中的分裂,多电子原子中电子的能级	Energy level and radial wave function, radiative transition and selection rule, vector model, spin orbit coupling, energy level splitting of Hydrogen atom, electron energy level of many electron atoms

续表

章节顺序	章节名称 Chapters	课时 Hours	知识点	Key Points
5	电子自旋、全同粒子、原子中电子的能级排列（Electron spin, identical particles, energy level alignment of electrons in atom）	9	电子自旋，全同粒子，原子中电子的能级排列	Electron spin, identical particles, energy level alignment of electrons
6	热力学、统计物理的基本概念（Concepts of thermodynamics and statistical physics）	9	相空间，宏观态与微观态，等概率原理，热力学概率，麦克斯韦—玻尔兹曼统计法、玻色—爱因斯坦统计法和费米—狄拉克统计法	Phase space, macroscopic state and microscopic state, equal probability principle, thermodynamic probability, Maxwell Boltzmann statistics, Bose Einstein statistics, Fermi Dirac statistics
7	能带理论（Energy band theory）	9	能带论与量子力学的关系，能带论在半导体中的应用	Energy band theory and quantum mechanics, energy band theory in semicondutor

四、课程特色

1．本课程是微电子专业的一门基础课，是为学习半导体物理以及半导体器件物理所设计的前期课程。本课程对量子力学和固体物理学的基本问题、量子力学和固体物理学与半导体物理的关系、拉格朗日方程与哈密尔顿方程、薛定谔方程、氢原子和类氢离子的波函数和能级、电子在周期场中的运动—能带论基础以及热力学、统计物理的基本概念进行讲授。

2．在学时数有限的情况下，帮助学生建立初步的量子力学概念和理论框架，掌握量子力学和固体物理学及其理论的基本概念和分析方法，掌握量子物理的基本概念和分析方法以及量子物理学在微电子中的应用，为学生今后的学习与研究奠定良好的理论基础。

4.3.20　微米纳米技术概论 Introduction to Micro-Nano Technology

Prereq: Introduction to Microelectronics and Circuits

Credits: 2

Mission: Understand fundamental principle, theory, fabrication methods, and application of micro-nano-electromechanical system (M/NEMS) and devices.

Topics include classification and applications of M/NEMS; Scaling law of electromechanical system; sensing and actuation mechanisms; Top-down micro/nanofabrication; Bottom-up micro/nanofabrication; KVL and KCL law; Thévenin's and Norton's theorem; time-and transform-domain circuit analysis; Nanomaterials and Nanostructures.

Zhihong Li

一、课程基本情况

课程名称	微米纳米技术概论											
	Introduction to Micro-Nano Technology											
开课时间	一年级			二年级			三年级			四年级		
	秋	春	夏	秋	春	夏	秋	春	夏	秋	春	夏
适用院系	微电子学系,元培学院,物理学院											
课程定位	专业选修课											
学分	2 学分											
总学时	48 学时											
先修课程	微电子学概论											
后续课程												
教学方式	课堂授课为主											
课时分配	课堂授课(48 学时)											
考核方式	平时作业占 20%,期末考试占 40%,项目报告占 40%											
主要教材	自编讲义											
参考资料	1. 石庚辰. 微机电系统技术. 北京:国防工业出版社,2002 2. J W Gardner,等. 微传感器、微机电系统和灵巧器件. 北京:清华大学出版社,2004											
其他信息	http://www.ontoedu.pku.edu.cn/											
大纲提供者	李志宏											

二、教学目的和基本要求

1. 本课程是面向微电子学和相关专业本科生的核心选修课程。本课程的目的是让学生了解微米纳米技术这个新兴的、多学科交叉的高科技领域,了解其目前的主攻方向——微机电系统(Micro Electro-Mechanical Systems,MEMS)以及向纳机电系统(Nano Electro-Mechanical Systems,NEMS)的发展趋势。

2. 通过本课程的学习,使学生掌握微/纳机电系统的结构,掌握微/纳传感器、微/纳执行器的工作原理和设计考虑,以及用集成电路微细加工技术及特种超精细加工制备技术制作微/纳机电系统的原理。

三、课程大纲和知识点

章节顺序	章节名称 Chapters	课时 Hours	知识点	Key Points
1	绪论(Introduction)	4～2	微米纳米技术的内涵,微米纳米技术对科技及社会的推动,微米纳米技术的各自特点	Concept of Micro-Nano technology; Impact of Micro-Nano technology; Characterization and deference of microtechnology and nanotechnology
2	微米纳米技术在不同领域的应用(Application of Micro/Nano technology)	8～4	微米纳米技术的分类,微惯性传感器,微压力传感器,光学 MEMS、RF MEMS 的典型器件,生物 MEMS 的概念和特点,微米纳米技术在汽车中的综合应用	Classification of Micro-Nano technology; micro inertial sensor; micro pressure sensor; optical MEMS, RF MEMS, concept and features of Bio MEMS; application of Micro-Nano technology in automobile
3	尺度缩小所带来影响(Influence of size scaling down)	8～4	按比例缩小的概念,微尺度下机械力、静电场和静电力随尺度的变化关系,微尺度下流体的特点	Concept of Scaling Law; Mechanical forces at micro scale; Electrostatic filed and electrostatic force as functions of size; Fluidic mechanics at micro scale
4	传感原理和致动原理(Sensing and actuation principles)	10～6	传感原理,包括压电效应、压阻效应、电容式传感; 致动原理,包括静电驱动、热电驱动、电磁驱动、其他驱动方式	Sensing mechanisms, including piezoresistive, piezoelectric, capacitive, etc.; Actuation mechanisms, including piezoelectric, thermoelectric, magnetic, etc.
5	微米纳米加工技术——自顶向下(Micro/Nano fabrication technology—top-down)	10～6	微电子的典型加工工艺,包括氧化、光刻等; 表面牺牲层工艺; 体硅加工工艺; 深反应离子刻蚀; 湿法各项异性腐蚀; LIGA; 聚合物微加工工艺	Basic fabrication process for microelectronics, including lithography, thermal oxidation, PVD, CVD, etc.; Surface micromachining; Bulk micromachining; LIGA; Polymer Micromachining
6	微米纳米加工技术——自底向上(Micro/Nano fabrication technology—bottomup)	8～4	自底向上的加工方法及其特点,自组装和自组织,原子力显微镜的特点和应用,聚焦离子束加工	Features of bottom-up micro/nanofabrication; self-organization and self-assembly; AFM nano-manipulation; FIB

续表

章节顺序	章节名称 Chapters	课时 Hours	知识点	Key Points
7	纳米结构和材料(Nanometer structure and material)	8~4	纳米结构材料,富勒烯,碳纳米管和石墨烯的特点、合成方法及应用,硅纳米线及应用	Nanostructured materials; Fullerene; Characteristics, synthesis and applications of carbon nanotubes and graphene; Nanowires and their applications

四、课程特色

1. 微米纳米技术内容广泛,学科交叉性极强,涉及的理论和技术极其繁杂,很难在一门课中面面俱到。因此本课程尽量避免不同学科的复杂理论和概念,而是从这个学科的特性入手,让学生掌握微米纳米技术的特殊性、重要性和广泛应用。从而调动学生对这门课和这个领域的兴趣,为将来的学习和研究做好铺垫。

2. 微米纳米技术是一门新兴的科学技术,其研究日新月异。因此在授课过程中紧密结合科研实践,根据国内外的科研最新动态和北大在该领域的最新研究成果不断更新讲义,力求反映相关领域最新的发展状况,使今后可能从事这方面研究的学生能够尽早接触到学术前沿。

3. 本课程考核的最重要部分不是期末考试而是项目报告。该项目报告让学生综合利用所学过的本课程知识,并结合以前所学过的其他课程的知识,发挥学生的想象力和创造力,设计自己的微米纳米器件和系统。该项目以小组形式进行,通过分工合作,锻炼学生的合作精神。该项目报告极大调动了学生的学习和研究热情,每年都会涌现出很多富有创造力的设计方案。

4.3.21 微纳尺度流体科学与应用 Flow Science at Micro/Nano Scale and its Applications

---

Prereq: Advanced Mathematics, Physics

Credits: 3

Mission: This course presents an introduction to the fluidic world at the micro/nano scale. It provides a basic survey of the important physical and chemical phenomenon with governing scientific principles in the fluid flow at micro and nanoscale relevant to the micro/nano engineering designs.

Covers Micro/Nanoelectromechanical System (MEMS/NEMS), Micro Total Analysis System (MicroTAS), Micro/Nanofluidics, Lab on a Chip.

Topics include fundamental fluid mechanics, Stokes flow (very low Re flow), surface tension dominant phenomena, microscale scalar transportation, general design and analysis methods for microfluidics and nanofluidics, microfabrication for micro/nano fluidic devices, typical micro/nano fluidic devices, and prospects of microfluidics and nanofluidics.

Wei Wang

一、课程基本情况

<table>
<tr><td rowspan="2">课程名称</td><td colspan="12">微纳尺度流体科学与应用</td></tr>
<tr><td colspan="12">Flow Science at Micro/Nano Scale and its Applications</td></tr>
<tr><td rowspan="2">开课时间</td><td colspan="3">一年级</td><td colspan="3">二年级</td><td colspan="3">三年级</td><td colspan="3">四年级</td></tr>
<tr><td>秋</td><td>春</td><td>夏</td><td>秋</td><td>春</td><td>夏</td><td>秋</td><td>春</td><td>夏</td><td>秋</td><td>春</td><td>夏</td></tr>
<tr><td>适用院系</td><td colspan="12">微电子学系及其他理工院系</td></tr>
<tr><td>课程定位</td><td colspan="12">专业选修课</td></tr>
<tr><td>学分</td><td colspan="12">3 学分</td></tr>
<tr><td>总学时</td><td colspan="12">48 学时</td></tr>
<tr><td>先修课程</td><td colspan="12">高等数学，大学物理</td></tr>
<tr><td>后续课程</td><td colspan="12">快速微流控芯片制备实验（暑期实验课，1 学分）</td></tr>
<tr><td>教学方式</td><td colspan="12">课堂授课为主，配合课堂讨论和工艺实践</td></tr>
<tr><td>课时分配</td><td colspan="12">课堂授课（32 学时）+课堂讨论（8 学时）+实践（8 学时）</td></tr>
<tr><td>考核方式</td><td colspan="12">课堂测验占 30%，课后作业占 30%，课程设计占 40%</td></tr>
<tr><td>主要教材</td><td colspan="12">方肇伦. 微流控分析芯片. 北京：科学出版社，2003</td></tr>
<tr><td>参考资料</td><td colspan="12">1. 方肇伦. 微流控分析芯片的制作和应用. 北京：化学工业出版社，2005
2. Berthier J. Microfluidics for Biotechnology. Boston：Artech House，2006
3. Finnemore E J，Franzini J B. Fluid Mechanics with Engineering Applications. 10th ed. 北京：高等教育出版社，2003</td></tr>
<tr><td>其他信息</td><td colspan="12"></td></tr>
<tr><td>大纲提供者</td><td colspan="12">王玮</td></tr>
</table>

二、教学目的和基本要求

1. 使学生了解微纳流体技术的发展，对微纳流体技术在生物、化学、医学等领域的重要意义有清楚的认识。

2. 使学生熟悉微米/纳米尺度下的流体科学与技术的基本知识和工艺技术。

3. 使学生初步掌握微纳流体器件的设计和分析方法。

4. 使学生初步掌握快速制备微纳流体器件的方法以及相应的流体实验技巧。

5. 作为暑期实验课前期基础，本课程设计的芯片结构将在暑期实验课中进行探索性制备试验。

6. 为学生今后从事应用微纳流体技术的多学科、多领域的研究工作打下坚实的基础。

三、课程大纲和知识点

章节顺序	章节名称 Chapters	课时 Hours	知识点	Key Points
1	微纳尺度流体科学与技术简介(Introduction to Micro/Nanofluidics)	2~1	**内容摘要**:微纳尺度流体科学与技术的主要研究内容、研究意义以及基本研究方法 **知识点**:微纳流体器件的重要性,微纳流体技术的发展简史,尺度放缩的物理内涵	Characteristics with scaling down
2	数学基础(Mathematical Basics)	6~4	**内容摘要**:流体运动的控制方程(Navier-Stokes 方程)、边界条件和初始条件,对流-扩散-反应系统,Stokes 流动的数学分析以及经典解析解(Hagen-Poiseuille 流)等 **知识点**:N-S 方程,边界条件的种类及物理意义,Stokes 流,Hagen-Poiseuille 流	Navier-Stokes Equations, Boundary Condition, Physical Insight
3	工程设计方法(Engineering Design)	6~4	**内容摘要**:Π 定理,相似问题、无量纲数等分析方法及其应用,雷诺数,层流与湍流的差别,微通道内层流的特点,流阻(局部流阻与沿程流阻)的概念,入口段效应以及流体网络的设计方法等 **知识点**:相似条件,无量纲,典型的无量纲参数,层流,流阻,局部流阻,沿程流阻,入口段,充分发展段,流体网络	Non-dimensional Number, Laminar, Flow Resistance
4	标量扩散(Scaler Diffusion)	4~2	**内容摘要**:泰勒扩散(Taylor dispersion),T 通道、H 通道等基于扩散原理的微通道,微混合器 **知识点**:扩散,微混合器	Difficulties of Mixer and the Present Solutions

续表

章节顺序	章节名称 Chapters	课时 Hours	知识点	Key Points
5	电水动力学(Electrokinetics)	4～2	**内容摘要**：双电层,电泳、电渗与介电电泳以及相应的控制方法 **知识点**：双电层的物理图景,电泳,电渗,介电电泳	Electrical Double Layer
6	多相微流体(Mulitphase Microfluidics)	6～4	**内容摘要**：接触角,具有自由表面的 Marangoni 流,微器件中的气泡产生,微流体颗粒分离的原理 **知识点**：表面张力,接触角,动态接触角,Marangoni 流,亲水表面,疏水表面,毛细－弹性理论,热致气泡,电解制备气泡,颗粒分离技术	Surface Tension
7	微纳加工材料与相应的加工方法(Materials and Their Micro/Nanofabrication)	6～4	**内容摘要**：传统微纳加工材料(如：硅/玻璃、PDMS、PMMA 等)的性质以及相应的加工工艺 **知识点**：聚合物材料,生物兼容性,光刻工艺,铸模工艺,热压工艺,键合工艺	Soft Lithography
8	快速成型技术(Rapid Prototyping)	6～4	**内容摘要**：现有的快速成型加工技术,与课程设计相关的基于聚合物的快速成型技术 **知识点**：基于打印原理的快速成型加工技术,基于投影原理的快速成型加工技术,干膜光阻材料,课程工艺流程	Basic Rapid Prototyping
9	加工实践(Fabrication Practice)	4	**内容摘要**：微流体器件设计和制备 **知识点**：器件设计,性能分析,器件制备,初步流体实验	Dry Film Lithography, Soft Lithography
10	微泵与微阀(Micropump and Microvale)	4～2	**内容摘要**：各种主动/被动的微泵和微阀 **知识点**：主动式,被动式	Micropumps and Microvalves

续表

章节顺序	章 节 名 称 Chapters	课时 Hours	知 识 点	Key Points
11	流体电路(Fluidic Circuit)	4~2	**内容摘要**:微流体逻辑操作等 **知识点**:逻辑运算原理	Microfluidic Network
12	集成微流体系统(Integrated Microfluidics)	6~4	**内容摘要**:数字微流体(Digital Microfluidics),基于气动微阀的集成微流体系统(S Quake 微流体系统) **知识点**:集成微流体系统的意义;主要的集成微流体器件的工作原理	Digital Microfluidics

四、课程特色

1. 本课程内容跨越多个学科领域,内容广泛又不乏深度,立意新颖又具有重要的使用价值。

2. 紧密结合微纳流体技术的最新研究进展,不断地从新报道的文献中汲取知识点,更新课程内容。

3. 理论和实践结合。在课程中安排快速微纳流体器件制备工艺的实践环节,力求每个学生能够完成从设计到性能分析(预测)、再到最后的器件制备和实验验证等完整的实践环节。

4.3.22 微纳集成系统(实验班)Micro-Nano Integrated Systems (Honor Track)

Prereq: Introduction to knowledge hierarchy of micro-nano integrated systems and related experimentals

Credits: 3

Mission: Understand fundamental theory of integrated circuit devices, designs, MEMS devices and their requirements in traditional applications. Mastering the principle of experimentals, being able to analyze problems and solve problems. Stimulating innovative spirit and cultivating scientific research ability.

Topics include the history of the microelectronic; microelectronic materials and process; semiconductor physics and MOS device; CMOS inverter and CMOS gate circuit; Micro-Electro-Mechanical System and their traditional applications; experimental section.

Yimao Cai, Haixia(Alice) Zhang, Song Jia, Dedong Han

一、课程基本情况

<table>
<tr><td rowspan="2">课程名称</td><td colspan="12">微纳集成系统(实验班)</td></tr>
<tr><td colspan="12">Micro-Nano Integrated Systems (Honor Track)</td></tr>
<tr><td rowspan="2">开课时间</td><td colspan="3">一年级</td><td colspan="3">二年级</td><td colspan="3">三年级</td><td colspan="3">四年级</td></tr>
<tr><td>秋</td><td>春</td><td>夏</td><td>秋</td><td>春</td><td>夏</td><td>秋</td><td>春</td><td>夏</td><td>秋</td><td>春</td><td>夏</td></tr>
<tr><td>适用院系</td><td colspan="12">电子学系,微电子学系,元培学院,物理学院</td></tr>
<tr><td>课程定位</td><td colspan="12">专业必修课</td></tr>
<tr><td>学分</td><td colspan="12">3 学分</td></tr>
<tr><td>总学时</td><td colspan="12">48 学时</td></tr>
<tr><td>先修课程</td><td colspan="12">微电子概论,微电子工艺</td></tr>
<tr><td>后续课程</td><td colspan="12">半导体物理,半导体器件物理,数字集成电路原理,</td></tr>
<tr><td>教学方式</td><td colspan="12">课堂讲授 + 课堂实验</td></tr>
<tr><td>课时分配</td><td colspan="12">课堂讲授(32 学时) + 课堂实验(16 学时)</td></tr>
<tr><td>考核方式</td><td colspan="12">平时考勤占 15%,平时作业占 15%,实验报告占 20%,期末考试占 50%</td></tr>
<tr><td>主要教材</td><td colspan="12">自编讲义和课件</td></tr>
<tr><td>参考资料</td><td colspan="12">张兴,黄如,刘晓彦. 微电子学概论. 北京: 北京大学出版社,2010</td></tr>
<tr><td>其他信息</td><td colspan="12">http://course.pku.edu.cn/webapps/login/</td></tr>
<tr><td>大纲提供者</td><td colspan="12">蔡一茂</td></tr>
</table>

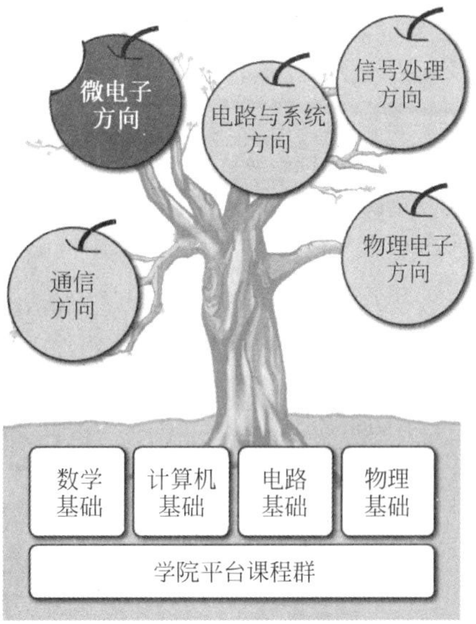

二、教学目的和基本要求

1. 本课程的主旨是介绍微纳集成系统的主要专业知识体系以及相关的实验。

2. 通过本课程的学习,学生掌握集成电路器件、设计、MEMS 器件等方面的基本知识及其在相关应用中的要求。

3. 通过实验课程锻炼学生的动手实践能力,激发学生的好奇心和创新精神,培养初步的科研能力。

三、课程大纲和知识点

章节顺序	章节名称 Chapters	课时 Hours	知识点	Key Points
1	微电子的历史变迁(The history of the microelectronic)	2	晶体管的发明,集成电路与信息革命,摩尔定律,微电子的分类	The invention of transistors, Integrated circuits and information revolution, Moore's law, The classification of microelectronic
2	微电子的材料(Microelectronic materials)	2	半导体材料的特性,常见的半导体材料,晶格和晶向	The characteristics of semiconductor, Common semiconductor materials, Crystal lattice
3	微电子的工艺(Microelectronic process)	2	图形转移工艺,薄膜工艺,调整工艺,MOSFET 工艺流程	Pattern transfers, Film deposition, Modified technique, MOSFET process flow
4	半导体物理预备知识(Elementary knowledge of semiconductor physics)	4	半导体的导电特性(载流子和掺杂),半导体的能带,载流子的运动,外加偏压对半导体导电特性的影响,PN 结原理及其应用	The conductive characteristics of semiconductor, Energy band of semiconductor, Carrier drift motion and diffusion motion, the effect of applied bias on the conductivity of semiconductor, The basic principle of PN junction and its application
5	MOSFET 器件(MOSFET device)	4	MOSFET 基本结构和工作原理,直流特性和非理想特性、分类	MOSFET structure and mechanism, current function of MOS, linear region, saturation region and subthreshold region, MOSFET non-ideal characteristics
6	CMOS 反相器(CMOS inverter)	6	逻辑电路基础,CMOS 逻辑电路,CMOS 反相器的直流和瞬态特性,CMOS 反相器的设计	Fundamentals of logic circuits, CMOS logic circuits, DC and transient characteristics of CMOS inverter, Design of CMOS inverter
7	CMOS 门电路(CMOS gate circuit)	2	常见 CMOS 门电路的功能和设计,复杂 CMOS 门电路的设计	CMOS NAND and NOR circuits, Design of complex CMOS gate circuit
8	微机电系统 MEMS(Micro-Electro-Mechanical System MEMS)	8	微机电系统介绍,传感器的原理及应用,驱动器的原理及应用,微能源的原理及应用	Overview of MEMS Technology, sensor and its applications, Driver and its applications, Micro power and its applications
9	实验部分(Experimental section)	10	实验室参观,图形转移工艺操作,半导体的基本特性,MOS 器件仿真,MOS 电路仿真	Visiting of Laboratory, Photolithography process and principle, The basic characteristics of the semiconductor, MOS device simulation, MOS circuit simulation

四、课程特色

1. 通过深入细致地讲解微纳电子器件及电路的基本原理和制造过程，结合典型的应用实例，让学生尽快建立微电子学科的知识体系框架。

2. 本课程覆盖内容广泛，包括工艺、器件、电路及应用各个方面，可以帮助学生发掘自己的兴趣点，为以后的分流打下基础。

3. 采用理论讲解和实验相结合的模式，理论结合实践，提高学生的学习热情和积极性。

4. 鼓励学生主动思考和提问，在小组讨论的过程中找寻答案，享受学习的快乐，培养科研热情。

4.3.23　无线通信集成电路基础 Fundamentals of Wireless Communication Integrated Circuits

Covers microelectronics, integrated circuits design, radio-frequency integrated circuits design.

Topics include electromagnetic wave foundation, network parameters, transmission line, RLC transformation, smith chart, modulation, demodulation, transmitter and receiver, noise and linearity.

Le Ye

一、课程基本情况

课程名称	无线通信集成电路基础 Fundamentals of Wireless Communication Integrated Circuits
开课时间	一年级：秋 春 夏；二年级：秋 春 夏；**三年级：秋 春 夏**；四年级：秋 春 夏（三年级春季）
适用院系	电子学系，微电子学系
课程定位	专业选修课
学分	2 学分
总学时	36 学时
先修课程	高等数学，电磁学，电路分析
后续课程	射频集成电路设计
教学方式	课堂授课为主
课时分配	课堂授课(48 学时) + 习题与专题课(10 学时) + 实验课(12 学时)
考核方式	平时成绩占 40%，期末考试占 60%。其中，期末考试采用闭卷形式

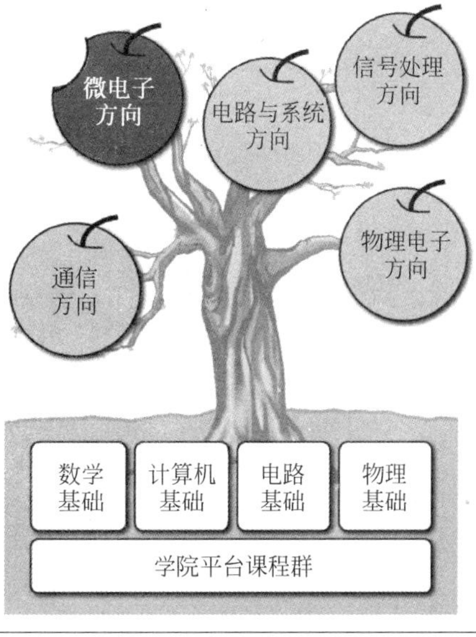

续表

主要教材	Behzad Razavi. 射频微电子. 2 版. 北京：电子工业出版社,2012
参考资料	1. Carl J Weisman. 射频和无线技术入门. 刘志华,等译. 北京：清华大学出版社,2005 2. 樊昌信,等. 通信原理. 6 版. 北京：国防工业出版社,2006
其他信息	
大纲提供者	叶乐

二、教学目的和基本要求

1. 使学生掌握无线通信集成电路的基本原理。

2. 使学生掌握无线通信集成电路的基本设计方法。

3. 使学生能应用所学的原理和方法理解和认识常用无线通信集成电路。

4. 结合最新科研趋势和实际应用,使学生将所学知识融会贯通到实际应用与未来科研和工作中。

5. 培养学生的独立思考能力、科学思维方法和求知创新精神。

三、课程大纲和知识点

章节顺序	章节名称 Chapters	课时 Hours	知识点	Key Points
1	引言(Introduction)	4 ~ 2	无线通信,集成电路,电场,磁场,波长,频率,波速,波数,传输损耗,ISM 频段	Wireless communication, integrated circuit, electric field, magnetic field, wavelength, frequency, wave velocity, wave number, transmission loss, ISM band
2	电磁波基础(Electromagnetic wave foundation)	6 ~ 4	带宽,传播衰减,匹配,欧姆定律,麦克斯韦方程组,电磁波平面波解,行波表达式,传播系数,无损传播项,相速度,群速度,频散现象,波包,分贝,dBm, dBW, dBV, dBu,频域分析,趋肤效应,高频与低频区别,品质因子,香农定理,宽带与窄带,频段	Bandwidth, propagation attenuation, matching, Ohm's law, Maxwell equations, wave plane wave solutions, electromagnetic wave expression, propagation coefficient, lossless propagation, phase velocity, group velocity, dispersion, wave packets, dB, dBm, dBW, dBV, dBu, frequency domain analysis, skin effect, high frequency and low frequency difference, quality factor, Shannon theorem, broadband and narrowband band

续表

章节顺序	章节名称 Chapters	课时 Hours	知识点	Key Points
3	网络参数(Network parameters)	6～4	入射,反射,入射波,反射波,端口阻抗,匹配,散射参数,二端口网络,输入端口匹配,输出端口匹配,正向增益,反向隔离,Z参数,Y参数,H参数,G参数,ABCD参数,网络参数转换	Incident, reflection, incident wave, reflection wave, port impedance matching, scattering parameters, the two port network, input port, output port, forward gain, reverse isolation, Z parameters, Y parameters, H parameters, G parameters, ABCD parameters, network parameters conversion
4	传输线(Transmission line)	6～4	传输线,波动性,双线,同轴线,微带线,共面波导,接地共面波导,慢波传输线,芯片内传输线,传输线模型,分布式TL模型,RLGC模型,特征阻抗,传播系数,片上无源器件,反射系数,无损传输线,短路传输线,开路传输线,1/4波长传输线,传输系数,阻抗匹配,共轭匹配,最大功率传输,50欧姆,75欧姆	Transmission line, volatility, double wire, coaxial line, microstrip line, coplanar waveguide, grounded coplanar waveguide, slow wave transmission line, transmission line chip-transmission line model, TL model, RLGC model, characteristic impedance, propagation coefficient, passive devices, on-chip reflection coefficient, lossless transmission line, short circuited transmission line open circuit, transmission line, 1/4 wave transmission line, transmission coefficient, impedance matching, conjugate matching, maximum power transmission, 50 ohm, 75 ohm
5	电阻-电感-电容(R-L-C)	6～4	选频回路,中心频率,通频带宽,带内纹波,插入损耗,输入阻抗,输出阻抗,相频特性,群延迟,谐振频率,品质因子,串联谐振,并联谐振,串并转换,并串转换,有载品质因子,变压器,阻抗匹配,L型网络,pi型网络,T型网络,阻抗变换	Frequency loop, center frequency, frequency bandwidth, band ripple, insertion loss, input impedance, output impedance, phase frequency characteristics, group delay, resonant frequency, quality factor, series resonance, parallel resonance, and string conversion, and string conversion, loaded quality factor, transformer, impedance matching, L network, pi network, T network, impedance transformation

续表

章节顺序	章节名称 Chapters	课时 Hours	知识点	Key Points
6	斯密斯圆图(Smith Chart)	6~4	斯密斯圆图,归一化阻抗表达式,斯密斯阻抗圆图,等电阻线,等电抗线,斯密斯导纳圆图,等电导线,等电纳线,开路点,短路点,感性平面,容性平面,斯密斯圆图上阻抗变换	Smith chart, the normalized impedance expression, Smith chart, resistance equal line, reactance equal line, Smith chart, electrical conductors equal line, susceptance equal line, open circuit point, short circuit point, inductive capacitive plane, plane, Smith chart impedance transformation
7	调制与解调(Modulation and demodulation)	6~4	调制,解调,信道,频带利用有效性,功率有效性,模拟调制,数字调制,载波,上边带,下边带,双边带调制,单边带调制,包络检测,相干解调,非相干解调,幅移键控,频移键控,相移键控,二元调制,多元调制,信号星座图,BPSK, QPSK, OQPSK, MSK, GMSK	Modulation, demodulation, channel, bandwidth efficiency, power efficiency, analog modulation, digital modulation, carrier, USB, LSB, double sideband modulation, single sideband modulation, envelope detection, coherent demodulation, coherent demodulation, amplitude shift keying, frequency shift keying, phase shift keying, two yuan multiple modulation, modulation, signal constellation, BPSK, QPSK, OQPSK, MSK, GMSK
8	收发机架构(Transceiver architecture)	6~4	灵敏度,频率选择性,抗干扰性,发射机噪声,频谱规范,超外差接收机,交调,镜像,镜像抑制,中频,二次变频接收机,直接下变频,本征泄露,直流漂移,1/f 噪声,I/Q 失配,数字中频接收机,发射机架构	The sensitivity, frequency selectivity, anti- interference, transmitter noise, spectrum specification, superheterodyne receiver, intermodulation, image, image rejection, intermediate frequency, the two frequency receiver, direct conversion, intrinsic leakage, DC drift, 1/f noise, I/Q mismatch, digital intermediate frequency receiver, transmitter architecture

续表

章节顺序	章节名称 Chapters	课时 Hours	知识点	Key Points
9	噪声与线性度(Noise and linearity)	6～4	噪声,功率谱密度,噪声功率谱密度,等效噪声带宽,电阻噪声,晶体管噪声,散粒噪声,沟道热噪声,闪烁噪声,噪声网络模型,噪声系数,信噪比,无源网络噪声系数,噪声系数级联公式,非线性,线性度,谐波,增益压缩,1dB 压缩点,减敏效应,三阶交调,线性度级联公式	The noise power spectral density, power spectrum density of noise, noise equivalent bandwidth, noise resistance, transistor noise, shot noise, channel thermal noise, flicker noise, noise network model, noise coefficient, signal-to-noise ratio, passive network noise factor, noise coefficient formula of cascade, nonlinear, linearity, harmonic, gain compression. 1dB compression point, desensitization effect, three order intermodulation, linearity cascade formula

四、课程特色

1. 在学生理解和掌握知识点的基础上,重视培养学生理解和掌握知识点的由来,重视培养学生的抽象思维能力和形象建模能力。

2. 与知识点相比,更加强调学生掌握学习方法和物理模型。

3. 结合最新前沿的科研热点领域,结合学生日常生活中接触到的实际场景。

4. 在课堂授课的基础上,重视与学生的互动,采用启发性的授课方式。

5. 重视培养学生的发现问题、分析问题、独立思考的能力,鼓励学生积极思考,提出问题,在学习中获得答案,享受学习的快乐;鼓励学生积极参与讨论,互学互助。

4.3.24　现代集成电路中的器件设计与应用 Device Design and Applications for Modern Integrated Circuits

Prereq: Semiconductor device physics (or, Principles of integrated circuit devices)

Credits: 3

Mission: This course introduces the fundamentals of device engineering for modern integrated circuits, with focus on the mainstream MOS device. It covers advanced device physics for modern device analysis, application-driven device design and related characterization techniques. It takes multiple examples of device design for different applications (e. g., logic, memory, analog/RF, etc.), which builds a bridge between essential device physics and practical device engineering with the purpose for real circuit applications. The content of the course is a combination of the device physics and industry applications, thus try to give the students an excellent understanding and ability for innovatively handling the practical problems in industry, and also providing the foundations for their future research.

Covers electrics, electronics and engineering.

Topics include modern device physics, application-driven device design (for logic, memory, analog/RF, etc.) and related characterization techniques.

Runsheng Wang and Yimao Cai

一、课程基本情况

<table>
<tr><td rowspan="2">课程名称</td><td colspan="12">现代集成电路中的器件设计与应用</td></tr>
<tr><td colspan="12">Device Design and Applications for Modern Integrated Circuits</td></tr>
<tr><td rowspan="2">开课时间</td><td colspan="3">一年级</td><td colspan="3">二年级</td><td colspan="3">三年级</td><td colspan="3">四年级</td></tr>
<tr><td>秋</td><td>春</td><td>夏</td><td>秋</td><td>春</td><td>夏</td><td>秋</td><td>春</td><td>夏</td><td>秋</td><td>春</td><td>夏</td></tr>
<tr><td>适用院系</td><td colspan="12">微电子学系,电子学系,工学院,元培学院,物理学院</td></tr>
<tr><td>课程定位</td><td colspan="12">专业选修课</td></tr>
<tr><td>学分</td><td colspan="12">3 学分</td></tr>
<tr><td>总学时</td><td colspan="12">48 学时</td></tr>
<tr><td>先修课程</td><td colspan="12">半导体器件物理(集成电路器件原理)</td></tr>
<tr><td>后续课程</td><td colspan="12">无</td></tr>
<tr><td>教学方式</td><td colspan="12">教师讲授:60%~70%;学生讨论:30%~40%(参考书阅读、文献调研、分组讨论、课程报告)</td></tr>
<tr><td>课时分配</td><td colspan="12">课堂授课(39 学时)+讨论课与课程报告(9 学时)</td></tr>
<tr><td>考核方式</td><td colspan="12">平时成绩占 20%,课程报告占 80%(口头答辩占 40%,书面论文占 40%)</td></tr>
<tr><td>主要教材</td><td colspan="12">王润声,蔡一茂. 现代 MOS 器件:原理、设计与应用. 自编讲义,2014</td></tr>
<tr><td>参考资料</td><td colspan="12">1. Yuan Taur, Tak H Ning. Fundamentals of Modern VLSI Devices. 2nd ed. Cambridge University Press, 2009
2. Dieter K Schroder. Semiconductor Material and Device Characterization. 3rd ed. John Wiley & Sons, 2006</td></tr>
<tr><td>其他信息</td><td colspan="12">http://course.pku.edu.cn/</td></tr>
<tr><td>大纲提供者</td><td colspan="12">王润声,蔡一茂</td></tr>
</table>

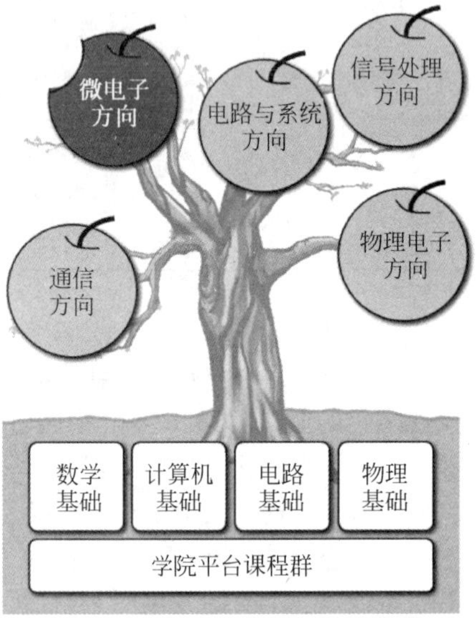

二、教学目的和基本要求

1. 从集成电路应用的角度了解现代集成电路中主流半导体器件的设计和分析方法。

2. 建立微电子器件设计与电路及芯片应用之间的桥梁。

3. 培养和提高学生解决产业界实际问题并进行创新的能力，也为未来的科研活动打下良好基础。

4. 培养学生的独立思考能力、科学思维方法和求知创新精神。

三、课程大纲和知识点

章节顺序	章节名称 Chapters	课时 Hours	知识点	Key Points
1	绪论(Introduction)	3 ~ 2	课程简介，产业概览，技术概览	Course overview, Industry overview, Technology overview
2	影响现代半导体器件设计的关键物理效应 1——MOSFET 的基本器件物理回顾(Basic device physics)	2 ~ 1	现代 MOS 器件特征，关键 I-V 因子，基本器件物理	Modern MOSFET, The transistor as a "black box", Key I-V metrics, Simple MOSFET Physics
3	影响现代半导体器件设计的关键物理效应 2——现代半导体器件的本征效应(Intrinsic Effects in a Modern MOSFET)	4 ~ 3	影响 MOS 器件静电学特性(栅控能力)的关键因素，影响 MOS 器件电动力学特性(载流子输运)的关键因素，泄漏电流	Electrostatics (gate control capability), Transport (Electrodynamics), Leakage
4	影响现代半导体器件设计的关键物理效应 3——现代半导体器件非本征效应(Extrinsic Effects in Modern MOSFETs)	10 ~ 8	寄生量，涨落性，可靠性	Parasitics, Variability, Reliability
5	面向不同应用的器件设计 1——现代逻辑应用的器件设计(Device Design for Logic Applications)	6 ~ 4	应用范围与设计要求，关键电路参数，关键器件参数，速度与功耗的折中，低功耗应用的器件设计简介	CMOS scaling, CMOS logic circuits: performance estimation, Delay (speed) and power (energy) tradeoffs: energy efficiency, Interconnect scaling, Examples, Extrinsic design

续表

章节顺序	章节名称 Chapters	课时 Hours	知识点	Key Points
6	面向不同应用的器件设计2——半导体存储器件设计与应用(Device Design for memory Applications)	18~15	概览(存储器的分类,存储器的关键参数,存储器器件设计的整体介绍),DRAM器件设计(历史与工作原理,关键参数,DRAM中的器件设计,DRAM Scaling down的挑战),SRAM器件设计(noise margin, ratios, layout),Flash存储器设计(NOR Flash, NAND Flash),嵌入式存储器与新型存储器	Overview including introduction of mainstream memory products, critical parameters in memory design, and methodology for memory design. Introduction of DRAM device design (mechanism, key parameters, device design and scaling challenges), SRAM (noise margin, ratios, layout), Flash memory (NOR type and NAND type flash memory), and embedded memory with a focus on emerging nonvolatile memory technologies
7	面向不同应用的器件设计3——模拟/射频/混合信号应用(Device Design for Analog/RF/MS Applications)	3~2	高增益应用的设计要求,高频应用的设计要求,等效电路模型,关键电路参数,关键器件参数,低噪声应用的设计要求	Device FOMs for analog/RF applications, Analog device design in logic technology
8	面向不同应用的器件设计4——其他应用的半导体器件设计简介(Device Design for Other Applications)	6~3	I/O,高压高功率(DEMOS、LDMOS),ESD保护,空间应用(抗辐照、低温)等	I/O device, high-voltage and high-power devices (DEMOS, LDMOS), ESD devices, etc.
9	器件设计相关的测试表征技术(Device Characterization)	6~0	逻辑器件关键参数表征,存储器件关键参数的表征,高频测试与关键参数的表征	Characterizations for logic, memory and high-frequency devices
10	总结与展望(Summary and Outlook)	3~1	纳米尺度的器件物理,CMOS器件与电路的极限,ITRS Roadmap与未来展望	Device physics for nanoscale transistors, CMOS Limits, ITRS roadmap and the Post-Moore Era
11	讨论课与课程报告(Discussions and Project Report)	12~9		

四、课程特色

1. 从集成电路应用的角度讲述现代集成电路中主流半导体器件的设计和分析方法，涵盖深入的器件物理、面向不同应用的器件设计以及相关的测试表征技术等内容。

2. 采用针对不同应用(如逻辑、存储、模拟/射频等)的器件设计范例分析，建立微电子器件设计与电路及芯片应用之间的桥梁，具有较强的实用性。

3. 本课程内容是集成电路器件物理知识与产业实际应用的良好结合。

五、其他补充说明

这是一门研究生与本科生合上的课程。

4.3.25　先进半导体器件 Advanced Semiconductor Devices

Prereq: Semiconductor Device Physics, Semiconductor Process

Credits: 3

Mission: Understand the advanced semiconductor device physics and advanced semiconductor process and capture the-state-of-art technology trend.

Covers semiconductor physics and engineering.

Topics include advanced CMOS device physics, advanced semiconductor manufacturing process and beyond-CMOS device.

Ming Li, Xia An

一、课程基本情况

课程名称	先进半导体器件											
	Advanced Semiconductor Devices											
开课时间	一年级			二年级			三年级			四年级		
	秋	春	夏	秋	春	夏	秋	春	夏	秋	春	夏
适用院系	电子学系，微电子学系											
课程定位	专业选修课											
学分	3 学分											
总学时	48 学时											
先修课程	半导体物理，半导体器件物理，大规模集成电路工艺											
后续课程	无											

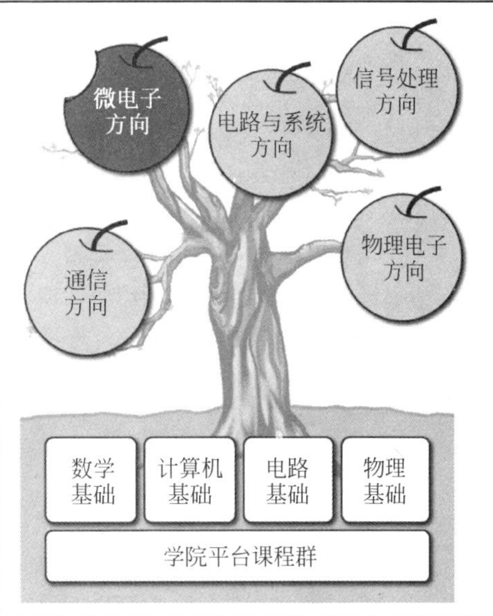

续表

教学方式	课堂授课为主
课时分配	课堂授课(48 学时)
考核方式	期末考试(闭卷,占 100%)
主要教材	PPT 课件(每年更新)
参考资料	1. 当年度最新国际半导体技术路线图(ITRS Roadmap) 2. 当年度 VLSI 3. 上年度 IEDM 会议文集
其他信息	暂无
大纲提供者	黎明

二、教学目的和基本要求

1. 使学生了解最新的半导体器件技术发展动向。
2. 使学生掌握先进半导体器件在理论和工艺方面的新方法。
3. 培养学生敏锐的文献阅读综合能力、发散的创新思维方法和不懈的求知探索精神。

三、课程大纲和知识点

章节顺序	章节名称 Chapters	课时 Hours	知识点	Key Points
1	半导体器件的现状与挑战	6~3	摩尔定律,功耗,短沟道效应,等比例缩小,自然长度	Moore's law, energy power dissipation, short channel effect, scaling theorem, nature length
2	平面晶体管技术	9~6	场效应晶体管基本工作原理,短沟道器件设计方法,栅工程技术、迁移率增强技术、衬底工程技术	Fundamental of MOSFET, design method of short channel device, gate engineering, mobility enhancement technology, substrate engineering
3	全耗尽 SOI 器件	9~6	SOI 衬底制备技术,SOI 技术类型,SOI SoC 技术,SOI 载流子迁移率增强技术,SOI 寄生效应,先进 SOI 器件工艺集成技术,类 SOI 技术	SOI substrate fabrication, type of SOI technology, SOI devices for SoC application, carrier mobility enhancement in fully depleted SOI device, parasitic effect, advanced SOI device integration process, SOI-like technology
4	FinFET 器件	12~9	多栅器件物理,双栅 MOSFET,三栅 FinFET,三栅 FinFET 中的寄生电阻、寄生电容、有效迁移率、体区穿通,先进 FinFET 工艺集成技术	Physics of multi-gate device, double-gate MOSFET, tri-gate FinFET and therein parasitic resistance, parasitic capacitance, effective mobility and bulk punch-through problems, advanced FinFET integration process

续表

章节顺序	章节名称 Chapters	课时 Hours	知识点	Key Points
5	围栅纳米线器件	9～6	围栅纳米线器件物理，自底向上纳米线技术，自顶向下纳米线技术，围栅纳米线器件集成工艺，围栅纳米线器件主要应用	Physics of gate-all-around nanowire device, bottom-up nanowire technology, top-down nanowire technology, integration process of gate-all-around nanowire device, main applications of gate-all-around nanowire devices
6	Ge 基高迁移率器件	6～3	性能与功耗优化设计，锗基器件基本物理，锗基器件栅界面工程，锗基器件源漏工程，锗基多栅器件	Power and performance co-optimization, fundamental of Ge-based MOSFET, gate interface engineering of Ge-based MOSFET, source/drain engineering of Ge-based MOSFET, Ge-based multi-gate devices
7	超陡峭开关器件	6～3	亚阈值摆幅的物理意义，TFET 基本物理，TFET 中的能带剪裁理论与方法，硅基新结构 TFET，碰撞离化晶体管，负电容场效应晶体管，纳米继电器	Physical meaning of sub-threshold swing, fundamental of TFET physics, energy band engineering for TFET, Si-based novel structure TFET, i-MOS, negative capacitor FET, nano-beam relay
8	非经典器件	9～6	非经典器件基本概念，阻变存储器，巨磁阻效应，自旋阀，自旋矩传输，自旋晶体管，二维半导体器件	Concept of non-classic device, resistiveRAM, Giant magnetoresistance effect, spin valve, spin torque transfer, spin transistor, two-dimension semiconductor device
9	总结综述	6～3	总结综述	Summary
10	考试	3～3	随堂闭卷考试	

四、课程特色

1. 在本科生课程已有基础上对半导体物理、半导体器件物理方面进行能力提升，并将器件物理和工艺集成综合，使学生形成从器件到大规模集成的整体应用的知识框架体系。

2. 通过实例学习，提升本科生进入科研阶段之前对微电子科研的感性认知，提高微电子相关的文献阅读和综述能力。

3. 本课程课件紧扣当前微电子技术潮流，时效性强，可作为微电子科研的指导性参考材料。

4.4 智能类课程 Intelligent Science and Technology Speciality Courses

4.4.1 机器学习概论 Introduction to Machine Learning

Prereq: Advanced Mathematics, Probability Theory, Data Structure, and Program Design

Credits: 3

Mission: Understand fundamental principle and theory of machine learning and be able to cope with practical problems by using the methods in machine learning.

Covers Intelligence Science and Technology, Computer Science.

Topics include Classification, Cluster Analysis, and Association Rule Analysis.

ZhiHong Deng

一、课程基本情况

<table>
<tr><td rowspan="2">课程名称</td><td colspan="12">机器学习概论</td></tr>
<tr><td colspan="12">Introduction to Machine Learning</td></tr>
<tr><td rowspan="2">开课时间</td><td colspan="3">一年级</td><td colspan="3">二年级</td><td colspan="3">三年级</td><td colspan="3">四年级</td></tr>
<tr><td>秋</td><td>春</td><td>夏</td><td>秋</td><td>春</td><td>夏</td><td>秋</td><td>春</td><td>夏</td><td>秋</td><td>春</td><td>夏</td></tr>
<tr><td>适用院系</td><td colspan="12">信息学院,数学学院,元培学院,物理学院</td></tr>
<tr><td>课程定位</td><td colspan="12">专业核心课</td></tr>
<tr><td>学分</td><td colspan="12">3 学分</td></tr>
<tr><td>总学时</td><td colspan="12">54 学时</td></tr>
<tr><td>先修课程</td><td colspan="12">高等数学,概率论,数据结构,程序设计</td></tr>
<tr><td>后续课程</td><td colspan="12">无</td></tr>
<tr><td>教学方式</td><td colspan="12">课堂讲授为主。配合理论教学,安排相应的课程实习项目</td></tr>
<tr><td>课时分配</td><td colspan="12">课堂授课(42 学时)+课堂报告和期终考试(12 学时)</td></tr>
<tr><td>考核方式</td><td colspan="12">平时(考勤与课堂测试等)占 10%,项目+报告占 40%(三个项目),期末占 50%,其中期末考试采用闭卷形式。注重综合能力的考评,特别是对把理论知识用于解决实际问题的考评</td></tr>
</table>

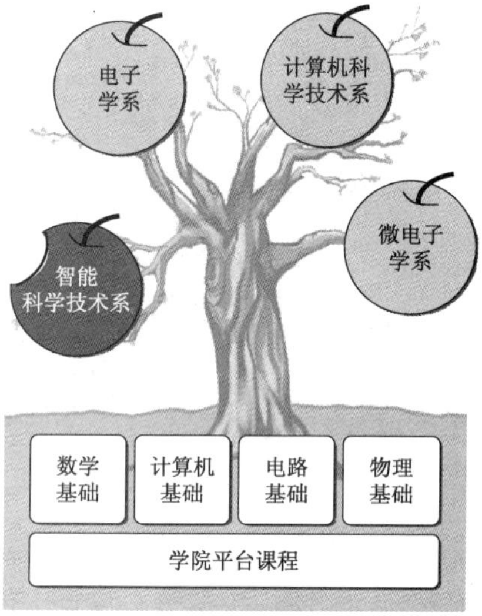

续表

主要教材	无
参考资料	1. Tom M Mitchell. Machine Learning. 影印版. 北京：机械工业出版社，2003 2. Jiawei Han and Micheline Kamber. Data Mining：Concepts and Techniques. 影印版. 北京：机械工业出版社，2007 3. Ian H Witten and Eibe Frank. Data Mining：Practical Machine Learning Tools and Techniques. 影印版. 北京：机械工业出版社，2006
其他信息	
大纲提供者	邓志鸿

二、基本教学目的和要求

1. 介绍有指导学习——分类的基本方法及其原理。这一部分介绍常用的分类学习方法，如：决策树学习方法、贝叶斯学习方法、神经网络、支持向量机、kNN、分类器集成学习等一系列基本方法及其理论分析，并以文本分类作为具体应用领域，介绍如何在该领域中运用上述分类方法解决实际问题。

2. 介绍无指导学习——关联规则分析与频繁模式挖掘。这一部分介绍关联规则分析的基本概念、各类频繁项集的挖掘算法、复杂模式挖掘（序列模式挖掘、子图模式挖掘以及数据流环境下的频繁模式挖掘）。

3. 介绍无指导学习——聚类及其基本方法。这一部分讨论聚类的基本概念、划分聚类方法、层次聚类方法以及其他高级的聚类方法（如基于密度的方法、基于模型的方法等），并讨论聚类质量评估问题。

4. 通过本课程的学习，学生将基本掌握机器学习的基本方法及其原理；根据所面临问题的特性选择合理的学习方法来解决，同时对学习结果的质量以及学习过程中所引发的时间空间复杂性进行有效的控制和权衡。

三、课程教学大纲和知识点

章节顺序	章节名称 Chapters	课时 Hours	知识点	Key Points
1	课程介绍及机器学习简介（Introduction to Machine Learning）	3	课程基本要求，机器学习的含义和相关基本概念，机器学习的发展历程，机器学习与其他学科间的联系，机器学习的主要内容和研究方向以及应用	Requirement，Background，History，Content，and Related Applications

续表

章节顺序	章节名称 Chapters	课时 Hours	知识点	Key Points
2	规则学习方法(Rule-based Learning)	12~9	Find-S 算法及其相关概念, Candidate-Elimination 算法及其相关概念,顺序覆盖算法,决策树算法及其相关概念	Find-S Algorithm, Candidate-Elimination Algorithm, Sequential Covering Algorithms, Decision Tree Algorithms
3	贝叶斯方法(Bayes-Based Learning)	9~6	相关概率知识介绍(包括条件概率、全概率公式、独立性、联合分布、贝叶斯公式),贝叶斯决策理论,朴素贝叶斯方法,贝叶斯网络和隐马尔可夫模型	Bayes Formula, Bayesian Theory, Naive Bayes method, Bayesian Networks, and Hidden Markov Model
4	其他分类方法以及分类方法性能评估(Other methods, such as Neural Networks and SVM, and Evaluations)	12~9	神经网络(感知器学习和逆向传播算法),支持向量机(线性支持向量机、非线性支持向量机、核函数),kNN 方法, AdaBoosting 以及分类方法性能评估	Neural Networks, Support Vector Machines, k-NearestNeighbour, Combining Classifiers, and Evaluation
5	聚类基础(Foundation of Cluster Analysis)	4~3	基本定义和内容,聚类方法的分类与应用,样本相似性度量(如距离、相似系数和编辑距离等)、聚类间相似性度量(单链、全链、组平均)以及顺序聚类方法	Concepts, Similarity and Dissimilarity, Sequential Clustering Algorithms
6	划分聚类方法和层次聚类方法(Partition-based Clustering Methods and Hierarchical Methods)	6~3	划分聚类方法,包括 K-means 算法、Bisecting K-means 算法、K-Medoids 聚类算法和 Fuzzy C-means;层次聚类方法,包括层次凝聚聚类算法(HAC)和分裂层次聚类(MST)	K-means Algorithm, Bisecting K-means Algorithm, K-Medoids Algorithm, Fuzzy C-means Algorithm, Agglomerative Algorithms, Divisive Algorithms
7	其他聚类方法以及聚类方法性能评估(Other clustering Methods and Evaluation)	6~3	基于密度的算法 DBSCAN,基于网格的算法 Clique,基于模型的算法 EM 和 SOM,基于图的聚类方法 CHAMELEON 和 SNN 以及聚类质量评估	Density-based Algorithms, Graph-based Algorithms, Model-based Algorithms, and Evaluation

续表

章节顺序	章节名称 Chapters	课时 Hours	知识点	Key Points
8	关联规则分析基础(Foundation of Association Rule Analysis)	3	基本概念(项、项集、频繁项集、支持度和置信度等),Apriori性质和Apriori算法,关联规则的生成和模式评估	Item, Itemset, Frequent Itemset, Basic Apriori Algorithm, Association Rule
9	频繁项集挖掘算法(Algorithms for Mining Frequent Patterns)	6~3	基于Apriori性质的其他算法(如Partition算法,AprioriTid算法、Eclat算法和DHP算法),FP-growth算法以及基于节点列表的算法	Apriori-based Algorithms, FP-growth Algorithms, Algorithms based on Node-list
10	高级话题(Advanced Topics)	6~3	增量挖掘,交互挖掘,挖掘Top-rank-k模式,频繁模式的压缩形式(闭模式和最长模式),扩展关联分析	Incremental Mining, Interactive Mininig, Mining Top-rank-k Patterns, Maximal Patterns, Closed Patterns, Extended Association Analysis
11	挖掘复杂模式(Mining Complex Patterns)	6~3	序列模式挖掘及其算法GSP和SPADE,频繁子图挖掘以及数据流环境下的频繁模式挖掘	Mining Sequential Patterns, Mining Sub-graph and Mining patterns from Data Stream
12	实验项目1(Project 1)	6~3	分类算法的设计和实验研究(面向文本和图像分类)	Algorithm Design and Analysis
13	实验项目2(Project 2)	4~3	聚类算法的设计和实验研究(面向文本和图像聚类)	Algorithm Design and Analysis
14	实验项目3(Project 3)	6~3	频繁模式挖掘算法的设计和实验研究	Algorithm Design and Analysis

四、课程特色

本课程需要具备较为扎实的数学基础和良好的编程能力,本课程不但强调机器学习理论方向的学习,同时包含解决具体实际问题的较大规模编程实践活动,是一门理论和实践并重的课程。

4.4.2　机器智能实验 Artificial Intelligence Lab

Prereq: Artificial Intelligence, Machine Learning, Agent

Credits: 2

Mission: Understand fundamental principle and theory of artificial intelligence, able to do experiments with intelligent Agents in a simulation environment.

Covers Artificial Intelligence, Computer Science.

Topics include Artificial Intelligence; Machine Learning; Intelligent Agent; Game of Life; Swam Intelligence; Game Theory.

Xiujun Ma

一、课程基本情况

<table>
<tr><td rowspan="2">课程名称</td><td colspan="12">机器智能实验</td></tr>
<tr><td colspan="12">Artificial Intelligence Lab</td></tr>
<tr><td rowspan="2">开课时间</td><td colspan="3">一年级</td><td colspan="3">二年级</td><td colspan="3">三年级</td><td colspan="3">四年级</td></tr>
<tr><td>秋</td><td>春</td><td>夏</td><td>秋</td><td>春</td><td>夏</td><td>秋</td><td>春</td><td>夏</td><td>秋</td><td>春</td><td>夏</td></tr>
<tr><td>适用院系</td><td colspan="12">智能科学技术系，计算机科学系，元培学院</td></tr>
<tr><td>课程定位</td><td colspan="12">专业选修课</td></tr>
<tr><td>学分</td><td colspan="12">2 学分</td></tr>
<tr><td>总学时</td><td colspan="12">72 学时</td></tr>
<tr><td>先修课程</td><td colspan="12">人工智能原理，机器学习</td></tr>
<tr><td>后续课程</td><td colspan="12"></td></tr>
<tr><td>教学方式</td><td colspan="12">实验课</td></tr>
<tr><td>课时分配</td><td colspan="12">实验环境(6 学时)+基础实验(30 学时)+综合性实验(24 学时)+开放式实验(12 学时)</td></tr>
<tr><td>考核方式</td><td colspan="12">平时实验课作业累积</td></tr>
<tr><td>主要教材</td><td colspan="12">George F Luger. 人工智能——复杂问题求解的结构和策略(影印版). 北京：机械工业出版社，2003</td></tr>
<tr><td>参考资料</td><td colspan="12">1. 蔡自兴. 人工智能及其应用. 北京：清华大学出版社，2007
2. 张仰森. 人工智能教程. 北京：高等教育出版社，2008
3. 史忠植. 高级人工智能. 2 版. 北京：科学出版社，2006</td></tr>
<tr><td>其他信息</td><td colspan="12">1. Dana Moore, Michael Thome and Karen Haigh. Scripting Your World: The Official Guide to Second Life Scripting. John Wiley & Sons, 2008. ISBN: 978-0-470-33983-1
2. Jeff Heaton. Scripting Recipes for Second Life. Heaton Research, Inc., 2007. ISBN-10: 160439000X; ISBN-13: 978-1604390001</td></tr>
<tr><td>大纲提供者</td><td colspan="12">马修军</td></tr>
</table>

二、教学目的和基本要求

1. 使学生掌握人工智能问题求解的基本原理和实验方法。

2. 巩固并加深对人工智能原理和概念的理解,培养学生的动手能力、观察能力、查阅文献能力、思维能力和表达能力。

3. 通过完成综合研究性实验,培养学生独立解决问题的能力,提高科研素质和创新意识。

4. 培养学生的独立思考能力、科学思维方法和求知创新精神,要求独立完成实验报告和实验程序。

三、课程大纲和知识点

章节顺序	章节名称 Chapters	课时 Hours	知识点	Key Points
1	实验环境及软件工具(Experimental Environment and Software)	8 ~ 4	安装三维虚拟世界客户端,连接实验课服务器;熟悉客户端功能;基本建造技能和交互功能实习;简单机器人三维建造实验	Deploy Virtual World Server and Client Software; 3D Virtual World Practice; 3D Building Skills Practice; Experiment: Build a virtual robot
2	虚拟化身、姿势和动作实验(Avatar, Poses, Animations, and Gestures)	8 ~ 4	化身体型、皮肤和衣服建模,化身姿势和动作设计实验	Make an Avatar for students: The Clothes, Body, Skin; Making a Statement with Poses, Animations, and Gestures
3	虚拟世界脚本语言实习(Scripting with LSL)	8 ~ 4	虚拟世界脚本语言实习,实验:聊天机器人对话实验	Guide to Scripting Language; Experiment: Chatbot. A chatbot is a a computer program designed to simulate an intelligent conversation with human users. Most chat bots simply scan for keywords within the input and pull a reply with the most matching answer from a database. This is an Artificial Intelligence learns everything from visitors
4	智能 Agent 实验(Agent Experiment)	8 ~ 4	智能 Agent 感知-推理-行为实验:实验智能 Agent 感知事件处理机制,掌握控制 Agent 行为脚本方法;根据智能 Agent 原理,实验实现基于规则的反射性 Agent	Experiments of mechanism for Agent Sensation-Reasoning-Activation and to implement a rule-based Agent

续表

章节顺序	章节名称 Chapters	课时 Hours	知识点	Key Points
5	人工生命实验(Game of Life)	8~4	人工生命游戏实验：根据人工生命原理,基于智能 Agent 感知-推理-行为机制,实验经典人工生命游戏。本次实验为基础性实验,要求通过 LSL 脚本,操纵智能 Agent,实现生命游戏实验	Experiment: Game of Life. The purpose of the experiment to demonstrate how a simple automata based model can be created and how their behaviours can be modified leading to the emergence of more complex structures. We chose John Conway's "Game of Life", a "classic" cellular automata (CA) model
6	多智能体通信协同实验(Multi-Agent message collaboration Models)	8~4	TOC-TA-TOE 游戏实验：基于智能 Agent 感知-推理-行为机制,实验经典的 TIC-TAC-TOE 游戏,实验多 Agent 之间的通信和协同机制	To experiment message and collaboration for Multi-Agents with classic TIC-TAC-TOE Game
7	机器学习实验(Experiment of Machine Learning)	12~6	机器学习实验——强化学习：基于强化学习理论和 Q 学习算法原理,实现机器人搜索学习实验	Reinforcement learning is the problem faced by an agent that learns behavior through trial-and-error interactions with a dynamic environment. The purpose of the experiment to demonstrate how an agent learns through training without teacher (unsupervised) in unknown environment step by step with Q-learning algorithm.
8	群体智能实验(Experiment of Swam Intelligence)	12~6	群体智能实验——蚂蚁觅食：回顾群体智能理论背景,掌握蚁群算法原理,实验蚁群觅食模拟实验	Swam Intelligence Swarm intelligence (SI) is the collective behaviour of decentralized, self-organized systems, natural or artificial. The purpose of the experiment to demonstrate how Foraging Ants follow very simple rules, and although there is no centralized control structure dictating how individual agents should behave, local, and to a certain degree random, interactions between such agents lead to the emergence of "intelligent" global behavior, unknown to the individual agents

续表

章节顺序	章节名称 Chapters	课时 Hours	知识点	Key Points
9	博弈实验(Experiment of Game Theory)	12~6	博弈论实验:回顾博弈论理论背景,剖析囚徒困境博弈过程,实现重复囚徒困境实验	Game theory is a decision making process with two or more players. In the game theory each player has an intention to partly or completely conflict with each other. The attitude of each player has an important role to take the optimal decision. The purpose of the experiment to demonstrate how strategies used in Iterated Prisoner's Dilemma Problem
10	救援机器人仿真实验(Experiment of RoboCupRescue)	16~12	救援机器人仿真实验:救援机器人仿真实验要求基于虚拟世界平台创建模拟现实灾难环境及机器人仿真器,实验以开发具有能够在灾难情形中承担主要角色能力的智能体和机器人	RoboCupRescue Simulation is to provide emergency decision support by integration of disaster information, prediction, planning, and human interface. The purpose of the experiment is to create a generic urban disaster simulation environment, and to build heterogeneous intelligent agents such as fire fighters, commanders, victims, volunteers, etc., which can conduct search and rescue activities in this virtual disaster world

四、课程特色

1. 本实验课程通过三维虚拟世界平台,搭建机器智能实验的仿真环境,让同学在仿真平台上实验人工智能。机器智能仿真环境提供了一个完全分布式控制和实时同步的多智能体环境,在实时同步和有噪声的对抗环境中,研究多智能体的智能策略问题。每个虚拟的机器人都是一个独立的主体 Agent,服务器提供 world 环境和场景计算,实时、同步地计算各智能体策略动作对环境的改变。机器智能仿真实验可以使学生把精力完全投入到机器智能的上层决策中来,无须考虑机器硬件问题。

2. 通过本课程的学习,学生经过严格的训练,能规范地掌握人工智能的基础理论方法和问题求解技术,在培养学生掌握实验的基本操作、基本技能和基本知识的同时,努力培养学生的创新能力和创新意识。

3. 在课程内容设置上,采用适量基本原理和方法的实验内容为基本内容,增加了一系列综合性实验和开放性创新实验,注重研究性实验中的创新问题。实验内容分为三个层次:基础实验、综合实验和研究性实验。在后两类实验内容中,注重与最新的人工智能研究热点问题进行关联,目的是通过研究性实验,培养学生独立解决问题的能力,提高学生的科研素质和创新意识。

4.4.3 计算方法(B) Numerical Analysis (B Level)

Prereq: Advanced Mathematics, Linear Algebra

Credits: 3

Mission: Understand fundamental principle and theory of numerical analysis, able to analysis and solve numerical problems, able to do practical applications.

Covers linear system, ordinary differential equation.

Topics include interpolation, numerical differentiation and integration, initial value problems for ordinary differential equation, direct methods for solving linear system, iterative techniques in matrix algebra, numerical solutions of nonlinear systems of equations, partial differential equations.

Yuru Pei

一、课程基本情况

课程名称	计算方法(B)											
	Numerical Analysis(B Level)											
开课时间	一年级			二年级			三年级			四年级		
	秋	春	夏	秋	春	夏	秋	春	夏	秋	春	夏
适用院系	计算机系,智能科学系											
课程定位	专业选修课											
学分	3 学分											
总学时	50 学时											
先修课程	高等数学,线性代数											
后续课程	数学分析,线性系统											
教学方式	课堂授课为主											
课时分配	课堂授课(40 学时)+习题与专题课(10 学时)											
考核方式	平时作业与专题讨论实验占 30%,期末考试占 70%。其中,期末考试采用闭卷形式											

电子学系
计算机科学技术系
微电子学系
智能科学技术系
数学基础
计算机基础
电路基础
物理基础
学院平台课程

续表

主要教材	1. Richard L Burden & J Douglas Faires. Numerical Analysis. 7th Ed. 影印版. 北京：高等教育出版社,2001 2. 金一庆,陈越. 数值方法. 北京：机械工业出版社,2000
参考资料	施吉林,刘淑珍,陈桂芝. 计算机数值方法. 北京：高等教育出版社,2004
其他信息	http://www.cis.pku.edu.cn/vision/Visual&Robot/people/pei%20yuru/NA11.htm
大纲提供者	裴玉茹

二、教学目的和基本要求

1. 介绍近代常用的计算方法及基础理论。主要内容有插值、曲线拟合、数值微分和积分、线性与非线性方程组的数值解法、常微分方程的初值问题和边值问题求解、函数逼近理论、矩阵的特征值与特征向量计算、偏微分方程的数值解。

2. 通过本课程的学习,学生基本掌握常用的数值计算方法；通过实际的编程应用,了解计算机对数值的处理以及对数值问题的求解。要求熟练掌握常用的数值方法,并能应用计算机来解决实际的数值计算问题。

三、课程大纲和知识点

章节顺序	章节名称 Chapters	课时 Hours	知识点	Key Points
1	概论(Mathematical preliminaries)	6~4	数值运算中误差的来源,舍入误差,算法收敛	Review for calculus, Round-off errors and computer arithmetic algorithms and convergence
2	单变量方程的求解(Solutions of equations in one variable)	6~3	二分法,不动点迭代,牛顿法,迭代方法的误差分析,加速收敛方法	Bisection method, Fixed point iteration, Newton's method, Error analysis for iterative methods, Accelerating convergence
3	插值法(Interpolation)	6~3	Lagrange 插值与牛顿插值,Hermit 插值,三次样条插值,参数曲线的定义以及应用	Interpolation and the Lagrange polynomial, Divided differences, Hermite interpolation, Cubic spline interpolation, Parametric curves
4	数值积分与数值微分(Numerical differentiation and integration)	9~6	数值微分,理查森外推技巧,数值积分的基本思想和精度的概念,高斯型求积公式,复合求积法,龙贝格公式	Numerical differentiation, Richardson's extrapolation, Elements of Numerical integration, Gaussian Quadrature, Composite numerical integration, Romberg integration

续表

章节顺序	章节名称 Chapters	课时 Hours	知识点	Key Points
5	常微分方程的初值问题(Initial value problems for ordinary differential equation)	9~6	单步法,龙格-库塔方法,误差控制,多步方法,可变步长的多步方法	Euler method, Higher-order Taylor methods, Runge-Kunta methods, Error control and the Runge-Kutta-Fehlberg method, Multistep methods, Variable step size multistep methods
6	线性方法组的直接求解方法(Direct methods for solving linear system)	6~3	主元策略,矩阵的三角分解	Pivoting strategies, matrix factorization
7	迭代求解方法(Iterative techniques in matrix algebra)	9~6	雅可比方法、高斯-塞德尔方法和超松弛方法的构造和计算过程以及收敛性分析	Iterative techniques for solving liner system, Jacobi method, Gauss-Seidel method, Error bound and iterative refinement
8	函数逼近理论(Approximation theory)	6~3	离散最小二乘近似,契比晓夫多项式,傅里叶逼近与快速傅里叶变换	Discrete least squares approximation, Orthogonal polynomials and least squares approximation, Chebyshev polynomials, Rational function approximation, Fast Fourier transforms
9	矩阵的特征值与特征向量计算(Approximating eigenvalues)	6~3	求解最大特征值的乘幂法,一般矩阵特征问题的QR方法	The power method, The QR algorithm
10	非线性系统的数据求解(Numerical solutions of nonlinear systems of equations)	6~3	不动点迭代对于多变量系统的求解,牛顿、拟牛顿、最速下降方法对于非线性问题的求解	Fixed points for functions of several variables, Newton's method, Quasi-Newton methods, Steepest descent techniques
11	常微分方程的边值问题(Boundary value problem of ODE)	6~3	线性和非线性打靶法求解常微分方程的边值问题,有限差分方法对于线性和非线性问题的求解,Rayleigh-Ritz方法	The linear shooting method, Finite difference methods for linear and nonlinear problems, The Rayleigh Ritz method
12	偏微分方程的数值解(Partial differential equations)	6~3	椭圆、双曲线、抛物线偏微分方程,有限元方法	Elliptic partial differential equations, Parabolic partial differential equations, hyperbolic partial differential equation, Finite-element method

4.4.4　模式识别导论 Introduction to Pattern Recognition

Prereq: Probability and Statistics, Optimization Theory and Methods

Credits: 3

Mission: Understand fundamental principle and theory of pattern recognition, able to analysis and solve specific problems, improve the ability of doing practical applications.

Covers machine learning, data mining, artificial intelligence.

Topics include Bayesian decision theory; Linear classifiers; Nonlinear classifiers; Feature selection and transformation; Cluster analysis.

Jufu Feng

一、课程基本情况

<table>
<tr><td rowspan="2">课程名称</td><td colspan="12">模式识别导论</td></tr>
<tr><td colspan="12">Introduction to Pattern Recognition</td></tr>
<tr><td rowspan="2">开课时间</td><td colspan="3">一年级</td><td colspan="3">二年级</td><td colspan="3">三年级</td><td colspan="3">四年级</td></tr>
<tr><td>秋</td><td>春</td><td>夏</td><td>秋</td><td>春</td><td>夏</td><td>秋</td><td>春</td><td>夏</td><td>秋</td><td>春</td><td>夏</td></tr>
<tr><td>适用院系</td><td colspan="12">计算机科学与技术系，智能科学系</td></tr>
<tr><td>课程定位</td><td colspan="12">选修课</td></tr>
<tr><td>学分</td><td colspan="12">3 学分</td></tr>
<tr><td>总学时</td><td colspan="12">48 学时</td></tr>
<tr><td>先修课程</td><td colspan="12">概率统计，最优化理论和方法</td></tr>
<tr><td>后续课程</td><td colspan="12">机器学习，数据挖掘</td></tr>
<tr><td>教学方式</td><td colspan="12">讲授 + 课下作业 + 上机实习 + 课程网站</td></tr>
<tr><td>课时分配</td><td colspan="12">课堂讲授 48 学时</td></tr>
<tr><td>考核方式</td><td colspan="12">平时作业占 30%，上机实习占 20%，期末考试占 50%</td></tr>
<tr><td>主要教材</td><td colspan="12">无</td></tr>
</table>

续表

参考资料	1. Richard O Duda, Peter E Hart, David G Stork. Pattern Classification. 2nd Ed. John Wiley & Sons, Inc. ,2001 2. Richard O Duda, Peter E Hart, David G Stork. 模式分类. 李宏东,姚天翔,等译. 北京:机械工业出版社,2003 3. 边肇祺,张学工,等. 模式识别. 2 版. 北京:清华大学出版社,2000 4. R Webb,等. 统计模式识别. 王萍,杨培龙,罗颖昕,译. 北京:电子工业出版社,2004
其他信息	http://course.pku.edu.cn/webapps/login/
大纲提供者	封举富

二、教学目的和基本要求

1. 介绍模式识别的基本理论和方法,培养学生分析问题和解决问题的能力,了解模式识别对智能科学发展的重要意义。

2. 介绍模式识别领域新的思想、理论和方法,激发学生的兴趣,使学生掌握新的研究动态。

3. 通过上机实习,使学生掌握模式识别的基本方法和技巧,为后续课程打好基础。

三、课程大纲和知识点

章节顺序	章节名称 Chapters	课时 Hours	知识点	Key Points
1	导论(Introduction)	2	模式识别基本概念和方法,模式识别系统及应用	Basic concepts and methods of pattern recognition, pattern recognition system and its applications
2	贝叶斯决策理论(Bayesian decision theory)	4~2	后验概率,最小风险,正态分布	Posterior probability, minimum risk, normal distribution
3	概率密度估计(Probability density estimation)	4~2	参数估计,非参数估计	Parameter estimation, Nonparametric estimation
4	近邻识别方法(Nearest-Neighbor classification)	4~2	最近邻方法,k-近邻方法,相似性和距离	The Nearest-neighbor rule, The k-Nearest-neighbor rule, similarity and distance

续表

章节顺序	章节名称 Chapters	课时 Hours	知识点	Key Points
5	线性判别方法(Linear classifiers)	6 ~ 4	感知机,Fisher 线性判别分析,最小平方误差准则,线性支持向量机,多类算法	Perceptron, Fisher linear discriminant, minimum squared error criterion, linear support vector machines, multiclass algorithms
6	多层神经网络(Multilayer Neural Networks)	2	多层感知机,反向传播算法	Multi-layerperceptron, back-propagation algorithm
7	正则化网络(Regularization Networks)	2	正则化理论,正则化网络	Regularization theory, regularization networks
8	统计学习理论简介(Introduction to Statistical Learning Theory)	2	VC 维,结构风险最小化	Vapnik-Chervonenkis dimension, structural risk minimization
9	非线性支持向量机(Non-linearsupport vector machines)	4 ~ 2	非线性支持向量机,序贯最小优化算法	Non-linear support vector machines, Sequential minimal optimization algorithm
10	核方法(Kernel method)	4 ~ 2	核函数,核 Fisher 判别分析	Kernel function, kernel Fisherdiscriminant analysis
11	分类器组合与集成(Classifiers combination and boosting)	4 ~ 2	多数投票规则,错误校正输出编码,Bagging,AdaBoost	Majority voting rule, Error-correcting output coding, Bagging, AdaBoost
12	决策树(Decision trees)	2	不纯度,增益	Impurity, gain
13	特征选择与变换(Feature selection and transformation)	6 ~ 4	Filter 方法,Wrapper 方法,主成分分析,线性判别分析	Filter method, wrapper methods, principal component analysis, linear discriminant analysis
14	聚类分析(Cluster analysis)	6 ~ 4	分层聚类,划分聚类,谱聚类	Hierarchical clustering, partitional clustering, spectral clustering

四、课程特色

1. 重视理解和掌握模式识别领域新的思想、理论和方法,培养学生科学的思维方法和分析问题、解决问题的能力。

2. 注重理论联系实际,鼓励学生积极参与讨论,激发学习兴趣。

4.4.5 脑与认知科学 Brain and Cognitive Science

Prereq: Introduction to Psychology, Experimental Psychology

Credits: 2

Mission: Understand fundamental theories and experimental findings about various cognitive processes, such as perception, attention, memory, mental imagery, language, problem solving, and reasoning, as well as fundamental brain mechanisms for these processes.

Covers cognitive neuroscience.

Topics include perception, attention, memory, organization of general knowledge, mental imagery, language, problem solving, and reasoning.

Yaxu Zhang, Jing Chen

一、课程基本情况

<table>
<tr><td rowspan="2">课程名称</td><td colspan="12">脑与认知科学</td></tr>
<tr><td colspan="12">Brain and Cognitive Science</td></tr>
<tr><td rowspan="2">开课时间</td><td colspan="3">一年级</td><td colspan="3">二年级</td><td colspan="3">三年级</td><td colspan="3">四年级</td></tr>
<tr><td>秋</td><td>春</td><td>夏</td><td>秋</td><td>春</td><td>夏</td><td>秋</td><td>春</td><td>夏</td><td>秋</td><td>春</td><td>夏</td></tr>
<tr><td>适用院系</td><td colspan="12">智能科学系</td></tr>
<tr><td>课程定位</td><td colspan="12">主干基础课,专业必修课</td></tr>
<tr><td>学分</td><td colspan="12">2 学分</td></tr>
<tr><td>总学时</td><td colspan="12">64 学时</td></tr>
<tr><td>先修课程</td><td colspan="12">普通心理学,实验心理学</td></tr>
<tr><td>后续课程</td><td colspan="12">认知神经科学</td></tr>
<tr><td>教学方式</td><td colspan="12">课堂讲授为主</td></tr>
<tr><td>课时分配</td><td colspan="12">课堂讲授(32 学时)</td></tr>
<tr><td>考核方式</td><td colspan="12">出勤占 10%,平时作业占 30%,期中考试占 20%,期末考试占 40%。其中,期中和期末考试均采用闭卷形式</td></tr>
<tr><td>主要教材</td><td colspan="12">无</td></tr>
</table>

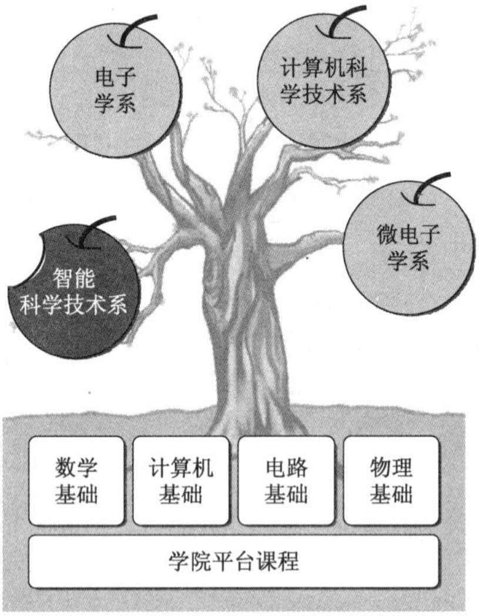

续表

参考资料	1. Michael S Gazzaniga,等. 认知神经科学——关于心智的生物学. 周晓林,高定国,等译. 北京：中国轻工业出版社,2011 2. 陈烜之. 认知心理学(简体字版). 广州：广东高等教育出版社,2006 3. 陈烜之. 认知心理学(繁体字版). 台湾：五南出版社,2006 4. M W 艾森克,M T 基恩. 认知心理学. 高定国,肖晓云,译. 上海：华东师范大学出版社,2004 5. 斯滕伯格. 认知心理学. 杨炳钧,等译. 北京：中国轻工业出版社,2005 6. 张亚旭,周晓林. 认知心理学. 长春：吉林教育出版社,2001
其他信息	
大纲提供者	张亚旭

二、教学目的和基本要求

1. 使学生掌握有关各种认知过程的基本理论和经典实验证据,并初步了解一些基本认知过程的脑机制。

2. 使学生能应用所学理论和认知科学的证明逻辑,理解认知科学的研究成果。

3. 培养学生的科学思维能力和创新思维。

三、课程大纲和知识点

章节顺序	章节名称 Chapters	课时 Hours	知识点	Key Points
1	绪论(Introduction)	8 ~ 4	大脑,皮层,认知,认知心理学,认知心理学简史,信息加工模型,神经科学模型,认知科学,认知神经科学及其研究手段,人工智能,平行分布加工途径	Brain, Cortex, Cognition, Cognitive psychology, Brief history of cognitive psychology, Information processing model, Neuroscience model, Cognitive science, Cognitive neuroscience and its techniques, Artificial intelligence, Parallel distributed processing approach
2	知觉(Perception)	8 ~ 4	知觉,模式识别,模板匹配模型,原型模型,区别性特征模型,计算途径,整体优先效应,自下而上加工,自上而下加工,撒切尔错觉,面孔倒置效应,面孔结构和特征加工	Perception, Pattern recognition, Template-matching theory, Prototype models, Distinctive-features models, Computational approach, Global precedence effect, Bottom-up processing, Top-down processing, Margaret Thatcher illusion, Inversion effects in face processing, Configuration and feature processing of faces

续表

章节顺序	章节名称 Chapters	课时 Hours	知识点	Key Points
3	注意(Attention)	8~4	Stroop 效应,自动和控制加工,特征整合理论,错觉性结合,双耳分听,过滤器理论,衰减作用模型,晚期选择理论,负启动,返回抑制,视觉忽视	Stroop effects, Automatic and controlled processing, Feature integration theory, Illusory conjunction, Dichotic listening, Filter theory, Attenuation model, Late selection theory, Negative priming, Inhibition of return, Visual neglect
4	记忆(Memory)	8~4	多重存储模型,短时记忆,长时记忆,工作记忆,加工水平途径,产生效应,自我参照效应,编码特异性原则,情节记忆,语义记忆,程序性记忆,外显记忆和内隐记忆	Multi-store model, Short-term memory, Long-term memory, Levels-of-processing approach, Generation effect, Self-reference effect, Encoding specific principle, Episodic memory, Semantic memory, Procedural memory, Explicit memory, Implicit memory
5	一般知识组织(Organization of general knowledge)	8~4	特征比较模型,网络模型,原型途径,陈述性和程序性知识,范畴特异性语义损伤	Feature comparison model, Network models, Prototype approach, Declarative and procedural knowledge, Category-specific semantic deficits
6	心理表象(Mental imagery)	4~2	表象,模拟码,命题码,心理旋转,心理扫描,认知地图,空间框架模型	Imagery, Analog code, Prepositional code, Mental rotation, Mental scanning, Cognitive map, Spatial framework model
7	语言(Language)	12~6	语义,句法,语境,心理词典,直接通达假设,语音中介假设,双通路假设,词汇歧义消解,句法歧义消解,花园路径模型,基于制约的模型,模块化理论,相互作用理论	Semantics, Syntax, Context, Mental lexicon, Direct-access hypothesis, Phonologically mediated hypothesis, Dual-route hypothesis, Lexical ambiguity resolution, Syntactic ambiguity resolution, Garden-path model, Constraint-based models, Modular theory, Interactive theory
8	问题解决(Problem solving)	4~2	问题解决,初始状态,目标状态,算法,问题空间,问题同构,心理定势,功能固着,问题解决的影响因素	Problem solving, Initial state, Goal state, Algorithm, Problem space, Problem isomorphs, Mental set, Functional fixedness, factors influencing problem solving
9	推理(Reasoning)	4~2	条件推理的影响因素,推理中的认知策略	Factors influencing conditional reasoning, Cognitive strategies in reasoning

四、课程特色

本课程涉及的学科前沿性极强，鼓励学生阅读相关学术期刊文章。

4.4.6　人工智能概论 Introduction to Artificial Intelligence

Prereq: Advanced Mathematics

Credits: 3

Mission: Understand fundamental principle and theory of Artificial Intelligence and Robotics, able to do practical applications.

Covers intelligent information processing, knowledge discovery.

Topics include Robot Sensing and Sensors; Robot Kinematics; Robotic Locomotion; Motion Planning; Computer Vision; Computer Speech.

Shaohua Tan, Dingsheng Luo

一、课程基本情况

<table>
<tr><td rowspan="2">课程名称</td><td colspan="12">人工智能概论</td><td rowspan="10">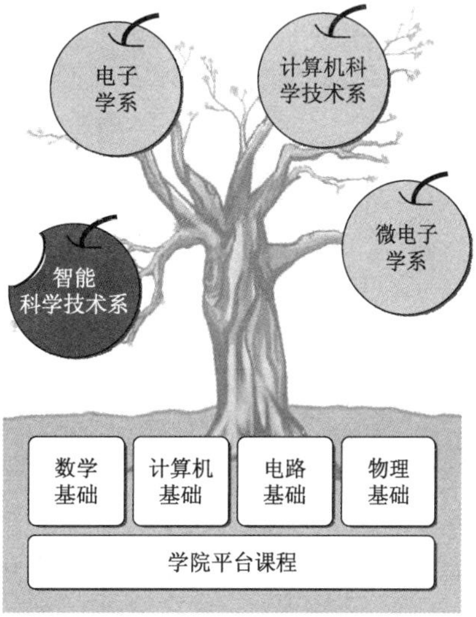
</td></tr>
<tr><td colspan="12">Introduction to Artificial Intelligence</td></tr>
<tr><td rowspan="2">开课时间</td><td colspan="3">一年级</td><td colspan="3">二年级</td><td colspan="3">三年级</td><td colspan="3">四年级</td></tr>
<tr><td>秋</td><td>春</td><td>夏</td><td>秋</td><td>春</td><td>夏</td><td>秋</td><td>春</td><td>夏</td><td>秋</td><td>春</td><td>夏</td></tr>
<tr><td>适用院系</td><td colspan="12">智能科学技术系</td></tr>
<tr><td>课程定位</td><td colspan="12">专业必修课、主干基础课</td></tr>
<tr><td>学分</td><td colspan="12">3 学分</td></tr>
<tr><td>总学时</td><td colspan="12">48 学时</td></tr>
<tr><td>先修课程</td><td colspan="12">高等数学</td></tr>
<tr><td>后续课程</td><td colspan="12">无</td></tr>
<tr><td>教学方式</td><td colspan="13">课堂授课为主。配合理论教学，安排相应的上机实习。课堂多媒体教学，机器人实物演示，课下实习及课后答疑相结合，课程讲义及教学材料通过网络发布</td></tr>
<tr><td>课时分配</td><td colspan="13">课堂授课(32 学时)</td></tr>
<tr><td>考核方式</td><td colspan="13">课堂表现及作业占 50%，实习占 25%，期末考试占 25%</td></tr>
</table>

续表

主要教材	1. Robin R Murphy. The Introduction to AI Robotics. The MIT Press,2000 2. Trucoo,Alessandro Verri. Introductory Techniques for 3-D Computer Vision. Prentice Hall,1998 3. Huang,Acero,Hon. Spoken Language Processing. Prentice-Hall,2011 4. Saeed B Niku. Introduction to Robotics: Analysis,Control,Applications. Wiley,2010
参考资料	
其他信息	
大纲提供者	谭少华

二、教学目的和基本要求

1. 使学生了解人工智能的基本原理,对知识表示、问题搜索原理、知识推理等各方面的内容有初步、全面的掌握。

2. 使学生了解人工智能的主要应用,结合具体的应用系统,使学生对专家系统、机器学习、自然语言理解等人工智能应用有比较感性的认识。

3. 使学生对人工智能在计算机科学发展中的地位与作用有总体的把握与认识。

三、课程大纲和知识点

章节顺序	章节名称 Chapters	课时 Hours	知识点	Key Points
1	人工智能机机器人学基本知识介绍(Introduction to Artificial Intelligence)	8	课程的基本目的、重要性以及在今后学习研究中的重要性,人工智能理论的基础内容,人工智能及机器人的历史,人工智能及机器人的应用	Purpose and importance of this course, Basic knowledge, History and application of artificial intelligence and robotic
2	机器知觉与机器人感知器(Robot Sensing and Sensors)	5	知觉的定义,产生机制以及感知器的定义,人类感知,感知器设计、运行原理,感知器融合的原因,设计及各处理阶段,各类感知器介绍	Definition of Sensing and Sensor, Human sensing and organs, Sensor design, Sensor Fusion and Integration, Introduction to some sensors
3	机器人运动学(An Introduction to Robot Kinematics)	3	运动学在机器人运动设计中的运用,正向运动介绍,逆向运动介绍	Kinematics and its application to robotics,Forward Kinematics, Inverse Kinematics
4	运动定位及驱动原理(Robotic Locomotion)	2	设计机器人运动时的环境因素以及设计是需要考虑的问题,各类机器人的驱动方法、优缺点、需要考虑的问题等,各类运动机器人介绍	Environment and other factors considered during robotic locomotion, Some locomotive ways and their merit and demerit, Introduction to mobile robot

续表

章节顺序	章节名称 Chapters	课时 Hours	知识点	Key Points
5	运动规划（Motion Planning）	8	规划问题描述、状态空间以及度量方法等，路径规划算法，状态空间、势函数、梯度下降法：对状态空间的详细，势函数设计以及使用梯度下降法搜索最优解	What is Motion Planning, Configuration Space, Path Planning Algorithms, Potential Functions, Gradient Descent
6	计算机视觉（Computer Vision）	4	计算机视觉概念，应用领域和应用前景，三个级别的计算机视觉，边的检测（边的检测过程中涉及的常用技术和方法），角的检测和纹理识别，物体识别，视觉高级技术	Computer vision and its application, Three level of vision, Edge detection, Corner detection, Texture and object recognition
7	计算机听觉（Computer Speech）	2	计算机听觉的三个主要领域：自动语音识别、说话者识别和语音合成的主要研究方向和手段	Speech Recognition, Speaker Identification, Speech Synthesis

四、课程特色

1. 本课程采用全英文教学。

2. 本课程紧密结合人工智能的发展，与机器人等应用领域联系密切，是一门理论基础与应用背景很强的专业课程。

3. 本课程安排小项目供学生实践，强调动手能力的培养，鼓励学生通过对智能系统的构建与编码深入理解和掌握人工智能的基本理论与方法，是理论和实践并重的课程。

4. 本课程提出开放式问题供学生进行课堂讨论和演讲，增强学生对知识的理解。

4.4.7　生物信息处理 Computational Perception and Scene Analysis

Prereq: Introduction to Cognitive Science

Credits: 2

Mission: Understand fundamental principle and theory of visual and auditory perception, and basic computational models of machine vision and machine audition.

Xihong Wu

一、课程基本情况

课程名称	生物信息处理 Computational Perception and Scene Analysis
开课时间	一年级 二年级 **三年级** 四年级 秋 春 夏 秋 春 夏 秋 **春** 夏 秋 春 夏
适用院系	智能科学系,元培学院
课程定位	专业选修课
学分	2 学分
总学时	36 学时
先修课程	认知科学导论
后续课程	计算机视觉,语音信号处理
教学方式	课堂授课为主
课时分配	课堂授课(36 学时)
考核方式	平时作业与专题讨论占 10%,期末考试占 90%。期末考试采用闭卷形式
主要教材	自编讲义
参考资料	1. Y Ando,P Cariani. Auditory and Visual Sensations. Springer,2009 2. S E Palmer. Vision Science: Photons to Phenomenology. MIT Press,1999 3. A S Bregman. Auditory Scene Analysis: The Perceptual Organization of Sound. MIT Press,1994 4. Steven Greenberg, Arthur N Popper. Speech Processing in the Auditory System. Springer,2004
其他信息	http://course. pku. edu. cn/webapps/login/
大纲提供者	吴玺宏

二、教学目的和基本要求

1. 使学生掌握视、听知觉的基本原理和基本计算模型。
2. 使学生能应用所学原理与方法理解和认识视、听场景分析问题。
3. 培养学生的独立思考能力、科学思维方法和求知创新精神。

三、课程大纲和知识点

章节顺序	章节名称 Chapters	课时 Hours	知识点	Key Points
1	计算知觉和场景分析简介(Overview of Computational perception and Scene Analysis)	2	知觉和计算定义,知觉系统的共性问题,知觉系统的计算原理,知觉的逆问题	The definition of perception, Computing; What problems are common to all systems? The computational principles of perceptual systems; Inverse Problem
2	视觉的理论途径(Theoretical Approaches to Vision)	2	视觉的经典理论,视觉科学的历史,视觉的信息处理理论,视知觉的四阶段	Classical theories of vision; Brief history of vision science; Information processing theory; Four stages of visual perception
3	颜色知觉(Color vision)	4	颜色知觉的计算问题,计算描述,基于图像的颜色处理,真实环境下的颜色知觉	The computational problem of color perception; The Computational Description of Color Perception; Image-Based Color Processing; Real-world Color Perception
4	基于图像的空间处理(Image-based Spatial Processing)	4	生理学机制,心理物理机制,两种机制的融合,计算途径——一种理论综合方法	Physiological Mechanisms; Psychophysical Mechanisms; The fusion of the two mechanisms; Computational Approaches-A Theoretical Synthesis
5	深度中的表面朝向知觉(Perceiving Surfaces Oriented in Depth)	4	深度知觉的问题,深度知觉的线索(双目立体视信息、动态信息等),多信息源的集成	The Problem of Depth Perception; Cues of depth perception: Stereoscopic information, Dynamic information; Integration of information sources
6	客体和场景组织(Organizing Objects and Scenes)	4	知觉组织问题,影响知觉组织的因素,区域分析,前景-背景组织,视觉插补	The problem of perceptual organization, The factors that affect perceptual grouping, Region Analysis, Figure / Ground Organization, Visual Interpolation
7	客体知觉(Object Perception)	2	部分和整体,形状表示理论,范畴知觉	Part and whole; Theories of Shape Representation; Category Perception

续表

章节顺序	章节名称 Chapters	课时 Hours	知识点	Key Points
8	声源定位(Sound Localization)	4	声源定向的二重理论,ITD估计机理,耳廓和头散射的作用,Batteau模型,HRTF的测量,声源距离估计线索	The duplex theory of sound lateralization; How do we compute ITD? The Function of the Pinna, Batteau's Model, Measuring HRTFs; Cues for sound distance
9	听觉表示(Auditory Representation)	4	有哪些听觉结构信息需要表示,听觉外周和中枢系统,频率的三种编码理论,基音的听觉表示,音色的听觉表示,双耳听觉信息加工	What auditory structure should be represented? Overview of Human Ear; Three Theories of Frequency Coding; Auditory Representations of Pitch; Spectral representation of timbre; Binaural Auditory Information Processing
10	听知觉组织(Auditory Perceptual Organization)	6	鸡尾酒会问题,听觉场景分析中的线索,听觉场景分析的计算问题,噪声环境中的语音组织	The cocktail party problem; Cues in auditory scene analysis; Computational problems in ASA; Grouping natural speech under noisy environments

4.4.8 图像处理 Image Processing

Prereq: Signals and Systems, Introduction to Pattern Recognition

Credits: 3

Mission: Introduce basic concepts and techniques in digital image processing, learn to implement some image processing algorithms on computers using C-programming or MATLAB.

Covers machine intelligence and computer science.

Topics include image sensing and acquisition, histogram processing, spatial filtering, two-dimensional Fourier transforms, frequency domain filtering, noise removal, image deblurring and restoration, color image processing, morphological operations, image segmentation, image representation and description, image matching, multiresolution representation using wavelets, and image compression.

Chao Zhang, Xianghua Ying

一、课程基本情况

课程名称	图像处理 Image Processing
开课时间	一年级：秋 春 夏；二年级：秋 春 夏；三年级：秋 春 夏；四年级：秋 春 夏
适用院系	信息科学技术学院
课程定位	专业选修课
学分	3 学分
总学时	54 学时
先修课程	信号与系统，模式识别导论
后续课程	计算机视觉，数字视频处理与分析
教学方式	课堂授课为主 + 课下作业 + 上机练习 + 课程设计
课时分配	课堂授课(42 学时) + 习题课与专题讨论(12 学时)
考核方式	平时作业与专题讨论占 50%，期末考试占 50%
主要教材	1. Rafael CGonzalez, and Richard E Woods. Digital Image Processing. 3rd Ed. 影印版. 北京：电子工业出版社，2010 2. Rafael C Gonzalez, and Richard E Woods. 数字图像处理. 3 版. 阮秋琦，等译. 北京：电子工业出版社，2011
参考资料	1. Sonka, Hlavac and Boyle. Image Processing, Analysis, and Machine Vision. 3rd Ed. PWS publishing, 2008 2. Sonka, Hlavac and Boyle. 图像处理、分析与机器视觉. 3 版. 艾海舟，等译. 北京：人民邮电出版社，2011 3. Kenneth R Castleman. Digital Image Processing. 影印版. 北京：电子工业出版社，2008 4. Kenneth R Castleman. 数学图像处理. 朱志刚，等译. 北京：电子工业出版社，2011 5. Rafael C Gonzalez, and Richard E Woods, and Steven L Eddins. Digital Image Processing using MATLAB. Prentice Hall, 2009
其他信息	参见北京大学教学网课程主页
大纲提供者	张超

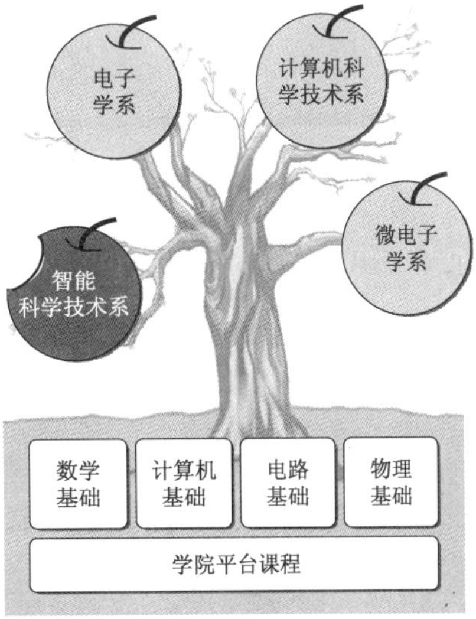

电子学系
计算机科学技术系
微电子学系
智能科学技术系
数学基础
计算机基础
电路基础
物理基础
学院平台课程

二、教学目的和基本要求

1. 掌握数字图像处理的基本概念、原理和方法。
2. 通过编程练习,学会运用所学知识解决实际问题。
3. 完成课程设计,为图像处理及相关领域的研究打下基础。

三、课程大纲和知识点

章节顺序	章节名称 Chapters	课时 Hours	知识点	Key Points
1	数字图像基础(Digital Image Fundamentals)	4~2	数字图像处理研究内容和典型图像处理系统的组成及主要应用,人类视觉系统的构造,视觉现象及分析,数字图像的获取,图像取样和量化	Human visual system, image sensing, sampling and intensity quantization
2	图像的基本运算(Basic Intensity and Geometric Transformations)	6~4	基本灰度变换,几何变换,直方图处理,空间滤波	Basic intensity transformations, geometric transformations, histogram processing, spatial filtering
3	图像变换域分析(Image Transformations)	6~4	图像正交变换的特点,傅里叶变换,沃尔什变换,哈达玛变换,离散余弦变换,霍特林变换,小波变换	Unitary transform, Fourier transform, Walsh transform, Haar transform, Hadamard transform, discrete Fourier transform, discrete cosine transform, wavelet transform
4	图像频域滤波(Frequency Domain Filtering)	6~4	傅里叶变换及其性质,二维离散傅里叶变换和反变换,平滑滤波器,锐化滤波器,同态滤波器	2D Discrete Fourier Transform and its properties, convolution theorem, image smoothing, sharpening using frequency domain filters, homomorphic filtering
5	图像复原(Image Restoration)	4~2	图像退化和复原过程的模型,噪声模型,只有噪声存在条件下的空间滤波复原,频率域滤波消减周期噪声,逆滤波器,最小均方滤波,约束最小二乘滤波器	A model of the image degradation/restoration process, noise models, restoration in the presence of noise only-spatial filtering, periodic noise reduction by frequency domain filtering, inverse filtering, wiener filtering, constrained least squares filtering

续表

章节顺序	章节名称 Chapters	课时 Hours	知识点	Key Points
6	彩色图像处理(Color Image Processing)	6~4	彩色基础,彩色模型,伪彩色处理,彩色变换,平滑和锐化	Color models, pseudocolor image processing, color transformation, color image smoothing, sharpening and segmentation
7	形态学图像处理(Morphological Image Processing)	4~2	集合论的基本概念,二值图像的逻辑运算,复制和膨胀,开操作和闭操作,击中或击不中变换,形态学算法,灰度级形态学图像扩展	Erosion and dilation, opening and closing, the hit-or-Miss Transformations, gray-scale morphology
8	图像分割(Image Segmentation)	6~4	不连续行检测,边缘连接和边界检测,阈值处理(最佳全局、自适应阈值),基于区域的分割,基于形态学分水岭算法的分割,运动分割	Point, line and edge detection, thresholding, region-based segmentation, watershed segmentation algorithm and motion segmentation
9	表示与描述(Representation and Description)	6~4	表示方法,边界描述子,区域描述子,纹理,主成分表示,关系描述	Representation, corner and boundary descriptors, regional descriptors, texture, principal components description and relational descriptors
10	物体识别(Object Recognition)	6~4	图像匹配,图像分类,图像识别	Image matching, optimum statistical classifiers, recognition
11	图像压缩(Image Compression)	8~4	图像压缩基础,压缩模型,无损图像压缩,有损图像压缩,图像压缩标准	Image compression models, error-free compression, lossy compression, image compression standards
12	图像处理典型应用与新进展(Advanced Progress and Application in Image Processing)	6~2	最新论文选读	Selected papers reading

四、课程特色

1. 作为本科高年级课程,在讲解基本图像处理技术原理的基础上,强调编程实践,要求学生不仅在原理和方法上,而且要在程序设计的层次上熟练掌握图像处理技术。

2. 通过编程练习和课程设计等环节,充分发挥学生的主动性,培养学生分析问题和解决问题的基本能力,使学生能够初步掌握解决实际应用中具体问题的方法。

3. 结合近期实验室在学术刊物上发表的科研论文,介绍图像处理的最新进展和典型应用,使学生了解图像处理技术的应用及发展情况,为进入计算机视觉、图像检索和视频处理领域的前沿研究打下扎实的基础。

4.4.9 信息论 Information Theory

Prereq: Advanced Calculus, Probability Theory

Credits: 2

Mission: Understand fundamental principle and theory of information and communication.

Covers information processing and intelligent systems.

Topics include entropy and related concepts, source coding, channel capacity, Shannon's theorems, channel coding, and Kolmogorov complexity.

Liwei Wang

一、课程基本情况

<table>
<tr><td rowspan="2">课程名称</td><td colspan="12">信息论</td></tr>
<tr><td colspan="12">Information Theory</td></tr>
<tr><td rowspan="2">开课时间</td><td colspan="3">一年级</td><td colspan="3">二年级</td><td colspan="3">三年级</td><td colspan="3">四年级</td></tr>
<tr><td>秋</td><td>春</td><td>夏</td><td>秋</td><td>春</td><td>夏</td><td>秋</td><td>春</td><td>夏</td><td>秋</td><td>春</td><td>夏</td></tr>
<tr><td>适用院系</td><td colspan="12">智能科学系</td></tr>
<tr><td>课程定位</td><td colspan="12">主干基础课</td></tr>
<tr><td>学分</td><td colspan="12">2 学分</td></tr>
<tr><td>总学时</td><td colspan="12">36 学时</td></tr>
<tr><td>先修课程</td><td colspan="12">微积分,概率论</td></tr>
<tr><td>后续课程</td><td colspan="12"></td></tr>
<tr><td>教学方式</td><td colspan="12">课堂授课为主</td></tr>
<tr><td>课时分配</td><td colspan="12">课堂授课(36 学时)</td></tr>
<tr><td>考核方式</td><td colspan="12">平时作业与大作业占 20%,期中考试占 30%,期末考试占 50%。其中,期中和期末考试采用闭卷形式</td></tr>
<tr><td>主要教材</td><td colspan="12">T Cover. Elements of Information Theory. 2nd Ed. Wiley, 2006</td></tr>
</table>

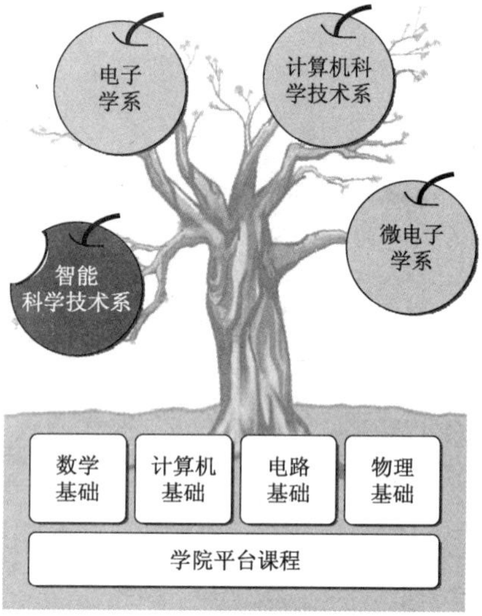

续表

参考资料	
其他信息	
大纲提供者	王立威

二、教学目的和基本要求

1. 使学生掌握信息论的基本原理。
2. 使学生能应用所学原理和方法理解和分析问题。
3. 培养学生的独立思考能力、科学思维方法和求知创新精神。

三、课程大纲和知识点

章节顺序	章节名称 Chapters	课时 Hours	知识点	Key Points
1	信息论简介(Introduction to Information Theory)	2	信息论简介	Introduction to Information Theory
2	概率基础知识(Elements of Probability Theory)	2	随机与概率,概率事件,随机变量与分布函数,随机变量的函数,数学期望与方差	Randomness, Probability, Event, Random variable, Functions of random variables, expectation, variance
3	信源编码与熵(Source Coding and Entropy)	6~4	什么是信源编码,为什么进行信源编码,目的是什么;通信中的基本问题——平均码长;前缀码与 Kraft 不等式;随机变量的最短平均码长——熵;熵的加性;Huffman 编码	What is source coding? Why source coding? Average code length; Prefix free codes and Kraft inequality; Minimal averaging length of prefix free codes; Entropy; Additiveness of Entropy; Huffman codes
4	熵的扩展概念(Entropy Related Concepts)	4	联合熵,条件熵,互信息,联合熵的链式法则,相对熵,数据处理不等式	Joint entropy; Conditional Entropy; Mutual information; Relative Entropy; Data processing inequality
5	熵率(Entropy Rate)	2	随机过程,熵率	Stochastic processing; Entropy rate

续表

章节顺序	章节名称 Chapters	课时 Hours	知识点	Key Points
6	微分熵(Differential Entropy)	2	微分熵,联合微分熵与条件微分熵,互信息,相对微分熵	Differential entropy; Joint differential entropy; Conditional differential entropy; Mutual information; Relative entropy
7	Kolmogorov 复杂度(Kolmogorov Complexity)	2	Kolmogorov 复杂度,不可计算性与停机问题,Kolmogorov 复杂度的不可计算性	Kolmogorov complexity; Uncomputable problems; Halting problem; Uncomputability of Kolmogorov complexity
8	最小表示长度与最大熵原理(MDL and MaxEnt)	2	估计中的最小表示长度原则,最大熵原则	Minimal description length and maximum entropy principle
9	信道编码(Error Correcting Codes)	6~4	理论上界,Hamming 码,Reed-Solomon 码	Gilbert-Vashamov bound; Hamming codes; Reed-Solomon codes
10	信道容量(Channel Capacity)	6	信道容量定义,联合典型序列,信道编码定理的证明	Definition of channel capacity; Typical sequences; Proof of the channel coding theorem

4.4.10 语音信号处理 Speech Signal Processing

Prereq: Signal and System, Digital Signal Processing

Credits: 3

Mission: Understand fundamental principle and theory of speech signal processing, able to do practical applications.

Covers Speech recognition, Speech synthesis.

Topics include Hidden Markov Model, phonetics, acoustic feature and model, Large vocabulary continuous speech recognition, natural language processing

Xihong Wu

一、课程基本情况

课程名称	语音信号处理 Speech Signal Processing											
开课时间	一年级			二年级			三年级			四年级		
	秋	春	夏	秋	春	夏	秋	春	夏	秋	春	夏
适用院系	智能科学系											
课程定位	专业选修课											
学分	3 学分											
总学时	54 学时											
先修课程	信号与系统，数字信号处理											
后续课程												

教学方式	课堂授课
课时分配	课堂授课（54 学时）
考核方式	平时作业与专题讨论占 20%，期末考试占 80%。期末考试采用闭卷形式
主要教材	1. X Huang, et al. Spoken Language Processing. USA: Prentice Hall, 2001 2. 杨行俊，迟惠生. 语音信号数字处理. 北京：电子工业出版社，1995
参考资料	易克初，田斌，付强. 语音信号处理. 北京：国防工业出版社，2000
其他信息	http://course.pku.edu.cn/webapps/login/
大纲提供者	吴玺宏

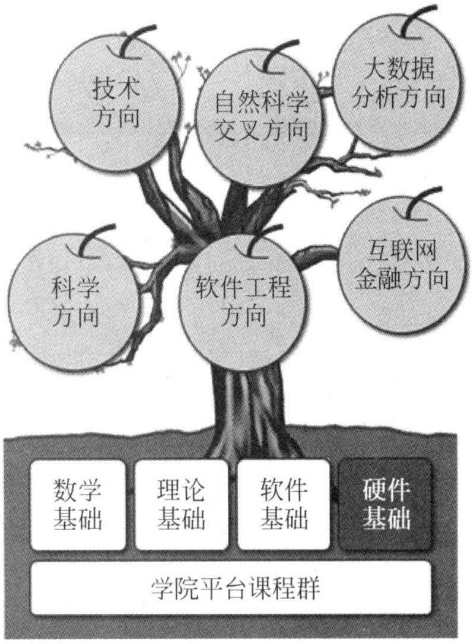

二、教学目的和基本要求

1. 掌握语音信号处理的基本方法。
2. 了解语音信号处理领域的最新成果和研究动态。
3. 培养学生的独立思考能力、科学思维方法和求知创新精神。

三、课程大纲和知识点

章节顺序	章节名称 Chapters	课时 Hours	知　识　点	Key Points
1	语音信号处理导论（Introduction to Speech Signal Processing）	6～3	语音学，听觉，言语链，声门，声道，元音，辅音，声调，基频，共振峰	Phonetics, hearing, speech chain, glottal source, vocal tract, vowel, consonant, tone, pitch, formant

续表

章节顺序	章节名称 Chapters	课时 Hours	知 识 点	Key Points
2	语音特征提取及语音增强(Acoustic Feature Extraction and Speech Enhancement)	8~6	语音信号的时频特性,源-滤波器模型,线性预测编码及其应用,声学特征,美标度倒谱系数,感知线性预测,语音增强,谱减法,直方图均衡	Temporal-frequency character of speech, source-filter model, linear prediction coding (LPC), Mel-scale cepstrum coefficients (MFCC), Perception linear prediction (PLP), speech enhancement, histogram equalization
3	隐马尔科夫模型(Hidden Markov Model-HMM)	8~4	马尔科夫链,隐马尔科夫模型的三个基本问题,模型拓扑结构,Baum-Welch 算法,Viterbi 算法,模型局限性	Markov chain, three problems of HMM, topology structure of HMM, Baum-Welch algorithm, Viterbi algorithm, limitation of HMM
4	声学模型(Acoustic Model)	8~4	声学模型单元,决策树聚类,连续/半连续隐马尔科夫模型,模型自适应	Acoustic model unit, decision tree cluster, continuous/semi-continuous HMM, Model adaptation
5	语言模型(Language Model)	8~4	形式语言理论,N 元文法,平滑算法,语言模型自适应	Formal language theory, N-gram, language model adaptation
6	语音识别解码器(Speech Recognition Decoder)	6~4	基于隐马尔科夫模型框架的语音识别系统,解码空间,词树,路径裁减,多优路径,多遍搜索	Speech recognition system based on HMM framework, Decoding space, word tree, path, puncture, N-best search
7	语音识别系统(Speech Recognition System)	8~6	大词汇量连续语音识别, 加权有限转换器	Large vocabulary continuous speech recognition, weighted finite state transducer
8	韵律模型(Prosody Model)	6~4	语音中的韵律现象,韵律特征,Fujisaki 模型,Target 模型,时长模型	Prosody in speech, Prosodic feature, Fujisaki model, target model, duration model
9	语音合成(Speech Synthesis)	6~4	拼接式语音合成,基于 HMM 的语音合成	Concatenative speech synthesis, HMM-based speech synthesis
10	语言分析与理解(Semantic Analysis and Understanding)	6~4	词法分析,句法分析,语义分析,自然语言理解,对话系统	Lexical analysis, Syntactic Parsing, Semantic analysis, nature language understanding, dialogue system

四、课程特色

1. 重视清楚理解和深入掌握基本概念、基本原理和基本方法等三基内容。课堂讲授与讨论相结合，培养学生自主学习能力，互学互助。

2. 与当前的国际研究前沿相结合，使学生既掌握基本理论和方法，又能了解到本领域最新的研究成果。

4.4.11　智能信息系统 Intelligent Information Processing

Prereq: Advanced Mathematics, Engineering Mathematics, Introduction to Computer and Algorithm, Artificial Intelligence, Pattern Recognition

Credits: 3

Mission: Know key conceptions of computational intelligence; understand fundamental principle and theory of various intelligent algorithms, able to do practical applications.

Covers computer science, computational mathematics, electronics and engineering, automation control, intelligence science.

Topics include Fuzzy logic, Artificial Neural Network, Evolutionary Computation, Swarm Intelligence, Artificial Immune System.

Ying Tan

一、课程基本情况

课程名称	智能信息系统											
	Intelligent Information Processing											
开课时间	一年级			二年级			三年级			四年级		
	秋	春	夏	秋	春	夏	秋	春	夏	秋	春	夏
适用院系	信息学院，数学学院，物理学院											
课程定位	专业选修课											
学分	3 学分											
总学时	54 学时											
先修课程	高等数学，工程数学，计算机基础与算法，人工智能，模式识别											
后续课程	无											
教学方式	课堂讲授为主，辅以一些专题讨论和课程小论文											
课时分配	课堂授课(47 学时)＋测试(2 学时)											
考核方式	平时作业占 30%，期中考试占 25%，期末考试占 45%											
主要教材	自编讲义(PPT)											

续表

参考资料	1. 王耀南. 智能信息处理技术. 北京: 高等教育出版社,2003 2. 高隽. 智能信息处理方法导论. 北京: 机械工业出版社,2004 3. 熊和金,陈德军. 智能信息处理. 北京: 国防工业出版社,2006 4. 丁永生. 计算智能——理论、技术与应用. 北京: 科学出版社,2004 5. A P Engelbrecht. Computational Intelligence: An Introduction. New York: Wiley,2002
其他信息	http://course. pku. edu. cn/webapps/login/ http://cil. pku. edu. cn
大纲提供者	谭营

二、教学目的和基本要求

1. 系统介绍智能科学和智能信息处理的有关概念、智能信息处理的有关理论和技术。主要介绍现代计算智能的主要方法及利用这些方法进行信息处理的一些典型应用,包括模糊信息处理理论及其相关技术、神经信息处理理论及其相关技术、遗传信息处理理论及其相关技术,以及混合系统的主要方法、群智能算法及其应用技术等内容。并全面地介绍智能科学与智能信息处理的研究领域与最新进展。

2. 通过本课程的学习,学生将基本掌握有关智能科学和智能信息处理的主要概念、智能信息处理的基本理论和主要技术,了解它们的主要应用,提高在未来实践中解决实际问题的能力和扩展视野。

三、课程大纲和知识点

章节顺序	章节名称 Chapters	课时 Hours	知识点	Key Points
1	智能信息处理 (Intelligent Information Processing)	2	有关智能、信息和计算智能的定义、作用、研究范畴和主要的研究方法,有关智能信息处理的发展历史及其与相关学科的关系,一些典型的应用	Gives the definitions of intelligence, information and computational intelligence as well as their research areas and the main research methods, introduces the history and development of intelligent information processing and related disciplines, presents some typical application
2	模糊信息处理 (Fuzzy Information Processing)	10	模糊集合、模糊逻辑、模糊关系、模糊推理、模糊系统,模糊控制与模糊控制器的设计,模糊分析与模糊聚类,模糊模式识别以及模糊图像处理应用	Fuzzy sets, fuzzy logic, fuzzy relations, fuzzy reasoning, fuzzy systems; fuzzy control and fuzzy controller design; fuzzy analysis and fuzzy clustering; fuzzy pattern recognition and fuzzy image processing applications

续表

章节顺序	章节名称 Chapters	课时 Hours	知识点	Key Points
3	神经信息处理(Neural Information Processing)	12	神经网络的基本概念,前馈神经网络及其BP算法,Hopfield神经网络,竞争学习网络,神经网络优化计算,神经网络模式识别,神经网络手写字符识别应用	Basic concepts of neural networks, multilayer feed-forward neural network and its BP algorithm, Hopfield neural network, competitive learning network, neural network optimization computation, neural network pattern recognition, neural network Handwritten Character Recognition Application
4	期中考试	2		
5	遗传信息处理(Genetic Information Processing)	10	遗传进化原理与历史,遗传算法,进化计算,进化策略,遗传优化策略及其在工程中的具体应用	Genetic evolutionary theory and its history, genetic algorithms, evolutionary computation, evolutionary strategy, genetic optimization strategy and its applications in Engineering
6	模糊神经信息处理(Fuzzy Neural Information Processing)	4	模糊信息处理与神经网络的融合,模糊逻辑神经网络处理器,神经网络模糊模式识别方法	The fusion of Fuzzy information processing and neural networks, fuzzy logic neural networks processor, neural network and fuzzy pattern recognition method
7	群智能信息处理(Swarm Intelligence Information Processing)	6	群智能概念和相关术语的介绍,粒子群算法,蚁群算法,群智能优化方法及一些典型应用	Swarm intelligence concepts and related terminology, particle swarm optimization algorithm, ant colony algorithm, swarm intelligence optimization algorithm and its typical applications
8	免疫信息处理技术(The Immune Information Processing Technology)	6	生物免疫系统简介,人工免疫系统方法,异己检测模型,克隆算法,免疫网络,人工免疫系统在计算机安全防护中的应用实例	Brief introduction of biological immune system methodologies, artificial immune system method, non-self detection model, clonal algorithm, immune network, examples of artificial immune system in computer security system application
9	智能信息处理的发展与未来(The Development and Future of Intelligent Information Processing)	2	目前智能信息处理的研究热点和未来的发展方向	Introduce the cut-edges and hotspots of intelligent information processing research and its development directions in the future

四、课程特色

1. 本课程需要具备较为扎实的数学基础和编程基础,课程内容理论性较强,同时有大量的编程实践,是理论与编程实现并重的专业课程。

2. 本课程涉及的领域很多,要求具备较宽的知识面和灵活运用知识的能力,是一门启发性很强的基础理论方法课程。

3. 本课程强调多学科交叉和方法创新,学生们将受到启发,进行适当的创新思考和实践。

第5章 信息学院本科生培养成果展示

5.1 本科生科研成果展示会

本科生的创新科研实践训练是北京大学信息科学技术学院本科生培养的一大特色。北京大学信息科学技术学院自2002年建院以来，一直积极开展本科生相关的创新科研实践活动。在学校教务部组织开展的“君政基金”“毛玉刚基金”“国家大学生创新计划”“校长基金”“北京市创新计划”“教育基金会”等本科生科研训练项目，特别是教育部“基础学科拔尖学生培养试验计划”的大力支持下，信息学院每年在本科二年级遴选约100余名学生，他们在60余项基金支持下，进入科研组或实验中心创新实验室进行研究实习，接受科学研究与发明创造的初步训练，人数占全院学生的30%以上。进入本科生三年级后，则有超过80%的本科生参加科研活动。这些同学进入科研实验室，在导师的指导下，直接参与到老师的科研项目中，研究创新能力得以大幅提升。经过科研训练的同学也取得了丰硕的成果，成绩非常喜人。近几年来，信息学院本科生发表期刊和会议论文年均超过30篇，其中包含IEEE Trans. ED、JMEMS、IEDM、ICC等高水平的期刊和会议。为促进学生间的交流互动，营造创新活动的氛围，学院自2013年开始，开展年度创新成果展示交流活动——北京大学信息学科本科生科研成果展示会。

北京大学信息学科本科生科研成果展示会(Peking University Young Scientists Symposium on Informatics)由北京大学信息科学技术学院主办，北京大学信息科学技术学院基础教育部承办。本科生科研成果展示会基于信息学院在本科生中开展的创新科研实践活动，从中遴选优秀研究成果进行展示和交流，旨在提供一个拓宽本科生学术视野、激发科研热情、鼓励大胆创新、规划学术生涯的交流平台。

首届本科生科研成果展示会举办于2013年，目前已经连续举办四届。展示会分为特邀大会报告、口头报告和海报展示三个部分。每年的展示会，学院作为主办方，都会根据当前的研究热点选择一个主题，邀请国际著名高校和产业界的知名专家学者做精彩的特邀报告(详情参阅表5-1)，以往的主题包括“艺术与计算科学”(2013年)、“让硬件智能起来”(2014年)、“下一代的软件和硬件”(2015年)和“量子通讯与量子计算”(2016年)。此外，每年将从本科生科研实践创新活动的成果中遴选出色工作，分别做口头报告和海报展示，研究方向涉及计算机、电子、微电子和智能等信息学科的多个热点方向。参加科研成果展示的学生不仅来自信息学院，还包括物理学院、数学学院、医学部的本科生。口头报告和海报展示均为英文，使学生提前感受国际会议的标准和水平。与会学生纷纷表示，通过此次本科生科研成果展示会开阔了视野，学到了知识，得到了锻炼，收获颇丰。正如会议的英文名称Peking University Young Scientists on Informatics所述，我们希望通过这样的学术交流培育和发现北京大学信息学科未来的科学家和行业领军人物。我们相信这样的人就成长于我们的同学中间。

表 5-1 历届本科生科研成果展示会的特邀报告

报　告　人	特邀报告主题
Roger B. Dannenberg 教授(美国卡耐基梅隆大学)	音乐理解和音乐演奏的未来(Music Understanding and the Future of Music Performance)
Brian Barsky 教授(美国加州大学伯克利分校)	科研概观：合成影像生成、摄影模拟和人类视觉协助(An Overview of Research: Generating Synthetic Imagery, Photographic Simulation, and Aiding Human Vision)
T. P. Ma 教授(美国工程学院院士,中国科学院外籍院士,美国耶鲁大学)	微纳电子学的前世、今生和未来(Microelectronics and Nanoelectronics: Past, Present and Future)
吴甘沙先生(Intel 中国研究院院长)	开放式创新——大数据的未来(Open Innovation: The Future of Big Data)
Mehran Sahami 教授(美国斯坦福大学)	前沿不断扩展的计算机科学(Expanding the Frontiers of Computer Science)
陆佳华先生(Xilinx 大学计划亚太区经理)	构筑下一代电子系统(Shaping the Future of Next Generation Systems)
刘亮教授(中科院上海光机所)	天宫 2 号与冷原子钟(Tiangong-2 and Cold Atom Clock Experiment in Space)
陈宇翱教授(中国科技大学)	墨子星与量子通讯("Mozi" and Quantum Communication)

5.2 国际交流

北京大学信息学院在本科生培养上开展了丰富的国际合作交流项目,近年来与多所国外和境外著名大学签订了交换访学、联合培养、暑期科研、暑期学校、短期访问的合作协议。表 5-2 给出了近五年来学院本科生参加各类国际交流的人次统计。可以看到,本科生参加各类国际交流的人数逐年稳步上升,2016 年参加各类国际交流出访的本科生达到近 200 人次,这意味着近 2/3 的本科生在大学四年期间有机会参加一次国际交流活动。

表 5-2 近五年来本科生参加不同出访活动的人次统计

类型	参访交流	交换访学	3+2 项目	暑期科研实习	暑期学校	学术会议
2016	93	15	9	40	9	30
2015	98	11	2	37	14	25
2014	63	13	10	28	8	26
2013	82	18	7	10	13	22
2012	27	20	0	2	20	19

5.3　创新创业

5.3.1　第一届北大创新之夜本科生优秀课程作品展示活动

2013年10月25日晚，“2013年北大创新之夜暨第一届北大创新之星评选”活动在北京大学百年讲堂多功能厅举行。该活动是由学校公选课“创新工程实践”课程组发起，并与北大团委、信息科学技术学院、文科计算机课程组共同举行的，以进一步引导与启迪大学生勇于开展创新实践，发现和培养有志于创新创业的青年人，促进产学研的合作。朝阳区科协主席杨绍磊等科协领导，北大科技研发部副部长郭蕾、北大信息科学技术学院副院长李文新、北大元培学院院长许崇任，山东大学等兄弟院校代表，人大附中等中学代表，以及方正电子市场部总经理文力女士、索尼中国前副总裁迟泽准先生、松博科技公司马劲松总经理、广微积电企业代表雷述宇技术总监等企业家代表参加了此次活动。

活动伊始，北京大学信息科学技术学院的张海霞教授介绍了活动的由来。前一学期，她和6位老师共同发起了一门叫作“创新工程实践”的课程，旨在激发和培养学生的创新能力。教学的过程中，既有北大教师对创新、创业基础知识的讲授，又有各类优秀企业的领导者亲自指导，从资金、设备、导师等各个方面调集各类资源，为学生自主创新创造条件。在这样的课堂上，学生的创新能力得到激发，梦想变成了现实，有的拿到了创业的启动资金，有的通过自己的作品获得了各类奖项，有的则已经成功将自己的产品变为了创业项目。

共有15个队伍展示了自己的创新成果，角逐第一届“北大创新之星”。同学们的作品中所展现出来的新奇的想法、巧妙的设计以及展示者大方幽默的表现，无不给观众留下深刻的印象。

在所有队伍展示完毕后，主办方聘任了广微积电企业代表雷述宇、百度企业代表谷晓敏和松博企业代表马劲松为创新导师，并由北大科技研发部副部长郭蕾为三位企业家颁发创新导师荣誉证书。郭蕾副部长指出，创新之夜是北大学生综合素质培养的体现，这些创新队伍在老师的指导下破壳而出并且茁壮成长，令她十分高兴。同时她指出，若想创新成果能够真正地被市场接受，仍需要各方面的关照和努力，最后她祝愿这些创新队伍越做越好，走得更远。

活动的最后，经过全体观众投票，杨俊睿团队的作品——手持打印机得票最高，成为第一届“北大创新之星”。他们发明的这款便携式打印机无需外置电源和计算机辅助，就能够打印单行英文，令人赞叹。同时获奖的还有另外四个团队，作品也都别具特色。

在颁奖仪式上，信息科学技术学院副院长李文新、元培学院院长许崇任等为获奖学生颁发了证书和奖杯，并与获奖学生合影留念。

表5-3为参与展示的15项创新成果。

表 5-3 第一届"北大创新之星"参选项目

序号	项目	类型	展示人员
1	手持打印机	电子设计制作	杨俊睿,吴昱东,胡独巍,赵晓宇
2	智能环保袋	电子设计制作	张宇识,方孺牛,何军
3	未名之路	软件应用	黄权隆,张高翰,徐文,李传志,倪燎,孙哲,罗帆,杨江申,张东辉,杨志凡
4	四维教室	软件应用	刘驰,唐浩,王一同,黎桐辛,董加卿,黄睿哲,孙潇雪,朱维檬
5	媒体派	电子设计制作	李宝,罗宇翔,舒航
6	在线论文推荐系统	软件应用	傅强,刘泉,陈云帆,梁世裕
7	可重构无线健康监测系统	电子设计制作	李晓光,刘笑尘,张高翰
8	TwiDoor	电子设计制作	郑峰屹,徐梦炜,卜雨洁,袁木子,闫家宝
9	植觉	电子设计制作	刘敏行,方智聪,来雨轩,王恺文,高原
10	Arkanoid——打砖块	FPGA 应用	孟祥一,胡智文
11	交互式手绘笔刷绘图软件	软件应用	张知凡,文吉,何劭达
12	简衣在线时装设计平台	软件应用	滕帆,牟刘杉,薛子钊
13	印象燕园 APP	手机软件应用	王潇放,王一同,王秋思
14	Hello World	电子音乐	滕跃
15	北大助手	手机软件应用	王瑞馨,胥翔宇

5.3.2 第二届北大创新之夜本科生优秀课程作品展示活动

参与展示的项目如表 5-4 所示。

表 5-4 第二届"北大创新之星"参选项目

序号	项目	展示人员	类型
1	3D Explorer	刘哲,庄育龙,金晓晗	软件应用
2	基于 Kinect 与 HMM 的游戏手势识别程序	杨必琨,卢思颖,谷雨	软件应用
3	KeyWords	王潇放,黄祎程,曹晶	软件应用
4	平板雕刻软件	智天成,华晨彦,曾鑫璐	软件应用
5	玩嗨	黄子翚,王杰西,罗宇翔,侯放	软件应用
6	Germ	何方,金文钊,成羽丰	软件应用
7	WIFI 控制智能灯	张寰宇,张易凡	电子设计制作

续表

	项　目	展示人员	类　型
8	苍都城脉——北京民族传统建筑	徐浩川	电子设计制作
9	FPGA 电子琴音乐游戏设计制作	鞠培中,汪建峰	电子设计制作
10	明月映河山	刘朔岑,王丹丹	FPGA 应用
11	嗨(Hi)	王世衡等七人	软件应用
12	淘课	辛超,单旭东,曹晶,张翔,周岚	软件应用
13	羽毛球赛事管理系统	赵俊杰,陈逸鹏,林宇澄,邢捷	手机软件应用
14	智能餐厅管理系统	王泽宇,邵陈荻,王琛	电子制作

5.3.3　科技创新与创业课程介绍(摘选)

十八大以来,科技创新与创业成为国家重要的发展战略。2015 年,李克强总理在政府工作报告中明确提出“大众创业,万众创新”。政府工作报告中如此表述:推动大众创业、万众创新,“既可以扩大就业、增加居民收入,又有利于促进社会纵向流动和公平正义”。在论及创业创新文化时,强调“让人们在创造财富的过程中,更好地实现精神追求和自身价值”。

针对 2015 年首届中国“互联网 +”大学生创新创业大赛,李克强总理做出了重要批示,指出:“大学生是实施创新驱动发展战略和推进大众创业、万众创新的生力军,既要认真扎实学习、掌握更多知识,也要投身创新创业、提高实践能力。”

北大顺应国家的创新驱动发展战略,借鉴国外一流大学的先进创新理念,推进以科技创新为核心的全面创新教育。在 84 级计算机系校友发起的“计算机系校友讲座基金”支持下,2008 至 2013 年连续 6 年开设“职业规划与领导力发展”暑期课程,获得了选课学生的好评。近年来,课程越来越偏向于创新创业的内容。在“职业规划与领导力发展”校友讲座课多年建设和积累的基础上,新设立了“科技创新与创业”课程,聘请创业精英和投资界领军人物授课并辅导学生做创业项目。课程网址:http://net.pku.edu.cn/dlib/pkuxstart/。

2017 年的“科技创新与创业”课程是北京大学信息学院张铭和许辰人老师共同主持的创新创业教育精品课程,课程旨在培养学生的创新思维,让学生了解产业分析、需求把握、产品设计、商业计划等基本创业流程,掌握团队建设、领导力培养等创业技能。

课程以学生听讲座为主,邀请多位创业成功的杰出人士授课,穿插大量的课堂讨论,并辅以物联网、企业大数据、人工智能、高科技产业等实际案例分析。实践环节以团队项目驱动,学生须亲自参与项目调研及开发工作,体验科技创业的激情与艰辛。

课程将根据学生自己提出来的创新项目的特点,安排授课嘉宾或相关行业的领军人物在课下对各创业团队进行互动和指导。通过本课程的学习,有助于提升学生的科学素养,并培养学生的科技敏感和商业嗅觉。学生以小组为单位,设计一个创新项目。经过开题答辩,共有9个项目立项,其中“碎片时间学习应用”“停车位智能管理”等项目入选第三届“全球重大挑战论坛”。

5.3.4 学生创新创业案例介绍(摘选)

在“科技创新与创业”课程主持教师张铭教授的倡议和指导下,2012级张登同学和他的团队采用深度学习模型进行股票的量化交易,他们的商业计划书在课程的期末路演答辩中受到了投资人等创业界评委的一致好评,获得了最高分。

课程结束后,张登同学放弃了出国留学的计划,与他的团队共同成立了托特量化投资基金公司。公司致力于将深度学习技术的最新成果与传统量化理念完美结合,从一个新的维度革新量化投资领域。

公司充分利用深度学习的技术对金融数据(基本面、技术面、消息面)进行深入分析,构建模型,预测未来的市场行情。目前主要着眼于中国证券二级市场以及商品期货市场,通过深层网络模型挖掘当前价值被低估的潜力股,把握短期市场活跃行情,同时尽可能降低投资风险(通过设定止损线、控制仓位、缩短平均持有周期等方法)。

公司采取的深度学习生成策略规避了传统量化策略成本高、时效性差等缺点,同时保留了量化理性投资、程序化交易等优点。目前国内的量化投资领域还很少有以深度学习为核心技术的公司,宽德资本、普林资本、塞帕思等新兴私募基金仍在围绕传统的多因子模型技术生成策略,而托特量化投资则成为了领域内少数的先行者。

5.4 发表论文与申请专利

5.4.1 2013年本科生发表论文及专利申请

2013年,本科生发表国际期刊论文12篇、国际会议论文31篇、国内期刊论文2篇、国内会议论文3篇,申请专利3项。

其中国际期刊论文12篇,如下

本科生姓名	指导教师	论 文 信 息
桑建明,杜鸿锬	王玮	Jianming Sang, Hongtan Du, Wei Wang, Ming Chu, Yuedan Wang, Haichao Li, Haixia Zhang, Wengang Wu, and Zhihong Li. Protein sensing by nanofluidic crystal and its signal enhancement. Biomicrofluidics, vol. 7, no. 2, 2013
欧阳伟	王玮	Wei Ouyang, Wei Wang, Haixia Zhang, Wengang Wu, and Zhihong Li. Nanofluidic crystal (NFC): A low-cost, high-efficiency and high-power-density scaling up scheme for energy harvesting based on nanofluidic reverse electrodialysis. Nanotechnology, vol. 24, no. 34, 2013

续表

本科生姓名	指导教师	论文信息
任东浩	袁晓如	Xiaoru Yuan, Donghao Ren, Zuchao Wang, and Cong Guo. Dimension Projection-Matrix/Tree: Interactive Subspace Visual Exploration and Analysis of High Dimensional Data. IEEE Transactions on Visualization and Computer Graphics (InfoVis'13), vol. 19, no. 12, 2013
邓叶昕	康晋锋	Deng Yexin, Huang Peng, Chen Bing, Yang Xiaolin, Gao Bin, Wang Juncheng, Zeng Lang, Du Gang, Kang Jinfeng, Liu Xiaoyan. RRAM Crossbar Array with Cell Selection Device: A Device and Circuit Interaction Study. IEEE Trans. Electron Devices, vol. 60, no. 2, 2013
邓叶昕	康晋锋	Huang Peng, Deng Yexin, Gao Bin, Chen Bing, Zhang Feifei, Yu D, Liu Lingfeng, Du Gang, Kang Jinfeng, Liu Xiaoyan. Optimization of Conductive Filament of Oxide-Based Resistive-Switching Random Access Memory for Low Operation Current by Stochastic Simulation. Japanese Journal of Applied Physics, vol. 52, 2013
李忠亮	张海霞	Zhongliang Li, Xuming Sun, Yang Zheng, Haixia Zhang. Microstructure and Magnetic Properties of Micro NiFe Alloy Arrays for MEMS Application. Journal of Micromechanics and Microengineering, vol. 23, no. 8, 2013
李萌	黄如	Meng Li, Runsheng Wang, Jibin Zou, Ru Huang. Characterization of Random Telegraph Noise in Scaled High-k/Metal-gate MOSFETs with SiO2/HfO2 Gate Dielectrics. ECS Transactions, vol. 52, no. 1, 2013
常一阳	张锦文	Yiyang Chang, Peng Liu and Jinwen Zhang. A SWNTs Thin Film Solar Microcell with V-groove Arrays Structure. Proceedings of the Institution of Mechanical Engineers, Part N: Journal of Nanoengineering and Nanosystems, vol. 227, no. 4, 2013
于方舟	张锦文	Fangzhou Yu and Jinwen Zhang. Single-walled carbon nanotube Pirani gauges prepared by DEP assembly. IEEE Transactions on Nanotechnology, vol. 12, no. 3, 2013
张玮	张志刚	Tongxiao Jiang, Guizhong Wang, Wei Zhang, Chen Li, Aimin Wang, and Zhigang Zhang. Octave-spanning spectrum generation in tapered silica photonic crystal fiber by above 500 MHz Yb: fiber ring laser. Optics Letters, vol. 38, no. 3, 2013

续表

本科生姓名	指导教师	论文信息
李海桐	康晋锋	Huang Peng, Xiaoyan Liu, Bing Chen, Haitong Li, Yijiao Wang, Yexin Deng, Kangliang Wei, Lang Zeng, Bin Gao, Gang Du, Xing Zhang, and Jinfeng Kang. A Physics-Based Compact Model of Metal-Oxide-Based RRAM DC and AC Operations. IEEE Transactions on Electron Devices, vol. 60, no. 12, 2013
邱罡	康晋锋	Rui Liu, Gang Qiu, Bing Chen, Bin Gao, and Jinfeng Kang. Degradation Characteristics of Resistive Switching Memory Devices Correlated with Electric Field Induced Ion-Migration Effect of Anode. Chinese Physics Letters, vol. 30, 2013

国际会议论文 31 篇,如下:

本科生姓名	指导教师	论文信息
胡志挺	崔斌	Hongzhi Yin, Yizhou Sun, Bin Cui, Zhiting Hu and Ling Chen. LCARS: A Location-Content-Aware Recommender System. KDD, Chicago, Illinois, USA, August 11-14, 2013
王翔,余乐乐	崔斌	Xiang Wang, Lele Yu, Junjie Yao, Bin Cui. A Multiple Feature Integration Model to Infer Occupation from Social Media Records. WISE, Nanjing, China, October 13-15, 2013
马林	崔斌	Yingxia Shao, Junjie Yao, Bin Cui, Lin Ma. PAGE: A Partition Aware Graph Computation Engine. CIKM, San Francisco, USA, October 27-November 1, 2013
李石映雪	邓志鸿	Hongliang Yu, Zhi-Hong Deng, Shiyingxue Li. Identifying Sentiment Words Using an Optimization-based Model without Seed Words. ACL, Sofia, Bulgaria, August 4-9, 2013
张航	宋令阳	Hang Zhang, Tianyu Wang, Lingyang Song, and Zhu Han. Turning Interference Weakness into PHY Security Enhancement for Cognitive Radio Networks. WCSP, Hangzhou, China, October 25-27, 2013
张泓亮	宋令阳	Hongliang Zhang, Tianyu Wang, Lingyang Song, and Zhu Han. Graph-based Resource Allocation for D2D Communications Underlaying Cellular Networks. International Workshop on DDCN, Xi'An, China, Aug. 12, 2013
邸博雅	宋令阳	Boya Di, Tianyu Wang, Lingyang Song, and Zhu Han. Incentive Mechanism for Collaborative Smartphone Sensing using Overlapping Coalition Formation Games. Globecom, Atlanta, USA, 2013
张润泽	查红彬,曾刚	Runze Zhang, Ruiling Deng, Xin He, Gang Zeng, Rui Gan and Hongbin Zha. Correlation-based Facade Parsing using Shape Grammar. ACPR, Okinawa, Japan, 2013

续表

本科生姓名	指导教师	论 文 信 息
段丁瑞	查红彬，崔锦实	Dingrui Duan, Lu Tian, Jinshi Cui, Li Wang, and Hongbin Zha. Face Pose Estimation In Children's Peer-play Scenarios. International Joint Workshop on Advanced Sensing / Visual Attention and Interaction, Okinawa, Japan, 2013
潘多	陈景标	Z. Xu, Y. Wang, X. Zhang, X. Xue, D. Pan, W. Zhuang, J. Chen. Experimental setup of Cs active optical clock. IEEE FCS, July 20-23, 2013
潘多	陈景标	Xiaogang Zhang, Xiaobo Xue, Duo Pan, Wei Zhuang, Jingbiao Chen. Dispersion detection of optical clock transition in thermal atomic beam. IEEE FCS, July 20-23, 2013
邓叶昕	康晋锋	Deng Yexin, Chen Hongyu, Gao Bin, Yu Shimeng, Wu Shihchieh, Zhao Liang, Chen Bing, Jiang Zizhen, Liu Xiaoyan, Hou Tuohung, Nishi Yoshio, Kang Jinfeng, Wong H.-S. Philip. Design and Optimization Methodology for 3D RRAM Array. IEEE International Electron Devices Meeting (IEDM), Washington DC, USA, December 9-11, 2013
邓叶昕	康晋锋	Deng Yexi, Huang Peng, Chen Bing, Yang Xiaolin, Gao Bin, Liu Lifeng, Kang Jinfeng, Liu Xiaoyan. Size Analysis of Multilevel RRAM Array and Optimization of Device and Circuit Characteristics. 2013 IEEE Silicon Nanoelectronics Workshop (SNW), Kyoto Japan, June, 2013
邓叶昕	康晋锋	Chen Bing, Deng Yexin, Gao Bin, Liu Rui, Ma Long, Huang Peng, Zhang Feifei, Liu Lifeng, Liu Xiaoyan, Kang Jinfeng. High Performance Multilevel Data Storage in TaTiN/HfOx/Pt Based RRAM Using Bipolar and Unipolar Combined Switching Mode. 2012 IEEE 11th International Conference on Solid-State and Integrated Circuit Technology (ICSICT), November, 2013
邓叶昕	康晋锋	S. Yu, H.-Y. Chen, Y. Deng, B. Gao, Z. Jiang, J. F. Kang, and H.-S. P. Wong. 3D vertical RRAM-scaling limit analysis and demonstration of 3D array operation. 2013 Symposium on VLSI Technology (VLSI), Kyoto, Japan, June, 2013
邓叶昕	康晋锋	Chen B., Kang J. F., Huang P., Deng Y. X., Gao B., Liu R., Zhang F. F., Liu L. F., Liu X. Y., Tran X. A., Yu H. Y.. Multi-level Resistive Switching Characteristics Correlated With Microscopic Filament Geometry in TMO-RRAM. International Symposium on VLSI Technology, Systems and Applications (VLSI-TSA), Taiwan, April, 2013
喻韵璇，贡献	康晋锋	Yunxuan Yu, Xian Gong, Dong Liu, Yan Wang, Jinfeng Kang. High Performance of Y-doped Sn-Zn-O Films Fabricated by Solution-process for Amorphous Thin Film Transistors. MRS Fall Meeting Boston's Hynes Convention Center, December 1-6, 2013

续表

本科生姓名	指导教师	论 文 信 息
张伟	张志刚	Aimin Wang, Guizhong Wang, Chen Li, Tongxiao Jiang, Wei Zhang, and Zhigang Zhang. Advances in compact high repetition rate Yb: fiber laser frequency combs. CLEO Pacific Rim, Kyoto Japan, June 29-July 4, 2013
张伟	张志刚	Tongxiao Jiang, Wei Zhang, Aimin Wang, Guizhong Wang, Chen Li, and Zhigang Zhang. Tapered silica photonic crystal fibers for super-continuum generation by low energy pulses from 528 MHz Yb: fiber laser. Ultrafast Optics, Davos, Switzerland, March 2-8, 2013
郑阳	张海霞	Yang Zheng, Xuming Sun, Zhongliang Li, Xiuhan Li, Haixia Zhang *. Flexible MEMS Inductors Based on Parylene-FeNi Compound Substrate for Wireless Power Transmission System. the 8th IEEE International Conference on Nano/Micro Engineered and Molecular Systems, Suzhou, China, April 7-10, 2013
李忠亮	张海霞	Zhongliang Li, Mengdi Han, Haixia Zhang *. A Novel MEMS Electromagnetic Energy harvester with series coils. Transducers2013, Barcelona, SPAIN, June 16-20, 2013
郑阳	张海霞	Yang Zheng, Xuming Sun, Xiuhan Li, Haixia Zhang *. Flexible Parylene-based Folded Inductors with Magnetic Core for Wireless Power Transmission System. Transducers, Barcelona, Spain, June 16-20, 2013
罗牧龙	黄如	Jibin Zou, Runsheng Wang, Mulong Luo, Ru Huang, Nuo Xu, Pengpeng Ren, Changze Liu, Weize Xiong, Jianping Wang, Jinhua Liu, Jingang Wu, Waisum Wong, Shaofeng Yu, Hanming Wu, Shiuh-Wuu Lee, Yangyuan Wang. Deep Understanding of AC RTN in MuGFETs through New Characterization Method and Impacts on Logic Circuits. VLSI Symp. Tech. Dig, Japan, June, 2013
常一阳	张锦文	Yiyang Chang, Changchuan Chen and Jinwen Zhang. A Single-Walled Carbon Nanotubes Betavoltaic Microcell. IEEE MEMS 2013, Taipei, Taiwan, Jan. 20-24, 2013
王翔,余乐乐	崔斌	Xiang Wang, Lele Yu, Junjie Yao, Bin Cui. A Multiple Feature Integration Model to Infer Occupation from Social Records. WISE 2013, Nanjing, China, October 13-15, 2013
胡志挺	崔斌	Hongzhi Yin, Yizhou Sun, Bin Cui, Zhiting Hu, Ling Chen. LCARS: a location-content-aware recommender system. KDD 2013, USA, August 11-14, 2013
马林	崔斌	Yingxia Shao, Junjie Yao, Bin Cui, Lin Ma. PAGE: a partition aware graph computation engine. CIKM 2013, USA, October 27-November 1, 2013
陈林	边凯归	Lin Chen, Kaigui Bian, Lin Chen, Wei Yan and Xiaoming Li. On the Cascading Spectrum Contention Problem in Self-coexistence of Cognitive Radio Networks. First ACM Workshop on Cognitive Radio Architectures for Broadband, Miami, USA, October, 2013

续表

本科生姓名	指导教师	论文信息
刘晨昊	赵通，严伟	Chenhao Liu, Wenshan Fu, Tong Zhao, Wei Yan. martSlipper: A Fall Detection System Based on Mixture Algorithm for the Slippers with Sensors. 8th International Conference on Future Internet Technologies 2013, June 5-7, 2013
李海桐	康晋锋	Haitong Li, Zizhen Jiang, Peng Huang, Hong-Yu Chen, Bing Chen, Rui Liu, Zhe Chen, Feifei Zhang, Lifeng Liu, Bin Gao, Xiaoyan Liu, Shimeng Yu, Wong, H.-S. P., Jinfeng Kang. Statistical assessment methodology for the design and optimization of cross-point RRAM arrays. IEEE International Memory Workshop (IMW), Taiwan, May 18-21, 2014
喻韵璇	康晋锋	Yunxuan Yu, Xian Gong, Dong Liu, Yan Wang, Jinfeng Kang. High Performance of Y-doped Sn-Zn-O Films Fabricated by Solution-process for Amorphous Thin Film Transistors. Material Research Society (MRS) Fall Meeting, Boston, USA, December 1-6, 2013

国内期刊论文 2 篇，如下：

本科生姓名	指导教师	论文信息
杨柳	王衡，汪国平	杨柳，殷钊，滕建斌，王衡，汪国平. 改进贝叶斯分类的智能短信分类方法. 计算机科学
王田	崔小欣	王田，崔小欣，廖凯，廖楠，黄颖，张潇，敦山. RSA 加密中基于二次 Booth 编码的 Montgomery 乘法器. 北京大学学报（自然科学版）

国内会议论文 3 篇，如下：

本科生姓名	指导教师	论文信息
杨柳	王衡，汪国平	杨柳，殷钊，滕建斌，王衡，汪国平. 改进贝叶斯分类的智能短信分类方法. 第九届和谐人机环境联合学术会议（HHME2013），南昌，2013 年 9 月 26-28 日
谌国风	郭耀，陈向群	谌国风，孔俊俊，郭耀，陈向群. 一种智能手机上下文信息获取的代价模型及其应用. 全国软件与应用学术会议（NASAC 13），2013 年 11 月 1 日
杨楠	王千祥	杨楠，吴凌，王千祥. POIDE-PHP：支持 PHP 应用的在线集成开发环境. 2013 全国计算机软件学术会议，2013 年 11 月 8-10 日

申请的专利为：

杨柳、滕建斌、殷钊、王衡、汪国平. 一种基于改进贝叶斯分类的短信智能分类方法及搜索方法. 201310356056.6，中国：发明专利

康晋锋、龙云、李秀红、高滨、陈冰、黄鹏、刘睿. 基于阻变存储器的编码方法及编码器. 201310206696.9，中国：发明专利

康晋锋、龙云、李秀红、高滨、陈冰、黄鹏、刘睿. 一种 RRAM 逻辑器件的级联系统及方法. 201310206577.3,中国: 发明专利

5.4.2 2014 年本科生发表论文及专利申请

2014 年,学院本科生发表国际期刊论文 6 篇、国际会议论文 27 篇、国内期刊论文 1 篇、国内会议论文 2 篇,申请专利 4 项。

其中国际期刊论文 6 篇,如下:

本科生姓名	指导老师	论 文 信 息
王杰	熊英飞	熊英飞,张汉生,Arnaud Hubaux,Steven She,王杰,Krzysztof Czarnecki. Range Fixes: Interactive Error Resolution for Software Configuration. IEEE Transactions on Software Engineering,2014
常一阳	Jinwen Zhang	Yiyang Chang, Changchuan Chen, Peng Liu and Jinwen Zhang. A betavoltaic microcell based on Au/s-SWCNTs/Ti Schottky junction. Sensors & Actuators,vol. 215,pp. 17-21,2014
常一阳	Jinwen Zhang	Peng Liu,Yiyang Chang and Jinwen Zhang. Single-walled Carbon Nanotubes Film-silicon Heterojunction Radioisotope Betavoltaic Microbatteries. J. Micromech. Miroeng. ,24. 055026,2014
陈林	边凯归	K. Bian,J. Park,Lin. Chen,and X. Li. . Addressing the Hidden Terminal Problem for Heterogeneous Coexistence between TDM and CSMA Networks in White Space. IEEE Transactions on Vehicular Technology,vol. 63 no. 9, pp. 4450-4463,2014
李佳鹏 (物理学院)		Yao Guo, Yuxiang Han, Jiapeng Li, Xianlong Wei, Song Gao and Qing Chen,ACS Nano,DOI: 8.7771,2014
束加沛 (物理学院)		X. Li,X. L. Wei * ,T. T. Xu,Z. Y. Ning,J. P. Shu,X. Y. Wang,D. Pan,J. H. Zhao,T. Yang,Q. Chen * . Mechanical properties of individual InAs nanowires studied by tensile tests. Applied Physics Letters, 104. 10311,2014

国际会议论文 27 篇,如下:

本科生姓名	指导老师	论 文 信 息
陈佳华,李志伟,杨俊睿	王韬	Jiahua Chen, Tao Wang, Haoyang Wu, Jian Gong, Xiaoguang Li, Yang Hu,Gaohan Zhang,Zhiwei Li,Junrui Yang,and Songwu Lu. A High-performance and High-programmability Reconfigurable Wireless Development Platform (demonstration paper). the 2014 International Conference on Field-Programmable Technology(ICFPT 2014),Shanghai,China,December 10-12,2014

续表

本科生姓名	指导老师	论 文 信 息
张文泰	罗国杰	Chang Xu, Wentai Zhang, and Guojie Luo. Analyzing the Impact of Heterogeneous Blocks on FPGA Placement Quality. the 2014 International Conference on Field-Programmable Technology (ICFPT 2014), Shanghai, China, December 10-12, 2014
张文泰	罗国杰	Peng Li, Thomas Page, Guojie Luo, WentaiZhang, Pei Wang, Peng Zhang, Peter Maass, Ming Jiang, and Jason Cong. FPGA Acceleration for Simultaneous Medical Image Reconstruction and Segmentation (abstract). the 22nd IEEE International Symposium on Field-Programmable Custom Computing Machines (FCCM 2014), Boston, Massachusetts, USA, May 11-13, 2014
邓景予	梁云	Jingyu Deng, Yun Liang, Guojie Luo, Guangyu Sun. Rapid Design Space Exploration of Two-level Unified Caches. International Symposium on Circuits and Systems, Melbourne, Australia, June 1-5, 2014
赵澈	胡薇薇	Che Zhao, Ping Xue, Hanxing Zhang, Te Chen, Chao Peng, Weiwei Hu. High-contrast grating hollow-core waveguide splitter applied to optical phased array. October 9-11, 2014
李嫣然	李素建	Yanran Li, Sujian Li. Query-focused Multi-document Summarization: Combining Topic Modeling with Graph-based Semi-supervised Learning. Coling 2014, Dublin, Ireland, Aug 23-29, 2014
王亮	李素建	Sujian Li, Liang Wang, Ziqiang Cao, Wenjie Li. Text-level discourse dependency parsing. ACL 2014, Baltimore, U. S., June 22-25, 2014
黄柱彬	熊英飞，郝丹，张路，梅宏	黄柱彬，熊英飞，张洪宇，郝丹，张路，梅宏. Boosting Bug-Report-Oriented Fault Localization with Segmentation and Stack-Trace Analysis. ICSME，加拿大，2014
汪成龙	熊英飞，胡振江	李军，汪成龙，熊英飞，胡振江. SWIN: Towards Type-Safe Java Program Adaptation between APIs. PEPM，印度，2014
林晨	Jinwen Zhang	Yu Xiang, Mengge Li, Chen Lin, Peng Liu and Jinwen Zhang *. Carbon Nanotubes Film Preparation On 3D Structured Silicon Substrates by Spray Coating Technique for Application in Solar Cells. PowerMEMS2014, Awaji Island, Hyogo, JAPAN, November 18-21, 2014
常一阳	Jinwen Zhang	Peng Liu, Yiyang Chang and Jinwen Zhang. The SWCNTs film-silicon vertical heterojunction fabricated by drop-casting technique. IEEE NEMS2014, Hawaii, America, April 13-16, 2014

续表

本科生姓名	指导老师	论 文 信 息
陈林	边凯归	L. Chen, K. Bian, L. Chen, C. Liu, J. Park. A Group-theoretic Framework for Rendezvous in Heterogeneous Cognitive Radio Networks. ACM MobiHoc 美国费城, Aug. 11-14, 2014
毛景树、黄子翚、薛易清、佘俊峰	边凯归	W. Hu, J. Mao, Z. Huang, Y. Xue, J. She, K. Bian, and G. Shen. . Strata: Layered Coding for Scalable Visual Communications. ACM MobiCom, 美国夏威夷, 2014
廖昀	宋令阳	Yun Liao, Tianyu Wang, Lingyang Song, and Zhu Han. Cooperative Spectrum Sensing for Full-Duplex Cognitive Radio Networks. 14th IEEE International Conference on Communication Systems (ICCS), Macau, Nov. 2014
郝嘉、张泓亮	宋令阳	Jia Hao, Hongliang Zhang, Lingyang Song, and Zhu Han. Graph-based Resource Allocation for Device-to-Device Communications Aided Cellular Network. IEEE International Conference in China, Shanghai, Oct. 2014
廖昀	宋令阳	Yun Liao, Tianyu Wang, Lingyang Song, and Zhu Han. Listen-and-Talk: Full-duplex Cognitive Radio Networks. IEEE Globe Communication Conference (Globecom), Austin, USA, Dec. 2014
郑子杰	宋令阳	Zijie Zheng, Tianyu Wang, Lingyang Song, and Zhu Han. Efficient Resource Optimization for Heterogeneous Smart-Building Networks. IEEE International Conference on Communications, Sydney, Austrlia, Jun. 2014
张航	宋令阳	Hang Zhang, Tianyu Wang, Lingyang Song, and Zhu Han. Radio Resource Allocation for Physical-Layer Security in D2D Underlay Communications. IEEE International Conference on Communications, Sydney, Austrlia, Jun. 2014
邸博雅	宋令阳	Boya Di, Siavash Bayat, Lingyang Song, and Yonghui Li. Radio Resource Allocation for Full-Duplex OFDMA Networks Using Matching Theory. IEEE Conference on Computer Communications Workshops (INFOCOM WKSHPS), Toronto, Canada, Apr. -May. 2014.
杨蕴伦	邓志鸿	Yunlun Yang, Zhi-Hong Deng, Hongliang Yu. A Novel Content Enriching Model for Microblog Using News Corpus. The 52nd Annual Meeting of the Association for Computational Linguistics (ACL 2014), Baltimore, USA, June 22-27, 2014
罗炳峰,陆焕铨	冯岩松	Bingfeng Luo, Huanquan Lu, Yigang Diao, Yansong Feng and Dongyan Zhao. Detect Missing Attributes for Entities in Knowledge Bases via Hierarchical Clustering. The 3rd CCF Conference on Natural Language Processing and Chinese Computing (Shenzhen, China), Dec. 5-9, 2014

续表

本科生姓名	指导老师	论文信息
胡志挺	崔斌	Zhiting Hu, Junjie Yao, and Bin Cui. User Group Oriented Temporal Dynamics Exploration. The Twenty-Eighth AAAI Conference on Artificial Intelligence, 加拿大, July 27-31, 2014
马林	崔斌	Yinxia Shao, Bin Cui, Lei Chen, Lin Ma, Junjie Yao, and Ning Xu. Parallel Subgraph Listing in a Large-Scale Graph. ACM SIGMOD Conference, 美国, June, 2014
胡志挺	崔斌	Hongzhi Yin, Bin Cui, Ling Chen, Zhiting Hu, and Zi Huang. A Temporal Context-Aware Model for User Behavior Modeling in Social Media Systems. ACM SIGMOD Conference 2014, 美国, June, 2014
胡志挺	崔斌	Hongzhi Yin, Bin Cui, Yizhou Sun, Zhiting Hu, and Ling Chen. LCARS: A Spatial Item Recommender System. ACM Transactions on Information Systems, Accepted in Mar 2014
马林	崔斌	Yingxia Shao, Bin Cui, and Lin Ma. PAGE: A Partition Aware Engine for Parallel Graph Computation. IEEE Transaction on Data and Knowledge Engineering, Accepted in Apr 2014
胡志挺	崔斌	Hongzhi Yin, Bin Cui, Ling Chen, Zhiting Hu and Chengqi Zhang. Modeling Location-based User Rating Profiles for Personalized Recommendation. ACM Transactions on Knowledge Discovery from Data, Accepted in Aug 2014

国内期刊论文1篇，如下：

本科生姓名	指导老师	论文信息
吴阳怿，吴逸鸣	熊英飞	吴阳怿，吴逸鸣，熊英飞. 基于上下文无关文法的可逆变换模型. 计算机科学与探索，2014

国内会议论文2篇，如下：

本科生姓名	指导老师	论文信息
吴阳怿，吴逸鸣	熊英飞	吴阳怿，吴逸鸣，熊英飞. 基于上下文无关文法的可逆变换模型. 计算机科学与探索（NASAC2014），桂林，2014年11月
陈之昀	王亚沙	何远舵，陈之昀，王亚沙. 一种面向浏览式购物行为模式的LBS购书移动应用. 第十三届全国软件与应用学术会议（NASAC2014），桂林，2014年11月

申请专利4项,如下:

发 明 人	专利名称	专 利 号	国家及专利类别
毛新宇,张云峰,任术波	一种 MIMO 系统下的信号检测方法和装置	ZL2010 1 0576911.0	中国:发明专利
毛新宇,李斗	MIMO 系统的信号检测方法	ZL2011 1 0270989.4	中国:发明专利
毛新宇,李斗	MIMO 系统的串行分块信号检测方法及装置	ZL2011 1 0270986.0	中国:发明专利
毛新宇,吴建军	MIMO 系统的信号检测方法和装置	ZL2012 1 0191954.6	中国:发明专利

5.4.3 2015 年本科生发表论文及专利申请

2015 年,学院本科生发表国际期刊论文 11 篇、国际会议论文 25 篇、国内会议论文 1 篇。其中国际期刊论文 11 篇,如下:

本科生姓名	指导老师	论文信息
李海桐	康晋锋	H. Li, B. Gao, Z. Chen, Y. Zhao, P. Huang, H. Ye, L. Liu, X. Liu, and J. Kang. A learnable parallel processing architecture towards unity of memory and computing. Scientific Reports, vol. 5, Art. ID 13330, 2015
李海桐	康晋锋	H. Li, B. Gao, H.-Y. Chen, Z. Chen, P. Huang, R. Liu, L. Zhao, Z. Jiang, L. Liu, X. Liu, S. Yu, J. Kang, Y. Nishi, and H.-S. P. Wong. Three-dimensional resistive memory arrays: from intrinsic switching behaviors to optimization guidelines. IEEE Trans. Electron Devices, 10.1109/TED.2015.2468602, 2015
于博诚	张海霞	Bocheng Yu, Mengdi Han, Haotian Chen, Xiaoliang Cheng, Jinxin Zhang, Haixia Zhang. Jagged Discharging Electrodes Powered by Encapsulated Liquid based Triboelectric Nanogenerator. MicroNanoLetter, 2015
于博诚	张海霞	Mengdi Han, Bocheng Yu, Guolin Qiu, Haotian Chen, Zongming Su, Mayue Shi, Bo Meng, Xiaoliang Cheng, Haixia Zhang *. Electrification based devices with encapsulated liquid for energy harvesting, multifunctional sensing, and self-powered visualized detection. Journal of Materials Chemistry A, 2015, pp 7382-7388
孟祥一	郭弘	Xiangyi Meng, Jian-Wei Zhang, Jingjing Xu, Hong Guo. Quantum spatial-periodic harmonic model for daily price-limited stock markets. Physica A. Vol. 438, pp. 154-160, 2015
罗牧龙,王静	王润声	Mulong Luo, Runsheng Wang, Shaofeng Guo, Jing Wang, Jibin Zou, Ru Huang. Impacts of Random Telegraph Noise (RTN) on Digital Circuits. IEEE Trans. Electron Devices, vol. 62, no. 6, pp. 1725-1732, 2015

续表

本科生姓名	指导老师	论文信息
孟祥一	郭弘	Xiangyi Meng, Chengjun Wu, and Hong Guo. Minimal evolution time and quantum speed limit of non-Markovian open systems. Scientific Reports, Vol 5, p16357, 2015
潘睿智	周小计	Ruizhi Pan, Xuguang Yue, Xia Xu, Haichang Lu, and Xiaoji Zhou. Multiple photon-echo rephasing of coherent matter waves. Physics Letters A, pp. 379, 691, 2015
胡志文	宋令阳	Zhiwen Hu, Zijie Zheng, Lingyang Song, Tao Wang and Xiaoming Li. Caching as a service: Small-cell Caching Mechanism Design for Service Providers. Transactions on Wireless Communications (TWC), 2015
廖昀	宋令阳	Yun Liao, Lingyang Song, Zhu Han, Yonghui Li. Full-Duplex Cognitive Radio: A New Design Paradigm for Enhancing Spectrum Usage. IEEE Communications Magazine, vol. 8, no. 5, pp. 138-145, 2015
廖昀	宋令阳	Yun Liao, Kaigui Bian, Lingyang Song, Zhu Han. Full-duplex MAC Protocol Design and Analysis. IEEE Communication Letters, vol. 19, no. 7, pp. 1185-1188, 2015

国际会议论文25篇，如下：

本科生姓名	指导老师	论文信息
李海桐	康晋锋	H. Li, Z. Jiang, P. Huang, Y. Wu, H.-Y. Chen, B. Gao, X. Liu, J. Kang and H.-S. P. Wong. Variation-aware, reliability-emphasized design and optimization of RRAM using SPICE model. Design, Automation & Test in Europe (Grenoble, France), pp. 1425-1430, 2015
李海桐	康晋锋	J. Kang, H. Li, P. Huang, Z. Chen, B. Gao, X. Liu, Z. Jiang and H.-S. P. Wong. Modeling and design optimization of ReRAM. T Asia and South Pacific Design Automation Conference, Chiba/Tokyo, Japan, pp. 576-581, 2015
李海桐	康晋锋	Y. Zhao, P. Huang, Z. Chen, C. Liu, H. Li, B. Chen, W. Ma, F. Zhang, B. Gao, X. Liu and J. Kang. Insights into resistive switching characteristics of TaOX-RRAM by Monte-Carlo simulation. IEEE International Symposium on VLSI Technologies, Systems and Applications, pp. 1-2
李海桐	康晋锋	X. Liu, P. Huang, B. Gao, H. Li, Y. Zhao and J. Kang. Reliability simulation of TMO RRAM. TIEEE Int. Symp. Physical and Failure Analysis of Integrated Circuits, 2015, pp. 535-538
于博诚	张海霞	Bocheng Yu, Mengdi Han, Haixia Zhang *. A Novel Discharge System Based on Jagged Electrodes with Controllable Spacing. IEEE NEMS2015, pp. 525-528, April 7-11, 2015

续表

本科生姓名	指导老师	论文信息
于博诚	张海霞	Mengdi Han, Bocheng Yu, Xiaoliang Cheng, Bo Meng, and Haixia Zhang *. A Super-flexible and LIGHTWEIGHT MEMBRANE for Energy Harvesting. Transducers 2015, Anchorage, Alaska, USA, June 21-25, 2015
朱纪乐	张铭	Ming Zhang, Jile Zhu, Yanzhen Zou, Hongfei Yan, Dan Hao, Chuxiong Liu. Educational Evaluation in the PKU SPOC Course " Data Structures and Algorithms". ACM Conference on Learning at Scale, 加拿大温哥华, pp. 237-240, 2015
瞿锰, 王明哲	张铭	Jian Tang, Meng Qu, Mingzhe Wang, Ming Zhang, Jun Yan, Qiaozhu Mei, LINE: Large-scale Information Network Embedding. 24th International World Wide Web Conference (WWW 2015), 意大利佛洛伦萨, pp. 1067-1077, 2015
杨钰淏	张锦文	H. Liu, Y. Yang, and J. Zhang. A NOVEL MOS RADIATION DOSIMETER BASED ON THE MEMS-MADE OXIDE LAYER. Transducers 2015, Anchorage, Alaska, pp. 1056-1059, 2015
毛冬元	王润声	Dongyuan Mao, Shaofeng Guo, Runsheng Wang, Changze Liu, Ru Huang. On the Origin of Frequency Dependence of Single-Trap Induced Degradation in AC NBTI. IEEE IPFA, 台湾, 6-1, 2015. 6. 29-2015. 7. 2
陈希, 刘昊坤	邓志鸿	Xi Chen, Haokun Liu, Zhihong Deng, Yunlun Yang. Retrieving Relevant and Diverse Image from Social Media Images. Wurzen, Germany, Sept. 14-15, 2015
唐子豪	郭耀	Haoyu Wang, Yao Guo, Zihao Tang, Guangdong Bai, Xiangqun Chen. Reevaluating Android Permission Gaps with Static and Dynamic Analysis. IEEE GLOBECOM 2015, San Diego, CA. 2015
娄一翎	郝丹	Yafeng Lu, Yiling Lou, Shiyang Chen, Lingming Zhang, Dan Hao, Yangfan Zhou and Lu Zhang. How Does Regression Test Prioritization Perform in Real-World Software evolution. the 38th International Conference on Software Engineering, USA, 2015
娄一翎	郝丹	Yiling Lou, Dan Hao, Lu Zhang. Mutation-based Test-Case Prioritization in Software Evolution. the 26th IEEE International Symposium on Software Reliability Engineering, USA, pp. 46-57, Nov. 2-5, 2015
毛冬元	王润声	Dongyuan Mao, Shaofeng Guo, Runsheng Wang, Changze Liu, Ru Huang. On the Origin of Frequency Dependence of Single-Trap Induced Degradation in AC NBTI. IEEE IPFA 2015, 台湾, pp. 107-110, 2015
廖昀	宋令阳	Yun Liao, Boya Di, Kaigui Bian, Lingyang Song, Dusit Niyato, Zhu Han. Cross-layer Protocol Design for Distributed Full-duplex Networks. IEEE Global Communications Conference, 2015

续表

本科生姓名	指导老师	论 文 信 息
胡智文	宋令阳	Zhiwen Hu, Zijie Zheng, Tao Wang, and Lingyang Song. Small-cell Caching Mechanism for Multi-Service Providers. IEEE International Conference on Computer Communications (INFOCOM) Hong Kong, pp. 61-62, April 26-May 1,2015
胡智文	宋令阳	Zhiwen Hu, Zijie Zheng, Tao Wang, and Lingyang Song. Roadside Unit Caching Mechanism for Multi-Service Providers. ACM International Symposium on Mobile Ad Hoc Networking and Computing (MOBIHOC) Hang Zhou, China, pp. 378-388, June 22-June 25, 2015
姚超	宋令阳	Chao Yao, Hongliang Zhang, Lingyang Song. Demo: WiFi Multihop: Implementing Device-to-Device Local Area Networks by Android Smartphones. Mobicom 2015, HangZhou China, pp. 405-406, 2015.6.22 ~ 2015.6.26
姚超	宋令阳	Chao Yao, Kun Yang, Lingyang Song, Yonghui Li. X-Duplex: Adapting of Full-Duplex and Half-Duplex. INFOCOM 2015, HongKong China, pp. 55.56, 2015.4.26-2015.5.1
丁瑞洲	宋令阳	Ruizhou Ding, Tianyu Wang, Lingyang Song, Zhu Han, Jianjun Wu. Roadside-unit caching in vehicular ad hoc networks for efficient popular content delivery. Wireless Communications and Networking Conference (WCNC), 2015 IEEE @ New Orleans, US, pp. 1207-1212, 2015/3/9-2015/3/12
宋利伟	宋令阳	Liwei Song, Yun Liao, and Lingyang Song. Flexible Full-duplex Cognitive Radio Networks by Antenna Reconfiguration. IEEE/CIC International Conferenceon Communications in China, 2015, Shenzhen, Nov. 2-4, 2015
张舒航	宋令阳	Shuhang Zhang, Boya Di, Lingyang Song. Unified Resource Allocation for Small Cell Networks Using Matching Theory. ACM International Symposium on Mobile Ad Hoc Networking and Computing (MOBIHOC), pp. 395-396, Jun. 22-15, 2015
张寰宇	宋令阳	Huanyu Zhang, Mingxin Zhou, Lingyang Song, Shengli Zhang. Demo: Software-Defined Device to Device Communication in Multiple Cells. ACM International Symposium on Mobile Ad Hoc Networking and Computing (MOBIHOC), Jun. 22-15, 2015
孔梓昀	王爱民	Yuxuan Ma, Yizhou Liu, Ziyun Kong, Fei Zhao, Chen Li, Tongxiao Jiang, Aimin Wang, Gang Zhao, and Zhigang Zhang. 30 GHz spaced astro-comb for low resolution astronomical spectrographs. CLEO Pacific Rim 2015, 釜山, paper 27P-25, 2015

国内会议论文1篇,如下:

本科生姓名	指导老师	论文信息
宋利伟	宋令阳	Liwei Song,Yun Liao,and Lingyang Song. Flexible Full-duplex Cognitive Radio Networks by Antenna Reconfiguration. IEEE/CIC International Conference on Communications in China,2015,Shenzhen

申请专利3项,如下:

发明人	专利名称	专利号	国家及专利类别
康晋锋,李海桐,高滨,刘力锋,刘晓彦	运算存储阵列及其操作方法	201510305628.7	中国:发明专利
张海霞,师马跃,张进鑫	一种无线自供能充电服	201510497749.6	中国:发明专利
张海霞,师马跃,陈号天,张进鑫,韩梦迪,苏宗明,孟博,程晓亮	一种单表面位置传感器及其定位方法(PCT中文)	PCT/CN2015000091	国际发明专利PCT

5.4.4 2016年本科生发表论文及专利申请

2016年,学院本科生发表国际期刊论文7篇、国际会议论文33篇、国内期刊论文2篇。其中国际期刊论文7篇,如下:

本科生姓名	指导老师	论文信息
宋利伟	宋令阳	Liwei Song, Yun Liao, Kaigui Bian, Lingyang Song, Zhu Han. Cross-Layer Protocol Design for CSMA/CD in Full-Duplex WiFi Networks. IEEE Communications Letters,vol. 20,no. 4,2016
赵闻达	王玮	Wenda Zhao,Baojun Wang,and Wei Wang. Biochemical sensing by nanofluidic crystal in a confined space. Lab on a Chip,2050-2058,2016
Zhang, Gengmin		Zhang, Gengmin. Finding out normal coordinates with the method of undetermined coefficients: An alternative starting point of solving a small oscillation problem with two degrees of freedom. International Journal of Mechanical Engineering Education,Vol. 44,No.3,pp.185-197,2016
张腾	蔡一茂	Zongwei Wang,Minghui Yin,Teng Zhang,Yimao Cai,Yangyuan Wang,Yuchao Yang and Ru Huang. Engineering incremental resistive switching in TaOx based memristors for brain inspired computing. Nanoscale,8,14015-14022,2016
杨钰淏	张锦文	Hongrui Liu, Yuhao Yang and Jinwen Zhang. A metal-oxide-semiconductor radiation dosimeter with a thick and defect-rich oxide layer. I26 (2016): 045014,2016

续表

本科生姓名	指导老师	论文信息
孔梓昀	王爱民	Jian Zhang, Ziyun Kong, Yizhou Liu, Aimin Wang and Zhigang Zhang. Compact 517 MHz soliton mode-locked Er-doped fiber ring laser. Photon. Res, 4, 27-29, 2016
鲁培	王爱民	Tongxiao Jiang, Yifan Cui, Pei Lu, Chen Li, Aimin Wang, Zhigang Zhang. All PM fiber laser mode locked with a compact phase biased amplifier loop mirror. IEEE Photon. Techno. Lett. ,28, 1786-1789, 2016

国际会议论文34篇,如下:

本科生姓名	指导老师	论文信息
张霞	闫宏飞	Xia Zhang, Weizheng Chen, Hongfei Yan. TLINE: Scalable Transductive Network Embedding. Asia Information Retrieval Societies Conference / Tsinghua University, Beijing, China, Nov. 30-Dec. 2, 2016
张舒航	宋令阳	Shuhang Zhang, Boya Di, Lingyang Song, Yonghui Li. Radio Resource Allocation for Non-orthogonal Multiple Access (NOMA) Relay Network Using Matching Game. International Conference on Communications, pp. 1-6, May 23-27, 2016
李昀烛,孙本元	王亦洲	Yunzhu Li, Benyuan Sun, Tianfu Wu and Yizhou Wang. Face Detection with End-to-End Integration of a ConvNet and a 3D Model. the European Conf. on Computer Vision (ECCV), Oct. 8-16, 2016
张泽轩	王润声	Zexuan Zhang, Shaofeng Guo, Xiaobo Jiang, Runsheng Wang, Jibin Zou, Ru Huang. Investigation on the Amplitude Distribution of Random Telegraph Noise (RTN) in Nanoscale MOS Devices. IEEE International Nanoelectronics Conference (INEC), 成都, P014, 5.9-11, 2016
刘径舟	张铭	唐建, 刘径舟, 张铭, 梅俏竹. Visualizing Large-scale and High-dimensional Data. 国际万维网会议蒙特利尔, 287-297, 2016
李浩然	张铭	Chenguang Wang, Yangqiu Song, Haoran Li, Ming Zhang, Jiawei Han. Text Classification with Heterogeneous Information Network Kernels. AAAI, Phoenix, Arizona USA, pp. 2130-2136, Feb. 16-17, 2016
庞璐	黄铁军	Hongye Liu, Yonghong Tian, Yaowei Wang, Lu Pang, Tiejun Huang. Deep Relative Distance Learning: Tell the Difference Between Similar Vehicles. IEEE Conf. Computer Vision and Pattern Recognition, Las Vegas USA, Jun. 25-29, 2016
娄一翎	郝丹	Ie Zhang, Yiling Lou, Lingming Zhang, Dan Hao, Lu Zhang, Hong Mei. Isomorphic Regression Testing: Executing Uncovered Branches without Test Augmentation. ACM SIGSOFT International Symposium on the Foundations of Software Engineering, USA, Jan. 2016

续表

本科生姓名	指导老师	论文信息
白彦威	郝丹	Junjie Chen, Yanwei Bai, Dan Hao, Lingming Zhang, Lu Zhang, Bing Xie, Hong Mei. Supporting Oracle Construction via Static Analysis. 31st IEEE/ACM International Conference on Automated Software, 2016. 9
胡智文	宋令阳	Zhiwen Hu, Zijie Zheng, Tao Wang, and Lingyang Song. Roadside Unit Caching Mechanism for Multi-Service Providers. ACM International Symposium on Mobile Ad Hoc Networking and Computing (MOBIHOC) Hang Zhou, China, pp. 378-388, June 22-June 25, 2015
王子祎	郝丹	Jie Zhang, Ziyi Wang, Lingming Zhang, Dan Hao, Lei Zang, Shiyang Cheng and Lu Zhang. Predictive Mutation Testing. International Symposium on Software Testing and Analysis, 德国, 2016. 7
娄一翎	郝丹	Yafeng Lu, Yiling Lou, Shiyang Cheng, Lingming Zhang, Dan Hao, Yangfan Zhou, Lu Zhang. How Does Regression Test Prioritization Perform in Real-World Software Evolution. the 38th International Conference on Software Engineering, 2016. 5
白彦威	郝丹	Junjie Chen, Yanwei Bai, Dan Hao, Yingfei Xiong, Hongyu Zhang, Lu Zhang, Bing Xie. A Text-Vector Based Approach to Test Case Prioritization. the International Conference on Software Testing, Verification and Validation, 美国, 2016. 4
毛冬元	王润声	Dongyuan Mao, Shaofeng Guo, Runsheng Wang, Changze Liu, Ru Huang. Impacts of Metastable Defect States on Gate Oxide Trapping in Nanoscale MOS Devices. IEEE International Nanoelectronics Conference (INEC), 成都, T13-2, 2016. 5. 9-11
毛冬元	王润声	Dongyuan Mao, Shaofeng Guo, Runsheng Wang, Mulong Luo, Ru Huang. Deep Understanding of Random Telegraph Noise (RTN) Effects on SRAM Stability. International Symposium on VLSI Technology, Systems and Applications (VLSI-TSA), 台湾, T5-2, 2016. 4. 25-27
沈业基	蒋婷婷	沈业基, 蒋婷婷. Ranking Consistent Rate: New Evaluation Criterion on Pairwise Subjective Experiments. International Conference on Image Processing 2016, Phoenix, USA, Sep. 25-28, 2016
崔兆雄	蒋婷婷	崔兆雄, 蒋婷婷. No-reference Video Shakiness Quality Assessment. Asian Conference on Computer Vision (ACCV 2016), Nov. 20-24, 2016
毛冬元	王润声	Dongyuan Mao, Shaofeng Guo, Runsheng Wang, Mulong Luo, Ru Huang. Deep Understanding of Random Telegraph Noise (RTN) Effects on SRAM Stability. International Symposium on VLSI Technology, Systems and Applications (VLSI-TSA), 台湾, T5-2, 2016. 4. 25-27

续表

本科生姓名	指导老师	论文信息
沈业基	蒋婷婷	沈业基，蒋婷婷. Ranking Consistent Rate：New Evaluation Criterion on Pairwise Subjective Experiments. International Conference on Image Processing 2016，Phoenix，USA，Sep. 25-28，2016
苗睿	金芝	Yangyang Lu，Ge Li，Rui Miao，Zhi Jin. Learning Embeddings Of API Tokens To Facilitate Deep Learning Based Program Processing. IKSEM 2016，Passau (Germany)，Oct. 5-7，2016
廖雨泽	王源	Chao Ma，Yuze Liao，Yuan Wang，and Zhen Xiao. F2M：Scalable Field-Aware Factorization Machines. NIPS MLSys workshop，巴塞罗那，Dec. 10，2016
王雨迪	王爱民	Bingying Chen，Aimin Wang，Yudi Wang，Yijun Li，Zhigang Zhang. 500mW 930nm femtosecond Nd：fiber laser for two-photon microscopic imaging. Conference on Lasers and Electro-Optics (CLEO) San Jose，USA，paper JW2A. 1，Jun 4-10，2016
李昀烛	王亦洲	Yunzhu Li，Benyuan Sun，Tianfu Wu，Yizhou Wang. Face Detection with End-to-End Integration of a ConvNet and a 3D Model. IECCV 2016，Amsterdam，The Netherland，pp. 16，Oct. 8-16，2016
李昀烛		Yunzhu Li，Andre Esteva，Brett Kuprel，Rob Novoa，Justin Ko，Sebastian Thrun. Skin Cancer Detection and Tracking using Data Synthesis and Deep Learning. NIPS 2016 Workshop on Machine Learning for Health，Barcelona，Spain，pp. 4，Dec. 5-10，2016
彭方玥	王亦洲	Yuansheng Xu，Fangyue Peng，Yu Yuan，Yizhou Wang. Face Album：towards automatic photo management based on person identity on mobile phones. 2017 IEEE International Conference on Acoustics，Speech and Signal Processing (ICASSP)，New Orleans，LA，USA，Mar 5-9，2017
何卓论	罗国杰	Zhuolun He and Guojie Luo. FPGA Acceleration for Computational Glass-Free Displays. 25th ACM/SIGDA International Symposium on Field-Programmable Gate Arrays (FPGA 2017)，Monterey，CA，USA，Feb. 22-24，2017
汪若宬，朱雅珺	鲁文高	Ruocheng Wang，Wengao Lu *，Yajun Zhu，Yuze Niu，Yacong Zhang，Zhongjian Chen. A 1. 67-ppm/°C 64-ppm/V Curvature Compensated Bandgap Reference Based on a Transcendental Equation. IEEE International Conference on Solid-State and Integrated Circuit Technology，2016. 10
刘兆恺	鲁文高	Zhaokai Liu，Wengao Lu *，Yuze Niu，Dahe Liu，Yacong Zhang，Zhongjian Chen. A 14-bit 8-column shared SAR ADC for 640 × 512 IRFPA. IEEE International Conference on Solid-State and Integrated Circuit Technology，2016. 10

续表

本科生姓名	指导老师	论文信息
刘本元一,于善哲	鲁文高	Benyuanyi Liu, Wengao Lu * , Dahe Liu, Shanzhe Yu, Yacong Zhang, Zhongjian Chen. A Novel Low-Power Readout Structure with 1/2 Sub-Scan Time-Delay-Integration and DLL-Based A/D for 1024 × 6 Infrared Focal Plane Array. IEEE International Symposium on Circuits and Systems (ISCAS 2016), 2016.5
刘兆恺	鲁文高	Yitong Cao, Wengao Lu * , Kezhi Li, Zhaokai Liu, Zhongjian Chen, Yacong Zhang. A Capacitor Self-Calibration Technique for High Resolution ADCs. IEEE International Conference on Solid-State and Integrated Circuit Technology, 2016.10
张泽轩	王润声	Zhe Zhang, Zexuan Zhang, Runsheng Wang, Xiaobo Jiang, Shaofeng Guo, Yangyuan Wang, Xingsheng Wang, Binjie Cheng, Asen Asenov, Ru Huang. New Approach for Understanding "Random Device Physics" from Channel Percolation Perspectives: Statistical Simulations, Key Factors and Experimental Results. IEDM 2016, 美国, pp. 172-175., Sep. 25-28, 2016.12
张泽轩	王润声	Zexuan Zhang, Zhe Zhang, Shaofeng Guo, Runsheng Wang, Xingsheng Wang, Binjie Cheng, Asen Asenov, Ru Huang. Investigation on the Amplitude of Random Telegraph Noise (RTN) in Nanoscale MOSFETs-Scaling Limit of 'Hole in the Inversion Layer' Model. ICSICT 2016, 中国, pp. 1-4, Oct. 10, 2016
孙韬	王润声	Tao Sun, Runsheng Wang, Pengpeng Ren, Xiaobo Jiang, Ru Huang. On the Assessment of End-of-Life Variability induced by Stochastic NBTI in Nanoscale MOSFETs Accompanying Conspicuous RTN. ICSICT 2016, 中国, Oct. 10, 2016
石昊悦,黎才华	胡俊峰	石昊悦,黎才华,胡俊峰. Real Multi-Sense or Pseudo Multi-Sense: An Approach to Improve Word Representations. Workshop on Computational Linguistics for Linguistic Complexity, Osaka, Japan, pp. 79, Dec. 11, 2016

国内期刊论文 2 篇,如下:

本科生姓名	指导老师	论文信息
陈玺	马修军	陈玺,马修军,吕欣. Hadoop 生态系统安全框架综述. 信息安全研究, 2(8): 684-698, 2016
田元贺	刘扬	田元贺、刘扬. 汉语未登录词的词义知识表示及语义预测. 中文信息学报, 230(6), 101-109, 2016

授权专利 1 项,如下:

发明人	专利名称	专利号	国家及专利类别
张锦文,杨钰淏	一种 MOS 结构的辐射剂量探测器及其制备方法	ZL 201310508920X	中国:发明专利

申请专利 1 项，如下：

发　明　人	专 利 名 称	专利申请受理号	国家及专利类别
刘本元一，鲁文高，牛育泽，于善哲，金美岑，张雅聪，陈中建	一种基于半行交替的焦平面阵列无隙读出方法与电路	CN201610384425.6	中国，发明专利

5.5　历年获奖

5.5.1　2013 年获奖情况

1. 计算机 ACM 竞赛获奖情况

成都赛区金牌：谭震、郑泽宇、郭天魁、莫成娴、石昊悦、李天石；银牌：李煜东、王迪、钟泽轩、史舒扬、张闻涛、张天宇。

南京赛区金牌：吴争锴、李超、朱睿、毛景树、高欣、冯一；银牌：莫成娴、石昊悦、李天石。

长沙赛区金牌：毛景树、高欣、冯一；银牌：陈灏、胡天翔、佘俊峰、谭震、郑泽宇、郭天魁、何昊、陈睿、孙猛。

泰国普吉，第一名：吴争锴、李超、朱睿。

越南岘港，第一名：杜宇飞、罗翔宇、倪泽堃。

长春赛区金牌：李煜东、王迪、钟泽轩；银牌：黄祎程、邹乐其、陈鸣；铜牌：刘洪轩、李昊南、张恂。

2. 本科生各类与学习有关的其他奖项

2013 年 4 月，周振宇、刘卢琛、黄权隆获得北京大学 Hulu 杯 ACM 竞赛三等奖。

2013 年 5 月，周振宇、何庆甘、李笑宇的“基于无监督学习的卵巢癌预测”获得北京大学江泽涵杯数学建模三等奖。

2013 年 6 月，由钱丽艳指导，赵友伦、曾彦琪获得 2013 年中国大学生计算机设计大赛北京市级“朔日科技”杯赛二等奖（软件开发类）。

2013 年 6 月，由钱丽艳指导，庄子奇、邹雨浓、陈翌炜获得 2013 年中国大学生计算机设计大赛北京市级“朔日科技”杯赛一等奖（媒体设计民族组—交互媒体）。

2013 年 8 月，由钱丽艳指导，赵友伦、曾彦琪获得第六届中国大学生计算机设计大赛三等奖（软件开发类）。

2013 年 11 月，由王千祥指导，杨楠、吴凌的“POIDE-PHP：一个支持 PHP 应用的在线集成开发环境”获得第一届“软件研究成果原型竞赛”一等奖。

2013 年 11 月，由李戈、金芝、张路指导，兰铮、周振宇的“Java Bytecode Clone Detection based on Variable Operation Sequence Analysis”获得北京大学信息学院本科生科研成果展示三

等奖。

5.5.2 2014年获奖情况

2014年英特尔杯全国大学生电子设计竞赛——嵌入式系统专题邀请赛：全国一等奖：袁木子、胡智文、邵鑫，可编程综合格斗训练平台。全国二等奖：董未、梅章君、向仁楷，基于三维虚拟声音的虚拟乐队指挥台。全国二等奖：罗光涵、姚超、周一，老人智能电视看护系统。全国三等奖：王泽宇、李子扬、李夷帆，基于人脸追踪的动态展示系统。

ACM-ICPC亚洲预选赛(牡丹江)金奖：高煜、孙周易、周子凯、史舒扬、张闻涛、张天宇；铜奖：黎才华、林泽辉、王子辰、郑予凡、吴萤西、苏嘉俊。

ACM-ICPC亚洲预选赛(鞍山) 金奖(冠军)：李超、王迪、吴争锴；金奖：李煜东、沈洋、章玄润；银奖：何昊、陈睿、郭秭含、张高翔、李昀烛、林旸焜。

ACM-ICPC亚洲预选赛(北京) 银奖(最佳女队)：莫成娴、石昊悦、李天石；银奖：张高翔、李昀烛、林旸焜。

ACM-ICPC亚洲预选赛(上海) 金奖：高煜、孙周易、周子凯、高远、金天成、孙伟；银奖：何昊、陈睿、郭秭含、郭天魁、谭震、郑泽宇。

ACM-ICPC亚洲预选赛(西安) 金奖(亚军)：杜宇飞、罗翔宇、倪泽堃；金奖：郭天魁、谭震、郑泽宇、陈成、沈洋、章玄润；银奖：高远、金天成、孙伟。

5.5.3 2015年获奖情况

ACM-ICPC亚洲预选赛(长春)：4支队伍全部获金奖，分别排名第1(冠军)、第2、第4、第10。金奖(冠军)：章玄润、沈洋、李煜东；金奖：谭震、郑泽宇、郭天魁、黎才华、林泽辉、林旸焜、易晓涵、曾颖、陈家泽。

ACM-ICPC亚洲预选赛(沈阳)：3支队伍分别排名第3(季军，金奖)、第8(金奖)、第30(铜奖)。金奖(季军)：章玄润、沈洋、李煜东；金奖：何昊、陈睿、郭秭含；铜奖：周子凯、孙周易、高煜。

ACM-ICPC亚洲预选赛(合肥)：3支队伍分别排名第9(金奖)、第25(银奖)、第39(银奖)。金奖：张煜皓、陈牧歌、任路遥；银奖：李卓翰、郑桦、黄厚钧、石昊悦、田菁曳、吴萤西。

ACM-ICPC亚洲预选赛(上海)：3支队伍分别排名第6(金奖)、第65(铜奖)、第86(铜奖)。金奖：杜宇飞、罗翔宇、倪泽堃；铜奖：陈淙靓、王易檀、钟原、张煜皓、陈牧歌、任路遥。

ACM-ICPC亚洲预选赛(泰国普吉)：1支队伍排名第3，获季军。季军：谭震、郑泽宇、郭天魁。

ACM-ICPC亚洲预选赛(日本筑波)：1支队伍排名第3，获季军。季军：杜宇飞、罗翔宇、倪泽堃。

ACM-ICPC亚洲预选赛(EC-Final) 金奖：谭震、郑泽宇、郭天魁；银奖：章玄润、沈洋、李煜东、黎才华、林泽辉、林旸焜。

5.5.4 2016年获奖情况

ACM-ICPC亚洲预选赛(大连)：3支队伍全部获金奖，其中1支队伍同时获得最快解题奖。金奖且最快解题奖：倪星宇、王易檀、钟原。金奖：李昊、李奕成、张浩威、李卓翰、任路遥、张煜皓。

ACM-ICPC 亚洲预选赛（日本筑波）：参赛1支队伍，获得最快解题奖。最快解题奖：李煜东、沈洋、章玄润。

ACM-ICPC 亚洲预选赛（沈阳）：4支队伍中1支队伍同时获得冠军、金奖且最快解题奖*2、2支队伍获金奖，1支队伍获铜奖。冠军、金奖且最快解题奖*2：郭天魁、吉如一、王文涛。金奖：李煜东、沈洋、章玄润、陈牧歌、陶渊政、卓立典。铜奖：孙雨奇、吴宜庭、吴萤西。

ACM-ICPC 亚洲预选赛（青岛）：3支队伍均获得金奖，其中1支队伍同时获得最快解题奖。金奖且最快解题奖：李昊、李奕成、张浩威。金奖：邹雨恒、王梦迪、黄哲威、姜博睿、罗睿轩、肖特特。

ACM-ICPC 亚洲预选赛（泰国曼谷）：参赛1支队伍，获得冠军且最快解题奖*2。冠军且最快解题奖*2：郭天魁、吉如一、王文涛。

ACM-ICPC 亚洲预选赛（缅甸仰光）：参赛1支队伍，获得最快解题奖。最快解题奖：李卓翰、任路遥、张煜皓。

ACM-ICPC 中国区决赛（上海）：4支队伍均获得金奖。金奖：郭天魁、吉如一、王文涛、李昊、李奕成、张浩威、李卓翰、任路遥、张煜皓、廖俊豪、林旸焜、林泽辉。

2016年英特尔杯全国大学生电子设计竞赛——嵌入式系统专题邀请赛：全国一等奖：魏宇轩、刘珂飞、张越，新概念触摸输入设备研究。全国二等奖：杨宛星、魏后民、孙泽宇，智能健身和体育教学系统。全国三等奖：周诗培、高英国、仇涵，智能台灯——老人生活助手。

第6章　信息教育的新形势、新问题、新方法、新趋势

6.1　新形势——时代背景

信息化是当今时代发展的大趋势，根据2016年印发的《国家信息化发展战略纲要》，以信息化驱动现代化，建设网络强国，是落实“四个全面”战略布局的重要举措，是实现“两个一百年”奋斗目标和中华民族伟大复兴中国梦的必然选择。随着互联网、人工智能等高新技术的发展，我们的生活方式也在不知不觉中发生了翻天覆地的变化。

信息化的核心要素是信息技术人才，特别是创新和拔尖人才。就目前而言，劳动力市场对IT人才的需求越来越大，信息科学专业也成为最热门的学科之一。然而，中国的信息科学专业人才仍然呈现着供不应求的状况，据相关部门统计，国内每年对IT人才的需求超过100万，其中软件人才、信息安全、网络管理人才的需求占70%以上，而每年高等院校培养的此类毕业生仅有8万，远不能适应经济发展的需要，更跟不上国际社会的信息化步伐。

因此，当下的信息教育应该更着重于培养适应时代要求的信息技术领域创新人才和拔尖人才。

6.2　新问题——观念、内容、方式

然而，较之国外的教学观念、教学内容和教学方式，我们的信息科学教育仍然处于滞后、呆板的状态。与大多数学科一样，教师以灌输知识为主，习题为辅，学生缺乏对知识的深入理解和应用，课程与课程之间缺乏衔接并且存在大量重复的知识。随着知识的不断堆砌，由缺乏系统知识体系产生的混乱，往往使学生仅仅为了应付考试而停留于知识记忆阶段。

随着信息技术的不断发展，一些传统的信息科学教育问题越发明显。首先，高校信息科学教育理念一直以基础教育为主，让学生掌握基本的知识概念和应用技能，而一些前沿的应用技术则是一笔带过。虽然基础教育能够帮助学生在未来更好更快地理解这些高级应用技术，但这也不可避免地产生了与工业前沿技术脱节的问题。另外，信息时代的技术更新非常快，而高校的课程体系相对固定，这使得学生学习的内容是一些陈旧甚至过时的内容，对学生未来的职业发展产生了不必要的转换代价。最后，由于互联网在线教育的兴起，学生不论在课前还是课后，都可以通过自学了解相关课程的基础内容，从而对课堂上教授的基础知识不感兴趣，基础能力的差异和学习方式的偏好使得学生在传统课堂上的参与度大大下降。

此外，伴随着信息技术的不断发展，高校信息科学教育还产生了许多新的问题和挑战。例如学生只是一味接受课堂知识，以完成作业、应付考试为目的进行学习，对更高效、更复杂的技术缺少钻研精神，对前沿知识理论缺乏科研创新能力，在如今国家创新驱动发展战略下，

学生习惯于按部就班的学习模式，缺乏对未来科技创业的视野和领导力；又比如目前高校信息科学专业仍然存在男女比例失衡的问题，随着信息技术在社会各个领域的推进，许多交叉领域对语言交流能力、团队合作能力、思维创造能力有了更高的要求，女性在这些行业中将会比男性更有优势。

6.3 新方法——教学改革

因此，在信息时代的新形势下，信息科学教育的改革势在必行。鉴于未来的科技发展不仅仅需要精通某个信息科学专业领域的人才，还需要拥有开阔眼界的全才，信息科学教育的改革应当着重关注培养学生的工程实践能力、科研创新能力、职业领导能力。

当下的信息科学教育改革应当打破原有的教学理念。首先，可以将课堂上学到的知识应用于工业界实际存在的问题，让学生对工业界的实际目标和要求有所了解。例如将学生的项目作业与企业举办的项目比赛相结合，通过竞争产生压迫感，让学生不仅仅局限于实现课本上的数据结构和算法，而是学会在互联网上搜索更高效的方法，从而同时训练学生的科研能力和工程能力。此外，为了开拓学生的视野、培养学生的创新能力，可以在课程体系中加入跨学科的课程，让学生学会用不同的视角看待问题、解决问题。例如开设创新创业课程，让不同院系的学生相互交流讨论，交换学科独有的观点和思路，通过完成创新项目来培养学生的团队协作能力、职业领导力等等。

另外，信息科学领域的男女比例失衡除了是因为能力缺陷、个人喜好，更重要的则是文化偏见。信息科学行业传统的男性行为方式和兴趣成为“正确且合适”的标准，使得女性对这门学科的想象出现偏见，认为她们未来将会像工具一样被动地与电脑互动，从而极大减弱了对该领域的热情。因此，为了促进行业健康发展，需要采取相应措施来解决这方面的偏见，例如卡耐基梅隆大学发现直接录取女性对促进信息科学领域的女性参与有很强的影响。

当下的信息科学教育改革应当注重教学内容的与时俱进。首先，随着信息技术的不断发展，其包含的内容越来越广泛，因此有必要让学生理解信息科学系统整体的知识框架，不仅为以后的专业课程打下基础，更能够理清知识脉络，从学习“是什么”到学习“为什么”。其次，由于技术理论不断更新，课程使用的软件和技术变得陈旧过时，因此需要及时调整更新课程内容，让学生紧跟时代的潮流，掌握前沿技术理论并具备相关实践经验，在未来的劳动力市场具备足够的竞争力。最后，教学内容还需要加入前沿科学技术发展方向，通过论文阅读、产品技术分析等专题课程，让学生了解最新技术的发展趋势，培养学生对科学研究的兴趣和能力。

例如，随着大数据的应用范围和实际需求不断增大，未来的信息科学教育应当让学生掌握一定的数据分析能力。在第48届ACM信息科学科学教育大会上，微软研究院副总裁Jeannette Wing以“拥抱不确定性(Embracing Uncertainty)”为题，指出信息科学专业的学生应当具备概率和统计的基础；学校需要向学生(不只是信息科学专业)提供机器学习或数据科学等本科课程；而传统的程序设计、软件工程和数据库等课程则需要增加引导学生认识数据的状态，理解数据分布对算法、数据结构和模块设计的重要性；未来还需要创建概率程序设计课程。

当下的信息科学教育改革还应当尝试调整课堂教学方式。由于互联网教育资源越来越丰富，学生获取知识的途径越来越多，一些较为简单的基础知识可以通过网络自学完成，这也使得学生的基础知识水平差异越来越大。因此，教师可以根据实际情况，重新调整课堂内外的时间，避免在课堂上花费大量时间介绍基础知识和相关背景，将学习的决定权从教师转移给学生。

例如，SPOC 翻转课堂教学模式，让学生在课下预习课程并尝试完成基础练习，老师在课堂上更多地讲解课程的重点和难点，并留出更多时间让学生讨论相关知识的扩展应用。Georgia Tech 的 Mark Guzdial 教授提出使用 Ebook 作为新型媒体教学工具，学生通过拖拽代码学习编程，可以更好地理解编程思想，从而激发学生的学习兴趣。同时，教师也能够在制作视频的过程中，针对学生容易误解、困惑的知识点，通过更形象的肢体语言、动画、对比等教学手段进行讲解。

6.4 新趋势——以学生为主体

随着改革的不断深入，未来的信息科学教育将以学生为主体，通过学生自主地质疑、探索、实践、分析、创造，来实现各自的学习目标。在自主学习的过程中，学生可以调动并形成强烈的学习动机，增加学习的兴趣；可以作出客观正确的自我评价，从而进行自我激励；可以自由选择学习内容和学习方式，发展自身的优势和特长。

而为了鼓励学生进行自主学习，传统的课堂教学模式也需要进行转变。根据近年来国际信息科学教育会议的研究内容来看，有些研究者提出借助专业设计的教育软件来使教学模式更为生动，并提高学生的课程参与度，例如基于 Scratch 的基础编程教育、交互式可视化的算法教学等等；有些研究者提出加强学生之间的交流讨论，通过协同学习来提升学生学习的自主性和自信心，例如结对编程的实践尝试、同伴评估对学习效果影响分析等等；还有些研究者设计了课程作业自动评估系统，从而能够提供给学生及时的学习反馈，例如英国肯特大学开发的新手编程系统的启发式评估、Wright 州立大学设计的用于评估学生已掌握知识水平的课程管理系统。

总之，未来信息教育的人才培养模式应当更加关注学生的个性化发展，根据学生的能力和兴趣，制定更细致的专业培养方案。同时，还应当丰富教学内容，引导学生建立自己的学习目标和学习方法，并通过适当调整教学模式，激发学生的自主学习能力。